Marcel Reich-Ranicki

# Meine Geschichte der deutschen Literatur

Marcel Reich-Ranicki

# Meine Geschichte der deutschen Literatur

## Vom Mittelalter bis zur Gegenwart

Herausgegeben von Thomas Anz

Deutsche Verlags-Anstalt

FSC
www.fsc.org
MIX
Papier aus verantwortungsvollen Quellen
FSC® C014496

Verlagsgruppe Random House FSC® N001967
Das für dieses Buch verwendete FSC®-zertifizierte Papier *EOS*
liefert Salzer, St. Pölten.

3. Auflage 2014

Gestaltung und Satz: DVA/Brigitte Müller
Gesetzt aus der Dante
Druck und Bindung: GGP Media GmbH, Pößneck
Printed in Germany
ISBN 978-3-421-04663-5

www.dva.de

# Inhalt

## Vormärz und Realismus

## Literarische Moderne bis 1945

## Anhang

# Einleitung

## Der Kritiker Marcel Reich-Ranicki und seine Literaturgeschichte

Von Thomas Anz

Das erste größere Buch, das Marcel Reich-Ranicki veröffentlicht hat, erschien 1955 unter dem Namen Marceli Ranicki in Warschau. Es blieb außerhalb Polens unbekannt, hat einen Umfang von 370 Seiten und ist eine Geschichte der deutschen Literatur. Genauer: ihre Geschichte ab der Reichsgründung im Jahre 1871 bis zur damaligen Gegenwart. Der Titel: »Z dziejów literatury niemieckiej 1871–1954«, zu Deutsch: »Aus der Geschichte der deutschen Literatur 1871–1954«. Es beginnt mit Theodor Fontane und Gerhart Hauptmann, geht ausführlich auf Thomas und Heinrich Mann ein, auf Lion Feuchtwanger, Arnold Zweig und vor allem auf Anna Seghers, über die er 1957 sein zweites Buch veröffentlichte. In der Vorbemerkung erklärt der Verfasser seinen polnischen Landsleuten: »Wenn dieses Buch neue Liebhaber der deutschen Literatur gewinnt und dazu beiträgt, unsere Verbindung zum friedliebenden und demokratischen Deutschland zu vertiefen so werde ich meine Aufgabe erfüllt haben.«

An der Aufgabe, andere zu dem zu machen, was er selbst war: zu »Liebhabern der deutschen Literatur«, hat er bis zu seinem Lebensende festgehalten. »Meine Geschichte der deutschen Literatur«, das erste Buch Marcel Reich-Ranickis, das nach seinem Tod erscheint, ist die bisher umfangreichste Auswahl aus den wichtigsten und besten Essays dieses Kritikers. Sie ist in der Weise geordnet, dass sie ein Bild jener deutschen Literaturgeschichte vermittelt, in der er seine Heimat fand. Sie kann als Fortführung seines vor sechzig Jahren begonnenen Vorhabens verstanden werden, aber auch als Gegenstück dazu. Denn sie entstand unter ganz anderen Voraussetzungen, ist geschrieben in anderer Form und richtet sich an ein anderes Publikum.

Als Kritiker eigener Bücher erinnert sich Reich-Ranicki in seiner Autobiographie »Mein Leben« an die frühe Publikation nicht eben begeistert: »Auf dieses Opus stolz zu sein, habe ich nicht den geringsten Grund. Auch wenn manch ein Kapitel, manch ein Abschnitt mir erträglich scheint, erröte ich nicht selten, wenn ich heute in diesem Buch blättere.« Es sei »eine ziemlich schludrige Arbeit«, die allzu deutlich erkennen lasse, »welche verheerende Doktrin auf den Autor Einfluß ausgeübt hat – der sozialistische Realismus. Jawohl, meine Literaturkritik war bis etwa 1955 von der marxistischen und gewiß auch vulgärmarxistischen Literaturtheorie geprägt.« Als er 1951 als Literaturkritiker zu schreiben begann, sei er außerdem Anfänger gewesen. Und in Polen seien noch dazu seine Bemühungen, jene Bücher zu bekommen, die nur im Westen verlegt wurden, zum Beispiel die von Franz Kafka oder Robert Musil, vergeblich geblieben.

Alles, was in Reich-Ranickis jetzt vorliegender Geschichte der deutschen Literatur vom Mittelalter bis zur Gegenwart zu lesen ist, hat er in den Jahrzehnten nach 1955 geschrieben, die Zusammenstellung seiner Arbeiten dazu jedoch nicht mehr selbst vornehmen können. Fragmentarisch bleibt seine neue Geschichte der deutschen Literatur trotz oder gerade wegen ihrer erheblichen Erweiterung immer noch, doch das kommt ihr durchaus zugute. Was jetzt zu lesen ist, genügt nicht dem ohnehin problematischen Anspruch auf irgendeine Vollständigkeit, mit der uns akademische Literaturgeschichten so oft ermüden, sondern vermittelt ein Bild der ganz persönlichen Vorlieben und Abneigungen eines Literaturkritikers, der diese in *seiner* Literaturgeschichte mit großer Leiden- und Kennerschaft mitreißend und oft provokativ zu begründen versucht. Allerdings gibt es auch andere Gründe dafür, dass die Beiträge dieses Kritikers Lücken in seiner Literaturgeschichte lassen – und zwar solche, die er selbst gerne gefüllt hätte und die er mit verschiedenen Mitteln zumindest in Ansätzen auszugleichen versuchte.

1958 reiste Reich-Ranicki in die Bundesrepublik, kehrte nicht mehr nach Polen zurück und verschrieb sich ganz dem Beruf des Literaturkritikers. Literaturkritiker haben anderes zu tun, als literaturgeschichtliche Forschungen zu betreiben. Literaturkritik zeichnet sich, seit es sie in unserem heutigen Sinn gibt, also seit dem frühen 18. Jahrhundert, dadurch aus, dass sie sich vorrangig der Gegenwart zuwendet und sich von ihr herausfordern lässt. Im Gegensatz zum gelehrten »Bücherwurm« und seiner pedantischen Anhäufung von Wissen über eine ferne Vergangenheit sowie zum methodisch geschulten Philologen, der sich vornehmlich um die gesicherte Erkenntnis und Interpretation antiker Texte bemüht, entsteht in Frankreich nach dem Vorbild des Juristen, Politikers und Philosophen Michel de Montaigne, der als Begründer der Essayistik gilt, der neue Typus des »weltmännischen« Kritikers. Dessen »critique mondaine« richtet den Blick stärker auf die Gegenwart und die aktuelle Buchproduktion, er schreibt nicht mehr in der lateinischen Sprache der Gelehrten, sondern in der jeweiligen Volkssprache und wendet sich, bevorzugt in Zeitschriften, an ein breiteres Publikum.

Dieser neue Typus des »Criticus«, aus dem der Literaturkritiker im heutigen Verständnis hervorging, etabliert sich im Laufe des 18. Jahrhunderts. Das Prestige, das der Begriff »Kritik« im Zeitalter der Aufklärung gewinnt, hat seine Arbeit motiviert und gefördert.

In der Tradition der Aufklärung war Marcel Reich-Ranicki ein Kritiker mit Leib und Seele. Literarische Neuerscheinungen zu sichten und zu sondieren, welche es verdienen, rezensiert zu werden, von ihm selbst oder von seinen Mitarbeitern, das literarische Leben der Gegenwart zu beobachten und an ihm teilzuhaben, stand im Mittelpunkt seiner Arbeit. Die Zahl seiner Veröffentlichungen zur Literatur des 20. Jahrhunderts ist um ein Vielfaches größer als die zur Literatur aller Jahrhunderte davor. Umso bemerkenswerter bleibt es, dass er trotzdem die Geschichte der Literatur, vor allem der deutschsprachigen, die Auseinandersetzung mit Autoren und Autorinnen der Vergangenheit nie aus dem Auge verloren hat. Von den Gelegenheiten, die auch gegenwartsorientierte Literaturkritiker haben, sich mit der nahen und fernen Vergangenheit auseinanderzusetzen, hat er ausgiebig Gebrauch gemacht: Gedenktage, Preisverleihungen im Namen Büchners oder Hölderlins, Todesfälle, die Veröffentlichung von Werkausgaben, Briefen oder Tagebüchern längst toter Dichter.

Was haben sie ihm bedeutet? Spätestens bei der Lektüre von »Mein Leben« konnte jeder begreifen, dass sein passionierter Umgang mit der Literatur der Gegenwart *und* der Vergangenheit einem existentiellen, lebenserhaltenden und -intensivierenden Bedürfnis entsprach. Er war Sohn einer deutschen Jüdin und eines polnischen Juden, die jüdische Religion blieb ihm fremd, er wurde in Polen geboren, ging in Berlin zur Schule, wurde 1938 von den Nationalsozialisten nach Warschau deportiert, seine Eltern und sein Bruder wurden von Deutschen ermordet, er lebte nach dem Krieg wenige Monate in Berlin, beinahe zwei Jahre in London und dann wieder in Warschau, wohnte nach seiner Ausreise aus Polen einige Jahre in Hamburg und nach 1973 in Frankfurt. Für ihn konnte kein Ort auf dieser Welt zu einer Heimat werden. Seine Heimat war die Literatur, vor allem die deutsche. Sie war, mit dem von ihm oft zitierten Wort Heinrich Heines, sein »portatives Vaterland«, eigentlich aber sein Mutterland. Die Liebe zur deutschen Literatur und Kultur ist mit der Liebe zu seiner Mutter Helene Reich, geborene Auerbach, unmittelbar verbunden. Die Mutter beschaffte sich in Polen deutsche Bücher, abonnierte das »Berliner Tageblatt«, zitierte in Gesprächen gerne die deutschen Klassiker, und wenn der Sohn ihr zum Geburtstag gratulierte, machte sie ihn regelmäßig darauf aufmerksam, dass sie am gleichen Tag wie Goethe geboren sei.

Reich-Ranickis Veröffentlichungen zur Literatur sind Liebesbekundungen. Noch seiner heftigsten Kritik ist die Enttäuschung eines Liebhabers eingeschrieben, der nicht gefunden hat, was er leidenschaftlich suchte: eine Literatur, die derart intelligent, fesselnd und schön ist, dass man sie ein Leben lang lieben kann. Seine Literaturgeschichte ist eine Liebesgeschichte, gekennzeichnet von oft sehr persönlichen, höchst eigenwilligen Vorlieben, Abneigungen und Ambivalenzen. »Nein, ich liebe ihn nicht, diesen Friedrich Hölderlin«, beginnt einer seiner Essays, der diese Erklärung am Ende widerruft. Bewunderung und Dankbarkeit empfinde er gegenüber diesem Dichter, bekennt er, und fügt hinzu: »Wo ich mich vor der deutschen Dichtung in Dankbarkeit und in Bewunderung verneige, da ist stets auch sie im Spiel, die Liebe.«

Über den Literaturkritiker Ludwig Börne schreibt Reich-Ranicki: »Er war verliebt in Deutschland und die deutsche Kultur. Aber diese Liebe hat Börne niemals gehindert, den Deutschen die bittersten Wahrheiten zu sagen.« Und: »An Feinden freilich hat es ihm nicht gefehlt. Aber verächtlich ist der Kritiker, der keine Feinde hat.« Wie so oft in seinen Essays, die nicht nur die Texte von Autorinnen und Autoren im Blick haben, sondern Psychogramme von Persönlichkeiten und Schilderungen der Lebensumstände sind, unter denen sie geschrieben und gelitten haben, charakterisiert er hier auch sich selbst. Das gilt besonders für die Essays, die sich mit seinen eigenen Vorläufern auseinandersetzen. So intensiv wie bislang kein anderer Kritiker hat er sich mit der Geschichte der Literaturkritik befasst, die in einer (und gerade auch in *seiner*) Geschichte der Literatur nicht fehlen darf. Sie hat daher in diesem Band mit Beiträgen über Lessing, Friedrich Schlegel, Ludwig Börne oder Alfred Kerr ihren angemessenen Platz gefunden.

Seine Aufsätze dazu sind in einem seiner besten und auch für die Literaturwissenschaft unverzichtbaren Bücher gesammelt: »Die Anwälte der Literatur«. Interessiert hat ihn an dieser Geschichte nicht zuletzt die Beziehung zwischen Kritik und Geschichtsschreibung, zwischen der Tätigkeit des Kritikers und des Historikers. »Häufig gelang es Schlegel, als Kritiker auch ein Literaturhistoriker und als Literaturhistoriker auch ein Kritiker zu sein.« Der Satz formuliert ein Ideal, dem Reich-Ranicki selbst zu entsprechen versuchte. Am Beispiel des Kritikers illustrierte er aber auch, was er selbst vermeiden wollte: »Nur eine einzige Epoche faszinierte ihn: die Gegenwart.« Dass Börnes Schriften heute weitgehend vergessen sind, sei nicht verwunderlich: »So ergeht es den Publizisten und Journalisten beinahe immer: Der unmittelbaren Gegenwart verpflichtet, geraten sie in einer späteren Epoche in Vergessenheit.«

Der Literaturkritiker Reich-Ranicki war immer auch Literaturhistoriker. Das zeigt sich auf unterschiedliche Weise. Seine Rezensionen nehmen literarische Neuerscheinungen oft zum Anlass für weit gespannte literaturgeschichtliche Überlegungen und Vergleiche. Längere Aufsätze wie die »Anmerkungen zur Literatur der siebziger

Jahre« geben rückschauende und noch heute unübertroffene Überblicke zu literarischen Entwicklungen eines ganzen Jahrzehnts. Der 1981 erschienene Band »Entgegnung«, in dem dieser Überblick einleitend steht, enthält eine Sammlung seiner Artikel, die zusammen ein umfassendes und höchst anschauliches Bild von der Literaturgeschichte dieser Jahre vermitteln. Eine Art Geschichte der deutschen Nachkriegsliteratur bis Ende der 1960er Jahre enthalten die zuvor erschienenen Sammelbände »Deutsche Literatur in West und Ost« und »Literatur der kleinen Schritte«. Weiter zurück blicken die Bände »Nachprüfung« sowie »Sieben Wegbereiter«, die mit Essays über Fontane bis hin zu Klaus Mann etwa den Zeitraum umfassen, den Reich-Ranickis erstes Buch behandelte.

Der Titel »Nachprüfung« ist kennzeichnend für seinen Umgang mit der literarischen Vergangenheit. Der Literaturhistoriker war immer auch Literaturkritiker. In dem Buch »Der doppelte Boden«, einem langen, spannenden, höchst anregenden und lehrreichen Gespräch mit dem Züricher Literaturwissenschaftler und Kritiker Peter von Matt, nennt er die Klassikerverehrung eine »Spezialität des deutschen Untertanen-Staates« und bewundert die Engländer, die nie vor der Frage zurückscheuten: »How good is ›Hamlet‹?« In Reich-Ranickis Übersetzung: »Was taugt eigentlich der Shakespeare?« Shakespeare sei dadurch lebendig geblieben. »Durch das Anzweifeln wird die überlieferte Literatur am Leben erhalten, zumindest in vielen Fällen.«

Das Anzweifeln macht keineswegs vor den Autoren halt, die er ganz besonders schätzt. Sogar der wie kein anderer verehrte Goethe wird davon nicht verschont. Dessen Gedicht »Rezensent« disqualifiziert er als sein »dümmstes«. Sein Essay über Lessing, den bewunderten »Vater der Kritik«, kritisiert seine kritiklosen Verehrer, die mit ihren »ehrerbietigen Hymnen und huldvollen Lobsprüchen« versuchen, sich »den unbequemen, wenn nicht gar etwas unheimlichen Klassiker vom Leibe zu halten«, und damit nur zeigen, wie wenig sie von Lessing gelernt haben und »wie fremd« ihnen »der kritische Geist dieses Autors ist«. Kein Autor und kein Leser kann bei Reich-Ranicki vor überraschenden und provozierenden Respektlosigkeiten sicher sein. »Nachprüfungen« sind jedenfalls auch jene Essays, Reden oder

Porträts, die sich mit Autoren befassen, die vor dem 20. Jahrhundert berühmt geworden sind und zum Kanon der deutschen Literaturgeschichte gehören.

Aber reicht seine Geschichte wirklich bis zum Mittelalter zurück? Fehlt die Zeit bis zur deutschen Klassik nicht fast völlig? Die diesem Band zur Einführung vorangestellten Essays erzählen Geschichten zur Literatur, die sogar noch weiter zurückreichen, dabei Beispiele der Weltliteratur zum Vergleich heranziehen und ganze Jahrhunderte durchforsten. Die Geschichte zum Motiv des Herzens in der deutschen Literatur geht auf die »Edda« ein, das »Atlilied« oder auch auf Gottfried von Straßburgs »Tristan«. Das »Mittelalter« im Untertitel dieses Bandes ist jedenfalls nicht allein durch seine Interpretation des Gedichtes »Under der linden« von Walther von der Vogelweide gerechtfertigt. Die im zweiten Essay erzählte »Geschichte der Juden in der deutschen Literatur« beginnt im 18. Jahrhundert. Und indem sie sich ziemlich ausführlich mit Rahel Varnhagen von Ense befasst, begegnet sie auch einer weiteren Lückenhaftigkeit, die man seiner Literaturgeschichte vorwerfen könnte. Zumindest im Inhaltsverzeichnis sind bis zur literarischen Moderne Autorinnen nicht vertreten, bis 1945 nur drei und erst danach in großer Zahl. Der dritte einführende Essay, der eine kleine Geschichte der schreibenden Frauen in der deutschen Literatur erzählt, das Mittelalter und die frühe Neuzeit mit im Blick hat und sich dann dem bedeutenden Anteil schreibender Frauen in der Romantik zuwendet, zeigt allerdings, dass diese Lücken keineswegs auf Ignoranz oder Geringschätzung des Literaturhistorikers zurückzuführen sind.

Dass Reich-Ranickis Geschichte der deutschen Literatur dennoch Lücken aufweist, würde er allerdings auch selbst nicht bestreiten. Sie sind im 18. und 19. Jahrhundert sogar da offen sichtbar, wo es sich um von ihm besonders geschätzte Autoren handelt. Über Büchner, den »Dichter meiner Jugend«, oder E. T. A. Hoffmann hat er erst spät etwas geschrieben, und das nur kurz. Über Goethe viel, doch über den von ihm geliebten Schiller fast gar nichts. Dabei ist beispielsweise Friedrich Schillers erstes Theaterstück »Die Räuber« für Marcel Reich-Ranicki, wie er 2010 in einer Fernsehsendung bekannte, »eines der schönsten Stücke der deutschen Literatur«. Er hat es in seinen »Kanon der deutschen Literatur« aufgenommen.

Will man die gesammelten Beiträge zu Reich-Ranickis Geschichte der deutschen Literatur, wie sie hier vorliegen, mit weiteren von ihm vervollständigen, gibt der Anhang Hinweise zur Orientierung in seinen zahlreichen und nicht eben leicht überschaubaren Buchpublikationen, in denen seine Arbeiten in unterschiedlichen Zusammenhängen, Fassungen und zum Teil unter verschiedenen Titeln erschienen sind. Weiterführende Hinweise, auch auf Arbeiten, die in diesem Band eigentlich stehen sollten, aber aus Umfangsgründen keinen Platz mehr fanden, sind auf der Website www.m-reich-ranicki.de zu finden.

Darüber hinaus ist man auf Arbeiten des Kritikers und Literaturhistorikers angewiesen, die seine publizistischen Werke begleitet und ergänzt haben: auf die von 1974 bis zu seinem Tod herausgegebene »Frankfurter Anthologie«, auf die Interpretationsreihe mit dem bezeichnenden Titel »Romane von gestern – heute gelesen« und auf zahlreiche Anthologien von Gedichten, Erzählungen oder auch Romanen. Sein ehrgeizigstes und bekanntestes Projekt war dabei seine Kanon-Bibliothek, eine 2002 und in den folgenden Jahren erschienene Sammlung von deutschsprachigen Romanen, Erzählungen, Dramen, Gedichten und Essays, die zusammen eine große Lesebuch-Reihe zu seiner Geschichte der deutschen Literatur sind. Wie sehr dem Kritiker im hohen Alter daran gelegen war, das literaturhistorische Vorhaben seiner jungen Jahre fortzuführen, zeigt nicht zuletzt auch seine kleine, fragmentarische Geschichte der Literatur von Shakespeare bis Thomas Bernhard, als die sich der 2003 erschienene Band »Meine Bilder« verstehen lässt. Die hier mit von ihm gesammelten Zeichnungen, Radierungen und Lithographien abgebildeten Autoren und Autorinnen hat er in knapper Form porträtiert. Einige Porträts aus dem Band wurden hier übernommen.

Fragmentarisch bleibt die hier vorgelegte Literaturgeschichte aber auch mit Blick auf die »Gegenwart«. Die Literatur der 1990er Jahre und des 21. Jahrhunderts hat Reich-Ranicki kaum noch publizistisch kommentiert, aber sehr wohl in anderer Weise: vor allem als Initiator und Leiter des Literarischen Quartetts. Hier wurden zwischen 1988 und 2001 Bücher von Autorinnen und Autoren besprochen, die das Profil der deutschen Gegenwartsliteratur mit geprägt haben: von Ruth Klüger, Urs Widmer, Christoph Ransmayr, Robert Schneider, Bernhard Schlink, Ingo Schulze, Judith Hermann und vielen anderen, über die er nur selten oder überhaupt nicht geschrieben hat. Doch auch im Literarischen Quartett agierte Reich-Ranicki mit Nachprüfungen zur Literaturgeschichte. Das letzte Buch, über das dort gesprochen wurde, war Goethes »Werther«, der »Roman eines Anfängers« mit »bahnbrechender Wirkung in der Geschichte der Weltliteratur«, den am liebsten er selbst entdeckt hätte. Spätere Sondersendungen hatten Todesjahre von Friedrich Schiller, Thomas Mann, Heinrich Heine und Bertolt Brecht zum Anlass.

Reich-Ranicki ist seit seinem Literarischen Quartett als Fernsehstar und als literaturkritischer Unterhaltungskünstler populär geworden. Das war er in der Tat, und er war es gerne. Doch sollte man nicht vergessen, dass der gegen Ende der sechziger Jahre an Universitäten der USA, in den siebziger Jahren an den Universitäten von Stockholm und Uppsala lehrende, 1974 von der Universität Tübingen zum Honorarprofessor ernannte Literaturwissenschaftler, dessen Leistungen mit insgesamt neun Ehrendoktorwürden ausgezeichnet wurden, ein sehr ernsthafter und ernst zu nehmender, historisch ungemein belesener Gelehrter war. Seine Leistungen als Literaturkritiker und Literaturhistoriker, die ihn in die bedeutende Reihe der von ihm porträtierten »Anwälte« der Literatur von Lessing bis Walter Benjamin stellen, sind an Arbeiten, wie sie in dieser Sammlung zur Geschichte der deutschen Literatur vorliegen, deutlicher zu erkennen als in seinen Fernsehauftritten. Doch auch die hier gesammelten Essays und Artikel sind alles andere als nur gelehrt. Sie geben Einblicke in die Geschichte der deutschen Literatur, die an herausfordernder Lebendigkeit nicht ihresgleichen haben. Reich-Ranicki ist es wie keinem anderen Kritiker und Literaturwissenschaftler gelungen, im Umgang mit Literatur die Kluft zwischen populärer Unterhaltung und historisch fundierter Intellektualität zu schließen. Lessing war ihm da ein Vorbild. Denn »er diente der Wissenschaft mit dem

Temperament des Journalisten und dem Journalismus mit dem Ernst des Wissenschaftlers«.

Dafür, dass seine Geschichte der deutschen Literatur in relativ kurzer Zeit nach seinem Tod erscheinen kann, ist einigen zu danken: der Universität Marburg, die mir bei der Vorbereitung auf eine Digitalisierung und vollständige Sammlung von Marcel Reich-Ranickis literaturkritischen Schriften und damit auch für die Zusammenstellung dieses Buches erste Hilfe geleistet hat, Charlotte Lamping für die Unterstützung bei der Einrichtung der Marburger »Arbeitsstelle Marcel Reich-Ranicki für Literaturkritik in Deutschland«, Kathrin Fehlberg, Reich-Ranickis Mitarbeiterin in der Redaktion der »Frankfurter Anthologie«, für die gründliche Bearbeitung der Druckvorlagen, seinen »Schülern« Volker Hage und Uwe Wittstock, seinem Freund und Mitstreiter im Literarischen Quartett Hellmuth Karasek, seinem Sohn Andrew Ranicki und manchen anderen für wichtige Anregungen, Vorarbeiten oder letzte Hilfen beim Korrigieren, dem Archiv der »Frankfurter Allgemeinen Zeitung« für die Übersicht über alle in dieser Zeitung erschienenen Artikel Reich-Ranickis und der Deutschen Verlags-Anstalt für die geduldige und produktive Zusammenarbeit. Dank schulde ich vor allem aber Marcel Reich-Ranicki selbst, der mir schon Jahre vor seinem Tod einen Teil seines Nachlasses und die Verantwortung dafür über seinen Tod hinaus anvertraut hat.

Viele der im letzten Kapitel seiner Literaturgeschichte abgedruckten Essays sind Abschiede, Nachrufe auf Schriftsteller, denen er eng verbunden war: Wolfgang Koeppen, Alfred Andersch, Heinrich Böll, Peter Weiss, Erich Fried, Uwe Johnson, Ernst Jandl und Hermann Burger. Sein »Abschied von Arnold Zweig« im Dezember 1968 stellte diesen heimatlosen »preußischen Juden« und sein »umfangreiches schriftstellerisches Werk« mit Dankbarkeit in die Tradition einer »eigentümlichen« und »unheimlichen« deutsch-jüdischen Symbiose, die mit den Namen Heine und Kafka assoziiert ist und »die sich aus der Geschichte der deutschen Literatur nicht mehr wegdenken lässt«. Das gilt auch für den Kritiker und Schriftsteller Marcel Reich-Ranicki. Er hat diese Geschichte nicht nur erzählt, sondern sie auch über ein halbes Jahrhundert hinweg maßgeblich mitgeprägt.

# Zur Einführung

# Das Herz – der Joker der deutschen Dichtung

Mit dem Herzen hat es eine eigene Bewandtnis. Es ist – sagt der Prophet Jeremias – »das Herz ein trotzig und verzagt Ding; wer kann es ergründen?« Ohne das Herz, weiß jedes Kind, kann niemand existieren. Nur stellt sich meist heraus, dass gerade die herzlosen Menschen lange und gut leben. Man kann sein Herz verschenken: »Ich schenk mein Herz nur dir allein« – singt die Madame Dubarry in Millöckers Operette. Man kann sich auch ein Menschenherz als Geschenk wünschen, ohne deshalb der Grausamkeit bezichtigt zu werden. Aus dem »Notenbüchlein für Anna Magdalena Bach« kennen wir ja das wunderbare Lied, das mit den Worten beginnt: »Willst du dein Herz mir schenken, / so fang es heimlich an …« Bisweilen sind jene Menschen besonders glücklich, die ihr Herz verschenkt oder die es ganz einfach verloren haben, beispielsweise in Heidelberg.

Verwunderlich ist auch, was das Herz alles vermag. Denn es kann schlagen und klopfen, pochen und hämmern, es kann zittern und flattern, aber auch schmachten und jubeln, es kann stillstehen, aber auch aufwachen und erglühen, es kann stocken und versagen, brechen und zerspringen. Das Herz kann sich an sehr verschiedenen Orten befinden, mitunter sogar gleichzeitig. Man kann es auf der Zunge haben, aber es kann einem auch in die Hose rutschen. Es kann einem im Leibe lachen, aber sich auch im Leibe umdrehen. Man kann es auf dem rechten Fleck haben, aber auch stehlen und erobern.

Man kann sich ein Herz fassen, aber auch sein Herz an jemanden hängen. Man kann seinem Herzen Luft machen und ihm einen Stoß geben, es kann einem ein Stein vom Herzen fallen. Man kann etwas auf dem Herzen haben und ein Kind unter dem Herzen tragen.

Man kann die Zwietracht, zumal die deutsche, mitten ins Herz treffen. Und wes das Herz voll ist – wir wissen es aus der Bibel –, des kann der Mund übergehen. Und da man sich einer Sache mit halbem Herzen zuwenden kann, lässt es sich offenbar auch halbieren.

Natürlich kann man aus seinem Herzen eine Mördergrube und, häufiger noch, keine Mördergrube machen. Auch kann man jemanden in sein Herz schließen, ja, dort ist so viel Platz, dass sich sogar ein ganzer Chor ins Herz schließen lässt. Und weil das Herz, wie man schon im Mittelalter zu wissen glaubte, eben verschließbar ist, kann es gewisse Schwierigkeiten und auch Möglichkeiten geben – nämlich mit dem Schlüssel. In einem der ältesten und schönsten deutschen Liebesgedichte, in jenem, das aus nur sechs Versen besteht und mit den Worten beginnt: »Du bist min, ich bin din: / Des solt du gewis sin«, ist die oder der Geliebte im Herzen verschlossen, zu dem es ein Schlüsselein gibt; aber es ist abhanden gekommen, und so muss sie oder er immer darin, im Herzen also, bleiben.

Es gibt kaum ein Substantiv, das die Menschen, jedenfalls in Europa, so häufig und in so vielen Verbindungen gebrauchen wie dieses eine: das Herz. Es gibt auch kaum ein Eigenschaftswort, das man nicht früher oder später mit der Vokabel »Herz« gekoppelt hätte. Ein Herz kann warm und weich sein, treu und traurig, klein und kalt, heiß und hart, gütig und großzügig, stolz und steinern. Kurz: Es kann alles sein. Groß ist auch die Zahl der deutschen Adjektive, die aus dem Wort »Herz« gebildet wurden. Wir sprechen von barmherzigen, engherzigen und hartherzigen, von herzlichen und herzhaften, von herzlosen und herzgläubigen Menschen.

Mehr noch: Das Herz, ein Körperteil, kann seinerseits, so wollen es manche Dichter, und nicht die schlechtesten, ebenfalls Körperteile haben, zumindest Knie. Jedenfalls schrieb Kleist am 24. Januar 1808 an Goethe, dem er das erste Heft des »Phoebus« zuschickte: »Es ist auf den ›Knien meines Herzens‹, daß ich damit vor Ihnen erscheine.« Allerdings hat Kleist die Wendung »Knien meines Herzens« mit Anführungszeichen versehen.

Woher stammen diese Worte? Wir wissen es nicht, doch wurde vermutet, er habe jenen Autor zitiert, den die Schriftsteller am liebsten zitieren – nämlich sich selbst. Denn in seiner »Penthesilea« heißt es: »O du, / Vor der mein Herz auf Knien niederfällt ...« Es kann aber auch sein, dass Kleist – fleißige Germanisten haben es nachgewiesen – artigerweise seinen Adressaten zitiert hat, dem diese Wendung schon in frühen Jahren unterlaufen ist. Nur hat auch Goethe die »Knie des Herzens« keineswegs erfunden, es gab sie schon bei Petrarca. Und auch dieser hat sie entliehen, nämlich aus der Bibel.

Was immer das Herz betrifft oder mit dem Herzen zusammenhängt – es hat eine lange, eine uralte Tradition. Seit die Menschen denken und ihre Gedanken ausdrücken und notieren konnten, war für sie das Herz ungleich mehr als nur ein Muskel. Und so unterschiedlich die alten Völker das Herz beurteilt haben, so wurde ihm doch stets eine zentrale Funktion zugesprochen.

Klare, wenn auch falsche Vorstellungen von der Funktion des Herzens hatten die alten Ägypter: Sie waren überzeugt, in ihm sei das Gewissen des Menschen untergebracht. Daher haben sie auch, um sich von der Redlichkeit eines Verstorbenen zu überzeugen, dessen Herz gewogen: Je schwerer es war, desto besser war sein Charakter. Die Chinesen wiederum glaubten, das Herz sei das intellektuelle Zentrum des Menschen. Auch die alten Griechen, Aristoteles zumal, haben das Herz keineswegs unterschätzt: Sie hielten es für das wichtigste Organ des Körpers, sie waren sicher, dass alle anderen von ihm abhingen. Aber zugleich meinten sie, in ihm sei die Seele des Menschen zu finden.

Und die Liebe? Schon in dem berühmten »Gilgamesch«, dem vor über viertausend Jahren entstandenen babylonischen Nationalepos, hat das Herz mit der Liebe zu tun. So wird hier in einer eindeutig erotischen Episode ein Jäger von einer hübschen Frau, offensichtlich einer Hure, zärtlich betreut: »Er wurde« – lesen wir – »heiter, und sein Herz war voll Freude …«

Doch sind derartige Verweise in der alten Literatur nur selten, nur in Ausnahmefällen zu finden: Noch hat man erotische Gefühle keineswegs, wie immer wieder in späteren Zeiten, dem Herzen zugeschrieben. Und dies gilt, trotz der aristotelischen Lehre von der Allmacht des Herzens, auch für das alte Griechenland. Erst aus dem dritten vorchristlichen Jahrhundert stammt eine bemerkenswerte, wenn nicht gar bahnbrechende Geschichte.

Es geschah, dass der Sohn des Königs von Syrien, der Kronprinz Antiochus, schwer erkrankt war. Niemand konnte ihn heilen. Da ließ der alte König den berühmten Arzt Erasistratos rufen. Dieser untersuchte und beobachtete den Patienten sorgfältig und fand heraus, dass dessen Puls besonders schnell ging, sobald er seine Stiefmutter, die junge und schöne Königin, zu sehen bekam. Die Diagnose des Arztes lautete: Der Kronprinz sei herzkrank, doch heilbar. Er leide an der Liebe zur Stiefmutter. Sein Vater war klug und wollte nichts von König Philipps Glück. Er verzichtete also auf seine jugendliche Gemahlin, und der Kronprinz wurde gesund und glücklich: Die Don-Carlos-Tragödie fand in Syrien nicht statt. Erasistratos, der also bestimmte Herzleiden zu heilen vermochte, war natürlich kein Kardiologe, vielmehr ein Arzt, der sich vor allem auf die psychischen Ursachen der Erkrankungen verstand. Seitdem sind über zweitausend Jahre vergangen, und in der Dichtung ist, schon seit dem frühen Mittelalter, von dem Herzen die Rede. Aber in der Regel sind es nicht die Kardiologen, die den Helden der Literatur helfen könnten.

Nicht etwa, dass die Ärzte angesichts dieser Leiden überflüssig wären. Im Gegenteil, auch und gerade jene Menschen, von denen wir in Romanen, in Dramen und Gedichten hören, brauchten oft die Mediziner. Patienten sind sie allemal, nur fallen ihre Krankheiten wohl eher in die Kompetenz der Psychotherapeuten, wenn nicht gar der Psychiater. Sicher ist jedenfalls, dass schon in den ältesten deutschen Dichtungen, in den Epen des 9. Jahrhunderts, auf »Herz« »Schmerz« gereimt wurde und dass diesen Schmerzen nicht die Ärzte ihre Einkünfte verdankten, sondern die Literaten.

Wenn das Herz keine Leiden bereitete, zahllose Gedichte wären ungeschrieben geblieben und viele Romane und Dramen ebenfalls. Das Motto der Deutschen Herzstiftung – »Hab' ein Auge auf dein Herz« – ist gewiss ein guter Spruch, ein notwendiger Appell an uns alle. Nur an eine Adresse braucht man ihn nicht zu richten: an die Literatur. Ja, mir will es scheinen, dass sich viele Jahrhunderte hindurch die Dichtung mehr um das Herz gekümmert hat als die Medizin. Und heute wird den Schriftstellern bisweilen vorgeworfen, dass sie sich allzu intensiv und extensiv mit dem eigenen Herzen, mit der eigenen Person beschäftigen.

In alten Zeiten wurde allerdings in deutschen Ländern das Herz, wenn man der Literatur trauen kann, oft gegessen. So hat, der »Edda« zufolge, Siegfried das Herz des Riesen Fafnir verspeist und dadurch die Sprache der Vögel erlernt; bei Richard Wagner wird dieser aus linguistischen Gründen erforderliche Konsum deutlich eingeschränkt: Hier genügen, um das Vogelidiom zu erlernen, schon einige Blutstropfen. Im »Atlilied« geht es noch barbarischer zu: Gudrun setzt ihrem Gatten, dem König Atli, auch Attila genannt, die Herzen ihrer Kinder zur Mahlzeit vor. Aus dem frühen Mittelalter wird noch von einem anderen Herzkonsum berichtet, der mir, bei aller Grausamkeit, doch etwas zweideutig scheint. Es seien, heißt es, Hexen oft ausgeflogen, um sich an Männerherzen gütlich zu tun: Sie rissen ihren Opfern das Herz aus dem Leibe, um es zu verschmausen. Sonderbarerweise blieben aber die Männer, denen das Herz auf diese Weise entwendet wurde, am Leben. Jene Hexen mögen verwerflich gewesen sein, ob sie auch abstoßend waren – dessen bin ich nicht so sicher. Ich kann mich des Eindrucks nicht erwehren, dass sie der feschen Lola ähnelten, die im »Blauen Engel« dem guten Professor Unrat aus Lübeck das Herz geraubt hat und auch den Verstand.

Sicher ist jedenfalls, dass niemand im Laufe der Jahrhunderte herzgläubiger war als die Dichter. Den Vermutungen oder Einsichten oder auch Irrtümern der Wissenschaft zum Trotz besangen sie das Herz als das Organ, in dem nahezu alle menschlichen Affekte ihren Ursprung haben sollten – nur wenige, und meist eher unangenehme, wurden anderen Organen zugewiesen, so etwa der Galle.

Keiner der großen mittelhochdeutschen Epiker und Lyriker kann auf die Vokabel »Herz« verzichten, sie ist das Schlüsselwort der höfischen Poesie. In Gottfried von Straßburgs »Tristan« kommt das Wort »Herz« allein im Prolog fast dreißigmal vor. Aber für Gottfried ist dieser Körperteil mehr als der Sitz der Gefühle und der Leidenschaften. Er beherbergt zugleich die Kraft, die die Welt in Bewegung setzt und hält: Das Herz ist für ihn das Zentrum des Lebens.

Daran hat sich nicht mehr viel geändert: Etwa bis zur Mitte des 19. Jahrhunderts kreist die deutsche Dichtung um das Herz. Und kaum ein Autor, der nicht noch einmal den Lesern den ältesten, den beliebtesten und vielleicht auch schönsten deutschen Reim offerieren würde, jenen, der schon im Spätmittelalter, im 15. Jahrhundert, von Oswald von Wolkenstein erweitert wurde, nämlich zu dem Dreireim »Herz – Schmerz – Scherz«.

Seinen Höhepunkt erreicht der Herzkult der deutschen Literatur im 18. Jahrhundert – im Sturm und Drang ebenso wie in der Zeit der Klassik. Das Herz ist gleichsam das Sammelbecken aller sinnlichen Triebe und aller idealistischen Bestrebungen. Doch bei keinem der großen Dichter spielt es eine so wichtige, eine so zentrale Rolle wie bei Goethe.

Er nannte das Herz den »jüngsten, mannigfaltigsten, beweglichsten, veränderlichsten, erschütterlichsten Teil der Schöpfung«. Wie man sieht, hat er mit Beiworten nicht gespart. Aber was heißt denn das eigentlich – der mannigfaltigste, der beweglichste, der veränderlichste Teil der Schöpfung? Die Formulierung findet sich in einer der naturwissenschaftlichen Schriften Goethes. Dennoch fällt es schwer, ihr Exaktheit nachzurühmen. Der mannigfaltigste oder der veränderlichste Teil der Schöpfung – das kann viel bedeuten oder auch nichts.

Tatsache ist, dass die Vokabel »Herz« wie kaum ein anderes deutsches Wort oft zu leeren Phrasen verleitet – und nicht nur die schwachen Dichter, sondern bisweilen auch die größten, so eben Goethe. Im »Götz von Berlichingen« äußert sich der Diener Franz emphatisch über die Schönheit des Fräuleins Adelheid. Sein Herr, Weislingen, bemerkt kühl: »Du bist drüber gar zum Dichter geworden.« Hierauf Franz: »So fühl' ich denn in dem Augenblick, was den Dichter macht, ein volles, ganz von *einer* Empfindung volles Herz!«

Das aber ist, mit Verlaub, barer Unsinn: Würde ein »ganz von *einer* Empfindung volles Herz« schon ausreichen, um das Individuum in einen Dichter zu verwandeln, wir könnten uns vor lauter Dichtern gar nicht retten. Das volle Herz haben die Poeten oft genug mit ihren Lesern gemein, was aber jene von diesen unterscheidet, ist eben nicht die Empfindung, sondern die Fähigkeit, sie auszudrücken. Natürlich hat Goethe das gewusst, doch wenn er das Wort »Herz« gebrauchte, ließ seine Selbstkontrolle ein wenig nach.

Man mag einwenden, dass er, als er den »Götz« schrieb, noch jung war. Aber auch der alte Goethe, der Autor des zweiten Teils des »Faust«, liebte die Herz-Phrasen. Beeindruckt von der Redeweise des Lynkeus, fragt Helena: »So sage denn, wie sprech' ich auch so schön?« Und Faust belehrt sie: »Das ist gar leicht, es muß von Herzen gehn.« Wenn das schon genügte, wir könnten uns auch vor lauter Meistern der Rhetorik nicht retten.

Wie bedenklich der Umgang unseres Goethe mit dem Wort »Herz« ist, zeigt vielleicht am deutlichsten eine berühmte und auf ihre Weise herrliche Szene aus dem ersten Teil des »Faust«. Ich meine jenes Gespräch in Marthens Garten, in dem Gretchen, ein wenig altklug und etwas aufdringlich, wissen möchte, wie Faust es mit der Religion halte, ob er an Gott glaube. Die Frage ist klar und ganz und gar unmissverständlich, die Antwort eher nebulös und auf jeden Fall ausweichend: Er habe keinen Namen dafür. Gefühl sei alles: »Name ist Schall und Rauch / Umnebelnd Himmelsglut.« Dies sagt Faust just in dem Augenblick, da er Gretchen eben doch mehrere Namen zur Auswahl angeboten hat: »Nenn's Glück! Herz! Liebe! Gott!«

Wie also? Ist das Herz etwa ein Synonym für Glück, für Liebe und auch noch für Gott? Sollte das Herz ein Allerweltswort sein, das nahezu alles symbolisieren kann, also gleichsam der Joker der deutschen Sprache, der deutschen Dichtung?

Wer Goethe und vielen seiner Zeitgenossen und Nachfolger Derartiges vorwirft, sollte allerdings bedenken, dass es sich hier um ein nicht nur deutsches Übel handelt, sondern um eine Art Zeitkrankheit. Bei Rousseau, um nur dieses eine Beispiel anzuführen, gibt es das Wort »Herz« so häufig, dass man ihm nachgesagt hat, er gebrauche es immer dann, wenn er ein Phänomen überhaupt nicht erklären könne. Sicher ist: das Herz, das war der Ausdruck für alles Unbegreifliche, für alles Unfassbare.

So wird es auch verständlich, dass die neue Generation, die der Romantiker, dem Herzkult misstraute, ohne sich indes von ihm ganz lösen zu können. Wenn die Romantiker vom Herzen sprachen, dann meist von dem der Frau. Vom eigenen zu reden galt, wenn es nicht eindeutig ironisch gemeint war, als sentimental und pathetisch oder gar – ganz anders als in der Zeit des jungen Goethe – als schlechthin lächerlich.

Für Shelley war es ein konventionelles, ein längst abgestandenes Motiv: Er verhöhnte die Dichter, die das Moor und die felsigen Gebirgsseen besangen und auch »the heart of man«, das Herz des Menschen. Alfred de Musset äußerte sich über die Verwendung des Wortes »cœur« in der Poesie – das sich übrigens im Französischen ebenfalls auf »Schmerz«, auf »douleur« also, reimt – geradezu verächtlich. Wenn es in seinen Versen überhaupt vorkommt, dann eher als »steriles Herz«.

Und wie ist es um das Herz bei Heine bestellt? Folgt auch er der Mode der Spätromantiker? Wird auch in seiner Dichtung das noch kurz zuvor beliebteste Symbol der Liebe verspottet oder ausgespart? Keineswegs. So gewiss Heine der Zweifler und Skeptiker unter den deutschen Romantikern war, so wenig war er bereit, sich in seiner Lyrik von dem traditionellen Herzsymbol zu trennen. Das Herz gehört zu den zentralen Motiven seiner frühen Dichtung.

Es zeigt sich, dass auch bei ihm – wie bei Goethe – das Herz alles ausdrücken kann, dass er es mit allem vergleicht, etwa, ein wenig überraschend, mit dem Meer. Warum gleicht das Herz dem Meer? Auch in seinem Herzen gebe es – lesen wir im »Buch der Lieder« – »Sturm und Ebb' und Flut, / und manche schöne Perle in seiner Tiefe ruht«. Wie man sieht, dient auch bei Heine die Vokabel »Herz« als Joker im Spiel der Poesie. Allerdings ist in Heines Lyrik das Herz nicht mehr – wie beim jungen Goethe – ein fröhliches, ein den Dichter ermunterndes und häufig zu amourösen Abenteuern anspornendes Organ. »Es schlug mein Herz, geschwind zu Pferde!« – hieß es in den Sesenheimer Liedern. Das Herz Heines hingegen ist wund und krank, es bricht und blutet, in ihm verbirgt sich »meist Angst und Weh«. Und während Goethe enthusiastisch rufen konnte: »In meinem Herzen welche Glut!«, spricht Heine von einer Schlangengrube: »Ich trage im Herzen, viel Schlangen, / Und dich, Geliebte mein.«

Aber da für Heine das Herz letztlich doch nicht mehr war als eben poetisches Spielmaterial, hatte er wenig Lust, die fast schon konventionelle Alternative – Herz oder Geist – noch einmal aufzugreifen. Es ist eine uralte Alternative, ihre Wurzeln mag man in der Bibel suchen, doch keiner hat sie mehr popularisiert als – wieder einmal – Goethe.

Schon im »Werther« findet sich das (doch nicht ganz überzeugende) Bekenntnis: »Was ich weiß, kann jeder wissen. Mein Herz habe ich allein.« Und in »Dichtung und Wahrheit« verkündet und begründet er den Primat des Herzens: »... Da uns das Herz immer näher liegt als der Geist und uns dann zu schaffen macht, wenn dieser sich wohl zu helfen weiß, so waren mir die Angelegenheiten des Herzens immer als die wichtigsten erschienen.«

Auch Schiller liebt es, das Emotionale gegen das Rationale auszuspielen, das Herz also gegen den Verstand, jedenfalls lässt er seine Figuren derartige Sprüche recht häufig aufsagen. Max Piccolomini entgegnet seinem Vater: »Dein Urteil kann sich irren, nicht mein Herz.« Und in »Wallensteins Tod« erklärt der Kommandant von Eger: »Das Herz und nicht die Meinung ehrt den Mann.« Ähnliches hört man auch von den Autoren des Jungen Deutschland, wenn nicht von Heine, so doch von seinem großen Bundesgenossen und Widersacher, von Ludwig Börne, der nicht zögert, zu behaupten: »Nicht der Geist, das Herz macht frei.«

Indes wären wir fahrlässig, wollten wir vergessen, dass es noch eine andere deutsche Tradition gibt. An ihrer Spitze steht kein geringerer Mann als Martin Luther. Er hatte wenig Vertrauen zum Urteil des Herzens: Es sei – meinte er – wie das Quecksilber, »das jetzt da, bald anderswo ist, heut also, morgen anders gesinnt«.

Von den vielen deutschen Schriftstellern, die in den folgenden Jahrhunderten glaubten, vor dem Herzen als dem Symbol unkontrollierter Gefühle warnen zu müssen, sei jener vor allem zitiert, vor dem sich zu verneigen wir immer wieder Anlass haben: »Das Herz redet uns gewaltig gern nach dem Maule« – bemerkt ganz nüchtern Franziska, die gescheite Kammerzofe des Fräuleins von Barnhelm. Und bei Hegel ist gar vom »Brei des Herzens« die Rede, der die »Architektonik der Vernünftigkeit des Staates« gefährde.

Doch wer weiß, ob nicht kluger als alle, die immer wieder für das Herz oder den Geist plädierten, unser Fontane war, der von dieser

Alternative nichts wissen wollte und stattdessen die Synthese empfahl: »O, lerne denken mit dem Herzen / und lerne fühlen mit dem Geist.«

Als Fontane dies schrieb, da war es freilich um das Herz in der Literatur nicht mehr gut bestellt: Es war in der zweiten Hälfte des 19. Jahrhunderts, kaum dass man es merkte, in die Zuständigkeit der Trivialautoren übergegangen. Von den Schriftstellern, die auf sich hielten, wurde es nur noch wenig beachtet – vielleicht deshalb, weil sie sich von den Naturwissenschaftlern, den Physiologen zumal, überzeugen ließen, dass die Gefühle des Menschen im Gehirn lokalisiert seien und eben nicht im Herzen.

Im Mittelpunkt der großen Romane dieser Jahrzehnte stehen Frauen, die an ihrer Sehnsucht leiden. Wonach sehnen sie sich? Heute reden die Frauen alle von der Selbstverwirklichung, der fehlenden natürlich. Das Wort kannte man damals nicht, die Frauen waren indes ebenfalls auf der Suche, nur nach etwas anderem. Emma Bovary, Anna Karenina, Effi Briest – sie sehnten sich nach Liebe. Und vielleicht hatte diese Sehnsucht doch etwas mit Selbstverwirklichung zu tun. Wie auch immer: Das Herz ließ man lieber unerwähnt.

Fontane war Deutschlands größter Romancier der langen Epoche zwischen Goethe und Thomas Mann. Aber vor dem Hintergrund des europäischen Romans war er nun doch, es lässt sich nicht verschweigen, ein Nachzügler. Als er seine »Effi Briest« veröffentlichte, da schien die Zeit der einsamen und unglücklichen Ehefrauen, die sich von ihren allzu trockenen oder engstirnigen Gatten wegsehnten, schon vorbei zu sein, da wurden andere Typen modern, Vamps und Femmes fatales, raffinierte Genießerinnen und teuflische Verführerinnen, jedenfalls Frauen, für die wichtiger als die Erotik die Sexualität war – von Strindbergs Fräulein Julie über Oscar Wildes Prinzessin Salome bis zu Wedekinds kreatürlicher Lulu. Es waren herzlose Frauen oder doch zumindest solche, die als herzlos gelten wollten.

Das Herz hatte sich, so absonderlich dies klingen mag, ganz einfach überlebt. Die Psychoanalyse ignorierte es konsequent und später auch der Existentialismus. Wenn es in der deutschen Lyrik unseres Jahrhunderts noch eine große Rolle spielte, dann in den

Versen der Expressionisten. So ist denn auch einer der Teile der »Menschheitsdämmerung«, der immer noch grandiosen expressionistischen Anthologie aus dem Jahre 1919, »Erweckung des Herzens« betitelt.

Das Herz besingen vor allem jene Expressionisten, die keine Angst vor dem Pathos haben und sich von der Sprache der Bibel anregen lassen – Ivan Goll etwa oder Franz Werfel. Am häufigsten hören wir vom Herzen im Werk einer skurrilen und exzentrischen Frau, die sich genötigt sieht, im Mystischen und in der Ekstase Zuflucht zu suchen – im Werk der Else Lasker-Schüler. Sie dichtet »Dein Herz ist ein Wirbelwind.« Und: »Kinder sind unsere Herzen, / Die möchten ruhen müdesüß.« Das Herz – das ist gleichsam der rote Faden ihrer Poesie und zugleich deren blaue Blume. Sogar die autobiographischen Aufzeichnungen der Else Lasker-Schüler tragen den ebenso schlichten wie anspruchsvollen Titel »Mein Herz«.

Gewiss taucht das Herz auch in den Versen anderer bedeutender Lyriker unseres Jahrhunderts auf, bisweilen in einem überraschenden, in einem wunderlichen Zusammenhang, so bei Rilke, der von den »Bergen des Herzens« spricht. Aber ein Dichter, der unserem Zeitgefühl näher steht als die Lasker-Schüler, als Rilke oder Werfel, ein Dichter wie Gottfried Benn ließ das Herz, wenn man so sagen darf, links liegen. Obwohl Benn Arzt war? Nein, vielleicht gerade deshalb, weil er Arzt war und sich daher am wenigsten Illusionen bezüglich des Herzens machen konnte.

Brecht wiederum benennt und beschreibt die Körperteile seiner Geliebten gern. Doch sind es meist solche unterhalb der Gürtellinie. Wo er die Vokabel »Herz« verwendet, was selten geschieht, geniert er sich des ältesten Reimes der deutschen Sprache nicht, nur klingt er bei ihm recht schnoddrig: »Ich kann dies feile Fleisch noch nicht verschmerzen: / So tief sitzt die Kanallje mir im Herzen.« Und wenn Brecht sagen will, warum ihn seine Geliebte He. enttäuscht hat, dann greift er doch auf die sonst verpönte Herz-Metapher zurück und konstatiert unmissverständlich: »Ihr Herz war ohne Gedanken.«

Hat also das Herz in unserem Jahrhundert seine Bedeutung für die Literatur eingebüßt? Und hängt das etwa mit der Entwicklung der Medizin und ihrer technischen Hilfsmittel zusammen? Das Gegenteil trifft zu. Im »Zauberberg« wird Joachim Ziemßens Oberkörper durchleuchtet. Hans Castorp darf zuschauen: Seine »Aufmerksamkeit war in Anspruch genommen von etwas Sackartigem, ungestalt Tierischem, dunkel hinter dem Mittelstamme Sichtbarem, und zwar größtenteils zur Rechten, vom Beschauer aus gesehen – das sich gleichmäßig ausdehnte und wieder zusammenzog, ein wenig nach Art einer rudernden Qualle ... Großer Gott, es war das Herz, Joachims ehrliebendes Herz, was Hans Castorp sah!«

Auch die modernen Lyriker sehen dank der Röntgenstrahlen das Herz anders als bisher. Einige Jahre nach dem »Zauberberg« publiziert Erich Kästner das Gedicht »Das Herz im Spiegel«. Hier wird weder verklärt noch poetisiert, hier herrscht vielmehr der kühle und nüchterne, doch keineswegs gefühllose Ton der Neuen Sachlichkeit. Ein Mann wird durchleuchtet, er erblickt auf dem Bildschirm ein »schattenhaftes Gewächs«: »Das war mein Herz! Es glich aufs Haar / einem zuckenden Tintenklecks.« Der Mann erlebt einen Schock: »Das war mein Herz, das dir gehört, / geliebte Hildegard!« Und das Fazit des Kästner-Gedichts:

Kind, das Vernünftigste wird sein,
daß du mich rasch vergißt.
Weil so ein Herz wie meines kein
Geschenkartikel ist.

Die Röntgendurchleuchtungen und die Elektrokardiogramme, die Herzoperationen und die Herzverpflanzungen haben der Symbolik des Herzens nichts anhaben können, ja sie haben der Literatur neue Motive und Themen geliefert. Schon vor einem halben Jahrhundert hat der Romancier Ernst Weiß, der von Beruf Arzt war, in seiner Erzählung »Die Herznaht« meisterhaft eine Herzoperation geschildert.

Immer noch glauben die Menschen an die geheimen Kräfte des Herzens. Auch die Dichter unserer Zeit brauchen das Herzsymbol, das uralte Zeichen der Liebe. Die ominöse und sentimentale und eben doch nicht ersetzbare Vokabel taucht nach wie vor in den Titeln zahlloser Lyriksammlungen, Romane und Erzählungen auf. Von den vielen Beispielen, die man hier anführen könnte, sei nur eines genannt: Der erfolgreichste Gedichtband der letzten Jahre variiert im Titel die traditionsreiche Alternative. Ich meine Ulla Hahns Debüt »Herz über Kopf«. Nach 1945 zeigte sich auch, dass man mit dem Herzen sogar das politische Bekenntnis wirkungsvoll andeuten kann. »Links, wo das Herz ist«, der Titel der 1952 erschienenen Autobiographie von Leonhard Frank, wird bis heute gern und oft nachgeahmt.

Nein, es ist nicht schlecht um das Herz bestellt. Schlimm ist es erst dann, wenn man von ihm nicht mehr in Bildern und Metaphern spricht, wenn es nur noch auf seine mechanischen Bewegungen ankommt, auf seinen bloßen Rhythmus. »In solcher Stunde« – schrieb Alfred Polgar – »ist wenig Poesie mehr um das arme Ding, da wird furchtbar gleichgültig, wofür es schlägt, wenn es nur schlägt …« Ja, in solcher Stunde haben die Dichter zu schweigen. Das Wort haben dann nur noch die Mediziner.

## Die verkehrte Krone *oder* Juden in der deutschen Literatur

Der Geschichte der Juden in der deutschen Literatur mangelt es nicht an Siegen, an wahren Triumphen. Ein Jude aus Düsseldorf ist der erfolgreichste deutsche Lyriker nach Goethe. Ein Jude aus Prag hat die moderne Literatur geprägt – die der Deutschen und die der ganzen Welt. Und unter den populärsten Erzählern des 19. wie des 20. Jahrhunderts gibt es nicht wenige Juden.

Doch allen Erfolgen zum Trotz ist dieses Kapitel der Literaturgeschichte so dunkel wie deprimierend: Wir haben es mit einer Leidensgeschichte ohnegleichen zu tun. Dabei geht es nicht um Fehlschläge und Niederlagen – sie gehören immer und überall zur Biographie derer, die öffentlich wirken. Ich meine vielmehr die fortwährenden Erniedrigungen, die grausamen Demütigungen, die keinem deutschen Juden, welchen Beruf er auch ausübte, erspart geblieben sind; nur empfindet sie ein Schriftsteller stets doppelt und dreifach.

Am Anfang dieser jüdischen Passionsgeschichte sehen wir zwei in jeder Hinsicht ungewöhnliche Menschen, einen Mann und eine Frau. Er sehr klein und verwachsen, ja bucklig, sie ebenfalls klein und nicht gerade schön. Beide standen im Mittelpunkt des geistigen Lebens von Berlin und von Preußen, beide sind Jahrhundertfiguren der deutschen Kultur geworden und geblieben. Beide verkörpern wie niemand vor ihnen und wie kaum jemand nach ihnen den Glanz und zugleich das Elend des jüdischen Daseins in Deutschland.

Im Oktober 1743 meldete sich am Rosenthaler Tor der Stadt Berlin ein vierzehnjähriger Knabe, der Sohn des Dessauer Synagogendieners und Thoraschreibers. Aus seiner Geburtsstadt Dessau zu Fuß gekommen, bat er um Einlass nach Berlin, der ihm auch bewilligt wurde. So findet sich im Journal für diesen Oktobertag 1743 die knappe Eintragung: »Heute passierten das Rosenthaler Tor sechs Ochsen, sieben Schweine, ein Jude.«

Warum hat ihn der Wachtposten damals nicht abgewiesen? Vielleicht deshalb, weil ihn der ärmliche und jugendliche Neuankömmling mit einer denkwürdigen Antwort verblüffte. Denn befragt, was er in Berlin wolle, sagte der Knabe, jedenfalls der Legende zufolge, nur ein einziges Wort: »Lernen«. Er hat dann in Berlin in kurzer Zeit tatsächlich viel gelernt und sehr bald andere gelehrt.

Die Zeitgenossen haben ihn, Moses Mendelssohn, als Autorität höchsten Ranges anerkannt: Er wurde einer der bedeutendsten Denker jener Epoche, in der Kant und Lessing wirkten. Und er wurde es, ohne je, wie er mit leisem Stolz betonte, auf einer Universität gewesen zu sein oder ein Collegium gehört zu haben. Erstaunlich ist es also nicht, dass der Autodidakt gerne Mitglied der Preußischen Akademie der Wissenschaften geworden wäre. Das wäre ihm auch beinahe geglückt, nur erhob der König, Friedrich II., Einspruch.

Wichtiger noch: Mendelssohn hoffte, er könne ein gleichberechtigter Bürger des preußischen Staates werden. Aber er schätzte die Situation allzu optimistisch ein: So überwältigend seine wissenschaftlichen Leistungen auch waren – der jüdische Philosoph wurde nach wie vor als wunderlicher Fremdling empfunden, als sonderbares Wesen angestaunt. Von Gleichberechtigung konnte keine Rede sein: Man hat ihn gerühmt und zugleich geschmäht, gepriesen und gequält.

Auch die andere kleine Person, die das Kapitel der Juden in der Geschichte der deutschen Literatur eröffnet, Rahel Levin, die spätere Rahel Varnhagen, kam, wie Mendelssohn, aus der Judengasse und aus einer orthodoxen Familie, auch sie sprach in ihrer Jugend das noch im 18. Jahrhundert gebräuchliche Judendeutsch, das mit hebräischen Lettern geschrieben wurde. Sie indes war doppelt benachteiligt, doppelt geschlagen – als Frau und als Jüdin.

Mit den Grenzen, die dem weiblichen Dasein gesteckt waren, wollte sie sich auf keinen Fall abfinden. Und mit dem Judentum? Mit aller Kraft, über die sie verfügte, hat sie sich gegen ihre Abstammung empört und aufgelehnt: Diese Rebellion bildet, auch wenn Rahel es nicht selten für richtig hielt, sich mit Winken und mit Andeutungen zu begnügen, das zentrale Thema, das Leitmotiv ihrer Schriften.

Sie war eine selbstbewusste, eine hochintelligente und überaus geistreiche Frau. Aber eine Schriftstellerin war sie nicht, sie wollte es auch nie sein. Sie hat Tagebuchaufzeichnungen hinterlassen und Hunderte, Tausende von Briefen. Es sind kulturgeschichtliche Dokumente von großem Wert. Doch beweisen sie, dass Rahels Deutsch auch noch in ihren späten Tagen nicht makellos war und dass ihr enormer Ehrgeiz, vielleicht eben deshalb, nicht auf geistige und literarische Leistungen gerichtet war, sondern vor allem auf gesellschaftliche Erfolge. Denn sie wollte ihre Herkunft um jeden Preis abstreifen – wie man ein überflüssiges Kleidungsstück wegwirft. In einem Brief spricht sie von dem »sich fort und neu entwickelnden Unglück« ihrer »falschen Geburt«, aus dem sie sich »nicht hervorzuwälzen vermag«.

1795 gibt sie einem jungen Juden, David Veit, einen Ratschlag: »Kenntnisse sind die einzige Macht, die man sich verschaffen kann, wenn man sie nicht hat, Macht ist Kraft, und Kraft ist alles.« An nichts anderes denkt sie als an eine Möglichkeit, die »falsche Geburt« zu überwinden und sich von dem uralten Fluch zu befreien. Sie ist es satt, unentwegt gekränkt und beleidigt zu werden. Die Gleichberechtigung will sie – wie Moses Mendelssohn. Was sie David Veit empfohlen hat, das soll auch sie selber retten: Sie brennt darauf, sich Kenntnisse zu erwerben, sich Wissen anzueignen. Nur so lasse sich – davon ist sie überzeugt – die zwischen den Juden und den Nichtjuden bestehende Kluft zumindest verringern.

Mit ihrem Salon in der guten Stube protestierte sie gegen die überlieferten Schranken. Denn dort, in der Jägerstraße, trafen sich Männer und Frauen, adlige Offiziere und bürgerliche Intellektuelle, Philosophen und Schauspieler und schließlich und vor allem: Christen und Juden. Oft nennt man die Namen jener, die in diesem Salon verkehrten – es sind die besten der Epoche: von Jean Paul und Friedrich Schlegel bis zu Chamisso und Brentano. Und in ihrer Mitte die umsichtige, die imponierende Gastgeberin.

Die Berühmtheiten – sie folgten den Einladungen offenbar immer und sehr gern. Doch ist nicht bekannt, dass einer von ihnen je Rahel Levin zu sich eingeladen hätte. Diese oft attraktiv geschilderten Berliner Salons – es waren in der Tat wichtige Zentren des geistigen Lebens. Aber nicht von der Gleichberechtigung der Juden zeugten sie, sondern bloß von ihrem dringenden Wunsch, mit gebildeten Nichtjuden zusammenzukommen und von ihnen tatsächlich anerkannt zu werden.

Für die christlichen Freunde war Rahel letztlich eine Ausnahmejüdin, vielleicht eine nichtjüdische Jüdin, auf jeden Fall eine Fremde. Dass sie als emanzipierte Mitbürgerin leben wollte, konnte man schon begreifen. Absonderlich blieb es dennoch: Ähnlich wie Moses Mendelssohn wurde auch sie natürlich nicht geliebt, wohl aber angestaunt; ähnlich wie ihn empfand man auch sie als ein reizvolles, ein durchaus originelles, jedoch exotisches Wesen.

Einige Jahre lang war die ehrgeizige Rahel eine zentrale und gefeierte, eine kleine und doch beinahe majestätische Figur, eine orientalische Königin mitten im preußischen Berlin. Ja, eine Herrscherin war sie, aufrichtig bewundert, aber insgeheim spöttisch belächelt, bestenfalls bemitleidet. Als sie älter geworden und ihr Ruhm längst verblasst war, bildete sie sich ein, sie würde immer noch jung aussehen, ihre weiße Haartracht täusche nur die Menschen, sie schien ihr bloß eine »verkehrte Krone auf meinem Schicksal«. Aber auch zu Zeiten, als der Erfolg sie berauschte, war ihre Situation schon paradox. Der unsichtbare Kopfschmuck, den sie stolz trug, glich einer falschen, eben einer »verkehrten Krone«. Alle waren sich dessen bewusst – ihre Gäste und Freunde, ihre Neider und Nebenbuhler und letztlich auch sie selber.

So blieb ihre Suche nach einer Heimat vergeblich, das »natürlichste Dasein«, dessen sich, wie sie notierte, jede Bäuerin, ja jede Bettlerin erfreuen könne, war ihr versagt. Sie müsse »sich immer erst legitimieren«, gerade deshalb sei es »so widerwärtig, eine Jüdin zu sein«. Wiederholt erklärte sie in ihren Briefen, zumal in jenen an die Geschwister, man könne als Jude überhaupt nicht existieren. Nur zwei Möglichkeiten gebe es: die Taufe und die Ehe mit einem Nichtjuden. 1814 tritt sie zum Christentum über und heiratet Karl August Varnhagen von Ense.

Doch neunzehn Jahre später, wenige Tage vor ihrem Tod, diktiert sie ihrem Mann: »Was so lange Zeit meines Lebens mir die größte

Schmach, das herbste Leid und Unglück war, eine Jüdin geboren zu sein, um keinen Preis möcht' ich das jetzt missen.« War das Einsicht oder Resignation oder vielleicht Trotz? Sicher ist: Wenn wir uns heute, obwohl ihre Schriften fast nur noch von Fachgelehrten gelesen werden, mit Rahel Varnhagen beschäftigen, wenn uns ihre Persönlichkeit immer noch fasziniert, und dies in höherem Maße als ihr Werk, so vor allem deshalb, weil ihr Leben mehr als aufschlussreich, weil es exemplarisch ist. Aber es fragt sich: exemplarisch wofür? Ich meine: Für die Wege und Irrwege der Juden in der deutschen Literatur im 19. und letztlich auch im 20. Jahrhundert.

Beinahe jeder dieser Schriftsteller musste früher oder später durchmachen, was Rahel erfahren und erlitten hatte. Beinahe jeder wusste, dass er sich immer erst zu legitimieren hatte. Beinahe jeder lebte im Zeichen jener schrecklichen Angst, die sich zeitweise verdrängen, doch nie ganz abschütteln ließ – der Angst vor dem Judenhass, genauer: der Angst vor Deutschland, vor den Deutschen. Die meisten Schriftsteller sahen nur einen einzigen Ausweg: Ähnlich wie Rahel Varnhagen wandten sie sich vom mosaischen Glauben ab, um sich einer der herrschenden Religionen anzuschließen. Indes: Was sie sich davon versprachen, ging so gut wie nie in Erfüllung.

Heine sah schon als Student, dass ihm »Torheit und Arglist ein Vaterland verweigern«. Aber er dachte nicht daran zu kapitulieren. Verurteilt zur Heimatlosigkeit, versuchte er, sich zunächst dort einen Platz zu sichern, wo er glaubte, eine Ersatzheimat, eine Art Vaterland finden zu können: in der deutschen Sprache, in der deutschen Literatur.

Dieses Ziel vor Augen, debütierte er in den zwanziger Jahren des 19. Jahrhunderts mit Versen, die sofort eine ungewöhnliche Situation erzeugten. Plötzlich war ein Jude ein deutscher Dichter. Das hatte es bisher nicht gegeben. Zwar kannte man schon deutsch schreibende Juden, nur spielten sie keine Rolle. Oder es war ein Ludwig Börne aus Frankfurt, der aber Prosa publizierte, Kritiken und Reiseberichte. Das schien der Öffentlichkeit erträglicher als der unerwartete Einbruch eines Juden in die urdeutsche Domäne der holden Poesie. Erschwerend kam hinzu, dass sich Heine nicht ignorieren ließ: Seine Verse waren gut, so gut, dass sie ihn in kurzer Zeit berühmt machten. Das kam einer enormen, einer ungeheuerlichen Provokation gleich.

Gewiss, man war durchaus bereit, sich diese Gedichte anzueignen und sie auch ausgiebig zu loben. Aber man war nicht bereit, den Autor als Person, als Bürger, als Deutschen anzunehmen. Gesellschaftliche und berufliche Gründe waren es, die Heine 1825 veranlassten, zur evangelischen Kirche überzutreten. Dass man diese Selbstverteidigung, diesen Kampf ums Dasein, gelegentlich als Opportunismus bezeichnet hat, will mir nicht recht einleuchten. Jedenfalls hat, was Heines Isolation ein Ende bereiten sollte, sie erst recht vertieft. Er blieb, was er bisher gewesen war: ein Jude unter Christen. Nur war er jetzt auch noch ein Getaufter unter den Juden.

Nicht der Taufzettel veränderte sein Leben, sondern erst die Auswanderung. Er war in Deutschland ein gescheiterter Jurist, dem es nirgends gelingen wollte, eine Stellung zu finden. In Frankreich lebte er als ein Poet, der geschätzt wurde. In Deutschland war er ein unbequemer Zeitgenosse, der vielen auf die Nerven ging und der überall Anstoß erregte. In Frankreich hat er die Einheimischen nicht besonders gestört, hier konnte er ohne weiteres zwar nicht integriert, doch immerhin akzeptiert werden – allerdings als einer, der selbstverständlich nicht dazugehörte. In beiden Ländern war und blieb der Düsseldorfer Heine ein kurioser Einzelgänger, ein bunter Vogel, kurz: hier wie dort ein Fremder. Aber unter den Deutschen ein Jude, unter den Franzosen ein Deutscher, in Deutschland ein Ausgestoßener, in Frankreich ein Ausländer.

Das zentrale Problem Heines war – in Deutschland ebenso wie in Frankreich – das Judentum, doch nicht etwa die mosaische Religion und nicht die jüdische Tradition. Freilich ist Heines Thema, zumal in dem internationalen Bestseller »Buch der Lieder«, meist zwischen und hinter seinen Versen verborgen. Er spricht in der Lyrik von den Leiden des deutschen Juden kurz nach der von den Behörden verordneten, aber von der Bevölkerung nicht gewollten, bestenfalls geduldeten Emanzipation, von den Leiden somit eines Menschen, der, hineingeboren in die deutsche Welt, integriert werden möchte. Der Schmerz dessen, den man nicht zulässt, der allein und einsam bleibt – das ist Heines Leitmotiv. Die aussichtslose Liebe, die er in seinen Liedern und Gedichten besingt, symbolisiert die Situation des Verstoßenen und Ausgeschlossenen.

Nicht die Heimatlosigkeit steht im Mittelpunkt dieser Dichtung, vielmehr die Nichtanerkennung, die Nichtzugehörigkeit des zwar ganz und gar assimilierten, aber in Wirklichkeit eben nicht emanzipierten Juden. So ist Heines Werk durch die spezifische Situation geprägt, in der er sich inmitten der christlichen Gesellschaft befunden hat. Dies jedoch gilt für nahezu alle Juden in der deutschen Literatur: Es sind nicht etwa stilistische oder formale Merkmale, die das Werk dieser Schriftsteller kennzeichnen, vielmehr sind es die Themen und die Motive, die sich aus ihren Erfahrungen und Leiden, aus ihren Komplexen und Ressentiments als Juden in der deutschen Welt ergeben.

Ob das Jüdische im Vordergrund ihres Lebens stand oder ob sie es zu verdrängen und zu ignorieren versuchten, ob sie sich dessen ganz oder nur teilweise bewusst waren – ihnen allen hat ihre Identität qualvolle Schwierigkeiten bereitet, keiner ist mit dieser Frage zu Rande gekommen. Der aus einem schwäbischen Dorf stammende Romancier und Geschichtenerzähler Berthold Auerbach glaubte, das Problem gelöst zu haben: Er sei, erklärte er 1847, ein Deutscher, ein Schwabe und ein Jude zugleich, nichts anderes könne und wolle er sein.

Seine »Schwarzwälder Dorfgeschichten« machten ihn zu einem wahren Volksschriftsteller, er wurde mehr gelesen und mehr geschätzt als Gottfried Keller. Doch ließ er sich nicht beirren, deutlich sah er die wachsenden antisemitischen Tendenzen in Deutschland: Wie Heine von dem »nie abzuwaschenden Juden« sprach, so wollte auch er sich nicht damit abfinden, dass man ihn auf Schritt und Tritt »als Juden und immer nur als Juden angesehen« hat. Als 1880 der Berliner Antisemitismusstreit ausgetragen wurde, verzweifelte Auerbach über den Widerwillen gegen die Juden. Er schrieb: »Vergebens gelebt und gearbeitet!«

Gegen Ende des Jahrhunderts wurde es augenscheinlich, dass die jüdischen Schriftsteller in ihrer überwiegenden Mehrheit das Judentum als eine Last empfanden, mit der sie freilich sehr unterschiedlich umgingen. Wollten sich die einen ihrer so schnell wie möglich entledigen, so wurde sie von anderen resigniert weitergeschleppt oder aber trotzig wie ein Banner getragen. Sie nahmen ihr Judentum nicht als etwas Natürliches, etwas Selbstverständliches hin, vielmehr schwankte ihre Reaktion zwischen Scham und Stolz: Sie ergaben sich demütig in ihr Schicksal oder widersetzten sich ihm mit Nachdruck. Der Berliner Kritiker Alfred Kerr beteuerte, dass er »die Herkunft von diesem Fabelvolk immer als etwas Beglückendes gefühlt« habe. Wirklich immer? Auch dann, als der Jude Kerr schikaniert und schließlich vertrieben wurde?

Arthur Schnitzler, in dessen Werk man die jüdischen Motive und Figuren nicht zwischen den Zeilen zu suchen braucht, behauptet in einem Brief: »Ich leide nicht im geringsten unter meiner jüdischen Abstammung.« So ganz überzeugend ist das nicht. Denn in seinem erst für die postume Veröffentlichung bestimmten Tagebuch notiert er: »Wie schön ist es, ein Arier zu sein – man hat sein Talent so ungestört.« In der Tat wurde Schnitzler immer wieder verleumdet und bösartig angegriffen. »Weil ich Jude war« – schrieb Sigmund Freud – »fand ich mich frei von vielen Vorurteilen, die andere im Gebrauch ihres Intellektes beschränkten; als Jude war ich darauf vorbereitet, in die Opposition zu gehen …« Das gilt in hohem Maße auch für Schnitzler.

Auf vielen seiner Fotos sieht man einen behäbigen und bedächtigen Herrn, einen offenbar gleichmütigen Menschen. In Wirklichkeit kannte auch er, wie die meisten Juden in der deutschen Literatur, keine Ruhe, auch er war ein Getriebener. Die Gesellschaft seiner Zeit wie kaum ein anderer beobachtend, musste er sie, ob er es wollte oder nicht, bloßstellen – und geriet als junger Autor gleichsam automatisch in die Opposition, zumal mit seinen dramatischen Arbeiten, mit den Zyklen »Anatol« und »Reigen«, mit dem Einakter »Der grüne Kakadu« und erst recht mit der bahnbrechenden Novelle »Leutnant Gustl«.

Aber Schnitzlers Werk ist noch in einer ganz anderen Hinsicht charakteristisch für den Beitrag der Juden zur deutschen Literatur: Vorurteilsfrei und provozierend, verblüfft es zugleich durch eine Synthese hervorstechender Eigentümlichkeiten, die mit der Herkunft aus dem Judentum, aus dem Getto zu tun haben – mit der Synthese von Schwermut und jahrhundertelang entbehrter Lebensfreude, von ungewöhnlicher Leidensfähigkeit und einer durch das Elend der noch unfernen Vergangenheit gesteigerten Genusssucht.

In einem Brief aus dem Jahre 1914 sagt er beiläufig, es sei doch sonderbar, dass »wir uns als alles zugleich fühlen müssen. Ich bin Jude, Österreicher, Deutscher«. Man beachte die Formulierung »fühlen müssen«. Aufschlussreich ist auch seine Begründung: Wenn man den Juden, den Österreichern oder den Deutschen »was Schlimmes nachsagt«, dann fühle er sich jeweils beleidigt. Wir haben es also mit einer dreifachen Identität zu tun, freilich mit einer, die offenbar bloß aus dem Negativen herrührt.

Über dieselbe Frage nachdenkend, hat ein Berliner Zeitgenosse Schnitzlers, der Kritiker und Verlagslektor Moritz Heimann, den Sternenhimmel bemüht: Es sei »nichts Unnatürliches darin, seine Bahn mit zwei Mittelpunkten zu laufen; einige Kometen tun es und die Planeten alle«. Jakob Wassermann, einer der meistgelesenen Erzähler der Weimarer Republik, bekannte sich ebenfalls zu einer Bahn mit zwei Mittelpunkten: Er sei Deutscher und Jude zugleich, und zwar »eines so sehr und so völlig wie das andere, keines ist vom anderen zu lösen«.

Doch auch ihm, dem von großen Publikumserfolgen verwöhnten Romancier, blieben herbe Enttäuschungen nicht erspart. 1921 versetzte er die Öffentlichkeit mit einer Schrift in Erstaunen, die man gerade von Wassermann am wenigsten erwartet hatte – mit dem autobiographischen Buch »Mein Weg als Deutscher und Jude«. Sein Fazit: »Es ist vergeblich, das Volk der Dichter und Denker im Namen seiner Dichter und Denker zu beschwören … Es ist vergeblich, das Gift zu entgiften. Sie brauen frisches. Es ist vergeblich, für sie zu leben und für sie zu sterben. Sie sagen: Er ist ein Jude.«

Dieses zeitgeschichtliche Dokument, Klage und Anklage in einem, ist immer noch ergreifend, und es ist höchst aufschlussreich, nicht zuletzt wegen der Reaktion, die es hervorgerufen hat. Thomas Mann nämlich war mit der alarmierenden Selbstdarstellung seines Kollegen überhaupt nicht einverstanden. Wassermann dürfe sich doch nicht über Unrecht beklagen – schreibt er –, da zumindest einige seiner Romane außerordentlich erfolgreich seien. Überdies sei das jüdische Publikum »heute in einem Maße weltbestimmend, daß der jüdische Künstler sich eigentlich geborgen und in der Welt zu Hause fühlen könnte«.

Wie aber ist es mit dem Antisemitismus? Davon weiß Thomas Mann nichts – oder er möchte nichts wissen: »Ein nationales Leben, von dem man den Juden auszusperren versuchte, in Hinsicht auf welches man ihm Mißtrauen bezeigen könnte, gibt es denn das überhaupt?« Es will ihm nicht einleuchten, dass Deutschland ein Boden sein sollte, »worin das Pflänzchen Antisemitismus je tief Wurzel fassen könnte«. So Thomas Mann im Jahre 1921.

Wassermann antwortete sofort. Der Konflikt, an dem er zu leiden habe, sei für Menschen »von Ihrer Art, Ihrer Erziehung, Herkunft und inneren Verfassung« wohl kaum greifbar: »Was hätten Sie empfunden, wenn man aus Ihrem Lübecker- und Hanseatentum ein Mißtrauensvotum konstruiert hätte?« Da Thomas Mann getan hatte, als sei ihm ein deutscher Antisemitismus ganz und gar unbekannt, musste er sich jetzt von Wassermann belehren lassen, dass Juden in Deutschland weder Richter noch Staatsanwälte oder Offiziere werden könnten und dass den Gelehrten, von wenigen Ausnahmen abgesehen, die Katheder versperrt blieben.

Als Thomas Mann 1935, während seines Aufenthalts in der Schweiz, diesen Brief an Wassermann aus dem Jahre 1921 zu sehen bekam, äußerte er sich hierzu in seinem Tagebuch auffallend wortkarg: Er sei damals »unerlaubt gutgläubig« gewesen. Das ist eine Beschönigung, die wohl mit Thomas Manns schlechtem Gewissen zu tun hat: Nicht gutgläubig waren seine Belehrungen und auch nicht weltfremd. Denn was er um 1921 seinem Tagebuch anvertraut hatte, zeigt, dass in jener Zeit bisweilen auch er von abfälligen Äußerungen über Juden nicht absehen mochte.

Der Briefwechsel zwischen Thomas Mann und Jakob Wassermann macht etwaige Illusionen zunichte: In der Weimarer Republik lebten jüdische und nichtjüdische Schriftsteller, ungeachtet unzähliger Kontakte und auch Freundschaften, doch in zwei verschiedenen

Welten. Dies lässt auch eine andere, nicht minder wichtige Überlegung Thomas Manns erkennen. In seinem 1909 veröffentlichten Roman »Königliche Hoheit« fragt der Großherzog einen Arzt, Doktor Sammet, ob dieser die jüdische Herkunft je als ein Hindernis auf seinem Wege, als Nachteil im beruflichen Wettstreit empfunden habe. Doktor Sammet will diese Frage weder bejahen noch verneinen. Kein gleichstellendes Prinzip – sagt er – könne verhindern, »daß sich inmitten des gemeinsamen Lebens Ausnahmen und Sonderformen erhalten«. Der Einzelne, also der Jude, werde gut tun, »nicht nach der Art der Sonderstellung zu fragen«, vielmehr daraus »eine außerordentliche Verpflichtung« abzuleiten. Denn durch die Nichtzugehörigkeit zur Mehrheit habe man eine weitere Veranlassung zu bedeutenden Leistungen.

Ein ungewöhnlicher Befund, eine schon erschreckende Empfehlung: Sollten die Juden dafür dankbar sein, dass sie eine »Sonderstellung« hatten und eine Minderheit waren? In der Tat sieht Thomas Mann in einer nach dem Ersten Weltkrieg geschriebenen Arbeit das Judentum als »eines jener Symbole der Ausnahme und der hohen Erschwerung, nach denen man mich als Dichter des öfteren auf der Suche fand«. Sein Werk belegt diese Äußerung: Die Menschen, die im Mittelpunkt seiner Romane und Erzählungen die Ausnahme und die hohe Erschwerung symbolisieren, sind in der Regel Künstler, Homosexuelle und Juden. Dagegen ist natürlich nichts zu sagen. Nur hätten die Juden selber – und hier geht es um die Kreativen unter ihnen, zumal um die Schriftsteller – auf ihre Ausnahmesituation, deutlicher: auf den angeblich stimulierenden Einfluss der Verfolgung gern verzichtet.

Statt jenes »natürlichste Dasein« genießen zu können, nach dem sich schon Rahel Varnhagen gesehnt hat, mussten sie sich unentwegt vor den Nichtjuden ausweisen und bewähren. Albert Einstein hat sich kurz nach dem Ersten Weltkrieg mokiert: Wenn sich seine Theorien als richtig herausstellen sollten, dann werde er für die Deutschen ein Deutscher sein und für die Franzosen ein Europäer. Sollten sie sich aber als falsch erweisen, dann werden ihn die Franzosen für einen Deutschen ausgeben und die Deutschen für einen Juden.

Diese »hohe Erschwerung«, die den Juden das Leben oft unerträglich machte und die mitunter auch ihre großen Leistungen ermöglichte, war ihnen selber keineswegs recht. Die Nichtjuden applaudierten und riefen ihnen zu: Bitte leidet weiter, bewahrt doch eure »Sonderform«, denn es sind ja gerade eure Leiden, die euch auszeichnen, die euch attraktiv und interessant machen. Die Juden empfanden diese Zustimmung, mochte sie auch bisweilen freundlich gemeint sein, eher als unheimlich.

Die Söhne und Enkel jener, die nach Jahrhunderten dem Getto entkommen waren, sehnten sich nach einer Heimat, nach einem Hafen. Einer von ihnen, Gustav Mahler, sagte knapp, er sei »dreifach heimatlos: als Böhme unter den Österreichern, als Österreicher unter den Deutschen und als Jude unter allen Nationen der Erde«. Zugleich wurde diese Generation jüdischer Intellektueller, deren Existenz die Religion nicht mehr zu prägen vermochte, von der Heimatlosigkeit in einem anderen Sinne verunsichert und gepeinigt. Keiner hat das treffender artikuliert als der unglückliche deutsche Dichter, der die Heimatlosigkeit der Juden zum Thema seines Werks, eines Jahrhundertwerks, erhoben hat: Franz Kafka.

In einem Brief an seinen Freund Max Brod spricht Kafka 1921 von dem »Verhältnis der jungen Juden zu ihrem Judentum« und von »der schrecklichen inneren Lage dieser Generation«. Er erkannte sie klar und deutlich: »Weg vom Judentum … wollten die meisten, die deutsch zu schreiben anfingen, sie wollten es, aber mit den Hinterbeinchen klebten sie noch am Judentum des Vaters und mit den Vorderbeinchen fanden sie keinen neuen Boden. Die Verzweiflung darüber war ihre Inspiration.«

Es war die Inspiration von Arthur Schnitzler und Joseph Roth, von Walter Benjamin und Karl Kraus – und auch von Schriftstellern, die (wie Else Lasker-Schüler und Alfred Döblin, Franz Werfel und Walter Hasenclever) dem Expressionismus zugerechnet wurden. In dieser literarischen Revolte gegen die Welt der Bürger und gegen die Autorität der Väter spielten die Poeten jüdischer Herkunft eine auffallend große Rolle. Gewiss waren Einsamkeit und Heimatlosigkeit nicht nur für die Juden typisch, sondern auch für viele andere junge

Autoren. Nur musste dieses Generationserlebnis gerade die jüdischen Intellektuellen, zumal die Schriftsteller, die sich ja ohnehin im Stich gelassen fühlten, noch schmerzlicher treffen.

Auf einer Postkarte von 1916 stellt Kafka ohne jedes Aufheben die fundamentale Frage seiner Existenz: Wer er denn eigentlich sei? Denn in der »Neuen Rundschau« habe man seiner Prosa »etwas Urdeutsches« bescheinigt, während Max Brod seine Erzählungen zu den »jüdischsten Dokumenten unserer Zeit« zähle. Kafka stimmt weder dem einen noch dem anderen Befund zu: »Bin ich ein Cirkusreiter auf 2 Pferden?« Und er antwortet sogleich: »Leider bin ich kein Reiter, sondern liege am Boden.« Sollte Ähnliches schon für Heine gegolten haben?

So verwunderlich die Analogie auch erscheinen mag – Kafka hat mit Heine mehr gemein, als man auf den ersten Blick wahrnehmen kann. Auch Kafka hat exemplarische Situationen, Konflikte und Komplexe vornehmlich von Juden innerhalb der nichtjüdischen Welt dargestellt. Indem Heine in seiner erotischen Lyrik insgeheim das Los der benachteiligten Juden besang oder sich zumindest von diesem Los inspirieren ließ, wurde er zum poetischen Sprecher und Sachwalter aller Benachteiligten und Verschmähten, aller, die an ihrer Rolle in der Gesellschaft gelitten haben, aller, die sich nach Liebe sehnten, aber sich mit der Sehnsucht, mit der Hoffnung begnügen mussten.

Auch Kafkas Geschichten vom Schicksal der Angeklagten und der Ausgestoßenen sind klassische Gleichnisse von der Entfremdung und der Vereinsamung des Individuums: Die Tragödie der Juden, die er in seinen Romanen und Erzählungen dargestellt hat, ohne das Wort »Jude« zu verwenden, wurde von nachwachsenden Generationen, durchaus zu Recht, als Extrembeispiel der menschlichen Existenz verstanden. 1925, kurz nach Kafkas Tod, als noch der größte Teil seines Werks ungedruckt und sein Name kaum bekannt war, wurde er von Hermann Hesse ein »heimlicher Meister und König der deutschen Sprache« genannt. Wenn Kafka ein König war – dann freilich, wie einst Rahel Varnhagen, wie später Heinrich Heine, einer mit der falschen, mit der »verkehrten Krone« auf seinem Schicksal.

Einige der an dieser jüdischen Heimatlosigkeit leidenden Schriftsteller wandten sich, wie Kafka in seinen späteren Jahren, wieder dem Judentum zu und der neuen Bewegung, dem Zionismus – so Lion Feuchtwanger, Arnold Zweig, Max Brod und Martin Buber. Aber den meisten bedeutete die jüdische Überlieferung nichts mehr. Das »Dritte Reich« kümmerte sich darum nicht im Geringsten: Auch Schriftsteller, die bloß jüdischer Herkunft waren und deren Eltern oder Großeltern sich längst hatten taufen lassen, wurden zur Emigration gezwungen – wie Rudolf Borchardt, wie Carl Sternheim, der Sohn eines Juden, wie Carl Zuckmayer, der Sohn einer Jüdin.

Andere Autoren rebellierten gegen die jüdische Existenz, indem sie sich für jene philosophischen und ideologischen Entwürfe entschieden, die als Ersatzreligion dienen konnten, für den Marxismus, für den Sozialismus – so Anna Seghers und Arnold Zweig, Ernst Bloch und Manès Sperber, der Dramatiker Friedrich Wolf und der Reporter Egon Erwin Kisch und, zumindest zeitweise, Walter Benjamin und Kurt Tucholsky. »An Stelle von Heimat / halte ich die Verwandlung der Welt« – dieses Wort der Nelly Sachs lässt sich auf sie alle beziehen.

Und das Christentum? Seine Anziehungskraft hielt sich in Grenzen. Aber es war in der Regel nicht Opportunismus, der viele jüdische Schriftsteller die Nähe des Christentums suchen ließ. Zumal katholisches Denken und katholisches Ritual haben auf manche von ihnen einen starken Einfluss ausgeübt. Alfred Döblin verließ schon 1912 die jüdische Religionsgemeinschaft, doch, schrieb er, wenn es um Kampf gehe, »war und blieb ich ein Jude«. Zwischen 1926 und 1935 veröffentlichte er drei Bücher, die sich ausschließlich mit jüdischen Fragen beschäftigten. Gleichwohl trat er 1941 im amerikanischen Exil zum katholischen Glauben über. Er tat es in einem Augenblick, da er sich von diesem Schritt nicht die geringsten praktischen Vorteile versprechen konnte.

Die Hinwendung zur Philosophie katholischer Prägung war wohl das wichtigste geistige Ereignis in den letzten Jahren des Juden Kurt Tucholsky. Franz Werfel war vom Katholischen geradezu fasziniert – und Joseph Roth ebenfalls. Sie litten an der »schrecklichen inneren Lage dieser Generation«. Aber taufen ließen sie sich doch nicht.

Roth, in dessen Werk das Jüdische zu den zentralen Themen gehört, schuf sich auf der Suche nach einem neuen Glauben eine Wunsch- und Märchenwelt: Aus dem habsburgischen Reich wurde sein Orplid. Nicht als eine politische Realität begriff er also die Donaumonarchie, sondern als Idee und Vision, als eine rückwärtsgewandte Utopie: Kakanien als Wille und Vorstellung. Österreich sei – heißt es in seinem Roman »Die Kapuzinergruft« – »kein Staat, keine Heimat, keine Nation. Es ist eine Religion«.

Vielleicht hat keiner an seinem Judentum so heftig gelitten wie Karl Kraus, der unduldsamste Beobachter und der gewaltigste Hasser der Epoche. Er war ein gefürchteter Zuchtmeister und ein genialischer Alleinunterhalter, eine Wiener Institution und ein österreichisches Ärgernis. 1899 hat er die jüdische Religionsgemeinschaft verlassen, 1911 trat er der katholischen Kirche bei, 1923 hat er sich von ihr wieder getrennt. Als Kuriosum sei der unmittelbare Anlass erwähnt: Die Kirche hat dem von Kraus verachteten Max Reinhardt erlaubt, in der Salzburger Kollegienkirche ein Theaterstück aufzuführen. Schlimmer noch: Das Theaterstück stammte aus der Feder eines von Kraus besonders verabscheuten Autors, den er für einen geschmacklosen Nichtskönner hielt – aus der Feder Hugo von Hofmannsthals.

Da die Wurzeln seiner außergewöhnlichen Wortgläubigkeit und seines Gerechtigkeitsfanatismus unzweifelhaft im Judentum zu finden sind, in der Welt des Alten Testaments, haben wir es bei seiner fortwährenden, bisweilen schon manischen Anklage des Jüdischen mit einer Selbstauseinandersetzung zu tun: Der Selbsthass feierte in den Schriften von Karl Kraus wahre Orgien. Sonderbar: Den berüchtigten jüdischen Selbsthass, diese düster schillernde Kategorie, kennt keine einzige europäische Literatur – nur die deutsche. Ob das wohl damit zusammenhängt, dass die Juden sich in die deutsche Kultur geradezu verliebten? Dann wäre es, wie schon gelegentlich bemerkt wurde, diese unerwiderte Liebe der Juden, die ihre Gereiztheit geweckt, ihre Aggressivität gesteigert und schließlich diesen unheimlichen Selbsthass angefacht hat.

Auch Tucholsky hat über und gegen Juden allerlei geschrieben, was man zur Zeit der Weimarer Republik in der Kampfpresse der

Nationalsozialisten ebenfalls lesen konnte – dort allerdings ungleich dümmer und viel schlechter formuliert. Auch Tucholsky hat sich die größte Mühe gegeben, sein Judentum abzustreifen. In seinem Abschiedsbrief an Arnold Zweig, im Dezember 1935 verfasst, stellte er knapp fest, er habe sich 1911 vom Judentum getrennt, wisse nun aber, »daß man das gar nicht kann«. Ein Professor soll in den dreißiger Jahren seinem Auditorium bekannt haben, er sei aus dem Judentum ausgetreten, worauf Max Brod ihm zurief: »Aber das Judentum nicht aus Ihnen!«

Eine einnehmende, eine für sich gewinnende Kategorie ist der jüdische Selbsthass ganz gewiss nicht, doch offenbar eine produktive und fruchtbare. Karl Kraus und Kurt Tucholsky gehören zu den vorzüglichsten deutschen Satirikern und Feuilletonisten nicht nur des 20. Jahrhunderts. Und bestimmt ist nicht falsch, was Tucholsky beiläufig bemerkt hat: »Selbsthaß ist der erste Schritt zur Besserung.«

Wer aber befürchten sollte, dass der jüdische Selbsthass, der sich Karl Marx und Kafka ebenso nachsagen lässt wie Else Lasker-Schüler oder Kurt Tucholsky, den Antisemiten nütze, dem kann man nur zustimmen. Es spricht jedoch nicht gegen die Juden, dass sie sich nie gescheut haben, ihre Schwächen und Schwierigkeiten, ihre Makel und Laster vor aller Welt auszubreiten: Unter den Anklägern der Juden waren die Juden selber immer die ersten. Das ist eine uralte Tradition. Es sind die Propheten des Alten Testaments, die sie begründet haben.

Von der deutsch-jüdischen Kultursymbiose, zumal im Bereich der Literatur, spricht man jetzt häufig – und man meint damit die ganze Epoche von der Aufklärung bis zum Holocaust. Aber hat es diese Symbiose, von der vor 1933 nur selten die Rede war, denn wirklich gegeben? Oder wurde sie bloß von den Juden erhofft und angestrebt, war es vielleicht nur ein Wunschtraum? Sicher ist, dass die Juden die Gesellschaft, in der sie lebten, aus zwei Perspektiven betrachten konnten und mussten – von außen und von innen, aus der Distanz und aus der Nähe. So waren es vor allem Juden, denen es gelang, den Geist und die Atmosphäre der beiden Metropolen, Berlin und Wien, wiederzugeben.

Wer hat das Bild der Stadt Berlin liebevoller, kritischer und anschaulicher gezeichnet als Döblin in seinem Roman »Berlin Alexanderplatz«, als Tucholsky in seinen Skizzen und Feuilletons? Wer hat die Umgangssprache, zumal den Berliner Dialekt, so genau fixiert, so scharfsinnig und witzig parodiert wie diese beiden Autoren? Und wer hat das Österreichische intensiver und reizvoller bewusst gemacht als die Juden Arthur Schnitzler, Joseph Roth und Stefan Zweig, Peter Altenberg und Alfred Polgar – von Johann Strauß und Hugo von Hofmannsthal, die auch jüdische Vorfahren hatten, ganz zu schweigen?

1933 hat Goebbels einen Emissär nach Ascona am Lago Maggiore geschickt, um den dort wohnenden, damals weltberühmten Erich Maria Remarque, einen Nichtjuden, zur Rückkehr nach Deutschland einzuladen und, wenn nötig, zu überreden. Indes wollte Remarque davon nichts hören. Aber er werde sich doch, meinte schließlich der Emissär, nach der Heimat zurücksehnen? Remarques denkwürdige Antwort lautete: »Ich mich nach Deutschland zurücksehnen? Bin ich denn ein Jude?«

In der Tat, die aus Deutschland und Österreich vertriebenen oder geflohenen nichtjüdischen Schriftsteller haben sich mit ihrem Schicksal in den meisten Fällen viel leichter abgefunden als die Juden. So verwunderlich ist das wieder nicht: Kaum jemand leidet an dem Verlust der Heimat so sehr wie jene, die sich gezwungen sahen, wieder aufzugeben, was sie erst vor nicht langer Zeit gewonnen hatten. Und es ist schon aufschlussreich, dass einen der schönsten deutschen Heimatromane zwischen 1933 und 1945 eine aus ihrem Vaterland verjagte Jüdin in Paris geschrieben hat: Anna Seghers, die Autorin des Romans »Das siebte Kreuz«, dessen Handlung sich am Rhein und Main abspielt, zwischen Frankfurt, Worms und Mainz.

Der Trost der Vertriebenen und Verbannten war die deutsche Sprache, der größte Schatz, den sie auf die Wanderung mitgenommen hatten. »Wenn ich deutsch schrieb« – heißt es schon bei Heine –, »so konnte ich mir einbilden, ich sei in der Heimat …« Nicht allen konnte dieser Schatz helfen. War es die Sehnsucht nach der Heimat, die viele jüdische Schriftsteller im Exil Selbstmord verüben ließ? Zu ihnen gehören Kurt Tucholsky und Walter Benjamin, Walter Hasenclever und Ernst Toller, Stefan Zweig und Ernst Weiss.

In Hasenclevers Roman »Die Rechtlosen«, verfasst 1940 in den letzten Monaten seines Lebens, sagt ein assimilierter Jude: »Was sind wir eigentlich? Deutsche waren wir einmal. Juden können wir nicht werden ... Was bleibt noch? Wir haben unsere Wurzeln ausgerissen und stolpern doch mit jedem Schritt über sie.« Aber auch manche, die das Exil oder die Todeslager überlebt haben, blieben gezeichnet für immer und konnten ihren Platz nicht mehr finden: Paul Celan hat 1970 Selbstmord verübt, der Literaturhistoriker Peter Szondi 1971, der Essayist Jean Améry 1978.

In der Bundesrepublik wurde 1959 eine Lyriksammlung mit dem Titel »Jüdisches Schicksal in deutschen Gedichten« veröffentlicht. Gedacht war – so der Untertitel – an eine »abschließende Anthologie«. Das scheint mir eine angemessene Bezeichnung: Die deutsch-jüdische Kultursymbiose ist, wenn es sie denn je gegeben hat, beendet. Doch deren Ergebnisse gibt es, sie sind unerhört und wunderbar zugleich.

Immer wollen die Schriftsteller auf die Zeitgenossen Einfluss ausüben und womöglich die Welt verändern, immer wieder entwerfen sie Zukunftsvisionen, die freilich nie in Erfüllung gehen. Aber einem österreichischen Juden ist es gelungen, mit einem Roman tatsächlich zur Weltveränderung beizutragen. Er war zunächst ein Lustspielautor und ein Feuilletonist und bald ein Staatsmann, wenn auch ohne Staat. Er war ein Prophet, dessen Utopie Wirklichkeit wurde. Ich spreche von Theodor Herzl und seiner Vision des Staates Israel. Literat, der er war, wählte er für seine Vision die Form eines Romans: Er erschien 1902 unter dem Titel »Altneuland«. Geradezu paradox mutet das an: Der neuzeitliche Staat der Juden – das war erst einmal ein Stück deutscher Literatur, ein zwar künstlerisch unerheblicher, doch folgenschwerer Roman.

Nur sollten wir uns nichts vormachen: Das alles gehört der Vergangenheit an. Die vertriebenen Schriftsteller jüdischer Herkunft haben in der Nachkriegszeit am literarischen Leben Deutschlands zwar teilgenommen, indes sind die meisten nicht mehr zurückgekehrt. Im

Exil endete das Leben von Nelly Sachs, Elias Canetti, Hermann Broch und Lion Feuchtwanger, von Max Brod, Robert Neumann und Manès Sperber, Alfred Polgar und Walter Mehring, von Paul Celan, Peter Weiss, Wolfgang Hildesheimer und Erich Fried.

Was hat dieser Generation das Judentum noch bedeutet? Nicht nur im eigenen Namen sprach Hilde Domin, als sie 1978 feststellte, dass Jude-Sein für sie keine Glaubensgemeinschaft bedeute – und auch von Volkszugehörigkeit könne nicht die Rede sein. Es sei vielmehr eine Schicksalsgemeinschaft: »Ich habe sie nicht gewählt wie andere Gemeinschaften … Ich bin hineingestoßen worden, ungefragt wie in das Leben selbst.« Und Hilde Domin fuhr fort: »Ich verdanke diesem aufgezwungenen Schicksal Erfahrungen, die mir sonst fremd geblieben wären. Extremerfahrungen …«

Mit dem ihnen aufgezwungenen Schicksal hadernd, wurden die deutschsprachigen jüdischen Schriftsteller über die Jahrhunderte hinweg zu Erben und zu Nachfolgern jener, die triumphierten und doch scheiterten – zu Erben und zu Nachfolgern also von Moses Mendelssohn und Rahel Varnhagen. Ihnen, den in diese Schicksalsgemeinschaft Hineingestoßenen, den zu Extremerfahrungen verurteilten Juden, verdanken wir ein so düsteres wie glanzvolles Kapitel unserer Literatur, ein einzigartiges Kapitel.

# Frauen dichten anders

Frauenliteratur – was ist das eigentlich? Literatur über, für oder von? Das soll heißen: über Frauen, also über »Iphigenie auf Tauris«, »Maria Stuart« oder das »Käthchen von Heilbronn«, über »Madame Bovary«, »Anna Karenina« oder »Effi Briest«, über »Judith«, »Nora« oder »Hedda Gabler«? Nein, das kann mit der Vokabel »Frauenliteratur« schon deshalb schwerlich gemeint sein, weil die Zahl der Werke der Weltliteratur, in deren Mittelpunkt Frauen stehen, so enorm ist, dass sich – ob diese Werke den Frauen gefallen oder nicht – ein eigener Ordnungsbegriff erübrigt.

Geht es vielleicht um eine Literatur, die sich, welches Thema sie auch behandelt, in erster Linie für Leserinnen eignet? Solche Bücher mag es geben, aber sie gehören wohl eher in den Bereich der Trivialliteratur. Noch nie habe ich von einem Autor, sei es männlichen, sei es weiblichen Geschlechts, gehört, dem es daran gelegen wäre, ausschließlich von Frauen oder ausschließlich von Männern gelesen zu werden. So bleibt nur eine einzige und tatsächlich einleuchtende Möglichkeit: Nicht die Themen oder die Adressaten sind gemeint, sondern die Urheber. Kurz: Was wir »Frauenliteratur« nennen, ist Literatur, die von Frauen verfasst wird.

Aber unterscheidet sie sich wirklich von jener, die aus der Feder von Männern stammt? Im Jahre 1996 hat die Literaturwissenschaftlerin Ruth Klüger ein Buch mit einem erstaunlichen Titel veröffentlicht. Er lautet: »Frauen lesen anders«. Doch verblüffend ist nicht etwa die als Titel dienende Behauptung oder These, verblüffend scheint mir vielmehr die Tatsache, dass hier die Autorin etwas, was sich von selbst versteht – und was, mit Verlaub, so banal ist, wie es die Entdeckung wäre, dass man im Regen nass wird –, mit einiger Entschiedenheit verkündet. Indes ist bisweilen gerade das Banale nicht überflüssig.

Frauen empfinden, erleben und erleiden die Welt anders als Männer – und ich kann mir beim besten Willen den Mann oder die Frau nicht vorstellen, die dieses Faktum, die diese banale Feststellung anzweifeln wollten. Romeo ist jung und liebt Julia, Julia ist ebenfalls jung und liebt Romeo. Nur darf man nicht vergessen, dass er eine andere Vergangenheit hat als sie und ein anderes Temperament: Er sieht sie anders als sie ihn. Sie reagieren auf das Leben unterschiedlich.

Da Frauen also die Welt anders fühlen und anders erfassen, müssen sie auch anders als die Männer lesen, anders als sie die Literatur zur Kenntnis nehmen. Wenn aber Frauen anders lesen, dann versteht es sich von selbst, dass sie auch anders schreiben. Das gilt mehr oder weniger für alle Gattungen der Literatur, doch wohl am stärksten für jene, die die persönlichste, die intimste ist – für die Lyrik. Kurz und gut: Frauen dichten anders.

Wer jedoch die Frage nach der Eigenart und der Besonderheit der Literatur von Frauen stellt, der begibt sich auf ein leider nach wie vor riskantes, ein von Fallen umstelltes Gelände. Um allen Missverständnissen vorzubeugen, mag er, die Banalitäten fortsetzend, lauthals erklären: Glücklicherweise dichten Frauen anders. Gleichwohl gerät er in den Verdacht, den schreibenden Frauen am Zeuge flicken zu wollen: Denn er rede nur vorgeblich von der Eigenart und der Besonderheit dieser Literatur, insgeheim aber ziele er auf deren Grenzen und Schwächen ab, wenn nicht gar auf deren Minderwertigkeit.

Sind denn Literatur und Kunst ausschließlich männliche Domänen? Nein, natürlich nicht. Aber war es immer so? Wir sollten nicht übersehen, dass jene, die im Laufe der Jahrhunderte und der Jahrtausende die Frauen im Bereich der Literatur bestenfalls als Leserinnen dulden wollten, sich auf allerlei Fakten und Erfahrungen berufen konnten. Ob es uns gefällt oder nicht: Die Zahl der Frauen, die, im Altertum ebenso wie im Mittelalter, zur Poesie beigetragen haben oder, um es vorsichtiger zu formulieren, von denen nennenswerte dichterische Arbeiten erhalten geblieben sind – diese Zahl ist verschwindend klein. Nur beweist der minimale Beitrag der Frauen zur Literatur und zur Kunst der Vergangenheit noch keineswegs, dass Kreativität und Genie nicht Sache des weiblichen Geschlechts seien.

Es wurde schon oft gesagt und kann nicht oft genug wiederholt werden: Die den Frauen in der von Männern beherrschten Welt zugewiesene Rolle hat ihnen die Beschäftigung mit allem Geistigen und Künstlerischen in hohem Maße erschwert, ja unmöglich gemacht. Im ersten Brief des Paulus an die Korinther heißt es mit nicht zu überbietender Deutlichkeit, der Mann sei »Gottes Bild und Abglanz«. Die Frau hingegen sei des Mannes Abglanz, ja, sie sei geschaffen um des Mannes willen. Eben deshalb habe die Frau – und das ist nur eine von vielen Folgen dieser Anschauung – in der Öffentlichkeit (Paulus spricht von der »Gemeindeversammlung«) zu schweigen. Das galt Jahrtausende hindurch. Aber Literatur ist keine männliche Domäne, war es aber mindestens bis zum 18. Jahrhundert.

Noch in der Goethe-Zeit wurden die Aufgaben der Frau in der Familie und ihre Stellung in der Gesellschaft mit aller Entschiedenheit eingeschränkt. In Schillers »Lied von der Glocke« lesen wir:

Und drinnen waltet
Die züchtige Hausfrau,
Die Mutter der Kinder,
Und herrschet weise
Im häuslichen Kreise …

Die Voraussetzungen für die literarische (und sei es die bescheidenste) Betätigung von Frauen waren viel ungünstiger als die für ihre männlichen Zeitgenossen, jedenfalls so ungünstig, dass im Mittelalter und in der frühen Neuzeit deutsche Dichterinnen, deren Talent unzweifelhaft ist, überaus seltene Ausnahmen blieben – wie im 17. Jahrhundert Sibylla Schwarz und Catharina Regina von Greiffenberg.

Im deutschen Sprachraum erfolgt erst erheblich später, nach der Aufklärung und nach der Französischen Revolution, mit der Emanzipation der Frau endlich deren (zunächst zögernde und sehr begrenzte) Teilnahme an der Literatur. Ich denke an Caroline von Schelling und Bettina von Arnim, an Rahel Varnhagen, geborene Levin, und an Dorothea Schlegel, die Tochter Moses Mendelssohns. Diese viel diskutierenden und noch mehr korrespondierenden Frauen der deutschen Romantik – sie sind unvergesslich. Unter ihren zahllosen Briefen finden sich auch Glanzstücke deutscher Prosa.

Aber, wage ich zu fragen, würden wir uns noch an diese Frauen erinnern, wenn es nicht die bedeutenden Männer gegeben hätte, mit denen sie befreundet und bisweilen auch verheiratet waren? Nein, ich unterschätze diese Romantikerinnen keineswegs, nur glaube ich, dass sie hervorragende Figuren weniger der Literatur als vor allem des literarischen Lebens waren.

Anders verhält es sich mit Annette von Droste-Hülshoff, dieser stillen und schwermütigen, dieser düsteren und dämonischen, dieser wunderlichen und letztlich wunderbaren Dichterin. Doch ist sie im 19. Jahrhundert eine einsame Poetin, eine in der Geschichte der deutschen Literatur isolierte Erscheinung. Auch hier haben wir es also mit einer großen Ausnahme zu tun.

Erst gegen Ende des Jahrhunderts machen bemerkenswerte und talentvolle Autorinnen wie Marie von Ebner-Eschenbach, Ricarda Huch oder Else Lasker-Schüler auf sich aufmerksam und werden, wenn auch meist mit einiger Verwunderung, anerkannt und auch geachtet. Aber die fatale Situation der Frauen in der Gesellschaft dieser Epoche macht schon der Umstand deutlich, dass in Deutschland für Mädchen das Abitur bis zu den neunziger Jahren unerreichbar blieb – und sie somit auch zum Universitätsstudium nicht zugelassen waren. Ricarda Huch begann das Studium der Geschichte und der Philologie im Jahre 1888 – freilich in Zürich, wo sie zunächst einmal mit Hilfe von Privatstunden das Abitur nachholen musste.

Es hat in Deutschland – anders als in England, Frankreich oder Polen – ziemlich lange gedauert, bis die literarische Öffentlichkeit die wenigen dichtenden Frauen ohne Vorbehalt akzeptiert hat. Die 1920 erschienene große Anthologie der expressionistischen Lyrik, die »Menschheitsdämmerung«, vereint Gedichte von 23 Autoren. Unter ihnen ist nur eine einzige Frau: Else Lasker-Schüler, der wir herrliche Verse verdanken.

Ist diese so originelle wie unabhängige, diese so exaltierte wie extravagante Poetin, die einst eher angestaunt als ganz ernst genommen wurde, beispielhaft für die Frauen in der Geschichte der deutschen Literatur der letzten hundert Jahre? Nein, das wäre gewiss übertrieben. Doch schon Else Lasker-Schüler, die sich standhaft weigerte, die Welt zur Kenntnis zu nehmen, und stets in einem orientalischen Märchenreich lebte, war, wie viele ihrer Nachfolgerinnen, eine Sachwalterin des Seelischen und des Traumhaften, des Schwärmerischen. In den Werken natürlich nicht aller, doch mit Sicherheit zahlreicher deutscher Autorinnen unseres Jahrhunderts dominiert ebenfalls das Unbewusste, das Irrationale.

Goethe meinte im Gespräch mit Eckermann: »Je inkommensurabler und für den Verstand unfaßlicher eine poetische Produktion, desto besser.« Gerade Frauen haben diese fatale Äußerung gern und oft beherzigt. Nicht das Intellektuelle steht also im Vordergrund ihrer Bücher, sondern das Emotionale, das Gemüt. Und das Fundament ist meist die metaphysische Weltsicht: von Agnes Miegel, die Hitler huldigte, über Nelly Sachs, die von Hitler vertrieben, bis zu Gertrud Kolmar, die von Hitler ermordet wurde – es sind immer gläubige Schriftstellerinnen. Sie glauben, ob protestantisch oder katholisch, an Gott wie Gertrud von le Fort und Regina Ullmann, wie Ina Seidel, Elisabeth Langgässer und Christine Lavant. Oder sie glauben an die Revolution – wie Anna Seghers, die Kommunistin.

Und wie Anna Seghers, die Hochgebildete, in ihren Romanen und Erzählungen am liebsten einfache Leute zeigte, die wenig denken und wenig verstehen und umso mehr fühlen und die, ohne viel zu fragen und ohne je zu zweifeln, immer für ihre Partei zu Opfern bereit sind, so erzählte die um ein Vierteljahrhundert jüngere und aus einer völlig anderen Welt kommende Ingeborg Bachmann, die lyrische Sprecherin einer ganzen Generation, von Menschen, die an Angstzuständen und Ohnmachtsanfällen leiden, die mit dem Kopf gegen Glastüren prallen und den Boden unter ihren Füßen verlieren.

Aber sind für die deutsche Dichtung unserer Zeit Autorinnen wie Ingeborg Bachmann und Ilse Aichinger typisch, diese scheuen und schüchternen Österreicherinnen, die verwirrt und hilfsbedürftig durchs Leben gingen, oder sind es eher Ricarda Huch und Marie Luise Kaschnitz, die mit beiden Beinen auf dieser Erde standen, oder Hilde Domin, deren Poesie, vom Exil geprägt, Widerspruch und Widerstand ist? Oder Sarah Kirsch, die große Panerotikerin, deren Verse stets auf Selbstbekenntnis und Selbstdarstellung hinauslaufen?

Man sollte sich hüten, die Poesie der Frauen auf bestimmte Typen und Tendenzen festzulegen. Aber man sollte auch nicht darauf verzichten, die vorherrschenden Merkmale und charakteristischen Kennzeichen dieser Poesie zu ermitteln und zu erkennen. Ist das etwa die Quadratur eines Kreises? Nicht unbedingt. Doch angesichts solcher Fragen ist man gut beraten, sich an das Konkrete zu halten. Anders ausgedrückt: Vielfalt und Reichtum der deutschen Frauendichtung zeigt man am besten an einzelnen Gedichten. Und es empfiehlt sich, Bertolt Brecht zu folgen, der einmal meinte: »Wer das Gedicht für unnahbar hält, kommt ihm wirklich nicht nahe. In der Anwendung von Kriterien liegt ein Hauptteil des Genusses. Zerpflücke eine Rose, und jedes Blatt ist schön.«

# Vom Mittelalter bis zur Romantik

# Walther von der Vogelweide

## Das Glück der Liebe

Über das Gedicht »Under der linden« von Walther von der Vogelweide

Under der linden
an der heide,
dâ unser zweier bette was,
dâ mugt ir vinden
schône beide
gebrochen bluomen unde gras.
vor dem walde in einem tal,
tandaradei,
    schône sanc div nahtegal.

Ich kam gegangen
zuo der ouwe:
dô was mîn friedel komen ê.
dâ wart ich enpfangen,
hère frouwe,
daz ich bin sælic iemer mê.
kuster mich? wol tôsentstunt:
tandaradei,
    seht wie rôt mir ist der munt.

Dô het er gemachet
alsô rîche
von bluomen eine bettestat.
des wirt noch, gelachet
inneclîche,
kumt iemen an daz selbe pfat.

bî den rôsen er wol mac,
tandaradei,
    merken wâ mirz houbet lac.

Daz er bî mir laege,
wessez iemen
(nu enwelle got!), sô schamt ich mich.
wes er mit mir pflæge,
niemer niemen
bevinde daz, wan er unde ich,
und ein kleinez vogeilin:
tandaradei,
    daz mac wol getriuwe sin.

Den Minnesängern haben die Germanisten gern den »beseelten Eros« nachgesagt. Wollten sie mit der Betonung des Seelischen das Erotische dieser Lyrik vom Konkreten befreien und so gleichsam entsühnen, wenn nicht gar adeln? Jedenfalls musste man den Eindruck gewinnen, die deutschen Dichter des Mittelalters hätten immer bloß die hohe, hehre und holde, die himmlische Minne besungen, die sinnliche und körperliche, die irdische Liebe hingegen ignoriert oder tabuisiert.

Nun trifft es zu, dass diese Poeten oft gehalten waren, die Gemahlin ihres jeweiligen Auftraggebers, die höfische Herrin also, zu preisen – und deren Bild hatte in der Regel abstrakt und womöglich konventionell zu sein. Doch gibt es in ihren Dichtungen auch ein reales weibliches Wesen, eine leibhaftige Geliebte. Walther von der Vogelweide etwa dachte nicht daran, das Sexuelle auszusparen.

In seinem (keineswegs zu Unrecht) berühmtesten Gedicht, dem Lied »Under der linden«, lässt er eine Frau berichten. Nichts wissen wir über sie: weder kennen wir ihren Namen noch ihr Alter, weder ihren Stand noch ihre Herkunft. Wir wissen nur: Sie ist glücklich. Und wir hören sogleich, welchem Umstand sie dieses Glück verdankt. Die erste Strophe skizziert den Ort des Geschehens und deutet damit den Vorgang an: Von dem, was sich im Bette, im Lager unter der Linde ereignet hat, zeugen schöne gebrochene Blumen und Gräser. Walther konnte sicher sein, dass sein Publikum ihn verstehen werde: Mit gebrochenen Blumen symbolisierten die Poeten schon damals den Verlust der Jungfräulichkeit, die Defloration.

Nachdem er den Schauplatz als einen Ort der Lust und der Liebe charakterisiert hat, blendet der Dichter zurück: Erst jetzt, in der zweiten Strophe und in den ersten drei Versen der nächsten, wird geschildert, was dem Vorfall, auf den die erste Strophe anspielt, vorangegangen ist. Dann aber folgt der zweite Zeitsprung, wir sind wieder in der Gegenwart: Wen der Weg an dem zurückgelassenen Blumenbett vorüberführt, der werde, ahnend, was da passiert ist, »inneclîche« lachen, also sich von Herzen freuen. Denn wer liebt, mag sich nicht vorstellen, sein Glück könnte einem anderen gleichgültig sein.

In der vierten Strophe findet sich die geradezu herausfordernde Schlussfolgerung: Dass der Liebste bei ihr lag und was er mit ihr tat, dessen würde sich jene, der dies widerfahren ist, schämen – aber nur dann, wenn es jemand wüsste. Da jedoch nur ein kleiner Vogel zugeschaut hat und dieser verschwiegen (»getriuwe«) sein kann, sieht sie nicht den geringsten Grund zur Scham: Keine Reue stellt die verbotene, die heimlich genossene Liebe in Frage.

Weiß die Glückliche, dass keine Liebesgeschichte auf Erden gut endet, dass Ernüchterung und Enttäuschung nie ausbleiben, dass, wer himmelhoch jauchzt, zu Tode betrübt sein wird? Wohl kaum. Doch was immer ihr die Zukunft bringen mag, die Seligkeit, die ihr unter der Linde beschieden war, wird ihr niemand mehr rauben können. Daher singt sie ein zwar nicht heiteres oder gar lustiges, wohl aber ein beschwingtes und beflügeltes Lied – allerdings eher in Moll als in Dur.

Es ist ein vollkommenes poetisches Gebilde: Kein Wort fehlt hier, und auf keines lässt sich verzichten. Und wie das erzählende Mädchen nicht nur schlicht und natürlich scheint, sondern auch ein wenig kokett, so verbindet das Gedicht die vollkommene Naivität (in der Lyrik beinahe immer ein Produkt der Reife) mit äußerster artistischer

Raffinesse. Walthers Kunstfertigkeit ist frei vom Makel der Künstlichkeit. Beide, den Poeten und seine Liebste, zeichnet aus, was die Jahrhunderte überdauert hat (das Lied ist um 1200 entstanden) und was sich jeder wissenschaftlichen Definition entzieht: Charme und Anmut. Erst in einer viel späteren Epoche hatte Deutschland wieder einen Dichter, der Verse von vergleichbarer Schönheit geschrieben hat: Goethe.

# Paul Fleming

## Ohne sie, also ohne mich

Über Paul Flemings Gedicht »Zur Zeit seiner Verstoßung«

Ein Kaufmann, der sein Gut nur einem Schiffe traut,
Ist hochgefährlich dran, indem es bald kann kommen,
Daß ihm auf einen Stoß sein ganzes wird genommen.
Der fehlt, der allzuviel auf ein Gelücke traut.

Gedenk ich nun an mich, so schauret mir die Haut:
Mein Schiff, das ist entzwei, mein Gut ist weggeschwommen.
Nichts mehr, das ist mein Rest; das machet kurze Summen.
Ich habe Müh und Angst, ein andrer meine Braut.

Ich Unglückseliger! mein Herze wird zerrissen,
Mein Sinn ist ohne sich; mein Geist zeucht von mir aus.
Mein Alles wird nun Nichts. Was wird doch endlich draus?

Wär eins doch übrig noch, so wollt ich alles missen.
Mein teuerster Verlust, der bin selbselbsten ich
Nun bin ich ohne sie; nun bin ich ohne mich.

Vergessen ist Paul Fleming, der von 1609 bis 1640 gelebt hat, gewiss nicht. Aber man kennt ihn als Autor zunächst und vor allem von Psalmen und Chorälen. Sein wohl berühmtester Interpret und Bewunderer, der Dichter Rudolf Alexander Schröder, nahm ihn nahezu ganz für die protestantische Kirche in Anspruch und lieferte so die literarische Rechtfertigung für einen längst bestehenden Sachverhalt. Denn schon viel früher hatten die Herausgeber evangelischer Gesangsbücher keine Bedenken – Klabund machte sich hierüber lustig –, Flemings Lyrik für ihre Zwecke zu adaptieren: Sie strichen aus manchen seiner Lieder den Namen des von ihm angebeteten Mädchens Elsabe und setzten einen anderen ein, nämlich Jesus.

Keineswegs ist es die Liebe zu Gott oder Jesus, die Fleming am häufigsten feiert, sondern die zu den Frauen. Sie haben ihm, soweit sich dies seinen Versen entnehmen lässt, viel Kummer bereitet. Doch so sind viele Poeten: die glückliche Liebe genießen sie eher schweigend, die unglückliche besingen sie wortreich. Auch Flemings erotische Gedichte sind vor allem Klagen eines Enttäuschten und Abgewiesenen, Bekenntnisse eines Einsamen.

In Reval hatte er sich in die Tochter eines aus Hamburg stammenden Kaufherrn verliebt, eben jene Elsabe, ein angeblich besonders launenhaftes Mädchen. Allerdings hielt er sich dort nur vorübergehend auf: Er gehörte (als »Hofjunker und Truchseß«) der Expedition eines holsteinischen Herzogs an; sie war über Reval und Moskau nach Persien unterwegs. Fleming musste also Elsabe, in der er schon seine Braut sah, verlassen. Sie sollte auf ihn warten – so hatte er es gehofft, so hatte sie es versprochen.

Aber Reisen, lange zumal, gefährden bestehende und ermöglichen neue Beziehungen. Während Fleming seiner Elsabe schöne Briefe schrieb (und zwar in Versen), suchte sie offenbar einen neuen Hafen. Ein Professor war es, den sie dem Literaten vorzog und mit dem sie sich rasch vereinte. Als die Trauerbotschaft, mit der er überhaupt nicht gerechnet hatte, Fleming erreichte – er weilte gerade im Kaukasus –, reagierte er, wie es in seiner Zunft üblich und in seiner Epoche Mode war: mit einem Sonett.

Er habe den Fehler begangen, alle seine Gefühle einem einzigen Menschen zuzuwenden – die allegorische Umschreibung dieses einfachen Gedankens wirkt heute unfreiwillig komisch. Sie ist auch, gelinde gesagt, ziemlich naiv. Der Handel und die Liebe? Der poetische Vergleich hinkt, weil ein Kaufmann über sein Gut verfügen kann, wie er es für richtig hält, wohingegen die Entscheidungsfreiheit des Liebenden (nicht des Geliebten!) zumindest partiell oder temporär eingeschränkt ist.

In dieser ersten Strophe erweist sich Fleming als der glänzende Schüler (aber eben nur der Schüler) seines Meisters, des gelehrten, des allzu gelehrten Dichters Martin Opitz. Doch in den nächsten Strophen, vor allem in der letzten und besten, gelingt es Fleming, innerhalb der überlieferten Form, deren strenge Regeln er genau befolgt, einen den Zeitstil überwindenden individuellen Ton zu treffen und so Persönliches auch persönlich auszudrücken.

Zugleich wird hier deutlich, wie modern dieser erste große Erotiker des Barocks, seine Vorgänger übertreffend, die Liebe versteht: Er sieht in ihr eine Möglichkeit der Selbstverwirklichung des Mannes. Und jetzt, da er sich verstoßen fühlt, ist er entsetzt, dass dieselbe Liebe seine Selbstbehauptung gefährdet, ja seinem ganzen Leben die Grundlage entzieht: »Mein Sinn ist ohne sich; mein Geist zeucht von mir aus. / Mein Alles wird nun Nichts.«

Es ist also – und gerade das trägt zur Modernität dieses Gedichts bei – nicht der Verlust der Geliebten, der ihn erschüttert, sondern eher die Angst, dieser Verlust könne ihn seiner Identität berauben, ihn selber zerstören. Dafür findet Fleming eine poetische Formel, die so klar wie knapp, die vollkommen ist: »Nun bin ich ohne sie; nun bin ich ohne mich.« Was hier erzählt wird: Es ist eine alte Geschichte, doch bleibt sie immer neu.

# Gotthold Ephraim Lessing

## Der Vater der deutschen Kritik

Im Jahre 1797, knapp sechzehn Jahre nach Lessings Tod, spottete der junge Friedrich Schlegel: »Wenige Schriftsteller lobt und nennt man so gern als ihn: ja es ist eine fast allgemeine Liebhaberei, gelegentlich etwas Bedeutendes über Lessing zu sagen.« Schlegel konnte nicht wissen, dass sein aktueller Befund eine Prophezeiung einschloss. Denn was seither über Lessing geschrieben wurde, mag klug oder dumm, wichtig oder belanglos sein – bedeutungsvoll klingt es allemal. Kein anderes deutsches Genie, nicht einmal Schiller, hat man so ausgiebig und hartnäckig mit pompösen Worten und hohlen Phrasen besungen, niemand hat eine vergleichbare Flut feierlicher Ergüsse und rhetorischer Bravourarien ausgelöst – und dies, obwohl Lessing selber ein eher nüchterner als pathetischer Schriftsteller war und bei aller Begeisterung für die Literatur nie das Bedürfnis hatte, schwere Glocken läuten zu lassen.

Das Unglück begann mit Herder. Sein in Lessings Todesjahr geschriebener und veröffentlichter Nachruf, ein ausführliches und diplomatisches Prosastück, macht den Eindruck einer mühevoll zustande gebrachten Verlegenheitsarbeit. Gleichwohl (und vielleicht eben deshalb) wurden mit diesem Nachruf die Weichen für zwei Jahrhunderte deutscher Lessing-Rezeption gestellt. Eine Lobrede auf Lessing, sagt Herder, sei gar nicht nötig und wäre auch nicht im Sinne des Verblichenen – wonach er ihn unentwegt zu loben bemüht ist, freilich meist halbherzig und mit allerlei Abstrichen und Vorbehalten. Von Lessings Dramen will er überhaupt nicht reden, seine Absicht sei es nur, »die Spur zu verfolgen, wo Lessing seinen Weg nahm, wo er anfing, wo er aufhörte, wo andre ihm nachzugehn oder weiterzugehn haben«. Offenbar hält er die Bühnenwerke nicht gerade für Meilensteine auf diesem Weg, und nachahmenswert scheinen sie ihm erst recht nicht.

Stattdessen verbreitet sich Herder über Lessings Fabeln, Sinngedichte, Lieder und Lehrgedichte – verständlicherweise ganz ohne Enthusiasmus, wohl aber seine Einwände in vorsichtig-höflichen Nebensätzen andeutend. Von den großen Disputen mit Klotz und Goeze hält er nichts, doch sei es nicht Lessings Schuld, dass sie so wenig nützlich waren. Oft sei Lessing in der Polemik gar zu heftig gewesen, aber man habe ihn gereizt. So glaubt Herder, Lessing unentwegt rechtfertigen und verteidigen zu müssen.

Um aber diese apologetische Tendenz wenigstens etwas zu vertuschen, schmückt Herder seinen Nachruf mit rühmenden Ausdrücken, ohne sich dabei durch Einfallsreichtum auszuzeichnen. Seine Standardvokabel lautet: »männlich«. Da lesen wir vom »männlichen, tätig-freundschaftlichen, neidlosen« Lessing, von seinem »männlichen Verstande«, seiner »männlichen Wahrheitsliebe« und »männlichen Untersuchung«. Seine Bücher seien »voll männlichen, festen Gefühls« und seine Urteile über Schauspieler »bescheiden, durchdacht und männlich«. Das Ganze läuft auf eine mächtige Apostrophe zu (»Und wo bist du nun, edler Wahrheitsucher, Wahrheitkenner, Wahrheitverfechter …?«) und auf die Bitte des Autors, ihm zu verzeihen, dass er entgegen seinen Absichten doch von dem Charakter des Verstorbenen gesprochen habe.

Das alles hat Schule gemacht: Herders einseitige Betrachtungsweise, seine mit Emphase überspielte Skepsis, seine apologetische Argumentation und sein feierliches Vokabular und schließlich sogar seine Unterschätzung der Dramen Lessings. Es ist ein Brauch von alters her: Auf jeden Fall wird Lessing – als ginge es stets darum, einen Nachruf auf ihn zu schreiben – taktvoll geschont und dann ausgiebig gepriesen. Immer wieder ist von seinem Mut die Rede und von seiner Tapferkeit, von seiner Hilfsbereitschaft, seiner Bescheidenheit und natürlich von seiner Männlichkeit.

Für Friedrich Schlegel war der Gedanke, »daß Lessing irgendeiner Schonung bedürfte«, unerträglich. Aber auch er legte den Akzent mit Nachdruck auf Lessings Charakter, auch er konnte auf die Vokabel »männlich« nicht verzichten. In seinem Diktum »Er selbst war mehr wert, als alle seine Talente« verbirgt sich ein zweideutiges Kompliment: Lessings Persönlichkeit wird höher eingeschätzt als sein Werk. Und auch die Bemerkung Schlegels, Lessing habe »das lebendige Gespräch noch mehr in der Gewalt gehabt als den schriftlichen Ausdruck«, ist wohl als (offenbar notwendige) Rechtfertigung jener seiner Zeitgenossen zu verstehen, die begeistert über ihn geschrieben haben.

Noch deutlicher äußerte sich Goethe. Sein Verhältnis zu Lessing war zwiespältig – in Grenzen respektvoll (so in »Dichtung und Wahrheit«, zumal über »Minna von Barnhelm«), doch letztlich auffallend kühl. 1825 sagte er im Gespräch mit Eckermann: »Ein Mann wie Lessing täte uns not. Denn wodurch ist dieser so groß als durch seinen Charakter, durch sein Festhalten! – So kluge, so gebildete Menschen gibt es viele, aber wo ist ein solcher Charakter!« Gab es im Deutschland der zwanziger Jahre des vorigen Jahrhunderts wirklich so viele Menschen, die so klug und gebildet waren wie Lessing?

Sicher ist, dass Goethe ebenfalls Lessings Charakter gegen dessen literarisches Werk ausspielt, das er hier nicht einmal erwähnt. Was er gegen ihn zu sagen hat, spart er allerdings aus – und folgt damit einer Tradition, die von ihm selber, viele Jahre früher, begründet wurde. In einem Brief des neunzehnjährigen Goethe heißt es: »Lessing! Lessing! wenn er nicht Lessing wäre, ich möchte was sagen. Schreiben mag ich nicht wider ihn … Er ist ein Phänomen von Geist, und im Grunde sind diese Erscheinungen in Teutschland selten. Wer ihm nicht alles glauben will, der ist nicht gezwungen, nur widerlegt ihn nicht.« So ist es geblieben: Man mag Lessing nicht, aber aus diesen oder jenen mehr oder weniger ehrenwerten Gründen mag man auch nicht gegen ihn schreiben.

Auf Goethes Konto geht auch das aus der Lessing-Literatur mittlerweile nicht mehr wegzudenkende Element eines geradezu penetranten Mitleids, das oft mit Pathos und mit einer kaum weniger penetranten Feierlichkeit verbunden wird. »Bedauert doch« – sagte Goethe, wiederum zu Eckermann – »den außerordentlichen Menschen, daß er in einer so erbärmlichen Zeit leben mußte, die ihm keine besseren Stoffe gab, als in seinen Stücken verarbeitet sind!« Er erwähnt dann so beiläufig wie geringschätzig »Minna von Barnhelm«,

»Emilia Galotti« und den »Nathan« – Dramen also, denen man manches vorwerfen kann, nur am allerwenigsten die Wahl der Stoffe.

Der Aufforderung Goethes folgten viele: Kaum jemand lässt sich das Vergnügen entgehen, Lessing zu bedauern und immer aufs Neue seinen angeblich makellosen Charakter mit Lob zu überschütten. Heine, der ihn, wie dereinst Herder und Friedrich Schlegel, mit Luther vergleicht, preist seine Ehrlichkeit und Uneigennützigkeit: »Nichts gleicht seiner Wahrheitsliebe.« Auch Franz Mehring findet vor allem Lessings »Ehrlichkeit und Mannhaftigkeit« bemerkenswert, seinen »männlichen und tapferen Geist« und meint unmissverständlich: »Was immer wieder an seine Schriften fesselt, auch an die totgeborenen oder längst abgestorbenen, ist der Charakter dessen, der sie schrieb.«

Und in unserem Jahrhundert? Alfred Kerr rühmt Lessings »still strahlende … Anständigkeit«, Thomas Mann seine Männlichkeit (»Der Poet als Mann, als Charakter, das ist das Phänomen Lessing«), Hofmannsthal »das Großartige seines Charakters«. Die Liste derartiger Beispiele ließe sich beliebig verlängern. Sie zeugen von allerlei Hemmungen und wohl auch Ressentiments, von einer sonderbaren Befangenheit, die vielleicht mit schlechtem Gewissen zu tun hat, jedenfalls von einem stark belasteten Verhältnis. Die Situation scheint einigermaßen paradox: Obwohl niemand ernstlich gegen Lessing war – Horst Steinmetz, der Herausgeber des hervorragenden Sammelbandes »Lessing – ein unpoetischer Dichter«, hat hierauf hingewiesen –, fühlte man sich allenthalben gezwungen, ihn in Schutz zu nehmen und gegen seine Geringschätzung oder gar Missachtung zu protestieren: Wie im Nachruf Herders plädiert auch in den Reden und Essays von Hannah Arendt, Hermann Kesten oder Walter Jens stets der Verteidiger.

Als Lessing in dem berühmten Sinnspruch, der die Ausgaben seiner Werke eröffnet, auf den Erfolg seines Zeitgenossen Klopstock verwies und knapp feststellte: »Wir wollen weniger erhoben / und fleißiger gelesen sein« – da ahnte er schon, was ihm in Deutschland blühen werde. Er war und ist ein ohne Zweifel bewunderter, doch keineswegs beliebter und schon gar nicht geliebter Schriftsteller.

Hochachtung und Dankbarkeit wurden ihm nie verweigert. Aber war es ihm je gelungen, Begeisterung auszulösen? Anders als Schiller oder Hölderlin hat sich Lessing weder im 19. noch im 20. Jahrhundert einer Gefolgschaft rühmen können oder einer Gemeinde zu schämen brauchen. Anders als Kleist oder Büchner war er nie verkannt oder vergessen und ließ sich daher auch nicht wiederentdecken. Und anders als Heine oder Thomas Mann musste er nie aus Deutschland emigrieren, nie hat man seine Werke aus den Vorlesungsverzeichnissen deutscher Universitäten gestrichen – und so konnte er auch nicht rehabilitiert werden.

Schiller wurde schon von den Romantikern verspottet. Wer hat je das Bedürfnis gehabt, Lessing zu verspotten? Goethe hat man schon zu Lebzeiten aufs Schärfste bekämpft, eine ganze literarische Generation wandte ihm den Rücken zu. Wer hat sich je die Mühe gegeben, Lessing zu bekämpfen? Heine erklärte nicht ohne Stolz, er fasse seine schriftstellerische Wirksamkeit als ein Amt auf: »Der Haß meiner Feinde darf als Bürgschaft gelten, daß ich dieses Amt bisher recht treu und ehrlich verwaltet.« Wenn es vor Heine einen großen deutschen Schriftsteller gab, der ein nationales Amt zu verwalten hatte, dann war es Lessing. Aber wurde er je gehasst? Spricht das alles tatsächlich für oder vielleicht auch gegen Lessing? Seit zweihundert Jahren überschüttet man ihn mit ehrerbietigen Hymnen und huldvollen Lobsprüchen. Ist es so abwegig zu vermuten, man habe bisweilen versucht, sich auf diese Weise den unbequemen, wenn nicht gar etwas unheimlichen Klassiker vom Leibe zu halten?

Lessing selber hat, sein Verhältnis zu Klopstock erläuternd, gesagt: »Aber deswegen, weil ich ihn für ein großes Genie erkenne, muß er überall bei mir Recht haben? Mit nichten. Gerade vielmehr das Gegenteil: weil ich ihn für ein großes Genie erkenne, bin ich gegen ihn auf meiner Hut. Ich weiß, daß ein feuriges Pferd auf eben dem Steige, samt seinem Reiter den Hals brechen kann, über welchen der bedächtige Esel, ohne zu straucheln gehet.« Und über den Züricher Professor Breitinger: »Ich würde von diesem großen Kunstrichter nur wenig gelernt haben, wenn er in meinen Gedanken *noch* überall Recht hätte.« So ist es: Wir würden von Lessing nur wenig gelernt haben, wenn wir ihn verherrlichten, ohne ihn in Frage zu stellen. Wer es gar für richtig hält zu verschweigen, dass er in mancherlei Hinsicht versagt und gefehlt hat, der gibt nur zu erkennen, wie fremd ihm der kritische Geist dieses Autors ist.

Seine große Leidenschaft hieß Polemik. Mehr noch als das von ihm so geschätzte Glücksspiel, das in seinen Biographien meist nur schamhaft erwähnt wurde, liebte Lessing den Widerspruch, die Diskussion, den Streit. Über einen von ihm attackierten Autor schrieb er: »Eine jede Kritik weiß er in eine Streitigkeit zu verwandeln; und wer streitet gern?« Doch war dies pure Heuchelei. Denn in Wirklichkeit hat er den Streit bei verschiedenen Gelegenheiten geradezu glorifiziert: Es habe – schrieb er – »die Wahrheit bei jedem Streite gewonnen«. Der Streit habe »Vorurteil und Ansehen in einer beständigen Erschütterung erhalten« und »die geschminkte Unwahrheit verhindert, sich an der Stelle der Wahrheit festzusetzen«.

Alle seine Werke, natürlich auch die Dramen vom »Jungen Gelehrten« bis zum »Nathan«, sind mehr oder weniger getarnte, doch unmissverständliche Kampfschriften. Das Fräulein von Barnhelm und der Major von Tellheim – sie flirten miteinander und polemisieren gegeneinander, ja sie tun meist beides zugleich. Die Polemik als Flirt – das kannte nicht einmal Shakespeare, das gab es vielleicht bei Molière, aber letztlich hat es doch erst Lessing erfunden. Wahrlich, ihm standen alle Register der Polemik zur Verfügung, und alle beherrschte er virtuos – wie kein Deutscher vor ihm und keiner nach ihm.

Nicht das Ziel faszinierte ihn, sondern der Weg. Von konstanten oder endgültigen Wahrheiten hielt er ohnehin nichts: »Jeder sage, was ihm Wahrheit *dünkt*, und die Wahrheit selbst sei Gott empfohlen!« So galt sein Interesse ungleich weniger dem Resultat als vor allem dem Verfahren: »Das Jagen behagte ihm mehr« – sagte Moses Mendelssohn – »als das gejagte Wildbret.« Der Diskurs wurde nicht selten zum Selbstzweck, zum Bravourstück, imponierend und bedenklich in einem.

Von guten Umgangsformen in der Polemik wollte er allerdings nichts wissen, die Höflichkeit war seine Sache nicht, auf ihre Entbehrlichkeit wies Lessing oft hin und berief sich dabei auf seinen ständigen Kronzeugen – auf die Antike, die er, wo immer es ihm bequem war, als ein keinerlei Kritik unterliegendes Vorbild ausgab. So schrieb er in den »Briefen antiquarischen Inhalts«: »Die Alten kannten das Ding nicht, was wir Höflichkeit nennen.« Derbe Sitten waren damals gang und gäbe, schon wahr, doch hat es Lessing nichts ausgemacht, den von ihm verfeinerten polemischen Stil auch zu vergröbern. Gottsched nannte er einen »gelehrten Scharlatan«, dem er »blinde Eitelkeit« vorwarf und der sich »nicht bloß lächerlich«, sondern auch »verächtlich« mache. An den Hamburger Hauptpastor Goeze richtete er die Worte: »Sie tun alle sieben Tage, was Sie nur einen Tag in der Woche tun sollten. Sie schwatzen, verleumden und poltern…« Und: »Es ist erlaubt, Ihnen den Eimer faulen Wassers, in welchem Sie mich ersäufen wollen, tropfenweise auf den entblößten Scheitel fallen zu lassen.«

Oft wird übersehen oder zumindest unterschätzt, was in das seit Herders Nachruf konsequent stilisierte Bild des »edlen Wahrheitssuchers« nicht passen will – dass er nämlich, wie kaum ein anderer in der Geschichte der deutschen Literatur, hassen konnte. Doch »auch der Haß gegen die Niedrigkeit / Verzerrt die Züge«, heißt es bei Brecht, der mit Lessing einiges gemein hat – und sich vielleicht deshalb nie um ihn kümmern wollte. Lessings Hass vermochte zwar nie seinen Stil zu entstellen – seine Sätze stehen »wie mathematische Axiome« (Friedrich Schlegel) und ruhen aufeinander »gleich Quadersteinen« (Heine) –, hat aber seinen Blick für das Gewicht und auch die Proportionen mancher Fragen in seiner Epoche getrübt und ihn daher viel Zeit und wahrscheinlich noch mehr Energie an publizistische Kämpfe verschwenden lassen, die sich doch wohl nicht gelohnt haben.

Leidenschaft und Eifer und eben auch Hass machten aus ihm einen oft unbarmherzigen und grausamen, ja mitunter nahezu sadistischen Polemiker. Ob Dusch oder Klotz oder gar Goeze – seine Gegner waren immer auch seine Opfer. Für den Streit um die Wahrheit, so Lessing, habe die Losung zu gelten: »Die Partei welche verlieret, verlieret nichts als Irrtümer; und kann alle Augenblicke an dem Siege der andern, Teil nehmen.« Freilich war Lessing, eher rechthaberisch veranlagt, keineswegs geneigt, seinen Diskussionspartnern, denen er ohnehin haushoch überlegen war, auch nur den kleinsten Sieg zu gönnen: Er verfolgte sie bis zum bitteren Ende. »Kein Kopf war vor ihm sicher«, schrieb Heine, »ja, manchen Schädel hat er sogar aus Übermut heruntergeschlagen, und dann war er dabei noch so boshaft, ihn vom Boden aufzuheben und dem Publikum zu zeigen, daß er inwendig hohl war.«

Die Unerbittlichkeit und auch die Gehässigkeit vieler seiner Attacken haben zur Folge, dass man seine Gegner in diesen philologischen, literarischen und theologischen Disputen bisweilen bemitleidet und dann versucht ist, sie gegen seine »zermalmende Kraft der Beredsamkeit« (Friedrich Schlegel) in Schutz zu nehmen. Überreden konnte Lessing seine Leser immer. Ob er sie auch überzeugen konnte, sei dahingestellt. Denn schließlich lässt sich niemand gern von einer »zermalmenden Kraft« überzeugen.

Dass sich Lessing in diesen polemischen Auseinandersetzungen durch makellose Lauterkeit ausgezeichnet habe, erzählen die Germanisten seit Generationen. Aber wir haben es hier nur mit einer Legende zu tun. Aufschlussreich ist in dieser Hinsicht sein Kampf gegen Johann Jakob Dusch. Lessing war dem Poeten aus Altona durchaus gewogen. So bemerkt er 1755, Dusch genieße »nicht erst seit gestern den Ruhm eines schönen Geistes, dem es in mehr als einer Art der Poesie gelungen« sei. Die Leser werden sein Buch »schwerlich ohne Vergnügen wieder aus den Händen legen«. In den Jahren 1759 und 1760 nimmt er sich abermals des Autors Dusch an, doch kommt er jetzt nur noch zu niederschmetternden Ergebnissen: »Er fangt lieber zehnmal wieder von vorne an, als daß er da aufhören sollte, wo seine Gedanken aufhören.« Oder: »Herr Dusch hat geschrieben, schreibt, und wird schreiben, so lange er noch aus Hamburg Kiele bekommen kann ... Bei ihm ist alle Kritik umsonst.«

Schon möglich, dass die Arbeiten Duschs zwischen 1755 und 1759 erheblich schlechter geworden sind. Dennoch bleibt Lessings radikaler Sinneswandel ebenso erstaunlich wie die Ausführlichkeit, mit der er die Bücher des Altonaer Poeten abhandelt. Die Aufklärung der Sache ist einfach: Dusch hatte in seinem 1758 erschienenen Buch »Vermischte Kritische und Satyrische Schriften« Lessings »Miß Sara

Sampson« entschieden abgelehnt und sich auch noch über die »Bibliothek der schönen Wissenschaften und der freien Künste«, deren Mitarbeiter Lessing war, kritisch geäußert.

Auch die Gefälligkeitskritik hat Lessing sehr wohl gekannt. Über die Oden seines Freundes Karl Wilhelm Ramler schrieb er 1767, als er schon längst ein reifer Mann war: »Wir können ihn, ohne Schmeichelei, unsern Pindar, unsern Horaz nennen, und alle unsre Nachbarn auffordern, uns einen Mann darzustellen, der ihm gleiche.« Von dem Leipziger Altphilologen Reiske hielt er nichts. In einem Brief aus dem Jahre 1764 heißt es: »Wie muß man einen Reiske nennen? Um des Himmels willen, was für einen Demosthenes gibt uns dieser Pedant!« Wenig später zeigte sich, dass Reiske Lessings Verbündeter im Kampf gegen Klotz war. Und schon kam Lessing in einer 1767 gedruckten Rezension der Demosthenes-Ausgabe Reiskes zu einem ganz anderen Urteil: »Wir haben nicht nötig zur Anpreisung dieses Unternehmens viele Worte zu verschwenden. Wem der Name Reiske nicht statt aller Anpreisung ist, muß überhaupt ein Fremdling in dieser Gelehrsamkeit sein.« Lessing war gewiss ein so ehrenwerter Mann wie der Major von Tellheim, doch in der Literaturbetrachtung, zumal in polemischen Auseinandersetzungen, hat er, wie man sieht, die Methoden des Riccaut de la Marlinière nicht verpönt.

Ein vorwiegend polemisches Werk ist auch die »Hamburgische Dramaturgie«, eine Zusammenfassung von zunächst zweimal wöchentlich und bald nur noch unregelmäßig erscheinenden Theaterkritiken, die gleichsam als Flugblätter oder auch Prospekte vertrieben wurden. Mit ihnen verfolgte Lessing, wie mit allen seinen Arbeiten, hohe pädagogische Ziele – die Erziehung des Publikums und der Schauspieler. Sein Auftraggeber, das Hamburger Schauspielhaus, hatte freilich anderes im Sinn: Da mochte sich Lessing als Praeceptor Germaniae verstehen und von vielen damals, Ende der sechziger Jahre des 18. Jahrhunderts, in dieser Eigenschaft tatsächlich anerkannt sein – das Theater in Hamburg benötigte ihn vor allem als Werbechef und Pressesprecher. An diesen unterschiedlichen Vorstellungen von den Aufgaben der »Dramaturgie« musste das Unternehmen rasch scheitern: Es existierte nur etwa ein Jahr.

Schwierigkeiten waren schon deshalb entstanden, weil die Schauspieler begreiflicherweise dagegen protestierten, dass ein am Theater beschäftigter Schreiber sie öffentlich und natürlich nicht immer schmeichelhaft beurteilte. Dass Lessing diese unglückliche Konzeption überhaupt für realisierbar hielt, lässt vermuten, dass er sich in der Theaterwelt doch nicht so gut auskannte. Die »Hamburgische Dramaturgie« sei – schrieb Franz Mehring – »die höchste nationale Kundgebung, die Deutschland seit Huttens Pamphleten gesehen hatte«. Seit zweihundert Jahren wird das Buch gerühmt, häufig mit patriotischen Akzenten. Wie Friedrich der Große bei Roßbach, so habe Lessing in der »Dramaturgie« die Franzosen glorreich geschlagen. Zugleich habe er Shakespeare dem Publikum vorgestellt und ihn in Deutschland ein für alle Mal etabliert. Und überdies enthalte die Sammlung eine Fülle mustergültiger Literatur- und Theaterkritiken. Von alldem stimmt nur wenig. Jedenfalls ist die »Dramaturgie« ein zwar vielgepriesenes, offenbar aber kaum bekanntes Buch, ja mittlerweile fast ein Mythos.

Doch wer diesem Werk vorwirft, es sei unsystematisch und widerspruchsvoll und streckenweise sprunghaft und assoziativ geschrieben, kritisiert weniger dessen Verfasser als vor allem jene Interpreten, die leichtsinnig genug waren, der losen Folge von Artikeln den Rang eines Gesetzbuches zuzusprechen. Lessing selber hingegen erinnerte seine Leser daran, »daß diese Blätter nichts weniger als ein dramatisches System enthalten sollen … Meine Gedanken mögen immer sich weniger zu verbinden, ja wohl gar sich zu widersprechen scheinen: wenn es denn nur Gedanken sind, bei welchen sie Stoff finden, selbst zu denken.«

Nicht gegen die Franzosen ist die »Dramaturgie« gerichtet. Im Gegenteil: Auf keinen Zeitgenossen beruft sich Lessing so häufig und so nachdrücklich wie auf einen Franzosen – auf Diderot, den er selber übersetzt hat. Ja, sogar die Behauptung, Lessing habe das klassizistische französische Drama bekämpft, ist nur partiell richtig. Sein eigentlicher Kampf galt den Deutschen, die noch weit französischer seien als die Franzosen. Er zitierte in der »Hamburgischen Dramaturgie« einen lateinischen Spruch, dem zufolge die erste Stufe der Weisheit die Erkenntnis des Falschen sei. Danach sollte sich der Kritiker richten und sich erst einmal jemanden suchen, mit dem er streiten könnte: »Hierzu habe ich mir in diesem Werk, ich bekenne es aufrichtig, nun einmal die französischen Skribenten vornehmlich erwählet ...« Der Kampf gegen das klassizistische französische Drama ist also als ein taktisches Manöver zu verstehen: Es sollte den Weg zum deutschen Theater und zur deutschen Literatur ebnen.

Nur fällt es auf, dass Lessing die großen französischen Dramatiker zwar zornig verurteilte (um nicht zu sagen: denunzierte), doch wenig Lust hatte, seine Ansichten mit Analysen zu erhärten. Er ist auf kein einziges Stück von Racine näher eingegangen; er hat von Corneille lediglich das Trauerspiel »Rodogune« ausführlicher kommentiert. So mussten für die Ablehnung der klassizistischen Dramatik vor allem die Tragödien Voltaires herhalten, was zur Folge hatte, dass die auf Aristoteles zurückgreifende Argumentation oft recht abstrakt anmutet.

Kein Zweifel, Lessing hat den literarhistorischen, den poetischen Rang Racines und Corneilles verkannt und mit seinem taktischen Manöver dazu beigetragen, nicht nur ihre hiesigen Nachahmer, sondern auch sie selber von der deutschen Bühne zu verjagen, und dies so gründlich, dass sie, von Ausnahmen abgesehen, nie wiederkommen konnten und bis heute dem deutschen Publikum fremd sind. Wenn dies ein Sieg war, so keiner, der Lessing zur Ehre gereichte und auf den die deutsche Literaturgeschichte stolz sein könnte.

Und man sollte nicht übersehen, dass er sich lieber und leidenschaftlicher mit den Schwächen schlechter Werke befasste als mit den Vorzügen guter. Die Stücke, die er in seiner »Dramaturgie« abhandelte, sind allesamt vergessen. Der Einwand, er sei vom Spielplan des Hamburger Theaters abhängig gewesen, überzeugt nicht ganz: So wurde dort, um nur dieses Beispiel anzuführen, Molières »Schule der Frauen« aufgeführt, doch was er zu dieser Komödie zu sagen hatte, ist belanglos. Die wenigen anderen Bemerkungen über Molière sind eher missvergnügt. An anderen bedeutenden europäischen Dramatikern war Lessing ebenfalls kaum interessiert. Lope de Vega und Calderón werden in der »Hamburgischen Dramaturgie« je einmal respektvoll erwähnt, doch scheint er sich nie mit ihren Stücken beschäftigt zu haben. Auch die Komödien Goldonis und Gozzis hat er ignoriert. Die Dramen der alten Griechen nannte Lessing häufig, ohne sie analysieren zu wollen: Die Theorie des Aristoteles regte ihn ungleich stärker an als die Praxis des Aischylos oder des Aristophanes.

Und Shakespeare? Dies war doch die stärkste Karte, die er zur Verfügung hatte und auf die er immer wieder setzte. 1759 hat Lessing in den »Briefen, die neueste Literatur betreffend« zum ersten Mal Shakespeare gerühmt und ihn sofort gegen Corneille und Racine ausgespielt. Seit dem »Ödipus« des Sophokles habe »kein Stück mehr Gewalt über unsere Leidenschaften als ›Othello‹, ›König Lear‹ oder ›Hamlet‹«. Wann immer Lessing in späteren Jahren, zumal in der »Hamburgischen Dramaturgie«, die französischen Klassizisten missbilligte, verwies er auf Shakespeare. Die französischen Tragödien – lesen wir – seien keine Tragödien, ihre Autoren könnten nicht als tragische Dichter gelten. Corneille, Racine, Voltaire – sie hätten wenig oder gar nichts von dem, »was den Sophokles zum Sophokles, den Euripides zum Euripides, den Shakespeare zum Shakespeare« mache.

Aber was macht den Shakespeare zum Shakespeare, womit stellen seine Dramen alles seit Sophokles in den Schatten? Lessing behauptet lediglich, das Shakespeare'sche Drama entspreche den Anforderungen des Aristoteles, wofür er nicht einmal den Schimmer eines Beweises liefert und was, selbst wenn es stimmte, schwerlich jene »Gewalt über unsere Leidenschaften« erklären könnte, die er dem »Hamlet« oder dem »König Lear« bescheinigt. Über »Romeo und Julia« sagt er, es sei »eine Tragödie, an der die Liebe selbst arbeiten helfen«. Nichts mehr. Über »Othello« hören wir, hier gehe es um Eifersucht, das Stück sei »das vollständigste Lehrbuch über diese traurige Raserei«. Nichts mehr. Der Kunstrichter – lehrte Lessing – müsse seine Empfindung »mit Gründen unterstützen«, immer füge er »auch noch sein *denn* hinzu«. In Sachen Shakespeare hat er sich um dieses »denn« nie bemüht.

In der germanistischen Literatur kann man oft lesen, Lessing habe sich »eine umfassende Kenntnis des Shakespearschen Gesamtwerks erworben« (Paul Rilla) und feiere Shakespeares Größe »in einer Reihe wundervoller Vergleiche« (Franz Mehring). Solche

Behauptungen klingen wie barer Hohn, aber sie zeugen nur von der Langlebigkeit mancher Legenden. Wie ist es zu verstehen, dass ein so scharfsinniger, so geistreicher Schriftsteller wie Lessing in seinem ganzen Leben zu den Dramen Shakespeares keinen einzigen bemerkenswerten Satz geschrieben hat und immer nur leere Phrasen? »Shakespeare will studiert, nicht geplündert werden« – meinte Lessing. Sehr richtig. Aber er selber, hat er ihn studiert? Oder vielleicht nur geplündert?

Auch auf die großen Italiener (Dante, Petrarca, Ariost) kam Lessing sehr selten zu sprechen und meist einzig in einem negativen Zusammenhang; und manche der bedeutenden Engländer und Franzosen hat er allem Anschein nach überhaupt nicht gekannt. Jedenfalls ist sicher, dass er sich mit der ausländischen Literatur nur wenig und eher sporadisch befasste. Was er über sie zu sagen hatte, ist in der Regel unerheblich und – wie schon nachgewiesen wurde – häufig aus ausländischen Quellen übernommen. Er hat sich vor allem mit deutscher Literatur beschäftigt. Fragt sich nur, ob da sein Blick für Qualität besser, sein literarisches Urteil sicherer war. Er könne – stellte er 1759 fest – »auch nicht ein einziges neues Genie nennen« und »nur sehr wenige Werke schon bekannter Verfasser anführen, die … aufbehalten zu werden verdienten«. Daran hat sich bis zum Ende seines Lebens nichts geändert: Lessings Verhältnis zur deutschen Literatur seiner Zeit blieb, um es gelinde auszudrücken, gestört.

Dass er für das Neue besonders hellhörig gewesen sei – man behauptet es oft –, gehört ebenfalls zu jenen freundlichen Erfindungen, die sich die Germanisten von Generation zu Generation, gleichsam im Stafettenlauf, weiterreichen. Denn was war das Neue in dieser Epoche? Doch wohl Klopstock und Wieland. Lessing hatte zu seinen beiden Generationsgenossen ein höchst skeptisches, ein zumindest gebrochenes Verhältnis. Nun ja, Klopstocks »Messias« ist heute kaum noch lesbar, und schon der Teufel in Grabbes »Scherz, Satire, Ironie und tiefere Bedeutung« hielt dieses Epos für ein »unfehlbares Schlafmittelchen«. Dennoch lässt sich schwerlich bestreiten, dass Klopstock ein neues Selbstbewusstsein artikuliert und eine bisher unbekannte Gefühlskultur ermöglicht hat.

Hat Lessing dies erkannt? Seine meist kleinlichen Einwände gegen das Vokabular und die Metaphorik lassen daran zweifeln, zumal er sich nicht die geringste Mühe gab, den Lesern zu erklären, was denn am »Messias« wichtig sei. Und wenn er sich über andere Dichtungen Klopstocks äußerte, zeigte er sich befremdet oder enttäuscht: »Es ist, – wie des Herrn Klopstocks Lieder alle sind; so voller Empfindung, daß man oft gar nichts dabei empfindet.«

Auch für Wieland hatte Lessing wenig Sympathie. 1759 attackierte er ihn auf nicht gerade vornehme Weise. Er spielte unzweideutig auf Gerüchte über Wielands Privatleben an: »Ich mag es nicht wieder erzählen, was Leute, die ihn in K. B. persönlich gekannt haben, von ihm zu erzählen wissen.« Die Ursache des bösartigen Angriffs: Lessing hielt Wieland für den Verfasser von zwei Rezensionen, in denen er ungünstig erwähnt war. Im selben Jahr nahm er sich noch einmal Wieland vor und beschuldigte ihn (recht höhnisch) eines Plagiats. Der »edle« Lessing? Später hat er Wielands Roman »Agathon« ausgiebig gelobt, was aber nichts an der Tatsache ändert, dass dieser große Zeitgenosse Lessings in dessen Schriften nur am Rande behandelt wird.

Und sein Verhältnis zu Goethe? Als er starb, war Goethe immerhin schon 31 Jahre alt und ein berühmter Autor. Einiges hatte Lessing gelesen, doch seine wenigen Bemerkungen zum Thema Goethe sind verständnislos und klingen verdrossen. Im April 1774 schreibt er seinem Bruder: »Daß ›Götz von Berlichingen‹ großen Beifall in Berlin gefunden, ist, fürchte ich, weder zur Ehre des Verfassers, noch zur Ehre Berlins.« In einem Brief vom Oktober desselben Jahres billigt er dem »Werther« zwar »poetische Schönheit« zu, kann sich aber letztlich mit dem Roman nicht abfinden: »Glauben Sie wohl, daß je ein römischer oder griechischer Jüngling sich *so* und *darum* das Leben genommen? Gewiß nicht.« Er empfiehlt Goethe, den »Werther« noch mit einer moralischen »Schlußrede« zu versehen.

Äußerungen Lessings zu »Clavigo« und »Stella« (gedruckt 1774 und 1776) gibt es nicht. Und 1775 meint er in einem Brief an Wieland: »Der Kerl ist ein Genie, aber ein Genie ist ein schlechter Nachbar: sagt Nicolai sehr gut in seinem, wo nicht bessern, doch klügern ›Werther‹.« Daraus zu folgern, Lessing habe Goethe schließlich doch für ein Genie gehalten, scheint zumindest fahrlässig. Wahr vielmehr ist, dass er, von manchen Besuchern und Korrespondenzpartnern auf dessen Arbeiten hingewiesen, es abgelehnt hat, sich mit ihnen näher zu befassen. Auch Goethe wurde von Lessing verkannt. Von den anderen Dichtern des Sturm und Drang sprach er nur verächtlich – er hat nicht einmal ihre Namen genannt, er wollte mit ihnen nichts zu tun haben.

Zu den beliebten Zitaten aus Lessings Schriften gehört seine Empfehlung: »Man schätzet jeden nach seinen Kräften. Einen elenden Dichter tadelt man gar nicht; mit einem mittelmäßigen verfährt man gelinde; gegen einen großen ist man unerbittlich.« Das sind schöne Sätze, nur dachte Lessing nicht daran, sich an sie zu halten: Er hat immer wieder elende Dichter getadelt; er verfuhr mit mittelmäßigen keineswegs gelinde; und mit den großen befasste er sich nur selten.

So gibt es in seinem Werk nur wenige kritische Auseinandersetzungen mit hervorragenden Schriftstellern sowohl seiner Zeit als auch früherer Epochen. Die Frage lässt sich nicht mehr unterdrücken: War Lessing ein großer Kritiker? Oder gar: War er, der Polemiker, denn überhaupt ein Kritiker? Von höchstem Interesse sind in Lessings Schriften über Literatur nicht die Analysen einzelner Werke, nicht die Bemerkungen über einzelne Autoren, nicht die Urteile und Wertungen, sondern die prinzipiellen Äußerungen und die Postulate.

Er habe, schrieb Lessing, in der »Hamburgischen Dramaturgie« »nichts als *Fermenta cognitionis* ausstreuen«, nichts als den Sauerteig der Erkenntnis liefern wollen. Dies gilt für alle seine Schriften über Literatur. Der Sauerteig aber ist kein Material, aus dem sich ein Kodex machen lässt oder gar ein nationales Gesetzbuch. Es ist nicht seine Schuld, dass man dies, seine Ansichten und Absichten gründlich verkennend, gelegentlich versucht hat. Man kann aus seinem Werk kein System ableiten, keine Theorie der Literatur, kein Programm der Kritik. Axiome sind da nicht zu finden, sondern immer nur Thesen und Gedanken, die zur Diskussion gestellt werden, Empfehlungen und Vorschläge, von denen manche – aber eben nur manche – ihre Aktualität bis heute nicht eingebüßt haben.

Lessing war ein Einzelgänger, und nichts konnte ihn hindern, bis ans Ende seines Lebens ein Einzelgänger zu bleiben. Als Friedrich Nicolai ihm 1777 mitteilte, dass in Berlin sowohl die Theologen als auch die Freigeister eine gute Meinung von ihm hätten, da erinnerte sich Lessing, dass er während des Siebenjährigen Krieges »zu Leipzig für einen Erzpreußen, und in Berlin für einen Erzsachsen bin gehalten worden, weil ich keines von beiden war, und keines von beiden sein mußte …«

So konnte auch in dem zentralen literarischen Streit der Epoche, in jenem zwischen den Leipzigern und den Zürichern, also zwischen Gottsched einerseits und Bodmer und Breitinger andererseits, keines der feindlichen Lager Lessing für sich in Anspruch nehmen. Nie war er bereit, sich einer Schulmeinung anzuschließen, nie hat er eine Gruppe oder Stilrichtung repräsentiert. Die Einsamkeit schien ihm die Voraussetzung für die Unabhängigkeit des Kritikers, die Unabhängigkeit die Bedingung für sein Amt.

An den Prinzipien der Aufklärung – Vernunft, Toleranz, Humanität – hielt er fest, doch nicht einmal ihnen erlaubte er, seine Bewegungsfreiheit einzuengen. Im Grunde urteilte er von Fall zu Fall: »Das Allgemeine« – meinte er – »existieret nur in dem Besonderen, und kann nur in dem Besonderen anschauend erkannt werden.« Ob es sich um ein Buch, ein Theaterstück, eine philosophische Abhandlung oder eine publizistische Debatte handelte – er blieb stets dicht am Gegenstand, er konzentrierte seine Aufmerksamkeit auf das konkrete Faktum. Das hat auf manche seiner kritischen Arbeiten einen ungünstigen Einfluss ausgeübt, zumal er glaubte, »es sei die Pflicht des Kriticus, so oft er ein Werk zu beurteilen vornimmt, sich nur auf dieses Werk allein einzuschränken«. Er solle sich nicht darum kümmern, ob der Autor noch andere Bücher, sei es schlechtere, sei es bessere, geschrieben habe. Überdies forderte Lessing, dass der Kritiker, der sich mit einem konkreten Werk auseinandersetzt, stets auf »das Ganze« aus sein müsse. Doch er selber verlor sich häufig in Details, die ihm eben den Blick für das Ganze versperrten.

Fast will es scheinen, als sei er von der Philologie in noch weit höherem Maße fasziniert gewesen als von der Literatur. Gleichwohl hat er immer – und das war damals etwas Außergewöhnliches – den Primat der Praxis vor der Theorie, der Kunst vor der Wissenschaft von der Kunst verfochten. Er berief sich, wann immer es ihm opportun war, auf die Forderungen des Aristoteles, aber schon 1751, am Anfang seiner Laufbahn als Kritiker, unterstrich Lessing mit Nachdruck: »Die Regeln in den schönen Künsten sind aus den Beobachtungen entstanden, welche man über die Werke derselben gemacht hat. Diese Beobachtungen … vermehren sich noch, so oft ein Genie, welches niemals seinen Vorgängern ganz folgt, einen neuen Weg einschlägt.« »Angesichts des Genies« – schrieb er – »vergesse man das Lehrbuch.« Und: »Das Genie lacht über alle die Grenzscheidungen der Kritik.«

Was immer er prüfte und darlegte, er suchte stets die rationalen Gründe: »… nichts ist anstößiger« – verkündete er ohne Pardon – »als wovon wir uns keine Ursache geben können.« Er war kühn genug, in der »Hamburgischen Dramaturgie« den gesunden Menschenverstand, der in Deutschland so gern verspottet wird, als eine fundamentale Kategorie der Kritik zu konstituieren.

Er hat die pädagogische Funktion der Ablehnung gefordert und so der Negation in der Literaturkritik zur höchsten Würde verholfen: Die nachdrückliche Warnung vor einem schlechten Buch hielt Lessing für einen Dienst, »den man dem gemeinen Wesen leistet«. Es sei gut, »wenn das Mittelmäßige für nichts mehr ausgegeben wird, als es ist; und der unbefriedigte Zuschauer wenigstens daran urteilen lernt«. Er protestierte gegen einen situationsbedingten Preisnachlass der Kritik, also gegen jene, die bereit sind zu loben, nur weil Besseres gerade nicht zu haben sei: »Wenn Hinkende um die Wette laufen, so bleibt der, welcher von ihnen zuerst an das Ziel kommt, doch noch ein Hinkender.«

Allerdings machte sich Lessing Illusionen, die missbilligende Kritik würde auch von den betroffenen Schriftstellern und Schauspielern geschätzt werden. Er bildete sich ein, »daß die Empfindlichkeit der Künstler, in Ansehung der Kritik, in eben dem Verhältnisse steigt, in welchem die Gewißheit und Deutlichkeit und Menge der Grundsätze ihrer Künste abnimmt«. Der Künstler möchte – sagte er an einer anderen Stelle – »zehnmallieber einen unverdienten Tadel, als ein unverdientes Lob, auf sich sitzen lassen«. Hier war der Wunsch der Vater des Gedankens.

Aber die negative Kritik, die sich gegen seine eigenen Werke richtete, hat Lessing keineswegs gern akzeptiert. Was ein Kritiker an seiner »Miß Sara Sampson« auszusetzen hatte, sei, räumte er ein, »zum Teil nicht ohne Grund«. Dennoch reagierte er gereizt, er wolle »lieber seine Fehler behalten, als etwa das Stück umarbeiten«. Als die »Deutsche Bibliothek der schönen Wissenschaften« eine ernste und durchaus nicht unvernünftige, wenn auch sehr kritische Rezension des ersten Teils der »Hamburgischen Dramaturgie« publizierte – vermutlich hatte sie sein alter Widersacher Klotz geschrieben –, antwortete Lessing im zweiten Teil der »Dramaturgie« mit einem wahrhaft inhumanen Zornausbruch: »Doch was halte ich mich mit diesen Schwätzern auf? Ich will meinen Gang gehen, und mich unbekümmert lassen, was die Grillen am Wege schwirren. Auch ein Schritt aus dem Wege, um sie zu zertreten, ist schon zu viel. Ihr Sommer ist so leicht abgewartet!«

Dass alle Gattungen der Poesie den Menschen bessern sollen, war für ihn eine Selbstverständlichkeit. Doch vom Einfluss nichtkünstlerischer Kategorien auf das ästhetische Urteil wollte er nichts wissen: »Vor allen Dingen wünschte ich, die Religion hier aus dem Spiele zu lassen.« Ähnlich wehrte er das vaterländische Element ab: Der Patriotismus in der Poesie stimmte ihn in der Regel misstrauisch. Dem Weltbürger Lessing schien die Liebe des Vaterlandes »aufs höchste eine heroische Schwachheit, die ich recht gern entbehre«.

Unverkennbar ist in seiner kritischen Prosa die Herkunft vom Journalismus. Das hat ihr nicht geschadet. Denn er diente der Wissenschaft mit dem Temperament des Journalisten und dem Journalismus mit dem Ernst des Wissenschaftlers. Seine Kritik war an das Publikum gerichtet, dessen Reaktion ihm nie gleichgültig war, nur dass »derjenige, dessen Erwartungen getäuscht werden, auch ein wenig mit sich selbst zu Rate gehe, von welcher Art seine Erwartungen gewesen«. Mit dem Adressaten hat auch die Diktion dieser Kritik zu tun: Lessing scheute weder Übertreibungen noch Überspitzungen, liebte effektvolle Formeln und pointierte Sentenzen und übernahm viele aus der Umgangssprache stammende Wendungen – alles um der Verständigung, der Deutlichkeit willen.

So hat er ein Leben lang für die Kritik als Institution plädiert, er hat sie verteidigt, er hat unermüdlich ihre Anerkennung gefordert. Als Lessing in dem berühmten letzten Stück der »Hamburgischen Dramaturgie« erklärte, er habe alles, was ihm als Dramatiker gelungen sei, »einzig und allein der Kritik zu verdanken«, denn er fühle keine »lebendige Quelle« sprudeln und müsse »alles durch Druckwerk und Röhren« aus sich herauspressen – da hat man es als ein freimütiges Eingeständnis der eigenen Unzulänglichkeit missverstanden: Man nahm als bare Münze, was nichts anderes sein sollte als ein Preislied auf die Kritik und ein Protest gegen jene, die glauben, ohne sie auskommen zu können.

Ein großer Kritiker? Er war weniger und mehr zugleich. Denn was der Kritiker, der Praktiker, hinterlassen hat, ist längst verblasst und bestenfalls von historischer Bedeutung. Doch was wir dem Theoretiker der Kritik schulden, ist zu einem erheblichen Teil noch keineswegs überholt. Lessing sei – schrieb Adam Müller 1806 – »eigentlicher Urheber, Vater der deutschen Kritik«. Das gilt nach wie vor. In den zweihundert Jahren seit seinem Tod wurde die Kritik in Deutschland immer wieder beschimpft und bekämpft und gelegentlich auch vom Staat verboten. Aber was Lessing erreicht hat, konnte niemand mehr rückgängig machen.

# Moses Mendelssohn

## Ein Porträt

Heute lesen seine Schriften nur noch die Fachgelehrten: Philosophen, Germanisten und Judaisten, zumal solche, die sich mit dem Zeitalter der Aufklärung beschäftigen. Aber vergessen ist Moses Mendelssohn, ein in jeder Hinsicht außergewöhnlicher Mann, durchaus nicht. Das hat vor allem mit der Rolle zu tun, die dieser Jude in seinem Jahrhundert gespielt hat.

Er wurde 1728 in Dessau geboren. Sein Vater war ein armer, doch nicht ganz ungebildeter Mann: Er verdiente seinen Lebensunterhalt als Synagogendiener und zugleich als Toraschreiber. Die Intelligenz und die Begabung seines Sohnes Moses fielen schon in dessen frühester Jugend auf. Kaum vierzehn Jahre war er alt, da hielt er es für angebracht, seine Geburtsstadt zu verlassen. Denn niemanden gab es dort, der ihm noch etwas hätte beibringen können.

Er ging, zu Fuß versteht sich, nach Berlin. Am Rosenthaler Tor bat er um Einlass in die Stadt, der ihm auch – das war nicht immer üblich – bewilligt wurde. Einer Legende zufolge findet sich im Journal für diesen Tag im Oktober 1743 eine knappe, eine vielsagende Eintragung, die uns an die Situation der Juden in Preußen im 18. Jahrhundert erinnert. Da hieß es angeblich: »Heute passierten das Rosenthaler Tor sechs Ochsen, sieben Schweine, ein Jude.«

Aber warum hat ihn der Wachtposten damals nicht abgewiesen? Vielleicht deshalb, weil ihn der jugendliche, der ärmliche Neuankömmling mit einer denkwürdigen Antwort verblüffte. Befragt, was er in Berlin eigentlich wolle, antwortete der Knabe, jedenfalls der schönen Legende zufolge, mit einem einzigen Wort: »Lernen.« Er hat dann in Berlin in kurzer Zeit tatsächlich viel gelernt, und es dauerte nicht lange, da hat er schon gelehrt.

Die Zeitgenossen haben den kleinen und verwachsenen, den buckligen Mann, der zu allem Unglück auch noch stotterte, rasch anerkannt: Mendelssohn wurde in kurzer Zeit einer der wichtigsten Denker jener Epoche, in der Lessing und Kant wirkten. Mit Lessing war er viele Jahre befreundet, mit Kant hat er korrespondiert, mit Nicolai eng zusammengearbeitet (sie gaben zusammen mit Lessing die Zeitschrift »Briefe, die neueste Literatur betreffend« heraus). Es lebte damals in Deutschland kaum ein bedeutender Gelehrter, mit dem Mendelssohn nicht in Kontakt gewesen wäre – und alle haben ihn geschätzt und bewundert.

Zunächst einmal war es seine Vielseitigkeit, die die Zeitgenossen verblüffte. Denn er war alles auf einmal: Philosoph, Schriftsteller und zugleich Literaturkritiker, Wissenschaftler, Übersetzer und auch noch Journalist. Er stand im Mittelpunkt des geistigen Lebens von Berlin und von Preußen, er wurde eine unumstrittene Autorität des höchsten Ranges. Und er wurde dies, ohne je, wie er mit leisem Stolz betonte, auf einer Universität gewesen zu sein oder ein Collegium gehört zu haben.

Erstaunlich ist es also nicht, dass der Autodidakt gerne Mitglied der Preußischen Akademie der Wissenschaften geworden wäre. Das wäre ihm auch beinahe geglückt. Tatsächlich wurde Mendelssohn zweimal zum Mitglied gewählt. Nur hatte der König, Friedrich II., der ihn, wiederum einer sehr unwahrscheinlichen Legende zufolge, gelegentlich zum Essen einlud, wenig Lust, diese Entscheidung zu akzeptieren, ließ aber den vakanten Posten jahrelang unbesetzt, und zwar ohne Begründung. Ohnehin haben sich alle den Grund denken können: Ein Jude hatte, wie groß seine Verdienste auch sein mochten, im aufgeklärten Preußen in der Akademie doch nichts zu suchen.

Wichtiger noch: Mendelssohn hatte gehofft, er könnte ein gleichberechtigter Bürger des preußischen Staates werden. Aber er schätzte die Situation allzu optimistisch ein. So überwältigend seine wissenschaftlichen Leistungen auch waren, so viel Aufsehen seine Bibelübersetzung auch erregte – der jüdische Philosoph wurde nach wie vor als wunderlicher Fremdling empfunden, als sonderbares Wesen angestaunt.

Von Gleichberechtigung konnte jedenfalls keine Rede sein. Man hat ihn gerühmt und zugleich geschmäht, gepriesen und gequält. Doch noch vor seinem Tod – er starb 1786 in Berlin – wurde er mit einem Denkmal besonderer Art geehrt: Den Juden im Mittelpunkt seines Dramas »Nathan der Weise« hat Lessing dem Freund Moses Mendelssohn nachgebildet.

Von seinen Nachkommen seien hier vier genannt: Mendelssohns Tochter, die sich Dorothea nannte und in zweiter Ehe mit Friedrich Schlegel verheiratet war, verfasste den Roman »Florentin«, betätigte sich als Übersetzerin und gehört zu den großen Briefschreiberinnen der Romantik. Mendelssohns Sohn Joseph galt als ein Finanzgenie: Das von ihm zusammen mit seinem jüngeren Bruder Abraham gegründete berühmte Bankhaus existierte bis 1938. Der Sohn Abrahams wandte sich der Musik zu. Sein Name: Felix Mendelssohn Bartholdy.

# Johann Wolfgang von Goethe

## Die Literatur ist ein Spiel – wie die Liebe

Dankrede zur Verleihung des Goethe-Preises
der Stadt Frankfurt

Das also darf ich noch erleben: diesen Tag, der so wunderbar, diese Stunde, die so herrlich für mich. Im Namen Goethes ausgezeichnet zu werden, das ist die höchste Ehre, die einem Schreibenden widerfahren kann. Sigmund Freud erhielt diesen Preis 1930 und schrieb später in einer autobiographischen Darstellung: »Es war der Höhepunkt meines bürgerlichen Lebens.« Und auch ich darf, dem großen Vorbild Freuds folgend, hier bekennen: Dies ist der Höhepunkt meines Lebens. Ein helleres, ein strahlenderes Licht kann auf mein Dasein nicht mehr fallen.

Aber diese so schöne Stunde ist für mich zugleich eine schwere Stunde. Es ziemt sich, dass ich jetzt über Goethe rede. Ich würde lieber über Lessing oder Schiller, über Kleist oder Heine zu Ihnen sprechen. Denn ich habe Angst vor dem Thema Goethe. Es ist ja schon unendlich viel, vielleicht sogar alles über ihn gesagt worden, in Deutschland und in der ganzen Welt. Diese Furcht, immer nur längst Bekanntes zu wiederholen, hat mich jahrzehntelang gehindert, über Goethe überhaupt zu schreiben. Ich war längst sechzig Jahre alt, als ich es zum ersten Mal gewagt habe, eine kleine Arbeit über ihn zu verfassen.

Mein Weg zu Goethe begann schon in meiner Jugend, wenn nicht in meiner Kindheit. Einfach und geradlinig war dieser Weg freilich nicht. Er stand zunächst im Schatten einer Liebe, zu der ich mich auch heute noch bekenne – meiner frühen Liebe zu Schiller. Zwei Dramen, das Stück über die Rebellion der Jugend und jenes, das den politischen Mord glorifiziert, die »Räuber« also und der »Tell«, hatten mich in jenen Jahren erregt und beunruhigt und bald begeistert.

Beide Stücke waren für mich ungleich wichtiger als etwa der »Götz von Berlichingen«, der mich überhaupt nichts anging. Und keine Ballade von Goethe beeindruckte mich mehr als Schillers »Kraniche des Ibykus«. Schlimmer noch: Die Verse, die ich zunächst von Goethe gelesen hatte, gefielen mir überhaupt nicht. Nun hatte, was mir von ihm damals in die Hände fiel, mit der wohl nicht ganz glücklichen Auswahl zu tun, die in unserem Schullesebuch geboten wurde.

Erst las ich – leider – das Gedicht »Die wandelnde Glocke«. Dass ein menschliches Wesen und obendrein ein unschuldiges Kind gejagt, in Schrecken versetzt und dann auf brutale Weise zum Gottesdienst in die Kirche getrieben wird – dies fand ich abscheulich, weil inhuman. Auf mein kritisches Verhältnis zu den Kirchen aller Religionen hat vielleicht auch dieses Gedicht Einfluss ausgeübt. Nein, das war mein Gedicht nicht.

Ich nahm mir dann den »Schatzgräber« vor und war enttäuscht. Sie erinnern sich an das Fazit dieser kurzen Ballade: »Tages Arbeit! Abends Gäste! / Saure Wochen! / Frohe Feste! / Sei dein künftig Zauberwort«. Das, glaubte ich, seien primitive Schlagzeilen, sie kamen mir abstoßend vor. Das war in meinen Augen biedere und billige Poesie.

Ähnlich erging es mir mit dem »Zauberlehrling«. Ich hatte kein Verständnis für diese Ballade, zumal ich noch nicht wusste, dass es hier möglicherweise um Meisterschaft und Dilettantismus ging und dass sich hier vielleicht Goethes Abrechnung mit den Romantikern verbarg.

Nun, da ich die verschiedenen Deutungen kenne, finde ich diese Gedichte nicht besser. Was mich vor allem störte, was ich nicht ertragen konnte, das war deren Treuherzigkeit, deren aufdringliche Pädagogik. Doch meine entschiedene Abwendung von Goethes Poesie stand mir noch bevor. Es war aber mehr als eine Abwendung, es war schon ein wütender Protest. Ich las das Gedicht, dessen erste Strophe lautet:

Edel sei der Mensch,
Hülfreich und gut!
Denn das allein
Unterscheidet ihn
Von allen Wesen,
Die wir kennen.

Das, dachte ich mir, ist in ihrer Direktheit, klar gesagt, schlechte Poesie: Die Strophe beginnt ja mit einer simplen Ermahnung und knüpft daran eine gänzlich absurde Feststellung. Denn es ist doch wirklich barer Unsinn, dass Güte und Hilfsbereitschaft den Menschen von allen Wesen unterscheiden, die wir kennen. Hilfreich und gut kann zur Not auch ein Hund sein. Was wirklich den Menschen von allen anderen Wesen unterscheidet, sei vielmehr – meinte ich – die Fähigkeit, zu sprechen und zu lachen und meinetwegen zu schreiben.

Es hat sich inzwischen nichts geändert, nach wie vor bin ich keineswegs bereit, ein gutes Wort für derartige Gedichte einzulegen. Aber während ich mich fragte, warum man sich in Deutschland über Goethe in der Regel so ganz und gar unkritisch zu äußern pflegt, begann ich in seinem Gedichtband zu blättern. Da fand ich das Gedicht, das mit den Worten beginnt: »Ein Veilchen auf der Wiese stand, / Gebückt in sich und unbekannt.« Diese Verse lösten bei mir keinen Widerstand aus, sie gefielen mir, aber ich wusste nicht, warum sie schön waren. Das ist mir übrigens Jahrzehnte später, als ich schon längst Kritiker war, nicht selten wieder passiert. Ich lese ein Gedicht und spüre sofort: Das ist wunderbare Lyrik – und dann suche ich und finde schließlich für diese unmittelbare emotionale Reaktion die sachliche Begründung.

Bei dem »Veilchen«, da war es aber anders. Ich war beinahe noch ein Kind, ziemlich isoliert. Das Gedicht hatte sich gleich meinem Gedächtnis eingeprägt, auf dem Weg zur Schule sprach ich, einsam inmitten des Berliner Verkehrs, die Verse leise vor mich hin: »Ein Mädchen auf der Wiese stand, / Gebückt in sich und unbekannt.« Plötzlich merkte ich, dass ich ja falsch zitiere, in dem Gedicht war nicht von einem Mädchen die Rede, sondern von einem Veilchen.

Aber durch meinen Irrtum – das habe ich irgendwann begriffen – wurde dieses Gedicht gar nicht so arg entstellt. Denn Blumen sind in Goethes Versen nicht unbedingt reale Pflanzen, es sind vielmehr, jedenfalls sehr häufig, Zeichen und Symbole. Nun, Zeichen wofür? Sie beziehen sich stets auf die Frauen und auf die Liebe. Das aber ist bei Goethe so gut wie immer ein und dasselbe Thema. Sein Veilchen denkt: »Wär ich nur die schönste Blume der Natur …« Die Schäferin aber, die »mit leichtem Schritt und munterm Sinn« daherkommt, nimmt das Veilchen »nicht in Acht«. Was sich also zwischen der Blume und dem Mädchen abspielt, ist nichts anderes als eine erotische Geschichte.

»Sah ein Knab ein Röslein stehn, / Röslein auf der Heiden«. Auch dieses Röslein, das »so jung und morgenschön« lockt, ist natürlich ein Mädchen. Nur geht es hier nicht um die Liebe, sondern um bare Sexualität. Ein wilder Knabe will das Röslein brechen, das sich wehrt, das sich dem Zugriff entziehen will: Aber »half ihr doch kein Weh und Ach, / Mußt es eben leiden.« Das geschätzte und so beliebte Lied ist ein Gedicht über die Vergewaltigung.

Herrlich leuchtet die Natur in Goethes »Mailied«: »Es dringen Blüten / Aus jedem Zweig«, von »Blütendampf« hören wir. Doch gleich werden die aus dem Botanischen bezogenen Zeichen und Symbole aufgegeben, und es heißt einfach und ohne Umschweife: »O Mädchen, Mädchen, / Wie lieb' ich dich, / Wie blickt dein Auge, / Wie liebst du mich!«

Das Goethe-Gedicht »Mit einem gemalten Band« beschwört »kleine Blumen« und »kleine Blätter« und auch noch Rosen. Aber sie haben nur einen einzigen Zweck: Die Liebste sollen sie schmücken. In dem berühmten »Ich ging im Walde / So für mich hin« wird ein Blümchen »mit allen den Würzlein« ausgegraben und zu Hause wieder eingepflanzt: »Nun zweigt es immer / Und blüht so fort.« Gemeint ist, versteht sich, wieder eine Frau, diesmal Christiane Vulpius, die Goethe wie jenes im Wald gefundene Blümchen in sein Haus genommen und Jahre später geheiratet hat.

Es waren immer wieder kurze Gedichte, die mir besonders gefielen, die mich für Goethe gewannen – damals und für mein ganzes Leben. Jetzt ist es nicht anders als in meiner Jugend.

Ich bin überzeugt, dass die Qualität des lyrischen Gedichts auch mit seinem Umfang zu tun hat, dass das kurze Gedicht dem langen meist überlegen ist. Das ist, ich weiß es, eine ungeheuerliche Vereinfachung, und ich hätte sie wohl nicht riskiert, wenn mir nicht neulich eine verblüffende Bemerkung des alten Goethe aufgefallen wäre. In einem Gespräch aus dem Jahre 1828 sagte er: »Jedes Gedicht ist gewissermaßen ein Kuß, den man der Welt gibt. Aber« – fuhr Goethe fort – »aus bloßen Küssen werden keine Kinder.« Nur ein kurzes Gedicht kann zu dem Kuss werden, mit dem die ganze Welt bedacht sein soll. Und mit den Kindern, die diesen Küssen nicht folgen, meinte Goethe wohl jene Wirkung, die ein Drama oder ein Roman ausüben kann und die man von einem kurzen Gedicht nicht erwarten darf.

Welches sind denn die schönsten, die dauerhaftesten Gedichte von Goethe? Vielleicht, neben denen, die ich schon genannt habe: Klärchens Lied »Freudvoll und leidvoll« und Mignons Lied »Kennst du das Land, wo die Zitronen blühn«, das Lynkeus-Lied »Zum Sehen geboren, zum Schauen bestellt« und Wandrers Nachtlied »Über allen Gipfeln ist Ruh«. Allesamt ganz kurze Gedichte. Und die Balladen? Die herrlichsten, die Goethe geschrieben hat, sind ebenfalls verhältnismäßig kurz: Gretchens »Es war ein König in Thule« und die beiden Balladen über die Verführung: »Der Fischer« und der »Erlkönig«.

Ich will es nicht verheimlichen, dass ich die Balladenform nicht gerade liebe. Die meisten erzählen in Versen, was sich ebenso und meist auch viel klarer und anschaulicher in Prosa erzählen ließe. Wie aber ist es um das philosophische Gedicht bestellt, das doch in der Regel lang ist? Da wird, fürchte ich, nicht selten, sogar von den bedeutendsten Dichtern, um des Reimes oder des Rhythmus willen die Exaktheit des Gedankens, der Formulierung vernachlässigt, wenn nicht geopfert.

Heute fällt mir auch auf, dass mich in Goethes Lyrik vor allem das erotische Gedicht fasziniert hat. Und neben der Lyrik war es ein erotisches Drama, das mich ergriffen und aufgewühlt hat wie kaum ein anderes Werk der Weltliteratur. Ich spreche von der Gretchen-Tragödie, der erfolgreichsten deutschen Liebesgeschichte.

Faust und Gretchen werden in der Regel den klassischen Liebespaaren der Weltliteratur zugezählt, man nennt sie zusammen mit Hero und Leander, Paolo und Francesca, mit Romeo und Julia. Die poetische Kraft und Qualität der Dichtung Goethes rechtfertigt diese hohe und höchste Einstufung mit Sicherheit. Etwas anders freilich verhält es sich, wenn man genau und nüchtern, vor allem aber unvoreingenommen betrachtet, was Goethe gezeigt und dargestellt hat. Wir wollen dieses Risiko auf uns nehmen und einer schlichten Frage nicht ausweichen, nämlich: Wovon handelt denn eigentlich diese Tragödie?

Also: Faust, der erkennen wollte, was die Welt im Innersten zusammenhält, scheitert und resigniert – als Gelehrter, als Wissenschaftler. Von den beiden Seelen in seiner Brust siegt jene, die »in derber Liebeslust sich an die Welt mit klammernden Organen« hält. Zum Augenblicke will er sagen können: »Verweile doch, du bist so schön!« Wie er sich das vorstellt, erklärt er seinem Partner und Begleiter, dem Mephisto: »Mir ekelt vor allem Wissen. / Laß in den Tiefen der Sinnlichkeit / Uns glühende Leidenschaften stillen!«

Natürlich begreift Mephisto, was man tun muss, damit Faust die »Tiefen der Sinnlichkeit« genießen kann. Er bringt ihn in die Hexenküche, lässt ihn verjüngen und serviert ihm einen Zaubertrank: »Du siehst, mit diesem Trank im Leibe, / Bald Helenen in jedem Weibe.« Das nächste weibliche Wesen auf seinem Weg ist Gretchen vor dem Dom. Und wenn es, frage ich ganz leise, Marthe gewesen wäre oder zufällig die schmutzigste Hure des kleinen mittelalterlichen Städtchens? Welches weibliche Geschöpf auch aufgetaucht wäre, Faust, mit einer Droge, einem Aphrodisiakum präpariert, hätte dieses Geschöpf, ob jung oder alt, ob schön oder hässlich, gleich begehrt.

Das ist ein unseliger, ein unheilvoller Ausgangspunkt. Denn der Held der Tragödie ist seiner Entscheidungsfreiheit beraubt. Da stellt sich die Frage: Hat Faust je mit Frauen zu tun gehabt, war es ihm je vergönnt, ein weibliches Wesen zu lieben? Seine Selbstdarstellung – in den Monologen, im Osterspaziergang, in den Gesprächen mit Mephisto – ist nicht knapp. Doch mit keinem einzigen Vers wird etwas Erotisches in Fausts Vergangenheit erwähnt. In der Hexenküche wird ihm in einem »Zauberspiegel« das Bild von einer (offenbar nackten) Frau geboten. Er verliert beinahe die Fassung:

Das schönste Bild von einem Weibe!
Ist's möglich, ist das Weib so schön?
Muß ich an diesem hingestreckten Leibe
Den Inbegriff von allen Himmeln sehn?
So etwas findet sich auf Erden?

Die Kommentatoren, die vermuten, Faust sei ein »frauenferner Gelehrter« gewesen, haben gewiss recht.

Sein sofortiges Interesse für Gretchen hat nichts mit Liebe zu tun. Es handelt sich vielmehr um ein rein sexuelles Verlangen, ein heftiges Verlangen des Mannes, der, nach den Tiefen der Sinnlichkeit lechzend, in einen ekstatischen Zustand versetzt wurde. Der Trank, den er in der Hexenküche zu sich nahm, hat keinen Einfluss auf die Liebe, er wirkt lediglich auf das Sexuelle, was in Fausts Gretchen-Erlebnis auf unzweifelhafte Weise zum Vorschein kommt.

Er sieht das Mädchen vor dem Dom nur ganz kurz, da sie ihn mit, alles in allem, zehn Worten schroff abweist und gleich weggeht. Die wenigen Augenblicke reichen aus – er will sie unverzüglich im Bett haben: »Du mußt mir die Dirne schaffen!« befiehlt er dem Mephisto. Und: »Wenn nicht das süße junge Blut / Heut' Nacht in meinen Armen ruht: / So sind wir um Mitternacht geschieden.«

Dies lässt sich, wie Mephisto erklärt, so schnell nun doch nicht machen. Es muss also eine vorläufige Lösung, eine Ersatzlösung gefunden werden. Bei der Annäherung des Mannes an eine Frau werden – lehrt Sigmund Freud – in dem Stadium, da das Sexualziel noch nicht erreichbar ist, häufig starke fetischistische Neigungen bemerkbar. Als bevorzugte Objekte sexueller Erregung und Befriedigung erweisen sich Kleidungsstücke, solche zumal, die von der begehrten Person in der Nähe der erogenen Teile oder Stellen ihres Körpers getragen werden. Ich weiß schon: Goethe hat Freud nicht gelesen, aber er kannte das Leben. Die Art der Beziehung Fausts zu Gretchen wird zunächst deutlich erkennbar durch seinen dringenden Wunsch oder, wenn man so will, seine Bestellung: Da er Gretchen nicht sofort im Bett haben kann, benötigt er für seine »Liebeslust« »ein Halstuch von ihrer Brust« und »ein Strumpfband«. Überdies soll Mephisto ihm ein passendes Geschenk beschaffen, das Gretchen rasch gefügig machen soll.

Doch kaum hat Faust mit ihr geschlafen, schon will er, da das sexuelle Bedürfnis offenbar befriedigt wurde, von ihr nichts mehr wissen. Gretchen war Fausts einstweiliger Bettschatz – nicht mehr. In der Szene »Wald und Höhle«, deren Platzierung innerhalb des

»Faust« allerdings unsicher ist, hält es Mephisto für angebracht, den Verführer ernsthaft zur Rede zu stellen:

Dein Liebchen sitzt dadrinne,
Und alles wird ihr eng und trüb,
Du kommst ihr gar nicht aus dem Sinne,
Sie hat dich übermächtig lieb.

Und etwas weiter bringt Mephisto die Sache auf den Punkt: »Sie meint, du seist entfloh'n. / Und halb und halb bist du es schon.«

Eine eventuelle Begegnung zwischen Faust und Gretchen nach ihrer ersten gemeinsamen Nacht wird von Goethe mit keinem Wort erwähnt. Offenbar hat Faust sie monatelang überhaupt nicht gesehen. Er sieht sie erst im Kerker.

Was treibt denn – müssen wir fragen – diesen Faust? Albrecht Schöne meint in seinem sehr nützlichen Kommentar, es sei »unstillbares Verlangen nach Weltgewinn und Ich-Erweiterung«. Natürlich, das ist schon richtig. Aber ich würde hier doch andere Vokabeln vorziehen und von Fausts Begierde nach Lebensgenuss sprechen und, um einen in unserer Zeit beliebten Begriff zu verwenden, von seiner Sucht nach Selbstverwirklichung. Diese Sucht gleicht einer dämonischen Triebkraft.

Wir wissen es längst: Goethes Helden – die Männer meine ich – sind so gut wie immer gebrochene Individuen, schwache und scheiternde Menschen, Neurotiker und Neurastheniker. Von hemmungsloser Egozentrik und brutalem Egoismus kann man sie allesamt nicht freisprechen. Doch keiner scheint eine so extreme Figur zu sein wie Faust: Die Rücksichtslosigkeit, mit der er Gretchen an sich reißt und verführt, ist grausam und schließlich unmenschlich.

Wer will, kann ihm die Droge zugutehalten, die er von Mephisto in der Hexenküche bekommen hat. Dass er Gretchens tiefstes Elend verschuldet und schließlich ihr Leben zerstört hat, dafür kann man nicht mehr den aphrodisischen Trank verantwortlich machen. Aber was er ihr angetan hat, ist ihm offenbar gleichgültig. Als er hört, was mit Gretchen geschehen ist, klagt er an. Wen? Nicht etwa sich selber, sondern Mephisto, der ihn kühl fragt und sehr zu Recht: »Wer war's, der sie in's Verderben stürzte? Ich oder du?«

Im Kerker findet Faust große und schöne Worte für das Unglück, doch nicht etwa für das Unglück der verzweifelten, der verwirrten, der an Ketten liegenden Frau. Er hat hingegen das Bedürfnis, sich über sein Unglück zu verbreiten: »Mich faßt ein längst entwohnter Schauer, / Der Menschheit ganzer Jammer faßt mich an.« Er gibt zu: »Du zauderst zu ihr zu gehen! Du fürchtest, sie wieder zu sehen!« Er erlaubt sich die rhetorische Frage: »Werd ich den Jammer überstehen!« Und: »Du bringst mich um.« Am Ende ruft er wahrlich nicht ohne Selbstmitleid: »O wär' ich nie geboren!«

Und doch wird im »Faust« eine unvergessliche Geschichte erzählt, die poetische Geschichte einer Liebe. Aber es ist ausschließlich jene der Liebe Gretchens zum Faust. Ja, so ist es, auch wenn es Gretchen noch nicht weiß: Sie liebt ohne Gegenliebe.

Woher rührt denn der unvergleichliche Zauber dieses Mädchens? Über vierzehn Jahre ist sie alt, gerade noch ein Kind und schon eine Frau. Sie ist auf rührende Weise naiv und zugleich erstaunlich gescheit. Goethe hat sie großzügig ausgestattet: mit Instinkt ebenso wie mit Intelligenz.

Sie ist von schlichter Geistesart und so ungebildet, wie die Mädchen ihres Alters und ihrer sozialen Herkunft es damals waren. Gleichwohl ist sie auf höherem geistigen Niveau als diese Mädchen.

Goethe sagte einmal im Gespräch mit Eckermann, seine Frauencharaktere seien allesamt »gut weggekommen, sie sind alle besser, als sie in der Wirklichkeit anzutreffen sind«.

So ist es in der Literatur, der großen zumal, immer: Kein Prinz von Dänemark hatte je das Format des Hamlet, kein Prinz von Preußen das Format des Friedrich von Homburg. Und die liebenden Frauen im »Werther« und in den »Wahlverwandtschaften«, in der »Stella«, im »Egmont« und im »Tasso« – sie sind alle tatsächlich und glücklicherweise besser, als man sie in der Wirklichkeit antreffen kann. Hat es in Griechenland je eine Königstochter gegeben, die so reif und klug, so gebildet gewesen wäre wie unsere Iphigenie, sie, die aus dem fluchbeladenen Geschlecht der Atriden stammt und doch aus der Familie der Frau von Stein? Und Gretchen, die »Ohnegleiche«?

Sachlich und klar sind die Fragen, die sie Faust stellt: »Wie hast du's mit der Religion?« Und: »Glaubst du an Gott?« Faust antwortet ihr ausführlich und, zugegeben, effektvoll, doch letztlich nur ausweichend. Seine feierliche Rede lässt sie kalt, sie durchschaut seine Phraseologie sofort: Er wiederhole doch nur – bemerkt sie nicht ohne Ironie –, was sie auch vom Pfarrer gehört habe.

Dem Mann, der Gretchen bloß ins Bett haben wollte, und dies so schnell wie möglich, ihm verdankt sie eine Erfahrung, die ihr Leben verändert: die Liebe. Der poetische Höhepunkt des ersten Teils der »Faust«-Tragödie sind die Verse, die Gretchen am Spinnrad spricht und die, auch wenn sie von den größten Komponisten vertont wurden, doch keiner Musik bedürfen. Sie sind selber Musik und, man muss es sagen, unüberbietbare. Refrain und Leitmotiv dieses Monologs ist die erste Strophe, die von Gretchen noch zweimal wiederholt wird: »Meine Ruh' ist hin, / Mein Herz ist schwer; / Ich finde sie nimmer / Und nimmermehr.«

Der Monolog zeigt in dichterischer, in äußerster Verknappung, was die Liebe zur Folge hat. Das sie überwältigende Erlebnis bringt das Mädchen wie jeden, dem das Glück der Liebe zuteil wird, in eine Abhängigkeit, die sie bisher nicht kannte: »Wo ich ihn nicht hab' / Ist mir das Grab, / Die Welt / Ist mir vergällt.« Zugleich gerät die Liebende in einen Zustand, dem sie hilflos ausgeliefert ist, einen Zustand an den Grenzen der Verwirrung: »Mein armer Kopf / Ist mir verrückt, / Mein armer Sinn / Ist mir zerstückt.«

Zur Abhängigkeit und zur Verwirrung kommt noch ein dritter, ein für Gretchen unbegreiflicher Umstand, etwas, was sie als beängstigend, als unheimlich, empfindet: der Sexualinstinkt. Sie kann es niemandem sagen, sie kann es nur sich selber gestehen: »Mein Busen drängt / Sich nach ihm hin. / Ach dürft' ich fassen / Und halten ihn.« Lassen diese Worte auf Sexuelles schließen? Nein, zunächst nicht unbedingt.

Doch in der frühen Fassung des »Faust«, im sogenannten »Urfaust«, lautete dieser Vers anders. Da sprach Gretchen nicht von ihrem Busen, da war es ihr »Schoß«, der sich nach dem Mann, den sie liebt, hindrängt. Das ist für Gretchen eine Entdeckung, beklemmend und erschreckend in einem. Daher folgt diesem Wort im »Urfaust« der Aufschrei einer Ratlosen: »Mein Schoß! Gott! drängt / Sich nach ihm hin / Ach dürft ich fassen / Und halten ihn.« Man kann sich denken, warum Goethe das Wort »Schoß« wieder gestrichen hat: Es war nichts anderes als ein Zugeständnis an die gesellschaftliche Konvention seiner Epoche.

Die nächsten vier Szenen (»Am Brunnen«, »Zwinger«, »Nacht« und »Dom«) sind einem einzigen Thema gewidmet: der Ächtung und Verfolgung Gretchens und deren Konsequenz. Goethe lässt Faust in diesen Szenen kein einziges Mal auftreten. Es gibt auch nicht den geringsten Anhaltspunkt für die etwaige Vermutung, er habe sich um das schwangere Gretchen je gekümmert. Darauf, was nun im Vordergrund von Fausts Leben steht, verweisen seine Worte: »So tauml' ich von Begierde zu Genuß, / Und im Genuß verschmacht' ich nach Begierde.«

Gretchen hat ihre Mutter umgebracht, sie hat ihr Kind ertränkt, sie hat zum Tod ihres Bruders beigetragen. Sie ist schuldig geworden, sie ist unschuldig geblieben, sie ist ein Opfer der Welt, in der sie lebte. So wird sie gerichtet, so wird sie gerettet. Das Wort, auf das die ganze »Faust«-Dichtung hinausläuft, das Wort vom »Ewig-Weiblichen«, das uns hinanzieht – ihr gilt es, ihr, die Gnade walten lässt und ihm verzeiht, dem Geliebten, dem »nicht mehr Getrübten«. Nichts anderes ist mit dem »Ewig-Weiblichen« gemeint als die Liebe, die schenkende und beglückende, die verzeihende.

Es war nie Goethes Ehrgeiz oder Absicht, dem Volk, den Menschen, dem Ganzen zu nützen oder gar zu dienen. Und keine Idee hat er im Sinne gehabt. Er wollte vielmehr, wie er selber es einmal gesagt hat, nur sein Ich ausdrücken. Er hat es, wie man weiß, immer wieder getan – vom Werther, Clavigo und Tasso bis zum Faust und Mephisto, doch nirgends reizvoller und anmutiger als in seinen Frauenfiguren, vor allem in der Gestalt des Clärchens, die spürt und erkennt, dass glücklich allein die Seele ist, die liebt, und noch einmal und auf der höchsten uns vorstellbaren Ebene der Dichtung in der Geschichte Gretchens, die sündigte, weil sie liebte.

Zur Sehnsucht nach Liebe gehörte in Goethes Leben, immerfort und unzertrennlich, seine Angst vor der Liebe: Er benötigte sie als Zuflucht, er war auf sie angewiesen. Und er floh vor ihr, die ihn immer wieder in Schrecken versetzte. Ob er ihr Siege oder Niederlagen verdankte, die Liebe war jedes Mal eine Steigerung seines Lebens, eine selige oder eine verzweifelte. Er und seine Mädchen und Frauen werden von der Liebe gesegnet und geschlagen, gestärkt und entwaffnet. Berückend bleibt das eine wie das andere.

Letztlich ist die Liebe in Goethes Dichtung – erschrecken Sie nicht! – ein Spiel, aber ein leidenschaftliches und erhabenes, ein den Menschen bezauberndes Spiel – ein Spiel wie die Literatur. Und die Literatur ist für Goethe eine zarte und gewaltige Passion – wie die Liebe.

## Ein Gegner der Meinungsfreiheit

### Über Goethes Gedicht »Rezensent«

Da hatt ich einen Kerl zu Gast,
Er war mir eben nicht zur Last,
Ich hatt so mein gewöhnlich Essen.
Hat sich der Mensch pump satt gefressen
Zum Nachtisch was ich gespeichert hatt!
Und kaum ist mir der Kerl so satt,
Tut ihn der Teufel zum Nachbar führen,
Über mein Essen zu raisonnieren.
Die Supp hätt können gewürzter sein,
Der Braten brauner, firner der Wein.
Der tausend Sackerment!
Schlagt ihn tot den Hund! Es ist ein Rezensent.

Alle Dichter schreiben schlechte Gedichte. Die guten Poeten unterscheiden sich von den schlechten nur dadurch, dass sie bisweilen auch *gute* Gedichte verfassen. Und wie ist es mit Goethe? Er genießt den Ruf, Deutschlands größter Lyriker zu sein. Das stimmt schon. Wenn es um die Poesie geht, kann ihm keiner das Wasser reichen. Aber natürlich hat auch er, der unverbesserliche Vielschreiber, zahlreiche mäßige oder schwache Gedichte produziert, gelegentlich sogar törichte. Doch das dümmste, das seiner Feder entstammt, ist wohl das Gedicht »Rezensent«, veröffentlicht im März 1774.

Über den unmittelbaren Anlass, der zu diesen Versen geführt hat, sind wir nicht informiert. Es mag sein, dass die Sache mit Christian Heinrich Schmid zusammenhing. Von diesem Gießener Professor der Dichtkunst und Beredsamkeit, der sich auch als Rezensent betätigte, hatte der junge Goethe offenbar keine hohe Meinung: Er sei – so in einem Brief vom 25. Dezember 1772 zu lesen – »ein wahrer Esel« und obendrein ein »Scheiskerl«. Ob nun Schmid oder ein anderer – sicher ist, dass Goethe attackiert wurde und dass er kräftig zurückschlagen wollte. Dagegen bräuchte man noch nichts einzuwenden, wenn nur der Racheakt etwas intelligenter geraten wäre.

»Da hatt ich einen Kerl zu Gast …« Hier stock' ich schon. Warum hat jener, der hier berichtet – und wir können annehmen, dass es Goethe persönlich ist –, einen Kerl eingeladen, der einer von ihm verabscheuten Zunft angehört? Denn dass es ein Rezensent war, muss er gewusst haben. Die Selbstrechtfertigung lässt denn nicht auf sich warten: »Er war mir eben nicht zur Last …« Eine auffallend dürftige Rechtfertigung: Seit wann lädt man jemanden, der einem nur »eben nicht zur Last« fällt, zum Essen ein? Wollte Goethe gar den Rezensenten für sich einnehmen? Es scheint, dass diesen (doch naheliegenden) Verdacht der Hinweis entkräften soll, es habe keineswegs ein besonders üppiges Mahl gegeben, sondern bloß sein »gewöhnlich Essen«.

Worüber bei Tisch geredet wurde, erfahren wir nicht, stattdessen hören wir, der Gast habe kräftig zugegriffen und sich »pump satt gefressen«, was schwerlich als Vorwurf gelten kann. Indes habe er sich wenig später zu einem Nachbarn über das, was ihm vorgesetzt wurde, ungünstig geäußert. Das ist weder schön noch höflich. Wie aber, wenn die Suppe wirklich fad war und der Braten nicht knusprig genug und der Wein ein wenig sauer? Wie also, wenn – was wir nicht ausschließen können – der Unhöflichkeit der Mangel an Gastfreundschaft vorangegangen war? Hat vielleicht der Eingeladene einen Verstoß gegen die gesellschaftliche Konvention in Kauf genommen, um die Wahrheit sagen zu können? Ist es verwerflich, die Ehrlichkeit mehr zu schätzen als die Höflichkeit?

Die Frage erübrigt sich, weil wir es mit einem Gleichnis zu tun haben, und zwar mit einem solchen, das hinten und vorne nicht stimmt. Denn Goethe hat nichts anderes im Sinn als die Kritik. Aber der Rezensent, der sich der Arbeiten eines Schriftstellers annimmt, ist nicht von diesem hierzu ausgewählt und eingeladen worden und wird nicht von ihm bewirtet. Im Gegenteil: Er ist gehalten, das, was der Autor geleistet hat, zu prüfen und zu beurteilen und seine Meinung möglichst klar darzulegen, und zwar ohne sich darum zu kümmern, ob dies dem Betroffenen gefallen werde oder nicht.

Indem Goethe seine Leser auffordert, die Rezensenten totzuschlagen, entpuppt er sich als ein Anhänger der Todesstrafe und als ein Gegner der Meinungsfreiheit; überdies ist auch der Tatbestand der Volksverhetzung erfüllt. Und warum das alles? Kaum war das Gedicht »Rezensent« gedruckt, da wurde Goethe öffentlich belehrt. Der Dramatiker Heinrich Leopold Wagner, den vor allem die Tragödie »Die Kindermörderin« bekannt gemacht hat, publizierte ein Gegengedicht, das mit den Worten endet: »Schmeißt ihn todt, den Hund! Es ist ein Autor der nicht kritisiert will sein.«

# Friedrich Schiller

## Ein Porträt

Als ich zwölf Jahre alt war, bekam ich von meiner Mutter aus irgendeinem Anlass ein Geschenk, ein ungewöhnliches: eine Eintrittskarte für die Aufführung des »Wilhelm Tell« im Staatlichen Schauspielhaus am Gendarmenmarkt. An diesem Abend, Ende 1932, da ich zum ersten Mal eine richtige Vorstellung sah und nicht nur Kindertheater, begannen einige meiner großen Liebesgeschichten, alle auf einmal: Ich meine die Liebe zur deutschen Literatur, ich meine die Jahrzehnte währende, später freilich, zumal in Frankfurt, nachlassende Liebe zum Theater, ferner die zwar oft gefährdete, doch nie ganz abgestorbene Liebe zu Schiller und schließlich noch die Liebe zu einem Gebäude, das mir das teuerste in Berlin wurde und bis heute geblieben ist – zu Schinkels Schauspielhaus am Gendarmenmarkt.

Die »Tell«-Aufführung veränderte sofort meine Lektüre. Im eher bescheidenen Bücherschrank meiner Eltern suchte und fand ich eine Schiller-Ausgabe. Da ich etwas erkältet war und nicht zur Schule musste, las ich im Bett liegend. Ich fing mit der ersten Seite des Bandes an, mit dem Schauspiel, das diese Ausgabe eröffnete: »Die Räuber«. Kaum hatte ich die Worte »Aber ist Euch auch wohl, Vater?« gelesen, da konnte ich mich von dem Buch nicht mehr losreißen.

Nichts anderes interessierte mich als die eine einzige Frage: Was wird mit diesen Räubern geschehen, wie wird die Sache ausgehen? Ich empfand das Stück als unerhört spannend, es regte mich auf, ich las es mit roten Backen und roten Ohren, ich konnte nicht aufhören zu lesen – bis ich bei dem Satz »Dem Manne kann geholfen werden« angekommen war. Und ich war glücklich. Karl Moor faszinierte mich ungleich mehr als Old Shatterhand, seine Räuber mehr als alle Indianer Karl Mays.

Im Laufe der Jahre habe ich dieses Drama häufig auf der Bühne gesehen. Es waren mehr oder weniger gelungene Inszenierungen, aber eine wirklich gute habe ich nie erlebt. Ein halbes Jahrhundert nach dieser Bettlektüre wurde ich vom Hessischen Rundfunk gebeten, die Verfilmungen einiger Schiller-Stücke einzuleiten, auch die der »Räuber«. Ich habe die vielen Untugenden und Fehler dieses Anfänger-Dramas ausführlich, beinahe genüsslich beschrieben. Schwer ist das nicht, da sie ja allesamt offenkundig sind. Der zuständige Abteilungsleiter, der im Studio zugegen war, fühlte sich bei meiner heftigen Anklage und Beschimpfung nicht ganz wohl. Er atmete erst auf, als ich sagte: »Das war's.« Nun muss ich nur noch erklären, warum ich die »Räuber« liebe wie nur ganz wenige Stücke in der ganzen Weltliteratur.

Schiller wurde schon zu Lebzeiten und erst recht nach seinem Tod im Jahre 1805 und nach der Reichsgründung von 1871 als Dichter der nationalen Ideale gefeiert. Man hat ihn in Vers und Prosa gerühmt und in Bronze und Marmor zum Götterjüngling stilisiert. Das heißt: Er wurde von den Dichtern und den Künstlern so gezeigt, wie ihn das Volk sehen wollte. Hofmannsthal verglich ihn 1905 mit dem Fackelläufer, »der in sich verzehrt, aber mit brennendem Licht ans Ziel kam, sterbend hinstürzte und so stürzend, so sterbend ein ewiges Sinnbild blieb«.

Dabei muss man wissen, dass man unserem Schiller besondere Schönheit nicht nachsagen konnte. Er war hager und rothaarig, er sah in der Regel blass und kränklich aus, seine Nase war offenbar etwas krumm. Außerdem sprach er ein Schwäbisch, das ihm alle Nichtschwaben verübelten.

Das Porträt von Ludovike Simanowiz stammt aus dem Jahre 1793. Es handelt sich um ein Pastellbild, das als Lithographie in unzähligen Exemplaren verbreitet war und die Vorstellung von Schillers Person und Persönlichkeit im ganzen 19. Jahrhundert geprägt hat.

Eine große Künstlerin war diese Ludovike Simanowiz nicht. Wahrscheinlich wollte sie auch das Publikum nicht zu sehr enttäuschen.

Denn es identifizierte Schiller gern mit seinen jugendlichen, mit seinen schmucken und strammen Helden, also mit Karl Moor, Ferdinand von Walter, Don Karlos und Marquis Posa oder mit dem Max Piccolomini. Gewiss ist dieses Bild idealisiert, aber es lässt doch ahnen, wie Schiller in Wirklichkeit ausgesehen hat.

Als die Lithographie, die ich seit meiner Kindheit kannte, auf irgendeiner Auktion angeboten wurde, habe ich sie gleich gekauft und in unserer Wohnung aufgehängt. Ich tat es aus purer Sentimentalität. Aber ich schäme mich dieser Sentimentalität durchaus nicht.

# Friedrich Hölderlin

## Wie von Furien gejagt

I.

Nein, ich liebe ihn nicht, diesen Friedrich Hölderlin. Vor anderthalb Jahrhunderten verglich die kluge Bettina von Arnim seine Verse mit »Orakelsprüchen, die er als der Priester des Gottes im Wahnsinn« verkündigte. Stefan George besang ihn als »großen Seher« und sein Werk als ein »sibyllinisches Buch«. Friedrich Gundolf rühmte ihn als »Hüter des heiligen Feuers«. Hermann Hesse glaubte in ihm den Repräsentanten »eines heldischen Typus« erkennen zu können.

Damit ist schon gesagt, warum es mir schwerfällt, mich mit ihm abzufinden. Denn ich misstraue den Orakelsprüchen und allen, die als Priester des Gottes im Wahnsinn fungieren. Ich fürchte die großen Seher, die stets von jenen, die ihnen lauschen oder gar folgen, Opfer verlangen. Mir graut vor sibyllinischen Büchern, die häufig genug Unheil angerichtet haben. Ein heiliges Feuer kenne ich nicht und will also von dessen Hütern nichts wissen. Und repräsentierte Hölderlin tatsächlich einen »heldischen Typus«? Ich will das nicht entscheiden, aber ich weiß, dass er keine Skrupel und keine Bedenken hatte, seine Zeitgenossen zum Heldentum aufzurufen.

In einem seiner leider populärsten Gedichte, der Ode »Der Tod fürs Vaterland«, lesen wir schaudernd: »Umsonst zu sterben, lieb ich nicht, doch / Lieb ich, zu fallen am Opferhügel!« – und deren erschreckendes, ja abstoßendes Fazit lautet:

Lebe droben, o Vaterland,  
Und zähle nicht die Toten! Dir ist,  
Liebes! nicht Einer zu viel gefallen.

Im »Dritten Reich« war es, zumal in den Jahren des Krieges, an den meisten Gymnasien üblich, die Abiturienten, die sogleich zum Wehrdienst eingezogen wurden, mit diesem Gedicht zu entlassen. Noch sehe und höre ich die Halbwüchsigen in HJ-Uniform, die, verzückt und ekstatisch, Hölderlins Verse rezitierten.

Die damals auszogen, um, wie sie meinten, ihr Vaterland zu verteidigen, die in der russischen Steppe oder in der afrikanischen Wüste verreckten – sie liebten es nicht, am Opferhügel zu fallen. Es ist zweitausend Jahre her, dass ein zynischer, wenn auch hochtalentierter römischer Poet schamlos genug war zu behaupten, es sei süß und ehrenvoll, für das Vaterland zu sterben. Seitdem finden sich in allen Ländern der Welt Dichter, die nicht aufhören, Derartiges zu wiederholen. Sie sind allesamt Schreibtischtäter.

Wer es miterlebt hat, wozu und auf welche Weise in jenen Jahren Hölderlins Verse verwendet wurden, der muss, so will mir scheinen, zu ihm ein gebrochenes Verhältnis haben. Ich weiß: Man darf nicht vergessen, wann und wo und in welcher Situation diese Ode – und einige ähnliche Gedichte aus seiner Feder – geschrieben wurden. Aber ich weiß auch, dass in derselben Epoche und noch viel später ein deutscher Autor wirkte, der viele Kriege erlitten und überstanden hat, der in dieser Zeit unaufhörlich publizierte und der gleichwohl niemals zu patriotischen oder gar nationalistischen Sprüchen oder Predigten bereit war. Ich spreche natürlich von Goethe.

Man hat im »Dritten Reich« mit Hölderlin Schindluder getrieben. Doch ist jeder Dichter in Grenzen mitverantwortlich für die Rezeption seines Werks, für die Missverständnisse, die es auslöst, und für den Missbrauch, den es ermöglicht. Es ist eben kein Zufall, dass sich Lessing oder Goethe nicht so verwenden ließen wie Hölderlin.

Schon lange vor dem »Dritten Reich« wurde ihm von allerlei Germanisten und anderen Missetätern ein Dauerplatz in der nationalen Weihezone zugewiesen – und sie haben ihn auch noch mit einer Aureole versehen. Dort, in den Weihezonen, gelten Argumente nicht viel, und Aureolen sind allemal miserable Beleuchtungskörper: Sie blenden, statt zu erhellen.

Man hat Hölderlin mit Superlativen umgeben, die den Zugang zu seinem Werk eher erschweren als erleichtern. Er sei, musste man immer wieder lesen, der einsamste, der unglücklichste und bedauernswerteste, der tiefsinnigste und wortgewaltigste deutsche Dichter. Selbst Lexika, die doch wohl zur maximalen Sachlichkeit verpflichtet sind, kommen bei ihm ohne Superlative nicht aus: Ist in den einen von höchster Bildkraft die Rede, so in anderen von »innigster und tragischster Verbindung, die griechischer und deutscher Geist je eingegangen« seien. Da habe ich Lust, noch zwei Superlative hinzuzufügen: Wir haben es, meine ich, mit dem dunkelsten und dem feierlichsten der deutschen Poeten zu tun.

Vielleicht muss man das Bedürfnis nach Heil und Erlösung empfinden, um sich diesem Dichter ganz ausliefern zu können. Wem aber ein solches Bedürfnis fremd ist, wer an Erlösung nicht glaubt, der muss auch gegen die Heiligsprechung Hölderlins protestieren. Sie gehört zu den großen Sünden der deutschen Germanistik, einer an Sünden wahrlich nicht armen Disziplin.

Das Wort, das in Goethes Schriften am häufigsten vorkommt, ist, wie man ausgerechnet hat, »Liebe«. Bei Hölderlin stehen an erster Stelle Vokabeln wie »Gott« und »göttlich«, »Himmel« und »die Himmlischen«. Als eines seiner Schlüsselworte erweist sich »heilig«. Nur selten kann er auf dieses schillernde und gefährliche Adjektiv verzichten. Was ist denn in Hölderlins Gedichten heilig? Antwort: beinahe alles.

Wir hören vom »heiligen Leben«, von »heil'ger Jugend«, vom »heil'gen Theater« und vom »Spiel heiliger Strahlen«. Da tönt »heilige Lebenslust«, da wird »heiliger Dank« abgestattet, da tunken holde Schwäne ihr Haupt ins »heilignüchterne Wasser«. Er besingt »heilige Namen«, »heilige Saiten« und »heilige Priester«, »heilige Unschuld« und »heiliges Leid«, den »heil'gen Wald«, die »heil'ge Natur« und das »heilig Wesen«. Er ruft: »Heiliger Mann!«, er fragt: »Ist nicht heilig mein Herz?«, er nennt die Dichter »heilige Gefäße«. Das Vaterland ist für ihn das »heilig Herz der Völker«, auch die Sonne erscheint ihm als »die Heil'ge«, auch das Gedicht sei »das Heil'ge«, das ihm am Herzen liege, selbst das Ende des Tages ist ihm »heilig und heiter«, eine Schale wünscht er »des rettenden heil'gen Giftes«. Eine Dichtung, die so inflationär mit dem Wort »heilig« umspringt, sollte man nicht ohne Widerspruch hinnehmen.

In den späten sechziger Jahren wollte man Hölderlin, wie schon einmal unter freilich ganz anderen Umständen, für den aktuellen politischen Kampf beanspruchen und gebrauchen. Er war noch in Tübingen und erst neunzehn Jahre alt, als in Paris die Bastille gestürmt wurde. Natürlich hat er sich, wie alle Studenten, für die Vorgänge in Frankreich brennend interessiert. Er bete, schrieb er seiner Schwester, für die Franzosen, denn sie seien »die Verfechter der menschlichen Rechte«. Natürlich hat er in den neunziger Jahren über die Verhältnisse in den deutschen Ländern geklagt – und auch zu Recht.

Aber er war viel zu sehr im Bann seiner persönlichen Nöte und Leiden, seiner Träume und Visionen, um sich ernsthaft für die Revolution engagieren zu wollen. Die Überlegung gar – und damit haben sich manche Professoren beschäftigt –, ob er Jakobiner oder Girondist war, scheint mir müßig: Er kann weder den einen noch den anderen zugerechnet werden, er hatte höchstens Sympathien – und dann wohl eher für die Girondisten.

Mehr als alle anderen Angelegenheiten interessierte ihn die Frage, die er in seiner Elegie »Brot und Wein« stellte: »Wozu Dichter in dürftiger Zeit«? In der Hymne »An die Deutschen«, in der er seine Landsleute »tatenarm und gedankenvoll« nannte, bezeichnete er sich als einen »armen Seher«, der hinunterschlummere »ohne Namen und unbeweint«. Wo pathetisches Selbstmitleid und erhabene Larmoyanz dominieren, da konnten revolutionäre Ideen nur eine geringe Chance haben.

Wie auch immer: Hölderlin ist mein Dichter nicht. Schiller und Kleist, die mitunter, es lässt sich nicht verheimlichen, Törichtes in Verse gebracht haben, Büchner und Heine, ja sogar Goethe, der Vielschreiber, den die Zeitgenossen als kühl, unnahbar und abweisend geschildert haben – sie alle stehen mir näher, sie alle liebe ich ungleich mehr als den Zögling der Maulbronner Klosterschule und des Tübinger Stifts.

Indes ergeht es mir mit Hölderlin wie manchen Musikenthusiasten mit Richard Wagner. Sie möchten sich von ihm abwenden, sie zählen seine Untugenden und Schwächen auf, grollend rebellieren sie gegen ihn. Doch wer will, der kann jenen, die nicht aufhören, ihn zu rügen und heftig zu missbilligen, mit einem Titel den Wind aus den Segeln nehmen, der kann sie, wenn sie nicht taub sind, mit einem einzigen Namen zum Verstummen bringen – mit dem Namen Tristan. So kann man auch mich in Sachen Hölderlin entwaffnen – und dazu genügt eine einzige Strophe.

Weh mir, wo nehm ich, wenn
Es Winter ist, die Blumen, und wo
Den Sonnenschein
Und Schatten der Erde?
Die Mauern stehn
Sprachlos und kalt, im Winde
Klirren die Fahnen.

Das haben Schiller und Kleist nicht gekonnt, Derartiges hat Goethe anders gedichtet, aber nicht besser. Dies hat keiner übertroffen. Auch wer Hölderlin weder lieben noch verehren kann – bewundern muss er ihn oder zumindest einen Teil seines Werks.

Der Zerrissene, der Zerbrochene, der Umnachtete – in Maulbronn und in Tübingen, in Waltershausen und in Jena, in Frankfurt und in Homburg, in Bordeaux und schließlich wieder in Tübingen, immer und überall war Hölderlin ein Opfer. Nichts ist aus ihm geworden – nur ein Dichter. Alles im Leben ist ihm misslungen – mit Ausnahme der Poesie.

Wir wollen nicht vergessen, dass wir ihm den »Hyperion« verdanken, jenen lyrisch-rhetorischen Roman mit dem berühmten vorletzten Brief an Bellarmin, in dem Hölderlin seine Landsleute als »Barbaren von alters her« schmäht, die »durch Fleiß und Wissenschaft und selbst durch Religion barbarischer geworden« seien. Dass diesen bitteren Brief über die Deutschen, an den wir in unserem Jahrhundert so oft erinnert wurden, ein deutscher Schriftsteller geschrieben hat – das gereicht der deutschen Literatur zur Ehre.

## II.

Es gehört sich, dass derjenige, der im Namen eines wahrhaft großen Dichters geehrt und ausgezeichnet wird, sich, für den ihm zuerkannten Preis dankend, über ebendiesen Dichter äußert. Ich will es versuchen, aber es sei gleich zugegeben: Ich tue es nicht ohne Hemmungen und nicht ohne Bedenken. Denn schon einmal habe ich in diesem Saal über ihn gesprochen. Es war 1987. Ich begann damals mit den Worten: »Nein, ich liebe ihn nicht, diesen Friedrich Hölderlin« – und sofort hörte ich Laute des Unmuts, wenn nicht des Protests. Später, als ich meinen Wagen aus der Tiefgarage holte, wurde ich zum unfreiwilligen Zeugen des Gesprächs einiger Bürger der Stadt Bad Homburg. Da konnte von Unmut nicht mehr die Rede sein, da war schon Empörung zu vernehmen.

Was hatte ich mir zuschulden kommen lassen? Habe ich etwa Hölderlin unterschätzt? Ich habe gesagt, dass es in seinem Werk Gedichte gibt, die von niemandem übertroffen wurden, nicht einmal von Goethe – und somit war ihm doch ein Platz auf der höchsten Ebene der deutschen Dichtung zugewiesen. Aber nein, darum handelte es sich nicht, mein Fehlgriff war von ganz anderer Art: Ich hatte es gewagt, öffentlich zu erklären, dass ich Hölderlin nicht liebte. Darf man das nicht? Natürlich ist in einem freien Land auch dies zulässig. Nur ist es nicht üblich, es verstößt, ob sich die drei oder vier Bürger, damals in der Tiefgarage, dessen bewusst waren oder nicht, gegen eine angeblich ehrwürdige Tradition, gegen eine Regel und Sitte, die seit bald hundert Jahren existieren: Hölderlin muss man lieben. Warum? Was verbirgt sich dahinter?

Die erste ausführlichere Arbeit über ihn stammt von einem seiner dichtenden Zeitgenossen, von dem über dreißig Jahre jüngeren schwäbischen Poeten Wilhelm Waiblinger. Er hat Hölderlin, als er schon seit längerer Zeit vom Wahnsinn befallen war, häufig in Tübingen besucht. Waiblingers 1831 erschienene Schrift, eine vornehmlich biographische Darstellung, mag in mancherlei Hinsicht unzulänglich, ja fragwürdig sein. Doch ist es ein bis heute bewegendes, ein rührendes Dokument geblieben. Beschrieben werden hier vor allem das Befinden und der

Alltag des kranken, des unzurechnungsfähigen Dichters – und sie werden sorgfältig und höchst anschaulich beschrieben.

Später, im 19. und erst recht im 20. Jahrhundert, hat man Waiblingers Arbeit immer wieder ausgeschlachtet, man hat sie oft zitiert und gern plagiiert. Bisweilen entsteht der Eindruck, als habe auch seine Perspektive Schule gemacht. Denn Waiblinger sah Hölderlin (und verwunderlich ist das nicht) vor allem als Opfer – als beklagenswertes Opfer seiner Epoche und seines Vaterlandes oder der herzlosen Gesellschaft und natürlich seiner schrecklichen, seiner trostlosen Krankheit. Er betrachtete ihn mit der Nachsicht, die einem unglücklichen Patienten gebührt, er behandelte ihn als einen Dulder, als einen Märtyrer.

Waiblinger war auch der Erste, der sich bemühte, Hölderlins Krankheit zu verklären und zu nobilitieren. Er glaubte, die Ursachen dieses Leidens zu kennen: Es seien »verfehlte Pläne des Ehrgeizes«, »überspanntes Streben« und »unglückliche Liebe«. Hölderlins Lieblingsausdrücke übernehmend, zögerte er nicht, dessen Krankheit ins Metaphysische anzuheben: Aus »Gotttrunkenheit« sei er wahnsinnig geworden, aus dem »Streben nach dem Göttlichen«. Noch zu Lebzeiten Hölderlins hatte Waiblinger Nachfolger gefunden. Bettina von Arnim nannte Hölderlins Krankheit einen »heiligen Wahnsinn«, Georg Herwegh erklärte, Hölderlin habe sich in die »heilige Nacht des Wahnsinns gerettet«. Allmählich wurde es üblich, sachliche, prosaische Ausdrücke für Hölderlins Leiden zu meiden: Stattdessen sprach und spricht man von »Seelenfinsternis« und von »verdunkelten Jahren« und, am häufigsten, von der »Umnachtung«.

Zur Wiederentdeckung Hölderlins am Anfang des 20. Jahrhunderts hat vornehmlich, wie bekannt, der Kreis um Stefan George beigetragen. Doch hat er leider auch viel Unheil angerichtet: George feierte ihn als »Rufer des Neuen Gottes«, und Friedrich Gundolf rühmte ihn als »Hüter des heiligen Feuers« und nannte ihn »königlich und heilig«. Damit war die Verklärung Hölderlins in regelrechte Anbetung übergegangen, der religiöse Anstrich wurde unverkennbar. Noch heute kann man gelegentlich lesen, Hölderlin sei »der Reinste der Reinen« gewesen, bis heute kann man sich des Verdachts nicht erwehren, dass manche, die sich mit Hölderlin beschäftigen, in höherem Maße der Theologie verpflichtet sind als der Literaturbetrachtung.

Ähnliches hat man keinem deutschen Dichter angetan. Niemals hat man ernsthaft versucht, Goethe, so sehr er auch verehrt wurde, zum Objekt der Anbetung zu machen. Zu gewaltig und zu vielseitig ist seine Persönlichkeit, um sich anbeten zu lassen, zu herrlich sein Werk, um einen Heiligenschein zu ertragen oder seiner gar zu bedürfen. Und keinen unserer Dichter hat man so beklagt wie Hölderlin. Wirklich keinen? Auch nicht Kleist? Nein, keineswegs.

Denn Kleist war ein Kämpfer, ein Streiter, einer, wie es sich für einen guten Preußen schickt, der auf seine Weise und nicht selten auch gegen den preußischen Geist rebellierte. Er ist gescheitert und hat daraus die Konsequenzen gezogen. Ist Hölderlin gescheitert? Hat er überhaupt gekämpft? Kleists Dasein schloss mit einer Tat, Hölderlins Weg führte in einen Zustand. Kleist sehen wir immer noch im Lichte jenes trüben Novembertages, an dem er sich entschieden hat – und es war nicht etwa im Affekt –, sein Leben zu beenden. Hölderlin hat nichts entscheiden können, wir sehen ihn nach wie vor als Leidtragenden.

Den Pistolenschüssen am Kleinen Wannsee entspricht also, mag dies auch paradox klingen, das jahrzehntelange Vorsichhindämmern im Tübinger Turmzimmer. Selbstverständlich werden sie beide verehrt, doch auf sehr unterschiedliche Weise: Kleist wird vor allem bewundert, Hölderlin vor allem bemitleidet. Damit mag es zusammenhängen, dass man Kleists Werk bei allem Respekt auch durchaus kritisch betrachtet, dass uns in manchen seiner Stücke, so in der »Hermannsschlacht« oder im »Käthchen von Heilbronn«, auch Peinliches und Schlechtes auffällt. Hölderlin hingegen wird stets gefeiert und zugleich geschont. Vor lauter Mitleid kommt hier die Kritik nicht zum Zuge, sie ist unwillkommen.

Zum Mitleid gesellt sich noch die Liebe hinzu. Die Liebe jedoch, belehrt uns Shakespeare, »sieht mit dem Gemüt, nicht mit den Augen. / Und ihr Gemüt kann nicht zum Urteil taugen. / Drum nennt man ja den Gott der Liebe blind.« Es ist noch nicht lange her, da hat es ein bekannter Autor und Germanist, den ich sonst schätze, fertiggebracht, den verblüffenden Satz zu schreiben: »Es gibt kein schlechtes Gedicht von Hölderlin …« Da frage ich mich, ob der Kollege die furchtbare, die aufregend-abstoßende Ode »Der Tod fürs Vaterland« schon vergessen hat.

Hölderlin war nicht ein König, sondern ein Bettler, nicht ein Heiliger, sondern ein armer Sünder, er war genial, doch leider weltfremd und letztlich lebensunfähig. »Denn für dieses Leben / Ist der Mensch nicht schlecht genug« – heißt es bei Brecht. In der Tat, Hölderlin war nicht schlecht, nicht stark und nicht schlau genug – zumindest nicht für das Leben im Deutschland seiner Zeit.

Er war überzeugt, er habe sich – so schrieb er in einem Brief an seinen Freund Christian Ludwig Neuffer – »in dies arme geist- und ordnungslose Jahrhundert verirrt«. Man liest dies mit einiger Verwunderung: Denn die Epoche, die ihm, Hölderlin, geistlos vorkam, war immerhin jene Goethes und Schillers, Kants und Beethovens, und das waren ja nicht die allerkümmerlichsten Repräsentanten des deutschen Geistes.

Lange bevor er in die Tübinger Klinik eingeliefert wurde, sah sich Hölderlin von einem unüberbrückbaren Abgrund umgeben. Er dichtete: »Ich verstand die Stille des Äthers, / Der Menschen Worte verstand ich nie.« In seiner Einsamkeit versuchte er sich zu trösten, indem er sein Elend und seine Leiden idealisierte: »Wer auf sein Elend tritt, steht höher. Und das ist herrlich, daß wir erst im Leiden recht der Seele Freiheit spüren.«

Was der junge Hölderlin werden wollte, das wusste er genau – nichts anderes wollte er sein als ein deutscher Dichter. Das wurde er denn auch, aber in der Zeit, die er bewusst erlebte, war er ein Autor beinahe ohne Leser. Er hat den von ihm gewünschten Beruf besungen und verklärt – übrigens wie kein anderer Deutscher vor ihm und auch keiner nach ihm.

Zu den beliebtesten Hölderlin-Zitaten gehört der letzte Vers seiner Hymne »Andenken«: »Was bleibet aber, stiften die Dichter.« Das ist ernst gemeint, und es bezieht sich nur auf die Dichter und nicht etwa, wie gelegentlich vermutet wurde, auf die Künstler überhaupt. Denn Hölderlin folgt hier einer alten und nicht ganz unkomischen

Tradition. Schon die antiken Poeten – Pindar etwa oder Ovid – neigten zum ausgiebigen Selbstlob, und sie rührten gern und schamlos die Trommel für die eigene Zunft. Aber ist Hölderlins mittlerweile zum Slogan und Reklamespruch degradierte Verkündung denn falsch? Nun ja, bisweilen trifft sie schon zu, nur könnte es ebenso gut heißen: »Was bleibet aber, stiften die Baumeister« oder vielleicht die Bildhauer.

Hölderlin scheute sich auch nicht, in seinem Gedicht »Buonaparte« tatsächlich zu erklären: »Heilige Gefäße sind die Dichter.« Wie denn: Die Dichter heilige Gefäße? Die Großen der Antike waren da ganz anderer Ansicht: Von Plato bis Plutarch liebten sie die Dichtung und die Kunst und haben die Dichter und den Künstler verhöhnt und vor ihnen nachdrücklich gewarnt. Ich kenne in der Geschichte der Weltliteratur keinen einzigen heiligen Dichter – und wenn es einen gegeben haben soll, dann hat er bestimmt nichts getaugt. Auch jene Juden, die vor Jahrtausenden allerlei Texte, grandiose und schwächere, verfasst und zusammengestellt haben, waren, jedenfalls bis zum Gegenbeweis, schuldhafte Literaten mit viel Phantasie und mit noch mehr Talent – sonst hätte sich ihre Anthologie, genannt die Bibel, nicht als Weltbestseller bewährt.

Kein Zweifel, Hölderlin wollte die Poesie allen Ernstes zu einer Religion erheben, jedenfalls gehen in seinen Schriften Dichtkunst und Religion ineinander über und lassen sich schließlich überhaupt nicht mehr unterscheiden. Die zentrale Idee seines Werks ist die Erlösung des Menschen durch die Poesie. In einer seiner Hymnen verkündet er ganz ungeniert: »Das Heilige sei mein Wort.« Und in einer anderen geradheraus: »Von Gott aus gehet mein Werk.« Der christliche Gott kann es nicht sein, schon deshalb nicht, weil Hölderlin diese Vokabel in der Regel mit dem unbestimmten Artikel versieht oder im Plural gebraucht.

Die Elegie »Der Gang aufs Land«, vielleicht eines der schönsten Gedichte Hölderlins, hat ein prosaisch-banales Thema: Es geht um die Einweihung eines ländlichen Gasthauses, irgendwo vor den Toren einer Stadt, möglicherweise Stuttgarts. Das Richtfest wird von oben beobachtet, denn »es schauen so oft lächelnd die Götter auf uns«. Was haben in dieser Elegie die Götter zu suchen? Das ist, ich weiß es, eine ganz respektlose Frage. Nur hat sie schon einer vor mir gestellt – und zwar Hölderlin selber. In einem seiner hellen, selbstkritischen Augenblicke notierte er: »Aber fraget mich eins, was sollen die Götter im Gasthaus?« Eine Antwort auf die so berechtigte Frage bleibt uns der Dichter schuldig. Sie kann nur lauten: Hölderlin mythologisierte die Erde und den Himmel, die Natur und die ganze Welt – und somit auch ein ländliches Wirtshaus.

In der Elegie »Brot und Wein« sagte er von den Göttern, dass sie zwar leben, »aber über dem Haupt oben in anderer Welt«. Auch er lebte, anders als Lessing, anders als Goethe oder Schiller, auf der Erde zwar, doch zugleich in den Wolken. Man nannte ihn gelegentlich einen Seher. Nur war er ein rückwärtsgewandter Visionär. Vielleicht war er ein Prophet, aber was er prophezeite, war nie recht greifbar, es blieb immer verschwommen. Und ich habe den leisen Verdacht, dass wir dies nicht unbedingt bedauern sollten.

Denn Hölderlins utopische Hoffnungen und Erwartungen zeugen von einem deutschen Sendungsbewusstsein, das manche unserer Germanisten entschuldigend und rechtfertigend auf ein ausländisches Vorbild zurückführen möchten, nämlich auf die Bestrebungen der französischen Revolutionäre von 1789: Viele von ihnen wollten ihre Errungenschaften auf ganz Europa ausgebreitet sehen.

Nicht ohne Schadenfreude oder Wollust zitiert man die Worte aus dem »Hyperion«, die Deutschen seien »Barbaren von alters her, durch Fleiß und Wissenschaft und selbst durch Religion barbarischer geworden«. Doch beinahe gleichzeitig, im »Gesang der Deutschen« von 1799, nennt Hölderlin das deutsche Vaterland das »heilig Herz der Völker«, das »allverkannt« sei, »wenn schon aus deiner Tiefe die Fremden ihr Bestes holen! Sie ernten den Gedanken, den Geist von dir …« In der Hymne »Germanien« geht er noch weiter: Im Fazit dieses Gedichts erscheint Germania als Priesterin, die Rat gibt »rings den Königen und den Völkern« – immerhin, sie erteilt in Hölderlins Vision ihre Ratschläge »wehrlos«, also ohne Gewaltanwendung.

Später, aber noch vor der Gründung des Kaiserreichs, wurde es etwas anders formuliert, doch gemeint war dasselbe. Da hieß es: »Und es mag am deutschen Wesen / Einmal noch die Welt genesen.«

Ich frage mich schüchtern: Barbaren von alters her oder die Erzieher der Könige und der Völker ringsumher? Wenn ich Derartiges lese, blicke ich dankbar zu Goethe auf, der sich zu patriotischen oder gar nationalistischen Äußerungen nie hat hinreißen lassen.

Hölderlin sei es gelungen, hört man immer wieder, den deutschen Geist mit dem griechischen zu einer Einheit zu verbinden; von Harmonie ist oft die Rede. Allerdings handelt es sich um eine recht sonderbare Harmonie. Denn er hat ein widerspruchvolles und mitunter wirres Deutschtum mit einem mehr oder weniger utopischen Griechentum verschmolzen. Das Resultat sollte als pädagogisches Gegenbild zu den Verhältnissen in Deutschland dienen.

Aber hinter Hölderlins Griechenliebe verbirgt sich noch ein anderer, vielleicht wichtigerer Grund, dessen er selber sich möglicherweise nicht immer bewusst war. Er hat die Antike bewundert und geliebt, das ist sicher. Und er ist der Erste nicht, der sie konsequent geplündert hat. Sie war für ihn eine unvergleichliche Schatzkammer, aus ihr holte er sich die Elemente, die er für seine unterschiedlichen Entwürfe brauchte, insbesondere für die oft so fragwürdigen Zukunftsentwürfe. Hölderlins Bilder und Requisiten, die Orte und die Personen, die vielen poetischen Versatzstücke – sie stammen alle aus dieser Schatzkammer.

Daher kommt auch sein sprachlicher Fundus, in dem Vokabeln wie »die Himmlischen« oder »das Göttliche« dominieren und das Wort »heilig« zum ärgerlich inflationär verwendeten und nicht selten auch austauschbaren Begriff avanciert: Das Wasser und der Wald, das Licht und die Dämmerung, die Sonne und die Natur, die Liebe und die Lebenslust und sogar das eigene Herz – alles kann bei Hölderlin heilig sein. Und die zahllosen, in deutschen Ohren so reizvoll klingenden griechischen Namen und Bezeichnungen – sie weckten und beflügelten stets aufs Neue seine Phantasie.

Doch die wunderbare Antike, die uns sein Werk offeriert, hat es in Wirklichkeit nie gegeben. Ein utopischer Traum war es, aus dem eine Legende hervorgegangen ist. Er hat sie erfunden, um sie besingen zu können. Mit anderen Worten: Ähnlich wie Schiller die Philosophen des Idealismus, Kant zumal, als geistiges Fundament für sein Werk benötigte, verwendete Hölderlin die griechische Welt (oder: was er für die griechische Welt hielt) als Impuls, als Stoff und Thema, als utopische Zielvorstellung.

In einem guten »Handbuch der Weltliteratur«, vor vierzig Jahren erschienen, fiel mir unlängst die Formulierung auf, Hölderlin, der spät Erkannte, sei »noch immer nicht völlig erforscht«. Das stimmt und ist heute noch so richtig, wie es vor vierzig Jahren richtig war und wie es wohl auch in Zukunft sein wird. Sein Werk wird sich, glaube ich, nie gänzlich erforschen lassen. Hölderlins fortwährende Flucht ins Symbolische und ins Mythische bewirkt die erhabene, die in Deutschland oft so beliebte Dunkelheit und jene Aura des Geheimnisvollen, die ihm viele unkritische Leser und sogar ekstatische Bewunderer eingebracht hat. Vor allem aber: Sie bot und bietet den Interpreten nach wie vor nahezu unendliche Möglichkeiten.

Was den Dichter Hölderlin gefährdete, hat keiner früher und besser erkannt als Friedrich Schiller. Er hat ihm 1796 in einem Brief geraten, die philosophischen Stoffe zu meiden und stattdessen der Sinnenwelt näher zu bleiben. So werde er, Hölderlin, weniger in Gefahr sein, die Nüchternheit in der Begeisterung zu verlieren oder sich in einen gekünstelten Ausdruck zu verirren. Er empfahl ihm »einen klaren einfachen Ausdruck«. Ja, das war es, was dem jungen Poeten Hölderlin am meisten fehlte: Klarheit, Nüchternheit und Einfachheit. Vielleicht war dies das größte Unglück, das der deutschen Literatur in ihrer langen Geschichte widerfahren ist – dass Schiller die Fragwürdigkeit der Hölderlin'schen Lyrik durchschaut hatte, ohne deren Genialität zu begreifen.

Die wenigen Zeitgenossen, deren Aufmerksamkeit er nicht ganz entging, sahen wohl in ihm einen bemitleidenswerten, einen hochgradig hysterischen Poeten. Die jüngeren Autoren hielten ihn für einen Nachahmer der Klassiker, also für einen Dichter von gestern, während die älteren, wie eben Schiller, gar nicht auf den Gedanken kamen, es könnte sich um einen Poeten von morgen handeln. Sie hatten wenig Lust, eine neuartige Komponente in seinem Werk wahrzunehmen, die romantische.

Die Klassiker liebten den Tag und das Licht, die Romantiker die Nacht und das Dunkel. Hölderlin war so verliebt und vernarrt in seinen griechischen Kosmos, dass er sich um die Sonne und um den Mond wenig kümmerte und den Gegensatz von Tag und Nacht großzügig überwand: In seinem Werk finden wir Gedichte, die es uns erlauben zu sagen, dass er drauf und dran war, ein Romantiker unter den Klassikern zu werden, und dass er letztlich ein Klassiker unter den Romantikern blieb. Er gehörte weder zu den einen noch zu den anderen: Sie wollten alle mit ihm nichts zu tun haben – die Klassiker ebenso wie die Romantiker.

Die schönsten Verse Hölderlins erzeugen gleich beim ersten Lesen und noch bevor man ihren Sinn verstanden hat, eine eigenartige, eine außergewöhnliche Stimmung. Und nachdem man sie kritisch geprüft hat, auch dann büßen diese Verse nur wenig oder gar nichts von ihrem Geheimnis ein. Den Schauer, den manche seiner Gedichte in meiner Jugend bei mir auslösten, empfinde ich mitunter noch heute. Nur frage ich mich, ob diese Wortmusik mich narkotisiert und vielleicht sogar entmündigt. Einen solchen Schauer, eine ähnlich berauschende Wirkung kenne ich wohl, doch nicht im Bereich der Literatur. Ich denke hier an den ersten Akt der »Walküre« oder an den letzten Akt der »Götterdämmerung« oder an alle drei Akte des »Tristan«.

Wenn ich Hölderlin lese und mich also von ihm berauschen lasse, werde ich bisweilen von einem dunklen, einem irritierenden Gedanken befallen, eine Befürchtung ist es. Könnte es sein, dass in nicht wenigen dieser Verse das Wort dem Gedanken auf fatale Weise vor auseilt, dass die Sprache Hölderlins dem Wert seiner Erkenntnisse haushoch überlegen ist?

Man kann es noch deutlicher sagen: Dem Intellekt dessen, der einst im Tübinger Stift der Freund und Nachbar Hegels und Schellings war, wollte es nicht gelingen, seinen poetischen Genius hinreichend zu kontrollieren, er konnte mit ihm nicht Schritt halten. Er selber mag dies gespürt haben, denn damit hängt es wohl zusammen, dass er in seinen späteren Jahren (aber noch vor Ausbruch der Geisteskrankheit) viele seiner Gedichte verworfen und wiederholt überarbeitet hat, ohne seine Leser von der Notwendigkeit der Neufassungen immer überzeugen zu können.

Das dichterische Handwerk hat Hölderlin rasch erlernt. Es hat ihm offenbar kaum Schwierigkeiten bereitet, Klopstock und den jungen Schiller, die seine Lehrmeister in frühen Jahren waren, zu überflügeln und seine Kunst bis zur Vollendung zu entwickeln. Enorm war sein Ehrgeiz, sein Selbstvertrauen hingegen schwankte zwischen den Extremen – zwischen höchstem Lebensgefühl und tiefster Verzweiflung, zwischen Euphorie und Melancholie.

Hilflos angesichts seiner Leidenschaften, seiner Ängste und Komplexe, ratlos angesichts einer ihm unbegreiflichen Welt, war Hölderlin, wie von Furien gejagt, auf der Suche nach Schutz und Unterschlupf. Doch wurden sie ihm vom Leben verweigert. Freilich hat er es allen, die ihm auf diese oder jene Weise helfen wollten, sehr schwer gemacht. Nur die Poesie konnte ihm helfen, nur sie, glaubte er, konnte ihn retten: »Sei du, Gesang, mein freundlich Asyl« – flehte er in dem Gedicht »Mein Eigentum«. Nach einem zuverlässigen Halt sehnte er sich, er war auf ihn angewiesen, und er fand ihn auch: Feste dichterische Formen, meist hehren antiken Vorbildern virtuos nachempfunden, wurden gleichsam zu seinen Rettungsringen.

Zu den Gedichten, die mich mein Leben lang, zumal in hoffnungsloser Zeit, begleiteten, gehört – wie Goethes »Grenzen der Menschheit« – auch »Hyperions Schicksalslied«. Hier dessen letzte Verse:

Es schwinden, es fallen
    Die leidenden Menschen
        Blindlings von einer
            Stunde zur andern,
                Wie Wasser von Klippe
                    Zu Klippe geworfen,
                        Jahr lang ins Ungewisse hinab.

Die deutsche Literatur hat, sieht man von Goethe ab, diesen hohen Ton noch nicht gekannt. Und ohne Hölderlin hätten wir ihn später wohl kaum gehabt – weder bei George noch bei Rilke.

Er war ein exakt planender, ein sorgfältig kalkulierender Artist. Die Wirkung seiner Verse rührt vor allem von ihrem aus der Form sich ergebenden, von der Form bestimmten Rhythmus. Die größte Tugend seiner Lyrik ist ein einzigartiger Wohlklang. Ihre Musikalität verdankt sich einem in deutscher Sprache unbekannten poetischen Stil: Man kann, so widerspruchsvoll dies auch scheinen mag, bei Hölderlin von strenger, ja von asketischer Prachtentfaltung sprechen.

Eichendorff hat einmal einen wunderschönen, einen unvergesslichen Vierzeiler gedichtet, der übrigens nicht auf Hölderlin, den er wahrscheinlich nie gelesen hat, gemünzt war:

> Schläft ein Lied in allen Dingen,
> Die da träumen fort und fort,
> Und die Welt hebt an zu singen,
> Triffst du nur das Zauberwort.

Das ist es: Hölderlin hat die Dichtung zum magischen Machtmittel gemacht. Er hat den Dingen ihre Träume, ihre Lieder abgenötigt, also ihre poetische Realität. So hat er die Welt zum Singen und zum Klingen gebracht. Denn über das Wort verfügte er wie ein Zauberkünstler.

Aber Hölderlins Stilwille, sein Zauber triumphiert da vor allem, wo er die ihn reizende und faszinierende, die mysteriöse, die hartnäckige Verschlüsselung seines Universums, seine (man darf sagen: bedauerliche) Chiffrierungssucht überwand und, statt die Welt in der Mythologie aufzulösen, irdische, reale Motive aufgriff. Die berühmte erste Strophe der Elegie »Brot und Wein« beginnt:

> Ringsum ruhet die Stadt; still wird die
> erleuchtete Gasse,
> Und mit Fackeln geschmückt, rauschen
> die Wagen hinweg.

Je bescheidener, je konkreter die Aufgabe, die er sich gestellt hat, umso bedeutender, umso erstaunlicher das Ergebnis. In der Ode »Heidelberg« verzichtet er auf die gelegentlich schon routiniert anmutende mythologische Phraseologie.

Heilig ist hier glücklicherweise gar nichts und unübertrefflich sichtbar und anschaulich alles, was er mit wenigen Worten ausdrücken, was er zeigen und bewusstmachen will – einschließlich des Verkehrs auf der neuen Brücke:

Wie der Vogel des Walds über die Gipfel fliegt,
Schwingt sich über den Strom, wo er
vorbei dir glänzt,
Leicht und kräftig die Brücke,
Die von Wagen und Menschen tönt.

Hölderlin hat die deutsche Sprache in seinen Hymnen und Elegien bis zur äußersten Grenze ihrer Möglichkeit, ihrer dichterischen Ergiebigkeit getrieben. Er überschritt mitunter den Bereich des Sagbaren und hier und da vielleicht auch des Verstehbaren. Jedenfalls vermochte er dem Deutschen abzugewinnen, was niemand vor ihm zu ahnen imstande war.

Diese erhabenen Hymnen und die feierlichen Elegien, diese großen Dichtungen, die, einen eigenen Kosmos bildend, immer wieder auf eine Heilslehre hinauslaufen, haben die beiden vergangenen Jahrhunderte überstanden. Sie sind noch nicht vom Flugsand der Zeit bedeckt. Aber ich will es nicht aussparen: Sie sind mir doch etwas fremd geworden, und ich bin ganz sicher, dass dies nicht nur für mich gilt.

Viel näher standen mir in meiner Jugend und stehen mir jetzt erst recht jene Gedichte Hölderlins, in denen er ohne das »Heilige« auskommt und ohne die Göttlichen, jene, in denen er von menschlichen und allzu menschlichen Leiden spricht, von der Einsamkeit, vom Unglück und vom Elend des Individuums.

Nichts vermochte die Zeit, die grausame, den leider nicht sehr zahlreichen Gedichten Hölderlins anzutun, die ich für die schönsten und (aus heutiger Sicht) modernsten in seinem ganzen Werk halte – den Gedichten über die Liebe, der er so dringend bedürftig war und die ihm so selten zuteil wurde. Immer noch fühlen sich unzählige Liebende getroffen, mitten ins Herz getroffen von Hölderlins Frage, von seinem verzweifelten Schmerzensruf:

Trennen wollten wir uns, wähnten es
gut und klug;
Da wir's taten, warum schröckt' uns, wie
Mord, die Tat?

Alle Liebenden sind Hölderlin für die Zauberformel dankbar, die er für die erotische Beziehung des weisen Sokrates zum schönen Jüngling Alcibiades geprägt hat – und damit für die Liebe der Reifen zu den ganz Jungen, welchen Geschlechts auch immer: »Wer das Tiefste gedacht, liebt das Lebendigste.«

Wenn Hölderlin in seinen Gedichten, bewusst oder unbewusst, dem Ratschlag Schillers folgte, das Philosophische mied und zusammen mit seinen Schmerzen zugleich die Leiden anderer ausdrückte, sprach er auch von meinen Leiden. Nie werde ich seinen Ausruf in der Ode »Abendphantasie« vergessen – den Ausruf »Wohin denn ich?« Und: »Warum schläft denn / Nimmer nur mir in der Brust der Stachel?« Immer noch werden, glaube ich, meine Augen feucht, wenn ich die Frage lese: »Weh mir, wo nehm ich, wenn / Es Winter ist, die Blumen, und wo / Den Sonnenschein …«

Wahrlich, Hölderlin hat es nicht verdient, dass man sein Werk fortwährend mit gütiger Nachsicht behandelt, dass man ihm einen Extrarabatt für Märtyrer zugesteht und ihm also die Kritik verweigert. Nehmt alles nur in allem: Er hat in deutscher Sprache jene Musik geschaffen, die – verzeihen Sie das Wort, das ich nur ganz selten verwende –, die aus der Seele fließt.

So verneige ich mich vor Friedrich Hölderlin in Bewunderung und in Dankbarkeit. Und immer noch ohne Liebe? Einst habe ich an dieser Stelle trotzig gesagt: Ich liebe ihn nicht. Aber war das ganz richtig? Jedenfalls ist es vorbei, jetzt strecke ich die Waffen, und ich verdränge alle Bedenken. Ich weiß schon, ich weiß es heute besser als damals: Wo ich mich vor der deutschen Dichtung in Dankbarkeit und in Bewunderung verneige, da ist stets auch sie im Spiel, die Liebe.

# Friedrich Schlegel

## Ein Porträt

Er wurde schnell bekannt, ja berühmt. Und gleich war sein Ruf schlecht: Man mochte ihn nicht, man beschimpfte ihn. Erst galt er als unbescheiden, ungezogen und unverschämt, als frech und faul und, zu allem Unglück, auch noch als unmoralisch. Er wurde geschätzt, gewiss, aber ungern, wenn nicht widerwillig.

Doch niemand litt unter ihm mehr als er selber, er, Friedrich Schlegel, geboren 1772 in Hannover. Der Achtzehnjährige – er studierte Rechtswissenschaften – dachte nahezu täglich an den Selbstmord. Nur fehlte ihm die Kraft zur Tat, zu welcher auch immer. Er wollte geliebt werden: »Man findet mich interessant und geht mir aus dem Wege.«

1797 traf Schlegel eine nicht mehr ganz junge Frau, die sein Dasein veränderte. Die Tochter Moses Mendelssohns, die sich Dorothea nannte, war weder schön noch anmutig. Aber sie war zum Lieben geboren und also zum Leiden bestellt. Sie wollte einem Mann dienen, den sie liebte – nur nicht jenem, mit dem sie gegen ihren Willen verheiratet war und von dem sie zwei Söhne hatte.

Sie hat keinen Augenblick gezögert, sich dem acht Jahre jüngeren Friedrich Schlegel ganz unterzuordnen. Sie sah in ihm ihren Herrn und Gebieter. Seine Geliebte war sie und seine Ehefrau, seine Schwester, Haushälterin und Betreuerin. Die hier zueinandergefunden hatten, die vom Leben stiefmütterlich behandelte Jüdin und der ungeliebte Literat – es waren zwei Parias, moderner ausgedrückt, zwei Outcasts. Für ihr Unglück machten sie natürlich ihre Umwelt verantwortlich. So hatte denn ihre die Sitten ignorierende Verbindung den Charakter wenn nicht einer Rebellion, so doch zumindest eines trotzigen Protests.

Nicht alles, was Friedrich Schlegel getan und gewollt hat, lässt sich mit dem Begriff »Kritik« zusammenfassen, wohl aber alles, was von seinem Werk geblieben ist. Wie Lessing verteidigte er unermüdlich die Kritik als eine Institution, ohne die keine Literatur bestehen könne. Meist drückte er seine Gedanken in Aphorismen aus, die er »Fragmente« oder »Ideen« nannte.

Es sind überaus originelle und geistreiche Einfälle, die uns nach wie vor begeistern und verblüffen. Aber es scheint, dass Schlegel diese Form so konsequent bevorzugte, weil sie es ihm ermöglichte, die unterschiedlichsten Behauptungen und Thesen zu formulieren, ohne sie näher erklären oder gar begründen zu müssen. Es war ihm nicht gegeben, mit seinem Pfunde zu wuchern. Seine Genialität übertraf seine Willenskraft.

Avancierte Schlegel zum Theoretiker der romantischen Schule trotz oder dank seiner Unsystematik und Labilität, seiner Sprunghaftigkeit? Wie immer man seine Mentalität einschätzen mag – verwunderlich ist es nicht, dass gerade er, der genialische Improvisator, die Zeitgenossen faszinierte und dass seine aphoristischen Verlautbarungen als das Programm dieser Schule empfunden wurden.

Der Praktiker, der Kritiker Schlegel hat sich um seine kühne These, Poesie könne nur durch Poesie kritisiert werden, niemals kümmern wollen. Mehr noch: Er hat bei verschiedenen Gelegenheiten die Poeten als Kritiker entschieden abgelehnt. So stellte er fest: »Goethe ist zu sehr Dichter, um Kunstkenner zu sein.«

Häufig gelang es Schlegel, als Kritiker auch ein Literaturhistoriker und als Literaturhistoriker auch ein Kritiker zu sein. Er schrieb über die Großen der Vergangenheit, über Dante, Cervantes und Boccaccio, über Shakespeare zumal, ohne je die Literatur der unmittelbaren Gegenwart zu vergessen. Und er kritisierte seine Zeitgenossen, Goethe und Schiller, Jean Paul und Ludwig Tieck, stets mit dem Blick auf die Literatur der kommenden Generation. Er war ein »rückwärts gewandter Prophet« und ein auf die Zukunft fixierter Historiker.

»Das Klassische behandelte er oft mit der Leichtigkeit und Popularität, in der man sonst nur von dem Modernen zu reden pflegt, und das Moderne prüfte er mit der Strenge und Genauigkeit, die man ehedem nur bei der Behandlung der Alten notwendig fand.« Dies hat er Lessing nachgerühmt, doch gilt es auch für ihn selber. Kniend schrieb Schlegel niemals, aufmüpfig häufig. Goethe sah es ungern, Schiller war empört.

Aber welche Wahrheiten sollte die Literatur der Zukunft in den Mittelpunkt stellen, welche sollte sie verkünden? Der romantische Prophet machte sich keine Illusionen, und seinen Lesern schenkte er reinen Wein ein: Alle höchsten Wahrheiten jeder Art seien durchaus trivial, und ebendarum sollte man sie immer neu und womöglich immer paradoxer ausdrücken – »damit es nicht vergessen wird, daß sie noch da sind und daß sie nie eigentlich ganz ausgesprochen werden können«.

# E. T. A. Hoffmann

## Ein Porträt

Eine vergleichbare Figur hat es in der Geschichte der deutschen Kultur noch nie gegeben, weder vor ihm noch nach ihm. Denn dieser Mann konnte alles, was er nur wollte, sein Genie hatte, so will es scheinen, keine Grenzen, es sprengte jeden Rahmen. Aber es fiel ihm nicht ganz leicht, seinen Platz im Leben zu finden. Und nichts anderes stand ihm immer wieder im Wege als eben sein Genie.

Er hieß Ernst Theodor Wilhelm Hoffmann, doch den Vornamen Wilhelm hat er gegen »Amadeus« ausgetauscht: aus Verehrung für Mozart. Ähnlich wie Goethe und Heine, wie Kafka und Tucholsky studierte auch er, E. T. A. Hoffmann, die Rechtswissenschaften. Er nahm dann seinen Beruf ernst: Er wurde ein weltberühmter Künstler und blieb ein preußischer Beamter, er war ein Jurist und Phantast in einem. Seine Gutachten verblüfften die Kollegen. Nach einigen Umwegen wurde er Kammergerichtsrat und dann noch mehr als einmal befördert.

Aber zunächst hatte man viel Kummer mit ihm. Denn dieser Beamte konnte auch glänzend zeichnen – und das war im preußischen Dienst nicht gerade gern gesehen. Er wurde 1800 bestraft. Man versetzte ihn von Berlin nach Posen, also in die Provinz. Dort fiel der junge Assessor wieder unangenehm auf: Er fertigte witzige Karikaturen an, die man im Amt für besonders boshaft und unpassend hielt. Denn er war leichtsinnig genug gewesen, die örtlichen Würdenträger zu karikieren. Das konnte nicht gutgehen: Man verbannte ihn, und zwar nach Plock, einer hübsch an der Weichsel gelegenen, doch sehr langweiligen Kleinstadt. Sie war damals Mittelpunkt einer Provinz, die man Neuostpreußen nannte.

Dienstlich hatte Hoffmann jetzt nicht viel zu tun. Stattdessen zeichnete er wieder allerlei und widmete sich immer häufiger der Musik und der Literatur. 1804 kam er nach Warschau, 1807 wurde er aus dem Dienst entlassen, doch daran war diesmal nicht die Kunst schuld, es war vielmehr das Werk Napoleons, der Warschau besetzt hatte. Hoffmann siedelte nach Bamberg um, wo er als Theaterdirektor, Dirigent, Regisseur und Dekorationsmaler wirkte. Überdies betätigte er sich als Komponist, Musikkritiker und Musiklehrer. Dann ging er nach Dresden und kehrte 1814 nach Berlin zurück, er konnte, da sich die politischen Verhältnisse geändert hatten, erneut Kammergerichtsrat werden.

Von seinen Zeichnungen sind leider nur wenige erhalten. Hoffmanns Musik indes ist keineswegs belanglos. Gelegentlich hört man im Rundfunk seine Oper »Undine«. Es gibt auch durchaus beachtliche Kammer- und Klaviermusik von ihm und eine Symphonie und zwei Messen – alles unter Einfluss von Gluck, Mozart und Beethoven entstanden, doch zugleich schon eindeutig frühromantisch.

Aber der Komponist und Zeichner E. T. A. Hoffmann wäre wohl vergessen, wenn er nicht zwischendurch – und in späten Jahren immer häufiger und fleißiger – auch Romane, Novellen und Märchen geschrieben hätte. Er war schon zu Lebzeiten (Hoffmann starb 1822 im Alter von nur 46 Jahren) ein überaus erfolgreicher Autor. Er fand schönsten Anklang bei unzähligen Lesern, doch nicht unbedingt bei den Kennern und Kritikern. Sie hielten ihn in der Regel für einen Publikumsschriftsteller. Und das war in Deutschland mit Sicherheit kein Kompliment.

Goethe und Hegel wollten von ihm nichts wissen, und auch den Romantikern – Tieck etwa oder Brentano – war er fremd. Sogar von Börne wurde Hoffmann gänzlich unterschätzt. Aber so spöttisch dessen Verriss der »Serapionsbrüder« auch beginnt, so endet er immerhin mit einem Satz, der den Kern der Sache trifft: Das Buch sei »ein lobenswertes Unternehmen, wenn es lobenswert ist, den menschlichen Geist, der nachtwandelnd an allen Gefahren unbeschädigt vorübergeht, aufzuwecken, um ihn vor dem Abgrunde zu warnen, der zu seinen Füßen droht«. Und Heine vermochte Hoffmann mit wenigen Worten zu charakterisieren: »Seine Werke sind nichts anderes als ein entsetzlicher Angstschrei in zwanzig Bänden.«

Dieser »Angstschrei« hat etwa ab Mitte des 19. Jahrhunderts beinahe die ganze lesende Welt erregt, erschüttert und entzückt. In Frankreich vor allem und in Russland war das Echo überwältigend und überraschend. Warum überraschend? Weil deutsche Romanciers und Novellisten der gesamten Zeit vor Thomas Mann und Kafka außerhalb der deutschsprachigen Länder kaum zur Kenntnis genommen wurden, freilich mit einer außerordentlichen Ausnahme: Goethes »Werther«. Selbst um einen so wunderbaren Romancier wie unseren Fontane hat sich Europa (damals) nicht einen Pfifferling kümmern wollen, von Keller, Storm und Raabe ganz zu schweigen.

Hoffmanns in höchstem Maße unterhaltsame und spannende Prosa hat aber nicht überall nur dankbare Leser gefunden, sondern wenig später einen direkten Einfluss auf die größten Schriftsteller des 19. und sogar noch des 20. Jahrhunderts ausgeübt, auf Balzac und Baudelaire, auf Puschkin und Dostojewski und schließlich auch auf Kafka. Warum hat er sie und noch viele andere geradezu fasziniert? Vielleicht deshalb, weil er zu vereinen vermochte, was niemand bisher kannte, was alle in Erstaunen versetzte: das Wirkliche nämlich mit dem Überwirklichen, die Romantik mit dem Realismus (den es zu seiner Zeit eigentlich noch nicht gab), die kühnste Phantasie mit der treuesten Detailbeschreibung – und beides auf der Ebene der Virtuosität.

Ein doller, ein unglaublicher, ein kaum zu überschätzender Kerl war dieser E. T. A. Hoffmann – und er ist auch noch ein Opernheld geworden. Er steht im Mittelpunkt des bedeutendsten Werks von Offenbach: »Hoffmanns Erzählungen«.

Schließlich: Das Porträt des skeptischen und ironischen, des verwegenen E. T. A. Hoffmann stammt von Hugo Steiner-Prag, einem vorzüglichen Graphiker und Buchillustrator, der von 1880 bis 1945 lebte und von 1907 bis 1933 Professor an der Akademie in Leipzig war. Und dann wurde er aus Deutschland verjagt.

# Heinrich von Kleist

## Das preußische Genie

I.

Beliebt war er nicht. Er galt als ein sonderbarer und überspannter Mensch. Die einen hielten ihn für schüchtern und gehemmt, andere für überheblich. In Gesellschaft war er meist wortkarg und eher linkisch. Eine unangenehme, eine zumindest befremdende Erscheinung. Dabei war er nicht unbekannt. Auch wenn die großen Kritiker der Epoche, Friedrich und August Wilhelm Schlegel, ihn keines Wortes würdigten, kannte man ihn in der literarischen Welt, freilich vor allem als einen zwar eigenwilligen, doch erfolglosen und vom Pech verfolgten Autor.

Großes Aufsehen hat er nur ein einziges Mal hervorgerufen – und dies nicht mit einem Theaterstück oder mit einer Erzählung, sondern mit einer Tat. Erst sein Tod machte ihn, Heinrich von Kleist, berühmt: Die Schüsse, mit denen er dem Leben der Henriette Vogel und seinem eigenen ein Ende gesetzt hatte, fanden sofort jenen Widerhall, der seinen Dichtungen versagt geblieben war.

Über den dramatischen Vorfall am Kleinen Wannsee sprach und schrieb man wochenlang – nicht nur in Berlin und nicht nur in den deutschen Ländern. Was sich am Kleinen Wannsee abgespielt hatte, regte die Phantasie der Zeitgenossen an, von denen die meisten glaubten, es handle sich um eine Liebesaffäre. Es provozierte neben der baren Sensationslust auch die moralische Entrüstung und die heuchlerische Selbstgerechtigkeit jener, die meinten, über die beiden Unglücklichen den Stab brechen zu dürfen.

Manche gingen so weit, die moderne Literatur, die »neuere ästhetische Schule«, für das Geschehene verantwortlich zu machen. So las man damals, Ende 1811, im »Morgenblatt«: »Armes Deutschland!

Wenn deine wahnsinnigen Schriftsteller ihre Tollheit bis zum Morde treiben, welche Nation wird der Mörder mehr zählen als du?« Nachdem Kleist als einer der »berüchtigtsten Jünger der berüchtigten romantisch-mystischen Schule« bezeichnet wurde, hieß es dann: »Unsere Literatur ist ein verpesteter Sumpf, der beinahe nichts als Basilisken ausbrütet.«

Aus den überlieferten Äußerungen, die fast alle zwischen Verwerfung und, bestenfalls, Ratlosigkeit schwanken, hebt sich die Stimme einer Frau ab, der es gegeben war, die Vorurteile ihrer Epoche zu überwinden. Die kleine, die große Rahel Levin, die spätere Rahel Varnhagen, schrieb zwei Tage nach dem Tode Kleists: »Ich freue mich, daß mein edler Freund – denn Freund ruf' ich ihm bitter und mit Tränen nach – das Unwürdige nicht duldete; gelitten hat er genug … Keiner von denen, die ihn etwa tadeln, hätte ihm zehn Reichstaler gereicht, Nächte gewidmet, Nachsicht mit ihm gehabt, hätte er sich ihnen nur ungestört zeigen können … Ich weiß von seinem Tode nichts, als daß er eine Frau und dann sich erschossen hat. Es ist und bleibt ein Mut. Wer verließe nicht das abgetragene, inkorrigible Leben, wenn er die dunklen Möglichkeiten nicht noch mehr fürchtete?«

Ist es ein Zufall, dass Kleists Ende so unbefangen und so hochherzig gerade von einer Jüdin gesehen wurde? Günter Blöcker trifft in seinem hervorragenden Kleist-Buch den Kern der Sache. Rahel Varnhagen habe – erklärte er – »die sonderbare Situationsverwandtschaft erkannt, die zwischen ihr und dem mit seiner Herkunft zerfallenen Dichter bestand. Beide waren sie Außenseiter: sie durch Geburt, er durch seelische Beschaffenheit und Entschluß. Beide sahen sie sich genötigt, eine eigene Welt jenseits der gesellschaftlich anerkannten zu errichten.«

Ein Außenseiter, ein Ausgestoßener, ein Paria war es, der sich und seine Gefährtin am Kleinen Wannsee erschossen hatte – und nicht ein Liebender. Man hat gesagt, Kleist und Henriette gingen nicht in den Tod, weil sie sich liebten, vielmehr liebten sie sich, weil sie zusammen sterben wollten. Das ist schön ausgedrückt, nur nicht ganz richtig, weil dieses Bonmot die Beziehung der beiden auf dem Umweg über ihre Todeswilligkeit letztlich doch erotisch verbrämt.

Hat Kleist je eine Frau geliebt? War er dazu imstande? Seine Biographen weisen auf einen eigentümlichen Umstand hin: Er pflegte, kaum dass es zu einer Annäherung an eine Frau gekommen war, diese wieder fluchtartig zu verlassen. Man spricht von sich wiederholenden überstürzten Abreisen. Sicher, es gibt viele Liebesbriefe von seiner Hand, zumal die an seine Braut Wilhelmine von Zenge. Doch lässt sich nicht übersehen, dass in diesen bemühten und überschwänglichen und oft so verkrampft anmutenden Briefen besonders zärtlich nicht etwa jene Passagen sind, in denen von der Adressatin die Rede ist, sondern von einem Mann, von Kleists Freund Ludwig von Brockes.

Die glühenden, die leidenschaftlichen Liebesbriefe des größten Dichters der Preußen sind an Männer gerichtet, so etwa an Rühle von Lilienstern, dem er die Sehnsucht bekennt, »die ich nach Dir, d. h. nach der *innigen Ergreifung* Deiner mit allen Sinnen, inneren und äußeren, spüre«.

Nicht weniger deutlich sind die Briefe an den Freund Ernst von Pfuel, von denen ich hier nur einen zitieren möchte: »Ich hätte bei Dir schlafen können, Du lieber Junge; so umarmte Dich meine ganze Seele! Ich habe Deinen schönen Leib oft, wenn Du in Thun vor meinen Augen in den See stiegest, mit wahrhaft *mädchenhaften* Gefühlen betrachtet ... Dein kleiner, krauser Kopf, einem feisten Halse aufgesetzt, zwei breite Schultern, ein nerviger Leib, das Ganze ein musterhaftes Bild der Stärke ... Geh mit mir nach Anspach, und laß uns der süßen Freundschaft genießen ... Ich heirate niemals, sei Du die Frau mir, die Kinder und die Enkel!«

Man sollte nicht etwa meinen, wir hätten es hier mit pubertären Anwandlungen zu tun: Als Kleist diese Briefe schrieb, war er achtundzwanzig Jahre alt. Nein, es kann nicht ernsthaft bezweifelt werden, dass es in seiner Persönlichkeit zumindest eine starke homoerotische Komponente gab und dass sein Wesen und sein Werk von dieser Komponente vielleicht sogar entscheidend mitgeprägt wurden. Dass er je, wie man früher zu sagen pflegte, eine Frau berührt oder eine solche Beziehung auch nur angestrebt hätte, hielten seine Freunde für unwahrscheinlich, wenn nicht ausgeschlossen.

Die Frage drängt sich auf, ob seine trunkene und schwärmerische, seine oft schon rasende und tobende Sinnlichkeit hier ihren tiefsten Ursprung hatte: Enorm und einzigartig war die Kraft Heinrich von Kleists, doch konnte sie sich immer nur im Wort entladen. Vieles spricht dafür, dass die Einsamkeit, an der er sein ganzes Leben lang litt und die er mit Hunderten und Tausenden von sprachgewaltigen, allerdings häufig sehr redseligen Briefen zu verdrängen und zu überspielen versuchte, auch mit seiner sexuellen Konstitution zu tun hatte.

Sicher ist: Ihm war es nicht vergönnt, das Dasein zu genießen. 1801 gestand er einem seiner Freunde, dass sich sein »töricht überspanntes Gemüt« nie an dem erfreuen könne, was ist, sondern immer nur an dem, was nicht ist. So scheint ihm wahre Glückseligkeit nicht der Gedanke an das Leben bereitet zu haben, sondern stets nur der an den Tod. Das ist der rote, richtiger: der schwarze Faden, der sich durch seine Korrespondenz zieht.

Nicht selten wollte er in diesen Briefen Menschen, die ihm nahestanden, verführen – aber in der Regel nicht zum gemeinsamen Leben, vielmehr zum gemeinsamen Tod. Andere machten Heiratsanträge, er Todesanträge. Und noch in dem Brief, in dem er sich wenige Stunden vor seinem Tod von der übrigens sechzehn Jahre älteren Seelenfreundin, seiner Verwandten Marie von Kleist, verabschiedete, bat er diese gleichsam um Verständnis, dass er statt mit ihr mit einer anderen sterben werde. Er schrieb: »Erinnerst Du Dich wohl, daß ich Dich mehrmals gefragt habe, ob Du mit mir sterben willst? – Aber Du sagtest immer nein.«

Zugleich erklärte er einfach und freimütig, was Henriette Vogel ihm bedeute: »Der Entschluß, der in ihrer Seele aufging, mit mir zu sterben, zog mich, ich kann Dir nicht sagen, mit welcher unaussprechlichen und unwiderstehlichen Gewalt, an ihre Brust.« Das ist alles: Er hat sie nicht gesucht, er hat sie vielmehr, wenn auch mit wachsender Begeisterung, akzeptiert. Sie war für ihn nicht mehr und nicht weniger als die willkommene, die dringend benötigte Gefährtin. Denn er, der den letzten Gang offensichtlich nicht allein gehen wollte, sei, schreibt Kleist, dank Henriette, »zum Tode ganz reif geworden«.

Sie habe seine »Traurigkeit als eine höhere, festgewurzelte und unheilbare« begriffen.

Aber so gewiss Kleists Todesverlangen eben eine höhere, eine festgewurzelte und unheilbare Sucht war, so wenig dürfen wir vergessen, dass Henriette Vogel gerade in jenem Augenblick seines Lebens aufgetaucht war, in dem ihm die Verwirklichung des lang gehegten Todeswunsches unaufschiebbar schien. Dazu hatten aber nicht irrationale Umstände beigetragen, sondern sehr reale Fakten, deren Einfluss wir keineswegs unterschätzen sollten.

Was immer er im Leben getan hatte, er war gescheitert: als Offizier und als Liebender, als Schriftsteller und als Redakteur. Das Jahr 1811 brachte ihm eine Niederlage nach der anderen: Die von ihm redigierten »Berliner Abendblätter« mussten ihr Erscheinen einstellen; und nachdem das Königliche Schauspielhaus sein »Käthchen von Heilbronn« abgelehnt hatte, wurde nun der »Prinz von Homburg« am Hofe, wie nicht anders zu erwarten war, negativ aufgenommen. Das Drama konnte nicht gedruckt werden. In materieller Hinsicht war er geradezu ruiniert, es fehlte ihm am Nötigsten. Er richtete Bitt- und Bettelbriefe: an den König, an den Prinzen von Preußen und, vor allem, an den Staatskanzler Hardenberg. Sie führten zu nichts.

Ein Besuch bei seiner Familie in Frankfurt an der Oder verlief offenbar katastrophal: Man habe ihn, berichtet Kleist in einem seiner letzten Briefe, als ein »ganz nichtsnutziges Glied der menschlichen Gesellschaft« betrachtet, »das keiner Teilnahme mehr wert sei«. Noch einmal bat er Hardenberg um Hilfe – um ein Darlehen von zwanzig Louisdor. Eine Antwort hat er nie erhalten. Als die Nachricht von seinem Tode eintraf, vermerkte Hardenberg am Rande des Gesuchs: »Zu den Akten, da der p.v. Kleist 21.11.11. nicht mehr lebt.«

Wie kein anderer Selbstmord in der Geschichte der deutschen Literatur – und wahrlich, es ist kein Mangel an Selbstmorden in dieser düsteren Geschichte – hat das Ende Kleists nicht aufgehört, die Nachgeborenen zu faszinieren; und es mag sein, dass man sich bisweilen auch heutzutage für die *Person* des Dichters mehr oder noch mehr interessiert als für seine Dichtung: Immer noch sieht man Kleist im Lichte jenes trüben Novembertages, an dem er die letzte Konsequenz gezogen hat. Die Einheit von Literatur und Leben scheint hier aufs Vollkommenste erreicht. Anders ausgedrückt: Kleists Tod wird als Beglaubigung seines Werks verstanden.

## II.

Im Januar 1811 erschien in den »Berliner Abendblättern« ein kleiner Aufsatz Heinrich von Kleists, betitelt »Brief eines Dichters an einen anderen«. Der Adressat habe, lesen wir, die Verse des Briefschreibers zwar gerühmt, doch er, Kleist, mochte von dieser Zustimmung nichts wissen.

So sind nun einmal die Dichter, damals nicht anders als heute oder vor tausend Jahren. Sie wollen gelobt und gepriesen werden. Aber das genügt ihnen nicht – vielmehr sollen wir an ihren Werken das schätzen, was sie selber fur gut und bedeutend halten. Damit indes hat es eine eigene Bewandtnis: Der Autor weiß mehr oder weniger genau, was er wollte. Dieses Wissen trübt in der Regel seinen Blick für die tatsächliche Leistung. Im Übrigen sind es nicht nur die Mütter, die ihre schwächsten Kinder am meisten lieben.

Der vermutlich von Kleist erfundene Adressat jenes Briefes bewunderte nun in dessen Gedichten »die Reinheit und Richtigkeit des Ausdrucks und der Sprache«, den Rhythmus und den »Reiz des Wohlklangs«. Dies seien, erklärt Kleist, Vorzüge, die man gar nicht bemerken solle. Wenn er seine Gedanken »ohne weitere Zutat« in die Hände des Lesers legen könnte, »so wäre, die Wahrheit zu gestehn, die ganze innere Forderung meiner Seele erfüllt«. Nicht an der Schale sei dem Durstigen gelegen, sondern an der Frucht. Die Sprache, ihr Rhythmus und ihr Wohlklang seien – wir trauen unseren Augen nicht – nur ein »notwendiger Übelstand«.

Kann Kleist dies ernsthaft gemeint haben? O doch, er sagt es gleich noch einmal: Zwar bemühe er sich, »dem Klang der Worte Anmut und Leben zu geben«, aber bloß deshalb, damit »der Gedanke, den sie einschließen, erscheine«. Da haben wir sie also, die offenbar unvermeidliche und stets unergiebige Gegenüberstellung: hier die Schale, dort die Frucht, hier die Form, dort der Inhalt. Die Kunst soll, Kleist zufolge, nur als attraktive Verpackung und als Transportmittel dienen. Sie habe vornehmlich die Aufgabe, die Idee zum Leser zu bringen.

Als die Marquise von O. und der Rosshändler Michael Kohlhaas ihre Welt und Kleists Publikum auf ungeheuerliche Weise provozieren, als Jupiter, der Allmächtige, Alkmene verhört und ihr gestehen muss, dass ohne Liebe auch der Olymp öde ist, und als Friedrich Wetter, Graf vom Strahl, unter einem Holunderbusch das schlafende Käthchen umarmt – da lässt sich der Gedanke von der Kunst nicht trennen, da bilden der Sinn und die Sprache eine Einheit, so makellos und vollkommen wie in jener Zeit nur noch bei Goethe, bei Hölderlin. Hielt Kleist diese Synthese für überholt?

Sicher ist, dass er damals den künstlerischen Ausdruck als »Zutat« verstanden wissen wollte, ja als einen »notwendigen Übelstand«. Schon wahr, die These wird von allen seinen Werken widerlegt, auch noch von der kleinsten Erzählung, von der flüchtigsten Anekdote. Aber eben deshalb ist zu fragen: Was kann ihn veranlasst haben, gerade in dieser Zeit mit solchen Postulaten an die Öffentlichkeit zu treten?

Ein zeitkritischer, ein politischer Schriftsteller war Kleist beinahe von Anfang an. Er sprach von seinem Vaterland und seinen Zeitgenossen und, natürlich, von sich selber. Spielt der »Zerbrochne Krug« in einem niederländischen oder eher in einem brandenburgischen Dorf? Geht es im »Michael Kohlhaas« um Verhältnisse im 16. oder im beginnenden 19. Jahrhundert? Dass die »Hermannsschlacht« auf die aktuelle politische Situation bezogen werden müsse, hat Kleist selber und mit Nachdruck gesagt. Und ich kann auch den Verdacht nicht loswerden, dass die Amazonen in der »Penthesilea« preußischer Herkunft sind.

Ich weiß schon: Derartiges gilt für andere Poeten ebenfalls. Nicht in einem italienischen, sondern in einem deutschen Kleinstaat nimmt das Schicksal der Emilia Galotti seinen Lauf. Wo liegt das Lustschloss, in dem sich die Helden des »Torquato Tasso« amüsieren – in der Nähe von Ferrara oder von Weimar? Dennoch: Keiner der großen deutschen Dichter war an der politischen Lenkung seiner Landsleute so brennend interessiert wie Kleist, keiner ging so weit wie der Mann, der immer und überall gescheitert war – in der Armee und im zivilen Leben, in der Liebe und in der Literatur.

Die berüchtigte Ode »Germanias Aufruf an ihre Kinder« beweist, dass er förmlich danach gierte, sich als Propagandist, als Agitator zu betätigen – nur wollte niemand seine Dienste in Anspruch nehmen. Versuchte er mit dem »Brief eines Dichters an einen anderen« bekannt zu machen, er sei nun um der patriotischen Sache willen entschlossen, seine künstlerischen und auch artistischen Ambitionen zwar nicht gleich preiszugeben, aber doch zu vermindern und zu begrenzen?

Kleist – ein Vorläufer jener, die sich in unserem Jahrhundert zur »engagierten Literatur« bekannten? Meinte er, es lohne sich, die Dichtung dürftiger zu machen, damit sie auf denkbar viele Landsleute politischen Einfluss ausüben könne? Ähnlich wie zahlreiche andere Schriftsteller hat auch er die Möglichkeiten der Literatur stark überschätzt – zumal er zur nüchternen Beurteilung der Welt, der realen Verhältnisse nie recht imstande war.

Wer damals beim preußischen Hof ein Drama einreichte, dessen Held, ein preußischer General, zusammenbricht, bei zwei Frauen um Gnade bettelt, nichts anderes als leben will und noch lauthals verkündet, er frage nicht, ob dies rühmlich sei – wer allen Ernstes glauben konnte, er werde sich nun der Gunst dieses Hofes erfreuen, dem war in Preußen nicht zu helfen.

Kleist war ein Genie und ein Narr zugleich – und vielleicht hätte er das eine nicht ohne das andere sein können. Wie auch immer: Das Dilemma der im 20. Jahrhundert als links geltenden Literatur muss Kleist schon gekannt oder zumindest geahnt haben. Aber er hat unter ihm noch nicht gelitten, weil niemand von ihm Zugeständnisse erwartete. Als Jean Paul Sartre nach dem Zweiten Weltkrieg das Programm der »engagierten Literatur« formulierte, sagte er, der Schriftsteller verfüge über geladene Pistolen und müsse seine Ziele wie ein Mann anpeilen und nicht wie ein Kind, das die Augen zumacht und nur Spaß am Knall hat. Das hätte Kleist ohne weiteres akzeptieren können.

Er wäre Sartre auch gefolgt, als dieser deklarierte, es komme nicht darauf an, die Welt zu beschreiben, vielmehr die Leser zum

Handeln zu bringen. Sartre und anderen, die das schriftstellerische Engagement predigten, ging es nicht um gute Literatur, vielmehr um Literatur, die gut wirken konnte, die also für ein breites Publikum verständlich und konsumierbar sein sollte. Auch darüber hätte man mit Kleist reden können.

Nur hatte Sartre nicht gesagt, von wem die Waffen, mit denen die Schriftsteller hantieren, geladen werden sollen. Denn er dachte nicht daran, es ihnen zu überlassen: Dies sei eher die Aufgabe von Ideologen und Politikern, von Instanzen und Institutionen – und nicht selten von solchen, die in Moskau beheimatet waren. Hier hätte Kleist den Theoretikern der »engagierten Literatur« die Gefolgschaft verweigert – wie es letztlich auch Brecht getan hat. Hat er es *wirklich* getan?

1942 bedauerte er nach einem Gespräch mit der Schauspielerin Elisabeth Bergner, »daß sie das publikum nicht als eine versammlung von weltänderern sieht, die einen bericht über die welt entgegennehmen«. Wenig später sprach er vom neuen Theaterpublikum, »das die welt nicht mehr zu interpretieren, sondern zu ändern gekommen ist oder kommen soll«. Glaubte er tatsächlich an den politischen, den mobilisierenden Einfluss des Theaters?

Max Frisch, der zu seinen treuesten Bewunderern gehörte, genierte sich nicht, in einer 1964 gehaltenen Rede zu sagen, Millionen von Zuschauern in der ganzen Welt hätten Brechts Stücke gesehen, aber »daß einer dadurch seine politische Denkweise geändert hat oder auch nur einer Prüfung unterzieht, wage ich zu bezweifeln«. Er habe sogar, Brecht in den Proben beobachtend, den Eindruck gewonnen, selbst der Nachweis, dass man mit der Bühne nichts zur Veränderung der Gesellschaft beitragen könne, hätte dessen Bedürfnis nach Theater nicht gemindert.

Weltfremd wie Kleist war Brecht mit Sicherheit nicht. Nüchterner zudem und auch klüger als seine Epigonen, war er sich darüber im Klaren, dass es sich bei der von ihm gewünschten und angestrebten »versammlung von weltänderern« nur um eine Fiktion handeln konnte. Er benötigte sie als generelle Arbeitshypothese, von der er sich auf keinen Fall trennen wollte, obwohl er wusste, was Kleist, der nie eines seiner Stücke auf der Bühne gesehen hat, möglicherweise noch nicht wissen konnte: dass nämlich die Politik bisweilen das Theater verdirbt, doch niemals das Theater die Politik zu verbessern imstande ist.

Hat vielleicht auch Kleist damals, 1810 und 1811, als die »Berliner Abendblätter« ihr Erscheinen einstellen mussten, als das »Käthchen von Heilbronn« vom Königlichen Schauspielhaus in Berlin und der »Prinz von Homburg« vom Hof abgelehnt wurden, als er auch noch in materieller Hinsicht ruiniert war – hat er damals, nach neuen Wegen und Möglichkeiten Ausschau haltend, ebenfalls eine neue Arbeitshypothese gesucht, eine solche, die ihn aus der Sackgasse hinausführen würde, aus der ihn keines seiner bisherigen Werke hatte hinausführen können? Und vielleicht gehörte zu dieser Hypothese auch der Plan, das Artistische so weit nur möglich in den Hintergrund zu drängen oder gar verschwinden zu lassen, damit der Leser in den Genuss der Frucht komme, die freilich ganz ohne Schale nicht zu haben war?

Den Autor Brecht irritierte und faszinierte die Schale mehr als die Frucht. Letztere war für ihn eine Selbstverständlichkeit, eine Banalität. Allerdings pflegte er derartige Gedanken nicht gerade an die große Glocke zu hängen. Aber in einem vertraulichen Gespräch mit dem Freund Walter Benjamin berichtete er, er stelle sich oft ein Tribunal vor, dem er, Brecht, die Frage beantworten müsse, ob es ihm »eigentlich ernst« sei. Er müsse dann bekennen, er denke zu viel an Artistisches, an das, was dem Theater zugute komme, als dass es ihm ganz ernst sein könne.

Später schrieb Brecht die berühmt gewordenen Verse: »Ich vermochte nur wenig. Aber die Herrschenden / Saßen ohne mich sicherer …« Er fügte noch die einschränkenden und entscheidenden Worte hinzu: »… das hoffte ich«. Was er hoffte, hat er nie erreicht. Kleist hat man zu Lebzeiten ignoriert. Brecht wurde populär. Verändert haben beide so gut wie nichts.

Wirklich gar nichts? O doch! Sie haben mit ihrem poetischen Werk die Welt, zumindest die deutsche Welt, reicher und schöner gemacht.

# Vormärz und Realismus

# Ludwig Börne

## Ein Porträt

Der Jude Löw Baruch, der sich Ludwig Börne nannte und von 1786 bis 1837 lebte, war ein Patriot, aber ohne Vaterland, ein Volkstribun, freilich ohne Volk, ein Politiker, doch ohne Amt. So war er auch ein Schriftsteller ohne Werke.

In der Ankündigung der vierzehnbändigen Ausgabe seiner gesammelten Schriften sagte er zu Recht, wenn auch nicht ganz ohne Koketterie: »Ich habe keine Werke geschrieben, ich habe nur meine Feder versucht, auf diesem, auf jenem Papiere; jetzt sollen die Blätter gesammelt, aufeinander gelegt werden; und der Buchbinder soll sie zu Büchern machen – das ist alles.«

In der Tat hat Börne weder Dramen noch Epen oder Romane, weder philosophische noch wissenschaftliche Werke verfasst. Aber alle seine Arbeiten – Feuilletons, Betrachtungen, Essays, Kritiken, Satiren, Reportagen, Glossen und Aphorismen – erweisen sich als Bestandteile eines einzigen, eines erstaunlich einheitlichen Werks: Es sind Bruchstücke einer großen Rebellion.

Was er geschrieben hat, vereint, was unvermeidbar scheint: Er war ein Feuilletonist und gleichwohl ein Praeceptor Germaniae. Er war ein Prediger mit Witz, ein Weltverbesserer mit Humor, ein Gerechtigkeitsapostel mit Ironie. Wie vor ihm nur jener, den er mehr geschätzt und bewundert hat als Goethe und Schiller, wie vor ihm nur Lessing, war auch Börne Journalist und Prophet in einem. Er war verliebt in Deutschland und die deutsche Kultur. Aber diese Liebe hat Börne niemals gehindert, den Deutschen die bittersten Wahrheiten zu sagen. Natürlich bekam er bald zu hören, womit er rechnen musste: Man machte in der Öffentlichkeit darauf aufmerksam, dass Börne ein Jude sei.

Nur eine einzige Epoche faszinierte ihn: die Gegenwart. Und ein einziges Ziel schwebte ihm vor: die Freiheit. Aber die Freiheit war für Börne nichts Positives, sondern nur »die Abwesenheit der Unfreiheit«. Die Freiheit war für ihn eigentlich keine Idee, »sondern nur die Möglichkeit, jede beliebige Idee zu fassen, zu verfolgen und festzuhalten«.

Bloß eine Möglichkeit sah er zur Verwirklichung der Postulate Kants und Lessings, nur einen Weg sah er zum Gelobten Land der Freiheit: Das Wundermittel war die öffentliche Meinung, von ihr erwartete er alles. Seine Zeitgenossen erinnerte er an die Mauern von Jericho, die von Trompetenklängen gestürzt wurden. Der Bibeldeuter Börne belehrte seine Leser: »Unter Trompete verstand die Heilige Schrift die Preßfreiheit. Von ihr werden auch die Mauern der Tyrannei fallen.«

Was immer Börne schrieb, es war Zeitkritik im Kampf um die Demokratie. Das gilt auch, versteht sich, für seine Auseinandersetzung mit der Literatur, mit dem Theater. Das Niveau der damaligen Kritik entsetzte ihn: »In Deutschland schreibt jeder, der die Hand zu nichts anderem gebraucht, und wer nicht schreiben kann, rezensiert.«

Börne prüfte die Literatur auf ihre weltliche Nützlichkeit und ihre pädagogische Verwendbarkeit. Aus seiner Leidenschaftlichkeit, aus seinem Temperament ergab sich seine Vorliebe für unbedingt klare und unmissverständliche Formulierungen: Die Deutlichkeit war seine Passion. Die Leser haben diese rücksichtslose Deutlichkeit geschätzt und seine Unabhängigkeit bewundert. An Feinden freilich hat es ihm nicht gefehlt. Aber verächtlich ist der Kritiker, der keine Feinde hat. Wer sie fürchtet, muss sich ein anderes Metier aussuchen.

Das Echo, das die Schriften Börnes hatten, war enorm. Er war der berühmteste Journalist seiner Epoche; und er wurde so heftig bekämpft wie nur noch ein Autor dieser Zeit – wie Heine. Börne bedauerte, dass Heine an der Wahrheit nur das Schöne liebe. Heine gab zu verstehen, dass Börne am Schönen nur die Wahrheit schätze. Wo Börne l'art pour l'art witterte, da witterte Heine die Revolution um der Revolution willen.

Börne glaubte, Heine suche Schutz in einem Elfenbeinturm. Heine fürchtete, Börne stehe immer auf einer Barrikade. Wer hatte recht? Sie waren, will es mir scheinen, nicht so weit voneinander entfernt – jener Elfenbeinturm Heinrich Heines und jene Barrikade Ludwig Börnes.

Dass Börnes Schriften heute kaum gelesen werden, darf uns nicht wundern. So ergeht es den Publizisten und Journalisten beinahe immer: Der unmittelbaren Gegenwart verpflichtet, geraten sie in einer späteren Epoche in Vergessenheit. Das gilt auch für Börne, aber erfreulicherweise doch nicht ganz. Die Stadt Frankfurt am Main hat ihren großen Sohn – denn Börne stammte aus dem Frankfurter Getto – zu seinem hundertfünfzigsten Todestag mit mehreren Publikationen geehrt.

Und 1993 wurde der Ludwig-Börne-Preis für Essay, Kritik und Reportage gegründet, ein mittlerweile angesehener und wichtiger Preis, der alljährlich in der Paulskirche vergeben wird. Das ist gut so, denn wir haben allen Anlass, Börnes dankbar und respektvoll zu gedenken.

# Georg Büchner

## Dichter meiner Jugend

Mit meinem Freund Georg Hensel, dem hervorragenden Theaterkritiker, den wir nicht vergessen sollten, unterhielt ich mich immer wieder über Georg Büchner. Ihn verband mit Büchner viel, er kannte ihn sehr genau. Beide stammten sie aus derselben Gegend: Hensel wurde in Darmstadt geboren und lebte dort bis zu seinem Tod im Jahre 1996. Büchner kam aus Goddelau, wuchs aber auch im benachbarten Darmstadt auf. Wir, Hensel und ich, haben ihn geachtet, geschätzt und bewundert. Sagen wir es ruhig gleich – und knapper: Wir haben Büchner geliebt. Er war und blieb der Dichter unserer Jugend.

Von allen großen deutschen Schriftstellern, von allen, die längst als Klassiker gelten und deren Genialität nicht angezweifelt wird, hat niemand so kurz gelebt wie er: Geboren im Oktober 1813, starb Büchner im Februar 1837. Er wurde also 23 Jahre und etwa vier Monate alt.

Seine Werke – drei Bühnenstücke, eine Erzählung und eine Flugschrift, die er übrigens nicht allein geschrieben hat – reichten nur für ein ziemlich dünnes Buch aus. Damit der nach Büchners Tod von seinem Bruder Ludwig herausgegebene Band »Nachgelassene Schriften« doch etwas stattlicher aussah, fügte man Übersetzungen, Schularbeiten, wissenschaftliche und philosophische Aufsätze hinzu sowie Briefe von und an Georg Büchner.

Ich war vierzehn Jahre alt, Obertertianer eines Berliner Gymnasiums und schon ziemlich belesen. Aber von Büchner kannte ich vorerst kaum mehr als seinen Namen. Bald lieh mir ein etwas älterer Freund eine einbändige Dünndruckausgabe Büchners und verwunderte mich mit der Bemerkung: Er beneide mich um das Glück, diesen Autor zum ersten Mal lesen zu können.

Büchner war Poet und Naturwissenschaftler, Künstler und Mediziner zugleich. Er war immer ein kühler, ein unbestechlicher, auch ein ungeduldiger Beobachter des Daseins. Zuerst las ich die Erzählung »Lenz«. Sie handelt von dem Dichter Jakob Michael Reinhold Lenz, dem gescheiterten und gestrandeten Autor des Sturm und Drang. Er lebte von 1751 bis 1792. Goethe hat ihn in »Dichtung und Wahrheit« dargestellt. Lenz, der bis heute nicht vergessene Autor der Dramen »Soldaten« und »Der Hofmeister«, ist in Moskau, wo er eine Stellung bekommen sollte, dem Wahnsinn verfallen und gestorben.

Schon die ersten Sätze dieser Erzählung Büchners ließen mich schaudern: »Den 20. ging Lenz durch's Gebirg ... Müdigkeit spürte er keine, nur war es ihm manchmal unangenehm, dass er nicht auf dem Kopf gehen konnte.« Dann, etwas weiter: »Er war sich selbst ein Traum ... Gegen Abend befiel ihn eine sonderbare Angst, er hätte der Sonne nachlaufen mögen ... Es war ihm, als sei er blind; jetzt wuchs sie, der Alp des Wahnsinns setzte sich zu seinen Füßen, der rettungslose Gedanke, als sei alles nur ein Traum.«

»Lenz« ist, ebenso wie alles, was Büchner geschrieben hat, ein bahnbrechendes Werk. Er versuchte und wagte, was man vor ihm in der deutschen Literatur überhaupt nicht und in der Weltliteratur kaum kannte: Er porträtierte einen psychisch kranken, einen wohl unglücklichen, einen unzurechnungsfähigen Menschen.

Der Inhalt: Der offensichtlich Wahnsinnige irrt während eines unheimlichen Unwetters, von Visionen gejagt und gehetzt, einsam durch das Gebirge. Seine Bewusstseinszustände, zumal die Ängste, in die er immer wieder gerät, werden als Reflexe auf die ihn umgebende Natur gezeigt.

Büchner praktiziert hierbei eine damals noch unbekannte Erzähltechnik: den Perspektivenwechsel, den unmittelbaren Übergang von der Ich- zur Er-Erzählung. Er profitiert von seinen Medizinkenntnissen, was später auch andere deutsche Schriftsteller, meist unter seinem Einfluss, mit Erfolg getan haben – so vor allem die Ärzte Gottfried Benn, Alfred Döblin und Arthur Schnitzler.

In »Dantons Tod«, den er im Alter von 21 Jahren innerhalb von fünf Wochen verfasst hat, weht der noch nie auf der Bühne so spürbar und bewusst gemachte Geist der Jugend, der heiße Atem der Revolution, der Sturm der Weltgeschichte. Schon als Halbwüchsiger ist

Büchner in revolutionäre Umtriebe in Hessen verstrickt – er studierte in Gießen –, er wurde steckbrieflich verfolgt.

Die Revolution hat ihn fasziniert, doch die Sachlichkeit des Naturwissenschaftlers kam ihm sofort ins Gehege. Er war weder ein Anhänger noch ein Gegner der Revolution, er hat sie weder besungen noch verklärt. Wohl aber hat er sie mit wachsender Verwunderung beobachtet und mit Abscheu gezeigt. Sein Thema war die Enttäuschung, die die Revolution hervorrief, war die große Vergeblichkeit.

Die Figuren des »Danton« und des unvollendeten »Woyzeck« sind leidende Kreaturen, die sich häufig nur in Gesprächsfetzen und in Bruchstücken von Monologen äußern können. Der Barbier und Soldat Woyzeck, der von Vorgesetzten und Wissenschaftlern gedemütigt und missbraucht wird, ist Vorbild vieler plebejischer Gestalten in der neueren deutschen Literatur.

Ein ganz anderes Bühnenwerk von Büchner ist das Lustspiel »Leonce und Lena«. Es ist die heiterste und zugleich bitterste Komödie, es ist ein melancholisches Stück, geschrieben mit einer Träne im lachenden Auge.

In der Schule hatte ich mit Büchner etwas Kummer. In der Unter- oder Obersekunda sollten wir einen Hausaufsatz über unseren »Lieblingsschriftsteller« schreiben. Man durfte ein Heft füllen, aber doch nicht mehr. Ich schrieb natürlich über Büchner, füllte sage und schreibe drei Hefte, was geradezu ungehörig war, und glaubte, ein Glanzstück produziert zu haben.

Ich wurde enttäuscht, die Note lautete bloß »im Ganzen gut«, also zwei minus. Die Arbeit sei kein Schulaufsatz mehr, als literarischer Versuch nicht ganz überzeugend, kommentierte der sympathische Lehrer. Dann sah er sich um, ob jemand in der Nähe stand, und fügte leise hinzu: »Wenn Sie Kritiker geworden sind, dann schreiben Sie mir eine Postkarte.« Das hat mir natürlich geschmeichelt.

Aber den entscheidenden Hintergrund hat er mir verschwiegen. Ich erfuhr diesen knapp zwei Jahre später, als ich mich für die mündliche Abiturientenprüfung vorbereiten musste. Jeder Schüler hatte ein Thema vorzuschlagen. Ich wollte es noch einmal mit Büchner versuchen. Der neue Deutschlehrer, ein Nazi, hat es sofort und ohne

Begründung abgelehnt. Der Grund: Büchner war im »Dritten Reich« zwar nicht verboten, zählte jedoch als linker Revolutionär zu den, so hieß es unmissverständlich, nicht zu fördernden Autoren. Die Schule hatte ihn zu ignorieren.

Mit Büchner beginnt die moderne deutsche Literatur. Seine Werke führen zum Realismus, zum Naturalismus und zum Expressionismus ebenso wie zum epischen Theater, zum Theater der Surrealisten und zum Dokumentartheater. Büchner führt zu Gerhart Hauptmann, zu Frank Wedekind und zu Ödön von Horváth und schließlich zu Franz Kafka und Bertolt Brecht. Wolfgang Koeppen bekannte: »Georg Büchner war mir am deutschen Himmel immer der nächste von allen Sternen.«

Er war der Dichter meiner Jugend, und er ist bis heute mein Dichter geblieben, wie außer Goethe und Heine kein anderer deutscher Poet.

# Heinrich Heine

## Eine Provokation und eine Zumutung

I.

In Deutschland über Heine zu schreiben, ist immer noch eine heikle und missliche Sache. Wer vor seiner Überschätzung warnt, wer ihn in Frage stellt oder gar ablehnt, hält es auch heute nicht für überflüssig, sich wenigstens in einem Nebensatz von jenen zu distanzieren, die vor allem den Juden Heine bekämpften. Wer wiederum von seiner Größe und seiner Einzigartigkeit spricht, muss nach wie vor befürchten, man könne ihn mit jenen verwechseln, die sich, aus welchen Gründen auch immer, mit dem Geschäft der literarischen Wiedergutmachung befassen.

So verdüstert noch heute, scheint es, der Rauch der Bücherverbrennungen und der Gaskammern die Sicht. Jedenfalls waren die Vorzeichen, unter denen die erneute Beschäftigung mit Heine stand, von kritischer Nüchternheit und wissenschaftlicher Sachlichkeit weit entfernt. Denn natürlich ist, ähnlich wie der Judenhass, auch die Wiedergutmachung, mögen ihre Motive die redlichsten sein, keine Kategorie, die sich zur Klärung eines literarischen Phänomens eignet.

Indes muss es auffallen, dass für die Diskussion um Heine schon vor fünfzig oder hundert Jahren in der Regel nicht Nüchternheit und Sachlichkeit charakteristisch waren, sondern eher grelle Affekte und tiefe Ressentiments. Wenn es um Heine ging, wurde in Deutschland seit eh und je scharf geschossen: Auch ohne Auschwitz war dieser Fall immer schon auf des Messers Schneide.

Aber was das Gespräch über Heine einst ungemein erschwert hat und heute noch erschwert, lässt sich zwar, wie alles, was ihn betrifft, von seinem Judentum nicht trennen, ist jedoch auf einer anderen

Ebene zu suchen – jenseits antisemitischer Verketzerung und jenseits philosemitischer Verherrlichung.

## II.

Kein deutscher Dichter hat schon zu seinen Lebzeiten so heftige Reaktionen ausgelöst wie Heine. Mit Ausnahme von Goethe wurde keinem einzigen deutschen Lyriker eine auch nur annähernd starke Volkstümlichkeit zuteil. Ebenso kennt die Geschichte der deutschen Literatur kein vergleichbares Beispiel einer derart erregten und leidenschaftlichen und natürlich auch zwiespältigen postumen Rezeption: Keiner der großen deutschen Dichter wurde ausgiebiger beschimpft und hartnäckiger bekämpft. Und keiner hat häufiger zu erbitterten Auseinandersetzungen Anlass gegeben, bei denen es häufig um so weltbewegende Fragen ging, ob mit seinem Namen eine Straße oder Universität bezeichnet und ob und wo er mit einem Denkmal oder auch nur mit einer Gedenktafel geehrt werden sollte. Kein deutscher Poet hat ein ähnliches Echo im Ausland gefunden. Und keiner wurde so oft und so konsequent mit demagogischen Argumenten und mit falsch zitierten Äußerungen sowohl angegriffen als auch verteidigt.

Aber nichts wäre leichtsinniger, als etwa behaupten zu wollen, dies alles zeuge nur von seiner Größe. Denn Heines Popularität beweist noch keineswegs die Qualität seiner Verse. Mitunter waren es gerade die schwächsten, die gefälligsten und die routinierten, die am meisten geliebt und am häufigsten nachgeahmt wurden.

Zu dem Auslandserfolg seiner Dichtung wiederum trug in hohem Maße bei, dass sie sich leicht in fremde Sprachen übertragen ließ. Heine daraus einen Vorwurf zu machen – und man hat dies oft getan –, ist schlechthin töricht. Andererseits jedoch kann die Übersetzbarkeit eines Gedichts schwerlich als Wertkriterium gelten. Wie auch immer: Die Skala seiner Lyrik – das scheint mir auf jeden Fall sicher – reicht von genialer Poesie bis zu purem Kunstgewerbe.

Ferner darf man nicht übersehen, dass ebenso die Heftigkeit wie die Demagogie des Kampfes um Heine durch seine offenkundige

Fragwürdigkeit gewiss nicht gerechtfertigt wurden, aber doch mit ihr zusammenhingen.

Ein geborener Provokateur war er und ein ewiger Ruhestörer. Er traf die schmerzhaftesten Wunden seiner Zeitgenossen, ohne die Folgen, die für ihn selber entstehen mussten, zu bedenken. Es kümmerte ihn kaum, dass er den anderen sehr bequeme Angriffsziele bot, und dies nicht nur deshalb, weil er extreme und also oft anfechtbare Urteile liebte. Er sicherte sich nie ab, Vorsichtsmaßnahmen waren mit seinem Temperament schlecht vereinbar. Er kämpfte tatsächlich mit offenem Visier. Man könnte sagen: Er ging ins Exil, um nie in Deckung gehen zu müssen.

Ein Virtuose der Polemik war er. Doch von Takt und Taktik wollte er nichts wissen. Er konnte es sich leisten, auf läppische Scherze und boshafte Witze, auf billige Argumente und gehässige Seitenhiebe zu verzichten. Aber er verwendete sie immer wieder, auch da, wo er gar nicht gereizt wurde. Keine Hemmungen hatte er, seinen Feinden (und nicht nur ihnen) die Impotenz oder die Homosexualität anzukreiden und ihnen allerlei körperliche Gebrechen (bis zum Durchfall einschließlich) vorzurechnen. Wie unfair man ihn auch behandelt hatte – zu seinen Lebzeiten und später ebenfalls –, er selber war nicht weniger unfair.

So versorgte er jeden, den er attackiert hatte, und jeden, der gegen ihn aus anderen Gründen schreiben wollte, fast automatisch mit reichlichem und nicht selten effektvollem Material. Dieser meisterhafte Torschütze leistete sich viele Eigentore und nahm sie gelassen in Kauf.

Hinzu kommt Heines rühmliche Vorliebe für aphoristische Prägnanz, für witzige und exakte, bewusst überspitzte und deshalb besonders eindringliche Formulierungen. Sie machen seine Verse und seine Prosa auf außergewöhnliche Weise zitierbar. Und mit Heine-Zitaten lässt sich mühelos sehr viel belegen. Nur dass damit in der Regel, eben weil sich mit seinen Äußerungen so leicht operieren lässt, auch sehr wenig gewonnen ist.

Denn die widerspruchsvolle und oft aggressive Reaktion auf Heine wurde zwar durch viele und sehr verschiedene Umstände begünstigt und gesteigert, aber sie hat ihren tiefsten Ursprung in seiner Eigenart, die sich freilich – und darauf vor allem kommt es hier an – in keiner seiner Arbeiten voll manifestiert. Es gibt kein Buch Heines, das für ihn so repräsentativ wäre wie etwa der »Faust«, der »Zauberberg« oder der »Prozeß« es für ihre Autoren sind. Will man ihm gerecht werden, so muss man sein zwielichtiges und ungleiches, sein zwiespältiges und unvergleichliches Werk – ähnlich übrigens wie das Brechts – unbedingt als ein Ganzes sehen. Es besteht aus vielen, meist kleinen Teilen und erweist sich letztlich doch als eine Einheit.

Vollkommen ist Heines Werk bestimmt nicht. Aber es war in seiner Epoche eine ungeheuerliche, eine vollkommene Zumutung. Seine Arbeiten sind Bruchstücke einer einzigen Provokation.

III.

Heines Biographie reicht vom jüdischen Mittelalter bis zur europäischen Neuzeit. Heines Werk führt von deutscher Romantik zur Moderne der Deutschen.

Ihm, nur ihm gelang, was nach der Ära Goethes und Schillers, Kleists und Hölderlins dringend nötig war: die radikale Entpathetisierung der deutschen Dichtung. Er befreite sie vom Erhabenen und Würdevollen, vom Hymnischen und Feierlichen und auch vom Dunklen. Und er gab ihr, was sie dem deutschen Leser meist vorenthalten hatte: Leichtigkeit und Anmut, Charme und Eleganz, Witz und Esprit, Rationalität und Urbanität und gelegentlich auch Frivolität.

Dass sich der Gesang und der Gedanke nicht gegenseitig auszuschließen brauchen, wusste man schon vor Heine, und schon andere hatten bewiesen, dass es sogar in deutschen Landen möglich ist, ein Dichter und dennoch ein Denker zu sein. Aber erst Heine vermochte die makellose Synthese aus Poesie und Intellekt zu verwirklichen, ohne dabei die Lyrik – wie das in Deutschland meist üblich war – mit der Philosophie zu befrachten.

Den deutschen Vers hat er mit der Umgangssprache, mit dem Vokabular des Alltags erneuert und bereichert, ohne ihn deshalb des

Dichterischen zu berauben. Und die deutsche Prosa hat er mit lyrischen Tönen, Bildern und Rhythmen belebt und gesteigert, ohne sie damit etwa zu poetisieren.

Als Karl Kraus in seinem berühmt-berüchtigten Pamphlet von »jenem Heinrich Heine« schrieb, »der der deutschen Sprache so sehr das Mieder gelockert hat, daß heute alle Kommis an ihren Brüsten fingern können«, da wies er, freilich ohne es zu wollen, auf eine der gewaltigen Leistungen Heines hin. Denn die deutsche Sprache hatte sich damals nach einem gesehnt, der sich ihrer erbarmen und ihr endlich das Mieder lockern würde.

Indem Heine die Sprache der deutschen Literatur entrümpelte und modernisierte, schuf er die wichtigste Voraussetzung für ihre Demokratisierung, die er selber – wie kein anderer deutscher Dichter des 19. Jahrhunderts – auch zu realisieren vermochte. Wovon die besten seiner Vorgänger geträumt hatten, war ihm geglückt: die Überwindung der Kluft zwischen der Kunst und der Wirklichkeit, zwischen der Poesie und dem Leben.

Hierher gehören auch Heines Verdienste um die Entwicklung des Journalismus. Wahr ist, dass gerade auf diesem Gebiet auch die Zahl seiner Sünden besonders groß scheint und dass er manche ärgerliche Unsitte in die Welt gesetzt hat, an der die deutsche Presse noch heute leidet. Aber er war es, der gezeigt hat, dass ein und derselbe Mann ein genialer Poet und dennoch ein professioneller Zeitungsschreiber sein kann.

Er, der bedeutende Journalist unter den deutschen Dichtern und der berühmteste Dichter unter den Journalisten der ganzen Welt, war, zumindest in Deutschland, der Erste, der die Möglichkeiten der modernen Presse erkannte und der von ihnen auch ständig Gebrauch zu machen wusste. Eben dies hat ihm wohl die meisten Feinde eingebracht. Man fürchtete seine Gedanken und Anschauungen, gewiss, aber noch mehr fürchtete man seine Fähigkeit, diese Gedanken und Anschauungen so auszudrücken, dass sie für zahllose Leser plausibel und attraktiv wurden.

Noch der heutige deutsche Journalismus verwendet viele der von ihm erprobten Mittel und Formen und lebt zu einem großen Teil von seinen Errungenschaften. Und wie man sich das moderne deutsche Drama ohne Büchners Leistung nicht mehr denken kann, so ist auch die deutsche Lyrik des 20. Jahrhunderts – von Brecht und Benn bis zu Grass und Enzensberger – ohne Heines Einfluss schwer vorstellbar. Dass sich diejenigen unter den Nachgeborenen, die ihm viel verdanken, dessen oft nicht bewusst waren und nicht bewusst sind, spielt dabei keine Rolle.

## IV.

Seit Jahren und Jahrzehnten nehmen sowohl die Kommunisten als auch die Antikommunisten Heine für sich in Anspruch. Hierbei beruft man sich in der Regel auf seine späten Schriften, zumal auf die »Geständnisse« von 1854 und auf die Lutezia-Vorrede von 1855. In beiden Arbeiten finden sich höchst beherzigenswerte Äußerungen, nur dass sich jede Seite gern heraussucht, was ihr gerade passt, und zuweilen zitieren beide Seiten dieselben Passagen, in denen dann allerdings jeweils andere Satzteile akzentuiert werden.

So beruft man sich häufig auf jene bemerkenswerte Feststellung in den »Geständnissen«, der zufolge »die mehr oder minder geheimen Führer der deutschen Kommunisten … die fähigsten Köpfe und die tatkräftigsten Charaktere Deutschlands« seien. Sie, die »Doktoren der Revolution«, hielt Heine für »die einzigen Männer in Deutschland, denen Leben innewohnt«, ihnen, glaubte er, gehöre die Zukunft. Allerdings fügte er bei dieser Voraussage die Worte »ich fürchte« ein.

Das Ganze ist schon deshalb ein einigermaßen müßiges Spiel, weil Heine, wie jeder, der sich in der Mitte des vergangenen Jahrhunderts des Begriffs »Kommunismus« bediente, damit etwas anderes meinte und meinen musste als wir heute. Man kann keine Stellungnahme Heines zum Marxismus erwarten, weil es den Marxismus noch nicht gab. Und es hat wenig Sinn, auf seine positiven oder negativen Ansichten über den Kommunismus polemisch zu verweisen, weil dieser damals, also kurz nach Veröffentlichung des »Kommunistischen Manifestes«, kaum mehr war als eine skizzenhaft umrissene Idee und eine hehre Vision. Von einer politischen Realität konnte noch keine Rede sein.

In einer Hinsicht ist dieses Spiel doch aufschlussreich: Es zeigt, dass Heine sich mit einem Programm, mit einer Ideologie oder mit einer Organisation nicht identifizieren lässt. Denn was aus diesem Streit zwischen den Kommunisten und den Antikommunisten hervorgeht, gilt für alle politischen Richtungen und Ideen, für die sich Heine je interessiert hat.

Er bewies – und das war damals neu und verblüffend –, dass es möglich ist, das, was wir heute das Establishment nennen, von der Position des freien Schriftstellers aus wirkungsvoll zu bekämpfen. Mit anderen Worten: dass es möglich ist, ein politischer Dichter zu sein, ohne ein dichtender Politiker zu werden. Er war ein engagierter Literat, aber von der direkten Tendenzdichtung wollte er nichts wissen. Er verspottete sie, weil er sie für zwecklos hielt. Auch wo ihm an unmittelbarem und raschem politischen Einfluss gelegen war, ließ er sich auf keine künstlerischen Zugeständnisse ein. Sein Werk widerlegt die Behauptung, dass man sich in den Elfenbeinturm zurückziehen müsse, wenn man ein Artist bleiben will.

Er war, alles in allem, der typische linke Schriftsteller. Doch den Linksradikalismus verabscheute und verachtete er gründlich. Und er fürchtete ihn. Früh faszinierten ihn materialistische Gedanken. »Haben Sie die Idee eines Mittagessens begriffen, mein Lieber? Wer diese begriffen hat, begreift auch das Treiben der Menschheit« – so heißt es schon in seinen 1822 veröffentlichten »Briefen aus Berlin«. Heine scheint dies nie vergessen zu haben, sein ganzes Leben lang forderte er soziale Reformen.

Aber niemals konnte man ihm Dogmatik vorwerfen, niemals war er intolerant oder gar fanatisch. Damit mag es auch zusammenhängen, dass er zwar die Ziele von Marx und Engels im Wesentlichen befürwortete, doch ihre Mittel ablehnte. Er war – trotz unterschiedlicher Äußerungen in dieser Frage – unzweifelhaft ein Gegner der Revolution.

Sein eigentliches Element war die Ambivalenz, jene freilich, die nichts mit Versöhnlichkeit oder gar Unentschiedenheit zu tun hat. Es war eine militante und aggressive Ambivalenz. Ein Genie der Hassliebe war er – und niemanden hasste und liebte er mehr als die Deutschen und die Juden.

Es bereitete Heine einen geradezu wollüstigen Genuss, allen die Wahrheit zu sagen: den Juden und den Antisemiten, den Deutschen und den Deutschenfeinden, den Adligen und den Bürgern, den Katholiken und den Protestanten, den Verfolgern und den Verfolgten, den Poeten der Spätromantik und den Repräsentanten des Jungen Deutschland. Stets setzte er sich zwischen alle Stühle. Und fast will es mir scheinen, als sei da immer noch sein Platz.

Kann man sich wundern, dass er von Feinden umgeben war? Er brachte sie förmlich zur Raserei, weil er ihnen unentwegt demonstrierte, wozu sie sich meist nicht aufschwingen konnten: Unabhängigkeit. Dass er von dieser oder jener Seite Zuwendungen erhalten hatte, ist sicher und wurde ihm häufig vorgeworfen. Indes konnte ihm niemand nachweisen, dass er dafür irgendwelche Konzessionen gemacht hätte.

Nein, Heine stand nicht im Dienst eines Fürsten, einer Regierung oder einer Behörde, er war keiner Partei, keiner Kirche und auch keiner Zeitung verpflichtet, er hatte weder einen Herrn noch einen Auftraggeber. Obwohl ein politischer und zeitkritischer Autor, war er einzig und allein sich selber verantwortlich.

Gewiss kannte man schon vor ihm freie Schriftsteller. Heine war jedoch der Erste, der die Existenz des freien Schriftstellers als Amt und Institution verstand. Und der dieser Institution in der deutschen Öffentlichkeit Geltung und Respekt verschaffte. Dies aber kam, zumal es um einen Juden ging, der auch noch viele Jahre hindurch aus dem Ausland wirkte, einer ungeheuerlichen Herausforderung gleich. Damals war es eine Herausforderung. Nur damals?

V.

Wer immer über Heine schreibt und glaubt, von der Tatsache absehen zu können, dass er Jude war – oder dieses Faktum bagatellisiert –, wird, ich bin davon überzeugt, das Thema verfehlen. Nicht nur auf seinen Lebensweg, auch auf das ganze Werk Heines hatte seine Herkunft einen direkten oder indirekten, doch auf jeden Fall außerordentlich starken Einfluss ausgeübt. Sie musste ihn haben. Das mag eine sehr banale Feststellung sein, nur wird dieser Aspekt immer noch unterschätzt.

Man darf nicht vergessen, dass die Emanzipation der deutschen Juden erst zu Heines Lebzeiten begonnen hatte und aus verschiedenen Gründen zunächst zögernd und schleppend vollzogen wurde. So gehörte er zur ersten dem Getto entronnenen Generation. In diesem Sinne war er ein Neuankömmling und ein Parvenü – und wurde als solcher von seiner Umwelt, vor allem natürlich der deutschen, behandelt.

Ein Deutscher wollte er sein. Aber er scheint sehr schnell begriffen zu haben, dass man ihm dies nicht erlauben werde. Der kaum zweiundzwanzigjährige Student Heine bezeichnete – in dem kleinen Aufsatz »Die Romantik« – das deutsche *Wort* als »unser heiligstes Gut«, denn es sei »ein Vaterland selbst demjenigen, dem Torheit und Arglist ein Vaterland verweigern«.

In einem ganz anderen Zusammenhang schrieb er viele Jahre später, dass die Juden die Bibel »im Exil gleichsam wie ein portatives Vaterland mit sich herumschleppten«. – Gewiss, das Deutsche – die Sprache, die Literatur, die Philosophie, die Geschichte – erwies sich, wie Heine wiederholt betonte, als sein Lebenselement. Nur dass er genötigt war, sich aus dem Deutschen nicht mehr und nicht weniger als eben ein »portatives Vaterland« zu schaffen.

Diese besondere Situation des Juden innerhalb der deutschen Gesellschaft vermochte Heine zu sublimieren und zu kompensieren und – wie keiner vor ihm und wie nach ihm nur einer: Kafka – für sein Werk zu nutzen. Er machte also aus der Not eine Tugend, wobei die Frage, wann und inwiefern es sich um einen bewussten Prozess handelte, irrelevant ist.

1824 bemerkte der junge Heine, sein zweites Buch – die Tragödien »Almansor« und »Ratcliff« nebst einem lyrischen Intermezzo – sei, im Unterschied zu seinem ersten »nur innerlich deutsch«. Und er erklärte: »Daß aus Unmut gegen das Deutsche meine Muse sich ihr deutsches Kleid etwas fremdartig zuschnitt, ist wahrscheinlich.« Was er Unmut nannte, war nichts anderes als die ihm von der deutschen Umwelt aufgezwungene kritische Distanz. Diese aber half ihm zu überwinden, woran ein großer Teil der deutschen Literatur seiner Epoche litt: den Provinzialismus.

Nichts Deutsches war dem Juden Heine fremd, Deutschland jedoch nötigte ihn, mehr als ein deutscher Autor zu werden. Was einem Mörike, einem Eichendorff versagt blieb und worauf sie freilich auch nicht angewiesen waren, gelang ihm: Er wurde ein europäischer Schriftsteller – der einzige wohl, den Deutschland zwischen Goethe und Thomas Mann hatte.

Wie sehr er an seiner Situation, an seinem Judentum und an seinem Deutschtum, gelitten hat, können wir nur ahnen. Man hielt ihn für einen Poseur und Komödianten. In der Tat rettete er sich mitunter ins Komödiantische. Und er brauchte die Pose, um das Leben bestehen zu können. Er stilisierte seinen Schmerz, um ihn zu ertragen. Bisweilen wurde die Stilisierung peinlich. Doch der Schmerz war deshalb nicht weniger echt.

Am häufigsten suchte er Schutz bei der Ironie. Auch das, was manche für seinen Zynismus hielten, diente ihm nur als Maske oder Zuflucht. Er war weder ein Zyniker noch ein koketter Dandy oder ein eitler Troubadour – auch wenn er sich gelegentlich in diesen Rollen gefiel. In Wirklichkeit gehört er – wie Kleist und Hölderlin, wie Kafka – zu den einsamen und zerrissenen, zu den tragischen Figuren der deutschen Literatur.

Nirgends kommt die Einsamkeit des Juden Heine unter den Deutschen stärker zum Vorschein, nirgends wird seine Verzweiflung deutlicher spürbar als gerade in jenem Teil seines Werks, in dem von Juden überhaupt nicht die Rede ist – in seiner erotischen Dichtung.

Sie spricht immer wieder – anders als die Lyrik etwa Goethes – von enttäuschter und unglücklicher Liebe, von den Leiden des Verschmähten und des Abgewiesenen. Unterscheiden sie sich gar von den Qualen eines verliebten Nichtjuden? Nein, natürlich nicht. Schon die Tatsache, dass ganze Generationen von Deutschen, von Franzosen und Russen, die ja in ihrer überwiegenden Mehrheit keine Juden waren, ein Jahrhundert lang im »Buch der Lieder« ihre intimsten Erlebnisse wiedererkannten und dass sich die Liebenden ein Jahrhundert lang von Heine'schen Versen führen oder, meinetwegen, verführen ließen, beweist, dass er den Ausdruck für die Empfindungen von Millionen gefunden hatte. Dies aber hat mit seinem Judentum zu tun.

Die besondere Situation des in der Gesellschaft isolierten und um seine bürgerliche Anerkennung kämpfenden Juden, des von Komplexen bedrängten und stets den Widerstand oder die Schikanen der Umwelt befürchtenden Neuankömmlings oder Parvenüs steigerte und vervielfachte auch seine Liebesleiden. Diese spezifische Lage, für die Heine das empfindlichste und reizbarste Sensorium hatte, gab seiner erotischen Lyrik einen neuen und scharfen Akzent, eine bisher unbekannte Dimension.

Während sich die anderen – Max Brod hat darauf hingewiesen – aus solchen Leiden immerhin in eine Gemeinschaft flüchten konnten, war dem Juden, der ein Deutscher sein wollte, dieser Ausweg versperrt. Denn »Heine steht allein, ohne Hintergrund. Das Judentum in seinem damaligen Entwicklungsstadium bot keine Eingliederungsmöglichkeit, keinen Trost. Die jüdische Situation verschlimmerte vielmehr noch den Einsamkeitsaffekt, den die verschmähte Liebe hervorrief.«

Als letzte Verteidigungswaffe und als Rettungsring blieb ihm auch hier die Ironie, genauer gesagt, die melancholische Selbstironie. Daraus ergab sich, was Heine weltberühmt gemacht hatte: Das Elegisch-Alarmierende der Verse, die seine Verzweiflung mit größter Suggestivität und doch ohne Hysterie artikulierten und zugleich mit Geist und Grazie relativierten.

## VI.

Wer in Deutschland über Heine schreibt, schreibt immer noch für oder gegen Heine. Noch hat man ihn nicht ins Museale entlassen, noch ist der Streit nicht beendet. So wirkt Heine – ähnlich wie Karl Marx, ähnlich wie Richard Wagner – tief ins 20. Jahrhundert hinein.

In der Tat scheint es mir angebracht, die Bedeutung des Lyrikers und Satirikers, des politischen Autors und des Journalisten Heine für die deutsche Literatur mit jener zu vergleichen, die Marx für die deutsche Philosophie und Wagner für die deutsche Musik haben. Nur dass die Genialität Heines noch nicht ganz erkannt wurde.

Aber es spricht nicht gegen ihn, dass sein Werk uns immer wieder beunruhigt. Dass es noch ist, was es war: eine Provokation und eine Zumutung.

# Friedrich Hebbel

## Die Kammern der Mädchen werden nicht verschlossen

Über Friedrich Hebbels Gedicht »Wenn die Rosen ewig blühten …«

Wenn die Rosen ewig blühten,
  Die man nicht vom Stock gebrochen,
Würden sich die Mädchen hüten,
  Wenn die Bursche nächtlich pochen.

Aber, da der Sturm vernichtet,
  Was die Finger übrigließen,
Fühlen sie sich nicht verpflichtet,
  Ihre Kammern zu verschließen.

Gegen Ende des 19. Jahrhunderts galt Hebbel als der jüngste, der letzte der deutschen Klassiker. Vieles aus seiner Feder wurde geschätzt, manches sogar, die Tagebücher zumal, bewundert. Aber wurde er je geliebt? Seine Werke seien, hieß es immer wieder, spekulativ, kalt und konstruiert. Nicht das Sinnliche und Anschauliche dominiere bei ihm, sondern das Gedankliche und Weltanschauliche, oft ist vom Grüblerischen die Rede. Das trifft schon zu, und es fällt mir schwer, an eine Hebbel-Renaissance zu glauben. Nur sollte man nicht vergessen, dass er zu den exemplarischen Autoren des 19. Jahrhunderts gehört.

Der Tradition verpflichtet, war er keineswegs altmodisch. Sein Drama verdankt viel den deutschen Klassikern, weist aber zugleich auf Ibsen voraus. Es gibt bei ihm Gedichte, die an Mörike erinnern (freilich ohne dessen wunderbare Sanftheit) und an Heine (freilich ohne dessen Witz), und andere, die an das frühe 20. Jahrhundert denken lassen, mitunter wird man von Rilke-Tönen überrascht. Sicher ist: Seiner Lyrik geschieht ein Unrecht. Sie wurde schon vor hundert

Jahren unterschätzt und wird es heute erst recht. Gewiss, in größeren Anthologien gibt es auch für ihn Platz, fast immer für dieselben vier oder fünf (sehr schönen) Gedichte, für das »Herbstbild« und das »Sommerbild«, für das »Nachtlied« und das »Abendgefühl«.

Ich will hier eine Lanze brechen für Hebbels Lyrik, und dies mit Hilfe eines so unbekannten Gedichts, das man sogar in der 1965 im Hanser Verlag erschienenen fünfbändigen Ausgabe seiner »Werke« vergeblich sucht. Aber ich will gleich zugeben, dass ich in diesem Fall befangen bin. Die Sache ist die: Ich war fünfzehn Jahre alt, als mir in einem alten Hebbel-Band sein Gedicht »Wenn die Rosen ewig blühten ...« auffiel. Ich habe es in den seitdem verstrichenen über sechzig Jahren nicht vergessen. Was hat mich damals so beeindruckt? Wohl zunächst Eigenschaften, auf die die Lyrik nicht angewiesen ist und von denen die Seher unter den deutschen Poeten nichts wissen wollten: die Klarheit, meine ich, und die Logik.

Die einfache These des Gedichts lautet: Da das Leben vergänglich ist, haben die Mädchen keine Bedenken, die Burschen in ihre Kammern einzulassen. Ob Hebbel dies für bedauerlich oder für empfehlenswert hält, verrät er uns nicht. Er sagt nur: So ist es. Nun findet sich dieser Gedanke in zahllosen Versen, im Mittelalter ebenso wie in der Antike. Auch das Motiv, das hier die Vergänglichkeit veranschaulicht – das Verblühen der Blumen –, ist uralt. Also ein banales Gedicht? Schwamm drüber?

Die meisten Gedichte, die Elementares ausdrücken, sind gedanklich trivial. Wenn es aber unter ihnen auch solche gibt, die uns noch nach Jahrhunderten, ja nach Jahrtausenden rühren, so hat es nur mit ihrem dichterischen Reiz zu tun, einem Reiz, der die Lyrik von der Prosa unterscheidet und der sich letztlich einer überzeugenden Definition entzieht. Überdies: Wer ganz Schlichtes poetisch formulieren möchte, ist gut beraten, sich einer möglichst schlichten, unauffälligen Sprache zu bedienen und auch eine möglichst schlichte Form zu wählen.

Alle Worte dieser Verse entstammen dem Alltag, keine Wendung ist erkünstelt, kein Reim ist erzwungen. Das Gedicht besteht aus klaren Feststellungen und einfachen Mitteilungen. Die Form hat Hebbel übernommen – von Eichendorff, Heine, Mörike und von vielen anderen, Goethe natürlich nicht ausgeschlossen: Es ist die vierzeilige im deutschen Volkslied besonders beliebte Strophe mit dem Kreuzreim, also a-b-a-b in der ersten Strophe und c-d-c-d in der zweiten.

Hebbels Kunst zeigt sich vor allem in der Stimmung des Gedichts: Es ist elegisch und schwermütig, seine Melodie zeugt von Resignation. Der Mensch ist, wie es schon in den Psalmen heißt, nur »ein Gast auf Erden« – damit müssen wir uns abfinden. Aber wir dürfen uns von niemandem und von keiner Institution hindern lassen, aus dieser bitteren Erkenntnis die Folgerung zu ziehen. Denn wir wollen glücklich sein – hienieden und nicht erst im Himmelreich. Daher werden die Kammern der Mädchen, wenn die Burschen nächtlich pochen, gern geöffnet.

Dass wir nur einmal auf Erden sind, dieser Einsicht und dem, was sich aus ihr ergibt oder ergeben sollte, verhilft das kleine Gedicht, das wie ein Volkslied anmutet, zur einleuchtenden, ja zur leuchtenden Wirkung.

# Theodor Storm

## Spiegel unserer Seele

Über Theodor Storms »Lied des Harfenmädchens«

Heute, nur heute
Bin ich so schön;
Morgen, ach morgen
Muß Alles vergehn!
Nur diese Stunde
Bist du noch mein;
Sterben, ach sterben
Soll ich allein.

Er gehörte zu meinen literarischen Jugenderlebnissen: Ich bewunderte seine Novellistik, und ich habe mich sofort (ich war vierzehn Jahre alt) in einige seiner Gedichte verliebt. Ein großer Dichter – meinte Fontane – war er, Theodor Storm, wohl nicht, doch »ein liebenswürdiger durch und durch, und, wenn der Ausdruck gestattet ist, ein recht poetischer Poet«. Das mag etwas schlampig formuliert sein, aber es trifft ins Schwarze. Er schrieb keine Epen, keine mächtigen Oden, keine gewaltigen Hymnen. Seine Verse sind still und scheu, herb und herzlich. In ihnen gibt es keine ärgerlichen Klänge, keine falschen Töne: Diese Lyrik ist (man sehe mir die oft missbrauchten Worte nach) innig und innerlich, wehmütig, doch nicht wehleidig – wie die zartesten, die schönsten deutschen Volkslieder.

Daseinsbejahung war Storms Sache nicht, das Glück und die Freude, den Erfolg und den Sieg hat er nie besungen. In seiner kleinen Welt scheinen Sonne, Mond und Sterne, gewiss, nur bleibt ihr Licht gedämpft. Denn das Naturphänomen, das es ihm vor allem angetan hat, ist der Nebel, der undurchsichtige und unerbittliche, der reale und der symbolische. Seine nordischen Elegien schämen sich des Provinziellen nicht, ihr Thema ist das bittere Los des Menschen, also die große Vergeblichkeit.

Die Lektüre Storms habe ich mit jener düsteren und doch milden Idylle begonnen, die sich hier und da dem Sentimentalen nähert – mit der Novelle »Immensee«. Sie rührte mich, aber was mich aufschreckte, war nicht diese Liebesgeschichte, vielmehr ein Lied, das in ihr vorkommt, gesungen von einem »Zithermädchen mit zigeunerhaften Zügen«. Storm hat es später, als er es in seinen ersten Lyrikband aufnahm, mit einer das Instrument ein wenig nobilitierenden Überschrift versehen: »Lied des Harfenmädchens«.

Ich zögere nicht, dieses Gedicht zu den schönsten poetischen Gebilden in deutscher Sprache zu zählen. Seine Wirkung hängt zunächst mit dem zusammen, was es ausspart, was in ihm nicht enthalten ist. Es besteht aus nur sechsundzwanzig Worten. Sie bieten uns vier lapidare Feststellungen und – um es gleich zu sagen – keinen neuen oder selbständigen Gedanken. Woher die sanfte Kraft dieses Gedichts? Natürlich: vom Stil. In diesen Versen ist alles vermieden, was auch nur im Entferntesten an etwas Feinsinniges erinnern würde, in ihnen gibt es kein einziges Bild und keinen einzigen Ausdruck, die der Leser als poetisch empfinden könnte. Und Storm verzichtet auch auf die von den meisten Lyrikern so geliebten Eigenschaftsworte (mit einer einzigen Ausnahme: »schön«), er verwendet ausschließlich die gebräuchlichsten Vokabeln der Alltagssprache.

So haben wir es mit maximaler Selbstbeschränkung zu tun. Es gehen aber in der Dichtung derartige Verknappungen oft auf Kosten der Natürlichkeit der Sprache und der Melodik der Verse. Davon kann bei Storm nicht die Rede sein, diese poetische Miniatur kennt keine Künstlichkeit. Im Gegenteil: Noch leichter und lockerer lässt sich das Deutsche nicht handhaben, und der Wohlklang ist in diesen acht Zeilen so unauffällig wie vollkommen.

Was uns der Autor zu sagen hat? Nun, das Leben des Menschen sei vergänglich, und wir fürchteten den Tod, den einsamen zumal. Das ist alles – und wir wussten es längst. Wozu also Gedichte, die uns weiter nichts mitzuteilen haben? Wir brauchen sie, damit sie uns unsere Empfindungen und Leiden, unsere Hoffnungen und Ängste bewusst und erkennbar machen. Wir brauchen Gedichte, in denen wir uns wiederfinden können, die sich, um ein großes Wort zu riskieren, als Spiegel unserer Seele verwenden lassen.

»Heute«, »morgen« und »sterben« – drei Worte bilden die Achse des Liedes, und sie reichen aus, um zu vergegenwärtigen, was Storm vergegenwärtigen will. Ihre zentrale Rolle deutet er mit dem einfachsten und zugleich wirkungsvollsten Mittel an: Er wiederholt jedes der Schlüsselworte, jeweils nur eine Silbe zwischen sie stellend. Überdies folgen die drei Verse dem gleichen Muster: »Heute, nur heute … Morgen, ach morgen … Sterben, ach sterben«. Ob sich vielleicht in der Wiederholung des Schemas das Geheimnis des Zaubers verbirgt, der von diesem Lied ausgeht? Jedenfalls kenne ich kein schlichteres Gedicht in deutscher Sprache. Dennoch ist es in höchstem Maße originell. Dennoch? Nein, Storms »Lied des Harfenmädchens« verdankt seine Originalität der einzigartigen Schlichtheit.

Richard Wagner

## Die Meistersinger von Nürnberg

Anmerkungen zu einer deutschen Festoper

I.

Die deutsche Festoper »Die Meistersinger von Nürnberg« besteht aus drei Akten. In jedem lässt Richard Wagner das Volk auftreten, das deutsche Volk, versteht sich. Im ersten betet es brav, im zweiten prügelt es kräftig, wird jedoch vom Hornsignal eines einzigen Nachtwächters aufgescheucht und flieht nach allen Seiten, im dritten lässt es sich von einem Redner hinreißen und huldigt ihm lautstark mit dem Ruf »Heil!«. In der Tat, eine deutsche Oper.

Zu einem Lustspiel, ob mit Musik oder ohne, gehören seit eh und je Lug und Trug. Aber ich kenne keine andere Oper, in der so häufig gelogen und betrogen wird, in der sich beinahe alle wichtigen Personen bemühen, ihre Mitmenschen zu täuschen und irrezuführen oder ihnen gar eine Falle zu stellen. Dabei beginnt das Ganze ziemlich harmlos. Der Ritter Walther von Stolzing, der unlängst aus dem Frankenland nach Nürnberg gekommen ist, gibt während der Andacht in der Katharinenkirche dem Fräulein Eva Pogner mit unzweideutigen Gebärden seine Zuneigung zu verstehen.

Kaum ist die Andacht beendet, da drängt er sich, die guten Sitten missachtend, »gewaltsam, durch die Kirchgänger durch, zu ihr«: Er möchte wissen, ob sie, Eva, schon Braut sei. Die Antwort muss ihn verblüffen: Zwar sei sie Braut, doch habe noch keiner den Bräut'gam erschaut. Denn dem Goldschmied Pogner, dem Vater Evchens, hat es gefallen, aus seiner Tochter eine Art Preispokal zu machen: Ein Meistersinger soll sie zur Frau erhalten, einer, der das öffentliche Wettsingen gewinnt. Damit werde der Welt bewiesen, was die Kunst den Nürnberger Bürgern gelte, zumal dem Bürger Veit Pogner.

Die Sache kann nicht missverstanden werden: Hier soll die Tochter dem Ehrgeiz ihres offenbar ruhmsüchtigen Vaters geopfert werden. Um diese Peinlichkeit wenigstens etwas zu mildern, darf sie, da sie ja schließlich, wie der Vater einräumt, keine »leblos' Gabe« sei, mit zu Gericht sitzen und, obwohl sie von Dichtung und Musik wahrscheinlich keine Ahnung hat, den Ausschlag geben: Sie ist keine Jurorin, kann aber vom Vetorecht Gebrauch machen. Lehnt sie jedoch den siegreichen Sänger ab, dann darf sie keinen anderen Mann begehren – und zwar lebenslänglich.

Indes: Wie soll der Wettbewerb überhaupt stattfinden, wenn es, wie sich bald herausstellt, nur einen einzigen Bewerber gibt, den Stadtschreiber Sixtus Beckmesser? Er ist der beste Kenner der Poesie weit und breit, allerdings nicht mehr der Jüngste und wohl auch nicht sehr ansehnlich. In dieser Situation kann Pogner mit einer Überraschung aufwarten: Der junge Ritter Walther von Stolzing, den Versammelten unbekannt, wünsche in die Zunft aufgenommen zu werden.

Ein sonderbarer Fall: Dieser Junker habe neulich, wie Pogner berichtet, Hof und Schloss verlassen, um ein Nürnberger Bürger zu werden. Der Goldschmied sollte ihm zunächst nur beim Verkauf seines Gutes behilflich sein, musste aber jetzt, unmittelbar vor der Sitzung der Meistersinger, erfahren, Stolzing habe ihm gerade das Wichtigste zu sagen vergessen: Es sei die Liebe zur Kunst, die ihn nach Nürnberg getrieben habe – und eben deshalb möchte er nicht nur ein Bürger werden, sondern auch noch ein Meistersinger. Das jedoch ist gelogen. Von der Kunst der Meistersinger und von ihren Bräuchen und Regeln hat Stolzing keinen Schimmer, er will nur zu ihnen gehören, um am Wettsingen teilnehmen und Evchen samt ihrer großen Mitgift als Ehefrau gewinnen zu können.

Wie weltfremd dieser Ritter ist, zeigt seine Antwort gleich auf die erste Frage, die man ihm stellt: welch Meisters Gesell er denn sei. Am stillen Herd in Winterszeit habe er ein ererbtes Buch studiert, und so sei Herr Walther von der Vogelweid' sein Meister geworden. Daraus geht nur hervor, dass er die Frage nicht begriffen hat. Denn die Meistersinger wollten nicht wissen, wer sein Vorbild sei, vielmehr wer ihn die Regeln der Poesie gelehrt habe. Stolzing aber beruft sich auf einen Dichter, der schon seit weit über drei Jahrhunderten nicht mehr lebt. Der Neuankömmling ist somit fehl am Ort.

Warum verhält sich Beckmesser zu diesem Neuankömmling von vornherein misstrauisch? Weil er in dem schmucken Jüngling einen gefährlichen Nebenbuhler wittert? Vielleicht. Wenn er jedoch feststellt, er habe als Merker »ein saures Amt und heut' zumal«, wenn er voraussieht, er werde mit der Kreide jetzt manche Qual haben, wenn er die Meistersinger über Stolzings Probesingen das Urteil »Versungen und vertan!« verkünden lässt – dann ist das schon in bester Ordnung. Denn es war nicht Beckmessers Aufgabe zu ermitteln, ob der Ritter über künstlerisches Talent verfüge, hingegen hatte er die Pflicht zu prüfen, ob dessen Lied den bei den Meistersingern verbindlichen Regeln entspricht. Dies aber ist mit Sicherheit nicht der Fall. Wie immer der Merker den Kandidaten Stolzing auch behandelt hat, es ist, alles in allem, korrekt und hinreichend bewiesen.

Wenn nun Hans Sachs daran erinnert, dass des Merkers Urteil weder Hass noch Liebe trüben dürften, Beckmesser aber im höchsten Maße befangen sei, da er selber Evchen zu gewinnen suche und da es hier um die Zulassung eines weiteren Bewerbers, eines Konkurrenten also, gehe – so trifft das mit Sicherheit zu. Nur hätte Sachs damit früher kommen müssen und nicht erst in dem Augenblick, in dem er erfährt, wie der Spruch ausgefallen ist. Beckmesser, der Merker auf Freiers Füßen, habe, heißt es, Stolzing vor der ganzen Schul' geschmäht. Es ist eher umgekehrt: Der schon jetzt im ersten Akt der Oper denunziert und diffamiert wird, ist Beckmesser.

Im zweiten Akt wird nicht weniger gelogen und geheuchelt als im ersten. Pogner zeigt sich verwundert, weil seine Tochter nicht in bester Laune, ja sogar »beklommen« sei. Warum denn? – fragt er. Sie werde doch am nächsten Tag ihrem künftigen Gemahl vor ganz Nürnberg den Preis erteilen. Aber müsse es – will Eva wissen – ein Meister sein? Der Vater beruhigt sie: »Hör wohl: ein Meister deiner Wahl.« Das ist eine dreiste Lüge, denn sie kann überhaupt nicht wählen, weil es nach wie vor bloß einen einzigen Bewerber gibt. Mehr noch: Pogner verheimlicht der Tochter, was er den Meistern feierlich versprochen hat – dass sie, sollte sie den Kandidaten nicht akzeptieren, zur lebenslänglichen Ehelosigkeit verurteilt sei.

In dieser Situation sieht Evchen nur eine einzige Hoffnung: Walther von Stolzing, den stattlichen Fremdling. Aber hat er die Prüfung, dieses Probesingen, überhaupt bestanden? Da Pogner der Frage ausweicht, möchte sie es nun bei Hans Sachs, ihrem väterlichen Freund, erkunden. Sie sagt ihm offen, dass sie von Beckmesser nichts wissen wolle, tut indes so, als wünsche sie sich Hans Sachs, den kinderlosen Witwer, zum Gatten. Der alte Mann durchschaut natürlich den blauen Dunst, den ihm das Mädchen vormacht; er lässt sich nicht irreführen. Vielmehr hält er es für richtig, seinerseits das Evchen irrezuführen: Stolzing sei ein »Junker Hochmut«, der in keinem Land Chancen habe, ein Meister zu werden.

So lügen sie beide und beide ohne Not: sie, die vorgibt, Sachs zum Mann haben zu wollen, wovon nicht die Rede sein kann; er, der sich abschätzig über Walther von Stolzing äußert, den er in Wirklichkeit bewundert. Vielleicht sollte man derartige Lügen, auch wenn eine auf die andere folgt, nicht überbewerten. Nur sind es Lügen und Heucheleien, die in den »Meistersingern« gemeine Bosheit und Heimtücke gedeihen lassen.

Den Höhepunkt des zweiten Aktes bildet eine allgemeine Prügelei, die in der Geschichte des Musiktheaters beispiellos ist. Die da lustvoll prügeln, singen zugleich, doch die Worte dieses Gesangs sind weithin unbekannt: Sie gehen im Trubel und Tumult unter. Die wild um sich schlagenden Lehrbuben rufen eindeutig und offenbar in bester Stimmung zu brutalen Ausschreitungen auf:

Keilt euch wacker!
Immer mehr! Immer mehr!
Keiner weiche!

Wacker drauf und dran!
Wir stehen alle wie ein Mann!
Wie ein Mann stehn wir alle
fest zur Keilerei!

Die Losung der Gesellen lautet: »Gibt's Schlägerei, wir sind dabei.« Und: »Schlagt sie nieder! Keiner weiche!« Dass dabei Blut fließt, versteht sich von selber. »Jetzt fährt's hinein wie Hagelschlag! / Bald setzt es blut'ge Köpf', Arm' und Bein'.«

Warum ist es zu diesen Exzessen gekommen, wem gelten die Schläge? Eine Ursache lässt sich ebenso wenig ausmachen wie ein Objekt des Aufruhrs. Eine Schlägerei ist es, um der Schlägerei willen, eine Entladung der Gewalt und der Aggressivität, der niedrigsten Instinkte.

Aber wie schrecklich und widerwärtig dieses Geschehen auch ist, am schrecklichsten scheint doch der Überfall auf jenen Mann, der in Nürnberg als Stadtschreiber geachtet und der von den Meistersingern geschätzt wird, also der Überfall des Lehrbuben David auf Beckmesser. Die Regieanweisung lautet: »David ist, mit einem Knüppel bewaffnet, zurückgekommen ... und wirft sich nun auf Beckmesser.« Der Verlauf dieser wüsten Prügelei, in der sich ein ältlicher Intellektueller eines rabiaten Burschen zu erwehren versucht, kann niemanden verwundern: Denn Beckmesser und David balgen sich fortwährend, aber »immer Beckmesser auf der Flucht, David ihn einholend, festhaltend und prügelnd«. Dabei sind viele Leute zugegen, die Nachbarn zumal und auch die Meistersinger, ebenjene Meistersinger, die sich noch vor wenigen Stunden in der Katharinenkirche über die holde Dichtkunst verbreitet haben. Ob sie alle, diese Nachbarn, diese Kenner der Poesie, jetzt zusehen oder wegsehen, sicher ist, dass keiner dem Stadtschreiber und Merker zu Hilfe kommt.

Auf Nürnbergs nächtlicher Straße herrscht Pogromstimmung. Aber was sich dort abgespielt hat, wird von Sachs am nächsten Morgen umstilisiert. Er meditiert gemächlich, er gibt vor, zu forschen,

> warum gar bis aufs Blut
> die Leut sich quälen und schinden
> in unnütz toller Wut.

Die Antwort bereitet ihm nicht viel Mühe: »'s ist halt der alte Wahn, ohn' den nichts mag geschehen.« Und kaum hat er den brutalen Wahnsinn zum alten Wahn werden lassen, schon folgt seine Selbstrechtfertigung: Er habe sich doch nur bemüht – und das kommt uns sehr bekannt vor –, »ein Unglück zu verhüten«.

Das stimmt nun nicht. Gewiss, Hans Sachs hat diese Ausschreitungen weder angeregt noch organisiert. Er hat aber auch nichts getan, um sie zu verhindern – obwohl er sie sehr wohl hätte verhindern können. Den Mann, der ihn geärgert hat, den Beckmesser – nein, eigenhändig prügelt er ihn nicht. Von seiner Schusterstube aus beobachtet er durch eine kleine Öffnung im Fensterladen den Platz unter der Linde. So vereitelt er die Flucht Stolzings mit Evchen, aber er denkt nicht daran, auch nur das Geringste gegen Davids Überfall auf Beckmesser zu unternehmen. Vielmehr duldet er es – offenbar mit Schadenfreude und mit Genugtuung –, dass der Lehrbube den Gelehrten auf widerliche Weise misshandelt. Schließlich greift er ein, schon wahr, doch erst, als er sieht, dass der Stadtschreiber jämmerlich zugerichtet ist. Stellt er am nächsten Tag David wegen seines Verhaltens zur Rede? Bestraft er ihn etwa? Im Gegenteil, er macht ihn zum Gesellen.

Und das Opfer des barbarischen Tumults? Beckmesser dürfe auf keinen Fall, schrieb Wagner in einem Brief, zur albernen Karikatur werden, denn nur die Situation, in die er gerate, lasse ihn lächerlich erscheinen. Aber Wagners Behauptung wird vom Text seiner Oper widerlegt. Bloß im ersten Akt gönnt er dem Beckmesser Vernunft und auch Würde, doch spätestens im zweiten Akt wird der Stadtschreiber, da er unfähig ist, die ihn umgebende Realität zu erkennen, nicht nur zur komischen Figur, sondern eben auch zur albernen Karikatur.

Aber Beckmesser soll nicht nur lächerlich wirken, er soll auch moralisch diskreditiert werden. Er entwendet das von Stolzing diktierte und von Hans Sachs mitgeschriebene Werbelied. Sachs belässt ihn in dem Glauben, er sei der Autor des gestohlenen Liedes, schenkt ihm das Manuskript und ermuntert ihn, es auf der Festwiese als sein eigenes vorzutragen. Beckmesser ist sogleich entschlossen, dies zu tun. Kurz und gut: Hier stehen sich zwei Betrüger gegenüber, wobei der eine den anderen in eine Falle lockt, der dieser, Beckmesser, nicht mehr entrinnen kann.

Das neuartige Lied hat er überhaupt nicht begriffen, daher ist er auch nicht imstande, es vorzutragen. Er wird vom Volk ausgelacht, er ist vor aller Welt gründlich blamiert. Sachs mag ihn als Repräsentanten überlebter Kunstanschauungen bekämpfen, aber er vernichtet ihn, ohne Gnade und Barmherzigkeit, als Bürger und als städtische Amtsperson. Zusammen mit Beckmesser hat Sachs auch die Nürnberger Meistersinger kompromittiert, ja seine Mitbürger überhaupt. Denn was können sie, die sie einem offenbar unfähigen und lächerlichen Menschen höchst verantwortungsvolle Ämter anvertraut haben, allesamt taugen? Wenn Beckmesser erbärmlich ist, dann sind es auch jene, die ihn zum Merker gewählt, zum Stadtschreiber bestellt haben.

Freilich kommt es noch schlimmer: Der diese Intrige ersonnen, der den Beckmesser erniedrigt und gedemütigt hat, appelliert an die Versammelten, nur ja dem Deutschen, dem echten und wahren, die Treue zu halten. Er lässt das nationale Pathos triumphieren. Er spricht vom »welschen Dunst mit welschem Tand«, er warnt vor den Ausländern, er hetzt gegen das Fremde. Das grölende Lachen, das den unglückseligen Beckmesser vertrieben hat, verwandelt sich in dröhnenden Beifall, aus dem heiteren Volksfest wird eine schneidige Kundgebung, alle jubeln dem Redner zu, es braust ein Ruf wie Donnerhall: »Heil! Sachs!«

Verlogen und heuchlerisch, tückisch, infam und obendrein noch chauvinistisch – so präsentiert sich die Oper »Die Meistersinger von Nürnberg«. Es ist schon ein abstoßendes Werk. Nur muss ich noch erklären, warum ich gerade für diese Oper eine Schwäche habe, nein, warum ich sie liebe. Aber wovon handeln denn die »Meistersinger von Nürnberg«? Was sich hier abspielt, das müssen wir jetzt noch einmal erzählen.

II.

Während des Gottesdienstes in der Katharinenkirche zu Nürnberg verständigen sich Eva Pogner und Walther von Stolzing mit Blicken – und kaum haben sie diesen intimen Blickkontakt inmitten der Gemeinde aufgenommen, da sind sie schon der Realität entrückt. Haben sie das gewollt? Nein, Eva jedenfalls wird es später bestreiten, und wir können es ihr glauben:

> Doch nun hat's mich gewählt
> zu nie gekannter Qual;
> und werd' ich heut vermählt,
> so war's ohn' alle Wahl: –
> das war ein Müssen, war ein Zwang!

Von dieser nie gekannten Qual, von diesem Zwang, von der Liebe also, gewählt und ergriffen, sehen sie sich in einer anderen Welt. Beiden erscheint jetzt alles in einem Licht, von dessen Existenz sie bisher offenbar nichts wussten: »Versteh' ich's doch kaum! / Mir ist, als wär' ich gar wie im Traum!« – so Evchen. Und Walther: »Neu ist mein Herz, neu mein Sinn, / neu ist mir alles, was ich beginn'.« Da sie von nun an alles neu wahrnehmen und neu empfinden, da sie wie im Traum leben, kennen sie überhaupt keine Hemmungen mehr. Kaum dass Evchen einige Worte mit Walther gewechselt hat, da gesteht sie schon, wen sie begehre: »Euch – oder keinen!« Daran knüpft er an:

> Eines nur weiß ich
> Eines begreif' ich:
> mit allen Sinnen Euch zu gewinnen!

Eva und Walther: ein deutsches Liebespaar – und dennoch wollen sie nicht miteinander sterben, sondern miteinander leben. Das ist so selbstverständlich nun doch nicht. Goethes Klärchen sagt ihrem Egmont: »So laß mich sterben!« Büchners Lena befindet: »Der Tod ist der seligste Traum.« Leonce erwidert ihr: »So laß mich dein Todesengel sein.« Und Wagners Tristan und Isolde singen gemeinsam: »Nun banne das Bangen, holder Tod, sehnend verlangter Liebestod!«

Um dem holden Traum, der ihnen in Nürnbergs Nacht widerfährt, Dauer zu verleihen, um also leben zu können, wie sie leben wollen, versuchen Eva und Walther zu fliehen. Da sind sie sich einig. »Dich nur beschwör' ich, komm und folg' mir hinaus!« – ruft Walther. Und Eva: »Oh, wären wir schon fort!« Aber letztlich brauchen sie nicht zu fliehen. Die Geschichte des Junkers aus dem Frankenland und der Tochter des Nürnberger Goldschmieds – sie erinnert uns ein wenig an eine andere, früher geschriebene Geschichte von einem Adligen, der ein Bürgermädchen liebt, an die des Majors Ferdinand von Walter und seiner Luise, der Tochter des Stadtmusikanten Miller. Und auch die Geschichte von Eva Pogner und ihrem Ritter könnte betitelt sein: »Kabale und Liebe«. Nur ist es jetzt eine ganz andere Kabale, eine, die die Liebenden nicht ins Unglück bringt, die ihnen vielmehr Glück beschert. Was bei Schiller ein bürgerliches Trauerspiel war, ist bei Wagner mehr als ein bürgerliches Lustspiel – es ist ein urbanes Märchen, ein poetischer Traum.

Doch dieses urbane Märchen erweist sich zugleich als ein Werk über die Kunst und die Literatur, ja über das literarische Leben, genauer: über die Vermittlung von moderner Kunst und moderner Literatur. Das hat es vor den »Meistersingern« noch nie gegeben: eine Oper, die nicht nur gesellschaftliche Fragen veranschaulicht und erörtert, sondern auch ästhetische, eine Oper, in der Poesie und Polemik einander bedingen und eine Einheit bilden.

Walther von Stolzings Probelied wird keineswegs bloß von Beckmesser als indiskutabel abgelehnt. Auch für die anderen Meistersinger ist der Gesang des Ritters »eitel Ohrgeschinder« und »gar nichts dahinter«. Nur Hans Sachs schließt sich der raschen Verurteilung nicht an. Des Ritters Lied und Weise findet er »neu, doch nicht verwirrt«, er fragt: »Wollt Ihr nach Regeln messen, / was nicht nach Eurer Regeln Lauf …« Damit aber zeigt er Verständnis für die ungewohnte, die provozierende Kunst des Neuankömmlings und rebelliert gegen das gesamte bisher gültige Regelsystem der Nürnberger Meistersinger.

In einem Brief an Richard Strauss kam Hofmannsthal – es war während der Arbeit am »Rosenkavalier« – auf Wagner zu sprechen. Er sah ihn, zumal den Autor der »Meistersinger«, in der Nachfolge jener deutschen Poeten, für die das im 19. Jahrhundert noch mittelalterlich anmutende Nürnberg zum entscheidenden Erlebnis wurde – in der Nachfolge also der Romantiker, der Tieck und Wackenroder, der Achim von Arnim und E. T. A. Hoffmann. So sei Wagner, meinte Hofmannsthal, »der Vollender der Romantik« geworden. Doch nicht nur das Milieu und das Personal der »Meistersinger« sind romantischer Herkunft, dies gilt auch für die Konzeption der Literatur, die Wagner und sein Hans Sachs hier verfechten.

Schon für Friedrich Schlegel folgt die Kunst nicht etwa vorher festgelegten Regeln, für sie gibt es keine verbindlichen Normen und Gesetze, sie ist nicht der Vollzug einer wie auch immer gearteten Theorie. Vielmehr schafft sie neue Regeln, neue Gesetze und neue Theorien. Die romantische Poesie will und soll im Sinne der Definition Friedrich Schlegels – »Genialität und Kritik, Kunstpoesie und Naturpoesie bald mischen, bald verschmelzen«. »Die Meistersinger von Nürnberg« demonstrieren die von Schlegel geforderte Synthese aus Genialität und Kritik. Jener, der in dieser Oper das kritische Prinzip verkörpert, reagiert auf das künstlerische Werk erst einmal emotional: Hans Sachs ist ein Literaturkenner, der sich zunächst von seiner Intuition leiten lässt und erst dann die Argumente findet, die sein Gespür erklären und begründen. Er sagt es selber:

Ich fühl's und kann's nicht verstehn: –
kann's nicht behalten – und doch nicht vergessen:

Kein' Regel wollte da passen –
und war doch kein Fehler drin.

Wenig später findet sich hier die Formel, die, so einfach sie auch ist, beinahe ein ästhetisches Programm andeutet: »Es klang so alt, und war doch so neu …« Mit anderen Worten: Kunst hat an die Tradition anzuknüpfen – für sie steht in den »Meistersingern« der Name

Walther von der Vogelweide – und muss gleichwohl neuartig sein. Daraus ergeben sich, Wagner zufolge, die Einsamkeit des modernen Künstlers innerhalb seiner Zunft und auch die Situation des Genies innerhalb der Gesellschaft. Hans Sachs unterrichtet Evchen über Stolzings gescheiterte Bewerbung:

Mein Kind, für den ist alles verloren,
und Meister wird der in keinem Land,
denn wer als Meister geboren,
der hat unter Meistern den schlimmsten Stand.

Da haben wir in den »Meistersingern« wieder einmal eine Lüge, eine fast sadistische obendrein. Sachs verheimlicht ja, dass er allerlei zu tun gedenkt, damit für den von Evchen so begehrten Rittersmann eben nicht alles verloren ist: Stolzings moderne Kunst soll den Widerstand überwinden und den ungünstigen Bedingungen zum Trotz in Nürnberg anerkannt werden, wenn nicht gar triumphieren.

Natürlich will Walther von Stolzing von jenen, die ihn so schroff abgewiesen haben, nichts mehr wissen:

Überall Meister,
wie böse Geister,
seh' ich sich rotten,
mich zu verspotten.

Aber kein Künstler kann in Nürnberg erfolgreich sein ohne oder gar gegen die Meistersinger. Somit gibt es nur einen Weg, der den Ritter zum Sieg führen könnte: den Kompromiss. Sachs muss also zwischen dem Mann vom Lande und dem städtischen Kulturbetrieb vermitteln, er muss das anarchische Genie domestizieren. Der Titel dieser Oper könnte also lauten: »Des Widerspenstigen Zähmung«.

Sein Lied habe – bekommt Walther von Stolzing zu hören – den Meistersingern »bang gemacht«, und zwar, Sachs fügt das sofort und entschieden hinzu, »mit Recht«, denn

mit solchem Dicht'- und Liebesfeuer
verführt man wohl Töchter zum Abenteuer; –
doch für liebseligen Ehestand
man andre Wort' und Weisen fand.

Er, der in der Singschule von Stolzings »Begeist'rungsglut« doch hingerissen war, möchte jetzt, dass dieser zu einem ganz anderen Liede Mut fasse, zu einem »Meisterlied«. Naturgemäß will Stolzing erfahren, was denn der Unterschied sei zwischen dem einen Lied und dem anderen – und Sachs antwortet ihm mit einem wunderbaren Sonett. Ja, inmitten der »Meistersinger« gibt es ein regelrechtes Sonett, und es ist vielleicht der stille poetische Höhepunkt dieser Oper. In holder Jugendzeit – erklärt Sachs –, da glücke vielen ein schönes Lied: »Der Lenz, der sang für sie.« Doch später, wenn Sommer, Herbst und Winter kommen und viel »Not und Sorg' im Leben«, »denen's dann noch will gelingen, / ein schönes Lied zu singen, / seht: Meister nennt man die!«

Soll sich also Stolzing mäßigen, soll er um des geliebten Evchens willen und auch mit Blick auf seine Karriere den Meistern ein Zugeständnis machen? Ja, so ist es, nur handelt es sich nicht etwa um ein unehrenhaftes Zugeständnis. Die Regellosigkeit in seinem Probelied, das in der Kirche so viel Empörung hervorgerufen hat, kann auch Hans Sachs nicht hinnehmen. Er möchte den braven Meistern einen abermaligen Schock ersparen. Doch das Jugendliche, das Stürmische, das Anarchische, kurz: das Genialische, wenn nicht das Geniale reizt und irritiert ihn nach wie vor, er will es unbedingt bewahren. Mit anderen Worten: Der Ritter aus dem Frankenland soll ein Lied dichten und komponieren, das von seiner künstlerischen Eigenart zeugen würde und das dennoch die Meister und womöglich auch das Volk goutieren könnten. So will Hans Sachs, was die guten Kritiker immer gewollt haben und was sie nach wie vor wollen – er möchte vermitteln zwischen den Poeten und den Lesern, der Kunst und der Gesellschaft, zwischen der Tradition und der Moderne, der alten und der jungen Generation, zwischen der Literatur und dem Leben.

Soll Walther von Stolzing die Nürnberger Mode mitmachen? Nein, natürlich nicht. Aber er soll auch nicht singen, als sei dieser Planet unbewohnt. Und er soll andererseits sich selber treu bleiben. Sachs fordert ihn auf: »Erzählt mir euren Morgentraum.« Stolzing fürchtet, dieser sei schon »verwischt«. Da belehrt ihn Sachs: »Grad' nehmt die Dichtkunst jetzt zur Hand: / Mancher durch sie das Verlor'ne fand.« Denn Traum und Dichterei seien Freunde, die sich gegenseitig beistehen. Als hätte er, Sachs, im 16. Jahrhundert schon die Schlegels und andere deutsche Romantiker studiert, antwortet er auf Stolzings Frage: »Wie fang' ich nach der Regel an?« mit dem klaren Wort: »Ihr stellt sie selbst und folgt ihr dann.«

Sachs denkt also nicht daran, den ungebärdigen Ritter zu erziehen. Denn wenn sich ein Künstler von einem Theoretiker erziehen lässt, dann lohnt es sich überhaupt nicht, ihn zu erziehen. Er will den Neuankömmling fördern, gewiss doch, aber indem er ihm zu seinem Talent Mut macht oder gar zu seinem Genie. Rezepte kann er ihm nicht liefern und auch keine Regeln, vielmehr versucht er, aus dem ihm von Stolzing diktierten Liedtext Regeln abzuleiten – und er prüft, ob der Ritter sich an diese Regeln auch hält.

Hans Sachs, der Helfer und Förderer, der Anreger und Berater, kennt da keine Zweifel: Erst kommt die Poesie und dann die Theorie. Er weiß, dass der aus Polen stammende und (freilich erst in einem späteren Jahrhundert) in Berlin tätige Kunstkenner Niels Wrschowitz recht hatte, als er dekretierte: »Erst muß sein Kunst, gewiß, gewiß, aber gleich danach muß sein Krittikk.« Diesen Wrschowitz, übrigens ein »scharfer Wagnerianer«, kann man freilich in keinem Lexikon finden, wohl aber in einem der schönsten deutschen Romane, in Fontanes »Stechlin«.

Die Hinweise und Empfehlungen, die gelegentlichen Warnungen des Hans Sachs hört sich Stolzing aufmerksam an, es scheint so, als würde er alles beherzigen. Nur geht er letztlich seinen eigenen Weg – und ganz unbedenklich ist dieser künstlerische Weg nun doch nicht. So impulsiv das erste Lied, das ihn vor den Meistern in der Singschule ausweisen sollte, so maßvoll jenes, das er für Hans Sachs in dessen Werkstatt singt: rau und schroff das eine, rund und sanft das andere. Rasch hat die Szenerie gewechselt: im ersten Lied ein Wald und eine grüne Vogelweid', im zweiten ein einladender Garten, ein seliger Raum und goldene Früchte. Kein dürres Laub mehr und keine finsteren Dornenhecken, aus denen eine Eule hervorrauscht, kein heiserer Chor der Raben, hingegen »ein Sternenheer im Lorbeerbaum« und ein Sternenkranz mit zartem Glanz.

Man könnte sagen: Aus Sturm und Drang wurde klassizistische Glätte. In der Singschule sang Stolzing, wie es ihm gefiel, in der Schusterstube – um Hans Sachs zu gefallen und später auch dem Evchen. An die Stelle der herausfordernden, der genialischen Improvisation ist das effektvolle, das virtuose Bravourstück getreten. Kann Sachs, der Kunstkenner, mit diesem Ergebnis zufrieden sein? Er rühmt das Lied als »Meisterweise«, ohne aber Stolzing ganz überzeugen zu können. Der junge Ritter lässt sich nicht beirren. Was er in der Schusterstube diktiert hat – es genügt ihm nicht. Auf der Festwiese trägt er eine neue Fassung vor: Neben dem Probelied und dem Meisterlied gibt es nun auch das Preislied.

Dieses Lied ist immer noch Ausdruck jugendlicher Begeisterung und künstlerischer Radikalität und zugleich pragmatischer Überlegungen: Walther möchte die Meistersinger beeindrucken und hält sich an ihre Regeln, er möchte vom Volk verstanden werden, ohne seinem Geschmack zu schmeicheln. Zu seinem Triumph auf der Festwiese hat sein Mentor, sein Impresario und väterlicher Freund Hans Sachs wesentlich beigetragen. Aber gesiegt hat Walther von Stolzing, der die ihm erteilten Ratschläge befolgt und letztlich doch so singt, wie er singen will.

Nur sollten wir nicht übersehen, dass er mit dieser abgewandelten und ergänzten Fassung das von Hans Sachs verkündete Fazit der Oper vorbereitet. Zwei Vokabeln fallen jetzt auf, die es vorher im Liedtext nicht gegeben hat: »Parnaß« und »Paradies«. Sie symbolisieren die Kunst und die Religion, die Antike und das Christentum. So stehen sie jetzt gleichberechtigt nebeneinander: die Religion und die zur Gegenwelt erhobene Welt der Kunst. Und welche Kunst ist hier vor allem gemeint? Vielleicht gar jene Richard Wagners?

Jedenfalls ist das Volk glücklich: Es feiert die neue Musik und die neue Poesie. Es genießt die moderne Kunst, ohne sie zu begreifen, wozu es sich in schöner Aufrichtigkeit offen bekennt. Indes: Wer tanzt und freut und amüsiert sich auf der Festwiese? Jene, die den Meistersingern so ausgiebig Beifall klatschen, die den Ritter Stolzing lauthals bewundern, die im Finale die deutschen Meister feiern und die »heil'ge deutsche Kunst« preisen – sind es vielleicht dieselben Nürnberger, die sich in der vergangenen Nacht rüde gebalgt und geprügelt haben? Jawohl, es sind dieselben. Nur fragt es sich, ob es gegen Wagner spricht, dass er dies nicht verheimlicht, dass er uns zeigt, wie schnell aus dem heiteren Nürnberger Sommerabend, aus der Idylle mit der Linde, dem Fliederbaum und den schönen Butzenscheibenfenstern Brutalität und Bestialität ausbrechen können.

Bleibt noch die umstrittene und berüchtigte Ansprache des Hans Sachs, jene Hetzrede, die ursprünglich nicht geplant war und die Wagner schließlich als patriotisches Finale hinzugefügt hat. Man sollte nicht vergessen, aus welcher Zeit diese Oper stammt – nicht aus den Jahren kurz nach 1848, sondern kurz vor 1871. Die resignativen und pessimistischen Stimmungen des deutschen Bürgertums nach der Niederlage der Revolution wurden allmählich überwunden, der Traum von der deutschen Einheit erschien in greifbarer Nähe. Macht das die nationalistisch, ja chauvinistisch anmutenden Akzente in den »Meistersingern« sympathischer? Gewiss nicht, aber doch verständlicher.

Gleichwohl hat man sich nach dem Zweiten Weltkrieg überlegt, was man mit dieser nunmehr als schwer erträglich empfundenen Ansprache des Hans Sachs tun solle. Lediglich Wagners Musik sei »sakrosankt« – meinte 1965 Adorno –, seine Texte hingegen seien keineswegs heilig. Allerlei »Eingriffe« hielt er für unbedingt notwendig: »Eingreifen sollte man fraglos auch in exponiert nationalistische Stellen wie die Schlußansprache des Sachs.« Wie hat sich Adorno dies vorgestellt?

Soll man die angeblich so schreckliche Rede kürzen? Oder gar umdichten? Oder ganz einfach weglassen? Was will denn Hans Sachs mit seinem Aufruf gegen »welschen Dunst mit welschem Tand«? Das Wort »welsch« steht hier mit Sicherheit nicht nur für das Romanische und auch nicht nur für das Jüdische. Gemeint ist wohl ungleich mehr, nämlich das Fremde überhaupt. Es wird verworfen und verdammt, da es die echten Werte bedrohe, das Deutsche gefährde. Nur verweisen die Vokabeln »Dunst« und »Tand« weniger auf die politische Sphäre als vor allem auf Musisches und Geistiges im weitesten Sinne. Davon zeugt ja schon das von Hans Sachs empfohlene Heilmittel, das die Nation vor der Überfremdung bewahren solle: »Was deutsch und echt wüßt keiner mehr, / lebt's nicht in deutscher Meister Ehr'.«

Aber war das damals, in den sechziger Jahren des vorigen Jahrhunderts, als die »Meistersinger« entstanden sind und uraufgeführt wurden, tatsächlich die größte Gefahr, vor der die Deutschen mit feierlichem Nachdruck gewarnt werden mussten? Das Fazit, auf das die Ansprache des Hans Sachs – und damit das ganze Werk – zuläuft, lautet:

zerging' in Dunst
das heil'ge röm'sche Reich,
uns bliebe gleich
die heil'ge deutsche Kunst.

Hier die Dichtung, die Kunst, dort die Gesellschaft, der Staat, hier das intellektuelle Deutschland, dort das politische – diese Zweiteilung war nicht neu, sie stammt aus der Epoche der Klassik. Hatte Wagner die alte, aus den »Xenien« wohlbekannte Gegenüberstellung erneuert, um so die Kunst aufwerten zu können? Hatte er, gegen das Welsche wetternd, tatsächlich die nationale Misere im Sinne oder eher eine Frage, die ihm wichtiger war als Volk, Staat und Reich? Verbirgt sich hinter dem leidenschaftlichen Protest gegen das Fremde möglicherweise weniger der Patriot als vor allem der maßlos ehrgeizige, der geniale Künstler, also der Kampf Wagners gegen seine Konkurrenten in Frankreich und Italien, gegen Donizetti und Bellini, gegen Verdi und Rossini und vor allem gegen die in Paris triumphierenden Juden Meyerbeer und Halévy?

Schließlich: An wen mag Wagner gedacht haben, als er die deutschen Meister rühmte? Doch wohl an Bach und Beethoven, an Goethe und Schiller, gewiss an Dürer, von dem in den »Meistersingern« die

Rede ist, und vielleicht auch an den, dessen Züge wir in den Figuren des Hans Sachs und des Walther von Stolzing erkennen – an sich selber also. Und hat er nicht recht: Wo ist denn das Deutsche verkörpert und repräsentiert, erhalten und bewahrt, wenn nicht im Werk der Meister? Am Ende besingt Richard Wagner eben nicht Deutschland und das Reich, nicht das Vaterland und den Staat. Er besingt die deutsche Kunst. Und hier folge ich ihm gern.

## III.

So habe ich mich hier um zwei verschiedene Deutungen der »Meistersinger« bemüht. Sie stehen schroff gegeneinander wie These und Antithese. Nun lehrte uns Hegel, dass sich aus These und Antithese eine Synthese ergeben könne, notwendig sei dies nicht, wohl aber möglich. Gibt es die Synthese hier? O doch, sie ist in diesem Wunderwerk sehr wohl zu haben, und zwar in jedem Akt. Zu finden ist sie in der Partitur der »Meistersinger von Nürnberg«.

# Theodor Fontane

## Bruchstücke einer großen Konversation

Was der alte Fontane für ein Mensch war, das wissen wir doch. Ein jovialer und schalkhafter Gentleman. Ein geistreicher und augenzwinkernder Zeitkritiker. Ein souveräner und amüsanter Causeur. Ein skeptischer Bürger mit Grandezza und Temperament. Ein nüchterner und trotzdem urgemütlicher Berliner. Ein Preuße und dennoch charmant. Ein weiser Patrizier, etwas burschikos und sehr tolerant.

Dieses Bild vom liebenswürdigen alten Herrn hat in der Vorstellung der deutschen Leser mittlerweile so feste Umrisse gewonnen, dass es sich einem Klischee zumindest nähert. Ganz falsch muss es deshalb noch nicht sein. Nur sollten wir nicht vergessen, wer es uns allen aufgenötigt hat: kein anderer als Fontane selber.

Welche seiner Figuren hinterlassen eigentlich den dauerhaftesten Eindruck? Neben Effi und Melusine, Lene und Corinna, neben diesen jungen Damen, die glücklicherweise stets etwas intelligenter und beredter sind, als junge Damen im Leben zu sein pflegen, doch wohl vor allem jene bejahrten, aber gar nicht greisenhaft wirkenden Gutsbesitzer und Geistlichen, Professoren, Militärs und Kommerzienräte, die er immer wieder mit höchst sympathischen Eigenschaften ausgestattet hat, ohne sich viel darum zu kümmern, ob sie für die Vertreter dieser Berufe und Stände denn auch unbedingt charakteristisch waren.

Zu den in der Regel überaus menschenfreundlichen und mitunter kräftig idealisierten Porträts seiner Generationsgenossen hat den alten Fontane, glaube ich, nichts anderes gedrängt als der Trieb zur Selbstdarstellung. Es ist nicht ohne Reiz, zu beobachten, wie er ihn einerseits unter Kontrolle zu halten wusste – Eigenlob war ihm nicht fremd, aber peinlich, den Exhibitionismus hat er verabscheut – und wie er ihm andererseits scheinbar spielerisch nachgab, doch dann, um eine allzu große Ähnlichkeit zu verhindern, die Linien rasch wieder verwischte.

Immerhin hat er diesem Trieb niemals freien Lauf gelassen, nicht einmal im »Stechlin«. Dass Dubslav von Stechlin, der an »unanfechtbare Wahrheiten« nicht glaubte, hingegen an Paradoxen seinen Spaß hatte, der gern eine freie Meinung hörte (»je drastischer und extremer, desto besser«) und der »hinter alles ein Fragezeichen machte«, weniger ein ostelbischer Junker ist als vielmehr eine Mischung aus Fontanes Autoporträt und Idealbild, das kann als sicher gelten.

Aber es kommt mir etwas leichtsinnig vor, die Worte, die Pastor Lorenzen (fast ein märkischer Bruder des weisen Nathan) am Grab des alten Stechlin spricht, auf Fontane selber zu beziehen, zumal die seit einem halben Jahrhundert in diesem Sinn zitierten Sätze: »Er war recht eigentlich frei. Wußt es auch, wenn er's auch oft bestritt.« Auf den Stechlin mag dies schon zutreffen. Doch war, vermute ich, des Autors innere Freiheit häufiger und in einem höheren Maße gefährdet als die seines Protagonisten.

Was unterscheidet denn die beiden? Zunächst einmal: Sie üben verschiedene Berufe aus. Gewiss hat Fontane seinen Stechlin mit einem Formuliertalent ausgestattet, das auf beachtliche literarische Fähigkeiten des Gutsbesitzers verweist. Aber er konnte ihm die Erfahrungen und Leiden eines professionellen Schriftstellers ersparen und ihm jenes besinnliche Leben in idyllischer Umgebung gönnen, das ihm selber versagt geblieben ist. So fehlt in diesem zärtlich und liebevoll entworfenen Autoporträt eine ganze Dimension der Fontane'schen Existenz.

Natürlich spricht das nicht im Geringsten gegen den Epiker und seinen »Stechlin«. Nur dass auf Fontanes im Bewusstsein des deutschen Publikums längst verfestigtes »Image« keiner seiner älteren Herrn einen so entscheidenden Einfluss ausgeübt hat wie eben sein letzter Held: Dieses »Image« weicht von einem Abziehbild des Dubslav von Stechlin nur wenig ab. Indem wir zulassen, dass die beiden in unserer Vorstellung allmählich zu einer einzigen Gestalt zusammenschmelzen, sehen wir Fontane genau so, wie er gesehen werden wollte: mild getönt und leise verklärt und auf jeden Fall sehr einseitig. Aber die andere Seite muss nicht im Dunkel bleiben. Sie ist zu finden in privaten Dokumenten, die gleichwohl von höchstem öffentlichen Interesse sind: in seinen Briefen also.

Der Brief sei – meinte Goethe – »eine Art von Selbstgespräch«. Das mag richtig sein, für die Korrespondenz Fontanes gilt dies jedoch kaum. Denn nicht das Monologische war seine Sache, sondern immer das Dialogische. Er war auf das tägliche Gespräch angewiesen, doch fehlten in seiner Nähe die Menschen, die seine Gesprächspartner sein könnten. Er gehörte zum Typ des Kaffeehausliteraten. Indes gab es in Berlin damals nicht genug Kaffeehäuser und in den Kaffeehäusern nicht genug Intellektuelle, mit denen sich reden ließ. Und es fehlte das Telefon, heute der Rettungsring des zur Arbeit in der Einsamkeit verurteilten freien Schriftstellers. Also musste Fontane korrespondieren.

Aber er schrieb niemals so vor sich hin. Er wandte sich immer an einen bestimmten Adressaten, und er verlor ihn nie aus dem Blick. Bruchstücke einer großen Konfession? Nein, das beliebte Goethe-Wort ist hier nicht am Platz. Fontanes Briefe sind vielmehr Bruchstücke einer großen Konversation.

Vermutlich ist eines der Geheimnisse seines Erfolges die unbeirrbare und auf dem Hintergrund der deutschen Literatur eher ungewöhnliche Liebe zum Konkreten. Von ihr zeugen nicht nur seine großen Romane, sondern auch noch die schwächsten seiner patriotischen Balladen und sogar die belanglosesten seiner Rezensionen – und erst recht die Briefe. Man findet in ihnen immer wieder Erwägungen jeglicher Art. Und doch bildet die eigentliche Substanz eben nicht die Reflexion, sondern die Information, der direkte Bericht. Während viele andere Meister der Epistolographie korrespondierend vor allem Klarheit über sich selbst suchten, folgte *er* einem, wenn man so will, primitiveren Impuls: dem schlichten Mitteilungsbedürfnis. Seine Briefe sind Rapporte aus dem Alltag eines Schriftstellers.

Hatte Thomas Mann recht, als er ihn – in dem berühmten Essay von 1910 – einen »unsicheren Kantonisten« nannte? Fontane war doch ein außerordentlich solider Autor, fleißig und zuverlässig als Romancier und Theaterkritiker, als Chronist, Biograph und Reiseschriftsteller. In der Korrespondenz suchte er den dringend benötigten Ausgleich: Andere spielten Domino, züchteten Rosen, hörten Musik oder verführten Mädchen. Er aber schrieb Briefe, Hunderte, Tausende. Hier gab er Stimmungen und Launen nach, redete unbekümmert auf den Adressaten ein, behauptete heute dies und morgen jenes, ließ sich zu raschen, bewusst überspitzten und bisweilen kaum diskutablen Äußerungen hinreißen, hier experimentierte er spielerisch mit Gedanken, Motiven und Formulierungen. Das Korrespondieren war sein Hobby und seine Passion. In den Briefen, nur in den Briefen erlaubte er sich, ein »unsicherer Kantonist« zu sein.

Natürlich war die Selbstkontrolle auch des Stilisten Fontane in dieser gigantischen Korrespondenz ungleich milder als in seinen für die Veröffentlichung bestimmten Texten. Auf Grund der erhaltenen Konzepte kann man nachweisen, dass er manche seiner Briefe sorgfältig redigiert hat. Die weitaus meisten hingegen sind zweifellos flüchtig und mitunter sogar etwas schlampig geschrieben. Man sollte nicht verheimlichen, dass dieser Epistolograph sich sehr oft gehen ließ.

Nur dass gerade die vermeintlichen Untugenden ihn umso sympathischer und umso attraktiver machen: Von diesen Dokumenten geht etwas Verführerisches aus. Sie haben den Charme salopper und gleichwohl makelloser Eleganz. Sie demonstrieren die Synthese aus subtiler Anmut und deftiger Natürlichkeit. Sie erweisen sich als vollkommene Prosa ohne eine Spur von Perfektion. Und da es ungezwungene und spontane Äußerungen sind, lassen sie auch erkennen, dass es vor allem das Temperament ist, das Fontane von den in seinen Romanen auftretenden älteren Herrn deutlich unterscheidet. So jovial und besonnen, so überlegen und distanziert, so weise und souverän, wie wir ihn unter dem Eindruck seiner zahlreichen Selbstpräsentationen zu sehen gewohnt sind, war er keineswegs.

Die Korrespondenz zeigt eben nicht einen gelassenen oder abgeklärten, vielmehr einen unruhigen und auffahrenden, impulsiven und leidenschaftlichen Mann, einen nervösen und reizbaren Künstler, einen aggressiven, oft ungerechten und gelegentlich bösartigen Zeitgenossen. »Heiteres Darüberstehen« – so heißt doch eine der traditionellen Kennmarken Fontanes. Damit indes war es nicht weit her: Gewünscht und angestrebt hat er es bestimmt, realisiert nur selten. Der alte Stechlin konnte heiter darüberstehen, aber nicht einer, der von allerlei Dämonen bedrängt wurde.

Dämonen? Allzu gewichtig scheint die Vokabel, wo von einem nüchternen Berliner die Rede ist, dem immer das Understatement lieber war. Doch er selber verwendet sie: »Neid und Eifersucht der Andern in Gemeinschaft mit Eitelkeit und ungesättigtem Ehrgeiz in der eignen Brust, *das* sind« – schreibt er 1885 – »die Dämonen, die kein reines Glück aufkommen lassen.« Wenige Tage später erwähnt er, dass eine Bekannte, die humoristische Novellen verfasste, sich schon »ein ganzes Archiv von Huldigungszuschriften angelegt« habe: »Und vergleiche damit mein mehr als 40 Jahre umfassendes literarisches Leben. Wenn ich alles zusammenzählen wollte, was mir von Dankesbriefen zugegangen ist, kämen doch nicht 100 heraus (also jährlich 2) und ›begeisterte‹ nicht 10 … Das Beste ist, man denkt gar nicht darüber nach …«

Aber er konnte nicht aufhören, darüber nachzudenken. Wie sehr er unter der Nichtanerkennung seiner literarischen Leistung gelitten hat, ist vor allem dem Briefwechsel mit Mathilde von Rohr zu entnehmen. Wenn er gerade ihr besonders häufig sein Leid klagte und sich über seine Situation besonders aufrichtig äußerte, so nicht nur deshalb, weil er an dem Wohlwollen und an der Geduld der mütterlichen Freundin nie zu zweifeln brauchte. Zugleich repräsentierte sie jene Schicht, die er für seine Misere verantwortlich machte – den preußischen Adel –, und schließlich erhoffte er sich von ihren zahlreichen Kontakten in den Kreisen der Aristokratie eine reale Änderung.

Viel ist in diesen Briefen von finanziellen Fragen die Rede, von jener materiellen Sicherheit, um die er sich ständig bemühte und die ihm immer wieder verweigert wurde. Und doch ging es ihm, meine ich, nur in zweiter Linie um Geld. Gewiss, das Finanzielle ärgerte ihn sehr, was ihn aber verletzte und verbitterte, war die »Bettelvorstellung, die man von einem deutschen Schriftsteller hat«. Mit einem recht bescheidenen Leben konnte er sich offenbar eher abfinden als damit, dass andere ein solches Leben »als vollständig ausreichend für einen ansehn«. Das Verhältnis der Behörden zu ihm – es war nicht grausam, doch schäbig – hielt er für einen »Beweis mehr, daß dies vielgerühmte Zopfpreußentum mit seinem Dünkel, seiner Filzerei und seiner Grobheit wenig paßt zu dem Zuge meines Herzens«.

So stolz und trotzig viele seiner Äußerungen, so sehr machen ihm doch Minderwertigkeitsgefühle zu schaffen: Er zählt die Schriftsteller auf, denen Dotationen bewilligt wurden, er spricht nicht ohne Neid von den Erfolgen Spielhagens und Auerbachs, während er »in allem nur so mitschwimme und auch nicht ein einziges Prosa-Buch geschrieben habe, das über den succes d'estime hinausgewachsen wäre«. Die Arbeit als Theaterkritiker hat auf sein Selbstbewusstsein durchaus keinen günstigen Einfluss. Zustimmend zitiert er seine Frau: »Es ist nicht ganz Deiner würdig.«

Er glaubt auch zu erkennen, warum der preußische Staat von ihm nichts wissen will: »Man haßt die Schriftsteller, die sich mit Journalistik abgeben, oder man verachtet sie …« Weihnachten 1874 bekennt er: »Ich bin unsagbar menschenmüde und müde des Strebens, das zu nichts führt. Könnt' ich, ich zöge mich morgen zurück. Ich komme mir mit meinen Schreibereien vor wie ein Clown im Circus.« Von Souveränität und heiterem Darüberstehen ist hier wenig zu spüren.

Als er 1876 den Posten eines Akademiesekretärs aufgibt, spricht er in den Briefen viel von Freiheit und Unabhängigkeit. Liest man sie genau, dann sieht man, dass es vor allem eine Prestigefrage war: »das Gefühl des Degradirtseins« war für ihn unerträglich, man habe ihn »nie wie einen etablirten deutschen Schriftsteller, sondern immer wie einen ›matten Pilger‹ behandelt, der froh sein könne, schließlich untergekrochen zu sein«.

Aus ihm – stellt er 1877 fest – sei nichts geworden: »Ich habe mich redlich angestrengt und bin so fleißig gewesen wie wenige, aber es hat nicht Glück und Segen auf meiner Arbeit geruht. … Ich murre nicht, und nehme die Loose wie sie fallen. Aber ich wollte doch mitunter, ich hätte besser gewürfelt.«

Hinzu kommt, dass die Berliner Gesellschaft Fontane noch in den achtziger Jahren ignoriert oder jedenfalls nicht gesucht hat. Er indes konnte ohne Gesellschaft nicht leben, und er hielt sich auch für »interessant und apart«: »Aber die Menschen wollen im Ganzen genommen wenig davon wissen. Es geht mir mit meinem Wesen, Charakter und gesellschaftlichen Auftreten wie mit meinen Büchern, einige sind sehr davon eingenommen, aber die große, große Mehrheit läßt mich im Stich.«

1888 – inzwischen ist er der Autor der Romane »L'Adultera« und »Graf Petöfy«, »Cecile« und »Irrungen, Wirrungen« – konstatiert er sachlich: »Ich bin ganz allein und dies Alleinsein wird womöglich noch wachsen. Man empfindet auch daran, daß es Zeit ist, einen geordneten Rückzug anzutreten. Denn mit wem soll man noch verkehren? ... Was soll ich mit dem jungen Nachwuchs, der sich längst daran gewöhnt hat, einen für einen todten Mann zu halten?« Doch der fast Siebzigjährige, der schon für einen »todten Mann« gehalten wurde, hatte noch einiges zu erzählen: Was jetzt kam – »Stine« und »Frau Jenny Treibel«, »Effi Briest« und »Der Stechlin« –, ist das größte, das aufregendste und zugleich tröstlichste Finale, das die Geschichte der Weltliteratur kennt.

Man sollte Fontanes Leben nicht unnötig dramatisieren. Es verlief in ruhigen Bahnen; geruhsam freilich war es nicht, auch nicht harmonisch-versöhnlich. Sein Wesen war vielschichtiger und komplexer, als wir es uns vorgestellt haben. Und wenn es etwas gab, das seine Souveränität zeitweise in Frage stellen konnte, dann nicht die materielle Misere, wohl aber das lieblose und gleichgültige Verhältnis der Umwelt zu seinem Werk. Denn Fontane war – und damit sind wir doch wieder beim »Stechlin« – »das Beste, was wir sein können, ein Mann und ein Kind«. Auch dies zeigen seine Briefe.

# Literarische Moderne bis 1945

## Auch das Grausame kann diskret sein

Über Arthur Schnitzlers »Briefe 1875–1912« und die ersten Bände seines Tagebuchs

Als Arthur Schnitzler sechzig Jahre alt wurde, veröffentlichte die »Neue Rundschau« zusammen mit anderen Geburtstagsartikeln auch einen kurzen Gruß von Thomas Mann. Neben einigen eher konventionellen Wendungen – so über »die Vereinigung von Leidenschaft und Weisheit, Strenge und Güte« – fällt hier der Versuch auf, den Jubilar in die Nähe eines ebenfalls 1862 geborenen Dichters zu rücken, nämlich Gerhart Hauptmanns. Beide seien, meinte Thomas Mann, »in eine ähnlich repräsentative Stellung hineingewachsen«. Hauptmann und Schnitzler als ebenbürtige Figuren der zeitgenössischen Literatur? Damit deutete Thomas Mann nur an, wie es seiner Ansicht nach sein sollte, nicht aber, wie es tatsächlich war. Denn die Rolle, die Schnitzler damals, 1922, in der Öffentlichkeit spielte, ließ sich mit dem hohen Ansehen, in dem Hauptmann stand, kaum vergleichen.

»Wie ein Baum zieht er seine Säfte aus der schlesischen Erde, aber seine Krone ragt in den Himmel ...« heißt es über Hauptmann in Klabunds populärer Literaturgeschichte. Bei dem Namen Schnitzler dachte man nicht gerade an die Säfte der Erde, sondern eher an das Pflaster der Großstadt; und nicht die Erinnerung an den Himmel rief er wach, sondern an die Dachkammer des süßen Mädels und an das Boudoir der Femme fatale.

Der eine galt als Poet aus dem sagenumwobenen Riesengebirge, der andere nur als Literat aus dem Wiener Kaffeehaus. Hauptmann feierte man als Seher, der tastend und raunend den Weg zu den Müttern suche und zugleich die deutsche Zwietracht mitten ins Herz zu treffen wisse. Schnitzler hingegen hatte den Ruf eines mehr oder weniger charmanten Leichtgewichtlers, ja, eines Erotikers, was in der Vorstellung vieler deutscher Leser gleichbedeutend war mit dem Zug zum Frivolen und der Neigung zum Schlüpfrigen.

Wurde der Autor der »Weber« und der »Ratten« mit der Kennmarke »Dichter des Mitleids« versehen, so hatte man den anderen als Dichter nicht etwa der Liebe abgestempelt, sondern bloß der Liebelei. Und während Hauptmann, der mit den Idealen seiner Sturm-und Drang-Zeit längst nichts mehr zu tun haben wollte und sich in den zwanziger Jahren politischer Enthaltsamkeit befleißigte, gern als Repräsentant der Weimarer Republik anerkannt wurde und allmählich zum Klassiker aufstieg, sah sich Schnitzler in jener Zeit in die Rolle eines liebenswürdig-harmlosen, auf jeden Fall aber antiquierten Außenseiters gedrängt.

Noch hatte er zahlreiche Leser – seiner 1924 erschienenen Novelle »Fräulein Else« war ein großer Publikumserfolg beschieden; noch wurden einige seiner Stücke, ältere zumal, von vielen Bühnen gespielt. Symptomatisch ist allerdings, aus heutiger Sicht, ein Vorfall, der sich im Herbst 1924 in einem Berliner Theater ereignet hatte: Zwei Männer störten die Vorstellung des Dramas »Der einsame Weg« mit, wie berichtet wird, »überaus lautstarken« Bekundungen ihres Missfallens – es sei, riefen sie, unbegreiflich, dass man derartigen »Schund« aufführe. Die so stürmisch gegen Schnitzlers Stück protestierten, waren zwei jüngere Dramatiker: Bertolt Brecht und Arnolt Bronnen.

Als im Frühjahr 1926 der preußische Kultusminister die Gründung einer »Sektion für Dichtkunst« an der Akademie der Künste zu Berlin angeordnet hatte, wandte sich die Redaktion der »Literarischen Welt« an rund 20 000 ihrer regelmäßigen Leser mit der Frage, wer nach deren Ansicht dieser Sektion angehören sollte. Auch wenn wir nicht wissen, wie viele Leser die Umfrage tatsächlich beantwortet haben, zeigen ihre Ergebnisse sehr deutlich, welche Schriftsteller damals populär waren und von dem an der Literatur interessierten Publikum geschätzt wurden.

Über hundert Stimmen erhielten siebenundzwanzig Autoren, darunter auch mehrere Österreicher. An der Spitze der Liste stand mit weitem Vorsprung Thomas Mann, für den 1421 Leser votierten.

Es folgten Franz Werfel (682 Stimmen) und Gerhart Hauptmann (594), ferner Rudolf Borchardt, Stefan George, Alfred Döblin, Rainer Maria Rilke und Hermann Hesse. Die nächsten auf der Liste, Albrecht Schaeffer und Fritz von Unruh, beide heute fast vergessen, hatten immerhin mehr Befürworter als Heinrich Mann, Ricarda Huch, Jakob Wassermann und Leonhard Frank. Und Georg Kaiser, der sich auf dem fünfzehnten Platz fand, schnitt besser ab als Stefan Zweig, Ernst Toller, Arno Holz, Hugo von Hofmannsthal (!) und Klabund. Auch Brecht war unter den siebenundzwanzig vorgeschlagenen Schriftstellern, freilich erst auf dem vierundzwanzigsten Platz. Den Namen Arthur Schnitzler sucht man auf dieser Liste vergeblich.

Für die neue Generation waren die Motive Schnitzlers belanglos geworden, und seine Gestalten muteten so fremd an wie seine Stoffe verstaubt. Die Welt, aus der er schuf, habe der Krieg zerstampft, so dass »seine ganze Kultur für lange oder für immer vernichtet scheint«, urteilte 1922 Stefan Zweig. Damit sagte er damals nichts Neues, denn schon während des Krieges hatten viele Rezensenten Schnitzler immer wieder als Dichter nicht mehr vorhandener Milieus und niemanden angehender Fragen bezeichnet, wenn nicht beschimpft.

Auch das Spätwerk Schnitzlers, zu dem einige beachtliche Erzählungen gehören, blieb ohne Einfluss auf die literarische Welt: Kurt Tucholsky scheint von ihm nur die Novelle »Leutnant Gustl« aus dem Jahre 1900 gelesen zu haben, für Walter Benjamin, Georg Lukács und Theodor W. Adorno hat er offenbar überhaupt nicht existiert, in Brechts Schriften, Briefen und Tagebüchern wird sein Name kein einziges Mal erwähnt. Schnitzler, noch kurz zuvor von Thomas Mann als eine oder gar *die* repräsentative Figur der Gegenwartsliteratur gepriesen, wurde nun hartnäckig ignoriert. Als er 1931 starb, würdigte man ihn in meist knappen und kühlen Nachrufen nur als Autor einer abgeschlossenen Epoche, einer »versunkenen Welt«, den man nicht zu Unrecht vergessen habe.

Inzwischen hat sich das Blatt gewendet. Zwar stellt niemand die literarhistorische Bedeutung Hauptmanns ernsthaft in Frage, doch dominiert im Verhältnis zu ihm, was schlimmer ist als Missbilligung und Verwerfung – Gleichgültigkeit. Ob er es verdient hat oder nicht – man hat den einst so geschätzten und so beliebten Dramatiker vorerst ins Museale entlassen.

Schnitzler hingegen wurde unverkennbar rehabilitiert und aufgewertet: Er gehört heute zu den wenigen deutschsprachigen Schriftstellern der Zeit um 1900, für die sich die Wissenschaftler in wachsendem Maße interessieren und die zugleich einen festen Platz im Bewusstsein des Publikums haben. Das Theater und das Fernsehen haben hierzu ebenso beigetragen wie Veröffentlichungen, die seinem Werk neue Züge hinzufügen und uns lehren, seine Person anders und genauer als bisher wahrzunehmen.

Autoren, die den Lesern ihren Nachlass schon zu Lebzeiten offerieren, hat Schnitzler verspottet. So ist es denn nicht verwunderlich, dass sich der seinige als besonders reichhaltig erwiesen hat. Nachdem zunächst zwei unbekannte, doch nahezu vollendete Dramen (»Das Wort«, 1966, und »Zug der Schatten«, 1970) sowie das autobiographische Buch »Jugend in Wien« (1968) gedruckt wurden, folgte 1977 ein stattlicher und überaus bemerkenswerter Band mit Skizzen und Notizen (»Entworfenes und Verworfenes«).

Ferner fanden sich im Nachlass erstaunlich viele Briefe: Nach Bänden, die der Korrespondenz mit einzelnen Personen gewidmet waren (unter anderem mit Hofmannsthal, Otto Brahm und Georg Brandes sowie mit den Freundinnen Olga Waissnix und Adele Sandrock), erschien 1981 der über tausend Seiten umfassende Band »Briefe 1875–1912«, eine Fundgrube auch und vor allem für den Kenner der Materie. Schließlich hat man damit begonnen, das gigantische Tagebuch Schnitzlers zugänglich zu machen: die beiden 1981 und 1983 publizierten Bände betreffen die Zeit von 1909 bis 1916.

Und die Forschungsliteratur? Eine weltweite Schnitzler-Industrie, vergleichbar mit jener, die sich im Zeichen anderer deutscher Jahrhundertschriftsteller, Franz Kafkas zumal, entwickelt hat, gibt es vorerst nicht – und das mag, vom Rang des Wiener Autors abgesehen, auch mit einem Umstand zusammenhängen, der sich auf seine Beliebtheit bei den Literaturwissenschaftlern eher ungünstig auswirkt: Den Werken Schnitzlers fehlt es an jener Dunkelheit, die

die Interpreten schätzen und lieben, weil sie gerade ihr ihre Daseinsberechtigung, ja ihre Unentbehrlichkeit verdanken.

Dennoch ist zur Klage kein Anlass. Mittlerweile haben wir eine Reihe von Monographien und ungezählte gelehrte Beiträge in Sammelbänden und Zeitschriften erhalten. Von diesen Untersuchungen scheint mir die bescheidenste auch die nützlichste: die sich aller Deutungen und Spekulationen enthaltende und den billigen Positivismus-Vorwurf nicht fürchtende Biographie von Renate Wagner, ein materialreiches und informatives Buch, das nicht nur gründlich, sondern auch vernünftig und zuverlässig ist.

Schnitzlers Werk lebt also, und es trifft bisweilen auf eben jenen Widerspruch, der dem einst viel berühmteren Gerhart Hauptmann heute in der Regel verweigert wird. Indes sollten wir uns vor Übertreibungen hüten: Noch kann von einer Schnitzler-Renaissance nicht die Rede sein; und noch ist Hauptmann nicht ganz in Vergessenheit geraten. Nichts wäre unsinniger, als die einst von Lukács propagierte Alternative »Franz Kafka oder Thomas Mann?« auf Schnitzler und Hauptmann übertragen und den einen gegen den anderen ausspielen zu wollen. Sehr wahrscheinlich wird auch Hauptmanns Zeit wiederkommen, vielleicht irgendwann im 21. Jahrhundert. Aber die Frage ist nicht überflüssig, warum wir Schnitzler hier und heute als den ungleich moderneren Autor empfinden.

Beide wollten zeit ihres Lebens von Ideologien nichts wissen, beide hielten nichts von moralischen Rezepten und sozialen Patentlösungen, beide versuchten, der Politik zu entgehen, ihr Leben von ihr freizuhalten, sofern dies nur irgend möglich war. Kein Zweifel: Diese ganze Sphäre interessierte sie überhaupt nicht. Aber das trotzige Desinteresse hatte sehr unterschiedliche Wurzeln.

Was bei Schnitzler dem Misstrauen des Wissenden und der Schwermut des Skeptikers entsprang, kam bei Hauptmann vornehmlich aus der Intuition, aus seiner Mentalität, für die eine gewisse Trägheit charakteristisch ist und auch geistige Schwerfälligkeit, jedenfalls aber die augenscheinliche Unlust an der Reflexion. Wer will, kann hier auch eine Tugend erblicken und von grandioser, ja gelegentlich überwältigender Naivität sprechen.

Sollte unser distanziertes Verhältnis zu Hauptmann mit dieser Naivität, mit seiner offenkundigen Intellektarmut und mit seiner bisweilen rührenden Provinzialität zu tun haben? Ist hier etwa der Grund, weshalb uns die Werke dieses stammelnden Dichters und dennoch bewundernswerten Dramatikers, obwohl wir ihnen Dutzende herrlicher Figuren verdanken, meist überlebt oder zumindest allzu vordergründig scheinen? Man kann sich des Eindrucks nicht erwehren, dass Fontane uns heute näher steht als Hauptmann und dass wir die uns bewegenden Fragen, auch wenn Büchner ein halbes Jahrhundert vor ihm geboren wurde, eher im »Woyzeck« als im »Fuhrmann Henschel« finden, eher in »Dantons Tod« als im »Florian Geyer«.

Und gilt nicht, was hier für Fontane und Büchner in Anspruch genommen wird, für Schnitzler ebenfalls? Anders als der schwerblütige, oft dumpfe Schlesier war der gewandte und urbane Wiener ein Poet und kritischer Intellektueller, Sprachkünstler und nüchterner Seelenforscher in einem. Seine Stücke, Novellen und Romane spielen zwar in verschiedenen Ländern und Epochen, aber sie lassen sich allesamt als Bruchstücke einer einzigen, einer großen Geschichte lesen – und diese kann uns wahrlich nicht gleichgültig sein. Denn es ist die Geschichte eines Verfalls: Die Bedrohung und der Untergang der bürgerlichen Welt und der europäischen Zivilisation, die Heimatlosigkeit und die Entfremdung des Intellektuellen – das sind Schnitzlers zentrale Themen.

Von Einsamkeit gequält, sehnen sich seine Helden nach der Frau. Aber ob sie nun – um eine Formulierung aus seinem »Anatol« aufzugreifen – in jeder Kokotte das Weib zu finden hoffen oder in jedem Weib die Kokotte, enttäuscht werden sie allemal: Nirgends spüren sie ihre Einsamkeit schmerzhafter als im Bett der Geliebten. So wenden sie sich rasch von ihr ab, um das Glück bei der nächsten zu suchen. Doch die Liebe bleibt ihnen versagt: Diese fortwährende Jagd ist nichts anderes als ein Zeichen ihrer Unfähigkeit, mit dem Leben fertig zu werden.

Persönliches und Allgemeines bilden im Werk Schnitzlers eine selbstverständliche Einheit, eine Synthese. Und je privater die Motive, desto deutlicher das Bild der Gesellschaft, die er kritisierte. Folglich wird sie am strengsten gerade in jenem seiner Stücke verurteilt, in dem er den Menschen in der intimsten Situation zeigt – vor und nach dem Coitus, also im »Reigen«. Er war, wie kaum ein anderer deutscher Schriftsteller, ein erotischer Zeitkritiker und ein zeitkritischer Erotiker.

Aber was sich ursprünglich nur auf die bürgerliche Welt im Österreich der Jahrhundertwende bezog und wovon man nach 1914 in Deutschland ebenso wie in der Heimat Schnitzlers nichts mehr hören wollte, das gerade hat für uns eine neue Aktualität gewonnen. Doch was uns interessiert, wenn nicht gar fasziniert, ist nicht allein das Bild jenes Fin-de-Siècle-Milieus, das seinen Untergang sanft erleidet und fast wollüstig genießt – es ist der Prozess des Untergehens selbst. So wurde Schnitzler zum Dichter der großen Vergeblichkeit, des Scheiterns und des Abschieds, des sinnlosen Lebens und des sinnlosen Sterbens. Niemals ausgesprochen, geistert durch sein Werk das Bibelwort »Es ist alles ganz eitel«. Und ähnlich wie bei Thomas Mann gehen auch bei ihm Verfall und Verfeinerung Hand in Hand: Sie bedingen sich gegenseitig. Ist es also verwunderlich, dass Schnitzler uns näher steht als fast alle seine Generationsgenossen und die meisten der Nachgeborenen?

Überdies: Wir leben in der Nach-Brecht-Epoche; unter seinem Einfluss und im Widerspruch zu seinen Konzeptionen hat sich unser Geschmack gebildet. Er war ein Genie, gewiss, aber ein Genie mit dem Nürnberger Trichter – und ein unentwegter und unermüdlicher Lehrmeister, der mit jedem seiner Stücke (von den frühesten abgesehen) ein Scherflein zu jenem Klassenkampf beitragen wollte, den er als Impuls und als Thema für sein Werk benötigte. Es hat mit dem Überdruss an ihrer allzu aufdringlichen Didaktik zu tun, dass die meisten Bühnenwerke Brechts kaum noch gespielt werden, was nicht in jedem Fall bedauerlich ist: Wir glauben heute weniger denn je, es seien gerade die Dichter befugt und imstande, uns zu belehren und zu erziehen.

Auch deshalb wächst unsere Sympathie für Autoren, denen – wie eben Schnitzler – das Pädagogische in der Literatur fremd und verpönt ist. 1913 schrieb er in einem Brief: »Ich empfinde es als meinen Beruf, Menschen zu gestalten, und habe nichts zu beweisen als die Vielfältigkeit der Welt.« Die moralischen Folgerungen, die sich aus seinen Arbeiten ziehen lassen, werden den Lesern überlassen und höchstens zwischen den Zeilen angedeutet. Und wenn in seinen Dramen und Novellen das Schicksal zuschlägt, dann geschieht dies stets gleichsam *con sordino* – es naht gedämpft auf leisen Sohlen. In der Welt Schnitzlers ist sogar das Grausame diskret und dezent.

Er hat auch alle, die sich von ihm Auskünfte über den Sinn seiner Dichtungen erhofften, konsequent zurückgewiesen. Als er 1905 um eine Erläuterung seiner Novelle »Andreas Thamayers letzter Brief« gebeten wurde, antwortete er, dass es ihm »recht prätentiös vorkäme, zu einer so einfachen Geschichte eine Art von Kommentar zu verfassen. Wenn die Novelette nicht verständlich ist, so bitte ich freundlichst, sie als mißlungen zu betrachten«.

Erst die 1981 und 1984 publizierten Briefe zeigen, wie wenig Schnitzler – im Unterschied zu Thomas Mann, zu Brecht und zu den meisten anderen großen Schriftstellern des 20. Jahrhunderts – bereit war, als sein eigener Werbechef zu fungieren. Literaturhistorikern und Kritikern, die ihn nach seiner Biographie befragten, empfahl er, sich an seine Bücher zu halten: Ohnehin pflege der Künstler mit seinen Werken »unbewußt und wenigstens gegen seinen Willen mehr von seinem Leben mitzutheilen«, als notwendig sei. Oder er verwies auf die »spärlichen, aber meinem Öffentlichkeitsbedürfnis vollkommen genügenden Angaben in Kürschners Literaturkalender«.

Als Julius Kapp 1911 eine Monographie über ihn geschrieben hatte, lehnte es Schnitzler ab, diese Arbeit vor ihrer Veröffentlichung zu lesen: »Wenn Sie gelegentlich nicht ganz richtig interpretiert haben sollten, so sehe ich darin ein geringeres Malheur, als wenn Ihre Darstellung durch mich selbst beeinflußt werden sollte.« Kapp schickte ihm dennoch einen Teil des Manuskripts, Schnitzler war nicht mit allem einverstanden, blieb aber dabei, dass er sich hierzu nicht äußern könne. Er beanstandete nur eine einzige Formulierung: eine abschätzige Bemerkung über einen Kollegen, wenn nicht Konkurrenten – über Hofmannsthal.

Nach der Lektüre einer anderen, etwa gleichzeitig erschienenen Schnitzler-Monographie schreibt er ihrem Autor, Victor Klemperer, er selber sehe viele seiner Arbeiten anders: »So glaube ich z. B., daß Sie den Paracelsus beträchtlich überschätzen. Ich hab ihn gestern auf Ihr Büchlein hin wieder gelesen (was mir mit meinen Sachen selten passiert) und finde ihn künstlerisch ziemlich schwach …« Die Novelle »Sterben«, wohl die bedeutendste Prosaarbeit seiner frühen Jahre, wolle er nicht noch einmal lesen, »aber wenn mich meine Erinnerung nicht trügt, würden Sie mich auch hier nicht ganz auf Ihrer enthusiastischen Seite finden«.

Wer etwa argwöhnen sollte, Schnitzler habe dem Korrespondenzpartner seine Objektivität oder seine Fähigkeit zur Selbstkritik demonstrieren wollen, kann feststellen, dass er in seinem Tagebuch keineswegs anders urteilt. Denn als er ein Jahr nach dem zitierten Brief sich überwinden und, da eine Gesamtausgabe seiner Werke vorbereitet wurde, die Novelle »Sterben« doch wieder lesen musste, lautete die knappe Eintragung: »Ein begabtes aber peinliches Buch (in tieferm Sinn).«

Was immer man von diesem Tagebuch Schnitzlers halten mag – es ist ein höchst seltsames Dokument. Am seltsamsten aber erscheint das Verhältnis des Autors zu dem eigenen Journal. Zunächst einmal: Es umfasst nahezu sein ganzes Leben, denn es beginnt im März 1879 (damals war er noch nicht siebzehn Jahre alt) und reicht bis zum 19. Oktober 1931 (er starb zwei Tage später). Insgesamt sind es rund 6000 Manuskriptseiten.

Schnitzler hat dem Tagebuch stets höchste Bedeutung beigemessen und offenbar auch dafür gesorgt, dass es von Menschen seiner Umgebung für ein Werk von außergewöhnlichem Wert gehalten wurde. »Fast beneide ich diejenigen« – schrieb ihm 1903 Hofmannsthal –, »die nach uns einmal in Ihren Tagebüchern lesen und wochenlang ganz darin leben werden …« Schon 1904 sprach Schnitzler von seiner »sonderbaren Angst«, das Manuskript des Tagebuchs könne verlorengehen. Als er sich 1905 mit seinen Aufzeichnungen aus dem Jahre 1893 beschäftigte, notierte er: »Mir ist, als wären die einzelnen Partien dieses Tgb. das einzige von meinen Sachen, worin Kraft.«

Im August 1918 heißt es, es sei sein »brennender Wunsch«, dass die Tagebücher, die er zu dieser Zeit schon nicht mehr in seinem Haus aufbewahrte, sondern in einem Banksafe, erhalten blieben. Einige Tage vorher hatte er in seinen »Bestimmungen über meinen schriftlichen Nachlaß« verfügt, dass die Tagebücher »in keiner Weise verfälscht, also nicht gemildert, gekürzt oder sonstwie verändert werden dürfen«. Doch so wichtig für ihn deren postume Veröffentlichung auch war, so wenig lag ihm an ihrer Verbreitung. Im Gegenteil: Der Verleger möge, eben um der Popularisierung entgegenzuwirken, »für entsprechend theure Preise Sorge tragen«.

Allem Anschein nach hat er bis zu seinem Lebensende das Tagebuch für bedeutsamer gehalten als seine dramatischen und erzählenden Schriften. So zitiert Alma Mahler-Werfel in ihrem Buch »Mein Leben« eine Äußerung Schnitzlers aus dem Jahre 1928: »Nein, ich weiß, daß ich kein ganz Großer bin. Es gibt viel, viel größere Dichter als ich, aber ich glaube, daß diese Tagebücher, wenn sie einmal herauskommen sollten, sich an Bedeutung mit den Werken der Größten messen können.«

Als aber 1981 der erste Band des Tagebuchs erschien, wurden die Leser schon im einleitenden Aufsatz des Herausgebers Werner Welzig auf eine große Enttäuschung vorbereitet. Schnitzlers »brennender Wunsch«, dass das Tagebuch erhalten bleibe, sei – schreibt Welzig – »weder aus der stilistischen noch aus der gedanklichen Qualität der Aufzeichnungen erklärbar«, denn diese böten eine »über weite Strecken hinweg den Leser ermüdende und vielleicht sogar abstoßende, durch die zahllosen Wiederholungen jedenfalls eintönige Registratur von Wegen, Begegnungen und Tätigkeiten«. Sehr richtig: Die Lektüre dieses Tagebuchs stellt in der Tat hohe und höchste Ansprüche, und zwar an die Geduld des Lesers und an seine Ausdauer. Das freilich hat mit einer Eigentümlichkeit zu tun, die diese Aufzeichnungen allen Einwänden zum Trotz doch wertvoll machen.

Natürlich gilt Schnitzlers berühmtestes Wort – »Wir spielen immer, wer es weiß, ist klug« – für ihn selber ebenfalls: Auch er wollte seine Person für die Öffentlichkeit stilisieren, auch er spielte, zumal in seinen jungen Jahren, manch eine Rolle – den Dandy oder den Bonvivant, den Bohémien oder gar den Zyniker. Auf den Tagebuchschreiber indes trifft das nicht zu: Dieser denkt nicht daran, sich selber zu stilisieren, er will niemanden beeindrucken – weder mit seinen Gedanken und Einfällen noch mit seiner Schreibfähigkeit oder seiner Ehrlichkeit. Er ist sich auch bewusst, dass, wer von sich selber schreibt, immer des Eigenlobs verdächtigt werden kann: »Spricht man von seinen Fehlern, so lobt man seine Bescheidenheit, seine Selbsterkenntnis…«

Ja, er führte dieses Tagebuch nur für sich selber. Und auch nachdem er dessen postume ungekürzte Veröffentlichung verfügt hatte, veränderten sich Stil und Inhalt der Aufzeichnungen nicht im Geringsten: Weiterhin notierte er mit nicht nachlassender Konsequenz alltägliche Vorfälle und Verrichtungen, nach wie vor sind es so knappe wie flüchtige Eintragungen vornehmlich über Belangloses, und immer wieder dient ihm das Journal, wie es schon der Achtzehnjährige formulierte, als »holder Spucknapf« seiner »Stimmungen und Verstimmungen«.

Kurz und gut: ein ungewöhnlich langweiliges Tagebuch. Aber vielleicht auch eines der aufrichtigsten, die je verfasst wurden: Wie kaum ein vergleichbares Dokument gewährt dieses Journal, das auch als Ergänzung der Korrespondenz gelesen werden muss, Einblick in die lebenslangen Leiden eines großen Dichters.

In einem Brief aus dem Jahre 1897 stellt Schnitzler fest: »Mit mir selbst steh ich wieder auf schlechtem Fuß.« Das ist das Leitmotiv des Tagebuchs: Unzufriedenheit mit sich selbst, die in Selbstanklage übergeht und sich dem Selbsthass zumindest nähert. Er sei unfähig, »was zu Ende zu leben«, »und daher« – so 1897 an Georg Brandes – »meist in einem Zustand beträchtlicher innerer Schlamperei«. Er möchte arbeiten, um sich – heißt es in einem anderen Brief – »von meinem Widerwillen gegen mich zu befreien«. Er empfindet »eine tiefe Sehnsucht nach Selbstbewußtsein«, komme sich aber »oft lächerlich vor wie einer, der nur die Gebärden des Künstlers hat«: Ich »sehe mich selbst als Wurstl dessen, was ich sein möchte…«.

Unentwegt quält ihn das Gefühl, dass er zwar Talent habe, doch diesem nicht gewachsen sei: »Mit dem, was in mir ist«, schreibt Schnitzler 1897, »könnte einer, der mehr Kraft der Gestaltung und Frechheit des Lebens hätte, Sachen ersten Ranges produciren; mir werden sie nie gelingen.« Schon der Achtunddreißigjährige zweifelt, ob er sich überhaupt noch entwickeln werde: »Die Wirklichen haben immer und immer gearbeitet; ihr Leben war Arbeit – ihre Arbeit war Leben – ich bin doch eigentlich nur ein Quartaldichter (so wie es Quartalsäufer gibt).« Im Tagebuch von 1903 charakterisiert er sich mit masochistisch anmutenden Formeln: »Revolutionär ohne Mut, abenteuerlustig ohne die Fähigkeit, Unbequemlichkeiten zu ertragen – Egoist ohne Rücksichtslosigkeit – und endlich ein Künstler ohne Fleiß – ein Selbstkenner ohne Tendenz zur Besserung – ein Verächter des allgemeinen Urteils mit der kleinlichsten Empfindlichkeit.«

Verglichen mit Hauptmann empfindet er sich – so nach einer Aufführung des »Florian Geyer« – als Dilettant. Und als er 1909 »ein paar Walzerchen« komponiert hat, stellt er lapidar fest: »Mein Wesen (überall): Dilettantismus.« Seine früheren Werke sind ihm meist zuwider, er beurteilt sie unbarmherzig.

Den »Reigen« hält Schnitzler für literarisch wertlos, sein Stück »Professor Bernhardi«, das mittlerweile zu den Höhepunkten der deutschen Dramatik des 20. Jahrhunderts gezählt wird, macht auf ihn selber (nach abermaliger Lektüre im Jahre 1911) keinen Eindruck, es sei »flau«. Von »Anatol« und dem »Weiten Land«, Bühnenwerken, die bis heute mit Erfolg gespielt werden, verspricht er sich schon 1912 keine Einkünfte mehr – mit beiden Stücken sei es »so gut wie vorbei«. Als er viele seiner Dramen für die Ausgabe der »Gesammelten Werke« überprüfen muss, kommt er meist zu niederschmetternden Ergebnissen: »ohne Niveau«, »ein recht unleidliches Stück«, »als Ganzes verfehlt«. Bestenfalls heißt es: »zwiespältiger Eindruck«.

Die vermeintliche Fragwürdigkeit seiner literarischen Bemühungen habe, glaubt er zu wissen, mit dem »tiefen Grundfehler« seiner Natur zu tun, und zwar mit »Ungeduld und geringer Sammlungsfähigkeit«. Er erinnert sich an ein Wort seines Vaters: »Du hast keine Geduld, was langes zu schreiben.« Hierzu Schnitzler: »Welche Minderwerthigkeiten in meinen größern Werken neben Stellen hohen Rangs. Auch daß mir die Schlüsse … oft so besonders gelingen, irgendwie mit meiner Stall-Ungeduld in Zusammenhang.« Nach der Lektüre des »Stechlin«, den er 1916 »mit größtem Vergnügen« gelesen hat, rühmt er Fontanes Geduld: »Um die verehr – und beneid ich ihn.«

Ganz falsch ist das nicht: Kein Zweifel, dass seine Novellen und kürzeren Erzählungen ungleich origineller sind als seine wenigen Romane. Für die Bühnenwerke gilt dies freilich nur bedingt: Schnitzlers dramatisches Talent entfaltete sich sowohl in Stücken wie »Liebelei«, »Professor Bernhardi« und »Das weite Land« als auch, und bestimmt nicht weniger einprägsam, in Zyklen, die aus einzelnen in sich geschlossenen Szenen bestehen (»Anatol«, »Reigen«) sowie in mehreren Einaktern, zumal im »Grünen Kakadu«.

Niemals war er auf der Suche nach Stoffen oder Figuren, nie fehlte es ihm an Motiven oder Einfällen. Im Gegenteil: Er wurde von ihnen auf bisweilen schon beängstigende Weise bedrängt. Seine Arbeitsmethode – falls hier überhaupt von Methode die Rede sein kann – hat damit zu tun. Das Tagebuch beweist, dass es ihm unmöglich war, sich auf *ein* Projekt zu konzentrieren: Kaum hatte Schnitzler ein Drama oder eine Novelle entworfen und begonnen, da wandte er sich schon dem nächsten Plan zu. Erst nach Wochen oder Monaten (wenn nicht nach Jahren) holte er das Manuskript wieder hervor und ließ es nach einigen Tagen abermals liegen.

So befasste er sich in der Regel mit mehreren (meist sehr unterschiedlichen) Vorhaben gleichzeitig. Und es fiel ihm schwer, ein scheinbar beendetes Manuskript aus der Hand zu geben: »Denn jedesmal« – heißt es in einem Brief aus dem Jahre 1897 – »find ich neue Fehler, Neues, was ich besser machen könnte und kann.« Unentwegt feilte Schnitzler an einzelnen Sätzen, ließ das korrigierte Manuskript abschreiben, korrigierte es abermals und ließ es wieder abschreiben. Im September 1913 klagte er, er habe seit einem Jahr »kaum einen definitiven Satz niedergeschrieben«. Vom ersten Einfall bis zur endgültigen Fertigstellung vergingen oft Jahre, gelegentlich sogar Jahrzehnte. Vieles kam über das Vorstadium nicht hinaus: Der Nachlassband »Entworfenes und Verworfenes« vereint denn auch nicht weniger als achtzig Skizzen und Fragmente.

Fotos von Schnitzler erwecken meist den Eindruck, dieser behäbige Herr sei ein gleichmütiger und gelassener Mensch gewesen. Der Eindruck täuscht. Wie fast alle Juden in der Geschichte der deutschen Literatur kannte auch Schnitzler keine Ruhe, war auch er ein Getriebener. Die Hektik, die er sehr wohl zu tarnen wusste, hatte ihre tiefste Ursache in seinem geringen Selbstvertrauen. Sein »zerstreutes Arbeiten« – notierte er 1905 – sei »zumeist eine innere Sicherung gegen die Verzweiflung, die mich erfassen müßte, wenn ich gezwungen wäre, aus einer Idee das tiefste herauszuholen. Ich vermag ja bis auf den Grund zu schauen, nicht aber hinabzusteigen«. Verblüffend seine Eintragung aus dem Jahre 1924: »Eine überfüllte, und doch nicht ausgefüllte Existenz.«

Allerdings hatte auf Schnitzlers depressive Gemütsverfassung auch ein Leiden Einfluss, von dessen Intensität wir bisher keine Vorstellung hatten: seine Schwerhörigkeit. »Das Ohrenleiden (...) bringt mich physisch, seelisch und auf diesem Umweg auch geistig herab« – so 1909, als er siebenundvierzig Jahre alt war. Es bereitet ihm immer größere Schwierigkeiten, einem Gespräch oder gar einer Theateraufführung zu folgen. Noch »schlimmer als das Singen und Pfeifen« in seinem Ohr sei »das ununterbrochene Vogelgezwitscher, wie aus einem Riesenkäfig in der Ferne«. Von dem Bewusstsein seines Ohrenleidens sei er »monomanisch besessen« und »wie zerstört«: »Es gibt keine Viertelstunde ruhigen, guten Nachdenkens; der ewige Lärm in meinen Ohren macht mich hin.«

Doch berichtet das Tagebuch noch von ganz anderen Qualen, die er ein Leben lang ertragen musste – von seinen Leiden an der Kritik. Sudermann habe, berichtet er in den Aufzeichnungen, vor der Premiere eines seiner Stücke wie ein Kind geweint – weil er sich schon vorstellen konnte, was Kerr schreiben werde. Schnitzlers Reaktion auf die Kritik war offenbar ähnlich: Man könne »die Empfindlichkeit gegenüber dem Dümmsten, wenn es nun einmal gedruckt ist, nicht ganz verlieren«, denn die Philosophie helfe zwar gegen die Todesangst, nicht aber gegen Flohstiche. Zeitweise hat er Kaffeehäuser gemieden, um nicht zufällig in einer Zeitung etwas Ungünstiges über seine Stücke zu lesen. Er sei beschämt, dass er sich von solchen Nichtigkeiten Stunden und Tage habe vergällen lassen, aber »die Tage sind nun einmal weg; wieder ein Stück Seelen- und Geistesintensität verbraucht – und diese Beschämung frißt selbst auch noch weiter«.

Schon 1901 beklagt sich Schnitzler in einem Brief an Rilke, man habe ihn in das »Kastl« mit der Aufschrift »Liebelei« hineingetan, und die Kritiker hätten es nicht gern, »wenn die Taferln gewechselt werden«. Immer wieder wehrt er sich gegen die Abstempelung durch Rezensenten, für die einer, der ein- oder zweimal eine grüne Krawatte getragen hat, stets »der Herr mit der grünen Krawatte« bleibt: »Es ist alles vergeblich – du bist etikettiert auf Lebenszeit.« Gegen die Kritik wetternd, sucht Schnitzler – und das ist erstaunlich, wenn nicht einzigartig – die Schuld auch bei sich selber: 1915 hält er sich für den meistbeschimpften deutschen Dichter, räumt aber ein, dass da vieles mitwirke – und am Ende sogar »wirkliche Mängel meines Wesens«.

Ungewöhnlich ist auch sein Verhältnis zum Judentum. Einen Kritiker, der in dem Roman »Der Weg ins Freie« Schnitzlers Leiden an seiner jüdischen Abstammung wahrzunehmen glaubte, belehrte er: »Ich leide nicht im geringsten unter meiner jüdischen Abstammung, ja ich bin so fern von diesem Gefühl, als es einer nur sein kann, der es am Ende auch dumm fände, auf sein Judentum … stolz zu sein.«

Nein, nicht am Judentum hat er gelitten, sondern am österreichischen Antisemitismus, dessen Aktivitäten er, stets aufs Neue verwundert, aufmerksam registrierte. Schließlich war er sein ganzes Leben hindurch antisemitischen Schmähungen ausgesetzt: Im Kampf gegen den »Reigen«, gegen den »Leutnant Gustl«, den »Professor Bernhardi« und in anderen Kampagnen wurde man nicht müde, darauf hinzuweisen, dass Schnitzler ein Jude sei. Nach der Lektüre einiger Gedichte von Liliencron stellte er kühl fest: »Wie schön ist es ein Arier zu sein – man hat sein Talent so ungestört.« Auch diese Äußerung richtete sich nicht gegen das Judentum, von dem er sich niemals abwandte, sondern gegen die Judenfeinde, die ihn nie in Ruhe lassen wollten.

An einer anderen Stelle des Tagebuchs vermerkt Arthur Schnitzler den Widerstand, der gegen sein Werk von einer »Artistengruppe« geleistet wurde, »die wohl mit Recht fühlt, daß meine Künstlerschaft nicht ersten Ranges«. Von falscher Bescheidenheit kann hier keine Rede sein, denn der nächste Satz lautet: »Doch weiß ich daß von meinen Sachen mehr bleiben wird als von manchen die als Künstler größer sind.«

# Ricarda Huch

## Ein Porträt

So war sie, Ricarda Huch, geboren 1864, gestorben 1947: Ohne Liebe konnte sie nicht leben. Sie ist noch ein halbwüchsiges Mädchen, da verliebt sie sich in ihren erheblich älteren Vetter, den Juristen Richard Huch. Sie ist kaum neunzehn Jahre alt, da weiß sie schon, dass sie mit diesem und keinem anderen Mann zusammenleben will. Richard jedoch ist längst verheiratet, und seine Frau ist Ricardas ältere Schwester Lilly. Er will sich von ihr scheiden lassen, aber er zögert, er kann sich nicht entschließen, er versucht es doch, er schafft es nicht, er verspricht es wieder.

Kurz, Ricardas Traum geht nicht in Erfüllung: Nach drei qualvollen Jahren – aber vielleicht waren es auch glückliche Jahre – muss sie sich von dem Vetter, der zugleich ihr Schwager ist, trennen, endgültig, so will es scheinen. Näheres hierüber findet sich in ihrem ersten Roman, den »Erinnerungen von Ludolf Ursleu«. Einige Jahre vor dem großen Buch des Lübecker Kaufmannssohns erzählt auch sie, die Braunschweiger Kaufmannstochter, vom »Verfall einer Familie«. Im Mittelpunkt: die elementare Leidenschaft einer jungen Frau zu ihrem verheirateten Vetter.

So verließ Ricarda Huch Braunschweig und Deutschland und suchte, wie manch eine Intellektuelle, deren Liebe gescheitert war, Trost bei der Wissenschaft, bei der Literatur. Sie ging dorthin, wo es nicht mehr ungewöhnlich war, dass eine Frau studierte – nach Zürich. Im Unterschied zu den nicht zahlreichen Frauen ihrer Generation wollte sie von Weltfremdheit nichts wissen, dem Exaltierten misstraute sie allemal. Nachdem sie das Studium beendet hatte, arbeitete sie in Zürich als Bibliothekarin, dann als Lehrerin. Aber sie kann es dort nicht aushalten, sie siedelt nach Bremen über – und Bremen liegt nicht gar so weit von Braunschweig, wo Richard wohnt, der Vetter und Schwager.

Die beiden treffen sich wieder, und wieder werden Ehepläne geschmiedet, ja sie erwägen sogar eine gemeinsame Auswanderung nach Amerika. Wieder wird nichts daraus. Ricarda scheint verzweifelt. Es ist eine alte Geschichte, doch bleibt sie immer neu, und wem sie just passieret, dem bricht das Herz entzwei – oder er tröstet sich mit einem anderen Partner.

In Wien lernt Ricarda Huch einen italienischen Arzt kennen – und schnell wird geheiratet. Sie hat ihn oft geschildert und ihn gewiss auf ihre Art geliebt. Er war, man glaubt es ihr, ein liebenswürdiger Mensch, aber es entsteht der Eindruck, dass sich hier ein Klärchen, dem der Egmont versagt blieb, mit einem Brackenburg abgefunden hat. Nach wenigen Jahren trennt sich Ricarda Huch von dem italienischen Arzt, und gleichzeitig lässt sich der Vetter und Schwager Richard Huch endlich scheiden. Er ist frei, nichts steht mehr dem Glück der beiden im Wege! Ricarda Huch kann den Mann heiraten, den sie seit fast einem Vierteljahrhundert liebt. So hat sie 1907 (sie ist mittlerweile dreiundvierzig Jahre alt) erreicht, wovon sie träumte, es ist der Tag ihres höchsten Glücks, ihres größten Triumphs.

Aber, ach, wir wissen es: Nichts ist riskanter als die Erfüllung eines langjährigen Traums. Kaum war die Ehe geschlossen, da häuften sich die Schwierigkeiten, über die sich die Biographen der Dichterin in dunklen Andeutungen ergehen. Sie selber hingegen sagte klar, was geschehen war: nichts Originelles. Es war nur eine Geigerin aufgetaucht, hübsch und jung. Ricarda und Richard mussten bald wieder auseinandergehen.

Es ist oft schwer zu entscheiden, welcher Gattung gerade ihre besten Bücher angehören. Wer hat sie geschrieben – eine Dichterin oder eine Wissenschaftlerin, eine phantasievolle Erzählerin oder eine exakte Chronistin? Sie war stets beides zugleich und auf einmal. Ihre Essays sind auch Geschichten, und ihre Geschichtswerke auch Epen. Ihr Buch über die Romantik, um 1900 veröffentlicht, ist ein fundamentales kulturgeschichtliches Dokument und ein literarisches Kunstwerk von großer Schönheit.

Die zünftige Germanistik hatte die Romantik auf sträfliche Weise verkannt und vernachlässigt: Sie war schon fast in Vergessenheit geraten. Ricarda Huch kümmerte sich nicht um die Konventionen und Prinzipien der Germanistik, trotzig verfolgte sie ihren eigenen Weg. Sie war kühn genug, in ihre Darstellung jene Disziplinen einzubeziehen, die mit dem Geist der Romantik zusammenhingen – von der Psychologie über die Volkskunde bis zur Symbolforschung. Sie zögerte nicht, auch die dunklen und dubiosen Seiten der Romantiker, auch ihre Schwächen und Makel in aller Deutlichkeit zu zeigen. Ihr Buch gab den wichtigsten Anstoß zur Wiedergeburt der Romantik. In ihren späteren Werken beschäftigte sie sich vor allem mit Volksführern und Freiheitskämpfern, mit Anarchisten und Rebellen. Ihre Liebe galt den (in des Wortes weitester Bedeutung) Protestanten – von Luther und Tilman Riemenschneider bis zu Garibaldi und Bakunin. Man hat sie als konservativ bezeichnet. Wenn das zutrifft, dann war sie freilich konservativ und radikal zugleich. Man hat sie als Neuromantikerin abstempeln wollen, aber kein Vertreter der Neuromantik hatte so viel Sinn für die Realität der Gegenwart wie diese Frau.

In ihren nach 1933 erschienenen Büchern wird man auch nur die geringsten Zugeständnisse an den sogenannten Zeitgeist vergeblich suchen. Die Preußische Akademie der Künste hatte sie schon im Frühjahr 1933 demonstrativ verlassen. Als sich im Oktober 1947 die deutschen Schriftsteller aus Ost und West zum ersten Mal nach dem Zusammenbruch des »Dritten Reichs« zu einem gemeinsamen Kongress zusammenfanden, wurde Ricarda Huch zur Ehrenpräsidentin gewählt. Sie starb wenige Wochen später, während der Arbeit an einem Buch, in dem sie jene Deutschen porträtierte, die gegen die nationalsozialistische Herrschaft gekämpft hatten.

Ihre Romane sind heute vergessen, aber auf ihre historischen und literaturgeschichtlichen Bücher wird man auch in Zukunft zurückgreifen. Und bleiben werden, das scheint mir sicher, einige ihrer Gedichte. Das hier abgebildete, besonders schöne Porträt der alten Ricarda Huch habe ich 1981, als mir der Ricarda-Huch-Preis verliehen wurde, von der Stadt Darmstadt geschenkt bekommen.

# Alfred Kerr

## Ein Porträt

Wer immer für oder, häufiger noch, gegen Alfred Kerr schrieb, den Berliner Kritiker, der 1867 in Breslau geboren wurde und 1948 in Hamburg gestorben ist, glaubte, ohne Superlative nicht auskommen zu können. Man nannte ihn den schädlichsten und gefährlichsten, den boshaftesten und eitelsten aller Kritiker. Aber auch seine Anhänger ließen sich nicht lumpen: Ihnen galt er als der originellste und sprachmächtigste, der witzigste und geistreichste Theaterrezensent der Epoche.

Nur in einer Hinsicht war man sich einig: Ob es die einen missbilligten oder die anderen befürworteten – alle wussten, dass es noch nie in Deutschland einen Kritiker von vergleichbarem Einfluss gegeben hatte.

Es war nicht seine Sache, wissenschaftliche Gutachten zu liefern. Etwas anderes strebte er an, und er verwirklichte es auf eine bis dahin unbekannte Weise: Kerr machte aus der Theaterkritik ein zusätzliches Spektakel, ein geistiges Schauspiel. Dies aber konnte ihm nur gelingen, weil er, der sich vom Komödiantischen betören ließ, selber ein komödiantisches Temperament hatte.

Seine Rezensionen waren aufsehenerregende Darbietungen eines Virtuosen, eines jauchzend in seine Kunst verliebten Artisten. Es waren effektvolle Selbstpräsentationen. Wer will, mag Kerr vorwerfen, was ihm tatsächlich unzählige Male vorgeworfen wurde, zumal von jenen, die sich von ihm schlecht behandelt fühlten: haarsträubende Egozentrik und wollüstigen Selbstgenuss. Das trifft schon zu, aber es hängt untrennbar mit seiner Leistung zusammen. Denn die Egozentrik war die Voraussetzung seiner kritischen Tätigkeit und darüber hinaus seiner ganzen schriftstellerischen Existenz, die Eitelkeit der Motor seines Schreibens, der Selbstgenuss sein Stilprinzip.

Im Mittelpunkt stand immer er selber. Denn Kerr betrachtete sich als Versuchsperson, über deren Reaktion auf künstlerische Darbietungen (oder auf Städte, Landschaften, Sehenswürdigkeiten) er sein Publikum zu informieren hatte. Um es überspitzt auszudrücken: Nicht über einen Theaterabend schrieb Kerr, sondern über sein persönliches, durch diesen Theaterabend hervorgerufenes Erlebnis. Er war ein unruhiger und ungeduldiger Schreiber, der dem spontanen Antrieb folgte.

Was Kerr auf der Bühne gesehen hatte, deutete er bloß mit knappen Verweisen und kessen Abbreviaturen an. Dem Aphoristischen galt seine Liebe, das Bruchstückhafte war sein Element. Mit diesen schnoddrig-poetischen Verweisen konnte er ebenso Befunde und Urteile ausdrücken wie hymnische Bekenntnisse und grausame Entlarvungen: Seine überaus suggestiven Formeln ließen die Eigenart eines Dramas, das Klima einer Inszenierung oder den Umriss einer Rolle sofort spürbar und sichtbar werden. In der Nachfolge Fontanes hat Kerr jegliche Steifheit und Trockenheit aus der Kritik verbannt und die akademische Würde obendrein.

Er bevorzugte kurze Hauptsätze, deren sprunghafter und hämmernder Rhythmus seiner Prosa eine ungewöhnliche Kraft und Dynamik verlieh. Gewiss: Viele seiner stilistischen Unarten sind ebenso unerträglich wie manche seiner exaltierten Aufschreie. Aber er hat die Sprache der Kritik bereichert und gesteigert. Er war ein bunter, ein fast exotischer Vogel – nämlich ein Manierist und ein Volksautor, beides zugleich und in einem. Seine Rezensionen strotzten vom Aroma des Lebens. Er konnte in Begeisterung geraten und diese auch auf seine Leser übertragen: Sie wirkte gleichsam ansteckend. Doch nicht weniger stürmisch war seine Abweisung, seine Empörung. So vermochte er zu erreichen, dass die Zahl der Bewunderer seiner Kritiken erheblich größer war als die Zahl der Theaterenthusiasten.

Kerrs Besprechungen der Berliner Premieren las man in ganz Deutschland und auch jenseits der Reichsgrenzen. Freilich kann man nicht ausschließen, dass billige Witze und mitunter auch Geschmacklosigkeiten zu seinem Publikumserfolg noch mehr beitrugen als die starken Seiten seines Talents. Jedenfalls wurde er von allen verstanden. Das Lebensgefühl, das aus diesen Kritiken spricht, kam dem Zeitgeist entgegen.

Kerr war selbstverständlich ein unverbesserlicher Optimist. Warum selbstverständlich? Weil der Optimismus die Arbeitshypothese des Kritikers ist. Kerr glaubte an den Fortschritt und an die Erziehbarkeit seiner Leser. Er glaubte an die Erlösung des Menschen wenn nicht durch das Theater, so zumindest durch die Theaterkritik. Nie war er bereit, Autoritäten anzuerkennen, was ihn natürlich nicht hinderte, für sich selber Autorität in Anspruch zu nehmen. Vor Prinzipien und Paragraphen hat er sich gehütet, Dogmen und Doktrinen lehnte er ab. Nie hat er an ein literarisches Programm geglaubt, ihn interessierten nur die Individuen, die die einzelnen Richtungen oder Tendenzen repräsentierten.

Das Verhältnis zu Kerr kann auch heute, wie eh und je, nur ambivalent sein. Sein Ruhm und seine Macht hatten schon gute Gründe. Vieles von dem, was er hinterlassen hat, ist immer noch lebendig und frisch. Und trotz seiner vielen Unarten und Schwächen vermochte er zum Ansehen seiner Zunft entscheidend beizutragen. Er hat den Kritiker zur beinahe mythischen Figur des geistigen Lebens gemacht.

Ich denke an Alfred Kerr mit großer Dankbarkeit. Mein Vorbild war er nie, aber ich habe von ihm – ähnlich wie von Alfred Polgar oder Kurt Tucholsky – viel, sehr viel gelernt.

# Alfred Polgar

## Ein Porträt

Polgar? Wer ist denn das? Allen Ernstes fürchte ich, dass jüngere Leser, nicht unbewandert in Sachen Literatur, gleichwohl diese Frage stellen könnten. Aber so ist das meist: Kritiker schreiben für eine Mitwelt, sie werden von Zeitgenossen gelesen und diskutiert, abgelehnt oder geschätzt, verachtet oder geliebt – und von den nachkommenden Generationen rasch vergessen.

Tatsächlich geliebt? Ja, aber nur in ganz seltenen Fällen. Ein solcher Ausnahmefall war Alfred Polgar, der 1873 in Wien geboren wurde und 1955 in Zürich starb. Man sieht Polgar gern in der Nachbarschaft anderer prominenter Kritiker und Feuilletonisten seiner Zeit, Kurt Tucholsky etwa, Karl Kraus und Alfred Kerr. Das ist schon richtig, doch macht dieser Vergleich neben vielen Ähnlichkeiten und Gemeinsamkeiten auch die Unterschiede deutlich.

Tucholsky, Kraus und Kerr standen jeweils im Mittelpunkt des literarischen Lebens, Polgar hatte seinen Platz am Rande. Sie gehörten zu den Streitern und Kämpfern, sein Element war die Beobachtung. Ihre Intensität und Aggressivität sollten brüskieren und mussten verletzen. Er hingegen verließ sich auf die Kraft, die von der Sanftmut und der Herzlichkeit ausgehen kann. Sie waren radikal und extrem, er misstraute jeglichem Radikalismus, und fast immer war ihm das Extreme zumindest verdächtig. Sie fungierten als Ankläger, Verteidiger und Richter. Auch er hat nicht selten angeklagt, verteidigt und Urteile gefällt. Doch hielt er es für seine wichtigste Aufgabe, Zeuge zu sein. Sie wollten die Welt verändern. Er wollte sie nur beschreiben.

Als Polgars gesammelte Werke in den Jahren 1982 bis 1986 in sechs Bänden erschienen, wählte man für diese Ausgabe einen ungewöhnlichen Titel: »Kleine Schriften«. Nur die kleinen? Ja, denn andere gibt es nicht. Das soll heißen: Abgesehen von gelegentlichen Versuchen, die aus der Zeit vor 1914 stammen und nachher von ihm selber verworfen wurden, und abgesehen von späteren Auftragsarbeiten (meist Übersetzungen und Film-Drehbücher) schrieb er lediglich kurze Prosastücke, für die er nicht mehr als vier oder fünf Druckseiten benötigte.

Sofern die Gegenstände dieser Prosastücke Theateraufführungen sind, spricht man von »Kritiken« oder »Rezensionen«. Alle übrigen kann man als »Feuilletons« oder »Skizzen« bezeichnen oder auch als »Betrachtungen«, bisweilen als »Geschichten«.

Daraus ergibt sich eine Zweiteilung der Schriften Polgars, die ebenso übersichtlich wie irreführend ist. Die ganze Welt gleicht einer Bühne, und die Bühne ist die ganze Welt. So ungefähr heißt es bei Shakespeare. Aus dieser alten Einsicht wusste Polgar die natürlichsten Konsequenzen zu ziehen: Im Drama suchte er das Leben, und im Leben fand er das Dramatische. Über die Figuren im Rampenlicht berichtete er oft wie über reale Menschen – und über die Menschen, die er auf der Straße sah, wie über Geschöpfe großer Dichter. Er erzählte vom Theater, und er rezensierte den Alltag. Die Szene wurde ihm zum Tribunal und das Tribunal zur Szene.

Der Kritiker war ein poetischer Feuilletonist, und der poetische Feuilletonist hörte nicht auf, ein Kritiker zu sein. Worüber er sich auch äußerte, er war eher ein Mann der besonnenen Reflexion als der lautstarken Entrüstung. Er protestierte, indem er sich wunderte. In Polgars Schriften dominiert die Skepsis, den Mittelpunkt seines Wappens bildete ein großes Fragezeichen. Immer wieder spüren wir in ihnen die österreichische Mischung aus Bitterkeit und freundlicher Daseinsbejahung, aus Schwermut und charmanter Liebenswürdigkeit. Im Komischen sah er zugleich das Tragische, im Tragischen entdeckte er stets das Komische. Die treffendsten Pointen und Nuancen und die stärksten Effekte offerierte er mit vollendeter Beiläufigkeit.

Polgar war ein Virtuose des aufschreckenden Pianissimos, ein Dichter des verhaltenen Schreis, ein Meister des Understatements, das alarmiert. Er hielt es für seine Pflicht, dem Leser menschenfreundlich entgegenzukommen: Er war zu höflich, um sich undeutlich oder unklar zu äußern. Sein Misstrauen gegen Ideologien und Programme hat auch seine Theaterkritik geprägt.

Um die Schulen und Richtungen, Tendenzen und Strömungen kümmerte sich Polgar wenig, die Theorien waren ihm offenbar gleichgültig, wenn nicht suspekt. Er zog es vor, über Konkretes zu berichten, seine Sache war die Einzelanalyse, die bestimmten Stücken und Inszenierungen, Schauspielern und Regisseuren galt. Er blieb ganz dicht am unmittelbaren Gegenstand der Betrachtung – und wusste dennoch stets die Distanz zu wahren. Er war ein Grandseigneur der deutschen Prosa – immer gelassen, bisweilen lässig, nie nachlässig. Er war ein Kritiker – und dennoch ein Gentleman. Er wurde ein Praeceptor und blieb ein Causeur. Seine Bagatellen haben Format, seine Miniaturen haben Größe. Ruhig und gedämpft ist das Licht, das von der Prosa Alfred Polgars ausgeht: Es erhellt, ohne je zu blenden.

# Karl Kraus

## Seine Liebe war wie sein Hass

Karl Kraus: Sprachfanatiker, Alleinunterhalter, Zuchtmeister, Intellektuellenclown, Weltverbesserer

Elias Canetti hält ihn »für den größten deutschen Satiriker« und überdies für den einzigen in der Literatur dieser Sprache, den man neben Aristophanes, Juvenal, Quevedo, Swift und Gogol nennen dürfe. Es fällt schwer, dieses Urteil ganz ernst zu nehmen. Bemerkenswert ist es dennoch. Es zeigt, welche außergewöhnliche und mit rationalen Umständen kaum zu erklärende Wirkung Karl Kraus auf manche seiner Zeitgenossen, zumal auf jene, die wenigstens vorübergehend in seiner näheren Umgebung waren, ausgeübt hat.

Seine Bewunderer – und es sind längst nicht nur Österreicher und nicht nur Vertreter der älteren Generation – feiern ihn als einen genialen Dichter und häufig auch als einen einsamen Missionar und Weltenrichter, als Seher und Propheten. Unverkennbar ist der religiöse Anstrich dieser Verehrung. Die Unduldsamkeit und Maßlosigkeit der Kraus-Anhänger erinnern nicht selten und auf fatale Weise an den Mann, dem diese Huldigungen gelten. Auch wenn die Zahl seiner Opfer relativ klein sein mag, lässt sich der Kraus-Kult nur mit der dereinst verbreiteten Stefan-George-Anbetung vergleichen und in unserer Zeit mit der von unerbittlichen Eiferern organisierten Arno-Schmidt-Bewunderung.

Stefan George, Karl Kraus, Arno Schmidt – das seien, ließe sich sogleich einwenden, Schriftsteller, die mehr trenne als vereine und die man daher nicht unter einen Hut zwängen dürfe. Gewiss doch, aber man sollte auch nicht übersehen, was sie gemein haben: den hochmütigen und größenwahnsinnigen Anspruch auf Unfehlbarkeit und auf totale Unterwerfung. Ähnlich wie George und Arno Schmidt teilte auch Kraus die Menschheit in zwei große Gruppen ein: in seine Parteigänger und seine Gegner, wobei er jene, die seine Schriften überhaupt nicht kannten, für besonders hartnäckige Feinde hielt. Kraus ging noch weiter. 1911 schrieb er: »Die Volkszählung hat ergeben, daß Wien 2 030 834 Einwohner hat. Nämlich 2 030 833 Seelen und mich.« Hieraus hat er noch im selben Jahr 1911 eine Folgerung gezogen, der man Konsequenz und Logik nicht absprechen kann: Zu der von ihm seit 1899 herausgegebenen Zeitschrift »Die Fackel« ließ er von nun an andere Autoren nicht mehr zu; von 1911 bis zur letzten, in seinem Todesjahr 1936 erschienenen Nummer füllte Kraus die Spalten seiner »Fackel« ganz allein.

Er war ein Autokrat und duldete niemanden neben sich, es sei denn seine Getreuen, seine devoten Anhänger und Jünger. Auf die freilich mochte er um keinen Preis der Welt verzichten, er brauchte sie unbedingt. Denn wie er nicht leben konnte, ohne zu hassen, so konnte er auch nicht hassen, ohne stets aufs Neue bewundert zu werden.

Ursprünglich hatte Kraus Schauspieler werden wollen. Und wie ein Komödiant gierte er unentwegt nach Zustimmung und Anerkennung, nach Applaus. Obwohl ihn hierzu weder materielle noch sonstige Gründe zwangen, reiste er von Stadt zu Stadt, um sich als Vortragskünstler zu produzieren. In großen und kleinen Sälen sprach und sang er vor einem vorwiegend aus Lesern seiner Schriften bestehenden und meist andächtig lauschenden Publikum Shakespeare-Dramen, Offenbach-Operetten, Nestroy-Possen und natürlich auch und vor allem eigene Texte. Während seiner Auftritte war auf der Bühne immer nur er allein zu sehen. Der Klavierbegleiter musste hinter einem Wandschirm verborgen bleiben. Schallplatten und Tonfilmaufnahmen lassen deutlich erkennen, dass der Rezitator Karl Kraus Vorbildern aus der Zeit seiner Jugend, also aus dem ausgehenden 19. Jahrhundert, nacheiferte. Mit meist vor Zorn bebender oder zumindest erregter Stimme deklamierte er Verse und Prosa, wie man dies auf der Bühne des Burgtheaters in den Tagen der Charlotte Wolter und des Friedrich Mitterwurzer zu tun pflegte. Nach dem Ersten Weltkrieg war die Sprechweise des rezitierenden »Fackel«-Herausgebers längst anachronistisch geworden.

Dennoch gelang es Karl Kraus immer wieder, die Zuhörer zu begeistern. Seine effektvollen und affektgeladenen, exakt vorbereiteten, von hysterischen Akzenten keineswegs freien und wohl auf eine Art Massenhypnose abzielenden Darbietungen vermochten auch jene zu beeindrucken, die nicht Mitglieder der Karl-Kraus-Gemeinde waren. »Er hatte den Auftritt und die Manieren eines Schmierenschauspielers« – erinnert sich Hermann Kesten, der indes hinzufügt: »Kaum hatte er begonnen, vergaß man die unbeherrschte Eitelkeit und lauschte fasziniert dem Text, den er großartig servierte.« Und Wolfgang Koeppen verweist auf jenen Faktor, der in allem, was Karl Kraus schrieb und tat, zum Vorschein kam: »Auf dem Podium tobte Rumpelstilzchen. Man glaubte, es zerreiße ihn, daß vielleicht noch einer nicht wußte, wer Karl Kraus war.«

Eitelkeit und Geltungssucht dieses Schriftstellers kannten in der Tat keine Grenzen, sein Ehrgeiz wurde nur noch von seiner Selbstgerechtigkeit übertroffen. Es gibt Beweise dafür, dass er sich gelegentlich – und ganz ohne Ironie – sogar mit Gott verglichen hat. Jedenfalls konnte Kraus, der ein Leben lang Menschen mit und ohne Grund gekränkt und verletzt, verfolgt und vernichtet hatte und dem auch geringfügige Anlässe für ungeheuerliche und oft wiederholte Hassausbrüche ausreichten, auf dem Totenbett fragen: »Wem habe ich denn jemals Unrecht getan?« Aber so heuchlerisch dies auch klingen mag, er kann es tatsächlich und aufrichtig gemeint haben.

Denn Karl Kraus war nie imstande oder auch nur bemüht, sich selber, sein Werk und dessen Funktion, kritisch zu sehen. Wie er nie auf die Allüren eines Provinzdiktators verzichtet hat, so wollte er auch nie einen Irrtum zugeben, nie seine (oft haarsträubenden) Ansichten korrigieren, nie seine (bisweilen bösartigen) Vorwürfe zurücknehmen.

Er war geistreich, doch nur selten einsichtig oder vernünftig. Er hatte viel Witz und wenig Humor. Scharfsinn war ihm gegeben, aber keine Weisheit. Sein Spott und seine Ironie waren so zielsicher wie aggressiv. Doch das, was man bei den Satirikern der Weltliteratur stets findet, sucht man bei ihm vergeblich: Selbstironie. Aber ist es überhaupt vorstellbar, dass ein von seiner Mission Besessener, ein monomanischer Prediger und Weltverbesserer, der sich durch nichts beirren lässt, seinen Witz auch gegen die eigene Person richtet und sich selber anzweifelt? Ist es nicht absurd, von einem Amokläufer zu verlangen, dass er seine Aktivität kritisch betrachtet?

Will man das Dogma, das Karl Kraus verkündete, auf eine Formel bringen, dann könnte diese lauten: Erlösung durch Sprachkritik. Ethik und Ästhetik bedingten sich in seiner Sicht gegenseitig, seine moralische Radikalität ergab sich aus seiner sprachlichen Sensibilität: »Daß einer ein Mörder ist, muß nichts gegen seinen Stil beweisen. Aber der Stil kann beweisen, daß er ein Mörder ist!«

So gewiss sich die Diktion von Karl Kraus durch außergewöhnliche Klarheit und Präzision auszeichnet, so war er nicht unbedingt ein vorbildlicher Stilist. Ein Meister der Sprache war er dennoch. Seine Glossen und Pamphlete, Dialoge und Kabarettszenen beziehen Witz und Wirkung eben aus der Sprache. Sie war das Angriffsmittel, mit dem er virtuos umzugehen wusste, und sie war zugleich jenes Angriffsziel, dem er mit leidenschaftlicher Beharrlichkeit treu blieb. Die Sprache war sein wichtigstes und oft genug sein einziges Argument. In seinem gigantischen Drama »Die letzten Tage der Menschheit« treten Hunderte von Gestalten auf. Keine einzige hat reale Ausmaße, doch nahezu jede wird durch die Sprache, die sie spricht, scharf karikiert und unbarmherzig kompromittiert. Es gibt wohl keinen anderen deutschen Schriftsteller dieses Jahrhunderts, von dem sich mit gleichem Recht sagen ließe, dass seine Sprachkritik immer auch Gesellschaftskritik ist und seine Gesellschaftskritik sich stets auch als Sprachkritik erweist.

Allerdings hat sich Kraus um ein sinnvolles Verhältnis zwischen den Mitteln seiner Satire und ihren Gegenständen nie kümmern wollen: Ob ein Sprachschnitzer oder ein Justizmord, eine törichte Zeitungsannonce oder ein Kapitalverbrechen, ein falsches Komma oder der Ausbruch des Weltkrieges – alles wurde von ihm mit dem gleichen Rigorismus bekämpft. Ja, gerade die offensichtliche Nichtigkeit der Anlässe verleihe diesen Arbeiten – wollen uns die Kraus-Enthusiasten einreden – ihren einmaligen Reiz. Bisweilen mag dies zutreffen, doch noch häufiger macht es den Satiriker lächerlich: Mit einem gewaltigen Schwert bedroht er Mücken und Fliegen.

Letztlich war für Karl Kraus und seine Getreuen die Polemik wichtiger als die Sache. Nicht auf das Objekt kam es ihm an, sondern auf das Subjekt, nicht auf das Attackierte, sondern auf den Attackierenden. Was ihn trieb, war das offenbar übermächtige Bedürfnis, nicht nur anzugreifen, sondern auch zu vernichten. In der ersten Nummer der »Fackel« steht der oft zitierte, programmatische Satz: »Kein tönendes ›Was wir bringen‹, aber ein ehrliches ›Was wir umbringen‹ hat sie sich als Leitwort gewählt.« Nur eine Pointe? Schwerlich, denn sein polemischer Stil blieb sadistisch, seine Terminologie blutrünstig. In seinen Artikeln gegen Alfred Kerr aus dem Jahre 1911 heißt es: »Er war eine Qualle, die immerhin Farbe hatte. Auf den Lebensstrand geworfen, wird sie von mir zertreten.« Ferner: »Es ist mein Verhängnis, daß mir die Leute, die ich umbringen will, unter der Hand sterben.« Und schließlich: »Nun ist er hin. Und ließ mir nichts übrig, als ihn aufzubahren.«

Der Hass, der aus diesen Invektiven spricht, trägt durchaus pathologische Züge. Sollte die Psychoanalytikerin Margarete Mitscherlich-Nielsen recht haben, die vermutet, dass sich hinter den Anklagen von Karl Kraus stets unbewusste Selbstanklagen verbergen? Um sich nicht selber verachten und hassen zu müssen, habe er seine Feinde verachtet und gehasst: »Da er sich seiner Schwäche so schämte, versuchte er schon früh, die Schwächen anderer herauszufinden und diese so lächerlich zu machen, wie er sich oft selbst gefühlt haben muß.«

Dies ist auch der Hintergrund, der die eindeutig antisemitischen Elemente seines Werks – auf sie gehen die meisten seiner Interpreten auffallend kurz und ungern ein – erklären kann. Der Jude Karl Kraus hat die jüdische Religionsgemeinschaft 1899 verlassen, ohne sich jedoch vorerst für eine andere Konfession zu entscheiden. 1911 trat er der katholischen Kirche bei, von der er sich 1923 wieder getrennt hat. Der Grund: Die Kirche hatte dem von Kraus verachteten Max Reinhardt erlaubt, in der Salzburger Kollegienkirche das Spiel »Das Salzburger große Welttheater« des von Kraus ebenfalls verachteten Hugo von Hofmannsthal aufzuführen.

Nun ist es durchaus verständlich, dass Kraus in seiner Auseinandersetzung mit der österreichischen Gegenwart die Juden keineswegs aussparen wollte: Sie finden sich ebenfalls auf der Anklagebank, sie werden unerbittlich verspottet und karikiert. Doch sollte man nicht übersehen, dass seine schriftstellerische Energie nicht auch, sondern vor allem gegen Juden gerichtet war und dass es in einem gewaltigen Teil seines Werks immer um Juden geht.

Er, der für alles Unheil in der Gegenwart mit kindisch anmutender Borniertheit die Presse verantwortlich machte, kritisierte weniger die unzweifelhaft reaktionären österreichischen Zeitungen als vor allem jene liberalen Blätter, die damals meist in jüdischen Händen waren. Denn diese Presse sei, erläuterte Kraus, ungleich intelligenter und daher auch ungleich gefährlicher. Wie auch immer: sein Kampf gegen die Presse meinte das Jüdische oder, richtiger gesagt, das, was er für das Jüdische hielt. In diesem Sinne haben wir es mit einer Selbstauseinandersetzung zu tun. Schließlich war Kraus eben das, was er am meisten verabscheute und am häufigsten bekämpfte: ein jüdischer Journalist.

Seine Wurzeln sind, auch wenn er dies nicht gewusst hat und um keinen Preis der Welt wissen wollte, im Judentum, in der Welt des Alten Testaments zu sehen. Das gilt ebenso für seinen Gerechtigkeitsfanatismus wie für seine Wortgläubigkeit. Friedrich Torberg hat darauf hingewiesen und daran erinnert, dass die Wortgläubigkeit in der jüdischen Theologie schon deshalb eine zentrale Rolle spielt, weil sie sich notwendigerweise aus der Annahme eines Gottes ergibt, von dem man sich kein Bildnis machen darf.

Torberg, ein Kraus-Adept, freilich kein ganz unkritischer, verheimlicht den ungeheuerlichen Judenhass seines Meisters nicht: Manche Szenen aus den »Letzten Tagen der Menschheit«, in denen jüdische Schieber und Kriegsgewinnler auftreten, »hätten tatsächlich ganz genau so, wie Karl Kraus sie geschrieben hat, in Julius Streichers vulgärantisemitischem ›Stürmer‹ erscheinen können«. Kraus habe über Juden »so Unbarmherziges und schon im Tonfall so mörderisch Treffendes gesagt, wie es keinem geschulten Antisemiten jemals geglückt wären«.

Gewiss waren den österreichischen Antisemiten seine Satiren sehr willkommen, und es konnte Karl Kraus schwerlich überraschen, wie leicht sie sich missbrauchen ließen. Der jüdische Selbsthass feierte in seinen Schriften wahre Orgien – ungeheuerliche, abstoßende und freilich auch solche, die von höchstem Scharfsinn zeugen. Sie beweisen, dass dieser Selbsthass eine außerordentlich produktive Kategorie sein kann. Erst spät, als Hitler in Deutschland bereits an der Macht war, sah Kraus, wozu auch er sein Scherflein beigesteuert hatte. 1934 schrieb er in der »Fackel«, dass er »die Naturkraft eines unkompromittierbaren Judentums« dankbar anerkenne und »über alles« liebe. Gewiss war dies mehr als nur eine gegen den Nationalsozialismus gerichtete Manifestation.

Hass und Selbsthass haben Leben und Werk von Karl Kraus in so hohem Maße ausgefüllt, dass manche Zeitgenossen meinten, er sei – so Franz Blei – ein »von der Gnade der Liebe ganz unberührt gebliebner Mensch«. Er habe »ungeheuer viele Menschen« verbraucht: »Aber ohne jedes Gefühl des ›ich und Du‹ nahm er nur und gab nichts.« Bleis Diagnose war oberflächlich und falsch.

Dass der Mann, der immer wieder und mit höchster Intensität verneinte und ablehnte, schließlich nicht nur von seinen Objekten, sondern auch von seinem eigenen Hass angewidert war und nicht nur der Zustimmung und der Anhängerschaft bedurfte, sondern sich auch stets nach Liebe sehnte, ja vielleicht noch mehr als andere auf Liebe angewiesen war – das versteht sich fast von selbst, und dafür gab es auch längst allerlei Anzeichen. Was sich bisher freilich nur vermuten ließ, kann man, seit seine Briefe an Sidonie Nádherný von Borutin veröffentlicht sind, auch belegen.

Kennengelernt haben sie sich im September 1913. Ihre Freundschaft dauerte bis zu seinem Tod, also rund dreiundzwanzig Jahre. Die meisten der über tausend Briefe, Postkarten und Telegramme von Karl Kraus sind unerheblich oder langweilig oder vollkommen belanglos. Trotzdem ergeben sie alle zusammen, ergänzt durch Tagebuch Eintragungen der Adressatin und Auszüge aus ihren Briefen, zwar nicht an Kraus (die sind verloren), sondern an dritte Personen, eine aufschlussreiche, ja erstaunliche Dokumentation.

Was zunächst auffällt, ist das keineswegs vorbildliche Deutsch. »Mir kann ein verunglücktes Sprachbild näher gehen als eine gestohlene Mona Lisa …« – hatte Kraus in einem Brief an Sidonie nicht ohne Stolz festgestellt. Aber ungeschickte und eben verunglückte Bilder und Wendungen finden sich in diesen Briefen nicht selten: Jener, der die Sprache seiner Zeitgenossen mit unbarmherziger Strenge kritisierte und aus mehr oder weniger wichtigen Verstößen gleich ungeheuerliche Folgerungen zu ziehen pflegte, schrieb selber oft nachlässig und schludrig.

Dies sei doch umso sympathischer, da es sich schließlich um eine ganz und gar private Korrespondenz handelt – könnte man meinen. So einfach liegen die Dinge aber nicht. Schon 1917 begann Sidonie, Abschriften sämtlicher an sie gerichteter Briefe von Karl Kraus anzufertigen. Er hat dies nicht nur gewusst, sondern – wie in ihrem Tagebuch vermerkt – auch ausdrücklich »zwecks einmaliger eventueller Veröffentlichung« gewünscht: Was er ihr schrieb, sollte gedruckt werden.

Begreiflicherweise hatte er nicht den Ehrgeiz, auch noch seine Briefe an die Geliebte sorgfältig zu formulieren, ganz abgesehen davon, dass ihm meist die Zeit hierzu fehlte – ohnehin klagte er immer wieder über sein tägliches, in der Tat enormes Pensum. Warum hat er, der Sprachfanatiker, dennoch die spätere Veröffentlichung seiner spontanen und intimen Briefe genehmigt und gewollt? Das Diskretionsbedürfnis des Liebenden wurde, scheint es, verdrängt von der Eitelkeit des Autors, dem daran gelegen war, dass sogar seine persönlichsten Äußerungen überliefert werden. Jedenfalls wird diese Liebesgeschichte, die längste und weitaus wichtigste im Leben von Karl Kraus, so deutlich sichtbar, dass man jene Kraus-Bewunderer versteht, die – wie etwa Torberg – erklärt haben, die umfangreiche Briefedition sei »ein Einbruch in die Privatsphäre« und bedeute »eine schmerzliche Einbuße für Karl Kraus«. Gewiss, sein Bild erscheint jetzt anders als bisher und nicht unbedingt günstiger. Es ist, alles in allem, eine traurige, eine qualvolle und auch eine etwas lächerliche Geschichte, wie es vielleicht jede Liebesgeschichte sein muss, die von einem nicht mehr jungen Intellektuellen erzählt, der wegen einer jüngeren Frau den Kopf verliert – und von einer Frau, die jenes Intellektuellen wegen keineswegs aus der Fassung gerät, ja ihn häufig loswerden will.

Damals, im September 1913, war Sidonie Nádherný von Borutin noch nicht achtzehn Jahre alt, Karl Kraus immerhin schon neununddreißig. Sie hatte einen riesigen Besitz geerbt, das in Böhmen gelegene Schloss Janowitz mit einem alten Park, mit Wäldern und Meierhöfen, mit vielen Dienern und allerlei Tieren. Den Sommer und den Winter pflegt Sidonie (stets in Begleitung einer Betreuerin) auf Reisen zu verbringen, meist in Süd- und Westeuropa. Der feudale Luxus, der sie umgibt, ist für sie eine Selbstverständlichkeit. Er, der Wiener Literat und Journalist, lebt hingegen in einem bürgerlichen Milieu und eher bescheiden.

Beide waren einsam, beide der Liebe bedürftig. Und beide sind sogleich voneinander tief beeindruckt. Für Kraus ist sie die schöne Baronesse, für sie ist er der Dichter, der Künstler. Er wird eingeladen, sie auf Schloss Janowitz zu besuchen. Noch im Jahre 1913 kommt er zweimal zu ihr. Nun ist er vollends hingerissen: der großartige Speisesaal, die Diener, die, mit schweren silbernen Leuchtern in der Hand, die Gäste in ihre Gemächer geleiten, die uralten Bäume im Park, der Teich mit Kahn und Schwan – Derartiges kannte Kraus nur aus Büchern. Und inmitten dieser Pracht: die schwärmerisch-hoheitsvolle Herrin, die sich für die Poesie interessiert und die den Literaten aus der Hauptstadt auch in ihrem Schlafzimmer empfängt. Es scheint, dass Sidonie damals von ihrem Geliebten ebenfalls fasziniert war. Er verkörperte für sie das Andere, das Unbekannte, das Fremde, vielleicht sogar, da sie in ihm natürlich den Juden sah, etwas Exotisches. Überdies fand sie bei ihm, was sie in diesem Maße noch nicht kannte: die vollkommene Hingabe, die außergewöhnliche Intensität der Leidenschaft, der Liebe.

Wie auch immer: diese ersten Monate ihrer Beziehung waren offenbar die glücklichsten, vielleicht die einzigen, in denen Sidonie die heftigen Gefühle von Karl Kraus auf ähnliche Weise erwiderte. In seinen vorerst meist kurzen Briefen stammelte er vor Glück, er konnte es kaum fassen. Unaufhörlich wartete er auf Lebenszeichen von ihr. Kam ein Brief, ein Telegramm, dann war er selig, blieb die erwartete Nachricht aus, dann fühlte er sich verdammt. Himmel oder Hölle – auch in der Liebe kannte Kraus stets nur extreme Möglichkeiten. Dem entspricht der Stil seiner Briefe: emphatisch, exaltiert, pathetisch, bisweilen auch hysterisch.

»Oh Sidi! Ich weiß jetzt, wie einem zum Tod Verurtheilten ist. In meinem Zimmer waren gestern hundert Galgen und heute, nach Deinem Briefe, noch immer etliche« – schrieb er im März 1914. Und: »Ich verbrenne. Fern Deiner Glut, Du Herrliche! Und es ist hier – auch *um* mich – so viel geschehen, daß Wiedersehen mit Bestimmung neuer Lebensstatuten unvermeidlich.« Mit anderen Worten: Kraus drängte auf Eheschließung. Seinem Brief ist zu entnehmen, dass dieses Thema zwischen den beiden bereits erörtert wurde und Sidonie eine solche Möglichkeit zumindest nicht ausgeschlossen hat. Allerdings hatte sich inzwischen etwas geändert, worüber er nicht informiert war. Jemand hatte Sidonie vor Kraus gewarnt und sie umgestimmt. Es war Rainer Maria Rilke.

Sidonie hatte Rilke schon 1906 in Paris – übrigens im Atelier Auguste Rodins – kennengelernt und sehr bald nach Janowitz eingeladen. Sie korrespondierten miteinander bis zu seinem Tod. Rilkes Interesse für Sidonie hatte gute und vorwiegend prosaische Gründe: Sie schätzte ihn nicht nur, er wurde von ihr auch protegiert und finanziell unterstützt. Mehr noch: auch ihm gefiel das Schloss Janowitz, dorthin wollte er sich unter Umständen zurückziehen dürfen. Sidonies offensichtlich ernste Freundschaft mit Kraus – sie erwähnte ihn in der Korrespondenz mit Rilke mehrfach und ganz arglos – kam ihm daher nicht gelegen. Er witterte, kurz gesagt, einen Konkurrenten. Auf jeden Fall war er entschlossen, eine feste Verbindung zu verhindern.

Sein Brief vom 21. Februar 1914 ist ein Meisterstück der Heuchelei und Infamie. Es komme vor – schreibt Rilke an Sidonie –, »daß man mit der geistigen Existenz des Anderen, auch sein anderes, möglicherweise sehr fremdes Dasein fortwährend einsaugt –, es kann da zu einem Punkt kommen, wo man, gleichsam erwachend, ihn wie einen Fremdkörper in allen Gliedern fühlt, ja sich selber, um seinetwillen, am ganzen Leibe fremd wird«. Er, Rilke, sei »nun fast bestürzt in der Vorstellung«, es könne ihr »bei einem sehr kontinuierlichen Umgang mit Karl Kraus, etwas Verwandtes widerfahren … denn sehen Sie, liebe Sidi (bedenken Sie *sein* Leben, bedenken Sie das *Ihre*): er kann Ihnen nicht anders als *fremd* sein, ein *fremder* Mensch ...« Schließlich ist noch von einem »letzten unaustilgbaren Unterschied« die Rede.

Der Brief konnte nicht missverstanden werden: Der das Schloss Janowitz als Zuflucht in Reserve haben wollte, griff, um die Schlossherrin umzustimmen, zum antisemitischen Argument. Er warnte, ohne das Wort zu verwenden, vor dem *Juden* Kraus. Der nachdrückliche Hinweis auf den »unaustilgbaren Unterschied« hat die beabsichtigte Wirkung nicht verfehlt. Sidonie war ohnehin, was Rilke gewiss wusste, in antisemitischem Geist aufgewachsen. Als Kind hatte sie in einem Album auf die dort vorgedruckte Frage »Deine unüberwindliche Abneigung« geantwortet: »Gegen Juden«. Zu dem Gedanken, Kraus zu heiraten, kehrte Sidonie von Nádherný seit Rilkes Brief nie wieder zurück.

Kraus freilich ahnt von diesem Brief nichts. Und er hört nicht auf, sie flehentlich zu bedrängen. Er macht ihr unentwegt Vorwürfe: dass er keine Post von ihr bekomme, dass er sie zu selten sehen dürfe, dass sie ihn nicht nach Janowitz einlade. Abgewiesen wird er nicht. Aber Sidonie ist mehr als früher auf Abstand bedacht. Er spürt es, er leidet darunter, er droht ihr (im November 1914) mit Selbstmord: »Überall werde ich sein, wo Du willst. Vielleicht finden wir gemeinsam den Muth zu Entscheidungen, die uns der äußeren Folter dieser Zeit und dieser Umgebung entziehen. Ich brauche Dich. Aber wenn Du mich nicht mehr brauchst, so will ich darüber nachdenken, ob ich mich noch brauchen kann.«

Wenige Tage später erkennt er: »Ich bin sehr zudringlich« – und hört nicht auf, zudringlich zu sein: »Alles, was ich bin, gehört Dir. Willst Du's nicht?« Und: »Du fehlst mir und ich Dir. Also – –?« Sie stellt sich offenbar taub, er bestürmt sie weiterhin: »Meiner Maßlosigkeit kann das Leben nicht genügen, und darum auch die Liebe nicht, wenn sie sich mit dem Leben abfinden muß.« Diese Liebe sei »gar nicht danach angethan, ihren Reiz aus dem Versteck zu beziehen«.

Doch immer häufiger möchte er mit seinen Briefen nicht ihr, sondern sich selber etwas einreden: »Daß Du mich willst, glaube ich fast immer.« Nein, sie will ihn nicht, sie vertröstet ihn auf später.

Fassungslos zitiert er aus einem ihrer Briefe: »Vielleicht, wenn ich älter bin, vielleicht könnte ich dann fort mit Dir.« Er verspricht ihr, er werde sie noch »nach zwanzig Jahren so sehen wie heute«. Der Satz mag pubertär klingen; aber noch nach zwanzig Jahren schrieb er ihr lange, emphatische, ungeduldige Liebesbriefe.

Ob erotische Korrespondenz oder die unzähligen Fehden in der »Fackel«, ob Kraus seine Liebe zu Sidonie beteuert oder Sprachfehler als Symptome des Untergangs der Menschheit wertet – er tut es immer mit der gleichen, unerträglich eintönigen Intensität. Dabei ist er, mag ihn auch die kühle Haltung seiner Geliebten zur Verzweiflung treiben, durchaus imstande, seine Situation richtig einzuschätzen. »... Irgendwie bin ich schutzlos« und »Es ist verrückt, aber ich kann nicht anders« – stammelt er im Dezember 1914, sieht jedoch im selben Brief ein, dass die »Verstellung«, zu der ihn seine Freundschaft zwinge, eine »Demüthigung« sei. Sie hätten sich »durch den allerkonventionellsten Ton bei fortwährendem Beisammensein in Janowitz nur verdächtig gemacht, anstatt nach außen mindestens so freundschaftlich zu sein wie Du eben mit Rilke bist«. Aber alles ist vergeblich, die vielen Briefe und Telegramme haben auf Sidi offenbar keinen nennenswerten Einfluss. Er schreibt ihr: »Du weißt, daß ich nicht Kompromisse schließen kann« – und ist in Wirklichkeit zu jedem Kompromiss, zu jeder Demütigung bereit.

1915 entschließt sich Sidonie zu einer von ihrer Familie gewünschten »standesgemäßen Heirat«: Die Ehe mit einem in der Nähe von Florenz lebenden Grafen Guicciardini soll jedem der beiden Partner in jeder Hinsicht Freizügigkeit garantieren. Kraus macht sich Illusionen, denen Sidonie allem Anschein nach nicht eindeutig entgegengetreten ist: Sie beabsichtige, Guicciardini zu heiraten, um mit ihm, Kraus, zusammenleben zu können. Indes ist es umgekehrt: Sie möchte sich von Kraus wohl nicht trennen, aber distanzieren, die Heirat soll ihr, wie man Sidonies Tagebuch entnehmen kann, den Rückzug ermöglichen.

Kraus will sich damit nicht abfinden, er leidet an Wahnvorstellungen und schreibt Briefe und Telegramme, die von einer nicht unbeträchtlichen Minderung seiner Selbstkontrolle zeugen. »Wo, in welchem Dunkel oder Dickicht wartest Du? Es müßte immer wieder dornröschenhaft zugehen, Du Wachzuküssende!« – so hieß es gelegentlich schon 1914. Doch jetzt, 1915, da die Geschichte mit Sidonie sich einem Kulminationspunkt nähert, triumphiert in seinen Briefen der bare Kitsch: »… Als es ins Tonlose horchte, brach ein Herz. Aus Trümmern findet es die Kraft, den Segen des Himmels für die Schmerzbringerin herabzuflehen, und es wird mit dem letzten Zittern noch diese Kraft haben.« In einem anderen Brief: »Meine Braut vor Gott, auf die ich warten werde bis zum letzten Athemzug – ewiger Knabe durch Dich … Du bist über mein Herz geschritten, Du wolltest mein Hirn zertreten …« Er redet sie »Du Heilige« an, er nennt ihre Handschrift »die Heilige Schrift«, er konstatiert knapp: »Ich sollte knieend Dir schreiben; nie hatte ich einen edleren Versteher als Dich.«

Diese jubelnden und überschwänglich dankbaren Briefe aus der zweiten Hälfte des Jahres 1915 haben mit einer unverhofften und für Kraus zunächst glücklichen Wende zu tun: Sidonies Ehe mit jenem italienischen Grafen war im nahezu letzten Augenblick doch nicht zustande gekommen, angeblich wegen der Einberufung des Bräutigams zum Militärdienst. Kraus, der unentwegt auf ein Zeichen von ihr wartete, der sich demütig auf Abruf bereithielt – jetzt wurde er wieder zugelassen, er durfte mit ihr einige Zeit in St. Moritz verbringen und sie wieder einmal auf Janowitz besuchen.

Gerade in dieser Zeit ist Kraus besonders häufig bemüht, Sidonie von der Außerordentlichkeit seiner Person zu überzeugen. So schreibt er aus einer Biographie eine längere Passage über Swift ab, bei dem »die Gabe sprühenden Witzes, zersetzender Satire und einer alles zermalmenden Schärfe des Urtheils mit einem Herzen gepaart« sei, »welches ein weiches sein muß, um der äußersten Raserei der Liebesleidenschaft fähig zu sein …«. Natürlich hat Kraus keine Hemmungen, dies auch für sich in Anspruch zu nehmen. In einem anderen Brief schreibt er eigenhändig ein langes, für ihn überaus schmeichelhaftes Gutachten eines Graphologen ab, der unter anderem festgestellt hatte: »Wenn der sich für eine Sache einsetzt, dann verfolgt er sie bis zum Tode.«

Wie er jahrelang seine Opfer mit Hass verfolgte, so verfolgte er Sidonie in der Tat bis zum Tod mit Liebe. Und seine Liebe war so unerbittlich wie sein Hass. Eintragungen in ihren Tagebüchern aus den Jahren 1917 und 1918 beweisen, wie lästig ihr dieser Mann mittlerweile geworden war. Eine Trennung, heißt es, sei unvermeidlich, sie könne ihn nicht mehr ertragen. Im September 1919 stellt sie erleichtert fest, sie habe nun endgültig mit Kraus gebrochen. Sie irrt sich. Er wird sie nie in Ruhe lassen.

Aber wollte sie ihm wirklich den Laufpass geben? In den Briefen an Kraus scheint sie weniger entschlossen als in ihrem Tagebuch. Im November 1919 hat sie ihm offenbar vorgeschlagen, die Beziehung wieder aufzunehmen, doch jetzt auf das Sexuelle zu verzichten. Davon wollte Kraus nichts hören. In einem sehr umständlichen, streckenweise spitzfindigen und kunstvollen Brief bezeichnete er ihren Vorschlag als »eine Konstruktion, entstanden aus dem Bedürfnis einer feinen Seele, sich ästhetischen Ersatz für Naturwerte zu schaffen«. Freundschaft könne vor der Liebe kommen, doch nicht nach ihr: »Wie könnte ich zur Grundlage machen, daß etwas vorbei sei, dem ich mein Höchstes verdanke?« Und schließlich: »Ich kann mit Heiligthümern nicht so schalten.«

Seine Hartnäckigkeit wird belohnt, freilich nach einem dramatischen Zwischenspiel. Im April 1920 heiratet Sidonie unerwartet einen Grafen Thun, einen psychisch kranken Mann, von dem sie sich nach etwa acht Monaten wieder trennt. Sie kehrt zu Kraus zurück. Wieder glaubt er, die angestrebte ständige Verbindung mit Sidonie werde nun endlich möglich sein. Wieder schreibt er Liebesbriefe, so im November 1921: »Niemand auf Erden gibt es, den ich – mit allen Fehlern, um sie zu tilgen – so zum Freund möchte wie Dich.« Jetzt ist er auch zu Zugeständnissen im Sexuellen bereit: »Laß es einmal auf die Probe ankommen, ehe das Leben zu Ende ist. Versuche einmal, *mit* mir zu leben, ohne daß diese Gemeinschaft etwas enthielte, was Du nicht oder nicht dann, wenn der Beweishungrige es will, geben kannst … Niemand wäre würdiger, niemand glücklicher als Du in einem Verkehr mit mir, wie Du ihn Dir wünschest …«

Die Beziehung erreicht im Januar 1922 einen neuen Höhepunkt, der Liebhaber Kraus ist abermals selig, denn offenbar hat Sidonie ihre Kühle wenigstens vorübergehend überwunden: »Ja, es kommt über Dich. Du bist aufgesperrter als Du je warst ... Aber ich weiß, daß das Wunder Deiner Erweckung ... schon geschehen ist ... Denn Dein weibliches Nehmen war die Gabe, nach der ich gelechzt habe ... Aber was würde mich nicht erregen, wenn es von Dir und aus Dir ist? Wär's ein Geschwür – ich suchte Geschwüre, damit sie mich an Dich erinnern, Du ewiges Feuer von einer kalten Braut! ... Wir sollten Nächte miteinander verbringen, in denen wir *uns* gemeinsam haben, *alles*. Warum wohnst Du nicht bei mir? Kein Mensch würde es je merken.«

Indes hatte sich Kraus wieder einmal verrechnet, was ihn freilich nicht entmutigen konnte. »Ich kämpfe mit stärkerer Kraft als Mephistopheles um Deine Seele« – bekannte er ihr im Dezember 1922. Sie jedoch ging auf Reisen, und zwar ohne Kraus. Es folgten Jahre der Entfremdung, die Briefe bestehen oft aus konventionellen Mitteilungen und sind meist kurz und unerheblich. Erst 1927 änderte sich ihre gegenseitige Beziehung abermals und diesmal endgültig: Sie war jetzt freundschaftlich und herzlich und – von Kraus aus – auch leidenschaftlich wie eh und je. So blieb es bis zu seinem Tod im Juni 1936. Im Mai 1936 schrieb er ihr: »Mir ist es, als ob jeder Tag, den ich von Dir und Deinem Viergespann entfernt bin, ein Jahr wäre.«

Den fünfzigsten Geburtstag von Karl Kraus – am 28. April 1924 – hat Sidonie vergessen oder ignoriert. Am Ende seines kurz darauf verfassten Briefes ist von einer Welt die Rede, »die unmöglich besseres zu bieten hat als die Erinnerung an Dein Hören und mithin auch die an mein Wort«. Damit hatte er die beiden Pole seines Lebens angedeutet: sein Werk und das ihm lauschende Publikum. Dass für ihn dieses Publikum von einer Frau verkörpert wurde, die seine Schriften bewunderte, ohne sie auch nur annähernd verstehen zu können, und die sich, obwohl sie oft seiner überdrüssig war, geehrt fühlte, weil sie seine Briefe kopieren durfte, ist sehr bezeichnend für Karl Kraus. Kein Zweifel, er war davon überzeugt, dass die Welt in unserem Jahrhundert nichts Besseres zu bieten hatte als sein Wort.

Der weitaus größte Teil des Werks von Karl Kraus ist heute – trotz zahlreicher liebevoller Neuauflagen und trotz vielfacher Bemühungen seiner Adepten und Interpreten – verstaubt und vergessen.

Geblieben sind mehrere kabarettistische Szenen, einige Pamphlete und polemische Hassausbrüche, wobei übrigens auch die berühmtesten essayistischen Arbeiten – wie etwa »Heine und die Folgen« – sich bei näherer Betrachtung als ebenso fragwürdig wie amüsant erweisen. Geblieben ist vor allem eine Anzahl virtuoser Aphorismen.

Doch wie immer man seine Satire beurteilen mag, er gehört zu jenen Schriftstellern, die mehr waren als die Summe ihrer Werke. Er hat ein Amt geschaffen und Jahrzehnte hindurch mit oft erschreckender Konsequenz verwaltet. Er war eine Wiener Institution und ein österreichisches Ärgernis, ein nationaler Zuchtmeister und ein erfolgreicher Intellektuellenclown, eine gefürchtete Kontrollinstanz und ein genialischer Alleinunterhalter.

Er war ein permanenter Skandal von freilich nur begrenzter Wirkung – im Berlin der zwanziger Jahre kannte man Kraus vor allem als Rezitator. Gewiss, auch dort las man in manchen Kreisen die »Fackel«, zumal wenn Kraus mit prominenten Berlinern, mit Harden etwa oder mit Kerr, abrechnete und sie lächerlich zu machen versuchte. In Berlin allerdings galt sie nicht als Hausorgan eines Propheten, der Botschaften verkündigte, sondern wurde eher für ein kurioses und zugleich geistreiches Produkt österreichischer Intrigen und Querelen gehalten. Im Romanischen Café lag die »Fackel« meist in der Nähe gehobener Witzblätter.

Indes sollte man nicht etwa meinen, Kraus werde heute nur noch von denjenigen gerühmt, die einst seinen Lesungen beiwohnen und vielleicht sogar gelegentlich an seinem Kaffeehaustisch sitzen durften. In seinem Banne stehen bisweilen auch jüngere Leser und Interpreten. Aber ob alt oder jung – ein Kennzeichen vereint sie alle: der Fanatismus.

Dass Karl Kraus sich für unfehlbar hielt, ist belanglos. Dass er heute von manchen seiner Anhänger für unfehlbar oder doch beinahe unfehlbar gehalten wird, ist erschreckend. Sollte sich hinter der zwar numerisch unerheblichen, doch intensiven Kraus-Bewunderung die Sehnsucht nach dem Absoluten verbergen? Sollte die Kraus-Verehrung zusammenhängen mit dem Bedürfnis mancher Intellektueller nach Autorität, nach einer hohen Instanz, einem geistigen Führer?

# Thomas Mann

## Deutschlands Glück in Deutschlands Unglück

Was Thomas Mann mir bedeutet: Die Lübecker Festrede zum Gedenken an den Schriftsteller

Dies ist ein großer Tag für mich und zugleich, ich bin dessen sicher, für viele der hier Anwesenden. Das habe ich mir nie träumen lassen – dass ich in der Lübecker Marienkirche, in der Thomas Mann getauft und konfirmiert wurde, über ihn aus Anlass seines fünfzigsten Todestags werde sprechen dürfen.

Wer bin ich, dass ich das Wort führen soll zu seinem Preis, in wessen Namen tue ich es hier? Die Antwort ist einfach: Ich spreche als einer jener Leser, die in seinen Büchern ihre Not, ihr Elend und auch ihr Glück wiedergefunden haben. Seit ich als Halbwüchsiger »Tonio Kröger« gelesen habe, bewundere ich Thomas Mann, seit ich sah und erkannte, dass er mit seiner Existenz, wie einst Goethe, den Begriff »Deutschtum« neu definierte, verehre ich ihn wie keinen anderen Autor des 20. Jahrhunderts, ja vielleicht wie keinen anderen seit 1832.

Aber es ist nicht nur eine große Ehre, ihn hier feiern zu dürfen, es ist auch eine höchst schwierige Aufgabe. Denn über ihn ist, so will es scheinen, schon alles gesagt worden, und es ist zu einem Teil auch gut gesagt worden. Kein deutscher Schriftsteller hat bei seinen Landsleuten in dem halben Jahrhundert nach seinem Tod ein vergleichbares Echo gefunden. Wirklich keiner? Auch Goethe nicht?

Was zu Goethes Lebzeiten begann, hat nie ganz nachgelassen: Die Attacken gegen ihn paraphrasierten, was schon die Romantiker und die Sprecher des Jungen Deutschland gegen ihn vorzubringen hatten. Nahezu jede neue literarische Generation versuchte, sich von ihm zu distanzieren oder sich gar in der Meuterei gegen ihn zu profilieren. Während Goethe offiziell nach wie vor als höchster Repräsentant der deutschen Literatur galt, war ein beträchtlicher Teil seines Werks unverkäuflich. Noch um 1910 konnte man die Erstausgabe der »Wahlverwandtschaften« zum Originalpreis erwerben. Auch die Erstausgabe des »West-östlichen Divans« war noch im 20. Jahrhundert keineswegs vergriffen. Die Bühnenwerke Goethes wurden nur selten aufgeführt, jedenfalls ungleich seltener als die Dramen Schillers.

Der 1882 fällige fünfzigste Todestag Goethes war kein nationales Ereignis. In der zweiten Hälfte des 19. Jahrhunderts war der Autor, von dem man mittlerweile kaum mehr als den »Faust« und eine Anzahl wunderbarer Gedichte kannte, ein zwar viel zitierter und viel gesungener und auch besungener, doch dem großen Publikum kaum bekannter Dichter.

Darf man das Echo auf Goethe innerhalb des halben Jahrhunderts nach seinem Tod mit jener Resonanz vergleichen, die in den letzten fünf Jahrzehnten Thomas Mann zuteil wurde? Die übermächtige Gestalt Goethes hatte den Protest der nachfolgenden literarischen Generation geradezu herausgefordert. Der Revisionsprozess hat einiges zur Klärung beigetragen, doch im Ergebnis, von heute her gesehen, nicht viel geändert. Eines ist sicher: Nicht die Attacken, mit denen ein genialer Dichter in den Jahrzehnten nach seinem Tod bedacht wird, gefährden dessen Nachruhm, sondern weit eher das Ausbleiben solcher Attacken oder gar die stumme Gleichgültigkeit. Thomas Mann hatte in dieser Hinsicht keinen Anlass zu Klagen.

1973 hielt ich es sogar für richtig, öffentlich und mit Nachdruck die Renaissance seines Werks zu rühmen. Unter Brüdern und ganz vertraulich: Ich habe stark übertrieben. Was ich als Befund ausgegeben hatte, war nur mein Wunsch und meine Hoffnung. Doch schien mir dies in den frühen siebziger Jahren dringend nötig: Von der älteren Generation der damals lebenden Schriftsteller wurde Thomas Mann bekämpft, von der mittleren verworfen und von der jüngeren ignoriert.

Wenn es der literarischen Welt unvermeidbar schien, sich mit ihm zu beschäftigen, dann führte sie in der Regel Franz Kafka ins Feld, gelegentlich Robert Musil und auch Heinrich Mann. Als man 1975 Thomas Manns hundertsten Geburtstag ungern beging, fanden alle seine Gegner zueinander, die alten Nazis nicht ausgeschlossen:

Schon zu Lebzeiten von vielen seiner Kollegen als ein nicht zu ertragendes Ärgernis empfunden, wurde er nun zum Gegenstand einer Generaloffensive, die ihresgleichen in der Geschichte der deutschen Literatur nicht kennt.

Manche Autoren wollten sich in der Verachtung Thomas Manns geradezu übertrumpfen. Sein Stil sei – meinte der damals sehr geschätzte Hans Erich Nossack – »ein warnendes Beispiel dafür, wie man auf keinen Fall schreiben darf«, er sei »der Inbegriff der Unehrlichkeit und der Feigheit, sich zu sich selbst zu bekennen«. Man habe – schrieb mein Freund Peter Rühmkorf – Thomas Manns »gestelzte Manierlichkeiten allgemein für Stil gehalten«. Ihn, Rühmkorf, interessiere Thomas Mann »zwanzig Jahre nach seinem Ableben so wenig wie noch zur Zeit seines Erdenwallens«.

Diese Revolte gegen den gehassten Großschriftsteller hatte indes auf die deutsche Leserschaft keinen nennenswerten Einfluss, wenn nicht einen reziproken. Der Absatz der Bücher Thomas Manns ließ in den achtziger Jahren nicht nach, im Gegenteil: Er stieg erheblich an. Verschiedene Umstände mögen dies bewirkt haben. Eine besonders wichtige Rolle haben wohl die Verfilmungen vieler seiner Romane und Erzählungen gespielt, zumal Viscontis höchst bemerkenswerte Kino-Version des »Tod in Venedig«. Bei dieser Gelegenheit: Die »Buddenbrooks« werden demnächst zum vierten Mal verfilmt.

Die im späten 20. Jahrhundert wachsende und schließlich unverkennbare allgemeine Zuwendung zu Thomas Mann hatte mit einem Ereignis zu tun, mit dem niemand rechnete, am wenigsten die zahlreichen und so rührigen Thomas-Mann-Verächter. Um es gleich zu sagen: Er, Thomas Mann, wurde vor aller Augen vom Sockel gestürzt. Wer hat ihm das angetan?

Der Schriftsteller Aschenbach habe gelernt, heißt es im »Tod in Venedig«, seinen Ruhm zu verwalten. Das trifft, wie wir längst wissen, erst recht auf den Autor dieser Novelle zu. Die jetzt erscheinende »Große kommentierte Frankfurter Ausgabe« bietet in zwei umfangreichen Bänden von den rund 25 000 bisher bekannten Briefen Thomas Manns immerhin 691. Sie waren zur Hälfte überhaupt nicht oder nur an schwer zugänglichen Stellen veröffentlicht.

Diese Briefe seien, so ihre Herausgeber, Manns »Medium der Selbstdarstellung und der Selbstfindung«. Schon wahr, aber was sich hinter dem Wort »Selbstdarstellung« verbirgt, ist nichts anderes als Selbstreklame, direkte und indirekte. Mit Hilfe seiner Korrespondenz manipulierte und instrumentalisierte er alle, die für seinen Ruhm nützlich sein konnten und sollten. Dafür war ihm niemals seine Zeit zu schade: In diese Tätigkeit investierte er unendlich viel Kraft und Energie, List und Diplomatie. Sie beginnt, wie merkwürdig dies auch klingen mag, noch früher als sein eigentliches Werk.

Schon 1897 nämlich, also bevor sein erstes Buch, »Der kleine Herr Friedemann«, publiziert war, bekannte er in einem Brief: »Ich verfalle immer mehr darauf, meinen Schreibtrieb dazu zu verwenden, berühmt zu werden und Geld zu verdienen.« Und kurz nach der Veröffentlichung der »Buddenbrooks«, im Oktober 1902, hatte er keine Hemmungen zu erklären, ihm komme es darauf an, den Leuten sein Profil einzuprägen, »sodaß, wird der Name genannt, in der Phantasie der Leute sofort eine scharf umrissene geistige Physiognomie hervorspringt«. Seine glanzvoll geschriebenen Autoporträts, Lebensabrisse und Rechenschaftsberichte demonstrieren die Kunst der geistreichen Selbstpräsentation auf höchster Ebene.

Die Selbstreklame wurde bald zu Thomas Manns zweitem Beruf. Auch in dieser Hinsicht war er höchst erfolgreich. Denn das Bild, das sich die Menschen von ihm gemacht hatten, entsprach in hohem Maße seinen Wünschen. Und da er der beste Kenner seines Werks war, konnte er in seiner Korrespondenz immer wieder mit Gedanken und Formulierungen aufwarten, die von seinen Interpreten in der ganzen Welt dankbar und meist zu Recht aufgenommen wurden. Aber es scheint so, als sei er zu dem Ergebnis gekommen, dass es leichtsinnig wäre, den postumen Revisionsprozess, der auch ihm nicht erspart bleiben konnte, anderen, möglicherweise nicht zuständigen Kommentatoren zu überlassen. Vielmehr sei es richtiger, sich der Sache beizeiten, wenigstens teilweise anzunehmen.

Die Edition der ab 1977 in zehn Bänden erscheinenden Tagebücher Thomas Manns war 1986 abgeschlossen. Nun bietet ein Tagebuch in der Regel monologische Prosa ohne künstlerischen Anspruch, es ist eine zuchtlose, häufig unkontrollierte und daher für den Autor sehr bequeme Aneinanderreihung von Gedanken und Gefühlen, Beobachtungen und Beschreibungen. Was es immerhin ermöglicht, ist Unmittelbarkeit und Subjektivität. Beides mutet freilich oft etwas dilettantenhaft an.

Auch Thomas Manns Tagebücher haben im Grunde keinen literarischen Wert. Dennoch wurden sie sofort als ungewöhnliche Dokumente anerkannt, von seinen Anhängern und Bewunderern ebenso wie von jenen, die den Autor ablehnten und verachteten. Der Hauptbestandteil der Tagebücher sind Eintragungen über den Alltag. Thomas Mann geht spazieren und schreibt in Klammern »ohne Weste«, er trinkt Lindenblütentee »mit einer Zitronenscheibe«, er isst zum Frühstück »zwei Eier ohne das Weiße des einen«, er notiert: »mit dem Pudel gescherzt«. Und dergleichen mehr. Ich frage mich, warum ich trotz dieser nicht zu überbietenden Belanglosigkeiten die Lektüre des Tagebuchs keineswegs abgebrochen habe. Weil es aus der Feder des Autors stammt, der den »Zauberberg«, den »Joseph«-Roman verfasst hat? Nein, das ist es nicht – und auch nicht die Tatsache, dass sich hier zwischendurch aufschlussreiche und auch originelle Eintragungen finden.

Das Faszinosum geht von einem anderen Umstand aus: Gab es je einen großen deutschen Schriftsteller, der ein Leben lang so viel getan hätte, um der Öffentlichkeit das von ihm gewünschte Bild seiner Existenz zu vermitteln, wenn nicht aufzuzwingen? Ein Meister der Selbststilisierung und der Selbstinszenierung, ein bürgerlicher Dichterfürst, der stets förmlich und etwas feierlich auftrat, der sich mit einer Schicht aus Würde und Ironie umgab, ein Schriftsteller, der schon in den zwanziger Jahren ein König im Reich der Literatur war, der später als inoffizielles, doch unumstrittenes Oberhaupt der deutschen Emigration galt und für die gesittete Welt mitten im Krieg das andere Deutschland verkörperte, er, der Deutschlands Glück in Deutschlands Unglück war – er entschloss sich, das feierliche und pathetische Bild seiner Persönlichkeit, das er jahrzehntelang aufgebaut hatte, endgültig aufzugeben, ja systematisch zu zerstören.

Nur ihr, der Persönlichkeit, gilt der für die Nachwelt bestimmte Revisionsprozess, nicht aber seinem Werk. Zum Vorschein kommt ein ganz anderes Bild Thomas Manns – das Selbstporträt eines von Unsicherheit und Furcht gequälten Neurotikers und Hypochonders, der, leidend und Mitleid erweckend, der Welt nichts, absolut nichts mehr vormachen will. Was das überlieferte Bild an Pathos, Feierlichkeit und Klassizität verlor, gewann es an Wahrhaftigkeit und barer Menschlichkeit.

Ursprünglich war sein Tagebuch ein Monolog ohne Zuhörer, ein Schlupfwinkel, in dem er ohne Zeugen sein konnte. Und weil diese Aufzeichnungen lediglich für ihn selber bestimmt waren, ist hier von der Diktion seiner Epik, von seiner stilistischen Bravour und Virtuosität nichts zu merken. In seinem ganzen Leben hat Thomas Mann keinen einzigen Brief so nachlässig geschrieben wie diese Tagebücher. Einen hier notierten Satz oder gar Absatz zu überprüfen, dazu fehlte ihm die Zeit und die Lust. Irgendwann in seinen späteren Jahren hat er beschlossen, die Tagebücher unredigiert und unkorrigiert zu belassen. Die von ihm festgelegte Schutzfrist von fünfundzwanzig Jahren nach seinem Tod hat er eigenhändig auf zwanzig Jahre reduziert. Diese Genehmigung kam natürlich einer Aufforderung gleich: Es kann kein Zweifel sein, Thomas Mann wollte, dass diese Tagebücher gedruckt werden.

Er hatte die Kraft, den Mut und die Größe, die von ihm selber entworfene Legende seiner Existenz rücksichtslos zu demontieren, sich vor unser aller Augen zu entblößen. Die Nachgeborenen sollten wissen, wie er wirklich war, sie sollten sein stets isoliertes Leben begreifen oder zumindest erahnen. Er zitierte gern eine Zeile von Platen: »Es kenne mich die Welt, auf daß sie mir verzeihe.«

Dass er zu ichbezogen und zu selbstgefällig war, um eine sympathische oder gar liebenswürdige Persönlichkeit zu sein, das war immer schon bekannt. Aber in wie hohem Grade er es war und wie sehr darunter seine Familie, seine Umgebung und natürlich vor allem er selber gelitten hat, das machte uns erst sein Journal klar. Er hat seinen Ehrgeiz und seine Eitelkeit ein Leben lang zu verteidigen und zu rechtfertigen versucht. Schon in der Schiller-Novelle von 1905 schrieb er: »Ich-süchtig ist alles Außerordentliche, sofern es leidet.«

Die Welt sah Thomas Manns Ich-Sucht, wollte sich aber verständlicherweise um seine Leiden nicht kümmern. Sein auffallend starkes, sein nie verheimlichtes Bedürfnis nach Repräsentanz und seine, wie es in der Schiller-Novelle heißt, »Eifersucht, daß niemand größer werde als er« – das machte ihn zur unleidlichen Person. Man missbilligte ihn häufig, und das färbte, kaum ist es zu glauben, auf die Beurteilung seines Werks ab.

Nach der Veröffentlichung der Tagebücher – und auch zahlreicher anderer Dokumente – lesen wir Thomas Manns Romane und Erzählungen anders als vorher. Gewiss, missverstanden wurde diese Epik auch zu seinen Lebzeiten keineswegs. Dafür hat er ja selber schon gesorgt. Dass er aber von seinen frühen Jahren bis ins hohe Alter ein Erotiker war und dass sexuelle Motive in seinem Werk eine zentrale Rolle spielen, das haben wir damals zwar nicht verkannt, doch mit Sicherheit unterschätzt. Manche der Schriftsteller, die lauthals erklärt hatten, niemand sei ihnen gleichgültiger als der Autor des »Zauberbergs«, dies allerdings mit vor Wut bebender Stimme beteuerten, zeigten sich von den Tagebüchern ergriffen und überwältigt. Peter Rühmkorf sprach 1985 wohl nicht nur im eigenen Namen von »neugewonnener Wertschätzung eines bislang sträflich vernachlässigten Prosaartisten«.

Die Tagebücher ließen auch das Exemplarische der Familie Mann erkennen. Aber es war kein Buch, sondern Heinrich Breloers Film, der einem Millionenpublikum bewusst machte, dass die Geschichte dieser Familie ein Lehrstück für Deutsche ist. Das alles hatte zur Folge, dass viele Leser zum ersten Mal oder noch einmal zu den Romanen und Erzählungen Thomas Manns griffen.

Die Absatzziffern für die Zeit von 2000 bis Mitte 2005 sind so verblüffend wie erfreulich. Von den »Buddenbrooks« wurden 280 000 Exemplare verkauft, vom »Tod in Venedig« 247 000 Exemplare, vom »Zauberberg« 175 000, von verschiedenen Erzählungsbänden ebenfalls 175 000, vom »Tonio Kröger« 152 000. Die Aufzählung weiterer Titel erspare ich Ihnen, nur noch die Gesamtzahl für diesen Zeitraum: Es wurden von den Werken Thomas Manns vom Jahre 2000 bis Mitte 2005 rund 1,4 Millionen Exemplare verkauft.

Thomas Mann wäre glücklich. Ihm war immer an der Zustimmung der großen Leserschaft gelegen. Als Hermann Hesse 1910 den Roman »Königliche Hoheit« rezensierte, glaubte er dem Autor »Antreibereien des Publikums« vorwerfen zu müssen. Er wünschte sich von ihm ein Buch, in dem dieser an die Leser gar nicht denken und in dem er niemanden zu verlocken trachten würde. Davon wollte Thomas Mann nichts hören: Er zeigte sich zufrieden, dass offenbar Menschen mit sehr unterschiedlichen Ansprüchen bei seinen Büchern auf ihre Kosten kämen. Die populären Elemente in »Königliche Hoheit« seien »ebenso ehrlicher und instinktiver Herkunft wie die artistischen«.

Zu sehr liebte Thomas Mann im Leben und in der Literatur das Kulinarische, um es in seinem Werk zu vernachlässigen. Das Kulinarische? Man kann auch sagen: das Unterhaltsame. Ihm sei vor allem – bekannte er gern – an »höherem Spaß« gelegen. Oft wiederholte er bei verschiedenen Gelegenheiten das Wort »Spiel«. Er nannte die künstlerische Arbeit eine »schwere und leidenschaftliche Spielerei«, er bezeichnete die Kunst als »ein Spiel tiefsten Ernstes, Paradigma allen Strebens nach Vollendung«. Schillers provozierendes Wort, der Mensch sei nur da ganz Mensch, wo er spielt, gilt im 20. Jahrhundert vor allem für zwei deutsche Autoren – für Bertolt Brecht und eben für Thomas Mann. Ich bin sogar versucht, Thomas Manns scherzhaftes und überspitztes Wort, ein Dichter sei ein »auf Allotria bedachter Kumpan«, auch auf ihn selber zu beziehen. »Mich verlangt durchaus nach Komik«, schrieb Thomas Mann 1948.

In seinem Roman »Der Erwählte« heißt es gleich am Anfang, er werde »zur Unterhaltung« erzählt. Die Kritik war enttäuscht und zeigte für das Buch wenig Verständnis. Ich habe den »Erwählten« erst später, 1980, gelesen und in meiner Kritik vermutet, dies sei doch wohl der prächtigste, der raffinierteste deutsche Unterhaltungsroman des 20. Jahrhunderts. Ich bekam viele Protestbriefe, weil das Wort »Unterhaltungsroman« in Deutschland als diffamierend gilt. Übrigens wird »Der Erwählte« nach wie vor unterschätzt.

Das Spiel, der Spaß, das Unterhaltsame, das Kulinarische und ein wenig Allotria – auch damit hat die wachsende Resonanz zu tun, die

Thomas Manns Epik in den letzten Jahren zuteil wurde: Das Publikum suchte und fand in seinen Romanen und Erzählungen, was es in der schönen Literatur immer sucht – das Vergnügliche, das Amüsante.

Und die Universitäten? Zunächst einige statistische Angaben, die Lehre betreffend. Als es in den fünfziger und sechziger Jahren immer wieder hieß, Kafka sei es, der die moderne deutsche Prosa repräsentiere, galt Thomas Mann bestenfalls als Erzähler von gestern. Daher werde Kafka von den Germanisten häufiger behandelt als Thomas Mann. Jetzt erfahren wir aber, dass an den Universitäten im ganzen deutschen Sprachraum auf hundert Veranstaltungen über Thomas Mann je vierzig über Kafka und Brecht kommen, zwanzig über Heinrich Mann und je fünfzehn über Döblin und Musil. So ändern sich die Zeiten.

Wie aber ist es um die Forschung bestellt? Kein Monat vergeht, ohne dass neue Arbeiten über Thomas Mann erscheinen: Würdigungen und Erörterungen, Monographien und Abhandlungen. Die internationale Thomas-Mann-Industrie blüht und gedeiht mehr denn je. Ihre Dimensionen sind kolossal, Hunderte, nein Tausende von Bänden sind über ihn erschienen, und während wir uns hier Gedanken über Thomas Mann und sein Werk machen, wird irgendwo auf Erden eine neue Abhandlung gedruckt, vielleicht über den Bleistift oder die Zigarre als Phallussymbol in seinen Romanen. Nicht nur über ihn, auch über seine Angehörigen erscheinen allerlei Bücher, zuletzt, wer hätte das gedacht, eine durchaus lesenswerte Monographie von Inge und Walter Jens über Thomas Manns Schwiegermutter Hedwig Pringsheim.

Unermüdlich werden die Tagebücher und die neuerdings zugänglich gemachten Dokumente ausgewertet. Allerdings enthalten die erst dank der Großen kommentierten Ausgabe bekannt gewordenen Briefe nichts Neues, doch mitunter Interessantes. Diese Überspitzung läuft darauf hinaus, dass die Briefe zum bisherigen Bild von Thomas Mann nur noch Details und Nuancen beitragen. In seinem Werke werden jetzt von den Germanisten mühevoll Einzelheiten gesucht, die immer nur belegen, was er selber erklärt hat. So hat es den Anschein, als würden manche Thomas-Mann-Forscher es für ihre allerwichtigste Aufgabe halten, die in ihren Augen offenbar unbelehrbaren Leser von den homoerotischen Neigungen und Interessen Thomas Manns zu überzeugen. Überraschen konnte dieses Bekenntnis in den Tagebüchern nur jene Wissenschaftler, die nie, beispielsweise, den »Tod in Venedig« gelesen und die die zahlreichen homosexuellen Akzente in seinen Romanen und Erzählungen schlicht übersehen haben.

Ähnlich ist es mit einem anderen bei den Forschern jetzt sehr beliebten Thema: Thomas Mann und die Juden. Mit Zitaten kann man da, ähnlich wie im Fall Fontane, allerlei nachweisen. Auch bei Thomas Mann gibt es überaus positive Äußerungen über die Juden und auch solche, die zeigen, dass ihm die Juden nicht so selten auf die Nerven gingen. Das hat nicht zuletzt mit seiner Erziehung zu tun. In Lübeck, schrieb mir einmal Golo Mann, waren die jungen Kleinstadt-Patrizier der neunziger Jahre des 19. Jahrhunderts Antisemiten. Diese Verallgemeinerung mag übertrieben sein, ganz abwegig ist sie wohl nicht. Aber niemand wird mir einreden können, dass Thomas Mann Antisemit war. Das ist barer Unsinn, und ich werde mich nicht damit beschäftigen, hier die entsprechenden Fakten und Zitate anzuführen.

Doch lässt sich die Frage nicht unterdrücken, ob man der germanistischen Forschung den Vorwurf ersparen könne, dass sie ein besonders wichtiges Aufgabenfeld bisher kaum wahrgenommen habe. 1949 zitierte Thomas Mann den amerikanischen Literarhistoriker Harry Levin, der glaubte, der Joyce'sche »Ulysses« sei »a novel to end all novels«. Das würde wohl auf den »Zauberberg«, den »Joseph« und den »Doktor Faustus« nicht weniger zutreffen. Und: Es sähe so aus – fährt Thomas Mann fort –, »als käme auf dem Gebiet des Romans heute nur noch das in Betracht, was kein Roman mehr sei«.

Man liest Derartiges mit Verwunderung: Hier stimmt doch kein einziges Wort. In den mehr als achtzig Jahren, die uns vom »Ulysses« trennen, sind viele englische und amerikanische, französische und italienische und auch deutsche Romane – von Kafka und Musil über Döblin und Roth bis zu Günter Grass – entstanden. Allesamt beweisen sie, dass Joyce mit dem »Ulysses« keineswegs den Roman zu einem Ende gebracht hat. Im Gegenteil: Die Romanform leistet im 20. Jahrhundert allen düsteren Befunden und Untergangsprophezeiungen hartnäckig Widerstand. Sie ist nach wie vor die dominierende Form der Weltliteratur. Indem Thomas Mann die Diagnose Harry Levins akzeptiert und auf das eigene Werk erweitert hat, ist ihm das Malheur passiert, das Ende des eigenen, des Thomas-Mann'schen Romans für das Ende des Romans schlechthin zu halten.

Mehr noch: Trotz der bahnbrechenden Bedeutung des »Ulysses«, die niemand leugnen will, ist der Roman der letzten, sagen wir, dreißig Jahre zur Überraschung der Propheten der Moderne keineswegs James Joyce verpflichtet. Jede neue Generation sucht sich ihre Vorbilder, ohne sich viel um die Theoretiker zu kümmern.

Und wie sieht es nun mit dem Roman Thomas Manns aus?

Es fällt auf, dass die schon klischeehaft wiederholte Behauptung, seine Prosa sei hoffnungslos veraltet, nicht mehr zu hören ist. War dieser Vorwurf, war diese Beschimpfung denn je berechtigt, konnte eine Prosa veralten, deren wichtigste Voraussetzung das unerschütterliche Vertrauen zur Sprache ist?

Überdies fällt die Hinwendung vieler deutscher Autoren der jüngeren und mittleren Generation zum Erzählen auf. Man will nicht mehr experimentieren, sondern Erlebtes und Erfahrenes ausdrücken. Das auktoriale und genuine, das traditionelle Erzählen ist nicht mehr verpönt. Alle wichtigeren deutschen Prosadebütanten der letzten Jahre sind ihm eindeutig verpflichtet.

Damit hängt ein unerwartetes Phänomen zusammen: Der noch unlängst von manchen Kritikern verspottete Familien- und Generationenroman ist wieder modern. Er ist äußerst beliebt – überall und bei allen, bei den Schriftstellern, den Lesern und auch bei den noch unlängst so skeptischen Kritikern. Nur ein Titel sei hier genannt: Was immer man von Jonathan Franzens »Korrekturen« halten mag, es ist ein Welterfolg, den man in der Heimat des Autors, in den Vereinigten Staaten, sofort mit den »Buddenbrooks« verglichen hat.

Die alte Familien-Saga, einst von Thomas Mann aus dem 19. Jahrhundert ins 20. hinübergerettet und kräftig modernisiert, lebt auch noch im 21. Jahrhundert, in Deutschland zumal und in Österreich.

Ob die vielen Autoren, die jetzt diese Gattung aufgegriffen haben, tatsächlich die »Buddenbrooks« gelesen haben, weiß ich nicht. Nur bin ich sicher, dass diese Erzähler der Prosa Thomas Manns ungleich näherstehen als jener von James Joyce.

Ich frage mich, ob es nicht eine lohnende Aufgabe für die Germanistik wäre, das Moderne und Innovatorische im Werk Thomas Manns zu entdecken und zu analysieren. Dies jedenfalls ist sicher: Fünfzig Jahre nach dem Tod des Autors lebt dieses Werk so herrlich wie am ersten Tag.

# Hermann Hesse

## Ein Beitrag zur deutschen Sentimentalität

Der strenge Seher mit der zarten Stimme, der schwärmerisch singende Asket in kurzen Hosen, der jugendbewegte Klassiker der deutschen Literatur des 20. Jahrhunderts, ihr biederster Rebell und sentimentalster Anarchist, unser lieber und wackerer Steppenwolf, Hermann Hesse also, gehört zu jenen Schriftstellern, die sich leicht und nicht zu Unrecht verspotten lassen und die gleichwohl zu schätzen wir doch manchen Grund haben.

Sicher ist, dass die in seinem Werk gebotene Mischung aus deutschromantischer Tradition und moderner Psychologie, aus lieblicher Idyllik und wütender Zivilisationsverachtung, aus verzückter Naturanbetung und emotionaler Meuterei gegen die bestehende Gesellschaftsordnung sich doch, mag sie auch noch so anachronistisch anmuten, als einigermaßen dauerhaft erwiesen hat und dass sie in den letzten Jahren wieder einmal außerordentlich erfolgreich war – diesmal freilich nicht in der deutschsprachigen Welt, sondern in Japan und, vor allem, in den USA.

Die energischen Bemühungen, den Hesse Boom auch hierzulande in Gang zu setzen, haben indes trotz der eminenten Tüchtigkeit des Suhrkamp Verlags nicht sehr viel ergeben. Warum? Man könnte ja meinen, dass diese Bücher, die von entschiedenen gesellschaftskritischen Akzenten voll sind und die meist von der Rebellion einsamer Außenseiter gegen jegliche Autorität erzählen, gerade jetzt dem Interesse junger Leser entgegenkämen. Gewiss, aber Hesse konnte immer nur dort ein stärkeres Echo finden, wo man bereit war, ihn als empfindsamen Tröster und Ratgeber zu akzeptieren und seine Werke als poetische Lebensrezepte zu begreifen. Nun ist die jüngere Generation in der Bundesrepublik allerlei Lebensrezepten mit handlichen Lösungen zwar keineswegs abgeneigt, doch werden sie am allerwenigsten in der Belletristik von gestern oder vorgestern gesucht.

Überdies ist Hesses so penetrante wie programmatische Innerlichkeit mittlerweile schwer erträglich. »Deutscheres gibt es nicht als diesen Dichter und das Werk seines Lebens« – befand Thomas Mann 1937, und er meinte es weder ironisch noch abfällig. Das mag es sein: Für die heutige deutsche Jugend ist Hesse zu deutsch. Seine amerikanischen und japanischen Bewunderer hingegen stört dieses versponnene Deutschtum nicht im Geringsten, es wird von ihnen überhaupt nicht wahrgenommen oder identifiziert. Mehr noch: Eben jene Elemente eines kauzigen Irrationalismus und eines altbackenen Lyrismus, die zumindest in Mitteleuropa den Zugang zu Hesse versperren oder doch erschweren, sind vielen jungen Lesern jenseits des Ozeans oft besonders willkommen.

Die amerikanische Jugend reagiert nämlich – der Germanist Egon Schwarz hat es in einer sehr aufschlussreichen Abhandlung dargelegt – »keineswegs ablehnend auf Innerlichkeit, Metaphysik und Romantik. Im Gegenteil, diese Mächte können gegen den krassen Materialismus ihrer Umwelt aufgerufen werden. Und so bleibt man offen für die anarchistischen Neigungen Hesses …«

Wie sehr bei ihm weltfremde Innerlichkeit und gesellschaftliches Engagement, sanfte Sentimentalität und heftige Zeitkritik zueinander gehören und sich gegenseitig bedingen, das lässt der erste Teil seiner jetzt veröffentlichten Korrespondenz erneut und sehr deutlich erkennen. Hesse war ein leidenschaftlicher Briefschreiber, aber ganz bestimmt kein Meister der Epistolographie, den man etwa mit Thomas Mann oder Sigmund Freud oder auch nur mit Joseph Roth vergleichen könnte. Obwohl die Herausgeber die hier gedruckten 392 Briefe aus einer ungleich größeren Zahl auswählen konnten – zu ihrer Verfügung standen aus der Zeit von 1895 bis 1921 immerhin fast zweitausend Hesse-Briefe – und sie überdies (um den Leser nicht »mit Wiederholungen und allzu Privatem zu ermüden«) häufig gekürzt haben, ist die Lektüre des Bandes kein reines Vergnügen.

Da verbreitet sich Hesse über zahllose allgemeine Fragen, über Zeitgeschichtliches, Moralisches und Literarisches, über Musik und

Psychoanalyse, über Hass und Liebe, über die Deutschen, den Nationalismus und den Krieg. Es steht in diesen Briefen viel Vernünftiges und Richtiges, sie nötigen oft ehrlichen Respekt ab. Alle Achtung, dachte ich mir immer wieder – nur dass ich dabei gähnen musste. Denn Hesse offeriert hier, um es kurz und grob zu sagen, gute Gesinnung und wenig Geist.

Dass diese Ausführungen von 1910 oder 1920 meist so banal und phrasenhaft klingen, mag zu einem Teil – aber eben doch nur zu einem Teil – an Hesses Vokabular liegen. Vom »Menschlichen«, der »Menschheit« und dem »Menschentum« ist oft die Rede, vom »stillen Glauben an den Zweck des Ganzen« und vor allem von der »Seele«. Zugegeben, ich bin da nicht ganz objektiv: Wenn ich das Wort Seele höre, wittere ich allemal Schmus. Und Hesse bedient sich dieser Vokabel noch in vielen Verbindungen – von der »Seelenspeise« und der »Seelenkultur« bis zur »Seelenhaftigkeit«.

Wie auch immer: Wer originelle Gedanken und Formulierungen erwartet, wer sich nach Witz und Esprit sehnt (Hesses schlechthin phänomenale Humorlosigkeit hat Tucholsky vor bald einem halben Jahrhundert beklagt), der wird hier schwerlich auf seine Rechnung kommen. Was den Briefschreiber Fontane so überaus sympathisch macht – das Urbane und Souveräne, das Augenzwinkernde –, fehlt in dieser Korrespondenz ganz. Alles ist ziemlich naiv und sehr provinziell, als stamme es von einem poetisch angehauchten Dorfschullehrer oder von einem aus einer schwäbischen Kleinstadt entlaufenen Pfarrer.

Mag also die weltliche Seelsorge, die nicht jedermanns Geschmack sein kann, in diesem Band eine große Rolle spielen, so hat er auch seine guten Seiten. Denn obwohl der zwanzigjährige Hesse versicherte, er sei »von allzu nackten brieflichen Konfessionen kein Freund«, hat er sich später mitnichten daran gehalten: In seinen Briefen, zumindest in denjenigen, die für diese Sammlung ausgewählt wurden, finden sich viele und eben sehr nackte Bekenntnisse. Und nur wenn er über sich selber und sein Werk sprach – und er äußerte sich über dieses Thema gern und eingehend –, sind seine Mitteilungen immer noch von einigem Interesse.

Als teils beabsichtigtes und teils unfreiwilliges Autoporträt gelesen, beweist diese Korrespondenz, dass Hesse nur in sehr geringem Maße entwicklungsfähig war. Bekanntlich unterscheidet man in seinem Leben einige scheinbar sehr scharf voneinander abgehobene Perioden. Indes zeichnen sich die Briefe schon des Achtzehn- und Neunzehnjährigen durch nahezu denselben Ausdruck und Tonfall aus wie die ein Vierteljahrhundert später geschriebenen. Auch machen sich schon sehr bald Ansichten und Stimmungen bemerkbar, die in der ganzen Korrespondenz und im ganzen Werk Hesses dominieren.

Haben wir es mit einer erstaunlichen Frühreife zu tun? Oder ist es vielleicht umgekehrt, dass also Hesse die Mentalität eines halbwüchsigen, gegen die schmutzige Welt der Erwachsenen rebellierenden Träumers nie vollends zu überwinden vermocht hat? Wahrscheinlich trifft beides gleichzeitig zu; auf jeden Fall ist in den Briefen jener fundamentale Gegensatz unverkennbar, dem auch Hesses erzählende Prosa einen besonderen Reiz verdankt – ich meine den Kontrast zwischen einem sicheren und reifen, bisweilen glatten und fast schon routinierten Stil und inhaltlichen Motiven von unzweifelhaft pubertärem Anstrich.

Was man als Hesses Pfadfinder-Geist bezeichnen könnte – er ist ebenso im frühen »Peter Camenzind« zu spüren wie im späten »Glasperlenspiel« –, hat auch sein Verhältnis zur Politik bestimmt. Der Verachtung der modernen Zivilisation, von der sich fast alle seine Helden angewidert oder verzweifelt abwenden, entsprach Hesses Anschauung, dass die Politik ein zwar unvermeidbares, doch ziemlich ekelhaftes und niederträchtiges Geschäft sei. »Daß ich vom politischen Denken und Wirken völlig unbefleckt bin«, schrieb er 1903 mit einem fatal klingenden Stolz, »versteht sich von selbst; ich habe nie eine Zeitung gelesen.« Damit aber traf Hesse bei einem großen Teil des deutschen Publikums (von der wilhelminischen Zeit bis zum Zweiten Weltkrieg) auf Verständnis und Sympathie.

Noch aufschlussreicher ist ein Brief aus dem Jahre 1912: »Ich habe mich nie für Politik interessieren können, ich habe nie als Bürger das Leben einer Stadt, eines Volks, oder nur einer größeren Familie geteilt, ich war von Kind auf ein Poet und Sonderling oder Neurastheniker, und so habe ich zu dem Kreis der Bescheidenen, Umfriedeten, in enge feste Verhältnisse Beschränkten immer eine sehnsüchtige Liebe behalten. Ja ich liebe den Philister (mit dem ich in Wirklichkeit keinen Tag auskäme), weil ich ihn um das feste Fundament seines Lebens beneide …«

Eben hiermit hing Hesses enormer Erfolg zusammen: Seine Epik konnte höchst unterschiedliche Leser in einmütiger Zustimmung vereinen, weil in ihr immer beides zu finden war – zusammen mit der Abwendung von der schmutzigen Gegenwart, mit der Verwerfung der Politik und mit der heftigen Kritik des bürgerlichen Lebens zugleich die Sehnsucht nicht nur nach edler Einfalt und stiller Größe, sondern auch nach einer soliden und stabilen, schließlich doch bürgerlichen Ordnung. Die einsamen Sonderlinge, die Außenseiter und Steppenwölfe konnten sich in seinen Büchern gerührt wiedererkennen; doch auch die anderen, die Bescheidenen und Umfriedeten, die Philister sahen sich weder gekränkt noch enttäuscht.

Zugleich zeigt die Korrespondenz, dass der Erste Weltkrieg, mag er auch Hesses Anschauungen in mancher Hinsicht modifiziert haben, auf seinen Widerwillen gegen alle Politik ohne Einfluss geblieben war: »Mein Dienst und göttlicher Beruf ist der der Menschlichkeit. Aber Menschlichkeit und Politik schließen sich im Grunde immer aus. Beide sind nötig, aber beiden zugleich dienen ist kaum möglich. Politik fordert Partei, Menschlichkeit verbietet Partei.« Warum sollte eigentlich – darf man wohl fragen – Menschlichkeit die Parteinahme verbieten? Und so naiv und eben philiströs die Antithese »Menschlichkeit – Politik« immer schon war, so wirkt sie besonders verbohrt und peinlich, wenn man weiß, wann Hesse Derartiges zu schreiben für richtig hielt – es war im November 1918.

Nach 1918 widersetzte er sich dem »Schrei nach der Politisierung der Geister« ebenfalls, denn er beabsichtigte – wie es 1921 heißt – »die geistige Jugend vom politischen Denken weg ins bloß menschliche Denken, zum Erleben ihrer selbst, zu locken«. Jene, die uns heute Hesse als einen besonders zeitnahen politischen Schriftsteller empfehlen möchten, sind doch wohl etwas leichtsinnig.

Seine pazifistische Haltung während des Ersten Weltkriegs hat man schon oft gerühmt, wobei gern solche Vokabeln wie »untadlig« oder »vorbildlich« verwendet werden. Im Wesentlichen mag das schon zutreffen, aber so unproblematisch und eindeutig, wie es in den meisten Darstellungen zu lesen ist, waren Hesses Ansichten in Sachen Krieg nun doch nicht. Gewiss, er publizierte im November 1914 den vielzitierten und höchst ehrenwerten Aufsatz »O Freunde, nicht diese Töne« mit dem Fazit: »Daß Liebe höher sei als Haß, Verständnis höher als Zorn, Friede edler als Krieg, das muß ja eben dieser unselige Weltkrieg uns tiefer einbrennen, als wir es je gefühlt. Wo wäre sonst sein Nutzen?« Doch in einem nur wenige Wochen später geschriebenen Brief beurteilte Hesse diesen möglichen »Nutzen« ganz anders: »Die moralischen Werte des Krieges schätze ich im ganzen sehr hoch ein. Aus dem blöden Kapitalistenfrieden herausgerissen zu werden tat vielen gut, grade auch Deutschland, und für einen echten Künstler, scheint mir, wird ein Volk von Männern wertvoller, das dem Tod gegenübergestanden hat und die Unmittelbarkeit und Frische des Lagerlebens kennt.«

Zugegeben, andere deutsche Schriftsteller haben damals Ähnliches und Schlimmeres geschrieben. Dass aber auch Hesse, den man uns so gern als eine Art Gandhi von Montagnola präsentiert, solche törichten Phrasen von sich geben konnte, ist immerhin bemerkenswert. Seine Formulierung »Unmittelbarkeit und Frische des Lagerlebens« lässt übrigens befürchten, dass seine Vorstellungen vom Krieg eher auf Erfahrungen der Wandervögel in der Zeit des »blöden Kapitalistenfriedens« zurückzuführen sind.

Aber bei aller Neigung zur »Seelenhaftigkeit« und trotz der pubertären Verzückung, mit der er den berühmten »Weg nach Innen« (so der Titel eines seiner Erzählungsbände) zu gehen versucht hatte, war sich Hesse der Eigenart seines Talentes sehr wohl bewusst. »Ich habe mein halbes Leben«, bedauerte er 1919, »in unfruchtbarem Heimweh nach meiner Jugend verbracht und redlich meinen Beitrag zur deutschen Sentimentalität geleistet.« In einem anderen Brief heißt es, er habe »als Dichter eine schöne und harmonische, aber im Grund verlogene Welt« aufgebaut. Er habe »auf zarten Saiten« Musik gemacht:

»keine schlechte Musik, die aber dem Leben abgestorben war«. Jetzt müsse er das, was er »früher weggelogen oder doch verschwiegen hatte, anschauen und anerkennen, alles Chaotische, Wilde, Triebhafte, ›Böse‹ in mir«. Sein bisheriges Werk verwirft er 1920 als »Unterhaltungsliteratur« und fragt, wie er denn in »die Rolle des beliebten Unterhaltungsliteraten«, die zu ihm doch gar nicht passe, geraten sei.

Unfruchtbares Heimweh, deutsche Sentimentalität, verlogene Welt, beliebter Unterhaltungsliterat – das sind harte Worte, ernst gemeint. Und treffen sie etwa auf manche seiner späteren Werke nicht mehr zu? Aber derartige Einsichten sind es auch, die schließlich doch mit Hesse, dem harmlosen Steppenwolf, versöhnen können, mit ihm, der allerdings, mochte er es noch so gut meinen, oft mit seiner anachronistischen und weltfremden Literatur Unheil angerichtet hat.

Ein Abschied also von Hermann Hesse? Nein, gewiss nicht. In seinen erzählenden Schriften findet sich einiges, was zu Recht geblieben ist, was bleiben sollte. Aber ein Abschied vom Hesse-Mythos ist längst fällig.

# Alfred Döblin

## Unser Biberkopf und seine Mieze

Über Alfred Döblins »Berlin Alexanderplatz«

Der Roman »Berlin Alexanderplatz« erzählt die Geschichte des ehemaligen Transportarbeiters Franz Biberkopf, der im Jähzorn seine Freundin erschlagen hat, der, nach vier Jahren aus dem Gefängnis entlassen, fest entschlossen ist, anständig zu sein, der als Hausierer und Zeitungsverkäufer seinen Lebensunterhalt zu verdienen versucht, den Politik nichts angeht, der aber vom Leben mehr als ein Butterbrot will, der, schuldig und unschuldig zugleich, an einem Einbruch teilnimmt, wortwörtlich unter die Räder gerät und einen Arm verliert, den man verhaftet und in eine Irrenanstalt einliefert – und den zu guter Letzt das Gericht freispricht.

Diese Geschichte ist ein episches Lehrstück, eine gleichnishafte Erzählung. Was wollte uns der Autor sagen? Ich scheue mich nicht, die leidige Oberlehrerfrage zu stellen und sie gleich so einfach wie möglich zu beantworten. Natürlich, jedes große Gleichnis kann unterschiedlich verstanden und gedeutet werden – auch dieses. Für mich indes lautet die Moral von der Geschichte:

Ein guter Mensch sein? Ja, wer wärs nicht gern
Doch leider sind auf diesem Sterne eben
Die Mittel kärglich und die Menschen roh.
Wer möchte nicht in Fried und Eintracht leben?
Doch die Verhältnisse, die sind nicht so.

Das singt der alte Peachum in Brechts »Dreigroschenoper«. Sie wurde 1928 in Berlin uraufgeführt, also in der Zeit, in der Döblin am »Berlin Alexanderplatz« arbeitete – und bisweilen ist ihre Atmosphäre in dem Roman sehr wohl spürbar.

Doch wen repräsentiert eigentlich sein Held? Biberkopf ist ein Deutscher und ein Berliner, ein Plebejer und ein Lumpenproletarier, ein Dieb, Hehler und Zuhälter. Aber er steht keineswegs für die Deutschen und die Berliner, für die Plebejer oder die Lumpenproletarier. Er repräsentiert niemanden, Biberkopf ist Biberkopf. Und gleichwohl eine parabolische Demonstrationsfigur? Ja, denn ohne in irgendeinem Sinne repräsentativ zu sein, ist Biberkopf eine Modellgestalt, genauer: eine Identifikationsfigur.

Nur sind es nicht seine Taten und Untaten, die den Lesern diese Identifikation ermöglichen. Schließlich bestand und besteht Döblins Publikum nicht aus Dieben und Verbrechern. Dennoch konnten und können sich unzählige Menschen in Franz Biberkopf wiedererkennen – in seiner Entschlossenheit, anständig zu sein, in seinem Bedürfnis, mehr vom Leben zu bekommen als ein Butterbrot, in seinem Scheitern. Anders ausgedrückt: Sie erkennen ihre eigene Schwäche wieder, ihre Ohnmacht, ihre Leiden. Daher ist Biberkopf eine zwar extreme, doch zugleich exemplarische Figur.

So war sie von Döblin auch gemeint. Im Vorspruch zum zweiten Buch des Romans sagt er: »Es ist kein beliebiger Mann, dieser Franz Biberkopf. Ich habe ihn hergerufen zu keinem Spiel, sondern zum Erleben seines schweren, wahren und aufhellenden Daseins.« Damit ist die pädagogische Absicht des Romans artikuliert. Im Vorspruch wiederum zum dritten Buch heißt es: »Biberkopf hat geschworen, er will anständig sein … Das Leben findet das auf die Dauer zu fein und stellt ihm hinterlistig ein Bein … Warum das Leben so verfährt, begreift er nicht. Er muß einen langen Weg gehen, bis er es sieht.«

Diese Hinweise sind es wohl, die manche Germanisten verführt haben, »Berlin Alexanderplatz« als Erziehungs- oder Entwicklungsroman zu interpretieren. Aber hier entwickelt sich nichts, und Biberkopf lässt sich nicht erziehen. Wenn Walter Benjamin 1930 meinte, Biberkopfs Weg beschreibe »nur eine heroische Metamorphose des bürgerlichen Bewußtseins«, dann ist das wohl eher ein Missverständnis. Es gibt in diesem Roman keine Metamorphose und schon gar keine heroische. Auch von einem bürgerlichen Bewusstsein kann hier schwerlich die Rede sein. Benjamin meinte, den Biberkopf verzehre der »Hunger nach Schicksal«. Aber wer vom Leben mehr verlangt als ein Butterbrot, der hungert noch nicht nach Schicksal.

Der überraschende, der metaphysische Schluss des Romans mag solche Interpretationen begünstigt, wenn nicht provoziert haben. Denn im letzten Kapitel nähert sich, was vornehmlich einer Moritat ähnelte, nun einem Mysterienspiel, der Bänkelsänger schlüpft in die Rolle eines Predigers. Der Held des Romans erkennt seine Schuld und bereut. Hierzu führen jedoch nicht etwa seine Erlebnisse und Erfahrungen, vielmehr ist dieser Wandel die Folge eines psychischen Zusammenbruchs, eben jenes Zusammenbruchs, der die Einlieferung Biberkopfs in die Irrenanstalt notwendig gemacht hat. Im Finale des Romans gibt es keine Einsicht und keine Erkenntnis und letztlich auch keine Bekehrung, sondern nur eine Erleuchtung, überdies eine, die während der Bewusstlosigkeit Biberkopfs über ihn gekommen sein soll.

Der Rezensent des »Berliner Tageblatt« spottete nicht zu Unrecht, es sei ein Wunder, dass Biberkopf als Portier ende und nicht bei der Heilsarmee. Bei Lichte besehen: Nicht der Held des Romans hat sich im Schlusskapitel geändert, sondern dessen Autor. Dieser hatte aber keine Kraft oder keine Lust mehr, die heilsgeschichtliche Wende darzustellen: Er begnügte sich mit einer flüchtigen Mitteilung.

Übrigens stammt die beste Erklärung des Epilogs von Döblin selber. Dem Berliner Germanisten Julius Petersen, der von dem Ende nicht recht überzeugt war, schrieb Döblin, er habe Biberkopf zur »zweiten Phase bringen« wollen, dieser sollte also im letzten Kapitel zum moralischen und religiösen Exempel werden. Das indes, räumte Döblin ein, sei ihm nicht gelungen: »Der Schluß müßte eigentlich im Himmel spielen, schon wieder eine Seele gerettet, na, das war nicht möglich, aber ich ließ es mir nicht nehmen, zum Schluß Fanfare zu blasen, es mochte psychologisch stimmen oder nicht.« Hat es je einen großen deutschen Schriftsteller gegeben, der so unbekümmert und auch so leichtsinnig arbeitete und der so wenig mit seinem Pfunde wuchern wollte?

In der Irrenanstalt hat Döblins stumpfsinnig gewordener Held allerlei Visionen: Wie in einem Mysterienspiel ziehen an ihm die zentralen Personen seines Lebens vorbei. Sie erinnern den Jedermann Biberkopf an sein Versagen, an seine Sünden. Er glaubt, zwei Männer zu sehen, die sein Unglück mitverschuldet haben, und zwei Freundinnen, die beide nicht mehr leben. Als Letzte kommt Emilie Parsunke, die gern Sonja heißen möchte, doch einfach Mieze genannt wird. Im Norden Berlins, am Stettiner Bahnhof, hat sie das Geldverdienen gelernt – als Prostituierte. Dann taucht sie bei Franz Biberkopf auf, sie macht ihn glücklich, er glaubt, dieses »straffe Wunder« habe ihm der liebe Gott ins Haus geschickt – »und im Bett, da ist sie sanft wie eine Feder, jedesmal so ruhig und zart und glücklich wie zuerst. Und immer ist sie ein bißchen ernst«.

Ja, so sind sie: ruhig und zart und glücklich und immer ein bisschen ernst. Wirklich ruhig? Das währt nicht lange, und dann singen sie: »Meine Ruh ist hin / Mein Herz ist schwer / Ich finde sie nimmer / Und nimmermehr.« Dass sie Sonja heißen möchte, ist wohl als Anspielung auf eine andere berühmte Figur der Weltliteratur zu verstehen – auf die edle Hure in Dostojewskis Roman »Verbrechen und Strafe«. Aber im Grunde hat Döblins Mieze mit Dostojewskis jungen Frauen wenig zu tun und sehr viel mit Gretchen und Klärchen, mit Kleistens Käthchen.

Biberkopf ist überzeugt, Mieze habe jetzt, da sie beide zusammenleben, mit der Prostitution Schluss gemacht. Er irrt sich, sie geht nach wie vor auf den Strich, um seinen, des Einarmigen, Lebensunterhalt zu verdienen. Miezes Freundin sagt ihm: »Auf die kannste dir verlassen.« Und Franz liebt sie weiter, er liebt sie dennoch und erst recht. »Ich liebe dich«, das lautet hier: »Miezeken, du kannst machen, wat du willst, ick laß dir nicht.« Franz Biberkopf ist der erste Liebende der deutschen Literatur, der zum Zuhälter seiner Geliebten wird. Franz und Mieze – das ist eine der schönsten deutschen Liebesgeschichten des 20. Jahrhunderts, sehr traurig, wie alle Liebesgeschichten, und ein wenig sentimental, wie ebenfalls alle Liebesgeschichten.

An Biberkopfs Krankenbett erscheint auch jener, der Mieze ermordet hat und der ironischerweise Reinhold heißt, obwohl er ein Bösewicht ist wie der dritte Richard, eine Spottgeburt aus Dreck und Feuer. Aber man sollte diesen Reinhold nicht etwa für Biberkopfs Gegenspieler halten, er ist vielmehr sein böser Geist: ein Provokateur, aus dessen Augen »das höllische Feuer blitzt« und der beim Gehen einen Fuß nachzieht. »Er reizt mir noch immer«, denkt sich Biberkopf, der diesem Mephisto nicht gewachsen, der ihm ausgeliefert war und ist.

Er hat überhaupt keinen Gegenspieler – oder doch: Aber der Gegenspieler ist keine Person, es ist die Stadt Berlin. Kurz vor seinem Tod, 1955, hat Döblin über die Entstehung des Romans »Berlin Alexanderplatz« berichtet: »Ich hatte keinen besonderen Stoff, aber das große Berlin umgab mich, und ich kannte den einzelnen Berliner, und so schrieb ich wie immer ohne Plan, ohne Richtlinien drauflos, ich konstruierte keine Fabel, die Linie war: das Schicksal, die Bewegung eines bisher gescheiterten armen Mannes.«

Hatte er wirklich keinen besonderen Stoff? Gleich heißt es doch: »Das große Berlin umgab mich, und ich kannte den einzelnen Berliner.« Das *ist* ja der Stoff, und ein besonderer obendrein. Denn bis dahin kannte man Berlin-Romane kaum. Gewiss, es gab Romane, die an der Spree spielten – nicht zuletzt »Stine«, »Irrungen, Wirrungen« und, vor allem, »Frau Jenny Treibel«. Doch bei Fontane und anderen Autoren vor Döblin diente Berlin stets nur als Folie, als Hintergrund. Hier indes ist diese Stadt tatsächlich Stoff und Thema des Romans.

Aufschlussreich ist auch der Hinweis, er habe das Schicksal eines armen gescheiterten Mannes zeichnen wollen. Damit war widerlegt – und zwar glücklicherweise widerlegt –, was Döblin jahrelang postuliert hatte. Noch 1924 hatte er mit grandiosem Schwung erklärt: »Ich bin ein Feind des Persönlichen. Es ist nichts als Schwindel und Lyrik damit. Zum Epischen taugen Einzelpersonen und ihre sogenannten Schicksale nicht.« Der Döblin vor »Berlin Alexanderplatz« war ein Anhänger der »möglichst schrankenlosen Phantasie«. Weil er diesmal die »möglichst schrankenlose Phantasie« überwunden hatte, weil er nicht mehr von pittoresker Vergangenheit oder von utopischer Zukunft erzählte, sondern von der unmittelbaren Gegenwart, weil er die Handlung nicht in fernem Land, unnahbar unseren Schritten, angesiedelt hatte, sondern in einer Welt, die er genauestens kannte, weil er sich von seiner unglückseligen Theorie, im Roman komme es nicht auf Einzelpersonen und deren Schicksale an, endlich gelöst und eine Einzelperson in den Mittelpunkt gestellt hatte, konnte er ein Glanzstück des psychologischen und des lyrischen Romans schreiben.

Die Geschichte Biberkopfs und die Vision Berlins bilden zusammen ein Pandämonium von überwältigender Anschaulichkeit. Die künstlerischen Mittel, derer sich Döblin hier bedient, hatten ihm schon viel früher als eine Art Programm der modernen Prosa vorgeschwebt. So schrieb er 1913: »Die Darstellung erfordert bei der ungeheuren Menge des Geformten einen Kinostil … Von Perioden, die das Nebeneinander des Komplexen wie das Hintereinander rasch zusammenzufassen erlauben, ist umfänglicher Gebrauch zu machen. Rapide Abläufe, Durcheinander in bloßen Stichworten … Das Ganze darf nicht erscheinen wie gesprochen, sondern wie vorhanden.« 1917 fordert Döblin »die Sprachwerdung eigentümlicher Situationen und Personen«, an der *Darstellung* ist ihm gelegen, nicht an der Erzählung. Die »Deutlichkeit des Romans« sei die der »Anschauung, des Gefühls«.

Es gibt auch einige, in der Regel sehr knappe Äußerungen Döblins, mit denen er den Stil und die Eigenart des Romans »Berlin Alexanderplatz«, während er an ihm arbeitete, kommentierte. 1928 hatte man ihn gebeten, den gerade in deutscher Übersetzung veröffentlichten »Ulysses« von Joyce zu rezensieren. Er nahm die Gelegenheit wahr, in die (übrigens enthusiastische) Besprechung dieses Romans einige Bemerkungen allgemeiner Art einzufügen: »In den Rayon der Literatur ist das Kino eingedrungen, die Zeitungen sind groß geworden, sind das wichtigste, verbreitetste Schrifterzeugnis, sind das tägliche Brot aller Menschen. Zum Erlebnisbild der heutigen Menschen gehören ferner die Straßen, die sekündlich wechselnden Szenen auf der Straße, die Firmenschilder, der Wagenverkehr … Jetzt ist wirklich ein Mann nicht größer als die Welle, die ihn trägt. In das Bild von heute gehört die Zusammenhanglosigkeit seines Tuns, des Daseins überhaupt, das Flatternde, Rastlose.« Alle diese Postulate hat Döblin in dem Roman »Berlin Alexanderplatz« verwirklicht.

Auf welche Weise, mit welchen literarischen Techniken ist es ihm gelungen, das »Erlebnisbild des heutigen Menschen« zu zeigen und das Flatternde und das Rastlose spürbar zu machen? In Zusammenhang mit »Berlin Alexanderplatz« hat man wiederholt auf den »Ulysses« von Joyce und »Manhattan Transfer« von Dos Passos verwiesen. Döblin bestritt zwar einen direkten Einfluss, sah aber gewisse Berührungspunkte zwischen seinem Roman und dem »Ulysses«. Auch von Dos Passos mag er profitiert haben. Doch sollte man dies nicht überschätzen: Schon lange vor »Manhattan Transfer« beschäftigte er sich mit der Montage- und Collage-Technik, und schon lange vor dem »Ulysses« interessierte er sich für die Wiedergabe des Bewusstseinsstroms, schon vor diesen Werken setzte er sich mit dem italienischen Futurismus sowie mit dem Züricher und dem Berliner Dadaismus auseinander.

Vor allem aber: Man sollte Gerhart Hauptmann nicht vergessen. Döblin mochte ihn nicht, er hasste ihn sogar, wie er nahezu alle erfolgreichen Schriftsteller seiner Zeit verachtete. Die liebevolle und detaillierte Milieuschilderung, die ständige Verwendung von Dialekt und Jargon, das mit unverkennbarem sozialen Mitleid gezeichnete Proletariat im Mittelpunkt – das sind Elemente des deutschen Naturalismus. Und ob sich Döblin dessen bewusst war oder nicht: Hauptmanns plebejische Helden – vom Bahnwärter Thiel bis zum Fuhrmann Henschel – sind auf seinen Biberkopf keineswegs ohne Einfluss geblieben.

Ferner: Dass Döblin mit der 1910 entstandenen Erzählung »Die Ermordung einer Butterblume« einer der wichtigsten Prosaschriftsteller des frühen Expressionismus wurde, ist unbestritten. Aber auch in »Berlin Alexanderplatz« fallen expressionistische Elemente auf. So dynamisiert er bisweilen die Landschaft, personifiziert die Natur und dämonisiert das Stadtbild. Wenn Biberkopf aus dem Gefängnis entlassen wird und sein Leidensweg beginnt – denn es war für ihn leichter, die Haft zu ertragen, als in Freiheit zu leben –, wenn er also ratlos auf der Straße steht, lesen wir: »Es rann Häuserfront neben Häuserfront ohne Aufhören hin. Und Dächer waren auf den Häusern, die schwebten auf den Häusern, seine Augen irrten nach oben: wenn die Dächer nur nicht abrutschten, aber die Häuser standen grade.«

In einem ganz anderen Stil wird der Roman eröffnet: »Dies Buch berichtet von einem ehemaligen Zement- und Transportarbeiter Franz Biberkopf in Berlin. Er ist aus dem Gefängnis, wo er wegen älterer Vorfälle saß, entlassen und steht nun wieder in Berlin und will anständig sein.« Das ist der unterkühlte Tonfall der jetzt, Ende der zwanziger Jahre, dominierenden Neuen Sachlichkeit. Mit den Autoren, die dieser Richtung zugezählt werden, mit Joseph Roth und Erich Kästner, mit Egon Erwin Kisch und Hermann Kesten verbindet Döblin die Vorliebe für das Trockene und das Nüchterne, für das Ironische und das Sarkastische und, natürlich, die Liebe zur Großstadt.

Haben wir es also mit einem naturalistischen oder mit einem expressionistischen Roman zu tun oder mit einem Roman der Neuen Sachlichkeit? Man könnte hier noch einige weitere Ismen anführen, zumindest den Impressionismus, den Dadaismus und den Pointillismus. Und es muss auch gesagt werden, dass in Döblins Roman die Technik der Montage und der Collage so konsequent und so virtuos angewandt wird wie noch nie in der Geschichte der deutschen erzählenden Prosa.

Der Roman zitiert immer wieder Zeitungsnachrichten, Wetterberichte, Reklamesprüche und Behördenbriefe, Volkslieder, Bibelstellen, Kinderreime und Schlagertexte, Lexikonartikel und Gebrauchsanweisungen, Firmenschilder und Bekanntmachungen. Den Schriftsteller Döblin faszinieren Dokumente jeglicher Art, er baut sie in jedem Kapitel in die Romanhandlung ein, bisweilen kommt er sich – er hat es jedenfalls behauptet – als Autor beinahe überflüssig vor.

Diese Passagen, die Döblin als Versatzstücke verwendet, haben oft keinen direkten Bezug zu den dargestellten Geschehnissen: Viele derartige Partikel gehören weder zur Geschichte Biberkopfs noch zu den Porträts der Personen, die auf seinem Weg auftauchen – so will es scheinen, zumindest auf den ersten Blick. In Wirklichkeit haben die Zitate und die eingeblendeten Dokumente und erst recht die biblischen Gleichnisse, so die Geschichten von Hiob, Abraham und Isaak, in der Regel eine kommentierende Funktion: Sie sind, die Anordnung beweist es, als bildliche Erläuterungen oder Deutungen der dargestellten Vorgänge gedacht. Alle diese Elemente ergeben zusammen eine Realität von höchster Überzeugungskraft, nämlich das Bild der Welt, in der Biberkopf und die anderen leben – also der Stadt Berlin in den Jahren 1927 bis 1929.

Wie kein deutscher Romancier vor ihm tritt Döblin in diesem Roman in einer Doppelrolle auf: Er dokumentiert den Berliner Alltag mit Hilfe von vorgefundenen Texten, die er montiert und collagiert. Und er waltet zugleich als allmächtiger und allwissender Erzähler, der das ganze Geschehen überblickt und die Figuren durchschaut. Dokument und Erfindung, Protokoll und Erzählung, Bericht und Inszenierung gehen ineinander über und ergänzen sich. Das Pandämonium zeitigt die Parabel – und umgekehrt. Einfacher ausgedrückt: Das Bild Berlins und die Geschichte des Franz Biberkopf bedingen und beglaubigen sich gegenseitig.

Doch wie reichhaltig und vielschichtig Döblins Roman auch ist, es mangelt ihm nicht an einem roten Faden, an einem Leitmotiv. Immer wieder werden hier die ersten Verse eines alten Volkslieds zitiert: »Es ist ein Schnitter, der heißt Tod, hat G'walt vom großen Gott …« Das Lied und auch die Beschreibungen des Berliner Viehhofs, die in verschiedene Teile des Buches eingeschaltet sind, dienen gleichsam als Mahnungen. Sie sollen den Leser daran erinnern, dass im Mittelpunkt des Romans das Thema steht, mit dem sich alle großen Romane der Weltliteratur beschäftigen: die Vergänglichkeit des menschlichen Lebens.

So hat das Buch »Berlin Alexanderplatz« geschrieben: ein Romancier, ein Rhapsode und ein Reporter, ein Chronist und Kommentator, ein Prediger und Pamphletist, ein Phantast und ein Philosoph, ein Moralist und Metaphysiker. Ist das Ergebnis dadurch ein Konglomerat? Nein, trotz der Verwendung der unterschiedlichsten Stile, Techniken und Ausdrucksmittel gerät dieser Roman niemals in die Gefahr auseinanderzufallen. Das gerade ist das Verblüffende und Beglückende: Wir haben es mit einem ganz und gar einheitlichen Buch zu tun.

Bewirkt wird die Einheitlichkeit durch eine einzige, freilich phänomenale Kraft. Rückblickend notiert Döblin: »Ich konnte mich auf die Sprache verlassen: die gesprochene Berliner Sprache; aus ihr konnte ich schöpfen.« Das ist es.

Mitunter hat das Berlinerische schon in der Literatur des 19. Jahrhunderts eine wachsende Rolle gespielt: Am frühesten wohl in einigen inzwischen vergessenen Romanen Ludwig Tiecks, später in Versen und Feuilletons von Adolf Glasbrenner, hier und da bei Fontane. Noch besser hat die Möglichkeiten, die dem Berlinerischen innewohnen, der Schlesier Hauptmann wahrgenommen und realisiert: im »Biberpelz«, in den »Ratten«. Aber erst Döblin hat gezeigt, was sich dem Berlinerischen abgewinnen lässt.

Während in früheren deutschen Romanen, die als realistische Prosa gedacht waren, sich sogar die Plebejer eher der Hochsprache bedienten, sprechen in »Berlin Alexanderplatz« nahezu alle auftretenden Personen den Berliner Dialekt. Mehr noch: Auch der Erzähler des Romans schreibt eine Sprache, die man zwar nicht mit dem Dialekt der Figuren verwechseln kann, die aber dennoch eindeutig – in Wortwahl und Rhythmus – vom Berlinerischen geprägt ist. Dank dieser ungewöhnlich griffigen Diktion lebt »Berlin Alexanderplatz« und ist – im Unterschied zu anderen mehr oder weniger experimentellen Romanen aus jener Zeit – frei vom Künstlichen und vom Konstruierten, frei von Sterilität. Dank der immer wieder vom Berlinerischen profitierenden Sprache ist »Berlin Alexanderplatz« Döblins einziger Roman, in dem er seiner Konzeption gewachsen war.

Als das Buch 1929 erschien, meinte Johannes R. Becher in der »Linkskurve«, dem Organ des Bundes Proletarisch-Revolutionärer Schriftsteller, dieser Roman, den er für ein »künstlich gepreßtes Laboratoriumsprodukt« hielt, beweise, dass »die bürgerliche Literatur zu Ende« sei. Aber der Roman »Berlin Alexanderplatz« war nicht ein Ende, sondern ein Anfang. Ohne dieses Buch ist ein großer Teil der modernen deutschen Prosa schwer denkbar.

Vor Döblin verneigte sich respektvoll und dankbar Wolfgang Koeppen: Sein München-Bild im Roman »Tauben im Gras« lässt das Vorbild klar erkennen. Arno Schmidts Werk ist Döblin in hohem Maß zu Dank verpflichtet, seine Theorien gehen ebenfalls auf dessen Arbeiten zurück; in einem Brief aus dem Jahre 1953 nannte er Döblin »den Kirchenvater unserer neuen deutschen Literatur«. Wolfdietrich Schnurre hat von ihm – laut eigener Aussage – immer wieder gelernt. Günter Grass bekannte 1967, er könne sich seine Prosa ohne Döblin gar nicht mehr vorstellen, er sei sein Schüler und Nachfolger.

Peter Rühmkorf schrieb, erst Döblin habe den modernen deutschen Roman »spannend gemacht«. Döblins »experimenteller Realismus« sei für ihn, Rühmkorf, zum »lebensbegleitenden Ideal« geworden. Auch Uwe Johnson hat auf seine Art aus dem Buch »Berlin Alexanderplatz« Nutzen gezogen. Und Hubert Fichtes Hamburg-Bild in seinem Roman »Die Palette« hätte es ohne »Berlin Alexanderplatz« wohl kaum so gegeben.

Einer war sich der Bedeutung Alfred Döblins und seines Hauptwerks bewusst – er selber. 1938 schrieb er in einem Brief: »Man lernt von mir und wird noch mehr lernen.« Er hat recht behalten.

# Franz Kafka

## Ich könnte leben und lebe nicht

Das Bild Franz Kafkas nach der Veröffentlichung der Briefe an seine Schwester Ottla und die Familie

Dieses Buch ist weit mehr als die Summe seiner Bestandteile. Es dokumentiert, worüber wir nur partiell oder nur aus zweiter Hand informiert waren: Kafkas Beziehung zu seiner jüngsten Schwester Ottilie, genannt Ottla. Diese Beziehung muss man kennen, will man sein Verhältnis zu Frauen begreifen, und nichts macht Kafkas Persönlichkeit, zumal sein Lebensgefühl – und damit das Fundament, auf dem alles gründet, was er geschrieben hat –, so augenscheinlich wie eben dieses diffizile Verhältnis.

I.

Die früheste erhaltene Arbeit Kafkas ist die Erzählung »Beschreibung eines Kampfes«. Von heute her gesehen, will dieser Titel, ob er nun wirklich vom Autor selber stammte oder nicht, wie ein Programm anmuten.

Kafkas Leben spielte sich – nach einem treffenden Wort Martin Walsers – in einer »von Prosaspiegeln umstellten Einzelkämpferarena« ab. Wogegen er sich in dieser Arena wehrte, wusste er sehr genau. »Jedenfalls wären also alle äußeren Voraussetzungen für ein gutes Gelingen gegeben; bleibt nur der Feind im Kopf« – bemerkte er 1920 in einem Brief an Ottla. Der offensichtlich beiläufigen Mitteilung entspricht eine frühere Notiz in Kafkas Tagebuch: »Die ungeheure Welt, die ich im Kopf habe. Aber wie mich befreien und sie befreien, ohne zu zerreißen. Und tausendmal lieber zerreißen, als in mir sie zurückhalten.«

Wer diesen »Feind im Kopf« zu benennen, diese »ungeheure Welt« zu definieren versucht, muss natürlich fürchten, das, wovon sich Kafka bedrängt und bedroht fühlte, und somit zugleich das, was wir ihm verdanken, auf unzumutbare Weise zu vergröbern und zu verflachen.

Er selber freilich hatte da keine Hemmungen: Kafka, dem es widerstrebte, seine Parabeln zu deuten, war andererseits zu direkten persönlichen Bekenntnissen sehr wohl bereit und kannte keinerlei Scheu vor prägnanten, formelhaften, doch bisweilen eben deshalb vereinfachenden Äußerungen. Dies mag damit zusammenhängen, dass er das Bedürfnis, über seine psychische und physische Verfassung immer wieder Auskunft zu erteilen, weder beherrschen wollte noch konnte.

Kafka hat sich auch nie bemüht, seine Egozentrik zu tarnen und etwa zu verheimlichen, dass ihn, genau genommen, nur eine einzige Person auf Erden wirklich interessierte. Die Briefe an Ottla zeigen dies erneut. So schrieb er ihr im April 1917 aus Prag: »Vorläufig ist noch alles hier in beiläufiger Ordnung, aber wie lange es noch bleiben wird, weiß man nicht … Rede ich von ›allem‹, so meine ich natürlich mich.«

Auf gelegentliche Erkundigungen nach seinem Wohlbefinden, und zwar auch auf solche, die eher auf Höflichkeit oder gesellschaftliche Konvention zurückzuführen waren, reagierte er, oft zur Verwunderung des Fragestellers, nachdenklich und meist mit vielen Einzelheiten. Allerdings sah er es besonders ungern, wenn man ihn auf seine Zukunft ansprach. Als Felice Bauer 1913 über seine Pläne und Aussichten unterrichtet sein wollte – und der Inhalt seiner zahlreichen Briefe an sie musste ihr sachliches Interesse geradezu herausfordern –, antwortete Kafka überrascht und vielleicht etwas unwillig: »Ich habe natürlich gar keine Pläne, gar keine Aussichten, in die Zukunft gehen kann ich nicht, in die Zukunft stürzen, in die Zukunft mich wälzen, in die Zukunft stolpern, das kann ich, und am besten kann ich liegenbleiben.«

Was ihn hinderte, selber über sein Leben zu entscheiden, was seinen Willen auf schon krankhafte Weise lähmte – darüber hatte Kafka keine Zweifel: Er sagte es häufig und meist in auffallend einfachen Worten. In seinem Brief an Ottlas Mann vermerkte er ganz ohne Nachdruck, als würde er etwas Selbstverständliches feststellen: »Mir angst machen, das ist so wie Eulen nach Athen tragen.« In einem Brief an Milena Jesenská heißt es: »... und außerdem ist es ja mein Wesen: Angst.«

Das immer wieder verwendete Wort »Angst« setzte Kafka oft, zumal in den Briefen an Milena, in Anführungsstriche – als wollte er sie daran erinnern, welche besondere, keineswegs alltägliche Angst er im Sinne hatte: »Wäre nicht die ›Angst‹, ich wäre fast ganz gesund.« Und: »Du merkst vielleicht, daß ich seit ein paar Nächten nicht schlafe. Es ist einfach die ›Angst‹. Das ist wirklich etwas, was mich willenlos macht, mich herumwirft nach Belieben, ich kenne nicht mehr oben und unten, rechts und links ...« Indes wertete Kafka seine Not als seine größte Tugend. Er schrieb Milena: »›Angst‹..., ja ich bestehe aus ihr, und sie ist vielleicht mein Bestes. Und da sie mein Bestes ist, ist sie vielleicht das allein, was Du liebst. Denn was wäre sonst großes Liebenswertes an mir zu finden. Dieses aber ist liebenswert.«

Warum er in seiner Angst sein Bestes sah, verdeutlicht eine andere aus einem Brief an Milena stammende Äußerung: »In jener Geschichte hängt jeder Satz, jedes Wort, jede – wenn's erlaubt ist – Musik mit der ›Angst‹ zusammen, damals brach die Wunde zum erstenmal auf in einer langen Nacht ...« Gemeint war die Erzählung »Das Urteil«. Doch gilt es für das ganze Werk Kafkas.

Seine Angst, dieser »Feind im Kopf«, dieser nicht zu besiegende Gegner in der Einzelkampferarena, zwang ihn zu schreiben und machte sein Leben, obwohl das Schreiben das Einzige war, was ihn beglücken konnte, zu einer Qual: »Wenn ich schreibe« – bekannte er –, »zerreißt mich Unruhe und Angst.« Kafkas Werk ist die Beschreibung eines Kampfes mit der Angst. Nichts lag ihm ferner, als – um Audens berühmten Titel zu zitieren – »das Zeitalter der Angst« zu zeigen. Aber indem er sich selber, »die ungeheure Welt« in seinem Kopf, darstellte, machte er – was freilich erst spätere Generationen erkennen konnten – die Angst des Zeitalters bewusst.

Es ist die Angst vor Demütigung und Hilflosigkeit, vor Folter und Grausamkeit, vor dem Vater und der Familie, vor der Schwäche und der Impotenz, vor der Heimatlosigkeit und der Vereinsamung, der Wurzellosigkeit und der Entfremdung, vor dem jüdischen Schicksal. Es ist die Angst Kafkas vor dem Tod und also vor dem Leben.

## II.

Gegen Ende seines Lebens behauptete Kafka, er habe »nichts Erstrebenswerteres« gekannt »als die Ehe an sich«. Dreimal war er verlobt, davon zweimal mit demselben Mädchen, mit Felice Bauer aus Berlin. Jedes Mal wurde die Verlobung wieder aufgelöst. Sooft er eine Heirat auch erwogen hat, geheiratet hat er nie.

Er schrieb Hunderte von Liebesbriefen, vor allem an Felice und Milena. Sie gehören zu den intensivsten, erschütterndsten, qualvollsten, die es in deutscher Sprache gibt. Dennoch ist die Frage, ob er diese Frauen – und auch Julie Wohryzek, seine zweite Verlobte, und Dora Dymant, die Freundin in seinen letzten Monaten – wirklich geliebt hat, wirklich zu lieben imstande war, so abwegig nicht. Man übertreibt nicht, wenn man sagt, dass Frauen in seinem Leben keine wichtige Rolle gespielt haben.

Nun liegt es nahe, Kafkas Verhältnis zu den Frauen mit jenen extremen, ja unheimlichen Ansprüchen zu erklären, die er an sich selber und seine literarische Arbeit stellte: Wer »Schreiben als Form des Gebetes« betrachtete, musste alle, die das Gebet stören konnten, fernhalten. An Äußerungen, die eine solche Ansicht begründet erscheinen lassen, ist in Kafkas Schriften kein Mangel. So notierte er 1914: »Von der Literatur aus gesehen ist mein Schicksal sehr einfach. Der Sinn für die Darstellung meines traumhaften inneren Lebens hat alles andere ins Nebensächliche gerückt, und es ist in einer schrecklichen Weise verkümmert und hört nicht auf zu verkümmern. Nichts anderes kann mich jemals zufriedenstellen.« Ebenfalls im Tagebuch finden sich die Sätze: »Alles, was nicht Literatur ist, langweilt mich, und ich hasse es, denn es stört mich und hält mich auf, wenn auch nur vermeintlich. Für Familienleben fehlt mir dabei jeder Sinn, außer der des Beobachters im besten Fall.« Und schließlich eine Eintragung, in der er versuchte, sich über sein Verhalten zu Felice Bauer Rechenschaft abzulegen: »Ich konnte damals nicht heiraten, alles in mir hat dagegen revoltiert, sosehr ich F. immer liebte. Es war hauptsächlich die Rücksicht auf meine schriftstellerische Arbeit, die mich abhielt, denn ich glaubte diese Arbeit durch die Ehe gefährdet.«

Das alles ist unmissverständlich, und es mag auch überzeugend klingen. Aber schon der Umstand, dass in Kafkas epischer Welt weibliche Figuren mehr oder weniger negativ, oft kaltherzig und böse, gemein und grausam sind und nicht selten als abstoßend und widerlich gezeigt werden, macht seine rechtfertigenden Erläuterungen zumindest fragwürdig: Was er als ein um seiner Selbstverwirklichung willen aus freien Stücken auf sich genommenes inneres Zölibat verstanden wissen wollte, was also vor allem oder vielleicht sogar ausschließlich der direkten Selbstverteidigung des Schriftstellers dienen sollte, musste offensichtlich noch andere, tiefere Ursachen haben.

In Kafkas Tagebuch findet sich 1913 eine »Zusammenstellung alles dessen, was für und gegen meine Heirat spricht«. Diese in ihrer Nüchternheit etwas bürokratisch anmutende Bilanz ist so widerspruchsvoll wie sein Verhältnis zu Frauen.

Der entscheidende Einwand gegen die Heirat lautet: »Die Angst vor der Verbindung, dem Hinüberfließen. Dann bin ich nie mehr allein.« In einem etwa gleichzeitig geschriebenen Brief an Felice heißt es: »Ich habe das bestimmte Gefühl, durch die Ehe, durch die Verbindung, durch die Auflösung dieses Nichtigen, das ich bin, zugrunde zu gehen …«

Kafkas Einstellung zu Frauen hat also weniger mit jenen von ihm gern als Argumente gegen die Ehe angeführten, sachlich-praktischen Überlegungen zu tun als vor allem mit seiner tiefverwurzelten und nie überwundenen Unsicherheit – mit seiner Schwäche und Hilflosigkeit, mit seinem Selbstzweifel und mit seinem keineswegs geringen Selbsthass.

Er benötigte Frauen, er brauchte ihren Schutz, ihre Fürsorge. Aber er misstraute ihnen, weil er sich selber misstraute. Er fürchtete das

»Hinüberfließen« und damit nichts anderes als die Zerstörung seiner eigenen Persönlichkeit. Eine eigentümliche Mischung aus unglücklicher Zuneigung und glücklichem Argwohn kennzeichnet seine Beziehung zu Freundinnen: Er wollte sie besitzen und zugleich von sich stoßen. In den Briefen an Felice nahm diese Ambivalenz nahezu groteske Ausmaße an. Er warb um sie aufs Leidenschaftlichste, ohne je zu vergessen, sie aufs Nachdrücklichste zu warnen: Er dürfe in den Bemühungen nicht nachlassen – schrieb er ihr –, »Dich von der Unmöglichkeit eines menschlichen Verkehrs mit mir überzeugen zu wollen«.

Vieles weist auch darauf hin, dass er das sexuelle Zusammenleben mit einer Frau mehr fürchtete als begehrte. Jedenfalls müssen es triftige Gründe gewesen sein, die ihn gegen Ende seines Lebens veranlasst haben, sich selber die Frage zu stellen: »Was hast du mit dem Geschenk des Geschlechtes getan?« Einige Jahre davor, 1918, hatte er Max Brod in einem Brief bestätigt, dass ihm »das Tiefere des eigentlichen Sexuallebens verschlossen« sei.

Sicher ist, dass er Angst vor den Frauen hatte. Denn sie repräsentierten in seinen Augen eine feindliche Macht, ein feindliches Prinzip – nämlich das Leben. Er glaubte: »Die Frauen sind Fallen, die den Menschen von allen Seiten belauern, um ihn in das Nur-Endliche zu reißen.« Weibliche Gestalten in Kafkas Werken erweisen sich oft als Projektionen derartiger Anschauungen: Es sind personifizierte Angstvisionen. In ihnen spiegeln sich Ideen, die damals auf die jüngeren Generationen einen starken Einfluss ausübten: Auch Kafka bewunderte Strindberg, auch er hatte Weiningers »Geschlecht und Charakter« gelesen.

Aber so unverkennbar das Echo der Zeitströmungen, so sehr sollte man sich hüten, ihre Rolle in Kafkas Gedankenwelt zu überschätzen. Seine permanente Angst vor den Frauen war letztlich Ausdruck einer persönlichen Krise – jener ständigen Identitätskrise, der wir seine Romane und Erzählungen verdanken und die er auch mehrfach analysiert und kommentiert hat, am deutlichsten wohl in dem berühmten »Brief an den Vater«.

Wahrscheinlich gab es im Leben Franz Kafkas nur eine einzige Frau, die er lieben konnte, ohne sie zu fürchten: Ottla.

## III.

Zwischen Kafkas Tagebüchern und seinen Briefen besteht kein prinzipieller Unterschied: hier wie da haben wir es in der Regel mit Monologen zu tun oder, richtiger gesagt, mit seinen inneren Dialogen. Seine Tagebucheintragungen sind Briefe, die er an sich selber richtete. Und seine Briefe erweisen sich meist als Tagebucheintragungen. Sie waren so wenig für Felice Bauer oder Grete Bloch oder Milena Jesenská bestimmt wie jener »an den Vater« für den Prager Kaufmann Herrmann Kafka. Ja, sogar in den Briefen an Max Brod scheint Kafka oft den Adressaten zu vergessen, auch sie haben streckenweise einen monologischen Charakter.

Anders die Briefe an Ottla: Sie sind tatsächlich für sie bestimmt und an sie gerichtet. Während sich Kafka in der Korrespondenz mit Felice überhaupt nicht um das intellektuelle Niveau seiner Partnerin kümmern wollte – gewiss konnte sie vieles, was er ihr schrieb, gar nicht begreifen –, lassen die Briefe an Ottla erkennen, dass er sich hier fortwährend bemühte, auf die eher bescheidenen Möglichkeiten der Adressatin Rücksicht zu nehmen. Es sind Briefe an eine reale Person. War die Jüdin Felice Bauer, die Stenotypistin und spätere Prokuristin einer Berliner Firma, war diese offenbar sehr sachliche und tüchtige Frau etwa keine reale Person?

Als Kafka Felice im August 1912 in der Wohnung Max Brods kennengelernt hatte, stellte er in seinem Tagebuch fest, sie sei ihm »wie ein Dienstmädchen« vorgekommen: »Knochiges leeres Gesicht, das seine Leere offen trug.« Hier findet sich schon jenes Schlüsselwort, das diese Beziehung verständlich macht: Kafka wählte – schrieb Heinz Politzer – »die Leere ihres leeren Gesichtes zur Bildfläche, die ihm seine ›ungeheure Welt‹ zurückwarf; erfand er sie als Adressatin seiner Briefe, als jene ferne Geliebte, an welche die ›Hymnen an die Nacht‹ des Novalis gerichtet sind … So diente ihm Felice als die unerreichbare und ebendarum unschätzbare Empfängerin, die seiner ungebundenen, keiner Bindung fähigen Libido immerhin eine Richtung wies.«

Felices »leeres Gesicht« war also für Kafka nichts anderes als eine dringend benötigte »Projektionsfläche für seine Visionen«. Und weil er dies genau wusste, hielt er es für richtig, Felice gelegentlich zu beruhigen: »Liebste, ich will Dich doch nicht anders haben, als Du bist, ich liebe Dich und keine Gestalt in der Luft.« Das Gegenteil traf zu: Mit der wirklichen Felice Bauer hatte die Adressatin der Liebesbriefe Kafkas nur wenig gemein: Sie waren an eine »Gestalt in der Luft« gerichtet, an eine Hilfskonstruktion seiner Phantasie, an eine Fiktion, die freilich dank seiner sprachlichen Kraft eine literarische Realität wurde.

In diesem Sinne waren auch die anderen Freundinnen Kafkas Geschöpfe seiner Imagination. Egozentrisch bis zum Exzess, liebte er nicht so sehr diese Frauen als sein Gefühl zu ihnen. Er war ein Voyeur seiner eigenen Liebesgeschichten. Daran vor allem sind Kafkas erotische Beziehungen gescheitert. Gegen Ende seines Lebens, 1922, notierte er im Tagebuch: »Die abweisende Gestalt, die ich immer traf, war nicht die, welche sagt: ›Ich liebe dich nicht‹, sondern welche sagt: ›Du kannst mich nicht lieben, so sehr du es willst, du liebst unglücklich die Liebe zu mir, die Liebe zu mir liebt dich nicht.‹«

Ottla, scheint es, hat er nie als »abweisende Gestalt« empfunden. Von seinen drei Schwestern sei sie – schrieb er 1912 an Felice – »unbeschadet der Liebe zu den andern, die bei weitem liebste«, sie sei – so wenige Tage später – seine »beste Prager Freundin«. Was ist es, was Ottla, der besondere Eigenschaften oder Gaben nicht nachgerühmt werden, offenbar doch von den beiden anderen Schwestern Kafkas unterschied? In einem Brief an Felice bemerkte er beiläufig: »Wie Du ja weißt, liebt sie mich sehr, hält unbesehen alles für gut, was ich sage, tue oder meine …« Und: »Denn sie ist immer auf meiner Seite.«

In dieser Zeit, 1913, machte er sich Gedanken auch über die Art seiner Beziehung zu Ottla. »Das Feuer, mit dem ich im Badezimmer meiner Schwester ein komisches kinematographisches Bild darstellte.« An diese harmlose Notiz knüpfte Kafka die Frage: »Warum kann ich das niemals Fremden gegenüber?« Sowohl im Tagebuch als auch in den Briefen an Ottla wird das Badezimmer oft erwähnt: Da trafen sich die Geschwister, da tauschten sie ihre Geheimnisse aus, da verschworen sie sich gegen die Eltern. Nur gegen die Eltern? 1914 heißt es im Tagebuch: »Wie wir uns, Ottla und ich, austoben in Wut gegen Menschenverbindungen.« Das klingt recht pubertär. Aber die geliebte Schwester war immerhin schon zweiundzwanzig Jahre alt – und der Bruder neun Jahre älter.

Ottla, seine Vertraute, seine beste Freundin, seine Verbündete, seine Mitverschworene im Kampf gegen eine Umwelt, die ihm immer unerträglicher wird, der er immer weniger gewachsen ist. Und je schwieriger und hoffnungsloser die Beziehung Kafkas mit Felice, desto häufiger taucht in seinen Briefen an sie der Name Ottla auf. Er informiert Felice über Ausflüge und Spaziergänge mit Ottla und über die gemeinsame Lektüre.

Felice soll eine Idylle ahnen, ja, es freut ihn offensichtlich, ihr mitteilen zu können, dass irgendjemand Ottla für seine Braut gehalten habe. Wenige Wochen später: »Ottla scheint mir zuzeiten so, wie ich eine Mutter in der Ferne wollte: reich, wahrhaftig, ehrlich, folgerichtig, Demütigkeit und Stolz, Empfänglichkeit und Abgrenzung, Hingabe und Selbständigkeit, Scheu und Mut in untrüglichem Gleichgewicht.«

Das war 1916. Das nächste Jahr bringt die großen Katastrophen im Leben Kafkas: den Ausbruch der tödlichen Krankheit, den endgültigen Bruch mit Felice, den Versuch, sich vom Vater und der Prager Umwelt zu lösen. Er ist überzeugt, dass er gescheitert ist. Er braucht Hilfe, er weiß, wo er sie finden kann – bei Ottla. Er fährt nach Zürau, einem Dorf in Nordwestböhmen, wo die Schwester einen Hof bewirtschaftet. Hier ist er glücklich, sofern ein Kafka glücklich sein konnte. Trotz oder dank der Krankheit? Jedenfalls scheint ihm die »angelockte Krankheit … fast eine Erleichterung«. Denn sie entbindet ihn von jenen Pflichten, die er hatte oder doch zu haben glaubte – gegenüber Felice und den Eltern; sie befreit ihn von der lästigen Büroarbeit, sie ermöglicht sein Zusammenleben mit Ottla, über das er Brod in überschwänglicher Stimmung berichtet: »Ottla trägt mich wirklich förmlich auf ihren Flügeln durch die schwierige Welt …« Und: »Mit Ottla lebe ich in kleiner guter Ehe.«

Hinter dieser kleinen, guten Ehe verbarg sich mehr als geschwisterliche Zärtlichkeit: Während Kafkas Liebesgeschichte mit Felice kaum mehr als ein Briefwechsel war (sie sahen sich nur selten und kurz), lässt der Briefwechsel mit Ottla eine Liebesgeschichte erkennen: »Jetzt will ich Dir zumindest für 3 Monate an den Hals fliegen ...«; »... und tatsächlich leben wir ja auch oder lebe ich mit Dir besser als mit irgend jemandem sonst ...« »Liebste Ottla, wir spielen ja nicht gegeneinander, sondern wir haben ein gemeinsames Spiel und sitzen beisammen, aber eben weil wir einander so nah sind, unterscheiden wir nicht immer, was der andere will, ob stoßen, ob streicheln. Es geht auch wirklich ineinander über.« Sieben Monate vor seinem Tod schreibt Kafka: »Wenn mich alles in der Welt stören würde – fast ist es so weit –, Du nicht.«

Die Geschichte mit Ottla – das ist jenes Liebesverhältnis, nach dem sich Kafka immer schon gesehnt zu haben scheint. Sie war für ihn alles auf einmal: die »große Mutter« (so nannte er sie einmal), die ihn beschützte, die Schwester, die ihn bewunderte, die Tochter, der gegenüber er keinerlei Verantwortung hatte. Und vor allem: die Geliebte, die er sich nicht vom Leibe zu halten brauchte, weil sie nichts von ihm erwartete, nichts von ihm wollte.

Wieder war Kafka der Voyeur seiner Liebe. Aber hier konnte er es sein, ohne die Beziehung zu gefährden. Im Gegenteil: eben dank dieser Position blieb die Liebe zur Schwester unproblematisch und frei von jenen Komplexen und hochdramatischen Spannungen, die Kafkas Erotik immer so qualvoll machten. Er konnte bei ihr finden, was ihm keine andere Frau zu geben imstande war: die vollkommene Ruhe. Oder, altmodisch ausgedrückt, Geborgenheit.

Wie er Felice als seine ferne Geliebte brauchte, so Ottla als seine Geliebte für den Alltag. Wie die eine für ihn nicht erreichbar war, so hatte die andere den unschätzbaren Vorzug, seine Schwester zu sein. Denn damit waren von vornherein Grenzen gesetzt, die offenbar von beiden stets und ohne Mühe beachtet wurden. Gewiss, der Inzest-Gedanke war Kafka – es gibt Tagebucheintragungen, die dies beweisen – nicht fremd. Doch seine Liebe zu Ottla war nicht mehr und nicht weniger als Inzest im Geist.

IV.

1913 hatte Kafka Felice warnend gefragt, ob sie denn mit einem Menschen leben wolle, »den sein eingeborenes Streben (und nur nebenbei auch seine Verhältnisse) zu einem Klosterleben verpflichten«. Doch zugleich hatte er Felice in beschwörendem Tonfall gebeten: »Verwandle mich doch zu einem Menschen, der des Selbstverständlichen fähig ist.«

Er kam zwar auf diesen Konflikt oft zu sprechen, aber zunächst gab es für ihn kein Dilemma: Er deutete die Alternative »Literatur oder Leben« nur an, um sie gleich wieder zu verwerfen. Er hatte sich längst entschieden: für das Klösterliche und gegen das »Selbstverständliche«. »Das Genießen menschlicher Beziehungen ist mir gegeben, ihr Erleben nicht« – er erklärte das sachlich und offenbar ohne Reue. Es war 1913.

Erst später fiel es ihm schwer, sich mit diesem Zustand abzufinden. Nach dem Ausbruch der Krankheit klagte er über das Leiden, »welches dieses nichtgelebte Leben begleitete«; er empfand es als »sinnlos«. So im November 1917 in Zürau. Dort entdeckte er plötzlich den Reiz des Ländlichen und Dörflichen. Er rühmte die Bauern als »Edelmänner, die sich in die Landwirtschaft gerettet haben …«, als »wirkliche Erdenbürger«. Allen Ernstes erwog er, sich nach dem Krieg als Bauer niederzulassen und Kartoffeln anzubauen. Von nun an verließ ihn der Gedanke nicht mehr, dass ihm das Wichtigste entgangen sei. Denn »nötig zum Leben ist nur« – schrieb er 1922 –, »auf Selbstgenuß zu verzichten; einziehn in das Haus, statt es zu bewundern und zu bekränzen«. Und: »Ich könnte leben und lebe nicht.«

Auch auf diesem Hintergrund ist Kafkas Liebe zu Ottla zu sehen. Sie war, so meinte er jedenfalls, in das Haus eingezogen, statt es lediglich zu bewundern und zu bekränzen. Sie gehörte – mit Thomas Mann zu sprechen – zu »den anderen, den Blauäugigen …, die den Geist nicht nötig haben«. Sie faszinierte ihn – wenn ein solcher Vergleich erlaubt ist – wie das dörfliche Leben in Zürau. Sie imponierte ihm, weil sie, die Jüngere, in weit höherem Maße als er unabhängig war von Familie, Gesellschaft und Konvention. Sie war stark genug, den Beruf zu erlernen, den sie sich wünschte und der keineswegs den Vorstellungen ihrer Familie entsprach: Nur anfänglich war sie im väterlichen Geschäft tätig gewesen, hatte später auf einem Gut gearbeitet und dann eine Landwirtschaftsschule besucht.

Während sich ihre beiden Schwestern verheiraten ließen, wählte sie sich selbst ihren Mann – und sie hatte die Kühnheit, trotz der Bedenken der Eltern einen Christen zu heiraten. Was dies damals bedeutete, lässt sich einem Brief Kafkas an Ottla, geschrieben im Februar 1919, entnehmen. Zwar hat er – anders als Max Brod – ihre Ehe mit einem Nichtjuden keineswegs beanstandet, aber als etwas ganz Außerordentliches bewertet: Ottla müsse doch wissen, »daß das Außerordentliche gut zu tun eben auch außerordentlich schwer« sei. Sie dürfe »die Verantwortung so schweren Tuns« niemals vergessen und sollte sich dessen bewusst bleiben, dass sie »so selbstvertrauend aus der Reihe« trete.

Es sind dies die Jahre, in denen sich Kafka häufig und heftig mit der Situation der Juden innerhalb der nichtjüdischen Gesellschaft befasste. Ihm, dem »westjüdischsten« der Westjuden, sei – klagte er in einem Brief an Milena – »keine ruhige Sekunde geschenkt«: »Nichts ist mir geschenkt, alles muß erworben werden, nicht nur die Gegenwart und Zukunft, auch noch die Vergangenheit, etwas, das doch jeder Mensch vielleicht mitbekommen hat, auch das muß erworben werden …« In einem Brief an Max Brod sprach er 1921 von »der schrecklichen inneren Lage dieser Generation« der Juden: »… Mit den Hinterbeinchen klebten sie noch am Judentum des Vaters und mit den Vorderbeinchen fanden sie keinen neuen Boden.« Mehrfach bekannte er sich – zumal in Briefen an Milena – zu der »besonderen Ängstlichkeit« der Juden.

In Ottla sah Kafka eine junge Jüdin, die, so meinte er, auf ihre Weise die »schreckliche innere Lage dieser Generation« und die »besondere Ängstlichkeit« der Juden überwunden hatte, die des »Selbstverständlichen« fähig war und die sich jenes »natürlichsten Daseins« erfreute, nach dem auch er sich in den letzten Jahren seines Lebens verzweifelt gesehnt hatte. Er, der Schwache, der Kranke, der Unglückliche, liebte in ihr die Starke, die Gesunde, die Glückliche.

Die Glückliche? Über das Leben der Ottla David, geb. Kafka, nach dem Tod ihres Bruders Franz teilen uns die Herausgeber, die übrigens diesen Briefband meisterhaft ediert haben, nur wenig mit. Nach dem Einmarsch der Wehrmacht in die Tschechoslowakei habe sie sich scheiden lassen, »um die Karriere ihres Mannes nicht zu gefährden«. Sie kam nach Theresienstadt und meldete sich dort freiwillig als Begleiterin eines Kindertransports. Sie hat gewusst, wohin dieser Transport geschickt wurde. Nach Auschwitz.

# Arnold Zweig

## Deutscher Idealist, jüdischer Traditionalist

Die Biographie Arnold Zweigs lässt weit mehr erkennen als den Weg eines Schriftstellers unseres Jahrhunderts, der oft gerühmt und verkannt, gefeiert und gehasst und schließlich verklärt und verleumdet wurde. Denn sie ist auch die Geschichte eines Deutschen, eines Juden und eines Preußen, mehr noch, die Geschichte eines Mannes, in dessen Persönlichkeit Deutschtum, Judentum und Preußentum zu einer Einheit zusammengefunden haben, an der selbst die schrecklichsten Geschehnisse nicht viel zu ändern vermochten.

Wie es sich für einen Deutschen schickt, hat er stets mit seinem Deutschtum gehadert; aber er konnte es weder abschütteln noch überwinden. Wie von einem Juden nicht anders zu erwarten, war auch er ein Außenseiter auf der Suche nach dem Gelobten Land; aber er musste ein Heimatloser bleiben. Und wie alle Preußen von geistigem Format hat auch er das Preußentum kritisiert und angeklagt; aber insgeheim hat er es bis ans Ende seines Lebens bewundert und geliebt.

Das alles scheint auf eine dramatische Biographie hinzudeuten. Gewiss, in ihr fehlt es nicht an Spannungen und Konflikten, an rührenden Illusionen und bitteren Enttäuschungen, an spektakulären Erfolgen und totalen Misserfolgen; er hat Kriege und Revolutionen erlebt; er wurde vertrieben und ging ins Land seiner Väter; und er kehrte zurück ins Land seiner Muttersprache. Dennoch mutet Zweigs Biographie auf eigentümliche Weise undramatisch an – vielleicht deshalb, weil nicht die Antinomie sein Wesen und Werk kennzeichnet, sondern – und das muss zunächst überraschen – die Harmonie, nicht innere Unrast und Zerrissenheit, sondern Reife und Souveränität, Gleichmut und Ausgeglichenheit.

Der Ursprung und das Geheimnis dieser Harmonie sind in jenem geistigen Fundament zu suchen, das er sich in seiner Jugend geschaffen und an dem er über ein halbes Jahrhundert festgehalten hat: Das Vertrauen der Juden zur ethischen Macht der Vernunft und ihren tiefverwurzelten Glauben an die Logik vermochte er zu verbinden mit dem Vertrauen der Preußen zur moralischen Wirkung der Ordnung und mit ihrem Glauben an die Idee der Pflichterfüllung.

Er begegnete der Umwelt mit der luziden Skepsis und dem offenbar unverbesserlichen Optimismus der Juden und zugleich mit der gradlinigen Einfachheit und der strengen Nüchternheit der Preußen. Das alttestamentarische Gesetz, diesseitig und rational verstanden, und der kategorische Imperativ – das waren seine Ausgangspositionen; der Staat als höchste Form der Einheit von Recht und Moral, von Geist und Tat – das war Zweigs Sehnsucht und Ziel und damit das zentrale Thema seines Werks.

So begann er seinen Weg als deutscher Idealist, preußischer Konservativer und jüdischer Traditionalist. Und als Soldat und brav zog er, inzwischen durch den Liebesroman »Novellen um Claudia« bekannt geworden, in den Ersten Weltkrieg: Deutschland wollte er verteidigen. Nur dass ihm das Missgeschick widerfahren war – und nicht zum letzten Mal in seinem Leben –, den Staat mit den Idealen zu verwechseln, die dieser zu vertreten vorgab.

Natürlich hat das Kriegserlebnis den Schriftsteller Arnold Zweig, wie viele seiner Generation, ernüchtert und verbittert, ohne indes auf seine Anschauungen entscheidend einzuwirken: Er kam nach Hause als Zionist, aber er hörte nicht auf, ein deutscher Patriot zu sein. Ein Pazifist war er geworden und doch ein preußischer Konservativer geblieben. In der Weimarer Republik galt er freilich als »fanatischer Nationaljude« – aber vielleicht nur deshalb, weil er damals nicht müde wurde, die Sache eines jüdischen Staates auf biblischem Boden mit deutscher Gründlichkeit und preußischer Strenge zu verfechten. Wie wenig jedoch der Untergang des Kaiserreichs und auch die folgenden Geschehnisse seine Ideale verändern konnten, zeigt das Werk, dem Arnold Zweig seinen Weltruhm verdankt.

Man hat den »Streit um den Sergeanten Grischa« (1927) oft als Kriegsbuch missverstanden; er ist es ebenso wenig wie »Der Zauberberg« ein Roman über das Leben in einem Lungensanatorium.

Im Grunde bietet der Erste Weltkrieg dem Erzähler Zweig lediglich den Hintergrund und, vor allem, die extreme Situation, in der viele Eigentümlichkeiten des Menschen und des menschlichen Zusammenlebens deutlicher hervortreten und schärfer erkennbar werden als in Friedenszeiten.

Der Krieg ist es auch, der seine Helden, in Dilemmas kleistscher Prägung geraten läßt. Und immer wieder fragt Zweig, wie es um das Ethos eines Staates bestellt ist, der Unrecht duldet, der bisweilen seine Bürger nötigt, Unrecht zu tun, und in dem schließlich im Namen der Justiz Unrecht geschehen kann – und mag es sich nur um einen einzigen russischen Kriegsgefangenen handeln. Um sein Leben kämpfen gemeinsam preußische Offiziere und jüdische Intellektuelle. Aber sie müssen unterliegen, der unschuldige Grischa Paprotkin wird hingerichtet, weil sich brutale und amoralische Mächte über den traditionellen preußischen Geist hinwegsetzen. Der General von Lychow, der im Roman die alten Ideale vertritt, erweist sich letztlich als ein Don Quijote in preußischer Uniform.

Gilt das nur für ihn? Oder vielleicht auch für den Autor des »Grischa«, den nichts zwingen konnte, auf die Illusionen seiner Jugend zu verzichten? Ein leiser donquijotesker Zug machte sich von nun an im Werk Zweigs bemerkbar, und allmählich wurde es augenscheinlich, dass dieser bedeutende Schriftsteller, mochte er auch häufig mit journalistischen Beiträgen ins aktuelle Geschehen eingreifen, doch der Sohn einer vergangenen und abgeschlossenen Epoche geblieben war.

Aber noch in einer anderen Hinsicht war Zweig ein ausgemachter Traditionalist mit donquijotesken Zügen: Er, der einst als Erzähler in der unmittelbaren Nachfolge Fontanes begonnen hatte, leistete es sich später, alle Wege und Irrwege der modernen Epik, alle zeitgenössischen Strömungen der Literatur mit verblüffender Konsequenz und Gelassenheit zu ignorieren. Die frage etwa nach der Legitimität des Erzählers und der Zweifel an seiner Allmacht haben für ihn ebenso wenig existiert wie das Werk eines Kafka oder Joyce. Bis zum Ende seines Lebens hielt Zweig den realistischen Roman des neunzehnten Jahrhunderts für vorbildlich.

Innerhalb dieser Tradition war er freilich ein Meister – zumal der Milieuschilderung, der Komposition und der psychologischen Analyse, für die er die Erkenntnisse Sigmund Freuds virtuos auszuwerten wußte. Das trifft insbesondere zu auf die Romane des mit dem »Grischa« begonnenen Zyklus, der mit der »Erziehung vor Verdun« (1935) seinen zweiten Höhepunkt erreichte.

1933 war Zweig nach Palästina gegangen, wo er nach dem Zusammenbruch der Weimarer Republik gleich die nächste Enttäuschung erleben musste: »Ich mache mir nichts mehr aus dem ›Lande der Väter‹. Ich habe keinerlei zionistische Illusionen mehr« – schrieb er 1934 in einem erst jetzt publizierten Brief. Zu weit schien ihm das jüdische Provisorium unter englischer Mandatsherrschaft von jenem Staat entfernt, den er erhofft hatte und der doch wohl eine Art Preußen zwischen Mittelmeer und Jordan sein sollte. Vor allem aber: er sah, dass er wieder ein Fremder sein musste. Der unter den Deutschen ein Jude war, war unter den Juden ein Deutscher. Er zog daraus auf seine Art die Konsequenzen: Hatte er in der Weimarer Republik den deutschen Nationalismus bekämpft, so bekämpfte er in Palästina den jüdischen Nationalismus. Hatte er in Deutschland um Verständnis für die Juden geworben, so warb er nun, in den Jahren des »Dritten Reiches«, unter Juden um Verständnis für Deutschland: Mitten im Krieg, 1942, scheute er sich nicht, von Palästina aus gegen den Antigermanismus zu protestieren, der ihm so gefährlich wie der Antisemitismus zu sein schien.

Und noch während des Krieges veröffentlichte er den 1937 in Hamburg spielenden Roman »Das Beil von Wandsbek«, ein zwar kaum gelungenes und auch mit fatalen Irrtümern belastetes Buch, das jedoch abermals Zweigs Bemühungen beweist, die deutschen Verhältnisse nicht nur kritisch und anklagend, sondern auch verständnisvoll und sogar wohlwollend darzustellen. Der in diesem Roman im Mittelpunkt steht, ein armer Fleischermeister, ist Henker und Opfer zugleich.

1948 verließ Zweig den soeben gegründeten Staat Israel, denn: »Ich kann nur in einem deutschen Sprachmilieu leben.« Er hoffte damals, seine »Arbeitsbedingungen in Europa nördlich der Alpen« zu finden. Den Gedanken indes, sich in der DDR niederzulassen, wies er zunächst weit von sich. Mehrere Monate später entschied er sich doch zugunsten Ostberlins. Warum?

Er hatte in den zwanziger Jahren die Entwicklung in der Sowjetunion mit Interesse und Neugier verfolgt, ohne sich der KPD auch nur zu nähern. Im Grunde blieb ihm die kommunistische Welt fremd. 1928 schrieb er: »Die Diktatur des Proletariats ist mir verhaßt wie jede Diktatur.« Und: »Ich sehe also die Sache einer Neuordnung der menschlichen Gesellschaft in Rußland schlecht genug vertreten.« Auch die philosophischen und ideologischen Grundlagen des Kommunismus waren ihm nur in vagen und groben Umrissen bekannt: Sein Bildungsgang – bekannte er später in der DDR – habe ihn von den Schriften von Marx, Engels und Lenin »ferngehalten«. Erst im Exil habe er sie kennengelernt, und auch »nur kleinere Werke dieser drei Klassiker«. Einen gewissen Einfluß auf seine Anschauungen vermochte allem Anschein nach die Teilnahme der Sowjetunion am Zweiten Weltkrieg auszuüben. Trotzdem ist die offizielle Version, Zweigs Übersiedlung nach Ostberlin sei die logische Konsequenz seiner politischen Überzeugungen gewesen, nichts anderes als eine nachträglich für Propagandazwecke präparierte Legende.

Auf einer anderen Ebene sind die tatsächlichen Motive dieser Entscheidung zu suchen. Zweig, inzwischen über sechzig Jahre alt, krank und fast erblindet, war müde und der Außenseiterposition überdrüssig geworden. In der Welt zwischen der Elbe und der Oder konnte er zu der Repräsentanz aufrücken, die er vermutlich immer schon ersehnt hatte. Mehr noch: der Heimatlose hoffte und glaubte, eine Heimat gefunden zu haben. So ließ er sich überzeugen oder redete sich selber ein, dass dort die Grundlagen jenes gerechten Staates geschaffen würden, von dem er seit seiner Jugend träumte.

Wie manche Helden seiner Romane war auch er jetzt zu Kompromissen bereit. Er versah viele seiner älteren Aufsätze mit korrigierenden und selbstkritischen Nachworten. Seine drei in der DDR erstmalig erschienenen Romane erwiesen sich als früher konzipierte und teilweise auch früher geschriebene Arbeiten, die er nun, unterstützt von »beauftragten Lesern« und »mitarbeitenden Lektoren«, mit den Richtlinien der Kulturpolitik in Einklang zu bringen versuchte. Der Einfluss marxistischer Gedankengänge auf seine späten Romane ist übrigens so unverkennbar wie oberflächlich: Nicht ihre Fundamente sind marxistisch, sondern lediglich ihre Ornamente. Wo in solchen und ähnlichen Fällen Irrtum und Selbsttäuschung aufhörten und Kapitulation und Selbstaufgabe begannen, lässt sich kaum entscheiden.

Jedenfalls blieben ihm auch auf dem letzten Abschnitt seines Weges die bittersten Enttäuschungen nicht erspart. Der ein Leben lang für die Gerechtigkeit gekämpft hatte, sah sich genötigt, den Terror hinzunehmen. Gewiss, er wurde mit Orden, Titeln und Ehrenämtern überhäuft. Aber es konnte ihm nicht verborgen bleiben, dass er, der ehemalige Pazifist und Zionist, er, der Bürger und Liberale, der enthusiastische Freudianer, in der DDR ebenfalls ein Fremdling war und sein musste. Nein, auch die DDR erwies sich nicht als seine Heimat. Und er begriff, dass auch der Kommunismus nicht jenes Gelobte Land war, das er unentwegt gesucht hatte.

Der Rest ist Dank – für ein umfangreiches schriftstellerisches Werk, vor allem für einige Romane, epische Zeugnisse jener eigentümlichen und von heute her gesehen unheimlichen Symbiose, die sich aus der Geschichte der deutschen Literatur nicht mehr wegdenken lässt und die hier die Namen Heine und Kafka andeuten mögen. Zu den letzten Vertretern dieses Kapitels, das sich seinem Ende rasch nähert und das nie wiederkehren wird, gehört auch er, der heimatlose Dichter des »Grischa«, der preußische Jude Arnold Zweig.

# Kurt Tucholsky

## Sein Ruhm und Nachruhm

Worauf ist der außerordentliche Erfolg zurückzuführen, der den Schriften Kurt Tucholskys im heutigen Deutschland zuteil wird? Schließlich haben wir es mit einem höchst merkwürdigen, wenn nicht paradoxen Phänomen zu tun: Während die Werke mancher hervorragender Romanciers der Weimarer Republik, die unzweifelhaft Gewichtigeres als Tucholsky geboten haben, unserer Zeit bereits entrückt zu sein scheinen und mitunter nahezu als ehrwürdige museale Objekte gelten, gelingt es einem Autor, der vor allem Journalist war und lediglich die aktuelle Wirkung anstrebte, noch Jahrzehnte nach seinem Tod neue Lesergenerationen zu begeistern.

Verdankt Tucholsky diesen gegenwärtigen Erfolg seiner Sentimentalität und Schnoddrigkeit, seinen harmlosen Plaudereien und effekthaschenden Bonmots, den billigen Reimen und Reklamesprüchen, den Kalauern und Witzeleien? Gewiss, das alles ist in seinen Büchern in Hülle und Fülle zu finden und trägt zu ihrem Absatz erheblich bei. Wie vielen anderen deutschen Schriftstellern dieses Jahrhunderts – von Rilke bis Brecht – haben auch ihm seine Makel und sogar seine Entgleisungen fast noch mehr Bewunderung eingebracht als die starken Seiten seines Talents. Gleichviel, sein Nachruhm scheint mir eine legitime Erscheinung zu sein, die tiefe, freilich sehr verschiedene Ursachen hat.

Tucholskys Temperament trieb ihn früh zur Presse. Schon als Gymnasialschüler veröffentlichte er Satiren und Artikel, schon als Student bediente er sich mehrerer Pseudonyme. 1927 bemerkte er in der Einleitung zu seinem ersten Auswahlband: »Aus dem Dunkel sind diese Pseudonyme aufgetaucht, als Spiel gedacht ... Und was als Spielerei begonnen, endete als heitere Schizophrenie.« Es folgt eine scherzhafte Charakteristik der vier von ihm erfundenen Autoren, also der Träger dieser Pseudonyme: »Eine Fehde zwischen ihnen – heißt es – wäre durchaus möglich.« Und plötzlich eine knappe Feststellung im Indikativ: »Sie dauert schon siebenunddreißig Jahre.« Als Tucholsky diesen Satz schrieb, war er siebenunddreißig Jahre alt.

Das angebliche Spiel mit den Pseudonymen, das er bis zum Ende seiner literarischen Laufbahn konsequent fortsetzte, deutet offensichtlich auf eine zerrissene, innerlich gespaltene Persönlichkeit hin. »Heiter« war diese »Schizophrenie« keineswegs, vielmehr blutiger Ernst, der an ähnliche Erscheinungen – und Erkrankungen – bei den Romantikern erinnert. Nicht weniger nachdenklich stimmt die Vielseitigkeit seiner Begabung. Ähnlich wie die Pseudonyme wechselte er unentwegt auch die Gattungen. Tucholsky konnte schlechthin alles: In seinem Werk sind satirische, lyrische und essayistische, epische und dramatische Elemente; er verfasste Lieder, Feuilletons, Pamphlete, Aphorismen, Kabarettszenen, Literaturkritiken, Balladen, Polemiken, Idyllen, Epigramme, Theaterrezensionen, Reportagen, Parodien, Filmberichte, Witze, Erzählungen, Chansons, Leitartikel, Glossen. Er hat auch, versteht sich, einen Roman und ein Drama geschrieben. Wahrlich, nichts Literarisches war ihm fremd.

Er war nie imstande, diese beängstigende Vielseitigkeit zu bändigen. Auf fast allen Gebieten leistete er Beachtliches, mitunter Hervorragendes. Aber seinen Arbeiten haftet immer etwas Rasches, Flüchtiges und Oberflächliches an. Im Grunde war er wohl ein Dilettant. Es ist bezeichnend, dass er sich – um nur ein Beispiel anzuführen – über den Marxismus äußerte, ohne sich je (wie seine Biographen vermuten) ernsthaft mit den Werken von Marx und Engels beschäftigt zu haben.

Natürlich war sich ein Mann wie Tucholsky seines Dilettantismus bewusst. In einem Aufsatz vom Jahre 1929 bekannte er: »… Darum möchte ich noch einmal Student sein … Halt machen können; einmal aussetzen; resümieren; nachlernen; neulernen … Sich auf *eine* Denkaufgabe zu konzentrieren, … *eine* Bahn zu befahren und nicht zwanzig; *ein* Ding zu tun und nicht dreiunddreißig.«

Auf die psychische Konstitution Tucholskys ist auch die erstaunliche Zahl seiner Arbeiten zurückzuführen. Von innerer Unrast gehetzt, konnte er weder die Geduld noch die Ausdauer aufbringen, die nötig sind, um größere Werke zu schreiben. »Ein Pyrenäenbuch« und »Schloß Gripsholm«, seine einzigen Veröffentlichungen, die von vornherein als Bücher gedacht waren, hat er sich auf dem letzten Abschnitt seiner Laufbahn qualvoll abgerungen – und ihnen kommt in seinem Werk, auch wenn sie manche reizvollen und schönen Kapitel enthalten, doch nur eine untergeordnete Rolle zu. Insgesamt verfasste er nicht weniger als 2500 Arbeiten, davon die überwiegende Mehrheit in einem Zeitraum von knapp fünfzehn Jahren (1918 bis 1932).

Mithin musste Tucholskys so oft gerühmte publizistische Auseinandersetzung mit der Welt der Weimarer Republik fragmentarisch bleiben. Unter veränderten Bedingungen schlug jedoch diese ungewöhnliche Zersplitterung zu seinem Vorteil aus. Mögen viele bedenkliche oder gar erschreckende Ähnlichkeiten bestehen – die Bundesrepublik ist doch nicht mit der Weimarer Republik vergleichbar. Ein Buch von Tucholsky über Deutschland zwischen 1918 und 1933 wäre heute, natürlich, nur noch von historischem Interesse. Denn es ist unmöglich, ein geschlossenes Zeitpanorama auf eine andere Epoche zu übertragen.

Aber ein solches Buch von Tucholsky gibt es nicht. Hingegen kann man in seinen Schriften ein reichhaltiges Angebot an einzelnen Mosaiksteinen finden, von denen sich viele auch heute als anwendbar erweisen. Anders ausgedrückt: Zahlreiche Feuilletons und Pamphlete Tucholskys können – mit Recht – auf unsere Verhältnisse bezogen werden, obwohl uns die unmittelbaren Anlässe meist gleichgültig geworden sind. Hinzu kommt, dass er öfter allgemeine Tendenzen nachwies und charakterisierte als einzelne Fakten kommentierte, dass er sich weniger mit den Handlungen als mit den Gesinnungen befasste, weniger mit Ereignissen als mit Zuständen. Und wir leben heute in einer Zeit anderer Fakten und anderer Ereignisse. Die konkreten Umstände ändern sich schnell, manche Tendenzen hingegen, Gesinnungen und Zustände haben sich über die Jahrzehnte hinweg als äußerst dauerhaft erwiesen.

Die Übertragbarkeit der gesellschaftlichen Diagnosen Tucholskys drängt sich umso mehr auf, als er zur journalistischen Vereinfachung neigte. Zahlreiche seiner grandiosen Attacken gegen die Justiz und die Verwaltung, den Militarismus und den Nationalismus, die Kirche und die Presse, den Katholizismus und die Sozialdemokratie, gegen das Bürgertum und die Heuchelei sind nicht nur deswegen gültig geblieben, weil sich in Deutschland innerhalb von dreißig bis vierzig Jahren manches nur wenig verändert hat, sondern weil Tucholsky treffende Erkenntnisse auf allgemeine, sehr vergröbernde, aber höchst anschauliche und überzeugende Formeln reduzierte. Nicht obwohl, sondern weil er die Vielschichtigkeit der Phänomene oft ignorierte und nur auf ihren Kern hinwies, nur ihre Umrisse zeigte, ist Tucholsky heute so populär. Manche seiner Feuilletons und Aphorismen sind – wie Schiller-Zitate – bei allerlei Gelegenheiten gut verwendbar.

Allerdings hätten seine Prosastücke viel von ihrer Anziehungskraft eingebüßt, wäre nicht Tucholsky ein Meister der Sprache gewesen. In einem seiner späteren Essays bekennt er sich enthusiastisch zu einem Ausspruch von Schopenhauer: »Den deutschen Schriftstellern würde durchgängig die Einsicht zustatten kommen, daß man zwar, wo möglich, denken soll wie ein großer Geist, hingegen dieselbe Sprache reden wie jeder andere. Man brauche gewöhnliche Worte und sage ungewöhnliche Dinge: aber sie machen es umgekehrt.«

Um Schopenhauers Forderung gerecht zu werden, wandte Tucholsky eine Methode an, die sich in der deutschen Literatur seit einigen Jahrhunderten bewährt hat: er schaute dem Volk aufs Maul. Mit einer Konsequenz, die ihn bisweilen verleitete, über das Ziel hinauszuschießen, hat er seine Diktion der gesprochenen Sprache nachgebildet. Seine Aufsätze klingen oft wie Stenogramme ungezwungener, mündlicher Äußerungen. Er verband Klarheit und Prägnanz mit vorbildlicher, mitunter schon etwas koketter Natürlichkeit und prägte in den zwanziger Jahren einen journalistischen Stil, der in den sechziger Jahren moderner wirkt als das Deutsch vieler unserer schreibenden Zeitgenossen.

Überdies vermochte er, in der Nachfolge der Naturalisten, die Alltagssprache zahlreicher Volksschichten, verschiedene Dialekte und Jargons einzufangen und wiederzugeben. Er schuf Niederschriften von Tonbandaufnahmen – obwohl es noch keine Tonbandgeräte gab.

In Skizzen und Humoresken hat er die Ausdrucksweise der Ladenverkäufer und der Straßenbahnschaffner, der Spießbürger und der Lumpenproletarier, der Beamten und der Offiziere, der Muttchen und der Nuttchen fixiert und imitiert, karikiert und parodiert. Die Berliner sind ihm besonders zu Dank verpflichtet. Für die Studien der deutschen Umgangssprache zwischen 1918 und 1933 haben seine Arbeiten einen außerordentlichen Wert, der noch kaum erkannt wurde.

Die stilistischen Fähigkeiten Tucholskys, die ihn als Kleinkunsttalent des größten Formats ausweisen, nähren sich, glaube ich, vornehmlich aus einer Quelle, der auch sein Witz entspringt: einer furchtbaren Reizbarkeit, mit der er begnadet und geschlagen war. Diese Reizbarkeit, die er mit masochistischer Lust bis zu den äußersten Grenzen steigerte, ähnelte wohl einer Zwangsneurose. Gezwungen, unaufhörlich alle Feinheiten der Sprechweise und somit das Lächerliche und Komische seiner Mitmenschen wahrzunehmen, muss er sicherlich gelitten haben wie ein Komponist, der sich nicht der auf ihn einstürmenden Motive erwehren kann.

Die psychische Konstitution Tucholskys erklärt auch – nicht weniger als die zeitgeschichtlichen Umstände – seinen tragischen Weg. »Jeder Deutsche von Rang hat unter den Deutschen gelitten« – sagte, wenn ich mich nicht irre, Heinrich Mann. Das trifft auch auf Tucholsky zu. Aber sein Leiden an Deutschland war zugleich, wie oft in solchen Fällen, ein Leiden an sich selbst.

Bereits bei dem einundzwanzig Jahre alten Studenten macht sich die »Angst vor einer Verwandlung ins Weltschmerzliche« bemerkbar – wie ein feinfühliger Beobachter, Franz Kafka aus Prag, 1911 notiert hat. Schon 1919 gesteht Tucholsky: »Ich resigniere. Ich kämpfe weiter, aber ich resigniere.« Sein Ausspruch vom Jahre 1923, er sei ein »aufgehörter Schriftsteller«, ist mehr als ein Scherz. Bereits Anfang 1924 verlässt er Deutschland.

Gewiss, er war erfolgreich. Doch wird heute sein damaliger Erfolg erheblich überschätzt. Das Blatt, für das er die meisten und die besten Artikel und Gedichte verfasste, die »Weltbühne«, wurde eigentlich nur von linken Intellektuellen gelesen und hatte eine sehr geringe Auflage: etwa zehn- bis fünfzehntausend Exemplare. Tucholsky wusste, dass sich aus seinen Schriften keinerlei Folgerungen ergaben. Er wollte die Isolation um jeden Preis überwinden. 1928 stellte er fest: »Tuchfühlung ist alles, der Elfenbeinturm gar nichts.« Und einige Monate später: »Ich halte einen Zusammenschluß der radikalen Intellektuellen mit der KPD für einen Segen und für ein Glück.«

Tatsächlich schrieb er ab 1928 Beiträge für die kommunistische Presse, darunter Propagandaverse, die so primitiv sind, dass sie, mit Verlaub, von Kuba sein könnten. 1930 gab er diese Mitarbeit auf. Im Oktober 1930 erklärte er in der »Weltbühne«, es sei »an der Zeit, den Unentwegten mitzuteilen, daß man den Marxismus nicht wie eine Käseglocke über die Welt stülpen kann. Er deckt sie nicht. Ihr habt aus ihm eine dogmatische Religion gemacht. Wir machen das nicht mit.« Tucholskys letzte Hoffnung im Kampf mit der Rechten war verloren.

Die Wirkungslosigkeit seiner literarischen Bemühungen wird in diesen Jahren zum Leitmotiv der Aufsätze und auch der Briefe Tucholskys. In einem Brief vom Mai 1933 heißt es: »Seit zwanzig Jahren aber hat mich immer dasselbe geschmerzt: daß ich auch nicht einen Schutzmann von seinem Posten habe wegbekommen können.« Schon 1931 hatte er diagnostiziert: »Deutschland ist eine anatomische Merkwürdigkeit. Es schreibt mit der Linken und tut mit der Rechten.«

Er war ein »heimatloser Linker« – bevor es diesen Begriff gab. Er wollte erziehen und wirken – und musste sehen, dass er meist nur unterhielt und erheiterte. Lehrer wollte er sein, Ankläger, Verteidiger und Richter – aber er sah sich in die Rolle des Conférenciers und des Bänkelsängers, wenn nicht gar des Clowns gedrängt.

Das Lebensgefühl, das in seinen Schriften spürbar wird, ist uns nicht fremd. »Die Verlorenheit des Individuums«, die »Einsamkeit des modernen Menschen«, die »Kontaktlosigkeit« – noch kannte man die Stichworte nicht, doch lässt Tucholsky diese Zustände, an denen er sehr gelitten haben muss, in seinen späten Arbeiten ahnen. Auch in dieser Hinsicht war er seiner Epoche voraus. Und nicht zufällig bewunderte er am meisten einen Schriftsteller, dessen Bedeutung erst viel später erkannt wurde, weil er seiner Zeit vorausgeeilt war: Franz Kafka.

So ist Tucholsky – allem Anschein zum Trotz – nicht unbedingt charakteristisch für die Literatur der zwanziger Jahre. In seiner Ratlosigkeit und in seiner Verzweiflung, in seiner Resignation und in seinem Pessimismus, in seinen Versuchen, einen Ausweg zu finden und die Ohnmacht zu überwinden, ähnelt er vielmehr dem Typ des Schriftstellers nach 1945.

Die besten Romane eines Heinrich Mann, eines Alfred Döblin, eines Joseph Roth, die ungleich bedeutendere Prosaisten als Tucholsky waren, werden bestimmt sein Werk überleben. Aber jetzt, hier und heute, steht uns der große Feuilletonist der »Weltbühne« in einem gewissen Sinne näher als diese Meister deutscher Epik. Obwohl er 1935 seinem Leben ein Ende gesetzt hat, empfinden wir Kurt Tucholsky als einen Mann unserer Zeit. Darin, denke ich, steckt die tiefste Ursache der gegenwärtigen Verbreitung seiner Schriften.

# Bertolt Brecht

## Ungeheuer oben

Einen Streit um Brecht gibt es heute nicht mehr: Bald vierzig Jahre nach seinem Tod braucht man ihn, der einst die Gemüter erhitzte, nicht mehr zu verteidigen. Denn niemand greift ihn an. Es wiederholt sich, was nach dem Tod eines großen Dichters geradezu die Regel ist. Man kennt, so will es scheinen, immer nur zwei Möglichkeiten: die Monumentalisierung oder die Gleichgültigkeit, also den Aufstieg in die Legende oder den Abstieg in die Vergessenheit.

Wie immer sich unser Verhältnis zu Brecht verändert hat – aus dem Blickfeld haben wir ihn nicht verloren. Aber sein Nachruhm ist auf sonderbare Weise widerspruchsvoll: Er schwindet und wächst dennoch. Und wir können heute besser denn je erkennen, dass der Begriff »klassisch«, der, eine Charakteristik und eine Definition anbietend, stets auch auf die Rangordnung abzielt, ihm wie keinem anderen Poeten unseres Jahrhunderts gebührt.

Im Zusammenhang mit Brecht taucht dieser Begriff schon sehr früh auf – und der ihn 1921 ins Gespräch bringt, ist kein anderer als er selber. Der Dreiundzwanzigjährige notiert in seinem Tagebuch, er beobachte, dass er anfange, »ein Klassiker zu werden«. Das ist eine freche Bemerkung. Doch scheint sie mir ernst gemeint: In dem übermütigen Befund verbirgt sich das Programm des Anfängers. Da ist einer entschlossen, die Welt zu erobern.

Nach seinem Tod war es zunächst Max Frisch, der ihn einen Klassiker nannte – freilich gleich mit einer wichtigen Einschränkung. Er bescheinigte dem Stückeschreiber Brecht »die durchschlagende Wirkungslosigkeit eines Klassikers« – was wohl heißen soll: enormer Erfolg, aber keine reale Wirkung. Das mag zutreffen, nur müsste man noch klären, welchem Dramatiker der Weltliteratur sich beweisbare Wirkung nachrühmen ließe.

Hat Strindberg etwa das Eheleben der Bürger gebessert? Hat Gogols »Revisor« die Bestechlichkeit im zaristischen Russland gemindert? Haben die Tragödien und Historien Shakespeares auch nur einen einzigen Mord verhindert? Fragen wir ganz ungeniert, Brechts Lieblingsverbum verwendend: Hat Shakespeare die Welt verändert? Aber ja, er hat sie sehr wohl verändert, doch nur, indem er, ähnlich wie Mozart oder Schubert, zur vorhandenen Welt sein Werk hinzugefügt hat.

In unzähligen Ländern haben Millionen von Zuschauern Brechts Stücke gesehen. Dass aber einer dadurch »seine politische Denkweise geändert oder auch nur einer Prüfung« unterzogen hätte, wagt Frisch – es war 1964 – zu bezweifeln. Er zweifelt sogar, dass Brecht an die erzieherische Wirkung seines Theaters tatsächlich geglaubt habe. In den Proben hatte er, Frisch, den Eindruck: Auch der Nachweis, dass sein Theater nichts zur Veränderung der Gesellschaft beitragen könne, hätte Brechts Bedürfnis nach Theater nicht beeinträchtigt.

Er selber sagte, er stelle sich oft ein Tribunal vor, dem er die Frage beantworten müsse, ob es ihm »eigentlich ernst« sei: »Ich müßte dann anerkennen: ganz ernst ist es mir nicht. Ich denke ja auch zu viel an Artistisches, an das, was dem Theater zugute kommt, als daß es mir ganz ernst sein könnte.« Walter Benjamin hat diese aus dem Jahre 1934 stammende Äußerung überliefert – und es ist wohl eine Schlüsselstelle, eine der bedeutsamsten.

Wenn etwas Brechts Leben auszufüllen vermochte, dann war es nicht die Ideologie oder die Politik, vielmehr war es jenes Steckenpferd seiner Jugend, das rasch zu einer Passion wurde und es bis zu seinen letzten Tagen blieb: das Theater. Er hat die Literatur und die Philosophie und alle Künste, er hat das ganze Leben stets aus der Perspektive des Bühnenautors gesehen.

Als ihm 1941 »Der gute Mensch von Sezuan« zu lang geraten schien, notierte er in seinem Arbeitsjournal, dieses Stück beweise, dass die neue Dramatik eine Verkürzung der Arbeitszeit verlange, ja, es könne leicht sein, dass sogar Mittagsstunden für den Besuch dieser Dramen frei gehalten werden müssten. Das war natürlich scherzhaft gemeint. Symptomatisch ist es dennoch. Denn das eben unterscheidet Brecht von vielen seiner Anhänger: Sie wollten ein Theater, das die kommunistische Gesellschaft ermöglichen sollte. Brecht hingegen wollte die kommunistische Gesellschaft, damit sie sein Theater ermögliche.

Ungleich skeptischer, ungleich klüger als viele seiner Schüler und Nachfolger, war er sich sehr wohl darüber im Klaren, dass die Politik das Theater verderben könne, doch niemals das Theater die Politik zu verbessern imstande sei. Die von ihm gelegentlich beschworene »versammlung von weltveränderern« – so stellte er sich 1945 das künftige Theaterpublikum vor – war nichts anderes als eine Fiktion. Natürlich hat er es gewusst. Indes wollte er sich von ihr auf keinen Fall trennen: Was seine Bewunderer oft für bare Münze nahmen und auch nehmen sollten, war für ihn selber nicht mehr und nicht weniger als ein Hilfsmittel für seine literarische Produktion, als eine generelle Arbeitshypothese.

Er glaubte, dass seine Stücke um ihrer künstlerischen Wirkung willen auf pädagogische Ingredienzen angewiesen seien und ohne politische Intentionen nicht auskommen könnten. Mit anderen Worten: Nicht deshalb bemühte sich Brecht ein Leben lang um das Theater, weil es ihm um den Klassenkampf ging, wohl aber beschäftigte er sich immer wieder mit dem Klassenkampf, weil er ihn als Impuls und Thema für sein Werk benötigte. Nicht der Weltveränderer Brecht brauchte also das Theater und die Dichtung, wohl aber benötigte der Theatermann, der Dichter Brecht die angestrebte Weltveränderung oder den Marxismus als ideelles Fundament und als Zielvorstellung. Nicht der Kampf war seine Sache, sondern das Spiel. Als Lehrer wollte er unbedingt gelten, aber letztlich war er doch kein Lehrer und kein Volkserzieher. Er war ein leidenschaftlicher Verführer.

Möglichst alle wollte er verführen: Frauen und Männer, Junge und Alte, Künstler und Politiker. Und nirgends schienen ihm die Menschen so verführbar wie im Zuschauerraum des Theaters. Die dramatischen Arbeiten nehmen in der großen Ausgabe seiner Werke nicht weniger als zehn umfangreiche Bände in Anspruch. In den Nachschlagebüchern und Literaturgeschichten wird er in erster Linie als Dramatiker genannt und behandelt. Die gewaltige internationale Brecht-Industrie befasst sich wenn nicht ausschließlich, so doch vor allem mit seinen Stücken. Dagegen ist nichts einzuwenden: Es stimmt ja, dass er weder der Lyrik noch der erzählenden Prosa auch nur annähernd so viel Lebenszeit gewidmet hat wie dem Drama und dem Theater. Schließlich waren es die Bühnenwerke, die ihn weltberühmt gemacht haben.

Aber wahr ist auch, dass der Ruhm des Dramatikers Brecht doch allmählich verblasst. Gewiss, seine Stücke werden noch viel gespielt, zumal von Tournee-Ensembles, von Schultheatern und von Laiengruppen. Das mit Abstand am häufigsten aufgeführte Brecht-Stück verdankt seinen außerordentlichen, seinen sich kaum mindernden Erfolg freilich nicht nur ihm, sondern in noch höherem Maße einem anderen Genie – Kurt Weill. Natürlich meine ich die »Dreigroschenoper«.

Das in den sechziger Jahren enorme und schon in den siebziger Jahren allmählich abnehmende Interesse an seinen Bühnenwerken lässt also weiter nach. Hat das mit dem Zusammenbruch jener politischen Welt zu tun, der Brecht bei allen Bedenken doch bis zu seinem Tod verbunden war? Mit Sicherheit. Aber es gibt noch einen anderen Umstand – und er hängt mit dem Werk selber zusammen.

Immer wieder ist in Brechts Schriften vom Lehren und vom Lernen die Rede, immer wieder erinnerte er daran, dass seine Dichtung den Menschen zur Einsicht verhelfen sollte: Sie hatte die Leser und die Zuschauer sehend zu machen. Aber hat er sich wirklich kritische Leser und selbständig denkende Zuschauer gewünscht?

Im Epilog zum »Guten Menschen von Sezuan« heißt es: »Wir sehn … betroffen / den Vorhang zu und alle Fragen offen.« Ein schönes Wort. Nur darf man zweifeln, ob es auch ein ganz aufrichtiges Wort ist: Am Ende bleiben bei Brecht die Fragen eben nicht offen. Und wenn in diesem Epilog das Publikum aufgefordert wird nachzudenken, »Auf welche Weis dem guten Menschen man / Zu einem guten Ende helfen kann« – dann soll es sich doch vom Autor bekehren lassen, es soll, nachdenkend oder nicht, unbedingt zu den von ihm nahegelegten Ergebnissen kommen.

So müssen wir zusammen mit dem Poetischen und dem Artistischen auch das Pädagogische hinnehmen, vom Politischen ganz zu schweigen. Doch niemand geht ins Theater, um sich belehren oder gar erziehen zu lassen. Wozu also? Für Brecht stand das fest: Seit jeher – schrieb er – sei es das Geschäft des Theaters, die Leute zu unterhalten. Das Theater brauche »keinen andern Ausweis als den Spaß, diesen freilich unbedingt«. Schon viele vor ihm haben dies erkannt und haben sich daran konsequent gehalten, keiner besser als ein englischer Unterhaltungsschriftsteller, jener aus Stratford.

Und Brecht selber? Er war sich schon bewusst, dass der erhobene Zeigefinger den Leuten auf die Nerven gehen und sie aus dem Theater vertreiben könne. Gleichwohl dachte er nicht daran, auf das Didaktische zu verzichten. Daher seine ständige Bemühung um den Spaß – und sei es auch ein etwas alberner Spaß –, auf den das Theater angewiesen sei: auf die Synthese also aus Unterhaltung und Unterweisung kam es ihm an.

Hier liegt wohl der Hase im Pfeffer: Das Ideelle, einst kaum mehr als eine Arbeitshypothese, drängt sich in den Vordergrund, das Pädagogische wird hier und da aufdringlich. Das Pädagogische ist es ja, das manche von uns schon vor vielen Jahren abgeschreckt hat und mittlerweile der Stücke des reifen Brecht überdrüssig werden ließ. Nicht der Dichter, nicht der große Verführer hat sich überlebt, wohl aber der unermüdliche Lehrmeister, der uns den revolutionären Weg zur Erlösung führen wollte – oder dies zumindest vorgab.

In einem seiner großen Gedichte finden sich die vielzitierten Worte:

Was sind das für Zeiten, wo
Ein Gespräch über Bäume fast ein Verbrechen ist,
Weil es ein Schweigen über so viele Untaten einschließt!

Doch um die eigenen Mahnungen kümmerte er sich selten. Man hat schon oft darauf hingewiesen, aber man muss es dennoch wiederholen: Er, der die Sowjetunion besungen und gepriesen und das kapitalistische Amerika verhöhnt und attackiert hat, wollte in den Jahren des Exils um keinen Preis der Welt in der Sowjetunion leben, er zog, glücklicherweise, die Vereinigten Staaten vor. So warnte er auch vor Gesprächen über Bäume, in seinem Werk jedoch spricht er oft – wiederum glücklicherweise – eben von Bäumen und auch von Blumen, von der Armut und der Freundlichkeit, vom Reiz des Lebens und von der Liebe.

Ja, die Liebe – wo ist sie geblieben? Wo ist sie denn im Werk Bertolt Brechts? Gewiss, ein wenig in seiner ersten Bühnenarbeit, im »Baal« – aber später? In der »Dreigroschenoper« heißt es, die Liebe sei »das Höchste auf der Welt«. Das allerdings sagt die kleine Polly, die Tochter des Bettlerkönigs, die niemand ernst nimmt.

Für die Liebe, eines der zentralen Elemente des neuzeitlichen Dramas, ist in Brechts Stücken bloß am Rande Platz und manchmal überhaupt nicht. Dennoch war er einer der großen Erotiker der deutschen Literatur. Das Persönliche und das Private, das Intime, von dem wir in seinen dramatischen Arbeiten leider selten hören – er hat es nicht ausgespart, nicht vernachlässigt. Nur kommt es in seinem Werk anderswo vor: in der Lyrik.

Die Dichter, die großen und die kleinen, wollen nicht nur ausgiebig gerühmt werden, in der Regel bestehen sie auch darauf, dass man das rühmt, was sie in ihrem Werk für besonders wichtig halten. Besessen vom Theater, wurde Brecht, sobald man seine Lyrik lobte, gleich misstrauisch, und er zögerte nicht, ihren Wert und ihre Bedeutung herunterzuspielen. Diese Lyrik sei – schrieb er 1928 an Alfred Döblin – »das schlagendste Argument« gegen seine Dramen: »Alle sagen, sofort befreit aufatmend, mein Vater hätte mich eben Lyriker und nicht Dramatiker werden lassen sollen.«

Nun sollten wir glücklich sein, dass wir Brecht sowohl Stücke als auch Gedichte und Lieder verdanken – und es ist allemal fragwürdig, die eine Gattung gegen die andere ausspielen zu wollen. Aber obwohl Prophezeiungen zum Metier des Kritikers nicht gehören, dürfen wir ausnahmsweise und ganz leise doch vermuten: Bleiben wird von Bertolt Brecht vornehmlich die Lyrik.

Der Missbrauch der Poesie zur Flucht ins Undeutliche und Verschwommene, dieses Erzübel der deutschen Literatur, war ihm verhasst. Den Lesern, die den Rilke'schen Rhythmus im Blute hatten und die George'sche Melodie im Ohr, vermochte Brecht zu beweisen, dass der Gesang vernünftig und die Vernunft poetisch sein kann. Er zeigte, dass die Synthese von Dichtung und Intellekt nicht nur nötig, sondern zugleich möglich sei. Während manche seiner Stücke den Eindruck erwecken, sie seien eher für die reifere Jugend bestimmt, wandte er sich in den schönsten seiner Verse an mündige Zeitgenossen: Auch die Gedichte über die Liebe schrieb Brecht, ähnlich wie Heine, für denkende und nachdenkliche Menschen.

Die Liebe – sagt ein etwas altkluges Mädchen in Shakespeares »Sommernachtstraum« –

... sieht mit dem Gemüt, nicht mit den Augen.
Und ihr Gemüt kann nie zum Urteil taugen.
Drum nennt man ja den Gott der Liebe blind.

Schon zu Shakespeares Zeiten war diese Einsicht nicht sehr neu: Zweitausend Jahre früher hatte Plato schlicht und einfach festgestellt, dass der Liebende in Bezug auf den Gegenstand seiner Liebe blind werde. Seitdem gehört zur Definition der Liebe die Gefährdung der Vernunft, ja der Zurechnungsfähigkeit des Individuums. Eine uralte Erfahrung also. Damit haben wir zugleich die wichtigsten Motive auch der Lyrik Brechts, nicht nur der frühen.

Zwei Phänomene sind es, die ihn von Anfang an beunruhigen und aufregen – und die nie aufhören werden, ihn zu irritieren und zu faszinieren: der Wahnsinn, den wir Liebe nennen, und, zunächst wohl in noch höherem Maße, das Mysterium Sexualität.

Wir wissen es: Die Anfänge Brechts standen – und das war in seiner Zeit wahrlich nicht originell – im Zeichen des Protests gegen die bürgerliche Ordnung, des Aufstands gegen die Konventionen, der Rebellion gegen alle Tabus. Diese Rebellion bereitete ihm keinen Kummer, ihr fühlte sich der junge Brecht durchaus gewachsen, weniger hingegen der Liebe und der Sexualität. Eben deshalb wandte er sich einem Milieu zu, in dem derartige Fragen leicht lösbar waren oder wenigstens schienen: Es reizte und lockte ihn die Welt der Huren und der Bordelle.

In der »Dreigroschenoper« singt die Frau Peachum die »Ballade von der sexuellen Hörigkeit«. Darum geht es Brecht immer wieder: um die Hörigkeit und also darum, wie man ihr entgehen könne. Das Gedicht »Katharina im Spital« beginnt mit den trockenen Worten: »Ich brauche einfach meinen geregelten Geschlechtsverkehr.« Ein anderes Gedicht aus den zwanziger Jahren ist betitelt: »Sonett über einen durchschnittlichen Beischlaf«. Die Defloration wird abgelehnt, sie bereite zu viel Mühe: »Eine solche Jungfernschaft / Braucht nur zu viel Manneskraft.«

Dass er in seinen Gedichten gern derbe und obszöne Worte gebraucht, zumal für die Geschlechtsteile und den Beischlaf, ist nicht so verwunderlich: Das gehört zum Protest gegen die bürgerlichen Sitten, gegen die Welt der Väter – ganz abgesehen davon, dass der Jugend, der männlichen jedenfalls, die ordinäre Ausdrucksweise oft diebische Freude bereitet. Doch Brechts Vorliebe für das Obszöne und für das Derbe hat nichts mit seinem Alter zu tun.

1927, immerhin beinahe dreißig Jahre alt, schreibt er ein langes, man könnte sagen: ein enzyklopädisches Gedicht. Es enthält zahlreiche und detaillierte Ratschläge einer älteren Hure, die einer jüngeren erklärt, wie sie sich verhalten solle, um ihren Kunden zum denkbar größten Genuss zu verhelfen.

Nicht weniger obszön sind zwei Gedichte, die der schon fünfzigjährige Brecht in Zürich notiert und die er, ein kurioser, ein pueriler Scherz, mit dem Namen »Thomas Mann« zeichnet – aber doch nicht veröffentlicht. Dem vulgären Vokabular für die Sexualsphäre bleibt er treu.

Dahinter verbirgt sich mehr als nicht nachlassende Provokationssucht. Brecht selber sagt gelegentlich, es seien seine Achillesfersen, die ihn drängten, Gedichte zu schreiben, die er als Achillesverse bezeichnet. Er leistet sich also das Privatvergnügen, vielleicht gar den Luxus, für seine Schwächen, zu denen die permanente Vielweiberei gehört, der nahezu manische Frauenkonsum, einen poetischen Ausdruck zu finden. Übrigens hat Benjamin gerade die obszönen Gedichte Brechts ganz besonders geschätzt, mehrere von ihnen zu seinen besten gezählt.

Doch schon die frühesten erotischen Verse, geschrieben von einem kaum Zwanzigjährigen, sind melancholische, bisweilen sentimentale Rückblicke. Die Mädchen, mit denen er geschlafen, die er vielleicht sogar geliebt hat – er möchte sie so schnell wie möglich wieder vergessen. In einem »Bitteren Liebeslied«, einem Gedichtfragment von 1918, beteuert er: »Einmal hatt ich sie sehr lieb.« Jetzt indes wisse er nicht mehr, wie sie aussah: »Ein Tag verlöschte, was sieben Monde lang strahlend war.«

In einer Ballade aus dieser Zeit spült er »mit Kirsch und Wacholder ... ihr Antlitz aus seinem Gehirn / Und das Loch in der Luft wurde schwärzer ...« Etwas weiter: »Einmal sieht er noch ihr Gesicht: in der Wolke! Es verblaßte schon sehr.« Das Fazit: »Ein Gesicht vergeht. Und ein Mund wird still.«

In einem wenig später geschriebenen »Sonett« kann sich der Poet nur noch an »etwas von ihrem Knie« erinnern, an »nicht viel von ihrem Hals« und allerdings auch noch an den Geruch ihrer schwarzen Haare – aber es ist der Geruch bloß eines Drogerie-Artikels, von Badesalz nämlich. Wer so schreibt, der hat Angst – und wehrt sich.

Was fürchtete der junge Mann – die Abhängigkeit etwa von einem anderen Menschen und damit den Verlust oder die Einschränkung der eigenen Freiheit? So war es wohl: Er fürchtete die Liebe. Ende 1916 hat der achtzehnjährige Gymnasiast Brecht in einer kleinen Augsburger Eisdiele zum ersten Mal eine dunkeläugige Schülerin namens Rosa Maria Aman gesehen. Bald nennt er sie in einem Brief an den Freund Caspar Neher die »wundervolle Rosa Maria«.

Freilich hat die Sache einen Haken. Es ist eine alte Geschichte, doch bleibt sie immer neu – zumindest für die Betroffenen. An diesem Mädchen aus der Eisdiele ist noch einer interessiert, wahrscheinlich ebenfalls ein Schüler. Der junge Brecht klagt dem Freund: »Der holde Traum meiner kalten Nächte liebt mich nicht mehr.« Und: »Ich kann also die Rosmarie nicht mehr küssen ... Ich kann andere küssen, natürlich. Ich sehe 100 Münder vor mir ...« Dann folgt eine rhetorische Frage, in der schon die Diktion des reifen Brecht erkennbar wird: »Was sind 100 Möglichkeiten gegen eine Unmöglichkeit?«

Angesichts dieser furchtbaren Unmöglichkeit schreibt er an Caspar Neher: »Die Rosa Maria ist nämlich nicht hübsch. Das war eine Legende, die ich erfunden hatte.« Ihre Augen seien – lesen wir – »schrecklich leer«, es seien »kleine, böse, saugende Strudel«, ihre Nase sei »aufgestülpt und zu breit«, ihr Mund zu groß und auch noch dick, ihr Hals nicht »reinlinig« und ihre Haltung gar »kretinhaft«.

Aber was hilft die so wortreiche, die so böse Aufzählung? Sie verrät bloß, dass hier einer mit seinen Gefühlen nicht zu Rande kommt, dass er sich ihrer vielleicht sogar schämt. Denn er denkt immer noch und erst recht an diese Rosa Maria. Zugleich meint er, das alles sei nur ein »greulicher Unsinn«. Schon gut – nur führt dieser »greuliche Unsinn« von 1917 Anfang 1920 zu einem Gedicht, das Brecht im Zugabteil, während einer Fahrt nach Berlin, geschrieben hat – zu dem Gedicht »Erinnerung an die Marie A.«.

Der junge Dramatiker Brecht war ein postexpressionistischer Meuterer. Er wollte es ganz anders machen als seine Vorläufer. Nicht so der junge Lyriker Brecht: Er war ein Traditionalist, der gern die Formen des Volkslieds übernahm und sich meist an die strengen Regeln der Klassiker hielt. Das gilt auch für dieses Gedicht. Es besteht aus drei Strophen.

In der ersten erfahren wir, dass im blauen Mond September der Poet unter einem Pflaumenbaum eine stille bleiche Liebste umarmte. Da war noch eine Wolke, »sehr weiß und ungeheuer oben« – und als er aufsah, war sie nimmer da. Diese erste Strophe – das ist, wenn man ausnahmsweise so sagen darf, die These des Gedichts. Nun folgt als zweite Strophe die Antithese. Viele Monde seien vergangen und auch die Liebe sei »still hinunter und vorbei«. An nichts könne sich der Poet erinnern, auch nicht an das Gesicht der Liebsten. Freilich weiß er immer noch, dass er es einst geküsst hat.

Auf diese Antithese folgt, wie es sich gehört, die Synthese. Auch diesen Kuss, erfahren wir, hätte er längst vergessen, wenn da nicht die weiße Wolke gewesen wäre. Wie denn: Er hat doch in seinem Leben unendlich viele weiße Wolken gesehen. Warum also erinnert er sich gerade an diese, die doch nur Minuten »blühte«? Aus einem einzigen Grund: Weil er damals sie, »die stille bleiche Liebe«, in seinem Arm hielt und küsste. Somit wird, was er in der zweiten Strophe mit Entschiedenheit behauptete – »Ich kann mich nicht erinnern« –, in der dritten Strophe dieses dialektischen Liebesgedichts widerlegt.

Sollte die weiße Wolke die Liebe symbolisieren, ihre Reinheit und vor allem ihre Vergänglichkeit? Dann wäre gar die Liebe, wie einst in einer Operette gesungen wurde, eine Himmelsmacht? »Die weiß ich noch und werd ich immer wissen« – heißt es von jener Wolke. Das aber soll wohl bedeuten: Die Liebe ist vergänglich, aber so ganz verschwindet sie nun doch nicht. Denn es bleibt die Erinnerung und bisweilen noch etwas mehr: nämlich Dankbarkeit.

»Sentimentales Lied Nr. 1004« war dieses Gedicht ursprünglich betitelt, recht protzig übrigens. Leporello zufolge hat Don Giovanni allein in Spanien tausendunddrei Liebesaffären gehabt. Der junge Brecht wollte ihn noch übertreffen. Dann hat er den Titel geändert; an dem endgültigen – »Erinnerung an die Marie A.« – fällt auf, was ihm fehlt: Nicht von einem Pflaumenbaum ist hier die Rede und auch nicht von einer weißen Wolke, sondern von einem Schulmädchen, das er vergessen wollte und das er nicht vergessen konnte.

Brechts Äußerungen über Frauen klingen oft schnoddrig und zynisch, bisweilen sogar brutal. Er war, besonders in den zwanziger Jahren, um Nonchalance bemüht. Ihm gefiel, wie in jener Zeit auch manch anderem jungen Autor, der Kraftmeierton, er spielte gern den harten Mann. Im Gedicht »Vom armen B. B.« spricht er von den Frauen in seinen Schaukelstühlen; er betrachte sie sorglos und sage ihnen: »In mir habt ihr einen, auf den könnt ihr nicht bauen.« Doch vielleicht war das alles nur Maske und Tarnung?

»Der Liebe pflegte ich achtlos« – heißt es in seinem Gedicht »An die Nachgeborenen«. Ach nein, das trifft eben nicht zu: Was hier als sachlicher Rückblick verstanden werden will, mag mitunter sein Wunsch gewesen sein und seine Absicht, vielleicht gar sein Programm. Aber realisieren ließ sich das nicht. War es ihm peinlich, dass er Frauen nicht nur als Sexualobjekte begehrte? Schämte er sich, dass er auf Herzlichkeit angewiesen war und dass er sich nach Zärtlichkeit sehnte?

Es stimmt schon: Brecht war schlau und listig, ein Taktierer und ein Zyniker. Doch es stimmt auch, was er, schon über fünfzig Jahre alt, auf einem Zettel notierte, den man in seinem Nachlass fand. Es ist sein kürzestes Gedicht, aus nur acht Worten bestehend und Ruth Berlau gewidmet. Es trägt den Titel »Schwächen«:

Du hattest keine
Ich hatte eine:
Ich liebte

Ja, er war ein Liebender und also ein Leidender. Man wirft ihm vor, er habe Frauen oft nur benutzt. Das ist auch gar nicht falsch. In der Tat, er hat Frauen, die er liebte, für seine Zwecke benutzt; und er hat sich bisweilen in Frauen, die er nur benutzen wollte, verliebt. Doch will es scheinen, dass er mehr noch als einzelne Individuen bis zum Ende seines Lebens die Liebe liebte. So wurde er zum Voyeur seiner erotischen Erlebnisse – wie Franz Kafka. Aber der Prager Jude, der geschlagene, liebte die Liebe unglücklich, Brecht hingegen – nehmen wir alles nur in allem – war von ihr doch auf glückliche Weise beansprucht und abhängig, irritiert und fasziniert. Schon deshalb ging er, anders als Kafka und unabhängig vom Verlauf seiner einzelnen erotischen Erlebnisse, nie leer aus.

Gleichwohl sind seine Liebesgedichte beinahe immer elegisch. Warum eigentlich? Goethe sagte einmal, er brauche nur zum Fenster hinauszusehen, »um in straßenkehrenden Besen und herumlaufenden Kindern die Symbole der sich ewig abnutzenden und immer sich verjüngenden Welt beständig vor Augen zu haben«. So hat Goethe, wohl beiläufig, sein Thema benannt – und zugleich, ob er es wollte oder nicht, das größte Thema der Literatur. »Die Symbole der sich ewig abnutzenden und immer sich verjüngenden Welt« – er fand sie, ohne sie suchen zu müssen. Später drückte Goethe diesen Gedanken feierlich und endgültig aus: »Alles Vergängliche / Ist nur ein Gleichnis.« Diesen Prozess, das ständige Altern der Welt und ihre unaufhörliche Verjüngung, die Vergänglichkeit mithin, vermag nichts so sichtbar und bewusst zu machen wie die Liebe. Damit ist schon angedeutet, warum die erotische Poesie, von wenigen Ausnahmen abgesehen, elegisch ist, ja elegisch sein muss.

In Brechts Gedicht »Entdeckung an einer jungen Frau« – es stammt aus den zwanziger Jahren – verabschiedet sich ein Mann von einer Frau, mit der er geschlafen hat. Er war ihr Gast für eine Nacht nur – so hatten sie es verabredet. Der Abschied ist nüchtern und kühl. Aber plötzlich zögert der Mann, jetzt will er nicht mehr gehen, er kann es nicht. Denn er hat in ihren Haaren eine graue Strähne gesehen. Stumm nimmt er ihre Brust. Er möchte bei ihr bleiben – für noch eine Nacht:

Und laß uns die Gespräche rascher treiben
Denn wir vergaßen ganz, daß du vergehst
Und es verschlug Begierde mir die Stimme

Wie denn: Dass du vergehst? Nun ja, der Anblick der noch jungen und doch schon alternden Frau macht ihm bewusst, wovon er nicht spricht – seine eigene Vergänglichkeit. Er kann davon nicht sprechen, denn die Begierde verschlägt ihm die Stimme. Begierde wonach? Nach der Frau, die vor ihm steht? Ja, natürlich, aber man kann es auch anders ausdrücken: die Gier nach dem Leben.

Man hat Brecht mitunter vorgeworfen, seine erotischen Gedichte seien stets ich-bezogen, sie seien in höchstem Maße egozentrisch. Das ist schon richtig – nur gilt dieser gegen ihn erhobene Vorwurf für einen großen Teil der erotischen Literatur. Der Inhalt der meisten Liebesgedichte lässt sich mit zwei Worten wiedergeben – mit den Worten: »Ich liebe.« Aber vielleicht ist gemeint, dass Brecht der Liebe, seiner Liebe ungleich mehr Aufmerksamkeit zuwende als der Person der Geliebten.

In der Tat ist diese extreme Egozentrik für Brecht von Anfang an typisch. 1917 schrieb er an Caspar Neher: »Aber es ist so still im Land. Ich höre immer meine eigene Stimme.« Das stimmt nicht: Es war in Deutschland damals, 1917, keineswegs still. Doch wollte schon der neunzehnjährige Brecht nur die eigene Stimme hören – es sei denn, es waren Äußerungen anderer über ihn. Im selben Brief bekannte er auch freimütig: »Ich will nicht wissen, was ich bin. Sondern: für was Du mich hältst!« Ein anderer gern erhobener Vorwurf lautet: Wenn er Frauen sprechen oder singen lasse – und das ist nicht nur in seinen Stücken oft der Fall und in den Songs –, dann handle es sich bloß um männliche Wunschvorstellungen, die er auf weibliche Personen übertrage.

Jawohl, das alles trifft zu: Was die Dichter schreiben, ist nun einmal – ob man es gleich erkennen kann oder nicht – ich-bezogen, und wenn sie von der Liebe sprechen, dann können sie nicht von sich selber absehen. Warum sollten sie auch? Und wie ist es mit den offenbar so verwerflichen männlichen Wunschvorstellungen? Es muss einmal gesagt werden: Ophelia und Cordelia, Romeos Julia, Tristans Isolde und Werthers Lotte, Gretchen und Klärchen und Käthchen, die Marquise von O. und jene Alkmene, deren Ach! uns ein Leben lang begleitet, die Ehebrecherinnen Anna Karenina, Emma Bovary und unsere arme Effi Briest – sie alle wurden von Männern geschaffen, sie alle sind Ausdruck männlicher Wünsche und Hoffnungen, männlicher Ängste und Schrecken.

Der Beitrag der Frauen zur deutschen Literatur ist nicht klein. Wir verdanken ihnen – von Annette von Droste-Hülshoff bis zu Ingeborg Bachmann und Sarah Kirsch – herrliche Gedichte. Einprägsame weibliche Figuren finden wir im Werk deutscher Schriftstellerinnen nicht – auch nicht in den Romanen von Ricarda Huch oder Anna Seghers, die doch in erster Linie Erzählerinnen waren. Das wird sich vielleicht im nächsten Jahrhundert ändern. Vorläufig aber ist es so und nicht anders. Warum? Letztlich wissen wir es nicht. Aber wir sollten es nicht verheimlichen.

Das radikalste Bekenntnis zur männlichen Sicht und also zur Egozentrik der eigenen Liebe hat wohl Franz Kafka formuliert. Ohne Umstände bekannte er seiner Freundin Milena Jesenská: »Und dabei liebe ich doch gar nicht Dich, sondern mehr, sondern mein durch Dich mir geschenktes Dasein.« Sein durch die Liebe zu einer Frau ihm geschenktes Dasein hat Brecht gern und oft in Rollengedichten besungen, in Versen also, die er, um das, was er sagen wollte, zu verfremden und so zu verdeutlichen, von einer Frau sagen ließ.

Das Gedicht »Morgens und abends zu lesen«, 1937 für Ruth Berlau geschrieben, ist, wie schon der Titel andeutet, als Gebet gemeint:

Der, den ich liebe
Hat mir gesagt
Daß er mich braucht.

Darum
Gebe ich auf mich acht
Sehe auf meinen Weg und
Fürchte von jedem Regentropfen
Daß er mich erschlagen könnte.

Auch das viel später, das 1950 entstandene Gedicht »Als ich nachher von dir ging« ist ein Rollengedicht, in dem Brecht wiederum die Geliebte sprechen lässt. Hier berichtet ein Mädchen, es habe in einer Abendstunde etwas Außergewöhnliches erlebt. Allerdings möchte es darüber nichts Genaueres mitteilen. Sicher ist, dass es von diesem Erlebnis ganz in Anspruch genommen war – so sehr, dass es nicht recht wahrnehmen konnte, was ringsherum geschah: Erst nachher, als es von jenem wegging, den es besucht hatte, fing es wieder an, richtig zu sehen.

Was den Tag zum »großen Heute« machte, wir erfahren es nicht. Aber wir können uns denken, dass es sich im Bett abgespielt hat. Jetzt, auf dem Heimweg, sieht sie, die Liebende, um sich lauter lustige Leute, grüner scheinen ihr Baum und Strauch und Wiese, alles ist anders geworden. Ihr Selbstvertrauen ist gewachsen – sie glaubt schon, einen schönern Mund zu haben und geschicktere Beine. Ohne das Wort »Liebe« zu verwenden, zeigt Brecht, was sie zu bewirken vermag – eine überraschende Intensivierung des Lebensgefühls, eine ungeahnte Steigerung unseres Daseins. Das kann man natürlich knapper sagen: Er zeigt das Glück der Liebe.

Dieses Glück rühmt auch jenes in der Vertonung populäre, aber oft missverstandene Duett, das Mackie Messer und Polly Peachum, während ihrer Hochzeit im Pferdestall, im ersten Akt der »Dreigroschenoper« singen. Es ist eine Art Sonett, das mit den Versen beginnt:

»Siehst du den Mond über Soho?«
»Ich sehe ihn, Lieber.
Fühlst du mein Herz schlagen, Geliebter?«
»Ich fühle es, Geliebte.«
»Wo du hingehst, da will ich auch hingehn.«
»Und wo du bleibst, da will ich auch sein …«

Das ist, versteht sich, Ironie und Parodie, ironisches Zitat und parodistische Collage – vom Mond, dem klassischen Motiv der erotischen Dichtung, bis hin zum Bibelwort. Doch was von der Ironie und von der Parodie verborgen wird, ist nichts anderes als der Ernst der Liebe, nichts als ihr Pathos und ihre Poesie.

Das Rollengedicht, die ironische Brechung, die parodistische Distanzierung – das sind althergebrachte Ausdrucksmittel, deren sich der Lyriker Brecht von Anfang an so unkonventionell, so sicher wie bravourös bediente. Aber er war auf keines dieser Mittel angewiesen. Das beweist ein Gedicht, das in unserem Jahrhundert und in deutscher Sprache nicht seinesgleichen hat.

Als man sich in der Wiener Universal-Edition 1927 Gedanken über die neue, noch nicht abgeschlossene Oper von Brecht und Weill machte – über »Aufstieg und Fall der Stadt Mahagonny« –, meinte der Direktor des Verlags, diesem Bühnenwerk voll derber »Wildwest-Realistik« würde ein Gegengewicht oder Kontrastmotiv gut anstehen – also etwas Positives, Menschliches, vielleicht gar etwas Zartes.

Das Gedicht, das Brecht nun rasch lieferte – offenbar war es ein schon vorhandener, jetzt ein wenig erweiterter Text, der als Duett gesungen wird –, eignet sich für »Mahagonny« überhaupt nicht: Er sprengt Stil und Atmosphäre, er ist innerhalb dieser Oper ein Fremdkörper – aber ein wunderbarer.

In einem primitiven Bordell, vor dessen Eingang sich eine Schlange wartender Männer gebildet hat, sitzen sie nebeneinander: Paul Ackermann, ein Holzfäller, und Jenny, eine der Huren der Stadt Mahagonny – nebeneinander, doch, wie ausdrücklich betont wird, in einigem Abstand. Er raucht, sie schminkt sich. Inmitten dieser rohen und brutalen Welt singen die beiden die »Terzinen über die Liebe«.

»Sieh jene Kraniche in großem Bogen!« – so der erste Vers. Diese Kraniche, die »im Fluge beieinander liegen« – sie kommen aus der Weltliteratur, aus Dantes »Göttlicher Komödie«. Die beiden Vögel symbolisieren ein Paar, das glücklich und unglücklich zugleich war: Francisca da Rimini und Paolo Malatesta, die, da ihre Liebe als verbrecherisch galt, mit dem Tode bestraft und ins Inferno verbannt wurden. Sie »entflogen aus einem Leben in ein andres Leben«, also aus dem Dasein auf Erden in die Hölle, wo sie nun, nebeneinander fliegend, miteinander sein dürfen.

Brechts Verse von den Kranichen meinen die beiden Verbrecher aus Liebe und zielen zugleich auf alle Liebenden. Denn sie alle kommen doch aus einem Leben in ein anderes, genauer: aus dem irdischen Alltag in das überirdische Dasein. Sie fliegen, »einander ganz verfallen«. Und »wenn sie nur nicht vergehen und sich bleiben«, dann »kann sie beide nichts berühren«. Doch wohin fliegen die Liebenden? Das Gedicht informiert uns: »Nirgend hin.«

Ihr Flug hat kein Ziel. Und von wem sind sie entfernt? Die Antwort ist wieder lapidar: von allen. Denn sie sind einsam, die Liebenden. Und wie lange sind sie schon beisammen? Erst seit kurzem. Wann werden sie sich trennen? Bald. Denn die Liebe ist vergänglich.

Was also gibt den Liebenden – und sei es nur für eine kurze Zeitspanne – einen Halt? Nichts anderes als die Liebe selbst. Aber Brecht, der Kenner der Liebe, macht uns nichts vor. Der letzte Vers seines Gedichts ist hart und zweideutig: »So scheint die Liebe Liebenden ein Halt.« Das kann ja heißen, dass von der Liebe ein Schein ausgeht, der die Liebenden tröstet und ihnen einen Halt bietet. Man kann es aber auch anders verstehen – dass nämlich ihnen nur vorkommt, als sei die Liebe ein Halt.

Ein Rollengedicht ist das mit Sicherheit nicht. Es sind ja nicht die Stimmen des Holzfällers und seiner Partnerin, der Hure, die wir hier hören. Es ist die Stimme des Dichters. Er selber ist es, der die beiden Kraniche besingt, die, von Wolken begleitet, sich den schönen Himmel teilen, den Himmel der Liebe.

Doch konnte Brecht von der Liebe auch ganz unfeierlich sprechen, ohne die Stimme zu erheben und ohne Pathos, ohne jegliche Verfremdung und ohne Distanzierung. Zuweilen hat er bloß Fragen in der Sprache des Alltags gestellt, ganz schlicht und einfach:

> Schreib mir, was du anhast! Ist es warm?
> Schreib mir, wie du liegst! Liegst du auch weich?
> Schreib mir, wie du aussiehst! Ist's noch gleich?

Im vierten Vers, der dem Muster dieser drei vorangegangenen folgt, findet sich dann die überraschende und überzeugende, die auch ergreifende Pointe:

> Schreib mir, was dir fehlt! Ist es mein Arm?

In Brechts Gedichten und Liedern haben sie sich wiedererkannt, die Liebenden in beiden Teilen Deutschlands. Nach seinen Versen haben ganze Generationen vom Blatt geliebt: Seine Worte haben die Zungen der Liebenden gelöst. Nur der Liebenden? Wie kein anderer Dichter dieses Jahrhunderts hat er unser aller Sprache geprägt, geformt und bereichert. Unsere Vorfahren pflegten bei jeder passenden Gelegenheit Schiller zu zitieren, den »Wilhelm Tell« zumal – vom braven Mann, der an sich selbst zuletzt denke, bis hin zu jener Axt im Haus, die den Zimmermann erspare.

Doch Tell, der wackere Schütze, der am mächtigsten allein ist, wurde verdrängt von Mackie Messer, dem Banditen, dem man nichts beweisen kann. Die »Dreigroschenoper« ist das meistzitierte Werk des 20. Jahrhunderts: »Erst kommt das Fressen, dann kommt die Moral«, »Nur wer im Wohlstand lebt, lebt angenehm«, »Doch die Verhältnisse, sie sind nicht so«, »Denn für dieses Leben ist der Mensch nicht schlau genug«, »Und man siehet die im Lichte, die im Dunkeln sieht man nicht«. Der »Dreigroschenoper« entnehmen wir die Formulierungen »Wach auf, du verrotteter Christ« oder »Beneidenswert, wer frei davon«. Und aus der »Dreigroschenoper« stammen die so altmodisch klingenden und immer noch beliebten Fragen: »Was ist ein Dietrich gegen eine Aktie? Was ist ein Einbruch in eine Bank gegen die Gründung einer Bank?«

Brecht zitieren wir, bewusst und unbewusst, beinahe täglich. Die Politiker und die Journalisten, die Geistlichen und die Juristen, wir alle wiederholen seine Worte von dem Zöllner, der bedankt sein sollte, weil er dem Weisen seine Weisheit abverlangt, von den Zeiten, wo ein Gespräch über Bäume beinahe ein Verbrechen sei, von der bleichen Mutter Deutschland, die besudelt unter den Völkern sitze, von dem Schoß, aus dem das kroch und der fruchtbar noch, von dem Land, das unglücklich ist, weil es Helden nötig habe, und – zumal früher in der DDR – von dem Einfachen, das schwer zu machen sei, von den Mühen der Gebirge, die hinter uns liegen, und von den Mühen der Ebenen vor uns. Er wusste es: »Wirklich, ich lebe in finsteren Zeiten«. Und: »Auch der Haß gegen die Niedrigkeit verzerrt die Züge.« Er hielt sich an seinen Spruch »Mögen andere von ihrer Schande sprechen, ich spreche von der meinen«.

Wie alle großen Dichter hatte auch er keine Bedenken, das schon tausendfach Gesagte noch einmal zu sagen – aber er sagte es anders als alle seine Vorgänger. Nichts banaler als die Einsicht, dass auch die dunkelste Nacht schließlich ein Ende hat. Bei Brecht heißen die Verse, auf die sich einmal ein deutscher Politiker in einem Fernseh-Gespräch berief:

Am Grunde der Moldau wandern die Steine.
Es liegen drei Kaiser begraben in Prag.
Das Große bleibt groß nicht und klein nicht das Kleine.
Die Nacht hat zwölf Stunden, dann kommt schon der Tag.

Sein Gedicht »An die Nachgeborenen« endet mit der Bitte: »Gedenkt unsrer mit Nachsicht.« Ja, wir gedenken Brechts mit jener Nachsicht, auf die jeder Sterbliche, also jeder Irrende Anspruch hat. Und wir können seiner auch ohne Nachsicht gedenken, denn gerade er, der Klassiker, bedarf ihrer am wenigsten. So gedenken wir seiner mit Bewunderung und mit Dankbarkeit: Der Platz Bertolt Brechts im Pantheon der deutschen Literatur ist ungeheuer oben.

# Erich Kästner

## Der Dichter der kleinen Freiheit

I.

Erich Kästner ist ein wehmütiger Satiriker und ein augenzwinkernder Skeptiker. Nie wollte er aufhören zu glauben, dass die Menschen besser werden könnten, »wenn man sie oft genug beschimpft, bittet, beleidigt und auslacht«. Er, der Autor düsterer und resignierter, bissiger und bitterer Gedichte, war in Wirklichkeit Deutschlands hoffnungsvollster Pessimist und der deutschen Literatur positivster Negationsrat.

Er gehört zu den Moralisten, die zugleich Spaßmacher sind. Er ist ein Conférencier, der keine Hemmungen hat zu predigen. Und er ist ein Prediger, der gern und stolz die Narrenkappe trägt. In allem, was er geschrieben hat, dominiert unmissverständlich und dennoch unaufdringlich das Pädagogische. Mithin ein Schulmeister gar? Aber ja doch, nur eben Deutschlands amüsantester und geistreichster.

Er wurde schnell berühmt und nie ganz anerkannt. Ob in Versen oder in Prosa – er drückte sich immer einfach und leicht aus. Also befürchtete man, es sei einfältig und ungewichtig. Was er zu sagen hatte, war immer ganz klar. Also vermisste man die Tiefe. Er war witzig. Also nahm man ihn nicht ganz ernst. Er hatte Anmut und Charme. Also hielt man ihn für etwas unseriös. Er war sehr erfolgreich, ja, er wurde – wie seine Zeitgenossen Tucholsky und Ringelnatz, Fallada und Zuckmayer – ein typischer Volksschriftsteller. Also misstraute man ihm.

Aber Erich Kästner, dieser Berliner aus Dresden, der seit bald dreißig Jahren in München lebt, ist vom Geschlecht der Lessing und Lichtenberg, der Heine und Fontane. Das seien, ließe sich sofort einwenden, etwas hohe Sockel und, bei allem Respekt, nun doch nicht ganz geeignet für den Dichter, der von Emil und den Detektiven erzählt hat. Zugegeben. Doch in dem Land, in dem man zwar Bach schätzt, aber Offenbach unterschätzt, wo man die Wagner und Bruckner verehrt und die Nicolai und Lortzing herablassend belächelt, wo die Walzerkönige ebenso gebraucht wie bagatellisiert werden, da kann man nicht oft genug erinnern: Verachtet mir die kleinen Meister nicht!

## II.

Seinen ersten Lyrikband (»Herz auf Taille«, 1928) eröffnet das Gedicht »Jahrgang 1899«. Es ist – wie einige Jahre vorher Brechts »Vom armen B. B.« und fast vierzig Jahre später der poetische Bericht »Kleckerburg« von Günter Grass – das Gedicht einer ganzen Generation. Die entscheidende Strophe lautet: »Wir haben der Welt in die Schnauze geguckt / anstatt mit Puppen zu spielen. / Wir haben der Welt auf die Weste gespuckt / soweit wir vor Ypern nicht fielen.«

So erwies sich auch Kästner als ein Sprecher – um den von Hemingway popularisierten Begriff zu verwenden – der »lost generation«. Daraus ist längst ein Schlagwort geworden. Aber nicht die deutschen Schriftsteller sind schuld, dass sich in Deutschland seit über einem halben Jahrhundert die verlorenen Generationen auf die Hacken treten. Ihre Repräsentanten, auch die intelligentesten und bedeutendsten, sind in der Regel für die Ideale und Losungen der radikalen politischen Bewegungen besonders empfänglich: Brecht, Anna Seghers und zeitweise auch Tucholsky gingen zu den Kommunisten, Benn war zwei oder drei Jahre lang von den Nazis wenn nicht fasziniert, so doch jedenfalls affiziert.

Und Kästner? »Ich hasse Ideologien, welcher Art sie immer sein mögen. Ich bin ein überzeugter Individualist.« Er hat dies 1969 gesagt, doch damit nur ausgedrückt, was schon sein Werk der zwanziger Jahre erkennen lässt. Während andere das Bedürfnis hatten, sich einzureihen, bei einer politischen Organisation Schutz zu suchen oder sich mit ihr gar zu identifizieren, blieb Kästner – wie der Titelheld seines Romans »Fabian« (1931) – zwischen den Fronten und Parteien. »Ich setze mich sehr gerne zwischen Stühle. / Ich säge an dem Ast, auf dem wir sitzen« – heißt es in seinem »Kurzgefaßten Lebenslauf« aus dem 1930 erschienenen Band »Ein Mann gibt Auskunft«. Folgerichtig betitelte er seine nächste Lyriksammlung »Gesang zwischen den Stühlen« (1932). Später griff er auf den Shakespeare'schen Vergleich der Welt mit dem Theater zurück, um zu sagen: »Ich spiel' nicht mit. In jedem Stück / muß es auch Menschen, die bloß zuschaun, geben.«

Dieser schon in Kästners frühen Jahren auffallende Rückzug auf die Position ausschließlich des Zeugen, des kritischen Beobachters und ironischen Kommentators gab seinem Werk von vornherein eine (von ihm freilich kokett betonte) melancholische Note. Er stellte sich gern als Moralist vor, genoss offensichtlich den Gegensatz zwischen der betulichen und feierlichen Aura dieses Terminus und der kessen und schnoddrigen Diktion seiner Verse und seines »Fabian« und sprach (wiederum nicht ohne Koketterie) von der Vergeblichkeit der Bemühungen des Moralisten: »Sein angestammter Platz ist und bleibt der verlorene Posten.«

Kästner ist also ein Moralist ohne Illusionen. Und auch ohne Programm? Gewiss, es hieße sein Werk verkennen und überfordern, wollte man ihm mit philosophischen oder politischen Kategorien beikommen. Gleichwohl hat es eine zwar simpel anmutende, doch solide Basis: Es ist Kästners schwermütiger Rationalismus, es ist sein von ihm immer wieder angezweifeltes und doch nie aufgegebenes Vertrauen zur ethischen Kraft der Vernunft und zur moralischen Wirkung der Ordnung.

Ähnlich wie Heinrich Mann, wie Feuchtwanger ist auch er in die Vokabel »Vernunft« geradezu verliebt, sie mutet in seinen Schriften bisweilen wie ein Fetischwort an: »Erkannte man, daß die Vernunft das Vernünftigste war?« fragt er im »Fabian«. Der Glaube an den gesunden Menschenverstand ist allerdings bei diesem späten Nachfahren der deutschen Aufklärung von Naivität und Treuherzigkeit nicht ganz frei. Doch ist es dieser Glaube, der ihn vor ideologischen Scheuklappen bewahrt und der es ihm ermöglicht hat, nicht nur gegen Heuchelei und Borniertheit zu protestieren, sondern auch gegen »Religion als Politik und Politik als Religion«.

Seine beharrliche Ablehnung der ideologischen Rezepte traf logischerweise in allen Parteien, gelinde gesagt, auf wenig Gegenliebe. Das scheinbar so harmlose Gedicht »Und wo bleibt das Positive, Herr Kästner?« ist in diesem Zusammenhang zu sehen. Aber damit hat es auch zu tun, dass viele seiner Gedichte aus der Weimarer Zeit bis heute überlebt haben und einige sogar überraschend aktuell sind.

III.

In den zwanziger Jahren, als es darum ging, den Lesern, die von Trakl'scher Trauer, vom Rilke'schen Rhythmus und vom George'schen Gepränge begeistert und betört waren und vom expressionistischen Schrei genug hatten, eine Dichtung schmackhaft zu machen, die deutsch und dennoch nützlich wäre, als Poesie für den Alltag das Gebot der Stunde hieß, da war Kästner einer von jenen »Gebrauchspoeten«, die »Gebrauchslyrik« zu liefern entschlossen waren.

Gedichte sollten, meinte er 1928, »seelisch verwendbar« sein, er verstand sie als Notizen »im Umgang mit den Freuden und Schmerzen der Gegenwart«, wogegen ihm »die Bekanntgabe persönlicher Stimmungen« geradezu verwerflich schien.

»Das, was er schrieb, war manchmal Dichtung, / doch um zu dichten, schrieb er nie.« Er meinte Lessing, aber es gilt auch für ihn selber. Was seine Protokolle aus dem Leben der modernen Großstadt zunächst auszeichnet, ist ihre auf dem Hintergrund der deutschen Lyrik gar nicht so selbstverständliche Unmittelbarkeit und Deutlichkeit. Goethe empfahl spöttisch die Geheimniskrämerei, denn: »Wenn man dem Menschen gleich und immer sagt, worauf es ankommt, so denkt er, es sei nichts dahinter.« Der Lyriker Kästner wagte es, gleich und immer zu sagen, worauf es ihm ankam. Unzählige Leser waren ihm dafür dankbar; nur dass viele Kritiker es ihm nicht verzeihen wollten.

Die kunstvolle Machart dieser melodischen und oft einschmeichelnden Verse ist nie recht anerkannt worden. Gewiss, die formale

Erneuerung der Poesie war seine Sache nicht. Es sei bestimmt schwerer – ließ er eine Komödienfigur sagen –, »mit üblichen Mitteln etwas zu sagen als mit Tricks«. Von Stilakrobatik wollte er nichts wissen: »Mit der Sprache seiltanzen, das gehört ins Varieté.« Meist verließ er sich auf die herkömmlichsten und populärsten Formen der deutschen Lyrik, zumal auf die vierzeilige und sechszeilige Strophe mit Reim und regelmäßigem Rhythmus.

Doch die alten Schläuche füllte er mit neuem Wein. In der traditionellen, oft volksliedhaften Strophe tauchte die saloppe Umgangssprache der späten zwanziger Jahre auf: idiomatische Ausdrücke und Alltagsphrasen, Zeitungswendungen und Reklameslogans, auch der Behördenjargon, auch der Slang der Militärs. In dieser Poesie ist die Rede von Schreibmaschinen und Schinkenbroten, von Krediten und Bilanzen, von Bardamen und Klosetts, von Gonokokken und Abtreibungen.

Die stärksten Effekte erzielte Kästner mit persiflierten Zitaten aus den Klassikern und gelegentlich aus Opernlibrettos. »Wir winden keine Jungfernkränze mehr. / Wir überwanden sie mit viel Vergnügen« – heißt es im »Chor der Fräuleins«. Und das berühmteste Beispiel: »Kennst du das Land, wo die Kanonen blühn?« Die Zitatparaphrasen sind exemplarisch für Kästners am häufigsten angewandtes Prinzip: die Übernahme des Konventionellen für die (möglichst überraschende) Mitteilung des Aktuellen.

Und das Aktuelle – das ist die Krise. »Wir leben provisorisch, die Krise nimmt kein Ende« – klagt der Germanist Doktor Fabian. Dieses Lebensgefühl artikulieren die Gedichte Kästners aus den Weimarer Jahren: Sie lassen die allgemeine Unsicherheit spürbar werden, sie registrieren die Symptome sowohl der politischen als auch der persönlichen, sowohl der wirtschaftlichen als auch der sexuellen Krise. Daraus ergeben sich die wichtigsten Motive seiner Lyrik: die Hilflosigkeit des Individuums und die Enttäuschung der missbrauchten Generation, Arbeitslosigkeit und Kulturmüdigkeit, Resignation und Abschiedsstimmung.

Kästner hat die »möblierte Melancholie« besungen (»Dreimal husten kostet eine Mark«) und die Langeweile der Ehe (»Man sprach sich aus. Man hat sich ausgeschwiegen«). Er hat die deutschen Nationalisten mit dem Gedicht »Die andre Möglichkeit« herausgefordert; es beginnt mit der Zeile: »Wenn wir den Krieg gewonnen hätten« und schließt mit den Worten: »Zum Glück gewannen wir ihn nicht!« Ihm gelang es, das alte deutsche Sinngedicht wiederzubeleben und zumindest einige vollendete Epigramme zu schaffen, wie etwa dieses mit dem Titel »Moral«:

Es gibt nichts Gutes
außer: Man tut es.

Der Titel Falladas »Kleiner Mann, was nun?« ist zugleich das Motto der Lyrik Kästners. Ihr Personal – das sind die kleinen Leute, die verlassenen Mädchen und die einsamen Männer, die braven Muttchen und dummen Nuttchen, die armen Kellner und die müden Stehgeiger, die Zukurzgekommenen und die Benachteiligten, die Verstoßenen und die Enttäuschten, die Erniedrigten und die Beleidigten. Sie erkannten sich in seinen Versen wieder.

Freilich hat ihr außergewöhnlicher Publikumserfolg noch ganz andere Gründe. Kästner wollte die deutsche Innerlichkeit mitten ins Herz treffen. Doch auch viele seiner eigenen Strophen tendieren zu diskreter Innerlichkeit. Er fürchtete das Pathos mehr als die Banalität und die großen Worte mehr als die sanften Töne. In manchen dieser Gedichte näherte er sich der authentischen Larmoyanz und der baren Sentimentalität, die er mit witzigen Pseudozynismen tarnen wollte. Und auch auf Kalauer wollte er bisweilen nicht verzichten: »Nun senkst du deine Lider ohne Worte …«

Daher mag die sich bisweilen aufdrängende Frage, ob man es denn bei vielen dieser Songs und Chansons, Balladen und Bänkellieder, Pamphlete und Zeitgedichte eher mit Kunstgewerbe als mit Kunst zu tun habe, verständlich sein. Aber die Frage ist, scheint mir, falsch gestellt. Denn eine Kunst, die programmatisch auf praktische Anwendbarkeit aus ist, hat immer auch etwas Kunstgewerbliches; und ein Kunstgewerbe von so hoher Meisterschaft ist zugleich immer auch Kunst.

»Dieser linke Radikalismus ist genau diejenige Haltung, der überhaupt keine politische Aktion mehr entspricht« – schrieb Walter Benjamin 1931 aus Anlass des Bandes »Ein Mann gibt Auskunft«. Es ist der treffendste Satz in einer sonst von ideologischer Verblendung zeugenden Kritik. Aber was Benjamin für einen unverzeihlichen Makel hielt, scheint heute eher ein Vorzug der Lyrik Erich Kästners.

## IV.

Den Roman »Fabian« hat man auf der Bauchbinde der ersten Auflage mit dem Segen Hermann Hesses versehen: »Das Zeitgemäße konnte nicht zeitloser gesagt werden.« Gerade dies erwies sich mittlerweile als ein Irrtum. Das satirische Bild der verruchten Stadt Berlin um 1930 (»Im Osten residiert das Verbrechen, im Zentrum die Gaunerei, im Westen die Unzucht und in allen Himmelsrichtungen der Untergang«) war damals eine große literarische Tat und liest sich heute, jedenfalls zum großen Teil, nur noch historisch. Was einst kühn und aggressiv war, wirkt jetzt fast betulich, das Obszöne ist harmlos, die Provokation verpufft. »Dreigroschenoper« etwa? Ja, aber ohne Weills Musik.

Geblieben ist der große Bogen der Parabel: Die Geschichte eines deutschen Intellektuellen, dem auf der Suche nach dem Glück kein Mephisto hilft und der sich ganz allein eine Walpurgisnacht inmitten der Großstadt bereiten will: in Kneipen und Bordellen, auf den Straßen und Rummelplätzen. So museal die satirische Zeitkritik in diesem Roman, so lebendig und sogar ergreifend, was ebenfalls zeitkritisch, doch mitnichten satirisch ist: Fabians Liebeserlebnis mit der jungen Juristin Cornelia Battenberg, eine der schönsten erotischen Geschichten, die sich in der deutschen Literatur jener Jahre finden lässt. Der ursprüngliche Titel des Buches – »Der Gang vor die Hunde« – bezieht sich übrigens nicht nur auf Fabian, sondern auch auf seine Cornelia.

Der Roman endet mit einer, wie es heute scheint, allzu aufdringlichen parabolischen Pointe: Fabian springt ins Wasser, um einen

Ertrinkenden zu retten. Doch kann er nicht schwimmen und geht unter – in einem realen Fluss, der offensichtlich den Strom der Zeit symbolisieren soll. Dieser Schluss kann indes noch anders verstanden werden. Denn jener, der gerettet werden sollte, ist ein kleiner Junge, ein Kind. Schon vorher ließ Kästner eine andere Figur des Romans sagen: »Lehrer hätte ich werden müssen, nur die Kinder sind für unsere Ideale reif.«

Die Sehnsucht nach der Kindheit gehört zu den Leitmotiven auch seiner Lyrik. Es ist die Sehnsucht nach dem verlorenen Paradies. Es ist nichts anderes als eine rückwärts gewandte Utopie. Auf diesem Hintergrund sind die Bücher zu sehen, denen er Weltruhm verdankt – seine Romane für Kinder.

## V.

Kästner liebt das Spiel mit vertauschten Rollen. Er hielt es oft für richtig, die Leser seiner Essays und Artikel so zu behandeln, als wären sie noch Kinder. Und er nahm die Leser seiner Kinderbücher immer so ernst, wie Erwachsene behandelt werden wollen. Auch die Romane für Kinder sind zunächst und vor allem poetische Plädoyers für die Vernunft in den Zeiten der Unvernunft.

Doch diejenigen, die in diesen Büchern die Welt vom Standpunkt des gesunden Menschenverstands beurteilen, die sich als zielstrebige Sachwalter der Vernunft und der Ordnung erweisen, das sind eben nicht die Erwachsenen, sondern die Kinder und die Halbwüchsigen. Sie verfolgen und fassen den Dieb und stellen so die Ordnung wieder her (»Emil und die Detektive«, 1928). Und nicht die Eltern erziehen ihre Kinder, sondern die Kinder ihre Eltern, die sie schließlich zur Räson bringen (»Das doppelte Lottchen«, 1949).

Dieses Prinzip der umgekehrten Perspektive und der vertauschten Rollen hat Kästner einer ganzen Reihe von Kinderbüchern zugrunde gelegt, er hat es mit mehr oder weniger Glück und Geschick paraphrasiert, ohne freilich noch ein so vollkommenes Werk wie »Emil und die Detektive« schaffen zu können.

»Wahr ist eine Geschichte dann, wenn sie genauso, wie sie berichtet wird, wirklich hätte passieren können« – erklärte Kästner in der Einleitung zu »Pünktchen und Anton« (1929). Wenn die Kinder zumindest die besten seiner Bücher als »wahr« empfanden, so unter anderem deshalb, weil sie meist Milieus zeigten, die sie selber kannten, die ihnen längst vertraut waren. Statt der in der Kinderliteratur bevorzugten Exotik zeichnete er die unmittelbare Umwelt seiner Leser. Er ließ seine Geschichten nicht in der Antike oder im Mittelalter spielen, sondern in der Gegenwart. Und ihre Helden waren nicht Winnetou oder Lederstrumpf, Ben Hur oder Sigismund Rüstig, sondern gewitzte Kinder und Halbwüchsige der modernen Großstadt. Was sich in »Emil und die Detektive« ereignet, passiert vor allem auf den Straßen und in den Höfen Berlins.

Neben der außergewöhnlichen Beobachtungsgabe und dem verschmitzten und ironischen und gleichwohl für Kinder immer verständlichen Humor hat zur Glaubwürdigkeit und damit zum Erfolg des »Emil« die Reizbarkeit Kästners für die Sprache viel beigetragen. Ähnlich wie Döblin in »Berlin Alexanderplatz«, wie Horváth in seinen frühen Stücken, wie Fallada in seinen besten Romanen und Tucholsky in seinen treffendsten Feuilletons hat auch Kästner das alte und immer wieder bewährte Rezept befolgt: Er hat dem Volk aufs Maul geschaut. Er hat, wie keiner vor ihm, die Alltagssprache der Großstadtkinder belauscht und fixiert. So gesehen, war dies Buch nichts anderes als die längst fällige Hinwendung der Literatur für Kinder ebenso zu realistischen Ausdrucksmitteln wie zur überprüfbaren Realität. Es entsprach jener damals dominierenden Richtung, für die es nur eine verschwommene und fragwürdige und dennoch nicht überflüssige Bezeichnung gibt: »Emil und die Detektive« – das ist der Kinderroman der Neuen Sachlichkeit.

VI.

Erich Kästner hat keine gewaltigen Werke geschrieben. Er hat niemanden mit seiner Dichtung zu erlösen versucht. Niemals war es sein Ehrgeiz, die Welt zu verändern. Er hatte nicht mehr und nicht weniger zu bieten als Grazie und Esprit, Humor und Vernunft.

In der Zeit von 1933 bis 1945 hatte er, der Mann zwischen den Stühlen, sich klar entschieden. Wenn er in verschiedenen Nachschlagbüchern der deutschen Exilliteratur angeführt wird, so hat das schon seine Ordnung. Zwar war nicht er emigriert, wohl aber waren es seine Bücher, die damals in der Schweiz erschienen. Kästner ist Deutschlands Exilschriftsteller honoris causa. Er hat in jenen Jahren nichts geschrieben, dessen er sich hätte später zu schämen brauchen. Auch dies gilt es heute, da er fünfundsiebzig Jahre alt wird, dankbar und respektvoll anzuerkennen.

Er, der Sänger der kleinen Leute und der Dichter der kleinen Freiheit, gehört mittlerweile zu den Klassikern der deutschen Literatur unseres Jahrhunderts. Die Leser wissen es längst. Und die Kritiker, die Germanisten, die Literarhistoriker? Die Kästner-Bibliographie verzeichnet in der Tat neben Äußerungen von Freunden und Zeitgenossen auch einige größere Arbeiten. Sie stammen von Ausländern.

Anna Seghers

## Nicht gedacht soll ihrer werden?

Über Anna Seghers und ihren Roman »Das siebte Kreuz«

Anna Seghers ist ins Zwielicht geraten, ja in Verruf. Noch unlängst hat man sie, zumal jenseits der Elbe, gerühmt und verherrlicht, wenn nicht gar verklärt. Neuerdings wendet man sich von ihr ab, sie wird mehr oder weniger deutlich verurteilt, wenn nicht gar verdammt. In der DDR gibt es dem Vernehmen nach – man kann es kaum glauben – 180 Anstalten, Betriebe und Institutionen der unterschiedlichsten Art, die man mit ihrem Namen geschmückt hat. Nun wird dort gefragt, ob die Beibehaltung dieses Namens denn noch angebracht oder auch nur zulässig sei.

Ähnliche Sorgen hat man in der Bundesrepublik ebenfalls, allerdings in erheblich geringerem Umfang. Betroffen ist vor allem Mainz, wo Anna Seghers im Jahre 1900 geboren wurde. Zweimal hat man sie dort mit hohen Würden bedacht: 1977 wurde ihr die Ehrenbürgerschaft der Johannes Gutenberg-Universität verliehen und 1981 die der Stadt Mainz. Beiden Beschlüssen gingen heftige und etwas peinliche öffentliche Auseinandersetzungen voran. Wer damals gegen die Ehrung der in Ostberlin ansässigen Mainzerin war, sieht sich jetzt bestätigt. Es wird auch überlegt, ob es nicht doch richtig wäre, die Anna-Seghers-Straße in Mainz rasch umzubenennen. Und Deutschlehrer zweifeln, ob sie ihren Schülern die Lektüre des Romans »Das siebte Kreuz« überhaupt noch empfehlen können. Die Erzählerin Anna Seghers sei nicht mehr glaubwürdig. Also: Nicht gedacht soll ihrer werden. Aber was ist denn eigentlich geschehen?

Walter Janka, Kommunist seit 1930, der ab 1941 in Mexiko den wichtigsten Exilverlag auf dem amerikanischen Kontinent (»El Libro Libre«) geleitet und nach seiner Rückkehr aus dem Aufbau Verlag den bedeutendsten, auch im Westen hoch geachteten Verlag der DDR gemacht hat – dieser Walter Janka wurde im Dezember 1956 der konterrevolutionären Verschwörung gegen die Regierung Ulbricht beschuldigt und im Juli 1957 in einem Schauprozess zu fünf Jahren Zuchthaus verurteilt. Erst 1989 hat Janka einen Teil seiner Erinnerungen unter dem Titel »Schwierigkeiten mit der Wahrheit« veröffentlicht – in der Bundesrepublik übrigens, nicht in der DDR. Das Buch enthält knappe und sachliche Informationen auch über Anna Seghers.

Im Oktober 1956, unmittelbar nach dem Einmarsch der sowjetischen Truppen in Budapest, hatte sie Janka dringend gebeten, sofort nach Ungarn zu reisen, um den siebzigjährigen Georg Lukács, dessen Leben offensichtlich gefährdet sei, zu retten. Janka, zu dessen prominenten Autoren der Literaturwissenschaftler Lukács gehörte, war hierzu bereit, Johannes R. Becher, der Kulturminister der DDR, unterstützte den Plan, stellte ein Auto mit Fahrer zur Verfügung und beschaffte blitzschnell Devisen und Reisepässe. Aber im letzten Augenblick wurde die Aktion abgeblasen: Ulbricht war dagegen.

In der gegen Janka erhobenen Anklage spielte seine nie angetretene Reise nach Ungarn eine entscheidende Rolle: Er habe Lukács, der »ein verkappter Agent des Imperialismus in den Reihen der internationalen Arbeiterbewegung« sei, aufspüren wollen, um ihn »als geistiges Oberhaupt der Konterrevolution in die DDR zu holen«. Da der Prozess zur Abschreckung dienen sollte, mussten bekannte Schriftsteller an ihm als Zuhörer teilnehmen, unter anderen Anna Seghers: Sie »sah betroffen zu Boden. Sie schwieg, als Lukács verleumdet und fälschlich beschuldigt wurde. Sie erhob sich nicht, um ihren Protest in den Saal zu rufen, zu fordern, daß sie gehört wird. Nein, sie schwieg. Und sie schwieg auch nach dem Prozeß.«

So ist das: Anna Seghers hat sich schändlich verhalten – und nicht nur gegenüber ihrem Freund und Verleger Walter Janka. Sie hat auch den Altkommunisten Paul Merker, einen Ulbricht-Rivalen, gegen besseres Wissen als amerikanischen Agenten denunziert: Er wurde 1955 zu acht Jahren Zuchthaus verurteilt und musste schon 1956 rehabilitiert werden.

Aber wer sich für Anna Seghers interessiert hat, genauer: für ihre Rolle in der DDR und ihr Werk nach der Rückkehr aus dem Exil, den kann, was Janka jetzt mitteilt, schwerlich überraschen. Wer wissen wollte, der wusste, dass sie sich ängstlich gehütet hat, von der Parteilinie abzuweichen oder gar das Unrecht, den Terror in der DDR zu beanstanden. Niemals hat sie gegen die Verbrechen Stalins protestiert, sogar nach Chruschtschows berühmter Abrechnung zog sie es vor, konsequent zu schweigen, sie, die sich in jeder Hinsicht mehr hätte herausnehmen können als irgendein Schriftsteller zwischen der Elbe und der Oder. Janka schreibt: »Gerade sie hätte sich der Mitverantwortung nicht entziehen dürfen. Ein wenig Mut hätte ihrem Ruf nicht geschadet und ihre Position nicht gefährdet. Selbst Ulbricht hätte es nicht gewagt, sie verhaften oder auch nur belästigen zu lassen. All das wußte sie. Trotzdem blieb sie stumm.«

Ganz stumm freilich doch nicht. In ihrem 1969 veröffentlichten Roman »Das Vertrauen« werden die Leser buchstäblich wie Schwachsinnige behandelt: Anna Seghers präsentiert ihnen allen Ernstes noch die gröbsten und dümmsten Propagandalügen. So sollen dem Roman zufolge – um nur dieses Beispiel anzuführen – am 17. Juni 1953 gegen den SED-Staat bloß Agenten, Idioten und Kriminelle rebelliert haben. Mehr noch: Dieser Roman enthält eine Art Liebeserklärung – und es ist kein anderer als Stalin, den Anna Seghers noch viele Jahre nach seinem Tod inbrünstig liebt und trotz aller die Welt erschütternden Enthüllungen als den gütigen Vater der Nationen und den Weisesten aller Weisen preist. Wie soll man das verstehen, worauf soll man es zurückführen? Auf Borniertheit? Wohl kaum, eher auf Feigheit, auf Zynismus und abstoßenden Fanatismus. Wie auch immer: Nicht gedacht soll ihrer werden.

Indes: Haben wir Anna Seghers geschätzt und bewundert, weil wir sie für edel, hilfreich und gut hielten? Oder weil wir ihr die Romane »Transit« und »Das siebte Kreuz« verdanken, weil sie den »Aufstand der Fischer von Santa Barbara« geschrieben hat und den »Ausflug der toten Mädchen«? Sollen wir auf diese Bücher jetzt verzichten? Haben sie sich denn in der Zwischenzeit verändert? Text bleibt Text – davon waren wir seit eh und je überzeugt. Gilt der Satz nicht mehr? Doch, er gilt nach wie vor. Aber wahr ist auch, dass literarische Arbeiten im Laufe von Jahren und Jahrzehnten verblassen und absterben, dass sie andererseits in einer neuen Situation eine neue Bedeutung gewinnen können, ja sogar eine ungeahnte Aktualität. »Das siebte Kreuz«, dieser keineswegs zu Unrecht berühmteste Roman der Anna Seghers, dessen Manuskript 1940 abgeschlossen war und der 1942 erschienen ist (eben in dem von Walter Janka geleiteten Exilverlag) – wie liest er sich hier und heute?

Die Geschichte des Arbeiters Georg Heisler, der im Oktober 1937 zusammen mit sechs Leidensgefährten aus einem Konzentrationslager in der Nähe von Mainz flieht und dem es im Unterschied zu den anderen schließlich gelingt, ins Ausland zu entkommen, war für uns, die wir der älteren Generation angehören, damals, in den Jahren nach dem Zweiten Weltkrieg, eine Sensation, und zwar mit gutem Grund.

Romane, deren Handlung im »Dritten Reich« spielt, gab es so gut wie überhaupt nicht – und die wenigen, die sich fanden, waren literarisch minderwertig, bestenfalls mittelmäßig. Hier aber hatten wir ein poetisches Buch von hoher sprachlicher Qualität und überdies spannend und aufregend wie ein guter Kriminalroman, freilich einer mit umgekehrten Vorzeichen: Verbrecher in den Uniformen der SS und der SA verfolgen einen Unschuldigen. Sofort fiel auch die Fülle und die außerordentliche Anschaulichkeit der Milieuschilderungen auf: Welcher deutsche Romancier unseres Jahrhunderts hatte die Welt der einfachen Leute, vornehmlich der Arbeiter, Handwerker und Bauern, so überzeugend zu zeigen vermocht wie Anna Seghers? Sie selber war übrigens durchaus nicht plebejischer Herkunft, vielmehr stammte sie aus einem begüterten bürgerlichen Haus.

In der Zwischenzeit hat »Das siebte Kreuz« von seiner Suggestivität nur wenig eingebüßt. Gewiss, so aufregend wie einst ist das Buch nicht mehr. Aber nach wie vor bewundert man die Souveränität und auch die unzweifelhafte Virtuosität einer Erzählerin, die traditionelle Ausdrucksmittel und moderne Kompositionstechniken aufs Glücklichste miteinander verbindet: Sie bilden in ihrer Prosa eine fugenlose, eine selbstverständliche Einheit. Doch deutlicher als früher sehen wir jetzt, wie sehr sich Anna Seghers unter dem Einfluss der antifaschistischen Volksfronttaktik der KPD bemüht, ihren Roman von politischen und ideologischen Elementen freizuhalten. »Das siebte

Kreuz«, gewidmet »den toten und lebenden Antifaschisten Deutschlands«, ein unpolitischer Roman? Das ist so absurd nicht, wie es im ersten Augenblick anmutet.

Wogegen der Roman sich richtet, weiß der Leser gleich – natürlich gegen den Terror und die Barbarei, gegen den Nationalsozialismus. Nur wird dieser Begriff konsequent umgangen. Warum eigentlich? Vielleicht deshalb, weil die Autorin auch solche Begriffe wie »Kommunismus«, »Sozialismus« oder »Sozialdemokratie« vermeiden möchte. Von denen, die sich hier gegenüberstehen, wird immer ganz allgemein gesprochen: Verfolger sind es und Verfolgte, Täter und Opfer, böse und grausam die einen, gütig und tapfer die anderen.

»Lieber Freund«, heißt es in dem Roman, »diese Welt – wie sie nun einmal beschaffen ist – hat verhältnismäßig wenig Möglichkeiten, entweder halten wir eine bestimmte Sorte Menschen hinter einem Stacheldraht und geben schön acht und viel besser als bisher, daß alle drin bleiben – oder wir sind drin und die andern geben auf uns acht.« Also klare und einfache Fronten, bloß »wir« und »die andern« – und nichts Genaueres hierüber. Doch braucht man nicht lange zu rätseln, wer denn gemeint ist: Den zitierten Satz lässt Anna Seghers einen Nazi aussprechen, einen Polizeikommissar. Aber hätte nicht genau dasselbe ein sowjetischer Funktionär oder ein Offizier des Staatssicherheitsdienstes in der DDR sagen können? Ist vielleicht der Anna Seghers hier ein so primitives wie handfestes Rezept des totalitären Staates schlechthin entschlüpft?

Ein anderer Nazi, der Kommandant des Konzentrationslagers, aus dem die sieben Häftlinge geflohen sind, fühlt – nicht zufällig erst ganz am Ende des Romans –, »daß er nicht hinter einem einzelnen her war, dessen Züge er kannte, dessen Kraft erschöpfbar war, sondern einer gesichtslosen, unabschätzbaren Macht«. Wiederum hütet sich Anna Seghers, diese Macht zu definieren. Dass sie alle Gegner des nationalsozialistischen Regimes im Sinne hat, lässt sich schwerlich glauben, die verklärende und mystifizierende Formulierung deutet weit eher auf den Kommunismus hin.

Aber warum hat der Kommunismus 1933 so kläglich versagt, warum ist die ganze deutsche Arbeiterbewegung damals wie ein Kartenhaus zusammengebrochen, warum hat ein großer Teil gerade des Proletariats Hitler unterstützt? Die Fragen bleiben unerwähnt. Und die Situation der Kommunisten im Herbst 1937? Dass es zu diesem Zeitpunkt eine illegale KPD in Deutschland nicht mehr gab, wird in dem Roman mehrfach zumindest angedeutet. Auf den Spanischen Bürgerkrieg und die Niederlage der Republikaner finden sich immerhin zwei oder drei Anspielungen.

Die Moskauer Prozesse? Im Gespräch mit dem fliehenden Georg Heisler sagt der brave Arbeiter Paul Röder: »In deinem Rußland haben sie's auch nicht geschafft. Erst hat's nach was ausgesehen, daß man doch manchmal bei sich gedacht hat: Vielleicht, wer weiß? Jetzt –.« Heisler, seit Jahren im Konzentrationslager und infolgedessen nicht informiert, ist natürlich begierig, Näheres zu erfahren. Aber er bekommt von Röder nur zu hören: »Jetzt, das weißt du doch … Wie dort alles drunter und drüber geht!« Heisler fragt ungeduldig: »Was?« Röders Antwort lautet: »Was weiß ich, ich kann diese Namen doch nicht behalten.«

Diese Dialogpassage scheint mir charakteristisch für die Taktik der Autorin des »Siebten Kreuzes«: Zwar nähert sie sich jener Frage, die damals die Kommunisten der ganzen Welt erschütterte, doch weicht sie, um ja nicht in Widerspruch zur Parteilinie und zur offiziellen Propaganda der Sowjetunion zu geraten, schleunigst wieder zurück.

Und Georg Heisler, der Held des Romans, der sofort die Leser für sich einnimmt – ist er wirklich ein Kommunist? Ja, das ist er schon, freilich einer von besonderer Art, gewissermaßen ein apolitischer Kommunist. Er kannte nur eine Leidenschaft – und das war der Sport. »Du, Georg«, sagte ihm mal ein Freund, »hast statt 'nem Kopf 'nen Fußball auf den Schultern.« So schloss er sich, ein gelernter, beschäftigungsloser Automechaniker, einem Arbeitersportverein an. Von dort kam der lustige und eher unseriöse Bursche, dem alles Politische gleichgültig, ja unverständlich war, offenbar automatisch zu den Kommunisten. Als bei einer Demonstration sein Schuh beschädigt wurde, hören wir, dass er zu denen gehörte, »die auch barfuß mitgegangen wären, von Anfang bis Ende«. Für die Bücher, die man ihm zu lesen gab, war er allerdings nicht zu haben, freimütig sagte er, »daß er alles doch nicht behalten könnte«. Das sei eben nichts für ihn. Schon gut, aber war es da nicht ein reiner Zufall, dass er sich den Kommunisten angeschlossen hatte und nicht den Nazis?

Einen ganz anderen Weg hat sein Jugendfreund Paul Röder gewählt. Ihm gefällt das »Dritte Reich«: »Jetzt geschieht doch was, ... all die Vergünstigungen und die Zulagen, ... so was war noch nie da auf der Welt.« Dass dieser Röder, der so zufrieden ist mit dem neuen Deutschland und der so ausgiebig die NS-Volkswohlfahrt rühmt, den alten Kumpel Georg Heisler, den er seit Jahren nicht gesehen hat und der ihm offen sagt, dass er aus einem Konzentrationslager geflohen sei und von der Polizei gesucht werde, in seiner Wohnung übernachten lässt und damit ein großes Risiko auf sich nimmt – kann man das überhaupt glauben? Vielleicht doch. Er mag leichtsinnig sein und die Gefahr unterschätzen.

Dass aber Röder zwei ehemalige KPD-Mitglieder im Auftrag Heislers, der keine Ahnung hat, was aus ihnen seit 1933 geworden ist, in Frankfurt sucht, damit sie dem von der Gestapo Verfolgten zur Flucht ins Ausland verhelfen, dass er die Bedenken und Befürchtungen seiner schwangeren Frau in den Wind schlägt, dass er sie und ihre gemeinsamen Kinder aufs Höchste gefährdet – wie soll man sich das erklären? Heisler will ihm etwas erläutern, verzichtet aber bald darauf: »Röder hätte von alldem wenig verstanden.« Jedoch: »Verstanden oder nicht verstanden, Röder half.«

So ist das im Werk der Anna Seghers: Mit Vorliebe verherrlicht sie einfache Menschen, die wenig denken und wenig verstehen und nie zweifeln – wenn sie Kommunisten sind, dann folgen sie gehorsamst allen Befehlen. In einer anderen Partei sprach man da vom »Führerprinzip«.

Ob die Menschen, die Heisler auf seiner Flucht durch die Städte und Dörfer an Rhein und Main trifft, wissen, wie es um ihn bestellt ist, oder ob sie es nur ahnen – sie überwinden allesamt ihre Angst, sie denken nicht daran, den Mann in Not den Behörden zu melden, meist helfen sie ihm. Sogar ein Halbwüchsiger, ein Gärtnerlehrling, von dem es heißt, dass er bei der Hitlerjugend gut angeschrieben war, der keinen Augenblick zweifelt, dass jene, die in den Konzentrationslagern eingesperrt werden, da hineingehören wie Irre ins Irrenhaus, sogar er erschwert der Gestapo die Verfolgung durch eine bewusst falsche Aussage. Jedenfalls wird im »Siebten Kreuz«, von einer einzigen Ausnahme abgesehen, nicht denunziert. Wusste es Anna Seghers nicht besser?

Zunächst einmal spricht für sie, dass sie im Unterschied zu anderen emigrierten Autoren keineswegs versucht hat, den Lesern ihres Romans einzureden, Adolf Hitler herrsche gegen den Willen des deutschen Volkes. Im Konzentrationslager habe sich Georg Heisler, heißt es, den Alltag ganz anders vorgestellt: »Er hatte geglaubt, einem jeden Gesicht, einem jeden Pflasterstein sei die Schande anzusehen, und Trauer dämpfte die Schritte und Stimmen und selbst die Spiele der Kinder. Die Straße hier war ganz ruhig, die Menschen sahen vergnügt aus.«

Was veranlasst diese Menschen dennoch, sich so und nicht anders zu verhalten? Warum entscheiden sich sogar die Anhänger des Nationalsozialismus (wie der biedere Röder) mit schöner Regelmäßigkeit gegen den Staat und gegen die Polizei? Und wenn schon einer im Gestapo-Verhör kapituliert und einen der Flüchtlinge verrät, dann hängt er sich auf, und seine Frau brüllt verzweifelt, »er hätte es gestern tun sollen, vor dem Verhör«. Was steht hinter dieser Handlungsweise? Das Wunschdenken der Anna Seghers? Mit Politik haben die Entscheidungen der Personen, die sie auftreten und in heikle Konflikte geraten lässt, nichts zu tun. Vielmehr lassen sie sich von ihrem Gewissen leiten, von Mitleid und Nächstenliebe. Davon ist denn auch im letzten Satz des Buches die Rede: Im Innersten des Menschen gebe es etwas, »was unangreifbar war und unverletzbar«.

Was aber geschieht im »Dritten Reich« mit den alten Kommunisten? Sofern sie nicht emigriert oder inhaftiert sind, haben sie sich natürlich mit dem neuen Regime arrangiert – wie der Architekt Sauer, auf dessen Jackett ein Hakenkreuz zu sehen ist. Ähnlich wie Franz, der einst Heislers Freund und Mentor war, sind sie der düsteren Schatten auf ihrem ganzen Dasein überdrüssig, sie leiden darunter, dass ihnen das »gewöhnliche Leben« nicht gegönnt wird: »Franz fragte sich da einen Augenblick, einen einzigen Augenblick, ob dieses einfache

Glück nicht alles aufwiege. Ein bißchen gewöhnliches Glück, sofort, statt dieses furchtbaren, unbarmherzigen Kampfes für das endgültige Glück irgendeiner Menschheit, zu der er, Franz, dann vielleicht nicht mehr gehört.« Nur für »einen einzigen Augenblick« erlaubt sich Franz, erlaubt sich Anna Seghers einen solchen Gedanken.

Aber sie hat sich nicht nehmen lassen, in dem Roman auch das Heldentum der KPD zu besingen: Zusammen mit Georg Heisler flieht aus dem Lager auch ein alter Funktionär namens Wallau, der wieder eingefangen wird und, obwohl man ihn grausam misshandelt, jede Auskunft standhaft verweigert. Dass bei Anna Seghers Wallau, der Mann des Parteiapparats, ermordet wird, doch der Zufallskommunist Heisler entkommen darf, hat man gelegentlich als Kritik jener verstehen wollen, die von den Nazis 1933 so schnell und gründlich besiegt und verjagt wurden.

Allerdings lässt sich nicht verschweigen, dass die heroischen Szenen und Episoden im »Siebten Kreuz« das halbe Jahrhundert am schwächsten überdauert haben. Wallaus Heldentum erinnert heute gar zu sehr an Lesebuchgeschichten. Die Wirklichkeit sah wohl anders aus. Doch auch dies wird im Roman angedeutet. Heisler erinnert sich, dass Menschen mit Riesenkräften und erfahren in allen Kämpfen zusammenbrachen: »Sie waren fertiggemacht worden, und in der Todesangst waren die Nachrichten aus allen Fugen gelaufen.«

Hat man auch Anna Seghers »fertiggemacht«? Nein, gewiss nicht. Aber warum hat sie Paul Merker erfundener Untaten beschuldigt? Hat man ihr gedroht, konnte man sie erpressen? Warum hat sie Walter Jankas empörende Verurteilung zugelassen, warum hat sie nicht einmal versucht zu protestieren, was, Janka zufolge, Arnold Zweig, Erich Arendt und Hanns Eisler getan haben? Im »Siebten Kreuz« findet sich der Satz: »Furcht, das ist, wenn eine bestimmte Vorstellung anfängt, alles andere zu überwuchern.« Warum hatte sie, gerade sie so viel Angst vor Ulbricht und seinen Vollstreckern? Was immer wir in Zukunft über Anna Seghers noch erfahren sollten, unsere Dankbarkeit für ihre besten Bücher hat davon unberührt zu bleiben.

Klaus Mann

## »Mephisto«, der Roman einer Karriere

Der Erfolg des im Exil entstandenen und erstmalig im Jahre 1936 erschienenen Romans »Mephisto« von Klaus Mann scheint mir weder unverständlich noch bedauerlich zu sein. Denn was immer gegen das allerdings in mancher Hinsicht fragwürdige Buch gesagt werden muss – ein eigentümliches und lesenswertes künstlerisches Dokument ist es bestimmt.

In allem, was Klaus Mann geschrieben hat, fällt auf, wie stark von früher Jugend an sein Bedürfnis war, Bekenntnisse und Geständnisse abzulegen, wie sehr er sich immer wieder zur Selbstbeobachtung, Selbstanalyse und Selbstdarstellung gedrängt fühlte. Schon der Fünfundzwanzigjährige hielt es für richtig, eine Autobiographie zu veröffentlichen, der während des Krieges eine zweite folgte, von der wiederum zwei weit voneinander abweichende Fassungen vorhanden sind. Wenn er sich in Aufsätzen mit den Krisen der Intellektuellen befasste, untersuchte er meist seine persönlichen Krisen – ohne sich viel darum zu kümmern, ob die Schwierigkeiten, in die der Sohn eines Thomas Mann geriet, tatsächlich auch als exemplarisch gelten konnten.

Fast alle seine Romane und Novellen enthalten deutliche und in der Regel nur flüchtig getarnte Beiträge zu seinen Autoporträts. Wen immer er in den Mittelpunkt seiner Bücher stellte – Alexander den Großen oder König Ludwig II. von Bayern, Peter Tschaikowski oder einen jungen emigrierten Poeten, der Selbstmord begeht –, er hatte offenbar nie Hemmungen, seine eigenen Sorgen und Komplexe ganz ohne Umschweife in die Figuren seiner Helden zu projizieren. Daher sind es stets in außergewöhnlichem Maße persönliche, private, intime Bücher. Sie enthüllen des Autors Leidenschaft für menschliche und allzumenschliche Schwächen, für das Abgründige und Pathologische, für die Randbezirke der Existenz. Todessehnsucht und Homoerotik sind die beiden dominierenden Motive.

Dass sich die Literatur, die einen gewissen Anspruch erhebt, dem Exhibitionismus nähern darf, ja nähern muss, ist wohl ebenso sicher wie der Umstand, dass immer dann, wenn das Talent des Schriftstellers versagt und er anstatt der literarischen Leistung nur die nackte Mitteilung über heikle Phänomene bietet, der fatale Eindruck einer Schamlosigkeit entsteht, die sich nicht rechtfertigen lässt: Denn sie zeugt nicht etwa vom Mut zur Erkenntnis und zur Vergegenwärtigung, sondern vom Mangel an Takt und Geschmack.

Klaus Mann hat den Vorwurf des Exhibitionismus offenbar nie gefürchtet. Er war in vielen Büchern um den Ausdruck für seine Qualen bemüht. Gefunden hat er ihn nie. In keinem einzigen seiner Werke vermochte er die Diskrepanz zwischen seinen literarischen Möglichkeiten und seinen Absichten zu beseitigen. Und niemals war diese Kluft tiefer als in dem Roman »Mephisto«.

Es handelt sich um die 1925 einsetzende und bis 1936 reichende Geschichte eines talentvollen deutschen Schauspielers und Regisseurs, der schließlich als Günstling Görings Intendant der Staatlichen Schauspiele in Berlin wird. In seinem in der endgültigen Fassung erst postum veröffentlichten Lebensbericht »Der Wendepunkt« – Klaus Mann hat 1949 Selbstmord begangen – bezeichnet er »Mephisto« als den »Roman einer Karriere im Dritten Reich«. Doch lässt sich nicht übersehen, dass weit über die Hälfte des Buches vor 1933 spielt.

Jener große Mime – erklärt Klaus Mann weiter – wird »zum Exponenten, zum Symbol« des Regimes. Indes will der Roman als Beleg für diese These überhaupt nicht taugen. Es ist mitnichten erst der nationalsozialistische Staat, der dem Helden des »Mephisto« zum Erfolg verhilft, denn schon am Ende der Weimarer Republik war er, hören wir, einer der berühmtesten Schauspieler Deutschlands. Wie kann – muss man ferner fragen – Symbol des »Dritten Reiches« ein Künstler sein, dessen Mentalität offensichtlich von allem frei ist, was man sich unter Blut und Boden vorstellen mag, wohl aber auf höchst sympathische Weise an den zersetzenden Geist der Asphaltliteraten erinnert? Ein Künstler überdies – ich spreche immer nur von Klaus

Manns Romanhelden Hendrik Höfgen –, der zwar an Görings Tisch sitzt, dessen Verhalten jedoch oft geradezu Respekt abnötigt? Und vor allem: Warum um Himmels willen sollte ein nach Ruhm lechzender Schauspieler, der Karriere machen möchte, eine ausgerechnet für das »Dritte Reich« typische Erscheinung sein?

So verstrickt sich der Autor des »Mephisto« in auffallend viele Widersprüche, die freilich alle auf eine einzige Entscheidung zurückzuführen sind: auf die Wahl des für ein Kampfbuch gegen das nationalsozialistische Deutschland völlig ungeeigneten Protagonisten. Aber haben wir es wirklich mit einem solchen Buch zu tun? Ja und nein.

Als der neunzehnjährige Klaus Mann Gustaf Gründgens im Jahre 1925 in Hamburg kennenlernte, war dieser nicht mehr und nicht weniger als eine Lokalberühmtheit. Natürlich gehörte der Umgang mit der Prominenz längst zum täglichen Brot des Sohns von Thomas Mann. Doch in dem aufstrebenden und übrigens nur sieben Jahre älteren Provinzschauspieler glaubte der sensible und neugierige junge Mann etwas zu sehen, was er bisher kaum gekannt haben kann: die Verkörperung nicht nur des Unkonventionellen und Exzentrischen, sondern auch des Dubiosen und Anrüchigen.

Eben erst der Schule entwachsen, verspürte er – sein Buch »Kind dieser Zeit« gibt hierüber Auskunft – Müdigkeit und zugleich temperamentvolle Vitalität. Er war blasiert und wurde dennoch von fieberhafter Unrast gequält. Ähnliches muss er in der Persönlichkeit von Gründgens gefunden oder geahnt haben – nur war dem Schauspieler bereits gelungen, wovon der angehende Schriftsteller vorerst höchstens träumen konnte: seine Empfindungen und Reaktionen in der Kunst zu realisieren und fruchtbar zu machen. Die bei Gründgens so augenscheinliche Verbindung des Morbiden mit dem Komödiantischen, die Einheit von Anmut und Geist scheinen es Klaus Mann damals angetan zu haben.

Noch im »Wendepunkt«, in dem er über denjenigen, der bei den Nazis Intendant geworden war, erbost und tendenziös, ja gehässig berichtet, vermerkt er, dass dieser in den Hamburger Jahren »bei all seinem Geglitzer« doch »nicht ohne rührende, ja nicht ohne tragische

Züge« gewesen sei. Geglitzer und andererseits rührende und tragische Züge – auch dies waren wohl Berührungspunkte zwischen den beiden jungen Männern, die gewiss Gelegenheit hatten, sich ihrer Affinität bewusst zu werden.

Wie immer man die Gefühle Klaus Manns für Gründgens bezeichnen will – Bewunderung, Verehrung, Freundschaft oder Liebe –, sie zeichneten sich offenbar durch jene außerordentliche Intensität aus, die häufig für die Emotionen von Zwanzigjährigen charakteristisch ist. Und nicht nur ihn muss Gründgens tief beeindruckt und auch fasziniert haben, sondern ebenfalls die Frau, deren »Weggenosse« (so Thomas Mann) Klaus war: die Schwester Erika, die Gründgens bald geheiratet hat.

Dass Klaus Mann sein Gründgens-Erlebnis vielleicht verdrängen, doch nicht überwinden konnte, zeigte sich, recht überraschend, etwa ein Jahrzehnt später. Denn »Mephisto« ist, dem Anschein zum Trotz, weniger ein politisches Pamphlet als zunächst und vor allem ein Buch über Gründgens. Kein Zweifel, dass Klaus Mann im Exil – seine Tätigkeit als Publizist und als Herausgeber von Zeitschriften beweist es – entschlossen war, den antifaschistischen Kampf konsequent zu führen. Auch den Gründgens-Stoff gedachte er hierfür auszuwerten – und eben daran ist der Roman gescheitert: an der künstlichen, fast gewaltsamen Verquickung des privaten Erlebnisses von gestern mit den politischen Aktivitäten von heute.

Selbstverständlich musste die Gründgens-Karriere im »Dritten Reich« den Emigranten enttäuschen und verbittern, gewiss wollte er sich rächen. Was indes seinen Plan im Endergebnis durchkreuzt hat, war nichts anderes als sein artistisches Naturell, das sich nie ganz unterdrücken ließ, war vor allem sein passioniertes Interesse für die menschliche Psyche: Der vermeintliche Hass entpuppte sich während der Arbeit als eine elementare Hassliebe.

Gründgens sollte in der Gestalt des Höfgen als ein Mann erscheinen, dem es zwar an Witz und Brillanz nicht mangelt, der jedoch skrupellos, opportunistisch und gemein ist. In der Tat teilt uns Klaus Mann dies oft mit. Aber was immer er seinem Höfgen vorzuwerfen hat – von der krankhaften Eitelkeit bis zur totalen Charakterlosigkeit –, er vergegenwärtigt stets einen leidenden Menschen, er zeigt, im deutlichen Gegensatz zu der Konzeption des Romans, eine schillernde Persönlichkeit, die Charme mit Intelligenz zu verbinden weiß und Extravaganz mit harter, zielbewusster künstlerischer Arbeit. Dieser Höfgen ist ein urwüchsiger Komödiant und doch ein souveräner Taktiker, ein Getriebener und doch ein kühl Planender.

Vor keinem Mittel schreckt der Autor des »Mephisto« zurück, um den Protagonisten, für den sein ehemaliger Freund und Schwager Modell stehen muss, zu kompromittieren und zu verspotten: Auch die Impotenz in der Ehe wird ihm hier – nicht ohne billige Genugtuung – angekreidet. Aber dann vergisst Klaus Mann wieder seine ursprüngliche militante Absicht und erzählt mit Bewunderung von einem Menschen, der eine magnetische Kraft ausübt und offenbar jeden bezaubern kann und in dessen irisierendem Wesen ebenso viel Koketterie wie Scharfsinn, ebenso viel Grazie wie Dekadenz zu finden sind.

In den Teilen des Romans, die das Kulturleben in der Weimarer Republik betreffen, kommen auch die stärkeren Seiten des Erzählers Klaus Mann zum Vorschein: sein Blick für Nuancen und Details, seine Kunst der knappen Milieuschilderung, seine Fähigkeit, mit wenigen Impressionen und Streiflichtern Lokalkolorit und Zeitatmosphäre anzudeuten. Beachtlich ist ferner seine psychologische Sensibilität: Die Karikaturen einiger leicht erkennbarer Schlüsselfiguren – etwa Carl Sternheims, Max Reinhardts und Elisabeth Bergners – sind mit Verve und Humor gezeichnet. Sobald jedoch Klaus Mann die Grenzen des Selbstbeobachteten überschreitet, gerät er rasch in die Gefilde des flachen Journalismus oder sogar der puren Hintertreppenliteratur. Sympathisch mutet es an, dass er im »Mephisto« – im Unterschied zu seinen anderen Romanen der dreißiger Jahre – auf homoerotische Motive aus verständlichen Gründen ganz verzichtet: Er hasste Gründgens, aber denunzieren wollte er ihn nicht. Damit aber Höfgen ein Sexualleben hat, das ihm allerlei Komplikationen und Erpressungen aussetzt und in den Augen der Nazis kompromittieren kann, wird seine masochistische Liebesbeziehung zu einer Halbnegerin geschildert. Was sich Klaus Mann für diese eigentlich simplen Szenen einfallen ließ, ist nicht einmal diskutabel.

Leider gilt das auch für viele im »Dritten Reich« spielende Episoden. Sie beweisen lediglich, wie schwer es für den Autor dieses Romans war, sich das Deutschland von 1935 oder 1936 vorzustellen. Das Wunschdenken verdeckte die Realität. Einerseits überschätzte er den Widerstand gegen das »Dritte Reich«, andererseits verkannte er auf schon groteske Art das geistige Klima und die damaligen Gepflogenheiten – etwa wenn er, um nur ein Beispiel anzuführen, einen Dichter, mit dem unzweifelhaft Gottfried Benn gemeint ist, lauthals fordern lässt: »Wo bleiben die öffentlichen Folterungen? Die Verbrennung der humanitären Schwätzer und der rationalistischen Flachköpfe? … Warum … diese falsche Scham, die das schöne Fest der Marterungen hinter den Mauern der Konzentrationslager versteckt?«

Gerade in diesem Teil des Romans wird – und das zu beobachten ist nicht ohne Reiz – das von Klaus Mann angestrebte Charakterbild seiner Zentralgestalt in der Regel von den erzählten Vorgängen widerlegt und ad absurdum geführt. Während er uns unentwegt versichert, Höfgen sei ein moralisch verkommener Mensch und ein infamer Karrierist, geht aus der Handlung hervor, dass er zwar den ihm von Göring angebotenen Posten annimmt, aber dennoch seine Kunst nicht verrät. Er lehnt es strikt ab, nationalsozialistische Stücke aufzuführen, und scheut sich nicht, unerwünschte und verfolgte Schauspieler zu engagieren. Als einer von ihnen, ein im Untergrund kämpfender Kommunist, verhaftet wird, erwirkt Höfgen seine Freilassung, und auch später versucht er noch einmal, ihn zu retten.

Wie man sieht, war es ein leichtsinniges Unterfangen Klaus Manns, das Idol seiner Jugend in eine pamphletistische Figur umzumodeln: Kein Romancier kann es sich leisten, mit seinen Erlebnissen und Erinnerungen zu schalten und zu walten, wie es ihm gerade passt. Thomas Mann, der übrigens im Nachruf verschiedene Werke seines Sohnes erwähnt, doch den heiklen »Mephisto« verschweigt, meinte, Klaus Mann habe »zu leicht und zu rasch« gearbeitet, »was die mancherlei Flecken und Nachlässigkeiten in seinen Büchern erklärt«.

Aber was der Vater als Nachlässigkeit ausgeben wollte, war wohl zu einem nicht geringen Teil eine Frage des Geschmacks und der Sprache oder, anders ausgedrückt, eines beim Sohn des größten deutschen Stilisten immerhin bemerkenswerten Mangels an Stilgefühl. Ein Klischee jagt im »Mephisto« das andere. Wenn jemand lächelt, dann »tückisch«, wenn Augen zusammengekniffen werden, dann »mißtrauisch«; ein Kinn muss natürlich »herrschsüchtig vorgeschoben« sein, und der Mund einer Frau ist eben »sinnlich«. Besonders arg sind die adjektivsüchtigen Beschreibungen. Wenn Goebbels erscheint, heißt es: »Es war, als sei eine böse, gefährliche, einsame und grausame Gottheit herniedergestiegen in den ordinären Trubel genußsüchtiger, feiger und erbärmlicher Sterblicher.«

Trotz allem ist der »Mephisto« ein niemals langweiliges, ein heute noch anregendes und lebendiges Buch. Doch will es mir scheinen, als lebte es in einem höheren Maße von der Faszination, die Jahrzehnte hindurch von der Persönlichkeit des Gustaf Gründgens ausging, als von der erzählenden Kunst seines einstigen Freundes Klaus Mann. Wer weiß, ob dies nicht noch ein Triumph des großen Schauspielers ist. Der hintergründigste Triumph.

Mascha Kaléko

## Kleine Liebe in der großen Stadt

Über Mascha Kalékos Gedicht »Großstadtliebe«

Man lernt sich irgendwo ganz flüchtig kennen
Und gibt sich irgendwann ein Rendezvous.
Ein Irgendwas, – ist nicht genau zu nennen –
Verführt dazu, sich gar nicht mehr zu trennen.
Beim zweiten Himbeereis sagt man sich ›du‹.

Man hat sich lieb und ahnt im Grau der Tage
Das Leuchten froher Abendstunden schon.
Man teilt die Alltagssorgen und die Plage,
Man teilt die Freuden der Gehaltszulage,
… Das übrige besorgt das Telephon.

Man trifft sich im Gewühl der Großstadtstraßen.
Zu Hause geht es nicht. Man wohnt möbliert.
– Durch das Gewirr von Lärm und Autorasen,
– Vorbei am Klatsch der Tanten und der Basen
Geht man zu zweien still und unberührt.

Man küßt sich dann und wann auf stillen Bänken,
– Beziehungsweise auf dem Paddelboot.
Erotik muß auf Sonntag sich beschränken.
… Wer denkt daran, an später noch zu denken?
Man spricht konkret und wird nur selten rot.

Man schenkt sich keine Rosen und Narzissen,
Und schickt auch keinen Pagen sich ins Haus.
– Hat man genug von Weekendfahrt und Küssen,
Läßt mans einander durch die Reichspost wissen
Per Stenographenschrift ein Wörtchen: ›aus‹!

Mascha Kaléko war eine polnische Jüdin und eine deutsche Dichterin, eine Berlinerin, die man vertrieben hat, eine Emigrantin, die nirgends eine Heimat finden konnte. Sie wurde 1907 in der polnischen Kleinstadt Chrzanów geboren, einem Ort in der Nähe von Auschwitz. 1914 kam sie nach Deutschland, ab 1918 lebte sie in Berlin, 1929 begann sie, Gedichte zu veröffentlichen, im Januar 1933 erschien bei Rowohlt ihr »Lyrisches Stenogrammheft«. 1938 emigrierte Mascha Kaléko in die Vereinigten Staaten, später lebte sie in Israel, sie starb 1975 in Zürich.

In Kindlers Literaturlexikon (zwanzig Bände) widmet man ihr (wie auch Alfred Polgar) keine einzige Zeile. Das mag Schlamperei sein und ist gleichwohl kein Zufall. Es hat mit der Besonderheit ihrer Poesie zu tun: Derartiges wird in Deutschland bisweilen gelobt und nie ganz ernst genommen. Die Themen? Liebe, Einsamkeit, Sehnsucht, Hoffnungslosigkeit, Enttäuschung. Nichts Neues also? Doch, durchaus neu, aber nicht die Motive sind es, sondern Ton und Hintergrund dieser Verse und auch manche der Lieblingsfiguren der Mascha Kaléko, der jungen Menschen, denen man beim Abgang von der Schule sagte, sie würden jetzt ins Leben treten, und denen man vom »ethischen Niveau« sprach: »Ich aber leider trat nur ins Büro«.

Oft ist von den Gefühlen und Leiden der kleinen, armen Angestellten die Rede und der zwar munteren, doch in Wirklichkeit recht traurigen Sekretärinnen, oft von der kleinen Liebe in der großen Stadt, natürlich in Berlin – und vor allem am Wochenende. Eines dieser Gedichte schließt: »Von Booten flüstert's hier und dort. / Die Pärchen ziehn nach Haus. / – Es artet jeder Wassersport / Zumeist in Liebe aus.« Bedeutende Poesie? Ach, nein, es ist eben Gebrauchslyrik, es ist Dichtung für nüchterne Leute, die es eilig und nicht leicht haben, für solche, die sich um Literatur und Kunst nicht kümmern. Es ist Poesie für die Zeitung und also für den Alltag.

Man hat Heine zu den Vorbildern der Mascha Kaléko gezählt, wohl deshalb, weil sie im Exil besonders oft gerade ihn zitiert, nachgeahmt und auch parodiert hat. Aber das ist doch zu hoch gegriffen. Ich muss eher an Tucholsky denken, an Ringelnatz und vor allem an den in Deutschland immer noch zu wenig geschätzten Erich Kästner. Nur war Mascha Kaléko jünger als diese Autoren: Nicht der Erste

Weltkrieg hat sie geprägt, vielmehr repräsentierte sie jene Generation, die in den späten zwanziger Jahren aufgewachsen war – in der Zeit der Not und der Arbeitslosigkeit und literarisch durchaus nicht mehr unter dem Einfluss des Expressionismus, sondern der Neuen Sachlichkeit.

Ihre Verse sind kess und keck, frech und pfiffig, schnoddrig und sehr schwermütig, witzig und ein klein wenig weise. Ganz natürlich klingt die Stimme der Mascha Kaléko, unverkrampft und immer etwas resigniert. Ihr ist nicht daran gelegen, den Leser zu beeindrucken, vielmehr hat sie etwas mitzuteilen, zu berichten, zu erzählen. Der Reim und der Rhythmus, die Pointen und die Scherze – in diesen Versen dient alles dem Inhalt.

Erich Kästner wurde ein lyrischer Reporter seiner Epoche genannt. Das gilt auch für Mascha Kaléko. Sie zeigt in der »Großstadtliebe«, einem Gedicht, das ich besonders gern habe, die Erotik jener jungen Leute, die in möblierten Zimmern wohnen, wo man – da liegt der Hase im Pfeffer – keinen Besuch empfangen darf. Man trifft sich auch nicht im Café, denn eine Tasse Kaffee kostet 25 oder 30 Pfennig, da kommt man in der Eisdiele billiger weg. Noch billiger ist es auf den Parkbänken, allerdings kann man sich da nur küssen, mehr geht eben nicht.

Wenn sich die jungen Leute aber doch nach mehr sehnen, dann brauchen sie ein Paddelboot, das man leihen kann. Pathetisch ist diese Großstadtliebe natürlich nicht: »Man lernt sich irgendwo ganz flüchtig kennen«. Wenn man genug hat »von Weekendfahrt und Küssen« – dann macht man Schluss, am besten (Mascha Kaléko war Sekretärin) durch die Reichspost und per Stenographenschrift.

1956 war sie noch einmal in Berlin. Über das Wiedersehen mit der Stadt, die sie für ihre Heimat hielt, schrieb sie: »… Und alles fragt, wie ich Berlin denn finde? / Wie ich es finde? Ach, ich such es noch!«

# Von der Nachkriegsliteratur bis zur Gegenwart

# Ein deutscher Schriftsteller-Atlas

Wovon berichten deutsche Schriftsteller unserer Zeit, wenn sie sich über den Ort äußern sollen, der für sie aus irgendwelchen Gründen besonders wichtig ist?

In einem der ersten Beiträge des von Klaus Wagenbach herausgegebenen Sammelbandes »Atlas« erzählt Siegfried Lenz ein Jugenderlebnis aus seiner masurischen Heimat. Ganz harmlos und munter hebt es an: »Natürlich soll alles leicht und schlank sein beim Eissegeln, und so hatten wir Sperrholz für die Sitze genommen, Bambus für den Mast, und als Segel zogen wir eine rote Leinwand auf: Die stand für nettes Wagnis und Gefahr.« Am Ende wird der Ich- Erzähler vom Schlitten abgeworfen, während sein Freund in die nicht zugefrorene Flussmündung rast. Die letzten Sätze: »Das Segel flatterte nur mäßig, neigte sich tief und tiefer. Es verlor sein Rot. Es wurde schwarz vor Nässe, noch bevor es flach und erstaunlich langsam ganz niedergedrückt wurde.«

Über den Ort seiner ersten Begegnung mit dem Tod schreibt also Lenz. Und aus dem düsteren Akkord, den er anschlägt, entwickelt sich in dem »Atlas« ein acherontisches Ostinato. Denn dies sind die Motive des Buches: Vertreibung und Flucht, Exil und Heimatlosigkeit, Mord und Krieg, Zerstörung und Untergang, der Tod und die Toten. Ein deutscher Atlas, in der Tat.

Ein Toter eröffnet das Buch: Johannes Bobrowski. Seinem Andenken ist es gewidmet. Doch war sein Beitrag für den Anfang vorgesehen, als der Dichter der »Sarmatischen Zeit« noch lebte, weil der Band, wie es sich für einen Atlas gehört, nach geographischen Gesichtspunkten geordnet ist. Er beginnt also im Nordosten mit Bobrowskis Königsberg und geht dann in westlicher und südlicher Richtung über Danzig, Berlin, Hannover, Mainz, Stuttgart und viele andere Städte bis nach Frieds Wien. Er endet mit zwei Gedichten, für die der Geograph keinen Ort finden kann und die ich nicht vergessen werde.

Peter Huchel hat sein Gedicht »Exil« betitelt. Denn er lebt in seiner märkischen Heimat wie ein Verbannter. Ich zitiere ohne Kommentar:

Am Abend nahen die Freunde,
……
Und führen Gespräche mit meinem Schweigen.

Das andere Gedicht stammt von Nelly Sachs. Ihr Ort ist

durchschnitten vom Meridian der Seufzer
der Tränen
dem Lächeln des Kindes
das in die Flammen geworfen wurde.

Ja, vom Meridian der Seufzer sind die Beiträge dieses Buches durchschnitten. Ilse Aichinger erinnert sich des Beerensuchens auf dem Lande: »Es sind dann viele Jahre gekommen, in denen es kein Beerensuchen für uns gab … Aber der Geruch der Beeren, der schon in dieser ersten Nacht durch die Ritzen der Kellertür hinaufdrang …, hielt auch der Wirrnis und dem Schrecken einer viel längeren Nacht stand. Manchmal habe ich die Hoffnung, daß er auch diejenigen zuletzt umgab, die diese Nacht nicht überlebt haben. Daß die Dunkelheit, die sie nach allem Schrecken aufnahm, dem wunderbaren Schatten in den Kannen ähnlich ist.«

Zwei Denkmäler in ihrer Heimatstadt Mainz kann Anna Seghers nicht vergessen: den Dom und »einen einzigen flachen Stein, den man in das Pflaster einer Straße gesetzt hat … Ich weiß nur, daß der Stein zum Gedächtnis einer Frau eingefügt wurde, die im Ersten Weltkrieg durch Bombensplitter umkam, als sie Milch für ihr Kind holen wollte.«

Günter Kunert sieht aus der Berliner S-Bahn ein erleuchtetes Zimmer und dort Menschen: »Nur waren viele von ihnen seit je verschollen oder verbrannt oder erschlagen …«

Wolf Biermanns Gedicht endet:

Und ich sitze auf der morschen Bank
ganz nahe bei Eisler und Brecht
Auf meinem Schoß sitzt die Konsum-Marie
Uns ist vom Küssen so schlecht.

Der Titel dieses Gedichts: »Der Hugenottenfriedhof in Berlin«.

Marie Luise Kaschnitz, diese immer noch unterschätzte Meisterin des deutschen Wortes, schildert den Schulweg eines Kindes im alten Berlin: »Stehengeblieben wird auch vor den Sarggeschäften …« Nur dreieinhalb Seiten – und wir sehen eine Epoche und eine Stadt, die es nicht mehr gibt.

Walter Jens' Prosastück, dessen Pointen nur die »Zauberberg«-Kenner ganz genießen können, ist heiter und scherzhaft. Aber man muss taub sein, um das acherontische Ostinato nicht zu hören. Sein Ort ist ein Sanatorium, »ein Haus, in dem man auch in Ruhe sterben kann. Der Doktor legt keinen Wert auf die Statistik; wir sprechen oft über den Tod …«

Durchschnitten vom Meridian der Seufzer, grimmiger Seufzer freilich, ein erschütterndes und kluges Gedicht von Günter Grass über Danzig:

Gespielt hab' ich mit Bombensplittern.
Und aufgewachsen bin ich zwischen
dem Heilgen Geist und Hitlers Bild.

Von Hans Erich Nossack finden wir die Darmstadt-Satire, die, versteht sich, virtuos geschrieben ist, doch in dieser Umgebung etwas harmlos wirkt.

Hans Werner Richter hat eine knappe Chronik des jetzt in der DDR gelegenen Ostseebads Bansin verfasst und damit bewiesen, was seine Stärke ist: nicht die erzählende Prosa, sondern der sachlich unterkühlte gesellschaftskritische Bericht. In seiner Geschichte Bansins spiegelt sich ein Stück der deutschen Misere.

Stephan Hermlins Chemnitz-Erinnerung zeigt einen Mann, dem seine Heimatstadt fremd geworden ist. Seine Heimatstadt oder seine Umwelt? Da heißt es: »Die Bücher schützen mich vor dem Leben, das ich fürchte, vor einer Zukunft, die mich unausdeutbar anblickt.« Der Satz bezieht sich auf Hermlins Jugend. Nur auf seine Jugend?

Ein Heimatloser auch Wolfgang Hildesheimer. Er schreibt über den Ort, nach dem er sich sehnt: »Auf der Reise aus dem Norden, wo meine Träume angesiedelt sind, in den Süden, wo meine Wirklichkeit angesiedelt ist, habe ich eine Stunde dort verbracht …«

Von der Erzählungskunst des im Westen immer noch wenig bekannten Franz Fühmann zeugt ein epischer Bericht, in dem er die Okkupation des Sudetenlandes im Oktober 1938 mit außerordentlicher Anschaulichkeit zeigt.

Und jetzt noch über die beiden Stücke des Bandes, die mich am stärksten, am tiefsten beeindruckt haben.

Wolfgang Koeppen, der seit einiger Zeit keine einzige Zeile veröffentlicht hat, schrieb für diesen »Atlas« einen einzigen, knapp vier Seiten umfassenden Satz. Er wiegt mehr als Hunderte von Büchern, die in unserer Zeit in deutscher Sprache verfasst und gedruckt wurden. Koeppens Ort ist ein Kaffeehaus: das Romanische Café in Berlin. Wie er in diesem kurzen Prosastück Fakten, Impressionen und Momentaufnahmen miteinander verbindet, wie er die Atmosphäre einfängt, das wechselnde Lokalkolorit vergegenwärtigt und den zeitgeschichtlichen Hintergrund andeutet, wie er alle Elemente arrangiert und immer wieder steigert, wie er der Sprache ebenso viel Präzision wie Musikalität abgewinnt – das, wahrlich, ist bewundernswert. Mit diesem einen Satz, den wir, hoffe ich, noch in vielen Lesebüchern finden werden, erinnert uns Wolfgang Koeppen an sein bedeutendstes Buch, an die »Tauben im Gras«.

Und wird man in deutsche Lesebücher aufnehmen, was Peter Weiss unter dem Titel »Meine Ortschaft« geschrieben hat? Weiss, der Flüchtling, hat in vielen Städten gelebt, aber »alle diese Städte werden zu blinden Flecken, und nur eine Ortschaft, in der ich nur einen Tag lang war, bleibt bestehen … Es ist eine Ortschaft, für die ich bestimmt war und der ich entkam. Ich habe selbst nichts in dieser Ortschaft erfahren. Ich habe keine andere Beziehung zu ihr, als daß mein Name auf den Listen derer stand, die dorthin für immer übersiedelt werden sollten … Ich bin hierhergekommen aus freiem Willen. Ich bin aus keinem Zug geladen worden. Ich bin nicht mit Knüppeln in dieses Gelände getrieben worden. Ich komme zwanzig Jahre zu spät hierher.«

Auschwitz ist die Ortschaft, über die Peter Weiss schreibt. Der letzte Satz seines Berichts lautet: »Es ist noch nicht zu Ende.« Dem bleibt nichts hinzuzufügen.

# Anmerkungen zur deutschen Literatur der siebziger Jahre

## I.

Reden wir offen: Es ist eine ebenso heikle wie undankbare Aufgabe, die deutsche Literatur der siebziger Jahre zu charakterisieren. Dies allerdings sollte nicht als Werturteil verstanden werden. Denn die Schwierigkeiten, die sie jenen bereitet, die eine übersichtliche Ordnung schaffen möchten, hängen mit ihrer Eigenart zusammen, müssen aber nicht unbedingt gegen die Qualität sprechen.

Niemand wird ernsthaft bezweifeln wollen, dass in diesen Jahren zahlreiche Schriftsteller mit großem Talent am Werk waren und dass viele bemerkenswerte oder wichtige oder ganz einfach schöne Bücher veröffentlicht wurden. Indes haben wir es in der Regel mit isolierten, offenbar im Abseits entstandenen Arbeiten zu tun. Überdies fällt es auf, dass sie meist aus der Feder von Autoren stammen, die sich längst als Außenseiter begreifen oder zumindest im Laufe der siebziger Jahre immer mehr in die Außenseiterrolle geraten sind.

Sofort könnte man einwenden, das sei im Grunde immer so gewesen: Schriftsteller sind Einzelgänger und müssen es sein, sie produzieren in der Einsamkeit, wenn nicht gar in resignierter oder trotziger Abgeschiedenheit. Gewiss, aber derartige in einer mehr oder weniger freiwilligen Isolation geschriebene Bücher ließen zu anderer Zeit Gefühle und Gedanken, Hoffnungen und Befürchtungen erkennen, die trotz noch so großer individueller Unterschiede gemeinsame Kennzeichen aufwiesen. Jedes Buch war wie eine Insel. Doch viele dieser Inseln bildeten Archipele.

Das ist jetzt anders. So will es jedenfalls scheinen. Das Bild, das sich uns bietet, wirkt unübersichtlich und verwirrend, ja sogar chaotisch: Die Zeiten, da die literarischen Ausnahmeerscheinungen die Regeln der Literaturgeschichte sichtbar machten und bestätigten, sind vorbei. Jetzt ist die Ausnahme die Regel.

Wir haben beachtliche Einzelfälle, aber keine Schulen oder Gruppen. Wir sehen Leistungen, aber keine Richtungen. Es gibt neue künstlerische Errungenschaften mit Stil; aber es gibt keinen Stil der neuen künstlerischen Errungenschaften. Wenn die deutsche Literatur der siebziger Jahre auf einen Nenner zu bringen ist, so höchstens auf den, dass sie sich auf keinen Nenner bringen lässt. Oder auch: Wir haben Bücher, aber wir haben keine Literatur.

Stimmt das wirklich? Und worauf wäre es zurückzuführen? Warum ist der Eindruck, den die schriftstellerische Produktion der siebziger Jahre hinterlässt, so widerspruchsvoll und disparat? Weshalb sehen wir überall Ausnahmen und nirgends Zusammenhänge, lauter Außenseiter und keine Repräsentanten?

## II.

Im Oktober 1967 fand in einem zwischen Nürnberg und Bayreuth idyllisch gelegenen Gasthaus eine Tagung der »Gruppe 47« statt. Wie üblich auf den Tagungen dieser Gruppe lasen Autoren – unter anderen Günter Eich, Siegfried Lenz, Günter Grass und Jürgen Becker – aus ihren neuen Arbeiten vor. Andere bekannte Schriftsteller (wie Wolfgang Hildesheimer, Wolfdietrich Schnurre, Helmut Heißenbüttel, Peter Rühmkorf, Peter Härtling) nahmen zumindest an der auf die Lesungen folgenden Kritik teil. Es war alles wie eh und je bei der »Gruppe 47«.

Allerdings konnte man damals eine ungewöhnliche Diskrepanz beobachten: Während nämlich die Texte, die man zu hören bekam, fast alle unpolitisch waren, während die kritische Auseinandersetzung mit diesen Texten auf deren Form und Sprache abzielte, standen im Mittelpunkt der meist erregten Debatten in den Pausen und Nächten aktuelle politische Fragen. Mehr noch: die aufmerksam lauschenden Tagungsteilnehmer wurden plötzlich durch Sprechchöre aufgeschreckt. Vor den Fenstern des Gasthauses »Pulvermühle« hatten sich eigens zu diesem Zweck angereiste Studenten der unweit gelegenen Universität Erlangen, zumal Mitglieder des Sozialistischen Deutschen

Studentenbundes, aufgestellt. Mit Lautsprechern ausgerüstet, riefen sie unermüdlich: »Dichter! Dichter!« und ließen zwischendurch Luftballons zerknallen.

Nicht wenige der verblüfften Tagungsteilnehmer, meist übrigens entschieden linke Schriftsteller wie Martin Walser, Erich Fried und Reinhard Lettau, beeilten sich, die jugendlichen Demonstranten, von denen sie auch auf Transparenten als »Dichtergreise« verhöhnt wurden, ihrer wärmsten Sympathien zu versichern und natürlich auch ihrer Bereitschaft zum freundschaftlichen Gespräch. Gleichwohl ist es trotz mehrfacher Versuche zu keinem Dialog gekommen – vielleicht deshalb, weil man nicht recht erfahren konnte, worüber die Studenten, die immer wieder verkündeten »Wir wollen diskutieren«, denn eigentlich diskutieren wollten. Sicher war nur, dass sie die Schriftsteller für zu wenig links hielten und von ihnen ein stärkeres politisches Engagement verlangten, unter anderem (so hieß es auf den zum Tagungsort mitgebrachten hektographierten Flugblättern) gegen »Disziplinierungstendenzen im Gesamtprozess der spätkapitalistischen Gesellschaft«.

Zugegeben: Was sich im Oktober 1967 vor jenem Gasthaus in der Fränkischen Schweiz abgespielt hat, ließ sich nicht ganz ernst nehmen. Aber so albern dieser Vorgang auch war, so mutete er doch gleichnishaft an: In ihm kam ein für die Bundesrepublik der späten sechziger Jahre charakteristisches Spannungsverhältnis zum Vorschein.

Mit der Tagung in der »Pulvermühle« wurde nicht nur die Geschichte der »Gruppe 47« abgeschlossen, sondern auch die der deutschen Nachkriegsliteratur. Die unerwartete Konfrontation, der bald viele ähnliche folgten – übrigens oft mit sehr ähnlichen Verständigungsschwierigkeiten –, lähmte oder zerstörte das schon seit einiger Zeit schwächliche Selbstvertrauen oft gerade derjenigen, denen wir in dem vorangegangenen Jahrzehnt die wichtigeren Beiträge zur deutschen Gegenwartsliteratur verdankten.

Viele Schriftsteller, die meist ohnehin befürchteten, in eine Sackgasse geraten zu sein und die mehr oder weniger verzweifelt nach neuen Wegen und Möglichkeiten Ausschau hielten, nahmen sich nun den beschwörenden Appell der oppositionellen Studenten und ihrer Gesinnungsgenossen zu Herzen: Während die einen, »vom Selbstzweifel angenagt und durch Sprechchöre verschüchtert, die herkömmliche Imponier- mit einer neu eingeübten Demutsgeste vertauschen« wollten (so Hans Magnus Enzensberger), gingen die anderen prompt und forsch auf die Suche nach einer Barrikade.

Vernachlässigten sie jetzt die Literatur, um sich der Politik stärker als bisher widmen zu können? Oder wollten sie sich vielleicht der Politik so intensiv widmen, weil sie mit dem Dichten nicht mehr recht vorankamen?

Auf jeden Fall zeugte das Tempo, in dem sich manche von ihnen umfunktionieren ließen, von einer Krise, an der sie offenbar schon vorher gelitten hatten. Nur so ist es zu verstehen, dass sich viele Literaten ohne Reue und ohne Hemmungen einer politischen und gesellschaftlichen Bewegung anschlossen, deren Verhältnis zur Kunst und zur Literatur eher ironisch und oft geringschätzig war, die aber Schriftsteller, zumal namhafte, gern in ihren Reihen sah.

Auf die literarische Welt gewannen nun Einfluss allerlei Intellektuelle und, häufiger noch, Pseudointellektuelle, die, meist selber bürgerlicher Herkunft, bei jeder Gelegenheit das Antibürgerliche betonten und sich stets auf Marx und Lenin beriefen. Zu ihnen gesellten sich verwöhnte Sprösslinge der Wohlstandsgesellschaft, die sich die Revolution als pikante Freizeitbeschäftigung auserwählt hatten, als Hobby mit nur geringem Risiko. Sie alle wollten die Kunst und die Literatur lediglich dann gelten lassen, wenn sie sogleich und unmittelbar zur angestrebten Weltveränderung beitragen könnten. Sie fühlten sich sehr fortschrittlich und überaus rebellisch und ahnten nicht einmal, dass die Hoffnungen, die sie mit einer ausschließlich für politische Zwecke bestimmten Literatur verbanden, weltfremd und übrigens antimarxistisch waren und von einer rührenden Naivität zeugten.

Die Schriftsteller sollten also nicht mehr im Namen des Individuums sprechen und das Individuum gegen jene Institutionen und Mächte verteidigen, die es für ihre Zwecke gebrauchen und missbrauchen. Vielmehr sollte die Literatur das Individuum politisch mobilisieren. Sie sollte als Werkzeug von Ideologien dienen. Die dies am lautesten postulierten, waren paradoxerweise gerade jene, die doch an der Autonomie der Literatur am meisten interessiert sein sollten – eben die Schriftsteller.

Indes sollte man nicht meinen, die Ende der sechziger Jahre kühn angekündigten Versuche der raschen und radikalen Politisierung der Literatur seien ganz ohne Folgen geblieben. Aber dieser Prozess hat nicht die Politik verändert, sondern die deutsche Literatur ruiniert.

Die Schriftsteller mussten bald erkennen – einer der intelligentesten Wortführer der Studentenrevolte, Peter Schneider, hat hierauf hingewiesen, freilich erst 1976 –, »daß ihre neuen und manchmal umwerfenden Erfahrungen durchaus keine neue Kunst ergaben … Die spannendsten literarischen Produkte brachten in diesen Jahren diejenigen Künstler zustande, die von Anfang an sagten, daß Politik für sie kein Thema wäre.«

In der Tat: Viele Autoren – von Marie Luise Kaschnitz bis Gabriele Wohmann, von Hans Erich Nossack bis Peter Handke – versuchten das Ihrige weiterzumachen und ließen sich von den Demonstrationen im Lande kaum beirren. Vergessen wir nicht, dass der Erfolgsroman der Jahre 1968/69 »Die Deutschstunde« von Siegfried Lenz war und dass 1970 Peter Handkes »Die Angst des Tormanns beim Elfmeter« viel gelesen und gelobt wurde. Beide Bücher kann man gewiss nicht für die außerparlamentarische Opposition in Anspruch nehmen.

Dennoch: Im Mittelpunkt des Interesses, zumal der jüngeren Leser, stand in jenen Jahren eine als neuartig empfundene Literatur, deren Autoren programmatisch erklärten, dass sie es nicht auf Kunst, sondern auf politisch erzieherische Wirkung abgesehen hätten.

Ende 1968 verkündete Enzensberger im »Kursbuch«: »Für literarische Kunstwerke läßt sich eine wesentliche gesellschaftliche Funktion in unserer Lage nicht angeben.« Den Autoren empfahl er, sich »begrenzten, aber nutzbringenden Beschäftigungen« zuzuwenden und also Reportagen, Berichte und Leitartikel zu verfassen, und zwar vor allem über politische Gegenstände. Den Thesen jener berühmt gewordenen »Kursbuch«-Nummer, in welcher der angebliche Tod der Literatur in bester Laune verkündet wurde und die einiges zu dem militanten und düsteren Klima der Kunstfeindschaft beigetragen hat, war Enzensberger selber am wenigsten zu folgen bereit: Den von ihm ausgestellten Totenschein munter ignorierend, schrieb er in diesen Jahren neue Gedichte und keineswegs politische und übrigens nicht die schlechtesten.

Und wo war die neue, die andere Literatur, die man lauthals forderte und rühmte? Es schlug, so meinten viele, die Stunde der Dokumentarliteratur. 1968 veröffentlichte Erika Runge ihre Tonbandgespräche »Bottroper Protokolle«, denen 1969 ihr Band »Frauen« folgte. 1969 erschien Günter Wallraffs Buch »13 unerwünschte Reportagen«, 1970 sein Band »Von einem, der auszog und das Fürchten lernte«. Die Begriffe »Dokument« und »Protokoll« wurden bald zu modischen Reizworten, deren Attraktivität in manchen Kreisen überraschend groß war. Wallraff, der Meister der listigen Verkleidung, avancierte zum Idol eines Teils der jüngeren Generation.

Erika Runge hat Gespräche geführt und fixiert, die ihre politischen, nämlich kommunistischen Anschauungen bestätigen und ihren politischen Zielen dienen sollten. Sind die »Bottroper Protokolle« tatsächlich authentische Protokolle? Sie habe, erklärte Erika Runge 1976, die Äußerungen ihrer Gesprächspartner verwendet, wie es ihr richtig schien, ohne etwa zu fragen, ob diese mit der veröffentlichten Fassung einverstanden waren, ja, sie habe »auf Eingriffe und eigene Ansprüche« nicht verzichtet, denn es ging ihr »nicht allein um Dokumentation, sondern um gezielte Aufklärung durch sie«.

Wallraff hat Milieus erkundet und geschildert, über die sein (stets negatives) Urteil von vornherein feststand. Stimmt Wallraffs Darstellung der von ihm kritisierten Missstände mit der Realität gänzlich überein? Dies kann zumindest als umstritten gelten, denn auch ihm ging es vor allem um »gezielte Aufklärung«.

Doch für die Bewertung der ästhetischen Qualität der Bücher beider Autoren ist diese Frage unerheblich. Entscheidend scheint mir hingegen, dass sowohl Erika Runge als auch Günter Wallraff zwar vor Ort gearbeitet haben, aber beide bemüht waren, Anschauungen zu belegen und Thesen zu illustrieren, die vor ihnen schon andere – etwa Soziologen oder Politiker – formuliert hatten. An dieser Konzeption, die im Wesentlichen vom sozialistischen Realismus der orthodoxen Prägung übernommen war, ist der Versuch der gewaltsamen Politisierung der Literatur schnell gescheitert.

## III.

Der Fehlschlag der zur Magd der Politik degradierten Literatur, von vielen schadenfroh begrüßt, war unvermeidbar. Er ließ zugleich die Ausmaße der ganzen Misere erkennen. Die Autoren, die bisher politisch aktiv waren, hatten nun keine Ausrede mehr: Statt bei Demonstrationen mitzumarschieren und an Kundgebungen teilzunehmen, mussten sie an ihre Schreibtische zurückkehren.

Enttäuschung machte sich spürbar (übrigens nicht nur bei diesen Autoren), Ratlosigkeit griff um sich, bisweilen auch Verbitterung. Der kollektiven Euphorie folgte die individuelle Depression, der lautstarken Rebellion die leise Kapitulation. Ende der sechziger Jahre hatte man die Schriftsteller häufig ermahnt, doch endlich zum Aufbruch zu blasen und den Marschrhythmus zu trommeln. Doch diese so geforderte wie ersehnte Literatur des großen Aufbruchs kam nie. Was uns die siebziger Jahre stattdessen bescherten, ist eine Literatur des Rückzugs. Wovor wollte man fliehen, wohin wollte man sich zurückziehen?

Auf die einseitige und oft stumpfsinnige Politisierung der Literatur reagierten jetzt viele mit entschiedener, bisweilen sogar trotziger Abwendung von Theorie und Ideologie. In Nicolas Borns Roman »Die erdabgewandte Seite der Geschichte« (1976) erkennt der Ich-Erzähler, ein Schriftsteller, warum alle seine Sätze dem, was er erlebt und erfahren hat, nicht gerecht werden können: »Zu deutlich waren sie auf eine Wahrheit aus.« Offen gesteht er: »Ich hatte keine Antworten auf bestimmte Fragen der Geschichte, konnte alle Antworten, je selbstgewisser und gerechter sie klangen, nur noch verachten.«

Was als Selbstcharakteristik gemeint war, gilt zugleich für alle wichtigeren Bücher dieser Jahre: Man war der Literatur überdrüssig, die von vorgegebenen Einsichten ausgeht und sie zu exemplifizieren oder gar zu beweisen sucht. Die Autoren (oder jedenfalls viele von ihnen) misstrauten den konstanten Wahrheiten, sie wollten nichts von jenen wissen, die glauben, über Patentlösungen für das Zusammenleben der Menschen zu verfügen. Vielmehr stellten sie Fragen und gaben zu, dass sie die Antworten nicht kennen. Diese seien Sache, wie es in Borns Roman höhnisch heißt, »junger Vikare und organisierter Sozialarbeiter«. Anders ausgedrückt: Es kann nicht die Aufgabe der Literatur sein, mit der Kirche oder mit der Theologie, mit den Parteien oder mit der Soziologie zu wetteifern oder ihnen gar zu dienen.

Nein, nicht wie man die Gesellschaft umbauen und die Menschheit erlösen könnte, lässt sich der Literatur dieser Zeit, zumal der späten siebziger Jahre, entnehmen. Was also haben die Schriftsteller ihren Lesern zu sagen?

1930 schrieb Kurt Tucholsky: »Wenn sich das alles totgelaufen hat: der Hordenwahnsinn, die Wonne, in Massen aufzutreten, in Massen zu brüllen und in Gruppen Fahnen zu schwenken …, dann wird einer kommen, der wird eine geradezu donnernde Entdeckung machen: er wird den Einzelmenschen entdecken.« Das, in der Tat, ist die Entdeckung und die Dominante der neuesten deutschen Literatur: das Individuum, der leidende Mensch. Man interessiert sich wieder für das Private, für das Intime. Der Titel eines Romans von Hans J. Fröhlich ist Symptom und Programm zugleich: »Im Garten der Gefühle« (1975).

Mit der Hinwendung zum Individuum hängt auch die in diesen Jahren auffallende Vorliebe vieler Schriftsteller für das Autobiographische zusammen. Natürlich: Ob Epik oder Lyrik – Literatur hat immer den unverkennbaren Zug zur Selbstdarstellung. Aber selten ist diese uralte Grundtendenz so stark zum Vorschein gekommen wie gerade in den siebziger Jahren. Es ist die Zeit der Erinnerungen und Tagebücher, der Autobiographien.

Aus dem Jahr 1972 stammen: Max Frischs »Tagebuch 1966–1971«, der Band »Aus dem Tagebuch einer Schnecke« von Günter Grass und Peter Rühmkorfs »Die Jahre die Ihr kennt«. Das Jahr 1974 brachte Hilde Domins »Von der Natur nicht vorgesehen«, zwischen 1975 und

1978 erschienen die autobiographischen Bücher von Thomas Bernhard (»Die Ursache«, »Der Keller« und »Der Atem«), Wolfgang Koeppens »Jugend«, Elias Canettis »Die gerettete Zunge«, Peter Handkes Journal »Das Gewicht der Welt« und Wolfdietrich Schnurres Aufzeichnungen »Der Schattenfotograf«.

Auch in den etwa gleichzeitig publizierten Romanen, jedenfalls in denjenigen, die als charakteristisch für das Jahrzehnt gelten können, überwiegen Elemente der direkten Selbstdarstellung; ihre Authentizität wird nicht etwa getarnt, sondern, ganz im Gegenteil, ostentativ betont – so in Walter Kempowskis »Uns geht's ja noch gold« (1972), so in Christa Wolfs »Kindheitsmuster« (1976) und Peter Weiss' »Die Ästhetik des Widerstands« (1975/78). Ist Hubert Fichtes »Versuch über die Pubertät« (1974) ein Roman oder eine Autobiographie? Ist Max Frischs »Montauk« (1975) tatsächlich, wie auf der Titelseite mitgeteilt wird, eine »Erzählung« oder doch wohl eher ein Selbstporträt, das Erinnerungen mit Berichten und Tagebuch-Eintragungen verbindet? Die Grenze lässt sich nicht mehr ermitteln.

Manchen dieser Schriftsteller schien es erforderlich, die Wahl ihres Themas zu rechtfertigen. Frisch zitiert Montaigne: »Ich bin es, den ich darstelle«. Auf ihn beruft sich auch Bernhard (in der »Ursache«): »Ich bin begierig darauf, mich erkennen zu lassen, in welchem Maße, ist mir gleichgültig, wenn es nur wirklich geschieht. Und weiter: es gibt nichts Schwierigeres, aber auch nichts Nützlicheres als die Selbstbeschreibung.« Fichte meint im »Versuch über die Pubertät«: »Ich bin die mir selbst am besten bekannte Versuchsperson.«

Gewiss kann die Selbstbeschreibung sehr nützlich sein. Indes ist kaum anzunehmen, dass es der Gedanke an das Wohl der Allgemeinheit war, der Bernhard (und viele andere Erzähler) in den siebziger Jahren zum Autobiographischen getrieben hat. Bestimmt ist der Schriftsteller die ihm selbst am besten vertraute Versuchsperson. Aber so war es immer schon, weshalb auch Fichtes Diktum die Besonderheit unserer neuesten Literatur schwerlich klären kann.

Wahrscheinlich verbirgt sich hinter der Tendenz zum Autobiographischen unter anderem auch die Resignation der Schreibenden, nämlich die Einsicht in ihre nur beschränkten Möglichkeiten, die Gegenwart zu begreifen. Wir wissen es längst: Je dunkler, je unverständlicher die Welt, in der wir leben, desto mehr sieht man sich auf das Nächstliegende verwiesen, auf einen eng umgrenzten Bezirk, womöglich auf das heimatliche Dorf. Und je schwieriger, je komplizierter die Fragen, die uns bedrängen, desto häufiger zeigen die Schriftsteller die Welt am Beispiel einer einzigen Person – der eigenen.

Eine gewisse Rolle mag der Umstand gespielt haben, dass die Autobiographie und das Tagebuch Formen sind, die nicht nur das Fragmentarische legitimieren, wovon manche dieser Schriftsteller ausgiebig Gebrauch machen, sondern es ihnen zugleich ermöglichen, sich einerseits in das eigene Ich zu vertiefen und andererseits den in unserer Zeit nach wie vor geschätzten dokumentarischen Gestus beizubehalten.

In diesem Zusammenhang ist auch die auffallende Vorliebe für die Künstlerbiographie zu sehen: Autoren, die vor allem als Romanciers bekannt waren (und nicht etwa als Essayisten oder gar Wissenschaftler), publizierten fast gleichzeitig Bücher über große Dichter oder Komponisten der Vergangenheit. Ob es sich dabei um wissenschaftliche Monographien mit künstlerischen Ambitionen handelt oder um Romane mit wissenschaftlichem Hintergrund – auf jeden Fall soll wiederum das Individuelle mit dem Authentischen verknüpft werden. Das gilt für Peter Härtlings Roman über Friedrich Hölderlin (1976), für Wolfgang Hildesheimers Plädoyer gegen den Mozart-Mythos (1977), für Adolf Muschgs psychologisches Porträt Gottfried Kellers (1977), für Dieter Kühns zwischen exakter Biographie und historischer Erzählung schwankendes Buch über Oswald von Wolkenstein (1977) und schließlich für Hans J. Fröhlichs Versuch über Schubert (1978).

## IV.

Die sich in der Bundesrepublik Ende der sechziger und Anfang der siebziger Jahre ausbreitende Kunstfeindschaft kam von links oder, richtiger gesagt, von solchen, die sich zu Unrecht als »Linke« bezeichneten. Sie stand unter pseudorevolutionären Vorzeichen: Die zu diesem Klima nach Kräften beitrugen, redeten stets von »Kapitalismus«, »Ausbeutung« und »Imperialismus«, hielten es für nötig, mit den Begriffen »bürgerlich« und »proletarisch« wie mit einer Peitsche und mit einer Fahne herumzufuchteln, und beriefen sich bei jeder Gelegenheit auf das Zauberwort »Dialektik«, dessen sie sich wie eines Jokers im Kartenspiel bedienten.

Der Protest gegen die militante und düstere Kunstfeindschaft ließ nicht lange auf sich warten. Und der am nachdrücklichsten protestierte, kann schwerlich als ein Gegner der Linken bezeichnet werden: Es war Heinrich Böll. Im Mai 1973 wandte er sich in seiner Nobelpreis-Rede gegen die »scheinbar anti-imperialistischen Versuche, die Poesie, die Sinnlichkeit der Sprache, ihre Verkörperung und die Vorstellungskraft – denn Sprache und Vorstellungskraft sind eins – zu denunzieren«, gegen jene also, die sich unentwegt bemühen, »die Poesie auf den Abfallhaufen zu verweisen und alle Formen und Ausdrucksarten der Kunst dazu«. Er lehnte »die falsche Alternative« ab, die auf der einen Seite die Information und die Agitation sieht und auf der anderen die Poesie und die Kunst. Er warnte vor »der Zerstörung der Poesie, vor der Dürre des Manichäismus, vor der Bilderstürmerei eines, wie mir scheint, blinden Eiferertums …«

Etwa zwei Jahre später kann man feststellen, dass der sehr deutlichen und oft beherzten Abwendung von Theorie und Ideologie eine freilich zunächst undeutliche und eher zaghafte Hinwendung entspricht: Man besinnt sich wieder auf die Kunst des Wortes, man braucht wieder die Poesie, man sehnt sich nach Phantasie. Die Vokabel »Dichter« hört auf, ein Schimpfwort zu sein.

Auch diejenigen Autoren, die noch unlängst die deutsche Literatur radikal umfunktionieren wollten, suchen jetzt andere Ausdrucksmöglichkeiten. Sogar Erika Runge möchte vom »dokumentarischen Ansatz« nichts mehr wissen, auch sie hält jetzt die Auffassung, »daß Literatur unmittelbar dazu dienen könne, politische Prozesse in Gang zu setzen«, für anachronistisch. Hingegen will sie »die Fülle der Möglichkeiten von Literatur« nutzen, »um den Anspruch des Menschen auf Selbstverwirklichung, auf Individualität, auch für meine Person zu vertreten«. So verabschiedet sich Erika Runge von der Dokumentarliteratur, zu deren wichtigsten Repräsentanten sie einst gehört hatte. Um 1975 spricht man immer häufiger von »Neuer Subjektivität« und »Neuer Sensibilität«. Es sind ungenaue, fragwürdige Schlagworte, die dennoch die tatsächlich erfolgenden Veränderungen zumindest andeuten. Die Prosa wird poetischer und die Poesie prosaischer, jedenfalls in einem gewissen Sinne.

Der Alltag tritt als großes Thema der Lyrik an die Stelle des Politischen, man bemüht sich um eine einfachere und verständlichere Diktion und will unbedingt den Leser erreichen. In den Formeln Jürgen Theobaldys verbirgt sich ein poetisches Programm von 1976: »Mitteilung statt Monolog, Erlebnis statt Idee, Wörter statt des Worts, Umgangssprache statt Chiffre – damit entziehen sich die neuen Gedichte der Verfügungsgewalt weniger Spezialisten, ohne deswegen nur bessere Schlagertexte zu sein.«

Theobaldy glaubt noch, den Rückzug der Poeten ins Private und Persönliche entschuldigen zu müssen: Ihre Sprache sei »ein Widerstand gegen die Massenmedien, Wirtschaftsverbände, Parteien und Ministerien mit ihren verstümmelnden, wirklichkeitsverzerrenden oder synthetischen Produkten. Der Bezug auf das Selbsterlebte ist der Versuch, Verläßliches, Überprüfbares zu sagen angesichts der öffentlichen Parolen.«

Da darf man wohl fragen: Wenn einer in seinen Versen von sich selber redet, von seinem Innenleben berichtet und Intimes nicht ausspart – muss das denn wirklich als Widerstand gegen die Gesellschaft interpretiert werden? Wie auch immer: die alten, die traditionellen Motive der Lyrik kehren wieder, die Zeit, da man »den bloßen Gedanken an eine nicht tagespolitisch thematisierte Poesie zur sittlichen Verfehlung stempelte« (Rühmkorf) ist unzweifelhaft überwunden.

Vom Glück und Unglück der Liebe, von Trennung und Einsamkeit, Trauer und Schwermut hören wir in den Gedichten der Sarah Kirsch. Ob Rolf Dieter Brinkmann, Peter Rühmkorf oder Wolf Biermann, ob Nicolas Born, Wolf Wondratschek oder Jürgen Theobaldy – man besingt die Liebe des Alltags und den Alltag der Liebe, man greift gern auf Märchen und Mythen zurück und profitiert stets und ohne Reue von der Umgangssprache, von Slang und Jargon, einschließlich der derbsten Vulgarismen. Und überall Selbstporträts mit elegischen Tönen oder zumindest mehr oder weniger getarnte autobiographische Elemente – auch und erst recht in den größeren Dichtungen, so etwa in Hans Magnus Enzensbergers Poem »Der Untergang der Titanic« (1978).

Selbstbeobachtung, Selbsterforschung, Selbstdarstellung – das ist es, was als dominierendes Kennzeichen Lyrik und Prosa der siebziger Jahre miteinander verbindet. Mit der Wiederentdeckung des Individuums und mit der als dringend erforderlich empfundenen neuen Sensibilität hängt auch die Rückkehr des Romans und der Erzählung zur Psychologie zusammen.

Die zentralen Figuren in Bölls Epik waren stets Opfer gesellschaftlicher Verhältnisse. Die unglückliche Heldin seiner Erzählung »Die verlorene Ehre der Katharina Blum« (1974) leidet jedoch nicht an der Bundesrepublik oder der katholischen Welt von Köln. Sie leidet an ihrer Frigidität. Die Reaktion der Katharina Blum auf die Umwelt wird psychologisch motiviert. Das gilt auch für die von Ulrich Plenzdorf in den »Leiden des jungen W.« (1973) geschilderten Meuterei eines Halbwüchsigen gegen das Kollektivdasein in der DDR.

Peter Härtling, Adolf Muschg, Nicolas Born, Jurek Becker – sie alle bemühen sich in ihren Romanen und Erzählungen dieser Jahre um eine möglichst exakte Beobachtung psychischer Vorgänge. Martin Walser geht in den Büchern »Jenseits der Liebe« (1976) und »Ein fliehendes Pferd« (1978), sosehr sie sich auch voneinander unterscheiden, von der Psychologie seiner Helden aus. Gerhard Roth und Botho Strauß stützen sich mehr oder weniger deutlich auf die moderne Psychologie und wissen eine außerordentliche Sensibilität für seelische Vorgänge mit der genauen Darstellung von Alltäglichkeiten zu verknüpfen.

Dass die autobiographischen Bücher, zumal jene von Frisch, Koeppen und Bernhard, in besonders hohem Maße von der Psychologie profitieren, hat wohl niemanden überrascht. Hier triumphiert die meist sehr konsequente Introspektion.

Diese Tendenz hat, kaum dass sich ihre ersten Anzeichen wahrnehmen ließen, schon zu allerlei Befürchtungen Anlass gegeben. Im Herbst 1975 habe ich in der »Frankfurter Allgemeinen Zeitung« die neue Subjektivität zwar ausdrücklich befürwortet, doch zugleich vor einem Rückzug aus der Öffentlichkeit gewarnt, der nur bedeuten würde, dass die deutschen Schriftsteller es nach wie vor lieben, von einem Extrem ins andere zu fallen. Misstrauisch beurteilte Adolf Muschg die Situation. Er meinte 1976: »Die deutsche Tradition der Sublimierung ist wieder in Kraft: das intime Papier notiert höher als das öffentlich-kritische.« Wenig später äußerte Hans Christoph Buch den Verdacht, »daß unsere sensiblen Schriftsteller ihre Sensibilität einzig und ausschließlich auf die eigene Person anwenden und gleichzeitig immer unempfindlicher werden für die Probleme anderer«.

Die Skepsis hatte ihre guten Gründe: Sie sind in der Geschichte der deutschen Literatur zu finden. Hinter der radikalen Introspektion stand oft jene Egozentrik des Schriftstellers, die fatale Folgen haben kann: Die Konzentration auf die eigenen seelischen Vorgänge und Konflikte führte nicht selten zur Vernachlässigung aller anderen Fragen, zumal der gesellschaftlichen. »Der Weg nach innen« (Hermann Hesse) war oft – und ganz besonders hierzulande – ein Weg in die Innerlichkeit, die wir nicht brauchen können, in die Weltfremdheit, die wir fürchten müssen. Denn was Subjektivität und Sensibilität ermöglichen, das eben verhindert die Innerlichkeit: die Auseinandersetzung der Literatur mit ihrer Epoche.

Indes ist uns die neue Innerlichkeit erspart geblieben. Was man auch den deutschen Schriftstellern vorwerfen mag – dass ihre in diesen Jahren entstandenen Bücher von Weltfremdheit zeugen, wird man schwerlich behaupten können. Im Gegenteil: Ob sie in der fernen Vergangenheit spielen oder in unseren Tagen, ob das Leben in der DDR dargestellt wird oder in exotischen Ländern, ob es um alltägliche Schicksale geht oder um exzeptionelle, ob wir eine Lebensbeichte lesen oder eine parabolische Kriminalgeschichte – es sind Bücher von Zeitgenossen, die die Herausforderung der Gegenwart annehmen.

Die psychologische Analyse dient in diesen Romanen, Erzählungen und Autobiographien der Auseinandersetzung mit der Welt, in der wir leben. Introspektion und Zeitkritik bedingen und beglaubigen sich gegenseitig, das intime Papier ist zugleich – um Muschgs Nomenklatur aufzugreifen – das öffentlich-kritische. Freilich werden die Gewichte sehr unterschiedlich verteilt, gewiss sind in manchen Fällen die Bestrebungen origineller als die Ergebnisse. Zumindest drei Schriftsteller kann man nennen, denen es gelungen ist, in der Epik die Synthese von Introspektion und Zeitkritik auf hoher literarischer Ebene zu demonstrieren: Max Frisch, Wolfgang Koeppen und Thomas Bernhard. In »Montauk«, in »Jugend« sowie in den Büchern »Die Ursache«, »Der Keller« und »Der Atem« wird jeweils das Porträt eines Einzelgängers skizziert: Es ist stets ein mehr oder weniger exzentrischer Mensch, ein Künstler, ein Außenseiter. Aber jedes dieser Bücher entwirft ein Bild des Lebens in unserer Epoche: Im Extremen wird das Exemplarische erkennbar.

Rückkehr also zum Psychologismus in der deutschen Literatur? Auf jeden Fall unterscheidet sich der gegenwärtige von jenem früherer Perioden. Man könnte vom zeitkritischen Psychologismus sprechen.

## V.

Dennoch muss die eingangs gestellte Frage wiederholt werden: Warum ist der Eindruck, den die deutsche Literatur der siebziger Jahre hinterlässt, so widerspruchsvoll und disparat, weshalb wirkt das Bild, das sich uns bietet, unübersichtlich und verwirrend?

Vieles weist darauf hin, dass wir jetzt – literarhistorisch – in einer Übergangszeit leben. Von heute her gesehen, erscheint die deutsche Literatur seit 1945 in zwei großen Phasen. Für die erste Phase sind Autoren charakteristisch, die sich nach dem Zweiten Weltkrieg – um es mit zwei Titeln anzudeuten – »Draußen vor der Tür« (Wolfgang Borchert) fanden und die Frage »Wo warst du, Adam?« (Heinrich Böll) stellten. Neben Borchert und Böll sind hier vor allem zu nennen: Hans Erich Nossack, Wolfgang Koeppen, Günter Eich, Gerd Gaiser, Alfred Andersch, Arno Schmidt, Paul Celan und Wolfdietrich Schnurre.

Ende der fünfziger Jahre kam eine neue Generation zum Zuge: Ingeborg Bachmann, Günter Grass, Martin Walser, Siegfried Lenz, Uwe Johnson, Hans Magnus Enzensberger, Peter Rühmkorf und der etwas ältere Peter Weiss. Sie startete, was heute meist vergessen wird, unter betont antiideologischen Vorzeichen. Die meisten Vertreter gerade dieser Generation machten im Laufe der sechziger Jahre eine bezeichnende Entwicklung durch: Die zunächst Engagierte ohne Programm waren und Moralisten ohne Kodex, landeten früher oder später bei der Sozialdemokratie oder beim Kommunismus. Dass dies ein deutliches – mitunter sogar allzu direktes – Echo in ihren literarischen Arbeiten gefunden hat, versteht sich von selbst.

Während die erste Nachkriegsgeneration vor allem die Klage, den Protest und die Empörung formulierte, das leidende Opfer der Geschichte in den Mittelpunkt stellte und sich am liebsten verhältnismäßig unkomplizierter Mittel bediente (etwa der realistischen Erzählung), sahen die Vertreter der zweiten Generation die Welt häufig aus der Sicht eines skeptischen Beobachters, boten den Lesern Mutmaßungen statt Gewissheiten und wandten in der Regel höchst differenzierte Ausdrucksmittel an.

Mitte der sechziger Jahre wurden Thomas Bernhard, Fichte und Muschg bekannt, dann kamen die in den vierziger Jahren Geborenen zu Wort: Rolf Dieter Brinkmann (der allerdings wieder verstummte), Handke und Wondratschek. Aber sie blieben alle Einzelgänger.

Auch die Studentenbewegung um 1968, deren Führer und Aktivisten nicht eben maulfaul waren, hat keine literarische Reaktion hervorgerufen, die über vereinzelte (und eher dürftige) Äußerungen hinausginge. War die Revolte von 1968, der wir übrigens auch eine Anzahl wichtiger und nützlicher Impulse verdanken, das Werk einer viel redenden und gleichwohl sprachlosen Jugend? Vielleicht kann, was uns als ein Versagen erscheinen will, ein Umstand erklären, auf den Enzensberger Ende 1968 mit merkwürdiger Schadenfreude hingewiesen hat: Es sei ein gutes Zeichen – schrieb er damals –, dass

»die intelligentesten Köpfe zwischen zwanzig und dreißig ... darauf pfeifen, Belletristik zu machen und zu kaufen«.

Jedenfalls hat sich eine neue Generation deutscher Schriftsteller nicht mehr profilieren können. Eben damit hängt es zusammen, dass es kaum möglich ist, die Literatur der siebziger Jahre auf einen gemeinsamen Nenner zu bringen. Denn Stile und Richtungen waren nahezu immer das Werk von Altersgenossen, die das gleiche Lebensgefühl und sehr ähnliche Erlebnisse vereinten: So gehörten die meisten Expressionisten ebenso wie die meisten Autoren der Neuen Sachlichkeit derselben Generation an, und sie haben auch ungefähr gleichzeitig debütiert.

Wann wird die gegenwärtige Übergangsperiode beendet sein? Wann wird sich endlich eine neue Generation literarisch artikulieren können? Literaturkritiker versuchen zu erklären, was war und was ist, und nie, was sein wird. Sie glauben zu wissen, was sein sollte, doch sind sie nicht so leichtsinnig, aus ihren Wünschen und Forderungen etwa Voraussagen abzuleiten.

Aber es sei nicht verheimlicht, dass wir Kritiker janusköpfige Wesen sind: Mit dem einen Auge sehen wir skeptisch und bisweilen melancholisch die Literatur der Gegenwart, mit dem anderen blicken wir in die Zukunft – hoffnungsvoll und optimistisch.

# Marie Luise Kaschnitz

## Die sprachgewaltige Lektion der Stille

Zum siebzigsten Geburtstag von Marie Luise Kaschnitz

Die Dichtung der Marie Luise Kaschnitz zeichnet sich durch kammermusikalische Intimität aus. Gleichwohl geht von ihr eine geradezu alarmierende Wirkung aus. Sie erteilt uns eine sprachgewaltige Lektion der Stille.

Sie vereint, was unvereinbar scheint: raffiniertes Kalkül mit einfacher Spontaneität und einen Traditionalismus, der mit den Jahren alles Epigonale abgestreift hat, mit einer Modernität, die sich nie dem Modischen nähert. Sie findet, wie mühelos, die Synthese aus rigoroser Unbedingtheit und absoluter Ungebundenheit. Doch hat die Ungebundenheit, die sie uns demonstriert, nichts mit Unverbindlichkeit zu tun, wohl aber mit Reife und Souveränität.

Ihr Werk umfasst Gedichte und Hörspiele, Erzählungen und Erinnerungen, Tagebücher und Essays. Als große Dominante erweist sich jedoch stets das Lyrische – und ihre Dichtung als ein Autoporträt: Marie Luise Kaschnitz betrachtet Öffentliches aus privater Sicht und erhebt das Private zur öffentlichen Sache. Mit anderen Worten: Wie ihr das persönliche Bekenntnis zugleich zur Zeitkritik gerät, so ist ihre Zeitkritik immer auch eine Selbstauseinandersetzung.

Natürlich gilt Ähnliches für viele bedeutende Lyriker. Was aber bei den anderen oft eher ihre Ausgangspositionen charakterisiert, kennzeichnet bei Marie Luise Kaschnitz vor allem das Spätwerk. Auf seine Existenz werden noch unzählige Schriftsteller, die erfolglos bleiben, ihre Hoffnungen zu gründen versuchen. In der Tat ist der Weg dieser Dichterin so außergewöhnlich, dass sich der Vergleich mit dem überraschenden (und ebenfalls für die Schreibenden höchst tröstlichen) Ruhm des alten Fontane aufdrängt.

Denn Marie Luise Kaschnitz, geboren 1901, begann zwar Ende der zwanziger Jahre zu publizieren, doch erst viel später, etwa Anfang der fünfziger Jahre, kam ihr literarisches Profil deutlich zum Vorschein. Als 1955 ihr Prosabuch »Engelsbrücke« veröffentlicht und ihr der Büchner-Preis verliehen wurde, konnte man annehmen, sie habe den Höhepunkt ihrer schriftstellerischen Laufbahn erreicht. Aber es war mitnichten so.

Nahezu alle Bücher, denen Marie Luise Kaschnitz ihren Platz in der deutschen Literaturgeschichte verdankt, entstanden später: der Erzählungsband »Lange Schatten« (1960), der Gedichtband »Dein Schweigen – meine Stimme« (1962) und – vor allem – die mir unvergessliche Lyriksammlung »Ein Wort weiter« (1965), der virtuose Erzählungsband »Ferngespräche« (1967) und der eigenwillige Prosaversuch »Beschreibung eines Dorfes« (1966). Dieses, ich scheue mich nicht zu sagen: grandiose Alterswerk ergänzt der so dünne wie wichtige Band »Steht noch dahin«. Es handelt sich um eine Sammlung von 74 Prosastücken, deren Umfang von vier Zeilen bis zu höchstens einer Druckseite reicht.

»Das Gedicht«, sagte Paul Celan 1960, »behauptet sich am Rande seiner selbst; es ruft und holt sich, um bestehen zu können, unausgesetzt aus seinem Schon-nicht-mehr in sein Immer-noch zurück.« Damit wäre der Ort auch dieser Texte angedeutet. Es ist schon nicht mehr Lyrik, und es ist, hört man nur genauer hin, immer noch Lyrik, eine Lyrik freilich, deren ungebundene und denkbar schmucklose Rede nichts duldet, was der allgemeinen Vorstellung vom Poetischen entspricht.

Hier, in dem Buch »Steht noch dahin«, behauptet sich das Gedicht der Marie Luise Kaschnitz am Rande seiner selbst. Doch behauptet es sich niemals – und das kann nicht stark genug betont werden – um seiner selbst willen.

»Einmal ausruhen, nichts aufnehmen, nichts gutheißen, schlechtheißen, in Zusammenhang bringen«, beginnt das Prosastück »Pause«. Und es endet: »In der Nacht stehen sie da, reißen dir die Lider auf, verlangen die Zeugenaussage, von dir, ja gerade von dir.« So bekennt sich Marie Luise Kaschnitz zu dem, was man mit dem mittlerweile etwas betulich klingenden Begriff engagierte Literatur belegen könnte.

Aber anders als jene oft jungen und zugleich rührend weltfremden Autoren, die sich und uns einreden wollen, es ließe sich in unserer Epoche mit der Poesie auf die Politik einwirken, kennt Marie Luise Kaschnitz die begrenzten und höchst bescheidenen Möglichkeiten der engagierten Dichtung genau. Von ihr sind nur Zeugenaussagen zu erwarten, die vielleicht – und bestenfalls – ein wenig zur Wahrheitsfindung beitragen können.

So ist denn auch diese Prosa, wie Zeugenaussagen sein sollten: sachlich und nüchtern, knapp und inhaltsreich. Sie geht immer von konkreten Fakten, Beobachtungen oder Erinnerungen aus und gestattet sich nie ein genüssliches Verweilen oder gar Ausschweifen: In dem Buch »Steht noch dahin« wird weder erzählt noch kommentiert, kaum berichtet oder beschrieben. Es lebt von kahlen Feststellungen und Mitteilungen, von direkten Benennungen und bloßen Aufzählungen: »Ein Mensch ist ein Neger, den viele verfolgen, der rennt und rennt. Ein Mensch ist ein Polizist, der seine Pflicht tut … Auch die Frau war ein Mensch, die ihr Gespendetes aus dem Biafrasammeltopf fischte und sagte, pardon, ich dachte, Sie sammeln für Tiere.«

Sehr möglich, dass Marie Luise Kaschnitz an Politik nicht besonders interessiert ist. Aber da ihre Dichtung mit rühmlicher Obsession auf die Gegenwart reagiert, führt sie immer wieder zum Politischen. Und bestimmt sucht Marie Luise Kaschnitz weder das Unheimliche noch das Schreckliche. Aber sie weicht ihm nicht aus, sie stellt sich ihm: »Ich esse meine Suppe, ich esse mein Fleisch, meine Nudeln, Kartoffeln, Salat jeden Tag, so viele auch Kinder, verschüttete vor meinem Fenster, mit Fingern weißlichen Krallen Signale versuchen … Ich esse, den Blick auf das Napalmfleisch gerichtet und auf die Würmer, die aus den offenen Wunden kriechen. Ich esse meine Suppe, mein Fleisch, meine Nudeln, Kartoffeln, Salat, Kompott, jeden Tag, alle bestaunen meinen Appetit, niemand glaubt mir mein Alter.«

So düster und bitter sind diese lyrischen Tagebuchnotizen, dass sich die einst ungleich mildere Dichterin zur programmatischen Äußerung im Prosastück »Vorlesen« veranlasst sieht: »Gibt es nicht noch immer Schönheit und Tapferkeit und Selbstüberwindung, wann werden Sie endlich von solchen Dingen sprechen und ich antworte, bald, bald. Es gibt nur noch ein paar Kleinigkeiten zu bemerken, ein paar Unvollkommenheiten, Ungereimtheiten aufzudecken. Ein paar Angstträume zu erzählen. Danach werde ich von ganz anderen Sachen sprechen. Von den Pirouetten der Eiskunstläuferin vielleicht.«

Statt die Pirouetten der Eiskunstläuferin zu beschreiben, spricht Marie Luise Kaschnitz von einem neuartigen Museum: Es »befanden sich dort auf einfachen Brettertischen und Regalen, sauber präpariert, abgeschnittene Hände und Ohren, herausgerissene Zungen, auch ganze, von verkohlten Stoffresten umhüllte Skelette waren zu sehen. Wie früher auch, waren die Ausstellungsstücke datiert … Auch die auf allen Erdteilen gelegenen Fundorte waren genau vermerkt.«

Das Ostinato dieser Prosa bildet die scheinbar gelassene und gleichmütige Formulierung des Apokalyptischen, die immer ganz leise bleibt und eben deshalb beklemmend und aufschreckend wirkt. Die Zurückhaltung und Distanziertheit der Marie Luise Kaschnitz verbindet sich mit ihrer unverminderten und doch wohl jugendlichen Fähigkeit, über die Menschen und die Welt zu staunen, einer Fähigkeit übrigens, ohne die gute Literatur nie entstehen kann.

In einer Zeit, in der viele Dichter verstummt sind und sich andere auf das weite Gelände zwischen der geheimnisvollen Dunkelheit und der baren Blödelei flüchten, entscheidet sich die Autorin des Buches »Steht noch dahin« für die Klarheit, für die Einfachheit, für die harte Forderung des Tages. Ohne Feierlichkeit, ohne viel Aufhebens wahrt Marie Luise Kaschnitz die Würde der Dichtung, indem sie die Gegenwart mitten ins Herz trifft: »Wir können noch sehen, wir können noch hören, wir können noch leiden, noch lieben.«

# Elias Canetti

## Der Triumph des Elias Canetti

### Aus Anlass seines Buches »Die Fackel im Ohr«

Ich beobachte, daß ich anfange, ein Klassiker zu werden« – die übermütige Feststellung des noch sehr jungen Bertolt Brecht kann jetzt der fünfundsiebzigjährige Elias Canetti für sich in Anspruch nehmen. Es ist noch nicht lange her, da war dieser bulgarische Jude, der fast vierzig Jahre in England lebte und sich schließlich in Zürich niedergelassen hat, ein Außenseiter selbst unter den Außenseitern der deutschen Literatur unserer Zeit. Er hatte damals eine nur kleine, doch ihm ergebene und ihn unbeirrt deutende und lobende Anhängerschaft. Oder sollte man eher von einer »Gemeinde« sprechen?

Mittlerweile wurden Canetti beinahe alle Ehrungen zuteil, die in der Bundesrepublik Deutschland, in Österreich und in der Schweiz zur Verfügung stehen, um einen hervorragenden Schriftsteller auf weithin sichtbare Weise auszuzeichnen: Ein Dutzend Literaturpreise hat man ihm verliehen, die Universitäten von Manchester und München machten ihn zum Ehrendoktor, der österreichische Staat gab ihm den Professorentitel, der Orden Pour le mérite zählt ihn zu den Seinigen. Und für die Bücher, in denen sein Werk meist ehrfürchtig analysiert wird, braucht man schon ein eigenes Regal.

Geht das alles mit rechten Dingen zu? Zunächst einmal: Was immer Canetti sein mag – mittelmäßig ist er nicht. Er hat, was man schreibenden Zeitgenossen, auch den erfolgreichsten, nur selten nachsagen kann: Format. Wer jedoch eine Antwort auf die Frage sucht, in welchen Büchern sich das vielgerühmte Talent dieses Autors denn eigentlich bewährt habe, gerät bald in Verlegenheit.

Als Canettis Hauptwerk gilt noch immer der in seiner Jugend entstandene und vor bald einem halben Jahrhundert abgeschlossene Roman »Die Blendung«, den Hermann Broch als »reine, beinahe abstrakte Seelenlandschaft« bezeichnet hat. Dies allerdings war ein höchst zweideutiges Kompliment. Denn der Roman, die am wenigsten definierte Form der Literatur, kann, wenn es sein muss, auf alles verzichten – nur nicht auf das Konkrete, das Sinnliche. Eine epische Seelenlandschaft, die abstrakt bleibt, gleicht einem Messer ohne Klinge.

Die »Blendung« hat, wenn man tollkühnerweise will, mit der »Göttlichen Komödie« eines gemein: Jeder weiß von der Existenz dieses Werks, aber kaum jemand hat es gelesen. In der Tat ist die ambitionierte Parabel vom Scheitern des Intellektuellen in unserem Jahrhundert zwar originell, doch leider, zumal in der zweiten Hälfte, auch ungenießbar: ein fast schon gigantischer Entwurf – und ein dürres und dürftiges episches Ergebnis. So kann man der »Blendung« eher Format als qualitativen Rang nachrühmen. Die Frage drängt sich auf: Nur diesem Roman oder vielleicht dem ganzen Werk Canettis?

Jedenfalls sind die drei Komödien, die er geschrieben hat, eigenwillige und phantasiereiche, aber unspielbare und letztlich auch sterile Stücke. Die anspruchsvolle kultursoziologische und geschichtsphilosophische Studie »Masse und Macht« (1960) geht trotz einiger Kapitel, die den Erzähler Canetti von seiner besten Seite zeigen, über die Zuständigkeit der Literaturkritik weit hinaus. Die Fachwissenschaftler wiederum, die Anthropologen und Soziologen, die Kulturhistoriker und Geschichtsphilosophen, wollen sich um dieses kuriose Buch, an dem Canetti fünfunddreißig Jahre gearbeitet hat, nicht recht kümmern: Was als Schlüsselwerk des Jahrhunderts konzipiert war, blieb ohne Folgen.

Seine Aufzeichnungen (die umfangreichste Sammlung erschien 1973 unter dem anspruchsvollen Titel »Die Provinz des Menschen«) bieten eine Fülle geistreicher oder doch zumindest verblüffender Reflexionen und Gedankensplitter, die sich freilich zwischen vielen leider nicht minder erstaunlichen Banalitäten finden. Einen ähnlich widerspruchsvollen Eindruck hinterlassen seine in dem Band »Das Gewissen der Worte« (1975) vereinten Essays, zu denen als Glanzstück die einfühlsame Kafka-Studie »Der andere Prozeß« gehört.

So gibt es in Canettis Werk kein einziges Buch, dem man entschieden zustimmen könnte, kein einziges auch, das sich als grandiose Herausforderung akzeptieren ließe. Am ehesten kann man sich noch an eine kleine, periphere Arbeit halten – an die schönen poetischen Skizzen »Die Stimmen von Marrakesch« (1968).

Dennoch haben Canettis Erfolg und sein wachsendes Ansehen ihre guten Gründe. Aber es wäre leichtfertig, sie bloß in seinem Werk zu suchen. Mit anderen Worten: Die Rolle, die er, nicht ohne komödiantisches Talent, in der deutschen Öffentlichkeit spielt, hat nur bedingt mit seiner literarischen Leistung zu tun.

In einer Aufzeichnung aus dem Jahre 1967 lehnt Canetti das Wort »Dichter« ab – es gefalle ihm nicht mehr: »Weil es nicht mehr alles enthält, was ich von mir verlange? Wahrscheinlich.« So ist »Dichter« in seinem Selbstverständnis nicht etwa ein zu hoher oder zu anspruchsvoller, sondern ein zu enger Begriff. Seine Idee von Wirksamkeit und Aufgabe eines bedeutenden Schriftstellers hat ihren Ursprung gewiss in dem zentralen Erlebnis der frühen Jahre Canettis – und dieses heißt Karl Kraus.

Ähnlich wie Karl Kraus übt auch er ein moralisches Amt aus; auch er ist ein kategorischer Ankläger und einsamer Weltenrichter. Freilich entzieht sich sein Amt jeder genaueren Definition: Denn es ist in einem diffusen Grenzbereich beheimatet – zwischen Literatur und Philosophie, Kunst und Religion, zwischen strenger Zeitkritik und höherer Lebenshilfe.

Aber präzeptorale Herrschsucht kann man Canetti, der übrigens Kraus immer noch »abgöttisch« verehrt, nicht vorwerfen: Ein feuilletonistischer Despot, der die Unterwerfung des Lesers fordert, ist er nicht. Gleichwohl hat es auch Canetti auf eine Art Gefolgschaft abgesehen: Die sektenbildende Anziehungskraft seiner schriftstellerischen Aktivitäten ist ihm nicht unlieb, er hat sie häufig begünstigt und nie gebremst.

Indes konnte es ihm nur deshalb gelingen, als Instanz anerkannt zu werden, weil nach einer solchen in den späten siebziger Jahren dringend verlangt wurde. Allem Anschein zum Trotz ist auch in unserer Zeit die Sehnsucht nach intellektueller Repräsentanz und

Autorität nicht kleiner geworden, und ungeachtet aller kaltschnäuzigen Zynismen gibt es nach wie vor das tief verwurzelte Bedürfnis nach Verehrung.

Nach dem Tod von Adorno und Horkheimer, von Bloch und Herbert Marcuse war im deutschen Geistesleben der unsichtbare Thron des großen alten Mannes verwaist: Der ehrenvolle Posten musste neu besetzt werden. Und es ist höchst symptomatisch für die veränderten Verhältnisse, dass sich hierfür wie von selbst nicht mehr ein Philosoph anbot, sondern ein Schriftsteller und überdies einer, dessen Arbeiten von den aktuellen politischen Fragen wenig wissen wollen, vielmehr permanent auf Hohes, auf Fundamentales abzielen und beharrlich um Eschatologisches kreisen.

Ganz von weitem mag Canetti bei allen augenscheinlichen Unterschieden an einen anderen Außenseiter erinnern, an einen anderen Besessenen mit einer ihm treu ergebenen Gemeinde – an Arno Schmidt. Nur war dieser eifrig bemüht, sich mit allen Zeitgenossen anzulegen und als Störenfried zu fungieren, während Canetti eher darauf achtet, sich mit niemandem anzulegen: Er stört nicht, man kann ihn unbedenklich feiern und als Magier verehren, er ist ein idealer Preisträger, ein erlauchter Repräsentant, der sein Amt mit priesterlicher Würde und, was man nicht unterschätzen sollte, auch mit außergewöhnlichem Charisma zu versehen weiß.

Dass man Canetti für diese majestätische und doch etwas fragwürdige Rolle benötigt und dass seine Autorität wenigstens zum Teil in dem Nimbus gründet, der ihn seit einigen Jahren umgibt, wurde erst unlängst deutlich, als man mit großem Aufwand seinen fünfundsiebzigsten Geburtstag beging. Eine Illustrierte rühmte ihn ohne Pardon »als eine fast archaische, selbst schon mythische Gestalt« und betitelte ihren Beitrag »Der Prophet aus Rustschuk«. So geht die Verehrung, die sich von keiner kritischen Überlegung beirren lässt, allmählich in die Verklärung über.

Zu dem Kult, der um sein Werk und mehr noch um seine Person gebildet wurde, hat Canetti selber nach Kräften beigetragen – in Aufsätzen und Interviews und in zahlreichen aphoristischen Aufzeichnungen, die vor allem dem Selbstverständnis und dessen Begründung dienen sollen. Nur dass sich, wie die Sache liegt, bei ihm zwischen Selbstverständnis und Selbststilisierung kaum unterscheiden lässt. »Manchmal glaube ich, die Sätze, die ich höre, seien dreitausend Jahre vor meinem Dasein von anderen für mich ausgehandelt worden. Höre ich genauer hin, so werden sie immer älter« – notierte er 1942.

Canettis Bemühungen um die Mythologisierung der eigenen Existenz lassen sich natürlich am genauesten in jenen seiner Bücher beobachten, die ohne Umschweife und ohne Hemmungen die Selbstdarstellung im Sinne haben – in seiner großflächig entworfenen Autobiographie.

In der »Geretteten Zunge« (1977) erzählt er mit liebevoller Ausführlichkeit die Geschichte oder, wie sich bald herausstellt, die Legende seiner Kindheit und Jugend. Im Mittelpunkt steht die hochdramatische Beziehung zur Mutter, am Ende ist Canetti sechzehn Jahre alt. Die Erlebnisse, von denen er sich geprägt fühlt, seien – hieß es – einer Fortsetzung vorbehalten. Von heute her gesehen, ist »Die gerettete Zunge« ein überdimensional geratener Prolog, auf den nun die Geschichte einer Emanzipation folgt.

Das Buch »Die Fackel im Ohr« schließt unmittelbar an, also 1921, und reicht bis 1931, der Weg führt von Frankfurt über Wien nach Berlin und wieder zurück nach Wien. Eine Emanzipation? Insofern immerhin, als Canetti direkt und indirekt von Befreiungsakten berichtet: Er löst sich vom Einfluss der Mutter und der Familie, er überwindet die Universität, an der er nur widerwillig Chemie studiert hat, er beginnt – und das scheint in seinen Augen der denkwürdigste Sieg – an dem Gott seiner Wiener Jahre zu zweifeln, an Karl Kraus. Am Ende des Bandes ist der Entwicklungsprozess abgeschlossen: Der werdende Schriftsteller, der jetzt von Übersetzungen aus dem Englischen lebt, hat seine Hauptwerke bereits konzipiert.

Gerade weil gegen die »Fackel im Ohr« manches einzuwenden ist, erfordert es die Gerechtigkeit, sogleich zu sagen, dass Canettis neue Veröffentlichung allen Einwänden zum Trotz die meisten Bücher, die heutzutage in deutscher Sprache publiziert werden, dank seiner literarischen Kultur und menschlichen Reife weit hinter sich lässt. Davon zeugen am stärksten die romanhaften ersten Kapitel, jene zumal, die in einer minutiös geschilderten Frankfurter Pension spielen: Das Bild, das sie ergeben, vergegenwärtigt die Atmosphäre der frühen zwanziger Jahre exakt und suggestiv.

Problematisch und von einigen Umwegen bestimmt waren Canettis erotische Erfahrungen. Die Liebe hielt der Halbwüchsige für eine Erfindung der Dichter: »Niemand käme von selber drauf. In Wirklichkeit gibt es Liebe gar nicht.« In der Tat, er kommt nicht von selber drauf. Mit einem Opernglas sucht er die Sterne auf dem dunklen Firmament und findet (»zufällig, wie ich dachte«) im hell erleuchteten Fenster eine Frau: »Da stand sie nackt, den Kopf hoch erhoben, schlank und schimmernd von rötlichem Licht ...« Aber der junge Intellektuelle braucht andere Stimulantien. Wenig später lesen wir: »Meine Initiation in Liebe war die Kleistsche ›Penthesilea‹.« Wer hätte gedacht, dass Kleist auch hierzu nützlich sein kann.

In den weiteren Kapiteln allerdings büßt die Autobiographie zusammen mit ihrer Anschaulichkeit auch ihre Überzeugungskraft ein. Die idealisiert gezeichnete Veza, die künftige Frau Canettis, erscheint als eine blasse Figur, die Geschichte dieser Liebesbeziehung bleibt abstrakt und eher konventionell. Mag sein, dass Diskretion die Hand des Schriftstellers gehemmt hat. Doch ist es kein anderer als Canetti, der einst fragte: »Was kann man denn erzählen, ohne große Schamlosigkeit?«

Das Kapitel über Karl Kraus bringt, verglichen mit den beiden Essays, die Canetti ihm früher gewidmet hat, nichts Neues. In der Erinnerung an Brecht fällt neben einigen exzellenten Formulierungen im ersten Absatz ein ebenso erstaunlicher wie sympathischer Hinweis auf: »Brecht sagte, er habe das Telefon immer auf dem Tisch und könne nur schreiben, wenn es oft läute.« Fragt sich nur, ob er es ernst gemeint hat. Im Kapitel über Isaak Babel, das vor allem das Interesse des großen russischen Dichters für den jungen Canetti registriert, findet sich der leider zutreffende Satz: »Ich merke, wie wenig Konkretes ich über Babel zu sagen habe.«

Aber die entscheidenden Gründe, die es schwer machen, dem Autor der »Fackel im Ohr« ohne Widerspruch zu folgen, liegen schließlich doch auf einer anderen Ebene. Es geht um die Art der

Selbstpräsentation. Nicht etwa die Zärtlichkeit, mit der Canetti die eigene Person betrachtet, gibt dem Ganzen einen Zug von Peinlichkeit, sondern die geradezu provozierende Feierlichkeit.

Wieder einmal – ähnlich wie in allen seinen vorangegangenen Büchern – erklärt Canetti, dass er das Sterben für etwas Schreckliches halte. Wer wollte ihm da widersprechen? Wenn er sich aber stolz auf seine Empörung gegen den Tod beruft und lapidar behauptet: »In diesem endlosen Aufstand habe ich gelebt«, lässt sich der Verdacht nicht von der Hand weisen, dass sich hinter dem großen Wort eine ebenso große Banalität verbirgt.

»Tot werde ich sein, wenn ich nicht mehr höre, was mir einer von sich erzählt.« Hingegen hatte er in einer früheren Aufzeichnung geschrieben: »Es ist schwer, die anderen anzuhören, sobald man etwas wirklich Eigenes zu sagen hat.« Canettis sich ungeniert manifestierendes Selbstbewusstsein ist in der Literaturgeschichte ohne Beispiel. Ist es vorstellbar, dass ein bedeutender Schriftsteller unseres Jahrhunderts sich gerühmt hätte: »Kein Akt der Großherzigkeit eines Menschen ist mir je entgangen«?

Einsicht in die Grenzen seiner Möglichkeiten war niemals Canettis starke Seite. Wie sich schon der Student als offenbar ebenbürtige Gegenfigur zu Freud begriff, so lässt er sich, seinen ersten und einzigen Roman (»Die Blendung«) entwerfend, auch nicht lumpen: »Mir war zumute, als trüge ich mich mit einer ›Comédie humaine‹ …«

Der zeitgeschichtliche Hintergrund wird nicht verschwiegen, doch meist nur dann berücksichtigt, wenn Canetti zwischen einzelnen Vorfällen, etwa in Frankfurt oder Wien, und seinem Werk einen direkten Zusammenhang zu sehen glaubt. Genau erfahren wir, wann und wo er die Idee hatte, sein Buch »Masse und Macht« zu schreiben. Die »Erleuchtung«, aus der er »wie aus einer Offenbarung« die Kraft bezogen habe, dieses Werk zu verfassen, kam auf der Alser Straße in Wien: »Es war Nacht, am Himmel fiel mir der rote Widerschein der Stadt auf …« In einem »Augenblick des Stolperns, den Kopf in die Höhe gereckt«, zuckte es ihm »plötzlich durch den Kopf, daß es einen Massentrieb gab, der immer im Widerstreit zum Persönlichen stand, und daß aus dem Streit der beiden der Verlauf der Menschheitsgeschichte sich erklären lasse«. In die Tage zwischen dem 1. und 10. August, »als ich erst in den Wind sprach, tagsüber, was ich abends niederschrieb«, setze er den Beginn seines »unabhängigen geistigen Lebens«. Nun wissen wir es ganz genau.

Canetti hat Karl Kraus einmal vorgeworfen, er mache sich nie öffentlich über sich lustig. Das gilt auch für ihn selber. Sein Autoporträt kennt keine Ironie, keinen Humor. Alles wird ohne Skepsis, ohne Distanz erzählt und sogar das sakrale Vokabular – von der »Erleuchtung« bis zur »Offenbarung« – ungebrochen und freimütig verwendet. Keinen Augenblick zweifelt Canetti, dass er, ein weltlicher Seher, berufen war, epochale Werke zu schaffen. Aber er ist nicht der Einzige, der dies glaubt. Auch das ist ein schriftstellerischer Erfolg – vielleicht sogar der größte Triumph im Leben Elias Canettis.

# Wolfgang Koeppen

## Der Dichter unserer Niederlagen

Zum Tod des großen deutschen Schriftstellers Wolfgang Koeppen

Glücklich war er wohl nie. Von Anfang an gehörte Wolfgang Koeppen, der am 15. März 1996 in München gestorben ist, zu den Verstrickten und den Verzweifelten, bald schon zu den Strauchelnden und den immer wieder Stürzenden. Ein Opfer seiner Zeit? Gewiss, auch das, doch vor allem war er ein Sorgenkind des Daseins. Er selber jedenfalls machte sich in dieser Hinsicht nichts vor: Sein Leben habe er, schrieb er 1981 in einem Brief, »vertan« und »verspielt«.

Besser als andere sah er das Missverhältnis zwischen dem, was er gewollt, und dem, was er erreicht hatte. Genauer: zwischen dem, was er hätte leisten können und vielleicht auch müssen, und dem, was von ihm in seinem langen Leben tatsächlich geleistet wurde. Im Laufe der Zeit hat man Koeppen, allerdings erst in seinen späteren Jahren, mit vielen Preisen geehrt. Er nahm sie allesamt dankbar an, aber beirren konnten sie ihn nicht. Das Bewusstsein, versagt zu haben, verließ ihn nie. In einem seiner Briefe heißt es: »Ich mag mich nicht. Ich meine da alle meine Texte … Ich sehe mich, töricht und mit dem Leben spielend, auf Eisschollen balancieren in der Drift der Mündung eines großen Flusses.« Ja, Koeppen hielt sich für einen gescheiterten Schriftsteller.

Woran war er denn gescheitert? Die Qualitäten seiner Prosa brauchen die höchsten Vergleiche nicht zu scheuen: Er schrieb ein Deutsch von wunderbarer Musikalität und Suggestivität. Seine volltönenden Sätze erinnern bisweilen an Katarakte, die er zu Kaskaden von unnachahmlicher Kraft und Schönheit zu formen vermochte. Er war, wie kein anderer unter unseren Zeitgenossen, ein erotischer Erzähler. Sinnlich in höchstem Maße ist Koeppens Sprache, erotisch seine hämmernde und doch zarte Diktion. In ihrem unverwechselbaren Rhythmus hören wir den »drängenden Atem der Liebenden«.

Nicht nur seine Romane und Geschichten stammen aus der Feder eines Erzählers, sondern alles, was er geschrieben hat – also auch seine Reiseberichte und Skizzen, seine Porträts und Rezensionen. Und noch seine journalistischen Nebenarbeiten haben die Aura der künstlerischen Prosa. Denn Koeppen verband ein erstaunliches Gespür für das Klima und den Pulsschlag einer Epoche mit der Fähigkeit, dieses Klima fühlbar und diesen Pulsschlag vernehmbar zu machen. Und ihm fehlte es weder an Phantasie noch an Menschenkenntnis. Er beherrschte die Kunst der eindringlichen und niemals aufdringlichen Vergegenwärtigung. Was könnte man mehr von einem Schriftsteller erwarten?

Aber reich gesegnet mit allen denkbaren Gaben, mit einem einzigartigen Talent, war Koeppen zugleich mit einer fatalen Willensschwäche geschlagen, mit einer schwer zu bekämpfenden Neigung zur Trägheit und zur Lethargie. Er konnte alles – nur nicht mit seinem Pfunde wuchern. Es ist kaum zu glauben: Dieser Autor, der beinahe sein ganzes Leben lang den Beruf eines freien Schriftstellers ausgeübt hat, der nichts war – nur ein Dichter, der wahrscheinlich an nichts glaubte – nur an die Literatur, las zwar unaufhörlich alte und neue Bücher, Zeitungen und Zeitschriften, schrieb jedoch selten und sehr ungern, wenn nicht widerwillig.

Die Zusammenarbeit mit ihm erforderte viel Geduld und war bisweilen geradezu qualvoll. Die Verleger und Redakteure, die sein Talent erkannten, hörten nicht auf, ihn zu bitten und zu mahnen, zu bedrängen und zu warnen. Aber der freundliche und liebenswürdige Mann war offenbar nicht imstande, ein Versprechen oder gar einen Termin einzuhalten. Die in den siebziger Jahren entstandenen Essays seines Buches »Die elenden Skribenten« (1981) mussten ihm ausnahmslos alle mit verzweifelten Telegrammen und alarmierenden Telefonanrufen abgezwungen werden. Trotz allem aber umfasst die 1986 erschienene sechsbändige Ausgabe seiner »Gesammelten Werke« über 2800 Seiten.

Auffallend lange hat Koeppen die bitteren Erfahrungen seiner frühen Jahre verschwiegen. Erst in der Prosadichtung »Jugend« (1976) erteilte er Auskunft über die Kränkungen und Verletzungen, die seine Person und sein Werk geprägt haben. Er wurde 1906 in Greifswald geboren – als ein uneheliches Kind. Sein Vater hat sich nie um ihn gekümmert. Natürlich war es ein Unglück, im Kaiserreich, überdies in einer kleinen Provinzstadt, als ein uneheliches Kind aufzuwachsen – und doppelt unglücklich war, wer auch noch im Elend leben musste.

Der Halbwüchsige empfand es als demütigend, dass er sich in regelmäßigen Abständen im Vormundschaftsgericht melden musste: »Ich suchte eine Tür und meinte einen Ausweg. Ich war angezeigt worden, von wem, von jedermann, keiner Tat bezichtigt.« »Jugend«, dieses vollendete Fragment, das ist vor allem die Geschichte eines jungen Menschen, der nicht dazugehören darf und der aus lauter Trotz nie wieder dazugehören will. Er flüchtet sich in den Stolz auf seine Andersartigkeit: »Ich ging absichtlich gebeugt. Ich wünschte mir einen Buckel. Ich wollte ausgestoßen sein.«

Dies ist denn auch die Grundsituation der Epik Wolfgang Koeppens: In seinen fünf Romanen erzählt er von Menschen, die vor vielen Türen stehen, doch keinen Ausweg finden und im Grunde auch keinen Ausweg suchen. Wie Josef K. in Kafkas »Prozeß« sind sie angeklagt oder glauben, es zu sein, ohne zu wissen, was ihnen vorgeworfen wird. Sie sehen sich von einer Welt umgeben, die ihnen sinnlos und rätselhaft erscheint und die sie als feindlich empfinden.

Immer galt Koeppens Liebe den Nichtdazugehörenden, den Einzelgängern, die überall fremd sind, den Benachteiligten und den Besiegten. So wurde er zum poetischen Sachwalter aller Minderheiten, zum Dichter der Verfolgten und der Gezeichneten. Er hatte eine Schwäche für alle, die sich nach den Grenzbezirken des menschlichen Daseins sehnten, die dem Sog der Abgründe nicht widerstehen konnten. Über Chamisso schrieb er: »Es war ein Angsttraum, in dem er lebte, fatal und schön, im Gefühl, ausgestoßen und zugleich erwählt zu sein.« Koeppen feierte die Elite der Ausgestoßenen, die »Bruderschaft der gestürzten Engel«. Wie er sich insgeheim selber zu dieser

Elite zählte, so fühlte er sich den Untüchtigen verwandt, jenen, die mit dem Dasein nicht zu Rande kamen.

Aber Koeppen hat Glück gehabt: Auf allen Abschnitten seines Lebens fand er Menschen, die ihm halfen und ihn, dies vor allem, finanzierten. Zunächst sollte er Buchhändler werden, dann riss er aus und war eine Weile Schiffskoch, später ging er zum Theater in Würzburg – als Hilfsdramaturg und Regieassistent. Auch daraus wurde nichts. Er begann für Zeitungen zu arbeiten, war Redakteur im Feuilleton des »Berliner Börsen-Couriers« und lernte den Verleger Bruno Cassirer kennen, der ihm, als der »Börsen-Courier« Ende 1933 einging, einen reichlichen Vorschuss gab.

Denn Koeppen wollte keine Stellung annehmen, vielmehr einen Roman schreiben. Dies aber, erklärte er, könne er nur in Italien tun. Er reiste bis nach Sizilien, und als sein Geld verbraucht war, bat er den Verleger telegraphisch um einen weiteren Vorschuss, erhielt ihn und kehrte schließlich nach Berlin zurück, ohne auch nur eine einzige Seite mitgebracht zu haben. Aber dann, noch im Jahre 1934, verfasste er sehr rasch und nicht eben freiwillig den versprochenen Roman doch: »Eine unglückliche Liebe«. Es ist in dieser erotischen Geschichte viel von Leidenschaft und Begierde die Rede, vom »tollen Besitzwunsch«, es dominieren indes Enttäuschung und Entsagung, der junge Mann im Mittelpunkt, ein »Amokläufer der Liebe«, geht leer aus, der letzte Satz lautet: »Es hatte sich nichts geändert.«

Kaum war das Buch erschienen, da ging Koeppen nach Holland, schrieb dort für den im »Dritten Reich« noch zugelassenen jüdischen Verlag Bruno Cassirer einen weiteren Roman: »Die Mauer schwankt« (1935). In diesem Buch versuchte er, das Seinige zu sagen, ohne den Auftraggeber zu gefährden. Das konnte nicht gelingen. Bei Freunden aus Berlin, nunmehr Emigranten, fand er Unterkunft und Hilfe und blieb daher in Holland, wo er, von niemandem bedrängt, keine Zeile mehr zustande brachte. Ende 1938 trieb ihn die Not nach Deutschland zurück. Einige Drehbücher, die er für die Ufa verfasste, sicherten ihm, obwohl sie nie verfilmt wurden, den Lebensunterhalt. Seine wichtigste Leistung in jenen Jahren: Er überlebte den Krieg, ohne auch nur einen Tag Soldat zu sein.

In den Jahren nach 1945 widmete er mehr Zeit dem Schwarzmarkt als der Literatur. Erst 1951 entstand sein nächstes Buch, das ihm wieder einmal ein risikofreudiger Verleger (Henry Goverts) abgenötigt hatte: der Roman »Tauben im Gras«, der Höhepunkt im Werk Koeppens und einer der Höhepunkte der deutschen Epik nach dem Zweiten Weltkrieg. Erzählt werden hier die (keineswegs ungewöhnlichen) Erlebnisse vieler Menschen an einem einzigen Tag in einer einzigen Stadt – in dem von den Amerikanern besetzten München.

Das Buch, das aus Kurzszenen besteht und ein aus Mosaiksteinen zusammengesetztes Bild entwirft, hat damals viele Leser und auch manche Kritiker überfordert. Denn Koeppen knüpfte an Errungenschaften der modernen Prosa an, von denen man um 1950 hierzulande nicht viel wissen wollte. Die Montagetechnik und der filmhafte Bildwechsel, der Perspektivenwechsel und die Simultaneität, der sich assoziativ fortspinnende innere Monolog, die Technik der Slogans und der Schlagzeilen – das alles hat der Autor der »Tauben im Gras« nicht erfunden, aber er war der erste Schriftsteller, der diese Kunstmittel anwandte, um die deutsche Realität nach 1945 einzufangen und ihre Wahrheit anschaulich zu machen.

Schnell folgten zwei weitere, jeweils innerhalb von wenigen Wochen geschriebene Bücher: der in der Bundeshauptstadt Bonn spielende Roman »Das Treibhaus« (1953) und »Der Tod in Rom« (1954), eine Auseinandersetzung mit der bundesdeutschen Gegenwart und, vor allem, mit den Folgen des Nationalsozialismus. Gezeigt werden sie am Beispiel der Mentalität sehr unterschiedlicher Personen, die aus unterschiedlichen Gründen für wenige Tage nach Rom gekommen sind.

Diese drei Romane sind Studien der Angst. An ihr, der Lebensangst, leidend, versuchen Koeppens Figuren bei der Liebe Zuflucht zu finden. Doch das Glück der Liebe lernen sie nie kennen. Sie umarmen sich, aber es trennt sie immer eine »Wand aus dünnstem Glas, durchsichtig wie die Luft und vielleicht noch schärfer die Erscheinung des anderen wiedergebend«. Sie leben nicht miteinander, sie existieren nur nebeneinander.

Die intellektuellen Helden dieser Romane – der untüchtige und erfolglose Schriftsteller Philipp, der dem Publikum nichts mehr zu sagen hat, der Politiker Keetenheuve, ein Träumer und Spintisierer, ein »törichter Ritter gegen die Macht«, der Komponist Siegfried Pfaffrath, der sich der Sinnlosigkeit seiner Musik bewusst ist –, sie alle sind romantische Individualisten mit der Sehnsucht nach den Extremen, sie alle werden gedemütigt und besiegt. Zu schwach, um etwas zu erreichen und zu bewirken, sind sie immerhin stark genug, um sich der Gesellschaft und der Mode nicht zu unterwerfen und um ihre Eigenart zu bewahren.

Auch Koeppen selber war kein Kämpfer, und die dunkle Ahnung von der großen Vergeblichkeit hat ihn nie verlassen. Da seine Deutschland-Trilogie kühl aufgenommen und bisweilen sogar schroff abgelehnt wurde, folgte er gern der Einladung eines neuen Auftraggebers und Gönners: Von Alfred Andersch, der damals am Süddeutschen Rundfunk tätig war, inspiriert und unterstützt, wandte er sich der Reiseschilderung zu, der er zu neuem Glanz verhalf. Er schrieb poetische Rapporte auf der Suche nach dem verlorenen Ich. Sie sind in drei Bänden gesammelt, von denen der erste, »Nach Rußland und anderswohin«, 1958, der bedeutendste ist.

Auf den wiederholt angekündigten neuen Koeppen-Roman haben seine Leser vergeblich gewartet. Wer weiß, ob sie ihm nicht dankbar sein sollten, dass er ihnen jene schwachen oder sogar peinlich missratenen Romane erspart hat, mit denen die prominentesten seiner Kollegen im vorgerückten Alter ihre Verehrer in Verlegenheit gebracht haben. Aber geschwiegen hat er nicht. Seine Kunst triumphierte in dem Prosastück »Jugend«, in dem die Realien die Qualität poetischer Symbole gewinnen und die poetischen Symbole die Gegenwärtigkeit der greifbaren Realität haben. Hier und in den Porträts, die in dem Band »Die elenden Skribenten« zusammengefasst sind, werden aus seinen Berichten gleichsam unter der Hand Geschichten, aus seinen Geschichten poetische Visionen. Auch was der alte Koeppen erzählte, geriet ihm, ob er es wollte oder nicht, zum Gleichnis.

Nicht ein dichtender Denker war er, sondern ein nachdenklicher Dichter. Ihn hat nicht die Philosophie interessiert, wohl aber die Kunst fasziniert. Grau war ihm alle Theorie, das Abstrakte mochte er nicht: Seine Wahrheit hatte ihren Ursprung im Konkreten und bewährte sich am Konkreten. Er hat nie für eine Ideologie, für ein politisches Programm plädiert, die Erziehbarkeit des Menschen hielt er für eine Illusion, an den Fortschritt hat er nie geglaubt. Und so hat er niemanden belehren wollen, wie man das Leben bestehen soll. Aber er hat seine Ratlosigkeit virtuos artikuliert, er hat wie kein anderer die Rolle der Intellektuellen in unserer Nachkriegswelt gezeigt – in ihrer ganzen Fragwürdigkeit, um nicht zu sagen: in ihrer Jämmerlichkeit.

Natürlich sind alle seine Bücher gesellschaftskritisch, doch nicht gegen eine Gesellschaftsordnung protestierte er, sondern gegen die Existenz schlechthin. Die Engel, die jene erlösen können, die immer strebend sich bemühen, kannte er nicht. Sein Werk sei, meinte er, »weniger der Versuch eines Dialoges mit der Welt als eines Monologs gegen die Welt«. Die Definition trifft schon zu, verschweigt allerdings die Antinomie, die ein Grundzug seines Wesens war. Die Welt fliehend, träumte er von der Liebe, an der Welt leidend, gierte er nach dem Leben.

Um das Dasein zu ertragen (»Wir sind von Anbeginn verurteilt«), suchte er, der Einsame, Schutz im Rausch. Er gehörte zu jenen, die auf den Genuss angewiesen waren, er war ein elegischer, ein schwermütiger Epikureer. Dass er im Alter, als er kaum noch arbeiten konnte, nicht zu darben brauchte, verdankte er, verdanken wir alle seinem Freund, der ihn jahrelang großzügig finanzierte: dem Verleger Siegfried Unseld.

Nie war es Koeppen gelungen, einen Bestseller zu schreiben, auch als er längst die höchsten Literaturpreise erhalten hatte, blieb er paradoxerweise nahezu ein Geheimtipp. Vielleicht hat das auch damit zu tun, dass er unerbittlich und unversöhnlich war, dass er seinen Lesern nichts vormachte und nichts ersparte: Wolfgang Koeppen war der Dichter unserer Niederlagen und unseres Scheiterns.

## Max Frisch

### Mein Name sei Frisch

Die Erzählung »Montauk« ist die poetische Bilanz eines Liebenden

Gewiss hat Max Frisch schon reichhaltigere und bedeutendere Bücher geschrieben. Mit seinem Roman »Stiller« oder mit seinem »Tagebuch 1946–1949« lässt sich der neue Prosaband kaum vergleichen, zu den Schlüsselwerken der Epoche gehört er nicht. Und doch übertrifft diese Erzählung »Montauk« in mancherlei Hinsicht alles, was wir bisher von Frisch kannten. Es ist sein intimstes und zartestes, sein bescheidenstes und gleichwohl kühnstes, sein einfachstes und vielleicht eben deshalb sein originellstes Buch. Ist es unhöflich – Frisch wurde 1911 geboren –, von einem Alterswerk zu sprechen?

In ihren späten Jahren haben gute Schriftsteller den Lesern nichts anderes zu sagen, als was sie ihnen immer schon gesagt haben: Sie befassen sich in der Regel mit den gleichen Motiven, den gleichen Fragen und Themen. Aber sie behandeln sie mit anderen Mitteln. Sie sehen sie aus einer anderen Perspektive. Altersweisheit? Was man damit gemeinhin bezeichnet, ist wohl jene Distanz zum Leben, die der betroffene Schriftsteller schmerzhaft empfinden mag, die sich indes auf sein Werk günstig auswirken kann. Und was man für Gelassenheit hält, ist oft nichts anderes als Resignation. Mehr noch: Das Alter zwingt zur Ökonomie der Mittel und damit zum Verzicht auf formal Anspruchsvolles oder gar Extravagantes. Die sich viele Jahre als Meister virtuoser Technik bewährt haben, zweifeln an der Nützlichkeit und der Notwendigkeit ihrer handwerklichen oder künstlerischen Fertigkeiten. Wo Abschiedsstimmung herrscht, scheint Bravour nicht am Platze.

Das alles gilt auch für Max Frisch. Er bleibt in »Montauk« seinen alten Themen treu: Wieder erzählt er vom Individuum auf der Suche nach der Selbstverwirklichung, von der leidenden Kreatur zwischen Liebe und Tod, von Erfüllung und Enttäuschung, von Sehnsucht und Verzweiflung. Aber er erzählt anders als früher. Geschichten hatte Frisch immer verstanden als Erfindungen, die nötig seien, um Erfahrungen auszudrücken, um sie lesbar und erkennbar zu machen. Geschichten waren für ihn »Entwürfe in die Vergangenheit zurück« und »Spiele der Einbildung, die wir als Wirklichkeit ausgeben«. Sie hatten die Aufgabe, seine Erlebnisse und Erfahrungen zu verhüllen und zugleich doch zu verdeutlichen. Denn: »Man kann ja nicht nackt durch die Welt gehen« – hieß es in Frischs Roman »Mein Name sei Gantenbein«. Und: »Ich probiere Geschichten an wie Kleider.«

Seiner einstigen »Gier nach Geschichten«, der wir so viel zu verdanken haben – übrigens auch noch in dem vor drei Jahren erschienenen »Tagebuch 1966–1971« –, ist nun Frisch überdrüssig. Von erfundener Wahrheit will er nichts mehr wissen. In »Montauk« heißt es: »Ich möchte dieses Wochenende beschreiben können, ohne etwas zu erfinden, diese dünne Gegenwart…« Er ist entschlossen, das Wochenende »autobiographisch« zu erzählen: »Ohne Personnagen zu erfinden; ohne Ereignisse zu erfinden, die exemplarischer sind als seine Wirklichkeit; ohne auszuweichen in Erfindungen.«

Dies aber bedeutet nicht weniger als die Abwendung Frischs von jenen ästhetischen Grundsätzen, die zwar sein Werk nicht programmiert haben – er ließ sich nie durch Theorie festlegen –, die jedoch unzweifelhaft aus seiner literarischen Praxis hervorgingen. Der einst gewöhnliche Menschen in ungewöhnlichen Situationen und in einem unwahrscheinlichen (man kann auch sagen: verfremdenden) Rahmen gezeigt hatte, verzichtet in »Montauk« auf unerhörte Begebenheiten, sonderbare Geschehnisse und wunderliche Zufälle. Der einst mit großer Selbstverständlichkeit viele Mittel der modernen Epik angewandt hatte, ist nunmehr entschlossen, sich mit einer »einfältigen Erzählerposition« zu begnügen. Der sich neuerdings vorwirft, er habe »irgendeine Öffentlichkeit« mit Geschichten bedient, erklärt jetzt: »Ich möchte wissen, was ich wahrnehme und denke, wenn ich nicht an mögliche Leser denke.« Der große Fabulierer, der Meister der Parabel bekennt: »Er möchte bloß erzählen…: sein Leben.« Nicht mehr: Mein Name sei Gantenbein, sondern: Mein Name sei Frisch. Nicht mehr: »Ich stelle mir vor«, sondern: So war es.

Aber »Montauk« ist weder eine Autobiographie noch ein Bericht oder ein Tagebuch. Der Band hält, was die Titelseite verspricht: eine Erzählung. Sie beginnt im Mai 1974 in New York. Zehn Jahre vorher hatte Frisch den Gantenbein-Roman abgeschlossen mit den Worten: »Leben gefällt mir« – jetzt sagt er in einem Interview: »Leben ist langweilig, ich mache Erfahrungen nur noch, wenn ich schreibe.« Das scheint ernst gemeint, ganz ohne Koketterie. Doch sehr bald wird der düstere Befund widerlegt, Frisch darf Erfahrungen machen, ohne zu schreiben, Leben ist plötzlich wieder reizvoll, wenn auch nur für eine kurze Zeit. Sie heißt Lynn und ist über dreißig Jahre jünger als er. Mit ihr verbringt er einige Tage – zunächst in New York und dann in der Ortschaft Montauk auf Long Island.

Was die Geschichte dieser Tage, diese lyrische Erzählung, die den Rahmen und den Hauptstrang des Buches »Montauk« bildet, unvergesslich macht, ist ihr Klima, ihre Atmosphäre: Einem Minimum an Handlung entspricht hier ein Maximum an Stimmung. Sie schlafen miteinander. Aber sie haben sich kaum etwas zu sagen. Ihr Gespräch stockt immer wieder. Meist ist es *small talk*. Um das Schweigen (im Auto oder während eines Spaziergangs) zu unterbrechen, erzählt er ihr etwas aus seinem Leben. Erzählt er es ihr oder sich selber? Seine Welt ist ihr fremd, sie hat nie auch nur eine Zeile von ihm gelesen. Und er bringt noch nach einigen Tagen durcheinander, dass sie, die rothaarige Lynn, zwar geboren wurde in Florida, aber im College in Kalifornien war. Er ist nicht in sie verliebt. Sie interessiert ihn kaum.

Und doch ist er mit ihr glücklich. Denn er ist alt: »Sowie eine Frau mir gefällt, komme ich mir jetzt als Zumutung vor.« Und: »Er kennt sein Alter; er ist entschlossen, es endlich anzunehmen … Es steht diesen Händen nicht zu, diese Taille zu fassen.« Eben deshalb, eben weil er sein Alter kennt, ist er sich dessen bewusst, wie wenig Zeit ihm bleibt – Egozentrik wird unvermeidbar: »Die Welt entrückt in ihre Zukunft ohne mich, und so die Verengung auf das Ich, das sich von der Gemeinsamkeit der Zukunft ausgeschlossen weiß. Es bleibt das irre Bedürfnis nach Gegenwart durch eine Frau.«

So wird für Frisch das Erlebnis mit einer Frau zur »Gegenwart *durch* eine Frau«, zu jener Gegenwart nämlich, die seine Vergangenheit, ob er es will oder nicht, beschwört und einschließt: Liebe als Erinnerung und Reflex, als Wiederholung und Zitat. Es ist nur »die Fremdsprache, die ihm das Gefühl gibt, er sage alles zum ersten Mal«. Aber er fürchtet auch, er sage alles zum letzten Mal: »Eine wird die letzte Frau sein, und ich wünsche, es sei Lynn, wir werden einen leichten und guten Abschied haben …« Der Tag dieses Abschieds steht von vornherein fest, sein Rückflug nach Europa ist gebucht. Sie erwartet nicht, dass er umbucht, und er erwartet nicht, dass sie ihn darum bitte: »Sie haben sich verstanden.« Ihre Geschichte ist eine befristete Romanze. Sie hätte misslingen können, gewiss. Doch kennt sie keine Krisen, keine Konflikte. Dazu fehlt die Zeit. Es wird auch nicht entstehen, was er offenbar am meisten befürchtet, was er auf jeden Fall vermeiden möchte: Abhängigkeit.

Was verbirgt sich hinter dieser Angst, woher kommt sie? Das Buch bleibt die Antwort nicht schuldig. Das Abenteuer mit der jungen Amerikanerin nimmt Frisch zum Anlass eines erotischen Resümees: Die flüchtige elegische Idylle, die aber nur er, nicht sie als elegisch empfindet, wird zum Ausgangspunkt und gleichzeitig zur Folie für Rückblicke und Reminiszenzen. Frisch erzählt die Liebesgeschichten seines Lebens – von den Schülertagen bis zur unmittelbaren Gegenwart.

Manche seiner Leser werden diese Mädchen und Frauen wiedererkennen. Denn sie haben Modell stehen müssen für Figuren im »Stiller«, im »Homo Faber«, im »Gantenbein«. Indes ist Frisch in dem Buch »Montauk« an Porträts nicht gelegen. Die Erinnerungen betreffen weniger die Charaktere als vor allem die Konstellationen, weniger Vorgänge oder Entwicklungen als Zustände. Mit anderen Worten: Frisch beschreibt nicht seine Geliebten und Ehefrauen, wohl aber verdeutlicht er die zwischen ihm und ihnen jeweils bestehenden Beziehungen.

Idyllen sind es nicht. Vielmehr ist hier immer wieder die Rede von Spannungen und Verstrickungen, von Skrupeln und Hemmungen, von Krisen und Konflikten. Gezeigt wird, wie Abhängigkeit entsteht und wohin sie führen kann. Es sind also Leidensgeschichten. »Die

Wahrheit, die ich auszudrücken versuche, die ich in diesem Augenblick erkenne« – schreibt Frisch –, »ist selten ein Freispruch für mich.« So kennen diese Rückblicke ohne Zorn auch keinerlei Selbstmitleid, aber sie sind nicht frei von Selbstanklage. »Lynn wird kein Name für eine Schuld.« Doch die Namen der anderen, von Thesy, die er nur einmal geküsst hat, bis zur Marianne (»Wenn Du fröhlich bist, vergesse ich für eine Weile wieder Dein Unglück mit mir«), sollen, scheint es, immer für eine Schuld stehen.

Dass Frisch vieles verschwiegen hat, vieles verschweigen wollte und auch musste (einmal wird der drohende Satz zitiert: »Ich habe nicht mit Dir gelebt als literarisches Material, ich verbiete es, daß Du über mich schreibst«) – das versteht sich von selbst. Wenn sich aber dennoch während der Lektüre der Eindruck vertieft, dass er bei seinem Vorsatz geblieben ist und dass hier tatsächlich nichts um des Exemplarischen willen retuschiert oder gar erfunden wurde, so hat das mit Frischs Sprache zu tun.

Sein Deutsch war, wie der Stil anderer großer Schweizer, etwa Robert Walsers, vom etwas Linkischen, vom Unbeholfenen oder scheinbar Unbeholfenen nie ganz frei. Es mag aber sein, dass gerade das, was von manchen als störend empfunden wurde, seiner Diktion zu ihrer herben Zartheit verholfen hat und zu jener Qualität, die sich kaum überschätzen lässt: Frischs Sprache erweckt Vertrauen. Und wenn es auf manche Autoren zutrifft, dass ihre Spätwerke sich durch Redseligkeit auszeichnen, so gilt für Frisch das Gegenteil: Nie hat er knapper und karger und zugleich präziser und prägnanter, nie anschaulicher und anregender geschrieben. Dies wird besonders deutlich in zwei Episoden, die zum Besten gehören, was wir Frisch und der deutschen Literatur dieser Jahre zu verdanken haben.

Die Geschichte seiner Freundschaft mit einem Mann, dem er lebenslänglichen Dank schuldet – er hat für Frisch sehr viel getan, unter anderem sein Studium finanziert –, paraphrasiert das Thema des Buches »Montauk«: Abhängigkeit. Was sich zunächst wie ein autobiographischer Bericht lesen mag, geht unmerklich ins Gleichnishafte über. Es ist eine neue Variante der mittlerweile schon klassischen Frisch-Parabel von der Schuld und Unschuld des Individuums.

Die oft missbrauchte Vokabel »klassisch« ist es, die sich mir auch aufdrängt, wenn ich an jene Kapitel der Erzählung denke, in denen Frisch von seiner Liebe zu Ingeborg Bachmann spricht. Vielleicht wollte er sich nur Rechenschaft ablegen von seinem Glück, von seinen Qualen und Leiden. An Leser, an Kritiker wird er bei diesen Seiten am wenigsten gedacht haben. Doch ist ihm der Rückblick wiederum und wie von selbst gleichnishaft geraten: die Parabel von der Hörigkeit. Ihr Autor ist ein Meister der Andeutung und Aussparung, ein Virtuose der Pause, einer, der – wie es in »Montauk« in einem anderen Zusammenhang heißt – »die Kunst der Diskretion sich selbst gegenüber« zu üben weiß.

Und das gilt für das ganze Buch: Diese Selbstentblößung ist frei von Exhibitionismus, Frischs Intimität nähert sich nie der Schamlosigkeit, seine Abschiedsstimmung kennt keine Larmoyanz, keine Wehleidigkeit. »Montauk« ist eine poetische Bilanz: ein Buch der Liebe, geschrieben von einem Dichter der Angst.

# Alfred Andersch

## Der enttäuschte Revolutionär

Zum Tod des Schriftstellers Alfred Andersch

An Charakter und Konsequenz hat es dem deutschen Schriftsteller Alfred Andersch nie gefehlt. Er war kühn genug, aus der Wehrmacht zu desertieren: Im Juni 1944 ging er an der italienischen Front zu den Amerikanern über. Und er war möglicherweise noch mutiger, als er, inzwischen ein angesehener Bürger jener Bundesrepublik, in der man schon wieder von Aufrüstung sprach, sich ostentativ zu dieser Desertion bekannt hat – in seinem 1952 erschienenen Bericht »Die Kirschen der Freiheit«.

Das knappe, hochdramatische Buch, das Autobiographisches mit harter Gesellschaftskritik und Poetisches mit herber Reflexion zu verbinden und zu beglaubigen wusste, mag kein bedeutendes Kunstwerk sein. Aber es war eine moralische und politische Tat, ja mehr noch: ein zeitgeschichtliches Ereignis. Die schmerzhaften Fragen der Nachkriegszeit scharf und nicht ohne Pathos artikulierend, hatte Andersch eine intellektuelle Minderheit Westdeutschlands – denn nur eine Minderheit interessierte sich damals für die neue deutsche Literatur – nahezu gespalten.

Was er in den »Kirschen der Freiheit« eher umriss und skizzierte als ausbreitete, war ein Generationserlebnis: die Geschichte einer Enttäuschung. 1914 in München geboren, wuchs er in einem Elternhaus auf, dessen kleinbürgerliche Muffigkeit nur noch vom verzweifelten Nationalismus übertroffen wurde. Die Schule bereitete ihm unüberwindliche Schwierigkeiten, der Versuch, einen Beruf zu erlernen, ergab ebenfalls nicht viel. Da erwies sich der Kommunismus als rettende Zuflucht: »Das Wort Revolution faszinierte mich.«

Hier waren ihm endlich Erfolge beschieden. Er wurde, kaum achtzehn Jahre alt, Organisationsleiter des Kommunistischen Jugendverbandes von Südbayern. Aber da man bereits das Jahr 1932 schrieb, erlebte der junge Funktionär eigentlich nur noch die Niederlage seiner Partei. Im März 1933 wurde er in das Konzentrationslager Dachau eingeliefert, nach drei Monaten entlassen und ein halbes Jahr später wieder verhaftet.

Nach der zweiten Haft brach er endgültig mit dem Kommunismus. Die Partei war seine Heimat gewesen, nun wurde er ein Heimatloser, ein unglücklicher Außenseiter, der sich im »Dritten Reich« mehr schlecht als recht durchschlug – als Angestellter einer Verlagsbuchhandlung und später einer Hamburger Fabrik. Er suchte einen Ausweg aus der Resignation und fand ihn: Er floh aus der Realität im nationalsozialistischen Deutschland in die Welt des Ästhetischen, er klammerte sich an die Kunst, an die Literatur.

»Ich antwortete auf den totalen Staat mit der totalen Introversion« – schrieb er in den »Kirschen der Freiheit«. Und von dem müden Helden seines Romans »Die Rote« (1960), einem ehemaligen Kommunisten, heißt es, er sei nicht enttäuscht, »weil er zu den Besiegten gehört, sondern weil die Revolution, für die er gekämpft hatte, aus einer Idee zur Schimäre verdampfte«. Damit ist das Grunderlebnis des Schriftstellers Alfred Andersch gekennzeichnet, hier stecken die Wurzeln seiner Epik.

Der Gedankenwelt seiner Jugend entstammen in Anderschs Prosa der romantische Aufruhr mit der Sucht nach dem Absoluten, das – freilich oft gedämpfte – sozialrevolutionäre Pathos, die Vorliebe für das Extreme und die moralische Strenge, in der bisweilen auch ein gewisser Fanatismus spürbar wurde. Die Helden seiner Romane, Erzählungen und Hörspiele sind in der Regel Einzelgänger und Außenseiter, verbitterte und verzweifelte Menschen, die keinen Platz in der Gesellschaft finden können und sich als gescheiterte Existenzen empfinden. Ob es sich um subtile Intellektuelle oder um kräftige Proletarier handelt, um Kommunisten, Nazis oder apolitische Menschen – es sind stets leidende, introvertierte Typen, die fliehen oder zumindest in der Flucht die einzige Möglichkeit sehen, die Misere zu überwinden.

Andersch selber wollte vorerst von Rückzug und Resignation nichts wissen. Im Gegenteil: Er war rund zehn Jahre lang einer der wichtigsten Organisatoren des literarischen Lebens der jungen Bundesrepublik. Zusammen mit Hans Werner Richter gab er die mittlerweile legendäre Zeitschrift »Der Ruf« heraus, er gehörte zu den Mitbegründern der »Gruppe 47«, er leitete (von 1948 bis 1954) das »Abendstudio« des Hessischen Rundfunks und später den »Radio-Essay« des Süddeutschen Rundfunks und spielte hier wie da als Förderer junger deutscher Schriftsteller und als Mittler der noch unbekannten ausländischen Literatur eine außergewöhnliche Rolle. Und er redigierte schließlich die glanzvolle, wenn auch nur kurzlebige Zeitschrift »Texte und Zeichen«.

Weit über die Grenzen des deutschen Sprachraums wurde aber Andersch erst durch ein Werk bekannt, das sofort als einer der Höhepunkte der Prosa der fünfziger Jahre erkannt wurde – durch den in viele Sprachen übersetzten und mehrfach preisgekrönten Roman »Sansibar oder Der letzte Grund« (1967). Zwar spielt die Handlung 1937 in einem deutschen Hafenstädtchen, zwar sind alle auftretenden Figuren Feinde und Opfer des »Dritten Reiches« – doch der Roman enthält weder eine Abrechnung mit dem Nationalsozialismus noch ein Bild der damaligen Verhältnisse. Das »Dritte Reich« bietet hier nur die extreme Situation, die Andersch brauchte, um seine Helden Entscheidungen entgegenführen zu können, welche die letzten Fragen betreffen.

»Sansibar« ist die poetische Bilanz jener Generation, die einst an politische Ideale geglaubt hatte und die nun entschlossen war, sich von keiner Doktrin, von keiner Ideologie versklaven zu lassen. »Es gibt keine Fahnen, die man in Schränke legen und wieder hervorholen kann« – sagt in »Sansibar« der junge Kommunist Gregor. »Deshalb werden die Fahnen, die man hissen wird, wenn die anderen einmal nicht mehr herrschen werden, keine glorreichen Banner sein, sondern gefärbte Leinwandstücke … Irgendwann später, sehr lange Zeit danach, wird es vielleicht neue Fahnen geben, echte Fahnen, aber ich bin mir nicht sicher, ob es nicht besser wäre, wenn es überhaupt keine mehr gäbe.«

So entschieden Anderschs Absage an die ideologischen Systeme mit ihren Programmen und Maßstäben, so stark ist sein Glaube an die einfache menschliche Anständigkeit, an den moralischen Instinkt des Individuums: »Sansibar« ist zugleich eine (außerordentlich suggestive und virtuos, vielleicht allzu virtuos komponierte) Parabel von der Willensfreiheit und der individuellen Verantwortung des Menschen, von seiner Fähigkeit, zu wählen und zu entscheiden.

Die Entscheidung Anderschs überraschte die literarische Welt: Kurz nach der Veröffentlichung des Romans »Sansibar« verließ der nun so erfolgreiche Schriftsteller seine Heimat. Er gab seine Tätigkeit im Rundfunk auf, er ließ es zu, dass die Zeitschrift »Texte und Zeichen« liquidiert wurde, und siedelte sich 1958 in Berzona im Tessin an. Er kam nur noch selten nach Deutschland, am literarischen Leben der Bundesrepublik nahm er eher als Gast und Beobachter teil. 1972 zog er die Konsequenz: Er wurde Schweizer Staatsbürger.

War diese Übersiedlung in die Schweiz abermals eine Flucht? Auf jeden Fall war es wieder einmal der Rückzug eines Enttäuschten. Natürlich hat er sein Werk fortgesetzt. Und nach wie vor kreisten seine Bücher um die großen moralischen Probleme der Gegenwart, um deutsche Fragen. Doch scheint es, als habe die selbstgewählte Isolation im helvetischen Gebirgsdorf nicht unbedingt einen günstigen Einfluss auf die weitere Epik des Großstadtmenschen Alfred Andersch ausgeübt. Gewiss, seine Romane fanden auch jetzt starke Beachtung, doch wurden sie meist zwiespältig aufgenommen: Man warf ihnen Mondänes und Melodramatisches vor und andere (wohl kaum bewusste) Zugeständnisse an einen etwas fragwürdigen Publikumsgeschmack.

Der Roman »Die Rote« erzählt von den dramatischen Abenteuern einer jungen Deutschen, deren Flucht aus der Ehe und aus dem Verhältnis mit ihrem Chef zugleich als Abwendung von der Bundesrepublik und ihrem angeblich dubiosen Stil verstanden werden soll. Aus der zum Teil heftigen Kritik des Buches zog Andersch unerwartete Folgen: Er ließ es 1972 in einer stark revidierten und manche Vorwürfe der Kritik berücksichtigenden Fassung erscheinen und beseitigte das umstrittene Schlusskapitel, in dem sich das aus Deutschland geflohene Luxusgeschöpf für das Leben in einem proletarischen italienischen Milieu und zur Arbeit in einer Fabrik entschlossen hatte.

Der Roman »Efraim« (1967) ist ein Buch über Deutsche und Juden, über Gesellschaft, Politik und Moral und auch noch über Liebe, Sex und Ehe. Im Mittelpunkt steht ein Journalist jüdischer Herkunft, ein Emigrant aus Berlin. Wieder ist es einer, dem die Ideale abhandengekommen sind und der nicht mehr »mitspielen«, sondern »aussteigen« und womöglich ein neues Leben beginnen möchte.

Ambitiöser ist der Roman »Winterspelt« (1974), ein strenges, allerdings auch angestrengtes Buch, dessen Handlung zwar im Oktober 1944 in der unmittelbaren Nähe der Westfront spielt, das aber nicht als Kriegsroman zu lesen sei, sondern, wie Andersch betonte, als »ein Kammerspiel auf dem Hintergrund einer Katastrophe«, nämlich des Nationalsozialismus. Die schönsten Kapitel dieses Romans erzählen von der erotischen Vergangenheit einer Lehrerin aus Berlin und von der Liebe im letzten Kriegsjahr.

Hier in den schlicht, ja innig geschriebenen Episoden gewinnt Anderschs späte Prosa Intensität und Modellcharakter. Dies gilt erst recht für seinen weitaus besten Erzählungsband, »Mein Verschwinden in Providence« (1971), in dem, wie einst in den »Kirschen der Freiheit«, Autobiographie und Poesie zu einer Einheit zusammenfinden.

Andersch verfasste auch zahlreiche Reisebücher, Essays und Pamphlete und sogar Gedichte. Nein, ein Lyriker war er nicht. Und doch hatte er in seinen letzten Jahren gerade mit einem Gedicht das größte Aufsehen erregt. In seinem Poem »Artikel 3 (3)« protestierte er 1976 gegen den »Radikalenerlass«. Er sprach hier von dem »Volk von Ex-Nazis und ihren Mitläufern«, das schon wieder seinen Lieblingssport betreibe: »Die Hetzjagd auf Kommunisten Sozialisten Humanisten Dissidenten Linke«. Das Gedicht endet mit den gegen die Bundesrepublik gerichteten Zeilen:

wie gehabt
ein geruch breitet sich aus
der geruch einer maschine
die gas erzeugt

Was immer gegen den »Radikalenerlass« 1976 gesagt werden konnte und musste, was immer gegen die Bundesrepublik auch heute noch zu sagen ist – Anderschs ungeheuerlicher Vergleich lief auf eine nicht zu übersehende und von ihm natürlich niemals angestrebte Beschönigung dessen hinaus, was einst in Deutschland geschehen ist. Anderschs Zorn war begreiflich, Anderschs Irrtum unfassbar. Und es mag gerade dieser spektakuläre Irrtum sein, der seine Einsamkeit und seine Isolation am deutlichsten erkennen ließ – und vielleicht auch seine Tragödie.

Sicher ist jedenfalls: Ein großes Stück deutscher Geschichte und also deutscher Misere spiegelt sich in seinem Lebensweg und in seinem Werk. Deutschland hat Anlass genug, dieses Mannes, der am 21. Februar 1980 in Berzona in der Schweiz gestorben ist, dankbar und respektvoll zu gedenken.

# Peter Weiss

## Poet und Ermittler
Zum Tod von Peter Weiss

Peter Weiss ist tot: Der weltberühmte deutsche Dramatiker und Erzähler starb am 10. Mai in der Stadt, in der er einst Zuflucht gefunden hatte und in der er seit Jahrzehnten lebte – in Stockholm.

Er wurde 1916 in Nowawes bei Berlin geboren. Sein Vater war ein aus der Tschechoslowakei stammender jüdischer Textilkaufmann – und damit ist schon ein fundamentales, ein entscheidendes Element angedeutet, unter dessen Einfluss Leben und Werk des Peter Weiss standen. Wie ist das zu verstehen?

In Bremen und Berlin wuchs er auf. 1934 emigrierte er mit seiner Familie über England nach Prag. Nicht Schriftsteller wollte er werden, sondern Maler. Er studierte an der Prager Kunstakademie, eines seiner Bilder wurde preisgekrönt. 1939 kam Peter Weiss nach Schweden, 1945 wurde er schwedischer Staatsbürger.

Er wollte ein Schwede oder zumindest ein schwedischer Künstler und später auch Schriftsteller sein. Er malte und zeichnete, er drehte experimentelle Filme, er schrieb Erzählungen in schwedischer Sprache, die er makellos beherrschte. Das Echo war schwach; in dem Land, dem er verdankte, dass er den Zweiten Weltkrieg überlebt hat, blieb er ein Fremdling. In einem seiner schönsten Bücher, dem »Abschied von den Eltern«, findet sich die Feststellung, von der jede Deutung des Werks von Peter Weiss ausgehen sollte: »Die Emigration war für mich nur die Bestätigung einer Unzugehörigkeit, die ich von frühester Kindheit an erfahren hatte. Einen heimischen Boden hatte ich nie besessen.«

Und als 1965 der Verleger Klaus Wagenbach viele deutsche Autoren aufforderte, den für sie wichtigsten Ort zu beschreiben, da schilderten die meisten die Stadt ihrer Kindheit oder Jugend oder irgendeinen

Ort, an dem sie etwas Bemerkenswertes erlebt hatten. Auch Peter Weiss steuerte einen Beitrag für diese Anthologie (»Atlas«) bei: Aber er schrieb über den Ort, für den er bestimmt und dem er entkommen war – über Auschwitz.

Immer wieder hatte Weiss die Rückkehr nach Deutschland geplant oder zumindest im Freundeskreis erörtert, zuletzt noch im vergangenen Jahr. Er konnte sich dazu nie entschließen: Ihm erging es wie jener griechischen Königstochter, von der Goethe sagt, dass ihr die Fremde nicht zur Heimat, wohl aber die Heimat zur Fremde geworden war. Überall war er erfolgreich, und doch blieb er überall, auch und vor allem in dem Land seiner Sprache, ein Außenseiter, ein Fremdling.

Denn zur deutschen Sprache war Peter Weiss schon um 1950 zurückgekehrt. Seine frühen Bücher, den Mikroroman »Der Schatten des Körpers des Kutschers« und die autobiographische Erzählung »Abschied von den Eltern«, wollte kein deutscher Verlag publizieren. Als sie aber Anfang der sechziger Jahre erschienen, erkannte die junge Generation, auch wenn sich der Publikumserfolg zunächst in bescheidenen Grenzen hielt, in dem Emigranten Weiss einen Erzähler, der ihr Lebensgefühl und ihre Ängste zu artikulieren imstande war.

Er, zu dessen Vorbildern so unterschiedliche Schriftsteller wie Kafka und Hesse gehörten, hatte in diesen Büchern (auch im »Fluchtpunkt«) von der eigenen Heimatlosigkeit und Entfremdung, von seiner Verlorenheit und Entwurzelung erzählt. Doch die von ihm, dem Verstoßenen, dem ewigen Außenseiter erzählten persönlichen Erlebnisse wurden von den Lesern, deren Zahl ständig wuchs, als Extrembeispiele der menschlichen Existenz verstanden. Anders ausgedrückt: als Parabeln von der Situation des Individuums nach dem Zweiten Weltkrieg.

Aber erst das dramatische Werk machte Weiss zu einem europäischen Schriftsteller, dessen Bühnenstücke schließlich in allen Erdteilen gespielt und leidenschaftlich diskutiert wurden. Unvergesslich ist für alle, die daran teilgenommen hatten, jener Abend im Herbst 1963, als Weiss auf der Tagung der »Gruppe 47« mit einer Trommel zwischen den Beinen den Versammelten lesend, singend und trommelnd ein Stück präsentierte, dessen Titel schon die Zuhörer verblüffte: »Die Verfolgung und Ermordung Jean Paul Marats, dargestellt durch die Schauspielgruppe des Hospizes zu Charenton unter Anleitung des Herrn de Sade«. Wenige Monate später, im April 1964, fand die Uraufführung im Schiller-Theater in Berlin statt: Es war, wie ein Kritiker damals schrieb, eine Sternstunde des deutschen Dramas, des deutschen Theaters.

Im Jahre 1808 werden in der Irrenanstalt Vorgänge aus dem Jahr 1793 aufgeführt, aus der Zeit der Revolution also. Doch spielt das Stück von Peter Weiss nicht auf zwei, sondern auf drei verschiedenen Zeitebenen – die dritte, das ist unsere Gegenwart.

Mit dem zentralen Konflikt, verkörpert in den Personen des Marat und des de Sade, hatte Weiss unsere Zeit mitten ins Herz getroffen. Denn dem unbeirrbaren Revolutionär Marat, der nur an die Sache und die Idee glaubt, stellte Weiss de Sade gegenüber, den Verfechter des Individualismus, der die Veränderbarkeit der Welt skeptisch beurteilt.

Eine solche Wiedergabe dieses Stückes kann freilich den Eindruck erwecken, es handele sich um ein zwar gedankenreiches, doch eher dürres oder trockenes, auf jeden Fall recht abstraktes Werk. In Wirklichkeit verdankt dieses Drama seine Kraft der Vielfalt und Vitalität eines außergewöhnlichen Bühnentalents, eines Autors, der gewiss viel von Brecht gelernt hatte, jedoch souverän und temperamentvoll die unterschiedlichsten Stilmittel anzuwenden und zu einer wahrhaft komödiantischen Einheit zu vereinen wusste.

In den Mittelpunkt der öffentlichen Diskussion geriet Weiss nicht nur durch dieses Stück, das man sehr bald in Ost und West (übrigens in verschiedenen Fassungen) spielte, sondern durch seine spektakuläre politische Entscheidung. 1965 erklärte er in dieser Zeitung, er könne an eine »unabhängige künstlerische Region« nicht mehr glauben. Wenig später konnte man im »Neuen Deutschland« das Kredo von Peter Weiss lesen: »Zwischen den beiden Wahlmöglichkeiten, die mir heute bleiben, sehe ich nur in der sozialistischen Gesellschaftsordnung die Möglichkeit zur Beseitigung der bestehenden Mißverhältnisse in der Welt.«

Die Schriftsteller im Westen seien, meinte damals Weiss, vom kapitalistischen System abhängig. Und in der kommunistischen Welt? Von der dort existierenden Abhängigkeit des Schriftstellers wollte Weiss lange nichts wissen, freilich erklärte er damals unmissverständlich, dass seiner Ansicht nach der Sozialismus »Selbstkritik und volle Redefreiheit« voraussetze.

Nun hatte Peter Weiss in einem großen Kollektiv der Gleichgesinnten Zuflucht gefunden – er fühlte sich geborgen unter den Vorzeichen einer vereinenden Idee von universalem Anspruch. Weiss, der Einsame, der Ausgestoßene, der Heimatlose, glaubte die Küste des gelobten Landes zu sehen. Doch die Erkenntnis, dass jenes gelobte Land einer Fata Morgana gleicht, blieb ihm nicht erspart.

Einige Jahre lang wurde er in den östlichen Hauptstädten gespielt und gerühmt. Seine Stücke waren willkommen: so das »Oratorium in elf Gesängen«, die »Ermittlung« (1965) nämlich, in dem Weiss, die Akten des Auschwitz-Prozesses verwendend, die einzelnen Stationen des Vernichtungslagers zu zeigen versucht hatte, so ferner das Dokumentarstück »Gesang vom lusitanischen Popanz« (1967), das gegen das portugiesische Kolonialregime in Angola gerichtet ist, so der höchst umstrittene und von manchen Beobachtern als simple Propaganda abgelehnte »Vietnam-Diskurs« (1968).

Nach der sowjetischen Intervention in der Tschechoslowakei revidierte Weiss seine politischen Anschauungen – aber nicht etwa in Artikeln oder Interviews, sondern mit Hilfe eines Bühnenwerks. In dem Stück »Trotzki im Exil« (1970) befürwortete er zwar die kommunistische Weltrevolution, aber er distanzierte sich von den Methoden des Stalinismus.

Das künstlerisch missratene und mit allzu simplen Mitteln arbeitende Stück hatte, wie nicht anders zu erwarten war, den Konflikt zwischen Weiss und der kommunistischen Welt zur Folge: In Moskau (und bald auch in Ostberlin) warf man ihm »ideologische Sabotage« vor. Man übertreibt nicht, wenn man sagt, Weiss habe sich von dieser Enttäuschung nie erholt. Sein Spätwerk, zumal seine Romantrilogie »Ästhetik des Widerstands«, ist in diesem Zusammenhang zu sehen.

Zunächst hatte er in dem Stück »Hölderlin« (1971) den immerhin originellen und kühnen Versuch unternommen, Hölderlin nicht nur als Revolutionär, sondern schon fast als einen Vorläufer von Karl Marx zu interpretieren. Die zwiespältige Reaktion auf dieses (wiederum in West und Ost gespielte) Bühnenwerk mag dazu beigetragen haben, dass Weiss sich in den siebziger Jahren fast ausschließlich der Epik zuwandte.

Von den drei Bänden der »Ästhetik des Widerstands« hatte der erste, 1975 veröffentlicht, wohl das stärkste, jedenfalls das freundlichste Echo. Die Trilogie ist eine Art Erziehungsroman und zugleich die »Wunsch-Autobiographie« des Schriftstellers Peter Weiss, der seinen tatsächlichen Lebenslauf ins Proletarische überträgt.

Sein Ich-Erzähler ist ein Mann des Jahrgangs 1917, der aus Deutschland emigriert, doch (anders als Weiss) am Spanischen Bürgerkrieg teilnimmt und später nach Schweden flieht. Was ist diese Trilogie? Ein Bewusstseinsprotokoll? Eine essayistische Auseinandersetzung mit unserer Epoche? Eine Chronik? Oder vielleicht eben doch – der Begriff ist ja weit genug – ein Roman? Auf jeden Fall eine strenge und streckenweise fast monomane Selbstanalyse, geschrieben von einem, der nicht zögert, sich selber auf die Anklagebank zu setzen.

Der zwiespältige Eindruck, den diese »Ästhetik des Widerstands« hervorrief und hervorrufen musste, hat weniger mit den ideologischen und politischen Aspekten des Werks zu tun als mit seiner Sprache. Denn gerade da, wo er Denkprozesse wiedergibt, wo er sich mit Zeitgeschichtlichem und Politischem direkt auseinandersetzt, vermochte Weiss adäquate künstlerische Ausdrucksmittel nur selten zu finden. Die Prosa von Weiss lebt hingegen da, wo er seinen Helden mit der Kunst konfrontiert – mit dem Pergamon-Altar etwa, mit Picasso oder Breughel, mit einer Kathedrale in Barcelona.

Gleichzeitig mit dem dritten Band der »Ästhetik« erschien 1981 ein weiteres Buch von Peter Weiss: seine »Notizbücher 1971–1980«. Es ist ein höchst intimes Journal, aufschlussreich, belehrend und ergreifend, in mancherlei Hinsicht wohl auch überzeugender als die überaus ehrgeizige, hier und da die Möglichkeiten des Autors doch wohl überschreitende Trilogie.

Ein höchst persönliches Werk ist auch das Stück, dem Weiss ebenso als Autor wie auch als Regisseur seinen letzten Erfolg zu verdanken hatte: die vor wenigen Wochen in Stockholm uraufgeführte Bühnenfassung des »Prozeß« von Kafka, ein Drama, das, wie in unserer Zeitung zu lesen war, als »ein moderner Todestanz am Rande des Abgrunds« zu verstehen ist.

Wie die besten seiner Werke mutet auch das Leben des Peter Weiss gleichnishaft an: Es ist die Geschichte des Mannes, der ein Leben lang auf der Suche nach einer Heimat war – und der sie schließlich gefunden hat. Aber seine Heimat war nicht ein Land und nicht etwa eine Ideologie, es war vielmehr die Kultur, die ihm schließlich Schutz bot.

Die Kritiker und Literaturhistoriker werden sich noch lange mit seinem vielschichtigen Werk befassen. Sie werden ihn zu jenen deutschen Schriftstellern zählen, die, aus Deutschland vertrieben, zum Ansehen, ja zum Ruhme der deutschen Literatur unserer Epoche beigetragen haben.

# Heinrich Böll

## Dichter, Narr, Prediger

Zum Tod von Heinrich Böll

Als Heinrich Böll 1956 Warschau besuchte, wollte der Verband Polnischer Schriftsteller ihm zu Ehren einen Empfang veranstalten. Vierzig oder fünfzig mehr oder weniger bekannte Autoren hatte man eingeladen. Aber sie sagten alle ab: Kaum elf Jahre nach dem Krieg hatten polnische Schriftsteller kein Bedürfnis, einen Deutschen zu begrüßen. Um dem Gast den Affront zu ersparen, wurde der Empfang aus dem Sitzungssaal des Verbandes in ein kleines Bürozimmer verlegt: Dort fiel es weniger auf, dass nur sechs oder sieben Personen erschienen waren, ausschließlich Übersetzer und Verlagslektoren.

Wir wollten von Böll einiges über die westdeutsche Literatur erfahren. Was er zu sagen hatte, schien uns weder originell noch sonderlich interessant. Trotzdem beeindruckte es uns alle. Denn hier sprach einer gleichsam in einem Atem von deutscher Literatur und deutscher Schuld – und jeder seiner bisweilen etwas linkischen Sätze wirkte überzeugend. Sofort wurde spürbar: Dieser ganz und gar unfeierliche Mann machte niemandem etwas vor. Kein Zweifel, er verfügte über ein erstaunliches Charisma – und es war, was es sehr selten gibt: jenes Charisma nämlich, das entsteht, wenn Natürlichkeit und Aufrichtigkeit zu einer makellosen Einheit finden. Böll war glaubwürdig – und er ist es geblieben bis zu seinem letzten Tag.

Er irrte oft, ihm unterliefen allerlei Fehler, er veröffentlichte auch schwache oder gar missratene Arbeiten. Aber sein Leben und sein Werk waren frei von Lug und Trug: Er hat manchen unbedachten Satz geschrieben, doch nie einen, von dessen Richtigkeit er nicht überzeugt gewesen wäre. Er war so ehrlich wie verletzbar. Kritik, die er als ungerecht empfand, empörte ihn. Nur war er, anders als die meisten Schriftsteller, bereit, seinen Kritikern, auch seinen Gegnern, ja sogar seinen Feinden zu verzeihen. Er war wirklich ein Christ, ein gläubiger Katholik. Eben deshalb hat er ein Leben lang mit der katholischen Kirche gehadert, aus der er schließlich offiziell ausgetreten war, ohne sich je – so paradox dies auch klingen mag – von ihr getrennt zu haben.

Er hat das Wort des Alten Testaments »Liebe Deinen Nächsten wie Dich selbst« ernst genommen. So wurde, wer ihn um Hilfe bat, nie abgewiesen. Ich weiß, wovon ich rede: Als ich 1958 entschlossen war, Polen zu verlassen und nach Deutschland zurückzukehren, benötigte ich von einem den polnischen und deutschen Behörden bekannten Bürger der Bundesrepublik eine Unterhaltsgarantie. Böll sandte mir das erforderliche Dokument postwendend. Er hat mich, als ich schon hier war, nie daran erinnert – wahrscheinlich war es ihm längst wieder entfallen. In dem ärmlichen Zimmer, in dem ich mit meiner Frau zunächst in Frankfurt Unterkunft fand, hat er uns damals, 1959, sofort besucht, um uns seine Hilfe in jeglicher Hinsicht anzubieten. Später stellte sich heraus, dass ich diese Hilfe nicht brauchte. Aber ich habe sein Angebot nie vergessen. Und wenn ich dies hier erwähne, so nur deshalb, weil ich einer von vielen bin: Anderen zu helfen war für ihn selbstverständlich, er hat nie davon geredet. Nur einmal erzählte er mir, wie es ihm gelungen war, in seinem Auto mit einem von ihm gefälschten deutschen Pass den Bürger eines totalitären Staates in die Bundesrepublik zu retten. Nicht nur in Köln wird heute auf halbmast geflaggt: Unzählige in der ganzen Welt verdanken ihm unendlich viel, viele ihr Leben.

Wie kein anderer unter den Schreibenden verkörperte er in unserer Epoche das deutsche Schuldbewusstsein. Doch was die Welt für deutsch zu halten gewohnt ist – das Gründliche, Feierliche und Schwerfällige, das Pathos und die Monumentalität –, verweigerte er ihr standhaft. Der Trauermarsch mit gedämpftem Trommelwirbel war seine Sache nie. Ein Prediger war er, aber mit clownesken Zügen, ein Narr mit priesterlicher Würde.

Seine rheinische Daseinsbejahung machte ihn ebenso zum Märtyrer ungeeignet, wie sein ungezwungener Habitus schwerlich an Repräsentation denken ließ. Eher ein Schalk als ein Märtyrer, wurde er gleichwohl zur Zielscheibe unzähliger Attacken, zum Winkelried der deutschen Literatur unserer Jahre. Eher ein stiller Beobachter und schmunzelnder Zeitkritiker, sah er sich gleichsam über Nacht in der Rolle des Repräsentanten. Und ohne dass er es wollte, war er eines Tages ein Praeceptor Germaniae. Einen solchen Lehrmeister hatte Deutschland noch nie. Seine Kritik richtete sich gegen jede Form der institutionalisierten Machtausübung, gegen Staat, Kirche und Militär.

Mit dem Hang zum Anarchischen und mit Bölls offizieller Rolle haben auch jene vielen Gegensätze und Widersprüche zu tun, die für seine Situation so charakteristisch sind. Er misstraute dem Erfolg und gehörte zu den Erfolgreichsten. Er rebellierte gegen Institutionen und war selber eine. Er verachtete die Macht und übte selber, auch wenn ihm davor graute, Macht aus.

Wo er Verfolgung witterte, da war er zur Stelle, und er verwaltete dieses Amt so leidenschaftlich, dass er, seine Gegner provozierend, bisweilen selber zu einem Verfolgten wurde. Millionen seiner Leser konnten sich nicht nur mit seinen Gestalten identifizieren, sondern auch mit ihm selber: ein weltberühmter Autor und trotzdem und immer noch ein Bruder der kleinen Leute, einer von ihnen, ein Jedermann.

Er repräsentierte die deutsche Literatur der Gegenwart und zugleich ein neues Deutschland. Er sprach unermüdlich gegen Krieg, Unterdrückung und Tyrannei – und wurde gehört in der ganzen Welt. So war er ein deutscher Dichter und noch ungleich mehr als ein Dichter. Ob man im nächsten Jahrhundert seine Romane noch lesen wird, wissen wir nicht. Aber solange es eine deutsche Literatur geben wird, wird man seiner, Heinrich Bölls, mit Respekt und Dankbarkeit gedenken.

# Friedrich Dürrenmatt

## Leider ein Mythos

Friedrich Dürrenmatt, der makabre Possenreißer

Über Friedrich Dürrenmatt, der heute sechzig Jahre alt wird, konnte man in den letzten Tagen ebenso in deutschen wie in schweizerischen Magazinen viel lesen. Aber es fällt auf, dass diejenigen, die zu Wort gekommen sind, sich zwar ausführlich mit der Person und dem Lebenswandel des Jubilars befassen, noch einmal sein oft beschriebenes Haus schildern, seine bissigen Äußerungen zitieren und allerlei Anekdoten erzählen, doch wenig Lust haben, auf das einzugehen, was seinen Ruhm begründet hat – auf sein Werk.

Dürrenmatt sei »so etwas wie ein Mythos geworden« – meinte Georg Hensel in der F.A.Z. vom 3. Januar. Fast alle Beiträge aus Anlass des Geburtstages bestätigen diesen Befund: Ein Mythos wird gefeiert, ein Autor auf den Denkmalssockel gehievt und damit ins Literarhistorische erhoben und zugleich ins Museale entlassen. Das ist zwar bequem, aber auch bedenklich. Neu ist es freilich nicht.

Schon vor fünfzehn, vor zwanzig Jahren wurde dem überall erfolgreichen Dramatiker auch hierzulande oft und ausgiebig applaudiert. Man lachte über seine Witze und freute sich über seine Bonmots, man fand sich mit seinen Grobheiten ab und war sogar bereit, ihm seine Kriminalromane zu verzeihen.

Aber man lobte ihn, ohne ihm recht zu trauen. Er wurde mehr angestaunt als geachtet. Man hat ihn eher bewundert als voll anerkannt. Er wurde gern gefeiert, doch nicht ganz ernst genommen. Natürlich ist es kein Zufall, dass man ihn im Laufe der Jahre zwar häufig öffentlich ausgezeichnet hat, dass ihm aber die hohen Preise, die man im Namen Lessings und Georg Büchners verleiht, vorenthalten wurden.

Inzwischen sind einige der frühen Stücke Dürrenmatts schon wieder vergessen – und vielleicht nicht zu Unrecht. Andererseits sind in den siebziger Jahren mehrere Bühnenwerke hinzugekommen. Die Kritiker zeigten sich von ihnen, um es vorsichtig auszudrücken, wenig angetan – und wohl auch dies nicht ohne triftige Gründe. Geändert hat sich seine Situation dennoch nicht: Ob er Genialisches bietet oder Albernes – er bleibt ein Ärgernis, ein unheimlicher Schriftsteller, den man sich im Grunde vom Halse halten möchte.

Noch heute kommt in dem Verhältnis zu dem Phänomen Dürrenmatt die (mehr oder weniger bewusste) Selbstverteidigung der Betroffenen zum Vorschein: Die befremdet die Schonungslosigkeit seiner Kunst spüren, versuchen sich gegen sie zu wehren oder ihr zumindest auszuweichen, was letztlich auf dasselbe hinausläuft Er fühle sich, sagt Dürrenmatt nicht ohne heitere Resignation, von Missverständnissen umgeben, »wie ein Raubtier in seinem Bau«. Die Auseinandersetzung der Kritik mit seinem Werk war, falls sie überhaupt stattgefunden hat, oft genug nichts anderes als der beharrlich wiederholte Versuch, das Raubtier zu domestizieren.

Sicher ist, dass er in keinen Rahmen passt, jedenfalls nicht in einen deutschen. Brecht war für die literarische Öffentlichkeit in diesem Lande ungleich leichter hinzunehmen und zu deuten als Friedrich Dürrenmatt. Denn der an die Erziehbarkeit des Menschen glaubende und die Veränderbarkeit der Verhältnisse verkündende Poet aus Ost-Berlin ließ sich ohne größere Schwierigkeiten in der vertrauten Tradition unterbringen, also in der Nachfolge von Lessing, von Goethe und Schiller, von Grillparzer und Hebbel: In dem Dichter mit der Schiebermütze sah man einen, der es auch in unserer Zeit fertiggebracht hatte, aus der Schaubühne eine moralische Anstalt zu machen und obendrein eine mit Gesang, Musik und Humor. Nur war er – so meinten viele – bedauerlicherweise auf die falsche Seite geraten.

Für eine derartige Rezeption ist Dürrenmatt nicht zu haben. Da er aus einem Pfarrhaus stammt und gelegentlich biblische Motive verwendet, wollte man sein Werk unbedingt im religiösen Sinne interpretieren. In der Tat mag dessen Ursprung auf einer metaphysischen, vielleicht sogar religiösen Ebene zu finden sein – aber nicht mehr als der Ursprung.

Die ungeheuerliche Provokation, die von seinen Theaterstücken und Prosaschriften ausgeht, hat ihr Fundament nicht in einem wie auch immer verstandenen Christentum, nicht in jenem kräftigen Protestantismus, zu dem sich Dürrenmatt bisweilen fröhlich bekennt, sondern in seiner makabren und gleichsam universalen Negativität.

Er glaubt keinen Augenblick an Gerechtigkeit und Menschlichkeit, er kennt keine Barmherzigkeit, er ist und bleibt unversöhnlich. Das Leben sei – meint er konsequent, und er zeigt es höchst anschaulich – böse und grausam, blind und sinnlos. Es hänge lediglich vom Zufall ab. Spöttisch konstatiert er, man könne gewiss vieles verändern, nur sei dies gänzlich belanglos, weil der Mensch sich nicht verändern lasse.

Dennoch hat man ihn als einen Moralisten wider Willen bezeichnet. Er selber hat es genauer definiert: Über eine seiner Figuren, den im Mittelpunkt der Komödie »Der Meteor« (1966) stehenden Dramatiker, heißt es lapidar, er sei »ein Moralist aus Nihilismus heraus«. Mit anderen Worten: Dürrenmatt kann nur insofern als Moralist gelten, als er, die Existenz der Moral in unserer heutigen Welt leugnend, schon durch die Entschiedenheit und Hartnäckigkeit dieser Verneinung zu erkennen gibt, dass er sich mit der Abwesenheit der Moral nun doch nicht abfinden kann.

Brecht glaubte an den Klassenkampf, an die Revolution. Jedenfalls behauptete er dies. Dürrenmatt hält die Bekenntnisse der Revolutionäre für »außer Kurs gesetzt«, sie seien höchstens für die Menge brauchbar – als Schlagworte. Er glaubt an nichts. Zumindest gibt er es vor. Brecht offerierte Lösungen, Dürrenmatt macht die Lächerlichkeit aller Lösungen deutlich.

Beide wollen sie – in dieser Hinsicht waren sie sich immer einig – ihr Publikum um beinahe jeden Preis amüsieren. Brecht garnierte seine Stücke mit frommen Sprüchen, Dürrenmatt mit bitteren Sarkasmen und beide oft mit nicht gerade anspruchsvollen Gags. Brecht kam mit dem Gesangbuch, wenn auch dem revolutionären, daher, er trug es stets griffbereit in der Tasche. In Dürrenmatts Tasche ist vor allem Platz für Sprengstoff. Brecht will heilen, Dürrenmatt will verletzen.

Brecht verkündet Ideen. Und Dürrenmatt? Sein Angebot ist verschwenderisch, alles kann man bei ihm finden: Motive und Modelle, Gestalten und Geschichten, Hohn und Hass, Ulk und Unsinn, Witz und Weisheit – nur keine Ideen. Seine Stücke befassen sich nicht mit dem Glauben, aber immerhin behandeln sie – und das mag mit dem verborgenen religiösen Ursprung zusammenhängen – das »Nichtglaubenkönnen«.

Und beide haben unterhaltsame, verfremdende und herausfordernde Gegenentwürfe geliefert, die als Antworten auf unsere Welt unmissverständlich sind. Aber trotz des Altersunterschieds von nicht mehr als dreiundzwanzig Jahren sind es Dichter überhaupt nicht miteinander vergleichbarer Epochen. Brechts Werk ist ohne die Literatur, das Theater, das geistige Klima der Weimarer Republik schlechthin undenkbar. Und Dürrenmatts Werk ist, obwohl nach dem Zweiten Weltkrieg entstanden und mit der Dichtung der zwanziger Jahre an sich weder verwandt noch verschwägert, unvorstellbar ohne Bertolt Brecht.

Während jedoch Brechts Stücke – ebenso die aus der Weimarer Republik wie jene, die er im Exil geschrieben hat – in den fünfziger oder sechziger Jahren nicht mehr unmittelbar unsere Verhältnisse betrafen und also historisch gesehen werden konnten und mussten, was die Rezeption natürlich erleichtert hat, zielten die Hauptwerke Dürrenmatts mitten auf unsere Existenz.

Mehr noch: Brecht profitierte davon, dass man in Deutschland gern jenen folgt, die eine Fahne tragen und tröstend auf eine utopische Zukunft verweisen. Dürrenmatt hingegen, der mit keiner Fahne dienen konnte und in dessen Hand sich auch kein Kreuz entdecken ließ, er, der von vornherein erklärte, dass jede Utopie sich als eine Fata Morgana erweisen müsse, lag quer und saß zwischen allen Stühlen.

Nichts gegen Brecht: Er war – dies ist wahrlich eine Banalität – ein Jahrhundertgenie. Doch eine Antwort auf die Welt nach 1945 ist in seinen Schriften nicht mehr zu finden, wohl aber in den Hauptwerken des Nachgeborenen, also Friedrich Dürrenmatts.

Literarhistorische Prophezeiungen sind immer höchst riskant. Dennoch spricht manches dafür, dass zu den nicht zahlreichen literarischen Arbeiten, in denen spätere Generationen den Ausdruck unserer Epoche erkennen werden, zumindest drei Werke Dürrenmatts gehören: seine tragische Komödie von der Käuflichkeit des Menschen und von der korrumpierenden Wirkung des Wohlstands (»Der Besuch der alten Dame«, 1956), die Parabel von der Bedrohung der Menschheit durch die Zivilisation (»Die Physiker«, 1962) und schließlich die von der deutschen Kritik gänzlich unterschätzte Parabel von der Schuld des Individuums, die Erzählung »Die Panne« (1956).

Eine seiner Figuren lässt Dürrenmatt sagen: »Es gibt für uns Physiker nur die Kapitulation vor der Wirklichkeit.« Bloß für die Physiker? Oder vielleicht auch für die Dramatiker? Jedenfalls sind die besten Arbeiten dieses unbestechlichen Anti-Ideologen Bruchstücke einer großen, einer – so paradox es auch klingen mag – imponierenden Kapitulation.

Sein Wort über Schiller und Brecht abwandelnd, kann man sagen: Friedrich Dürrenmatt ist nicht unser Richter, aber vielleicht unser Gewissen, das uns nie in Ruhe lässt. Was könnte man Besseres einem Künstler bescheinigen, dem es nichts ausmacht, als makabrer Possenreißer zu gelten?

# Erich Fried

## Ein deutscher Dichter

Zum Tod von Erich Fried

Erich Fried ist am Dienstagabend im Alter von 67 Jahren an einem Krebsleiden gestorben. Er gehörte zu den bedeutendsten deutschsprachigen Lyrikern nach 1945. Und zu den erfolgreichsten: Mehr als zwanzig Gedichtbände hat er veröffentlicht mit einer Auflage von über 300 000 Exemplaren. Die Ossietzky-Medaille (1987) und der Büchner-Preis (1987) waren späte Auszeichnungen für einen Autor, dessen Gedichte manch konservativer Politiker noch vor wenigen Jahren »lieber verbrannt« gesehen hätte.

Überzeugungskraft besaß er vor allem durch das persönliche Argument. Nicht selten und durchaus wirkungsvoll pflegte er sich bei seinen vielen öffentlichen Auftritten auch auf die eigene Lebensgeschichte zu berufen. Wer mochte es ihm verdenken? Eine Szene gab es, die er niemals ausließ, wenn er aus seiner Kindheit erzählte. Sie ereignete sich am 24. Mai 1938 in Wien, an dem Tag, als man seinen jüdischen Vater aus vierwöchiger Gestapo-Haft nach Hause entließ: ein Wrack, auf die perfideste Weise gefoltert und so schwer misshandelt, dass er am gleichen Abend stirbt. Die »Begabung für den großen Zorn«, die man dem Dichter Fried nachsagte, hat dort ihre Wurzeln. In seiner Erzählung »Die grüne Garnitur«, enthalten im Band »Das Unmaß aller Dinge« (1982), kommt er auf das furchtbare Trauma seiner Jugendjahre noch einmal zu sprechen, verhalten in Klage und Anklage, gedämpft im Zorn – der erschütternde Versuch, Abstand und Überblick zu gewinnen.

Der siebzehnjährige Fried flieht im August 1938 mit seiner Mutter nach England: ein »österreichischer Gymnasiast, der zum rassisch Verfolgten« geworden war. Er schlägt sich zunächst mit allen möglichen Tätigkeiten durch, arbeitet eine Zeitlang als Bibliothekar, bis er 1952 eine Anstellung als Kommentator des »German Soviet Zone Program« der BBC findet.

Als man ihn aber, noch im Sommer 1938, im Londoner Komitee, das sich der jüdischen Flüchtlinge aus Österreich annahm, nach seinen tatsächlichen beruflichen Wünschen und Plänen befragte, verblüffte er die amtlichen Betreuer: Der Siebzehnjährige erklärte, er sei entschlossen, »ein deutscher Dichter« zu werden. Man hielt ihn, wie er sich erinnerte, für nicht zurechnungsfähig. Zeugte diese prompte Antwort von rührender Naivität oder von der Lust an der Provokation oder von beidem zugleich?

Seine frühen Erlebnisse sind es, die Frieds geistigen Habitus geprägt haben, seine künstlerische Mentalität stand von Anfang an im Zeichen traumatischer Erfahrungen. Seine erste, mitten im Krieg in London und in deutscher Sprache gedruckte Gedichtsammlung versah der Jude und Emigrant Fried mit dem wahrhaft herausfordernden Titel »Deutschland«. In diesen Versen von 1944 gibt es weder Rachegefühle noch Regungen des Deutschenhasses, nicht die Anklage dominiert, sondern die Klage und freilich auch – zumal im nächsten Bändchen mit dem Titel »Österreich« – die Sehnsucht nach der Heimat.

Mit dem Gedanken, in die Bundesrepublik überzusiedeln oder nach Österreich zurückzukehren, hat Fried oft gespielt. Aber ähnlich wie andere aus dem deutschen Sprachraum vertriebene Dichter jüdischer Herkunft – Paul Celan etwa oder Peter Weiss – blieb auch Fried im Exil. Indes entwickelte sich seine Dichtung auch ohne Heimat, ja gerade dank der Heimatlosigkeit.

Die Chance, die ihm, dem Lyriker, das Leben in der Fremde bot, wusste er zu nutzen. Inmitten der englischen Welt wuchs Frieds Empfindlichkeit für die Eigenart des deutschen Wortes, es verfeinerte sich seine ohnehin außergewöhnliche akustische Reizbarkeit: Sie ließ ihn wahrnehmen und entdecken, was keiner vor ihm wahrgenommen hatte.

Neugierig und misstrauisch betrachtete er jede deutsche Vokabel und jede deutsche Redensart. Das Wort nahm er beim Wort, und jede Redewendung wendete er hin und her. Daraus ergab sich eines der zentralen Elemente der Poesie Erich Frieds – das Wortspiel. In ihm ließ er nicht nur den Gedanken Sprache werden, sondern zugleich die Sprache denken. Seine Wortspiele sollten die Welt verdeutlichen und deuten, sichtbar und durchsichtig machen.

Die deutsche Öffentlichkeit kümmerte sich freilich um die Verse Frieds vorerst nur wenig, die passionierte Wortgläubigkeit des Emigranten und seine Gedankenspiele empfand man offenbar als fremd. Fried blieb, was er gewesen war: ein Vertriebener oder doch zumindest ein Außenseiter. Erst als er sich mit dem Band »und Vietnam und« (1966) der militanten politischen Lyrik zuwandte, wurde er schlagartig berühmt. Nur fragt es sich, ob politische Dichtung nicht ein Widerspruch ist in sich selbst. Denn was tatsächlich politisch wirkt, ist keine Dichtung, und was Dichtung ist, hat keinen realen Einfluss auf die Politik.

Die Reaktion der Kritik auf diese neue Lyrik Frieds war skeptisch, stark hingegen der Beifall eines vorwiegend jüngeren Publikums. Was andere beanstandeten – die holzschnittartige Weltdarstellung –, das war vielen der Zuhörer und Leser Frieds gerade recht: Nichts erschwerte den Zugang zu diesen Versen, hier war alles von vornherein säuberlich geteilt, jedermann wusste, was weiß und was schwarz, was gut und was böse war. Fried triumphierte, aber es war ein Triumph der politischen Einäugigkeit.

Wenn er nun in Buchhandlungen, Clubräumen oder Schulen seine Gedichte las, spürte er, wonach er sich seit Jahrzehnten gesehnt hatte: die Sympathie Wohlmeinender und die Zustimmung Gleichgesinnter. In diesen nicht selten überfüllten Sälen wurde sein elementares Bedürfnis nach Resonanz, nach Zuneigung und Herzlichkeit befriedigt: Der ein Leben lang unter seiner Einsamkeit und Isolierung, seiner Nichtzugehörigkeit zu leiden hatte, glaubte, endlich eine Heimat gefunden zu haben. Doch nicht die Bundesrepublik hielt er für seine neue Heimat, sondern die westdeutsche Linke.

Das starke Echo auf den Vietnam-Band zeitigte bald Folgen – in Frieds Leben ebenso wie in seinem Werk. Unermüdlich schrieb er nun Protestgedichte, nahm er an Protestveranstaltungen teil, hielt er Protestreden, machte er Protestreisen. Er hatte seinen Wohnsitz weiterhin in London, aber wie ein Handelsvertreter, der seine Waren absetzen will, reiste er alljährlich wochenlang durch die Bundesrepublik und offerierte lesend und redend seine Empörung: über den Vietnam-Krieg, über Kambodscha und Chile, über den Radikalenerlass und die Berufsverbote, über Zensur, Verfassungsschutz und Notstandsgesetze. Er wurde, wovor Böll graute: ein sich in Versen artikulierender »etablierter Aufpasser«. Er verkörperte den permanenten Protest, den revolutionären Überwachungsdienst. Damit hat es auch zu tun, dass dieser hochbegabte Dichter sich vielfach unter Preis verkaufte und nicht selten Texte verfasste, die seine Freunde erröten und seine Bewunderer erblassen ließen.

Dieser Lyrik, die vor allem alarmieren und mobilisieren wollte, kam es zustatten, dass Fried ein Dichter ist, der weniger evoziert als vor allem polemisiert. Seine Verse befassen sich häufiger mit Zuständen und Verhältnissen als mit Individuen, wir verdanken ihnen eher Reflexionen als Impressionen. Nicht das Konkrete steht im Vordergrund, sondern häufig das Abstrakte. Hierin liegt beides: die Originalität seiner Dichtung wie auch die Gefahr, von der sie immer wieder bedroht wurde.

Sein Bedürfnis, nahezu täglich Verse zu schreiben, ließ nicht nach. So zwang Fried seine Leser, sich über den für seine Lyrik charakteristischen Widerspruch zu wundern – den Widerspruch zwischen Wortgläubigkeit und Wortverschwendung. Fried schrieb über die Aufrüstung und den Kapitalismus, über Hausbesetzungen und die freie Marktwirtschaft, er machte sich Sorgen um Südafrika und die Palästinenser und auch um San Salvador. Er konnte jede Zeitungsmeldung zu einem Gedicht verarbeiten, vorausgesetzt, dass ihm diese Meldung politisch willkommen war.

In den letzten Jahren hat ihn seine schwere Krankheit gezeichnet. Fried musste sich mehreren Operationen unterziehen. Aber er blieb produktiv, er war unermüdlich. Wie jene Wanderrabbis, die einst predigend und agitierend durch Palästina zogen, reiste er nach wie vor allmonatlich durch die Bundesrepublik, überall von einer treuen Gemeinde begrüßt, zu der auch solche gehörten, die seinen politischen Idealen eher misstrauten und die dennoch an seine eiferndbesorgte Menschlichkeit glaubten, an seine Güte und Teilnahme. Denn das ist sicher: Dieser militante Poet war edel, hilfreich und gut.

Dass er ein Ärgernis war und sein wollte, ist ebenso sicher. Von ihm war gelegentlich im Bundestag die Rede und in den Landesparlamenten – allerdings stets in wenig schmeichelhaftem Zusammenhang. Gelegentlich mussten sich mit seinen Texten ordentliche Gerichte befassen. Dass man seine Arbeiten in Schullesebücher aufgenommen hat, ist nicht ungewöhnlich. Frieds Gedichte wurden jedoch – und das ist nicht mehr alltäglich – aus manchen Lesebüchern auf höhere Weisung wieder entfernt. Törichte Zeitgenossen haben ihm sogar den Gefallen getan, sich öffentlich über »das kriminelle Ausmaß an Geschmacklosigkeit« in seinen Versen zu erregen.

Die Ärgernisse, die der heimatlose Poet oft angerichtet hat, sind beinahe schon vergessen. Doch bleiben wird eine Anzahl seiner Gedichte. Welche? Vermutlich nicht jene, mit denen er auf Zeitereignisse reagierte, nicht die politischen und missionarischen Verse, sondern eher die privaten, die zarten und elegischen Gedichte (darunter auch erotische), die sich vor allem in seinem Spätwerk finden (die Sammlung »Liebesgedichte« von 1979 war nicht umsonst das meistverkaufte unter seinen Büchern) – und natürlich auch solche Gedichte, in denen das Wortspiel sein Erkenntnisinstrument und seine Zuflucht war. Wie auch immer: Der Name Erich Fried wird nicht in Vergessenheit geraten, darf nicht in Vergessenheit geraten.

# Ernst Jandl

## Er war ein Avantgardist, er wurde ein Klassiker

Zum Tod von Ernst Jandl

Ernst Jandl war ein Wiener Gymnasialprofessor, ein deutscher Dichter und ein österreichisches Wunder. Er war und blieb ein braver Bürger und wurde seines Vaterlandes nobelster Bürgerschreck. Er war ein ordentlicher Pädagoge und wurde ein außerordentlicher Poet. Er war ein Lehrer wie andere auch und ein Lyriker wie keiner sonst.

Seine Dichtung trifft und betrifft uns alle. Er behandelte die traditionellen Themen der Poesie. Jandl sang also von der Vergänglichkeit und dem Tod, von der Liebe und dem Hass, von der Sehnsucht und der ständigen Enttäuschung. Jandl sang von der grausamen Einsamkeit und – wie es sich für einen Wiener schickt – von der großen, der ewigen Vergeblichkeit.

Eigensinnig und unermüdlich teilte er uns in seinen Versen mit, was wir alle längst wussten. Aber Jandl sagte es anders als die Lyriker unserer Epoche, er sagte es knapper und origineller und damit suggestiver. Das Banale und Triviale scheute er nicht, nur formulierte er es so scharf und oft auch so bissig, dass seine Gedichte, auch und gerade die lustigsten, uns nicht nur verblüfften, sondern zugleich bestürzten, dass sie uns verstummen ließen.

Von der Ehrfurcht gebietenden Poesie von gestern und vorgestern wollte er, so scheint es, nichts wissen. Doch mit den Berufsavantgardisten, den Talentlosen, die experimentieren müssen, weil sie nicht schreiben können, hatte er nichts gemein. Während die einen schnell aus der Avantgarde in die Arrieregarde gerieten, war Jandl sehr bald in der wirklichen Vorhut angelangt, er fand den Platz, der ihm gebührte: an der Spitze der zeitgenössischen Literatur.

Freilich hat er nie aufgehört zu experimentieren, er blieb sich treu. Doch von Anfang an nahmen seine Experimente Züge der traditionellen Lyrik auf, und er verlor die Tradition nie aus dem Auge. Er schrieb von vornherein nicht für die Kritiker und die Kollegen, wohl aber für die Leser und für die Hörer. Er machte die Avantgarde nicht nur salonfähig, sondern – auch dank seiner fabelhaften Rezitationskunst – tatsächlich publikumsfähig. Jandl hat als Avantgardist begonnen und wurde ein Klassiker.

Er war schon ein seltener Vogel: ein moderner und witziger Moralist, ein ironisch-leidenschaftlicher Weltverbesserer und ein stets misstrauischer Aufklärer. Vielleicht war das Misstrauen das Fundament seines Werks. Denn Jandl misstraute allen und allem und natürlich auch sich selber, er misstraute – das eben ist die Konstante seiner Poesie – dem Wort: Seine wichtigsten Gedichte sind Sprachkunstwerke, die unsre Sprache entlarven und bloßlegen.

Jandl wagte es, Verse nicht nur im Alltagsidiom zu schreiben, sondern, oft Grammatik und Satzbau ignorierend, in einem bewusst unbeholfenen, fehlerhaften Deutsch, in jenem der Gastarbeiter. Der eigenwillige Stilist hat die Sprache der deutschen Lyrik vom Ballast befreit: Er war ein trotziger Lehrmeister spartanischer Enthaltsamkeit.

Dabei hatte Jandl keine Angst vor dem Albernen. Bisweilen näherte er sich der Grenze, die das Komische vom Läppischen trennt: Dieser Poet hat dem Albernen das Weise abgewonnen und im Weisen das Lächerliche gezeigt – und mitunter gelang es ihm, im scheinbar Läppischen das Ernsthafte, ja das Tragische zu entdecken.

Er war der deutschen Literatur vornehmster Spaßvogel, er war ein schwermütiger Schelm, heiter und sehr traurig. Denn dieser Mann mit Witz und Laune und aufschreckender Selbstironie wurde seit Jahrzehnten von tiefster Verzweiflung verfolgt und gepeinigt: Jandl litt an einer schweren Depression, die sich als unheilbar erwies. Diese Depression war wohl der stärkste Antrieb, der Hintergrund seiner späten Lyrik, der Verse voll Gram und Qual, voll (wie er selber sagte) Selbstverletzung und Selbstzerfleischung.

Die Gesamtausgabe seines Werkes ist 1997 erschienen und umfasst zehn Bände. Vieles, zumal aus der frühen Nachkriegszeit, ist schon inzwischen verblasst, vieles wird – anders kann es nicht sein – mit der Zeit vergessen werden. Aber in Ernst Jandls Werk finden sich Gedichte, die uns alle, auch die Jüngsten, überleben werden. Wir verneigen uns in Dankbarkeit.

Siegfried Lenz

## Deutschstunden

Über einen Klassiker und einen Dichter des Mitleids

In einem Brief aus dem Jahre 1773 behauptet der noch junge Goethe: »Mir kommts darauf an, ob der Rezensent ein rechter Kerl ist, er mag mich loben oder tadlen.« Das stimmt nun nicht, das Gegenteil trifft zu: Die Person des Rezensenten war ihm in der Regel gleichgültig, nur wollte er, auch als reifer und alter Autor, unbedingt gelobt werden. In seinem frühen Trauerspiel »Clavigo« lässt er eine Figur sagen: »Wenn die Menschen dich nicht bewundern, oder beneiden, bist du auch nicht glücklich.«

Wurde er aber gelobt, dann sollten es alle erfahren. Was, Jahrzehnte später, im »Morgenblatt für gebildete Stände« über sein neues Buch geschrieben wurde, gefiel ihm durchaus – und offenbar schmälerte es seine Freude nicht, dass dieses »Morgenblatt« vom selben Verleger Cotta finanziert wurde, der auch den rezensierten Roman verlegt hatte. Goethe genierte sich nicht, einen Sonderdruck der ihn rühmenden Kritik auf eigene Kosten anfertigen und an eine nicht kleine Anzahl von Personen verschicken zu lassen. Alle sollten wissen, dass er nachdrücklich gelobt worden sei. Übrigens ging es nicht etwa um ein mehr oder weniger missratenes Nebenwerkchen, vielmehr um einen Roman, den manche – es sind die Dümmsten nicht – für den schönsten, den bedeutendsten in deutscher Sprache halten, es ging um die »Wahlverwandtschaften«.

Schon zu seinen Lebzeiten nannte man ihn einen göttlichen Menschen. Mir missfällt diese Bezeichnung. Denn Goethe war ungleich mehr: Er war unter allen großen Deutschen der menschlichste – menschlich nicht nur in seiner Sehnsucht nach Liebe und Frauen, menschlich auch in seiner Angst vor Kritik, menschlich in seinem Bedürfnis nach Beifall, in seiner Empfänglichkeit für Lob und in seiner Abhängigkeit vom Erfolg. Da handle es sich, meinte Thomas Mann, eben um Goethes »Schwachheit«, er fügte aber rasch hinzu, zufrieden und verständnisvoll: Goethe »ist sehr groß, aber er ist wie wir alle«. In der Tat: Den Schriftsteller möchte ich sehen, dem die Kritik gleichgültig wäre, der nicht des Beifalls bedürfte, der nicht empfänglich wäre für Lob und nicht abhängig vom Erfolg. Recht hat Thomas Mann: Ja, in dieser Hinsicht ist Goethe tatsächlich wie wir alle – also auch wie Siegfried Lenz.

Lange ist es her, dass wir, Siegfried Lenz und ich, uns zum ersten Mal gesehen haben: Es war vor sage und schreibe zweiundvierzig Jahren. Damals, im Herbst 1957, war ich aus Warschau in die Bundesrepublik gekommen – auf der Suche nach neuer deutscher Literatur, die für die Übersetzung ins Polnische geeignet wäre. Dies war der offizielle Auftrag. Aber mein Besuch hatte noch einen anderen, einen heimlichen Zweck: Ich wollte erkunden, ob es möglich wäre, mich zusammen mit meiner Familie in diesem Land niederzulassen – und ob ich Chancen hätte, mich hier als Kritiker zu betätigen und davon vielleicht auch zu leben. Wir trafen uns vor dem Gebäude des Norddeutschen Rundfunks in der Rothenbaumchaussee in Hamburg – denn Siegfried Lenz sollte mich interviewen. Das freute mich sehr, denn ich brauchte dringend Geld. Nur fragte ich mich, ob der junge Mann, der aussah wie ein etwas älterer Student, diesem Interview denn auch gewachsen sein werde. Er schaffte es glänzend und sehr kollegial: Er sorgte dafür, dass unser Funkgespräch möglichst lang und somit mein Honorar möglichst hoch wurde.

Allerdings wusste ich noch nicht, dass dieser so junge Mann schon ein anerkannter Schriftsteller war, der Autor von drei Büchern, darunter von einem regelrechten Bestseller, dem Geschichtenband »So zärtlich war Suleyken«. Und ich ahnte noch nicht, dass gerade dieser Funk-Interviewer sehr bald eine große Rolle in meinem Leben spielen sollte. Um es kurz zu machen: Als ich im Sommer 1958 in die Bundesrepublik kam, und zwar in der festen Absicht, nicht mehr nach Warschau zurückzukehren, als ich nicht mehr ein einflussreicher Kritiker deutscher Bücher in Polen war, sondern, von einem Tag auf den andern, ein hilfsbedürftiger Flüchtling, ein mittelloser

Literat auf der Suche nach Arbeit und Brot – da waren die meisten deutschen Kollegen, die sich noch unlängst vor mir respektvoll verneigten, nicht mehr an mir interessiert. Nur zwei Schriftsteller haben mir, ohne dass ich sie darum gebeten hätte, sofort geholfen: Heinrich Böll und eben Siegfried Lenz.

Ich glaube, Lenz hat damals seine Arbeit unterbrochen, um sich für einige Zeit ganz und gar mir zu widmen: Er begleitete mich zu den nicht wenigen Hamburger Redakteuren, Verlegern und Rundfunkleuten, er legte ihnen nahe, mir Aufträge zu erteilen, er wandte sich an Kollegen in Köln und Frankfurt, in München und Baden-Baden; er bat sie alle, mir zu helfen. Wozu erzähle ich das hier? Um Verständnis zu erbitten. Ich führe hier das Wort zu Ehren von Siegfried Lenz, ich bin berufen, ihn zu preisen und zu rühmen. Aber ich spreche nicht als Kritiker, ich spreche als sein dankbarer Schuldner, ich spreche als Freund.

Das Leben hat dem Schriftsteller Lenz viel beschert und nichts erspart. Er gehört zu den populärsten Autoren der deutschen Nachkriegsliteratur, er weiß, was der Siegreiche, der Triumphierende empfindet, und er kennt den bitteren Geschmack der Niederlage und des Scheiterns. Alle Schmerzen, die unendlichen, sie sind ihm nicht fremd. Über den Schmerz hat er in einem seiner tiefsten späten Essays nachgedacht. Der Schmerz, glaubt Lenz, »eröffnet uns nicht nur unsere Ohnmacht und Verletzlichkeiten, sondern lässt uns auch eine tröstliche Möglichkeit der Existenz erkennen – die Möglichkeit einer Bruderschaft im Schmerz«.

Aber die Erfolge, so groß sie auch waren, vermochten ihn nie zu verwöhnen, ja, sie hatten, davon bin ich überzeugt, auf seine Schriftstellerei keinen Einfluss. Die Enttäuschungen und Rückschläge haben ihn nie entmutigt, nie beirrt. Sein Werk ist trotz der Kritik und gegen die Kritik entstanden, sein Weg zum Ruhm ist gepflastert mit Verrissen der deutschen Kritik. Doch in schweren Stunden hatte Lenz stets einen Trost: Auf sein Publikum konnte er sich verlassen, es blieb ihm immer treu. Nur hat er diese Treue niemals mit Zugeständnissen erkauft; er gehört nicht zu den Schriftstellern, die den Lesern nachlaufen, vielmehr zwingt er sie, ihm zu folgen. Sie tun es gern, denn sie wissen, dass Lenz nie mit dem Rücken zum Publikum schreibt, dass er, ein Mann des Ausgleichs und der Vernunft, immer den Pakt mit ihnen, den Lesern, anstrebt.

Er hat dem Publikum geboten, was sich sonst nur selten in der neueren deutschen Literatur findet: heitere und schalkhafte Geschichten über komische und lächerliche Menschen, über Käuze und Sonderlinge. Es sind beschauliche und anschauliche Prosastücke aus der Feder eines glänzenden Humoristen, Genrebilder sind es voll menschenfreundlichen Spotts. Letztlich jedoch befinden sich diese Geschichten, enthalten vor allem in den Bänden »So zärtlich war Suleyken« und »Der Geist der Mirabelle«, eher am Rande seines umfangreichen Werks. Am häufigsten erzählt Lenz von Terror und von Auflehnung, von Flucht und Verfolgung, von Freundschaft und Verrat. Seine Helden gehören zu jenen, die immer leer ausgehen. Es sind die Wortkargen. Denn das Leben hat ihnen die Sprache verschlagen. Die Niederlage ist der rote Faden, der sich durch seine Prosa zieht.

Einige seiner Geschichten kann ich nicht vergessen, so das »Feuerschiff«, wo von flüchtigen Verbrechern erzählt wird, die auf diesem einsamen Schiff die Macht an sich reißen, so die ergreifende Geschichte »Der Verzicht«, in der wir von einem alten Juden hören, dem letzten Juden in »unserer hoffnungslosen Ecke Masurens«. Ich bewundere das novellistische Glanzstück »Ein Kriegsende«, ich liebe die ungewöhnliche Geschichte »Die Phantasie«, ein Kuriosum, das drei Möglichkeiten des Erzählens demonstriert und, ohne sich auf eine abstrakte Ebene zu begeben, auch erörtert. Es sind ernste, grübelnde, doch nie schwerfällige Geschichten. Sie erweisen sich sehr häufig als melancholische Geschichten, die das große Thema des Scheiterns immer wieder und immer ganz anders paraphrasieren. Seine neueste Prosaarbeit, der kleine Roman »Arnes Nachlass«, der unlängst erschienen ist, erzählt von einem jugendlichen Außenseiter, der mit unserer Welt nicht zurande kommt. Wieder einmal zeigt es sich – und besonders eindrucksvoll –, dass dieser Autor ein Dichter des Mitleids ist. Die traurige, die schwermütige Introduktion zu »Arnes Nachlass« – das scheint mir einer der Höhepunkte der späten

Prosa von Siegfried Lenz. Aber ich will nicht verschweigen, welche der kleineren Erzählungen von Lenz mir am besten gefällt. Es ist »Der große Zackenbarsch«. Allerdings muss ich mich hier wieder als befangen erklären. Denn die Geschichte vom Fisch, der das Leben im Aquarium kontrolliert und reguliert, der sich von keinem Köder verführen lässt und also unbestechlich ist – nun, es ist ein Gleichnis über den Kritiker und die Kritik, also über meinen Beruf. Leider macht es mir meine Bescheidenheit ganz und gar unmöglich, hier zu sagen, was ich doch so gerne sagen möchte – nämlich, wem Lenz das Prosastück »Der große Zackenbarsch« gewidmet hat. Für diese Parabel gilt wie für viele aus seiner Feder: Es sind unglaubliche und letztlich, da mit künstlerischen Mitteln beglaubigt, doch glaubhafte Erzählungen, sie sind oft unwahrscheinlich, aber immer wahr.

Nun verdankt aber Lenz seinen Ruhm, auch den internationalen, doch nicht den Geschichten, sondern seinen Romanen, vor allem einem: der »Deutschstunde«. Von Thomas Mann gibt es das schöne, das treffende, große Wort: »Nicht deutscher kanns zugehen, als wo Deutsches mit Deutschem gezüchtigt wird.« Da stehen sich mitten im Zweiten Weltkrieg zwei Deutsche gegenüber, die, so mag man zunächst vermuten, als Gegentypen gemeint waren. Indes ähneln sie sich auffallend, insgeheim sind es beinahe zwei Brüder, wenn auch bald zwei feindliche Brüder. Beide wollen nichts anderes, als ihre Pflicht erfüllen, aber es ist in einem Fall die Pflicht des Beamten, im anderen die des Künstlers. Die »Deutschstunde« zeigt die Verstrickungen, die Leiden und Konflikte der Menschen in den Jahren der Diktatur – und nicht nur der Diktatur.

Für die »Deutschstunde« gilt, was Lenz in einem Interview als das Ziel der Literatur bezeichnet hat: Sie sei, sagte er, »ein Versuch, die Welt so zu entblößen, dass niemand sich unschuldig oder unbetroffen fühlen kann«. Eine ganze Generation hat sich in diesem epischen Lehrstück über deutschen Geist und deutschen Ungeist wiedererkannt. Ein engagierter Schriftsteller ist Lenz, einer, der der Wirklichkeit zur Wirksamkeit verhilft, der sich aber keine Illusionen über die reale Einflussnahme der Literatur macht. Mit der greifbaren Wirkung der Literatur – sagt er – sei es nicht weit her. Freilich tröstet er sich und uns alle, wenn er uns augenzwinkernd bedeutet, so vollkommen wirkungslos sei Literatur nun doch nie gewesen. Hierüber haben wir uns, Siegfried Lenz und ich, im Laufe der Jahre und Jahrzehnte oft und ausführlich unterhalten. Wir sprechen über die neue und neueste Literatur, aber nicht selten auch über unser Verhältnis zu den Klassikern, zu den deutschen zumal. Gab es denn – fragten wir uns bisweilen – vor Goethe einen Dichter, dem wir einen vergleichbaren Kosmos, ein vergleichbares Universum verdanken? Ja, aber, so will es mir scheinen, nur einen einzigen: Shakespeare. Doch gerade ihn hat Goethe verkannt. Ein wirklicher, ein zuverlässiger Literaturkenner war er nicht. Über sein Verhältnis zu Kleist und Hölderlin und auch zu Heine ist schon viel geschrieben worden. In seinen Aufsätzen und Erinnerungen, Briefen und Gesprächen kann man auf Tausenden von Seiten über Lessing sehr wenig finden: nur einige dürftige und herablassende Bemerkungen. Er hat seine Zeitgenossen allesamt zumindest unterschätzt.

Wie war es mit Shakespeare? Über einige seiner Dramen äußerte sich Goethe gut und geistreich, ja, wie er selber gesagt hätte, vortrefflich. Doch in seinem Essay »Shakespeare und kein Ende« heißt es, er, Shakespeare, gehöre zwar in die Geschichte der Poesie, doch in der Geschichte des Theaters trete er nur zufällig auf. Respektlos sei gesagt: Dieser Ausspruch unseres Goethe gehört zum Falschesten, ja zum Dümmsten, was je über Shakespeare zu lesen war. Nur ein Schriftsteller kann da mit Goethe konkurrieren, einer, der auch nicht von Pappe ist – jener Leo Tolstoj nämlich, den viele für den größten Romancier aller Zeiten halten. Tolstoj erklärte, Shakespeares Werk sei »das trivialste und verachtenswerteste, das es gibt«. Wie man sieht, ist es nicht Sache der Genies, andere Genies zu beurteilen.

Woher kommen Goethes Irrtümer und Missverständnisse? Sie haben eine einzige Ursache, und ich kann mich nicht rühmen, sie aufgedeckt zu haben. Schon manche seiner Zeitgenossen, die Romantiker vor allem, wussten es. Goethe sei, meinten sie, zu sehr Dichter, um Kunstkenner zu sein. Nicht obwohl, sondern weil er ein Genie des allerhöchsten Ranges war, verkannte Goethe nicht immer, aber doch oft andere Genies. Was hatte er Shakespeare vorzuwerfen?

Thomas Mann zitierte einmal einen Ausspruch Adalbert Stifters, der sagte: »Ich bin kein Goethe, aber einer von seiner Familie.« Auf Thomas Mann lässt sich dies schwerlich übertragen: Er war nicht von Goethes Familie, aber indem er seine Erfahrungen in Goethes Werk und Person projizierte, zeichnete er ein Bild, das vermuten ließ, eigentlich sei Goethe einer aus der Familie Mann.

Ähnlich war es mit Goethe und Shakespeare. Warum hatte er solche Schwierigkeiten mit Englands, ja der Welt größtem Dramatiker? Weil es ihn immer störte – schrieb schon Ludwig Tieck –, dass Shakespeare »so durchaus nirgend Goethe« war. Das trifft die Sache haarscharf. Nur, was bedeutet das denn, dass Shakespeare nirgends Goethe sei? Vielleicht geht es hier um das unterschiedliche Verhältnis der beiden zu den Personen in ihrem Werk. Shakespeare betrachtet die Bühne seines Theaters aus einiger Entfernung. Er kennt kein Mitleid: Er sieht König Lear auf der Heide herumirren und dem Wahnsinn verfallen, er lässt Julius Cäsar stolz und hochmütig reden, obwohl der hinter ihm stehende Casca den Dolch schon gezückt hat, er beobachtet ganz kühl das Glück Romeos und seiner Julia und ebenso ihr Unglück und ihren Untergang; er denkt nicht daran, die kühnen und leichtfertigen Feldherren Macbeth und Othello zu warnen. Er lässt seine Figuren so sprechen und handeln, wie es ihnen passt.

Nur einmal, ein einziges Mal, erlaubt sich Shakespeare, der Souverän, den Abstand, der ihn von seinen Gestalten trennt, zu überwinden – in der Tragödie des Intellektuellen, der sich mit der Barbarei in seiner Zeit nicht abfinden kann und der versucht, die Ordnung in der aus den Fugen geratenen Welt wiederherzustellen, in der Geschichte also des dänischen Prinzen Hamlet. Hier identifiziert sich Shakespeare mit seinem Helden, ausnahmsweise. Für die deutschen Klassiker war dieser Prozess beinahe selbstverständlich. Schiller wandert durch seine Bühnenwelt unter verschiedenen Namen. Er ist der Räuber Karl Moor und der Major Ferdinand von Walter, Mortimer und Max Piccolomini – und, Arm in Arm mit dem Marquis Posa und mit dem Kronprinzen Don Carlos, fordert er sein Jahrhundert in die Schranken. In welcher Rolle Schiller auch auftritt, er präsentiert sich uns immer als ein Held – und vielleicht deshalb wurde er, wie kein anderer deutscher Klassiker, der Dichter der Jugend.

Und unser Goethe? Nie hat er seine Geschöpfe so kühl und unbeteiligt beobachtet wie Shakespeare. Aber auch mit den Helden des Nachbarn und Kollegen Schiller haben seine Figuren nichts gemein. Goethe selber war mit Sicherheit kein Held, er wollte es nicht sein, er war sich für den Heroismus viel zu schade. Im Mittelpunkt seines Werks sehen wir schwache und schwankende Menschen, Neurotiker und Neurastheniker. Anders als Schillers Gestalten sind sie, was Goethe um keinen Preis der Welt sein wollte: Opfer des Lebens.

Keiner seiner Helden stirbt wie ein Held. Wirklich keiner? Einer nun doch, der liebe Egmont, der freilich am Ende zu unserem Schrecken verkündet: »Fallt freudig, wie ich euch ein Beispiel gebe.« Goethe war offenbar nicht ganz wohl, als er seinen liebenswerten Egmont diese hochherzigen Phrasen reden ließ. Um den unangenehmen Eindruck wenigstens etwas zu mildern, behalf er sich mit einem altbewährten Mittel, das den schlimmsten Text erträglich machen kann – mit der Musik: Für Egmonts letzte Worte wünschte er sich eine Begleitmusik, eine Siegessymphonie. Und Beethoven hat diesen Wunsch virtuos erfüllt.

Identifiziert sich Goethe mit seinen Geschöpfen? Das kommt ihm nicht in den Sinn. Denn er selber ist es, der hier unaufhörlich auf der Bühne steht. Wir haben in der Schule gelernt, dass Goethe ebenso im Faust wie im Mephisto zu finden sei. Aber so war es doch von Anfang an: Er ist Götz und Weißlingen, Egmont, Alba und Oranien, Thoas und Orest, Tasso und Antonio. Und seine unvergleichbaren Frauenfiguren, Charlotte und Ottilie, Adelheid und Klärchen, Helena und Gretchen? Ich kann mich des Verdachts nicht erwehren, dass sie beides in einem sind: feminine Varianten des Autors Goethe ebenso wie seine Wunschvorstellungen.

Er hat diese Mädchen und Frauen mit allen menschlichen Gebrechen ausgestattet und zugleich mit jener reinen Menschlichkeit, die diese Gebrechen sühnt. Mag Iphigenie lauthals erklären, sie sei aus Tantalus' Geschlecht – wir wissen es besser, sie ist aus Goethes Geschlecht. Übrigens ist diese »Iphigenie auf Tauris« das erste und vollkommenste deutsche Rundfunk-Hörspiel. Ich spaße nicht, ich meine es ernst. Die »Iphigenie« ist ein Sprachkunstwerk, das, unübertroffen in der Geschichte der deutschen Literatur, des Visuellen überhaupt nicht bedarf.

Alle seine Dramen, Romane und Epen könnten so betitelt sein wie seine Autobiographie: »Aus meinem Leben. Dichtung und Wahrheit«. Die meisten von ihnen spielen am selben Ort. Denn von Dianens Tempel, vor dem die Königstochter das Land der Griechen mit der Seele sucht, ist es, glaube ich, nicht weit bis zur Wartburg. Das Lustschloss Belriguardo, in dem Torquato Tasso leidet und dichtet, liegt in der Nähe von Ferrara, gewiss, doch zugleich in der Nähe von Weimar. Goethes Griechenland, Italien und Spanien – das sind insgeheim deutsche Kolonien. Nein, natürlich nicht Togo oder Kamerun, wohl aber Kolonien des edelsten deutschen Geistes. Sein Werk besteht aus Bruchstücken nicht nur einer großen Konfession, sondern auch einer Deutschstunde für ganz Europa, der Deutschstunde eines Weltbürgers.

War Goethe, wie oft vermutet wurde, der glücklichste Mensch, der je auf dieser Erde wandelte? Jedenfalls war er wie kein anderer deutscher Dichter an jedem Tag und in jeder Stunde einig mit sich selbst, mit seiner Aufgabe und mit seinem Ziel. Aber was uns in Goethes Werk oft verstummen lässt, ist nicht die Fülle der Gedanken, der Ideen – Schiller steht ihm in dieser Hinsicht nicht nach –, vielmehr ist es die unermessliche Fülle der Gefühle und der Empfindungen, der Leiden und der Qualen. Alles gaben die Götter ihm, ihrem Liebling – alle Freuden, die unendlichen, alle Schmerzen, die unendlichen, ganz.

So viel Lebenszeit und Energie er auch der Wissenschaft gewidmet hat, er war kein Gelehrter und kein Philosoph. Er war zum Sehen geboren und zum Schauen bestellt. Er war ein Künstler, ein Dichter. Vielleicht ist es das deutlichste Zeichen der Genialität Goethes, dass er anders als Lessing und anders als Schiller vor dem Wunder der Liebe nicht versagte. Er hatte keinen Zweifel, wo die Wurzeln seiner Poesie zu suchen sind. Natürlich, er wollte wissen, was die Welt im Innersten zusammenhält – aber zugleich schmachtete er nach dem Strumpfband eines Mädchens. An Frau von Stein schrieb er: »Die

Liebe gibt mir alles und wo die nicht ist, dresch ich Stroh.« Er hatte die Kühnheit, das verblüffende Wort zu verkünden, das der Trost aller Heimatlosen ist: »Da wo wir lieben / Ist Vaterland.« Es ist, ich bin dessen ganz sicher, im Geiste Goethes, wenn wir eines der am häufigsten zitierten Worte aus seinem »Faust« – »Es irrt der Mensch, solang er strebt« – hier abwandeln und kurzerhand sagen: »Es strebt der Mensch, solang er liebt.« Das wäre wohl ein Motto für Goethes unbegreiflich hohe Werke, die herrlich sind wie am ersten Tag.

Jetzt bleibt mir nur noch an jenen ein Wort zu richten, der hier in der Paulskirche in dem allerhöchsten Namen geehrt und ausgezeichnet wird. Ja, lieber Siegfried, dass dieser Tag kommen werde, das haben wir uns damals, vor zweiundvierzig Jahren, nicht vorstellen können. Gleich wirst Du mir, wie es Deine Art ist, kräftig auf die Schulter klopfen. Wir werden uns umarmen, und die Tränen werden nicht zu verhindern sein, meine Augen werden feucht werden, vielleicht auch Deine. Siegfried, sei bedankt.

# Ingeborg Bachmann

## Die Kehrseite des Schreckens

Kein Zweifel: ihren Ruhm rechtfertigt ein lyrisches Werk, dem man in der deutschen Nachkriegsliteratur nur sehr wenig an die Seite stellen kann. Trotzdem wäre es leichtsinnig, die Tatsache, dass die gesamte Kritik die Verse der Ingeborg Bachmann einmütig gepriesen hat, für selbstverständlich zu halten. Denn in den seltenen Fällen, in denen es poetischen Talenten gelang, Eintracht unter den zeitgenössischen Kennern zu stiften, wurde diese Reaktion, wie die Erfahrung lehrt, nicht allein durch die Größe, sondern stets auch durch gewisse Eigentümlichkeiten der dichterischen Leistung bewirkt. Das eindeutige Echo auf die Bachmann'sche Lyrik muss ebenfalls besondere Gründe haben; sie sollten vor allem in ihrem Werk gesucht werden.

In seinem aus dem Jahr 1958 stammenden Essay über Ingeborg Bachmann bemerkt Hans Egon Holthusen zu dem Gedicht »Erklär mir, Liebe«: »Ein klar und streng gezogener, geradliniger Kontur triumphiert über den krausen Manierismus der Zeit. Was für ein Stilgefühl will sich hier Geltung verschaffen? Klassizistisch wird man es nicht nennen können … Nein, es ist das Klassische selbst, das hier sein ewiges Recht anmeldet …« Aufschlussreich sind die Analogien, auf die Holthusen hinweist: Die Sappho und die Minnesänger des 13. Jahrhunderts werden erwähnt, von »einer fast Drosteschen Kraft der Hingabe und der Mitwisserschaft« ist die Rede, gelegentlich lasse die Bachmann »etwas zeitlos Hölderlinisches wieder aufblühen«, die Hymne »An die Sonne« beginne »mit einer an Klopstock erinnernden Festlichkeit«:

Schöner als der beachtliche Mond und sein geadeltes Licht,
Schöner als die Sterne, die berühmten Orden der Nacht …

Offensichtlich gingen Holthusens Ansichten auch und vor allem aus seiner Unzufriedenheit mit verschiedenen Strömungen und Tendenzen der neuesten deutschen Lyrik hervor. Ingeborg Bachmann wurde 1958 zur Gegenfigur in der Auseinandersetzung des Kritikers mit jenem Phänomen in der Gegenwartsdichtung, das er »den krausen Manierismus der Zeit« nannte. Dies scheint insofern durchaus legitim, als ein beträchtlicher Teil ihrer Verse – ob man sie als » klassizistisch« oder als » klassisch« bezeichnen will – auf jeden Fall in einem besonders hohen Maße der Tradition verpflichtet ist.

Aber setzen wir einmal neben den Anfang der Sonnen-Hymne die ersten Zeilen eines anderen, nicht weniger bekannten Gedichts der Bachmann:

> Der Krieg wird nicht mehr erklärt,
> sondern fortgesetzt. Das Unerhörte
> ist alltäglich geworden. Der Held
> bleibt den Kämpfen fern …

Nicht mehr »Hölderlinisches« und Klopstock'sche Festlichkeit also, sondern Brecht'sche Nüchternheit. Denkt Holthusen an die Sappho, an die Droste und auch an Rilke, so glauben andere, in den Versen der Bachmann ein Echo der Lasker-Schüler, Hofmannsthals, Trakls und vor allem der Franzosen (Valéry, Éluard, Saint-John Perse) zu vernehmen. Schätzt Holthusen in der Lyrik der Bachmann den » klar und streng gezogenen, geradlinigen Kontur«, so bewundern andere ihre eigenwillige, oft bizarre, keineswegs konservative oder klassische Metaphorik, die den Einfluss weder des Surrealismus noch des Expressionismus verleugnet.

Kurzum: hier kommen beide Seiten auf ihre Rechnung. Ingeborg Bachmann enttäuscht weder die Anhänger der Tradition noch die der Avantgarde. Sie verdankt viel der klassischen Dichtung und nicht weniger der zeitgenössischen. Und bisweilen gelingt ihr eine Art Synthese. Aus dem harten Kontrast und dem häufigen Wechselspiel zwischen gewohnten Rhythmen und ungewohnten Assoziationen, zwischen altvertrauten Motiven und überraschenden Bildern, zwischen überlieferten Formen und heutigem Lebensgefühl ergeben sich wesentliche Reize und Schönheiten dieser Gedichte. Gewiss sind solche Widersprüche und polaren Spannungen für einen beträchtlichen Teil der modernen Lyrik charakteristisch; sie werden jedoch in den Versen der Bachmann, vor allem in ihrem zweiten Gedichtband, »Anrufung des Großen Bären« (1956), dank ihrer starken Affinität zur traditionellen Poesie besonders deutlich sichtbar.

Auch fällt es auf, dass in den fünfziger Jahren, da man feierliche Töne verabscheute, Ingeborg Bachmann mit einer häufig pathetischen und ins Würdevolle stilisierten Lyrik erfolgreich war, dass sie in einer Zeit, die angeblich großen Worten misstraute, mit Versen zu überzeugen vermochte, die auf einem reichlichen Bestand eben großer Worte fußen, zumal allgemeiner geographischer, naturwissenschaftlicher und kosmischer Begriffe. Da gibt es »Kontinente«, »Berge«, »Hügel« und »Krater«, »Küsten«, »Häfen« und »Inseln«, »Meere«, »Seen« und »Ströme«, »Winde«, »Nebel« und »Wolken«. Ihre Lyrik ist voll von »Himmel« und »Erde«, »Sonne«, »Mond« und »Sternen«, wir hören von »Planeten« und »Kometen«, von »Firmamenten«, »Horizonten«, »Feuerzonen« und »Wendekreisen«.

Dieses System von Schlüsselwörtern ergibt ein gigantisches Welttheater. »Unser Acker ist der Himmel« heißt es in der Sammlung »Die gestundete Zeit« (1953). Oder: »O Augen, an dem Sonnenspeicher Erde verbrannt…« Und: »Aus der leichenwarmen Vorhalle des Himmels tritt die Sonne.« Fürst Myschkin, dessen Monolog zu der Ballettpantomime »Der Idiot« den Band »Die gestundete Zeit« abschließt, erklärt:

… verwiesen aus den Balladen,
nehme ich einen Weg durch die Gegenwart,
zu auf den Horizont, wo die zerrissenen
Sonnen im Staub liegen,
wo die Schattenspiele
auf der unerhörten Wand des Himmels
zu Verwandlungen greifen…

Die erste Strophe eines der »Lieder auf der Flucht« lautet:

… Erde, Meer und Himmel.
Von Küssen zerwühlt
die Erde, das Meer und der Himmel.
Von meinen Worten umklammert
die Erde,
von meinem letzten Wort noch umklammert
das Meer und der Himmel!

Wird die Lyrik der Ingeborg Bachmann bewundert, obwohl oder weil sie große Vokabeln liebt? Oder ist es vielleicht so, dass unter den Enthusiasten ihrer Dichtung die einen diese Vorliebe schätzen, während die anderen sich mit ihr nur abfinden? Wie dem auch sei – der antinomische Grundzug der Bachmann'schen Lyrik kommt auch hier zum Vorschein: Die Diktion entspricht dem inneren Spannungsverhältnis des lyrischen Ichs und schwankt daher zwischen Extremen – zwischen Pathos und Understatement, Emphase und Trockenheit, Hektik und Unterkühlung. Ingeborg Bachmann umarmt das ganze Universum – aber mit einer schüchternen Geste.

Von ihrer Verzweiflung an dieser Welt spricht sie mit gedämpfter Stimme, als handle es sich um eine vertrauliche Angelegenheit. Ihre Liebesklage hingegen klingt mitunter – etwa in einigen der »Lieder auf der Flucht« – wie ein gellender Ruf. Sie kann aufrührerisch flüstern und demütig schreien. Expansion und Reduktion, Provokation und Devotion, Extraversion und Introversion ergänzen einander: Es entsteht ein unentwegtes Widerspiel. Trotz gewaltiger Worte gibt es auch stille Zeilen, neben monumentalen Invokationen (»O Aufgang der Wolken«) auch zarte Verse, feierlich-mächtigen Tönen folgen scheue und diskrete Andeutungen; im riesigen Welttheater der Ingeborg Bachmann findet sich, glücklicherweise, ein intimer Winkel.

Es dominiert in vielen Gedichten eine herbe Innerlichkeit, die Empfindsamkeit erhält einen spröden und bisweilen ironischen Anstrich, es durchdringen sich gegenseitig Phantasie und Sachlichkeit, Schwärmerei und Skepsis. Eine gewisse Neigung zur Senti mentalität, die sich hier und da bemerkbar macht, unterliegt einer nüchternen, doch nicht allzu unerbittlichen Selbstkontrolle. So kann sich der Leser dieser Poesie bisweilen vom Pathos erbauen lassen, ohne dass er erröten müsste. Er kann sich an der Innerlichkeit erfreuen – und braucht sich nicht zu schämen. Er darf Sentimentalität genießen – und doch werden ihm ästhetische Gewissensbisse erspart.

In dieser Lyrik der Gegensätze sah die Kritik in den fünfziger Jahren den Ausdruck eines für unsere Epoche charakteristischen Lebensgefühls. Helmut Heißenbüttel, beispielsweise, hielt die Verse der Ingeborg Bachmann für »die ganz unverwechselbare Aussage eines Menschen, der erleidend, verzweifelt, anklagend und ohne Hoffnung in diese unsere Zeit und Welt verschlagen ist und versucht, im Wort, im Bild, im Gedicht sich Klarheit darüber zu verschaffen, was mit ihm geschehen ist«. Tatsächlich besteht zwischen der Melancholie vieler Bachmann'scher Strophen und der historischen Situation ein unmittelbarer Zusammenhang. In »Salz und Brot« heißt es:

Wir wissen,
daß wir des Kontinentes Gefangene bleiben
und seinen Kränkungen wieder verfallen.

Aus dem »Psalm« stammen die Zeilen:

In der Nachgeburt der Schrecken
sucht das Geschmeiß nach neuer Nahrung.

Den Befunden entsprechen sibyllinische Weissagungen. So enden die »Lieder von einer Insel«:

Es kommt ein großes Feuer,
es kommt ein Strom über die Erde.
Wir werden Zeugen sein.

Das Titelgedicht des ersten Bandes beginnt:

Es kommen härtere Tage.
Die auf Widerruf gestundete Zeit
wird sichtbar am Horizont.

Dass es einer Lyrikerin vom Typ der Ingeborg Bachmann geradezu widerstrebt, die historischen, gesellschaftlichen und moralischen Gegebenheiten zu benennen, auf die derartige Verse abzielen, ist begreiflich. Wir müssen es respektieren. Aber eben dieser Umstand hat dazu beigetragen, dass die Bachmann'sche Poesie von der als links und von der als rechts geltenden Kritik, von allen Seiten mit demselben Beifall bedacht werden konnte. Ihre metaphorischen Formulierungen jener Gegebenheiten sind vage und deshalb umfassend genug, um allerlei Deutungen zu rechtfertigen. Und da, wo verschiedene Inhalte unterstellt werden können, fühlt sich letztlich niemand betroffen. Im Gegenteil: diese Lyrik ermöglicht es jedermann, sich, ungeachtet seiner Anschauungen, mit ihr zu identifizieren.

Der Ernst der zeitkritisch-moralischen Akzente unterliegt nicht dem geringsten Zweifel; doch ist es eine Art der poetischen Auseinandersetzung, die den deutschen Leser der fünfziger Jahre – allem Anschein zum Trotz – schonungsvoll behandelt und ihm eigentlich liebevoll entgegenkommt. Denn die in der Regel mysteriösen Anspielungen auf aktuelle Phänomene sind bei Ingeborg Bachmann meist mit jenem »beständigen Streben nach dem Unbedingten« verknüpft, das schon Friedrich Schlegel vielen Schriftstellern seiner Zeit vorwarf und als Ursache mancher literarischer Erfolge in Deutschland bezeichnete.

Die in der Bachmann'schen Dichtung verschlüsselten und unbarmherzig anmutenden zeitkritischen Elemente erhalten sofort einen Stich ins Ewige und somit ins Unverbindliche. Sie lassen sich umso mehr ohne Skrupel genießen, als Ingeborg Bachmann für verschwommene und halbbewusste Regungen einen ebenso unbestimmten wie sprachlich strengen Ausdruck gefunden hat. Sie vermochte, dem Unbehagen an unserer Epoche und der Lebensangst unserer Gene ration ein erstaunliches Maß an Musikalität abzugewinnen. So ist ihre Lyrik im Grunde mild und tröstlich, denn diese Kassandra hat stets Herzlichkeit und ein wenig Nestwärme in Reserve, hier und da tauchen sanfte Motive aus Märchen und Legende auf:

Mein lieber Bruder, wann bauen wir uns ein Floß
und fahren den Himmel hinunter?
Mein lieber Bruder, bald ist die Fracht zu groß
und wir gehen unter.

»Die Kehrseite des Schreckens« – hatte schon 1957 Helmut Heißenbüttel geschrieben – »erweist sich als Entrückung … immer ist die Verzauberung bereit, den Verzweifelten aufzunehmen … Trost wird gewonnen aus der Substanz der Verzweiflung.«

In einer Hinsicht freilich ist der Eindruck, den die Lyrik der Ingeborg Bachmann hinterlässt, weder zwiespältig noch widerspruchsvoll: Die Beherrschung des Handwerks verblüfft immer wieder, der stilistischen Gewandtheit haftet oft etwas Artistisches an. Derartige Metaphern wie »Nachgeburt der Schrecken« und – vor allem – »die auf Widerruf gestundete Zeit« gehören zu den wenigen bedeutsamen sprachlichen Prägungen der deutschen Literatur seit 1945. Trotz der großen Skala der Ausdrucksmittel kann man diesen Versen fast nie Unbeholfenheit anmerken, sondern eher schon, im zweiten Band, Anzeichen einer gewissen Routine.

Man sollte sich jedoch nicht täuschen lassen: Ingeborg Bachmann hatte die Periode des tastenden Suchens nicht etwa vor der »Gestundeten Zeit« überwunden; vielmehr war es ihr gelungen, die verständliche Unsicherheit in den Gedichten dieser – und auch der nächsten – Sammlung hinter formaler Strenge zu verbergen und häufig mit kühler Diktion zu tarnen. Daher konnte 1953 der Eindruck entstehen, die junge Debütantin sei bereits eine reife Künstlerin. Und in der Tat waren ihr ja in dem Erstling auch viele reife Verse geglückt. Aber der 1961 veröffentlichte Erzählungsband »Das dreißigste Jahr« belehrte uns insofern eines Besseren, als er die inzwischen berühmte Dichterin doch in mancher Hinsicht als eine typische Anfängerin zeigte. Dieser Umstand muss ebenso auf die Eigenart des Bachmann'schen Talents zurückgeführt werden wie zugleich auf jene Eigenschaft der Prosa, an der viele Lyriker, die den Schritt ins Nachbarfeld gewagt haben, gescheitert sind: In der Prosa wird mit offenen Karten gespielt.

Zwischen den Gedichten und den Erzählungen steht – und damit ist mehr als die Chronologie gemeint – das Hörspiel »Der gute Gott von Manhattan« (1958). Die Liebesdialoge, die Kernstücke des Spiels, sind den Höhepunkten der Lyrik der Ingeborg Bachmann ebenbürtig, einige Motive der Rahmenhandlung hingegen, zumal die süßlich-peinliche Eichhörnchen-Symbolik, nehmen die in der Prosa auffallenden Schwächen und Entgleisungen vorweg. Sie ergeben sich oft schon aus der an die epischen Versuche vieler Anfänger erinnernden Problemstellung des »Dreißigsten Jahrs« – was übrigens nicht als Wertung, sondern als Hinweis auf die in diesem Band spürbare psychische Einstellung der Autorin verstanden werden sollte.

Ingeborg Bachmann wagt es also, ihr Buch jenen Fragen zu widmen, die seit dem Zeitalter der griechischen Tragödie die Dichter aller Länder fasziniert haben: hier der leidende Mensch mit seinem dunklen Drange, seinen revoltierenden Ideen und edlen Absichten – dort die feindliche Welt, die in die Schranken gefordert wird; hier das einsame, verzweifelte Individuum – dort die Gesellschaft mit ihren Regeln, Gesetzen und Konventionen. Seit Prometheus und Antigone ist es immer wieder die gleiche Konstellation. Sie steht auch heute im Mittelpunkt vieler literarischer Versuche, zumal epischer Sinndeutungen unserer Zeit. Und das muss so sein, und das ist gut so. Nur können wir jetzt, nach den Erlebnissen, die unserer Generation zuteilwurden, weniger denn je Geduld für einen instinktiven Protest gegen die Weltordnung aufbringen, für eine Ablehnung, die sich nur aus dem Emotionalen ableitet.

1960 sagte Ingeborg Bachmann, die Kunst gebe uns »die Möglichkeit zu erfahren, wo wir stehen und wo wir stehen sollten, wie es mit uns bestellt ist und wie es mit uns bestellt sein sollte«. So unmissverständlich und erfreulich dieses Bekenntnis ist, das einem Programm unserer Dichterin gleichkommt, so wenig lässt sich die Befürchtung von der Hand weisen, dass die epische Darstellung einer nur gefühlsbedingten Revolte die große Problematik eher verwirren als klären kann und sich kaum dazu eignet, uns zu vergegenwärtigen, »wo wir stehen und wo wir stehen sollten«.

Natürlich war sich Ingeborg Bachmann der Gefahren bewusst, die ihre Prosaversuche bedroht haben, aber ihr vornehmlich lyrisches Talent trieb sie immer wieder zu einer nur im Emotionalen verankerten Fragestellung. Nicht konkrete Überlegungen, nicht Gedanken veranlassen die Helden dieser Erzählungen zu ihrer schwermütigen Rebellion gegen die bestehende Ordnung, sondern Gefühle, Affekte und Leidenschaften, die zwar sehr ehrbar sein mögen, sich jedoch weder definieren noch erklären lassen. Unklare und unkontrollierbare Pauschalgefühle sind es, von denen sich diese Menschen treiben lassen.

Nicht anders war es in den Versen der Bachmann. Nur wurde dort das lyrische Ich gegen das ganze Universum gestellt, alles geschah auf einer symbolisch-poetischen Ebene, in kosmischen Gefilden. Hier hingegen deutet Ingeborg Bachmann für die Aktionen ihrer Gestalten einen durchaus realen Hintergrund an: Nicht zwischen Himmel und Erde, sondern in österreichischen Städten der fünfziger Jahre spielen diese Geschichten. Was in den Versen legitim und annehmbar war, ist jetzt bisweilen schwer erträglich. Andere Gesetze der Akustik gelten im Welttheater, andere in einem Wiener Kaffeehaus.

Wie in der Lyrik operiert Ingeborg Bachmann auch im »Dreißigsten Jahr« ausgiebig mit Begriffen wie etwa »Wahrheit«, »Schuld«, »das Böse« oder »Welt«, die sich hier, in konkreter und erkennbarer Umgebung, in der entlarvenden Atmosphäre der Prosa, meist nur als unzulängliche Bezeichnungen dunkler Empfindungen erweisen. Es sind ungedeckte Schecks. Die Helden dieser Erzählungen verspüren »Lust, an der Verfassung zu rütteln«, und möchten »die alte schimpfliche Ordnung« einreißen, sie meinen, das Leben sei eine »ungeheuerliche Kränkung«. Die simple Frage jedoch, warum das Leben eigentlich eine »Kränkung« und die Weltordnung so »schimpflich« sei, bringt leider die Konstruktion der meisten Geschichten schnell ins Wanken, denn ein lockeres Gewebe aus Ahnungen, Befürchtungen und Hoffnungen ist – jedenfalls für die erzählende Prosa – kein ausreichendes Fundament.

Ins Wanken gerät übrigens auch schnell die psychische Struktur dieser ratlosen und verzweifelten Menschen. Vom Helden der Titelerzählung heißt es: »… Er stürzt hinunter ins Bodenlose, bis ihm die Sinne schwinden, bis alles aufgelöst, ausgelöscht und vernichtet ist, was er zu sein glaubte.« Und an einer anderen Stelle: »Er hat immer das Absolute geliebt und den Aufbruch dahin … In allen Augenblicken, wo dieses Äußerste ihm vorschwebte, wo es zum Greifen nah war, ist er ein Raub des Fiebers geworden, hat die Sprache verloren …« Eines Richters, der in der Geschichte »Ein Wildermuth« über sich und die Menschheit Gericht hält, muss sich schließlich der Nervenarzt annehmen. Der Ich-Erzähler der Geschichte »Unter Mördern und Irren« stellt am Ende fest: »Es hallte in mir die Nacht, und ich war in meinem Wahn.«

Die Empfindungen, Gedanken und Äußerungen fast aller Gestalten sind austauschbar: Im Grunde ist es nur ein einziger Held, ein lyrisches Ich, das in diesen Prosastücken von seinem Verhältnis zur Welt, seinem Aufbegehren und seiner Niederlage wortreich und oft chaotisch berichtet. Den also nur scheinbar verschiedenen Personen haftet – ältere Männer nicht ausgeschlossen – stets etwas Jugendliches und wohl auch etwas Weibliches an. Sogar der reife und erfahrene Richter spricht bisweilen wie ein vom Leben enttäuschter und überspannter Backfisch.

Aber was wollen eigentlich diese Rebellen, die sich mit dem Dasein nicht abfinden können und vor allem mit sich selber nicht fertig werden? In dem »Guten Gott von Manhattan« sagt Jan: »Ich möchte nur ausbrechen aus allen Jahren und allen Gedanken aus allen Jahren, und ich möchte in mir den Bau niederreißen, der Ich bin, und der andere sein, der ich nicht war.« Später erklärt er: »Ich will, was noch niemals war: kein Ende.« Über den Helden der Erzählung »Das dreißigste Jahr« wird uns mitgeteilt: »Wie alle Geschöpfe kommt er zu keinem Ergebnis. Er möchte nicht leben wie irgendeiner und nicht wie ein Besonderer. Er möchte mit der Zeit gehen und gegen sie stehen … Er möchte die Fronten und er möchte sie nicht. Er neigt dazu, Schwäche,

Irrung und Dummheit zu verstehen, und er möchte sie bekämpfen, anprangern. Er duldet und duldet nicht. Haßt und haßt nicht. Kann nicht dulden und kann nicht hassen.«

Obwohl also dieser Mann, der das dreißigste Jahr erreicht hat, nicht weiß, was er will, ist doch eins vollkommen klar: Er wünscht, dass »die Welt sich verändert«, dass sie »die Richtung ändert, endlich!« Der Oberlandesgerichtsrat Wildermuth wiederum sucht die ganze Wahrheit. Die Pianistin Charlotte, die Heldin der Geschichte »Ein Schritt nach Gomorrha«, möchte »alles überspringen, den Austritt vollziehen«. In welcher Richtung soll sich die Welt ändern? Wozu soll die ganze Wahrheit nützlich sein? Was würde der »Austritt« jener Charlotte ergeben, von der es vorher hieß: »Genau genommen wußte sie auch schon nicht mehr, was sie für sich wollte …«?

Aufschlussreich ist ein Bekenntnis Ingeborg Bachmanns, das sich in der Ansprache findet, mit der sie 1959 für den ihr verliehenen Hörspielpreis der Kriegsblinden dankte: »Denn bei allem, was wir tun, denken und fühlen, möchten wir manchmal bis zum Äußersten gehen. Der Wunsch wird in uns wach, die Grenzen zu überschreiten, die uns gesetzt sind … Innerhalb der Grenzen aber haben wir den Blick gerichtet auf das Vollkommene, das Unmögliche, Unerreichbare, sei es der Liebe, der Freiheit oder jeder reinen Größe. Im Widerspiel des Unmöglichen mit dem Möglichen erweitern wir unsere Möglichkeiten.«

Das bisweilen süchtige Streben nach dem Absoluten, der waghalsige Traum vom Ausbruch und die elegische, oft selbstgefällig klingende Klage über das Leben schlechthin waren immer schon Vorzeichen, unter denen Schriftsteller, junge zumal, der Welt zu begegnen suchten. Aber dieser Traum muss in einem Prosawerk misstrauisch stimmen, wenn wir nie erfahren, woraus der Ausbruch erfolgen und wohin er führen soll. Das »Absolute« ist ein Begriff, der viel und nichts bezeichnen kann. Wer die ganze Menschheit anklagt, klagt im Grunde niemanden an; vielmehr werden alle auf einmal freigesprochen.

Natürlich müssen sich die Rebellen die Stirn wundschlagen und schließlich kapitulieren. Der Richter Wildermuth kann die »Wahrheit, von der keiner träumt, die keiner will«, nicht finden. In der Geschichte »Ein Schritt nach Gomorrha« erweist es sich, dass der Ausbruch in ein lesbisches Verhältnis nicht möglich ist. Dem dreißigjährigen Mann, der »die Welt … noch einmal neu begründen und neu zu ordnen« wünschte, hilft erst ein Krankenhausaufenthalt, die seelische Krise zu überwinden. Die Geschichte endet mit einem pädagogischen und – gelinde gesagt – nicht gerade originellen Akzent: »Er ist lebhaft mit dem Kommenden befaßt, denkt an Arbeit und wünscht sich, durch das Tor unten bald hinausgehen zu können, weg von den Verunglückten, Hinfälligen und Moribunden.«

Werner Weber sagte über Ingeborg Bachmann: »Unter ihrer Hand wird das Banale geheimnisverdächtig; im Gleichgültigen schimmert die Fügung; sie kann bedeutungsvoll werden, ohne einen Finger auffällig zu heben; sie beherrscht die Kunst des selbstverständlichen Wunderrucks, durch den sich Wörter in neuer Nachbarschaft frisch entzünden …« Das bezog sich auf den »Guten Gott von Manhattan«, das gilt – umso mehr – für viele Gedichte. Der Prosaband bietet gleiche und ähnliche Motive, Bilder, Tonarten, Stimmungen und Konstellationen. Aber da man vergeblich auf den »Wunderruck« wartet, bleibt das Banale banal; nichts schimmert im Gleichgültigen; der Finger wird feierlich erhoben – und dennoch muss man das Bedeutungsvolle vermissen.

Am sichersten fühlt sich Ingeborg Bachmann in den beiden ausschließlich lyrischen Prosastücken, den Reminiszenzen und Impressionen »Jugend in einer österreichischen Stadt« und, vor allem, in dem abgründigen Monolog »Undine geht«, einem Poem, das mit Epik nichts gemein hat. Da jedoch, wo eine auch nur spärliche Handlung angedeutet und ein epischer Rahmen angestrebt wird, ist die kompositorische Ratlosigkeit offensichtlich. Auch finden sich in dieser Prosa überraschende stilistische Entgleisungen – Walter Jens hat darauf hingewiesen –, die abermals erkennen lassen, dass wir es mit einem typischen Erstling zu tun haben.

Eine Lyrikerin also, keine Erzählerin? Das Urteil drängt sich auf, scheint hinreichend begründet und wäre doch voreilig und falsch. Wer hoch einsetzt, verliert auch hoch. Bei einer Dichterin, die »bis zum Äußersten gehen« möchte und kühn genug ist, den Blick »auf das Vollkommene, das Unmögliche, Unerreichbare« zu richten, muss man immer mit schlimmsten Niederlagen rechnen. Entscheidend ist letztlich die Frage, ob sich – um noch einmal auf Ingeborg Bachmanns zitierte Ansprache von 1959 zurückzukommen – »im Widerspiel des Unmöglichen mit dem Möglichen« die künstlerischen Möglichkeiten der Verfasserin erweitert haben. Die Geschichte mit dem programmatischen Titel »Alles«, der übrigens der Atmosphäre des ganzen Buches besser entspricht als die Worte »Das dreißigste Jahr«, bietet hierfür die Gewähr. Dies fällt umso mehr auf, als sich die Geschichte in ihrer Grundhaltung von den anderen Prosastücken des Bandes kaum unterscheidet.

Der Ich-Erzähler, ein junger Vater, möchte sich dem Fluch widersetzen, der seit Kain und Abel auf der Menschheit lastet: »Die Welt ist ein Versuch, und es ist genug, daß dieser Versuch immer in derselben Weise wiederholt worden ist mit demselben Ergebnis. Mach einen anderen Versuch!« Abermals haben wir also den exaltierten Pauschalprotest. Was jedoch Ingeborg Bachmann in keiner der Geschichten vermochte, das gelingt ihr hier: Sie zieht aus der Situation, die sie darstellt, die erzählerischen Konsequenzen und entwickelt eine ebenso einfache wie überzeugende Fabel.

Der Vater will seinem kleinen Sohn »die Schuld ersparen … und ihn für ein anderes Leben freimachen«. Er soll »der erste Mensch« sein: »Es war nicht gesagt, daß alles nicht auch ganz anders werden konnte durch ihn.« Das Erziehungsexperiment zeitigt indes das schrecklichste aller denkbaren Ergebnisse: »Er geriet uns nach. Aber nicht nur Hanna und mir, nein, den Menschen überhaupt.« Zu allem war der Junge fähig, nur dazu nicht, »den Teufelskreis zu durchbrechen«, denn »das Böse steckte in dem Kind wie eine Eiterquelle«. Nachdem er den Jungen beerdigt hatte, entschließt sich der Vater, seine künftigen Kinder so zu erziehen, »wie die Zeit es erfordert, halb für die wölfische Praxis und halb auf die Idee der Sittlichkeit hin«.

Gewiss ist der Schatten groß, den die anderen Stücke der Sammlung auf die Geschichte »Alles« werfen: Dem Eindruck, den die Revolte ihres Helden hinterlässt, kommt die Erinnerung an die wortreich-lyrische Auflehnung der anderen Bachmann-Rebellen nicht zugute. Auch könnte man dieser Geschichte eine gewisse Trivialität vorwerfen. Aber »alle höchsten Wahrheiten jeder Art sind« – Friedrich Schlegel sagt es in dem Aufsatz »Über die Unverständlichkeit« – »durchaus trivial, und eben darum ist nichts notwendiger, als sie immer neu, und womöglich immer paradoxer auszudrücken, damit es nicht vergessen wird, daß sie noch da sind, und daß sie nie eigentlich ganz ausgesprochen werden können«.

In der Geschichte »Alles« verdeutlicht Ingeborg Bachmann ihre düstere Vision mit tatsächlich erzählerischen Mitteln. Die höchste und triviale Wahrheit wird durch die Verknüpfung von Vorgängen vergegenwärtigt, die ein Gleichnis von geradezu archaischer Sinnbildlichkeit ergibt. Und die evokatorische Kraft, die das Geschehen beglaubigt, braucht in der neuesten deutschen Prosa keine Vergleiche zu scheuen. Hier spürt man auch jenen Kontrast, der zu dem Reiz vieler Gedichte der Ingeborg Bachmann beigetragen hat: den zwischen der allumfassenden Problematik und der intimen Tonart, zwischen dem mitunter gewaltigen parabolischen Rahmen und dem sehr persönlichen und emotionalen Untergrund. »Alles« beginnt: »Wenn wir uns, wie zwei Versteinte, zum Essen setzen, … fühle ich unsere Trauer wie einen Bogen, der von einem Ende der Welt zum anderen reicht – also von Hanna zu mir …«

So erweist sich Ingeborg Bachmann auch in den Erzählungen als eine Dichterin der Widersprüche, Gegensätze und polaren Spannungen.

# Martin Walser

## Martin Walsers Rückkehr zu sich selbst

Seine bescheidenste und überzeugendste Arbeit:
die Novelle »Ein fliehendes Pferd«

Es ist bald zwanzig Jahre her. Martin Walser hatte seine Teilnahme an einer Tagung der »Gruppe 47« zwar zugesagt, war aber dann doch nicht gekommen: Er stecke, wurde bedeutsam gemunkelt, in einer ernsten Krise. Damals war er noch ein junger, hoffnungsvoller Schriftsteller, die »Ehen in Philippsburg« (1957) hatten ihn zu Recht bekannt gemacht, die »Halbzeit« (1960) gab es noch nicht – und schon sprach man besorgt und bekümmert von seiner Krise.

Seitdem will kaum jemand, der sich mit Walsers Büchern oder Stücken beschäftigt, auf diese düstere Vokabel verzichten: Was immer er geschrieben hat und wie immer es beurteilt wurde, letztlich sei es, hieß es mit schöner Regelmäßigkeit, als Zeichen einer Krise zu verstehen – vor allem natürlich des Martin Walser oder seiner Generation, dann aber auch des Erzählens, des Romans, des Dramas oder ganz einfach der Literatur hier und heute. Und auch nach seinen schwächsten Arbeiten hat man ihn als bedauernswertes Opfer eben der Krise beklagt, auch seine »Resignation« wollten manche Rezensenten als Zeitsymptom deuten, auch für seine »Kapitulation« sollte unbedingt die Epoche verantwortlich sein.

Dabei fällt auf, dass das Verhältnis der Kritik zu Walser immer schon etwas ungewöhnlich war: Gewiss, ihm wurde unmissverständlich ein Fehlschlag nach dem anderen bescheinigt (und die vielen Misserfolge machten ihn fast unmerklich, gleichsam unter der Hand, zu einem unserer Erfolgsautoren), doch hat ihm die Kritik nie ihre Aufmerksamkeit entzogen und nur selten ihr Wohlwollen versagt. Mehr noch: Jene, die seine Produkte, mochten sie noch so kümmerlich sein, ausführlich begutachteten, erinnerten geradezu – Joachim

Kaiser, selber ein geduldiger und bewährter Walser-Forscher, hat hierauf hingewiesen – an behutsam-fürsorgliche Ärzte, die sich um das Bett eines Patienten scharen, dessen Fall ihnen außerordentlich interessant, wenn auch leider sehr bedenklich scheint.

Die liebevolle Betreuung, die dem Betroffenen verständlicherweise auf die Nerven ging, hatte schon einen triftigen Grund: »Dieser Walser ist ein Genie, wenn auch einstweilen nichts dabei herauskommt …« – meinte Friedrich Sieburg 1960. Und ein anderer Kritiker schrieb über die »Halbzeit«: »Vielleicht hat noch nie ein so schlechtes Buch eine so große Begabung bewiesen.« Kurzum: Man hatte den Verdacht und die Hoffnung, dass sich hier ein Autor unter Preis verkauft. Dass also dieser Walser ungleich mehr kann, als er leistet.

Nun ist nach vielen Jahren und Enttäuschungen, nach allerlei Irrwegen und Verstrickungen, die vielleicht notwendig waren – wer könnte darüber mit Sicherheit befinden? –, doch etwas herausgekommen. Nein, es ist kein gewaltiges Werk, sondern nicht mehr und nicht weniger als eine Novelle, und sie kann zumindest insofern keineswegs als Überraschung gelten, als sie mit Walsers vorangegangenen Romanen und Erzählungen sehr viel gemein hat: Wer wieder einmal von seiner Resignation oder Kapitulation reden wollte, wäre wohl im Recht.

Aber es gibt eine Resignation, die nicht von Schwäche zeugt, sondern von Einsicht und Reife. Und eben weil Walser in einem gewissen Sinne tatsächlich kapituliert hat, konnte es ihm gelingen, die oft beschworene Krise zu überwinden: Die Novelle »Ein fliehendes Pferd« ist seine bescheidenste und überzeugendste epische Arbeit.

Worum geht es? Man könnte sagen: um die Selbstverwirklichung des Intellektuellen in der bundesdeutschen Gesellschaft, um seinen Versuch, sich ihrem Druck und Einfluss zu entziehen, um die Vereinsamung und Entfremdung des Individuums inmitten unseres Alltags, um sein Versagen und Scheitern. Doch sind das nur dürre Formeln, die überdies schon auf Walsers frühere Bücher zutrafen, zumal auf seinen Erstling, den Erzählungsband »Ein Flugzeug über dem Haus« (1955). Jene Geschichten, mit denen sein Weg begann, waren Parabeln, die in abstrakten Räumen spielten: Ihre Gestalten dienten bloß als Demonstrationsobjekte. Später brillierte Walser mit psychologischen Nuancen und realistischen Details. Aber nach wie vor war es die Abstraktion, die seine Epik bedrohte. Das führte zu jener für ihn so bezeichnenden Mischung aus imponierender Vitalität und erschreckender Sterilität. Und damit hängt auch zusammen, dass seine erzählenden Arbeiten, ob sie sich nun wie Lehrstücke oder wie Fingerübungen ausnahmen, stets verzweifelten Kraftakten glichen.

Auch das »Fliehende Pferd« ist eine Parabel. Aber hat Walser die beiden hier im Mittelpunkt stehenden Figuren erfunden, um seine Geschichte vom zweifachen Scheitern erzählen zu können? Oder ist er von den beiden Charakteren ausgegangen und hat diese Geschichte erst aus ihnen entwickelt? Die Frage lässt sich nicht beantworten, sie ist gegenstandslos. Das aber bedeutet, dass diese Prosa lebt, dass die beiden zentralen Gestalten weder Schemen noch Marionetten sind und dass sich Walser endlich von der Abstraktion befreit hat. Dies ist umso bemerkenswerter, als dem Ganzen eine riskante Konstellation zugrunde liegt. Denn die beiden Herren, die einst Schulkameraden waren und die sich jetzt, zum ersten Mal nach dreiundzwanzig Jahren, während eines Urlaubs am Bodensee zufällig treffen und hier zusammen mit ihren Frauen einige Tage verbringen, sind als entgegengesetzte Typen konzipiert; ein so entschiedener und scharfer Kontrast wirkt jedoch in der Regel unwahrscheinlich und künstlich. Aber es ist heute wie eh und je: Wer gut erzählt, braucht die Künstlichkeit nicht zu fürchten, und er beglaubigt auch das Unwahrscheinliche.

Da haben wir also, zunächst und vor allem, den Oberstudienrat Helmut Halm, sechsundvierzig Jahre alt, verheiratet und kinderlos, der an einem Stuttgarter Gymnasium lehrt. Er ist ein nachdenklicher Mann voll Hemmungen und Skrupeln, egozentrisch und grüblerisch, schwermütig und pessimistisch. Schon als Fünfzehnjähriger las er Nietzsche, schon als Zwanzigjähriger fürchtete er, wahnsinnig zu werden. Alles Unmittelbare ist ihm zuwider, er sucht Schutz in der Verstellung: »Je größer der Unterschied zwischen seinem Empfinden und seinem Gesichtsausdruck, desto größer sein Spaß. Nur wenn er ein anderer schien und ein anderer war, lebte er.« Er möchte sich zurückziehen, er möchte fliehen. Wohin? Mit »innigem Wohlgefallen« sieht er die Gitterstäbe vor den Fenstern der Ferienwohnung, die er seit Jahren regelmäßig mietet. In seinem eigenen Häuschen, in Stuttgart, vermisst er Gitterstäbe.

Dieser Helmut Halm, der davon träumt, »seine wirkliche Person in Sicherheit zu bringen vor den Augen der Welt«, ist, hören wir, der Sohn eines Kellners. Aber ich habe den Verdacht, dass zu seinen Vorfahren auch jener düstere dänische Prinz gehört, den die deutschen Schriftsteller seit zweihundert Jahren lieben und in dem sie immer wieder das Urbild des Intellektuellen erkennen. Ja, natürlich, dieser Halm ist aus Hamlets Geschlecht.

Den meditierenden Studienrat konfrontiert Walser mit einer Gegenfigur, wie sie im Buche steht. Und der Mann heißt auch gleich Buch. Er verkörpert alles das, was dem einsamen und unglücklichen Halm abgeht: Er ist gesund und kräftig, zufrieden und unternehmungslustig, forsch und temperamentvoll. Während Halm den Boden unter seinen Füßen zu verlieren glaubt, steht Buch fest auf dieser Erde. Sie sind im selben Alter, während jedoch Halm sich als ein Experte im Vorbeischauen erweist, begegnet Buch dem Dasein frontal und offensiv: »Mein Gott, daß das Leben so schön sein kann, wer hätte das gedacht.« Während Halm beim Rotwein Trost sucht (»Jetzt trinken und versinken«), trinkt auch Buch nicht wenig, doch ausschließlich Mineralwasser. Halm wollte zwei Bücher schreiben, er arbeitet auch, wie seine Frau erwähnt, ununterbrochen, doch »komme nichts heraus dabei«. Buch, ein freiberuflicher Journalist, hat natürlich schon allerlei publiziert. Halm will mit der Umwelt möglichst wenig zu tun haben. Buch ist ein Spezialist für Umweltfragen. Der eine möchte die Gegenwart schon als Vergangenheit empfinden, der andere hingegen will die Vergangenheit um jeden Preis vergegenwärtigen.

Den einstigen Schulkameraden, der unerwartet und aufdringlich seinen Weg kreuzt, empfindet Halm als Ärgernis, als störende Herausforderung. Denn der Generationsgenosse macht ihm die eigene Misere bewusst: Angesichts des unermüdlich aktiven »Eß- und Seesportlers« fühlt sich Halm alt und verbraucht. Von weitem erinnert der schroffe Gegensatz an »Tonio Kröger« – und man muss wissen, dass Walser seit seiner Jugend in Thomas Mann verliebt und vernarrt ist und gerade diese Erzählung für eine der wichtigsten in unserem Jahrhundert hält, ja sie sogar auswendig gelernt hat.

Wie Tonio Kröger klagt, ihm sei es nicht gegeben, »am Menschlichen teilzuhaben«, so fürchtet Helmut Halm, er habe »praktisch nicht gelebt«. Und wie Tonio Kröger seinen früheren Mitschüler Hans Hansen, den »Blauäugigen«, beneidet, weil dieser »das Leben in seiner verführerischen Banalität«, die »Wonnen der Gewöhnlichkeit« genießt, so kann sich auch Halm von dem Verdacht nicht befreien, dass Buch, von dessen primitiver Daseinsbejahung und provozierenden Selbstzufriedenheit er sich angewidert abwenden möchte, doch jenes Glück zuteil wird, das ihm entgangen ist.

Aber bei Walser ist es, anders als bei Thomas Mann, nur eine scheinbare Antithese. Denn Helmut Halm und Klaus Buch sitzen im selben Boot. Und das ist auch wörtlich gemeint. Nachdem die beiden zusammen mit ihren Frauen gemeinsame Mahlzeiten und Spaziergänge absolviert haben, schickt Walser die Männer, diesmal allein, auf eine Segelpartie.

Da stellt sich heraus, was der Leser schon geahnt hat: Dieser Buch spielt nur eine Rolle, auch er ist ein unglücklicher Mensch, der fliehen möchte. Er gibt vor, den anderen retten zu wollen, es sei »höchste Zeit, daß Helmut aufhöre, dem Leben auszuweichen«. Wenn jeder allein bleibe, müsse sich jeder »auf seine eigene miese Art durchschwindeln«, aber »wenn du mitkommst auf die Bahamas, sind wir beide gerettet«. Und: »Wir sollten, bevor wir fünfzig sind, noch einmal vom Stapel laufen.«

Der Plan ist lächerlich und verräterisch zugleich. Er zeigt, wie viel die beiden, die so unterschiedlich scheinen, doch miteinander gemein haben: Es sind zwei unreife und bemitleidenswerte, dem Leben nicht gewachsene Intellektuelle, für die als Lösung ihrer Schwierigkeiten immer nur die Flucht in Betracht kommt. Beide leiden sie an dem Leistungsanspruch unserer Epoche. Walser zeigt das (unter anderem) am Beispiel des Sexuellen: »Wer den Sexualitätsgeboten dieser Zeit und Gesellschaft nicht genügte« – heißt es einmal –, »war praktisch ununterbrochen am Pranger.« Ob Klaus Buch dem Druck der Öffentlichkeit auf den Einzelnen – also der Konvention und der Mode, der Werbung und der Publikationen aller Art – nachgibt oder ob sich Helmut Halm diesem Anspruch beharrlich zu entziehen bemüht: das Ergebnis ähnelt sich auf fatale Weise. Denn beide sind sie verkümmerte, zur Selbstverwirklichung unfähige Individuen. Gerade das, worauf sie am meisten stolz sind, fehlt ihnen ganz und gar: Unabhängigkeit.

Was sich im letzten Teil der Novelle abspielt, braucht hier nicht wiedergegeben zu werden. Nur so viel: Nach einem dramatischen Vorfall und einem etwas theatralisch geratenen Epilog trennen sich die beiden Ehepaare wortlos. Im Zug sitzt Halm »mit dem Rücken zur Fahrtrichtung«.

Das Vier-Personen-Spiel, in dem freilich die Frauen erheblich kleinere Rollen haben und auch weniger deutlich sind, mag an ein naturwissenschaftliches Experiment erinnern: Hier werden, könnte man annehmen, Menschen wie Versuchsobjekte ihren gegenseitigen Wirkungen ausgesetzt. Aber diese Prosa ist niemals kalt, ja man kann ihr jene verführerische oder auch bezwingende Kraft nachrühmen, die wir bei Walser seit den »Ehen in Philippsburg« vermissen mussten. Er hat die Geschwätzigkeit überwunden und die Beredsamkeit wiedergewonnen. Selten wurde in der deutschen Literatur der Gegenwart die Alltagssprache der Intellektuellen so genau und so entlarvend eingefangen. Die Ökonomie, die einst Walsers schwächste Seite war, bewährt sich auch in der Anwendung der charakterisierenden Details: Sie signalisieren das Milieu, das er darstellen will, ohne dem Erzähler zugleich (und das war in Walsers früheren Büchern oft der Fall) die Sicht auf eben dieses Milieu zu verbauen. Ähnliches gilt für seine Psychologie: Hatte er einst nur einzelne Beobachtungen und Nahaufnahmen zu bieten, die isoliert blieben und also keine Porträts ergaben, so gelingen ihm jetzt zwei Hauptfiguren von großer Überzeugungskraft, beide übrigens mit Humor und Mitleid gezeichnet.

Was bleibt am Ende? Walsers Liebe gilt dem von des Gedankens Blässe angekränkelten, dem kleinen Hamlet aus der bundesdeutschen Provinz, aber er spielt weder Halm gegen Buch noch Buch gegen Halm aus. Keiner siegt, beide sind sie im gleichen Maße

Verlierer, eine Lösung wird nicht geboten. Die Novelle endet mit dem Satz, mit dem sie begonnen hat. Und wer ist eigentlich an der Misere der beiden Intellektuellen schuld? Der Walser von gestern hätte geantwortet: die Gesellschaft oder gar der Monopolkapitalismus. Der Autor des »Fliehenden Pferdes« hält sich, scheint es, an das immer noch beherzigenswerte Wort Ibsens: »Zu fragen bin ich da, nicht zu antworten.« In diesem Sinne mag die Novelle von Bescheidenheit zeugen, vielleicht sogar von einer gewissen Resignation. In der harten Kritik der deutschen Intellektuellen verbirgt sich auch Walsers Selbstkritik. Um noch einmal Ibsen zu zitieren: »Dichten heißt, Gerichtstag halten über sich selbst.«

Wie auch immer: Martin Walser hat offenbar nicht mehr den Ehrgeiz, mit der Dichtung die Welt zu verändern. Er will nur ein Stück dieser Welt zeigen. Mehr sollte man von der Literatur nicht verlangen.

## Günter Grass

### Auf gut Glück getrommelt

Der zweiunddreißig Jahre alte Günter Grass, dessen ungewöhnlich lauter und in die Länge gezogener Trommelwirbel den Enthusiasmus fast der gesamten deutschen Kritik hervorgerufen hat, ist tatsächlich ein geborener, wenn auch vorläufig noch keineswegs ein guter Erzähler. Ein origineller und überdurchschnittlicher Schreiber, ganz gewiss; aber doch von der Sorte jener geigenden Zigeunervirtuosen, deren effektvolles Spiel das Publikum zu hypnotisieren vermag.

Zigeunermusik in allen Ehren: sie ist urtümlich und wild, leidenschaftlich und zügellos, strotzt von Vitalität und elementarer Musikalität. Die scheinbar mühelos beherrschte Technik imponiert nicht weniger als das unverfälschte Temperament, die häufigen Tricks werden mit Beifallsstürmen belohnt. Bisweilen wird man von dem Geiger – vor allem wenn man etwas getrunken hat – ganz und gar überwältigt. Und was wäre dagegen einzuwenden? Überhaupt nichts. Die Sache wird erst bedenklich, wenn man virtuose Darbietungen dieser Art mit Kunst zu verwechseln beliebt.

Dem Erzähler sprudelt es nur so von den Lippen. Da gibt es mit unter Wortkaskaden von außerordentlicher Vehemenz und großartigem Schwung. Wenn er eine gute Stunde hat, dann hämmert und trommelt er mit einer Wut und einem rhythmischen Instinkt, dass es einem beinahe den Atem verschlägt. Man freut sich bei diesen Furiosos, dass einer in deutscher Sprache so penetrant und geschickt schmettern kann. Es wallet und siedet und brauset und zischt, wie wenn Wasser mit Feuer sich mengt. Nicht selten ist das Feuer dieser Prosa echt. Aber von dem Wasser ist allzu viel da – und wir haben es nicht immer mit sauberem Wasser zu tun.

Seine große stilistische Begabung wird dem Grass zum Verhängnis. Denn er kann die Worte nicht halten. Sie gehen mit ihm durch. Er wird immer wieder geschwätzig. Wäre der Roman um mindestens zweihundert Seiten kürzer, er wäre – wenn auch sicher kein bedeutendes Werk – doch weit besser. Im Klappentext heißt es: »Von der Fülle an Stoff, die er allein in der ›Blechtrommel‹ mitteilt, lebt mancher Romancier ein Leben lang.« Das stimmt haargenau, nur dass es in der Literatur viel weniger auf die mitgeteilte »Fülle an Stoff« ankommt als darauf, was ein Schriftsteller aus dem Stoff zu machen weiß.

Viele seiner Einfälle verarbeitet Grass überhaupt nicht – in dem überladenen Prosagebilde treffen wir immer wieder auf unverdaute und vielleicht auch unverdauliche Brocken. Und da die »Blechtrommel« von der anekdotischen Szene lebt, werden dem Autor seine Lust am Fabulieren und seine manchmal bewundernswerte Phantasie schließlich zum Verhängnis. Von der Kunst des Weglassens scheint er vorerst keinen Schimmer zu haben.

Grass ist auch ein Mann mit sehr originellem, meist makabrem Humor und mit viel Witz. Manche Witze sind auf bestem kabarettistischem Niveau. Aber wenn einer über siebenhundert Seiten lang um jeden Preis witzig sein will und an fast chronischer Geschmacklosigkeit leidet, müssen ihm natürlich zahllose schäbige Witzeleien unterlaufen. Auch sein Humor wird ihm zum Verhängnis.

Das Ganze ist als satirisches, zeitkritisches Gemälde der Jahre 1924 bis 1954 gedacht. Der in einer Irrenanstalt befindliche Oskar Matzerath erzählt die Geschichte seines Lebens. Von einem Entwicklungsroman in klassischem Sinne kann nicht die Rede sein, denn Oskar »gehörte zu den hellhörigen Säuglingen, deren geistige Entwicklung schon bei der Geburt abgeschlossen ist und sich fortan nur noch bestätigen muss«.

Im Alter von drei Jahren beschließt Oskar, nicht mehr zu wachsen – er bleibt also vierundneunzig Zentimeter groß. Was soll dieser monströse Zwerg-Held? Nun, zunächst reizte Grass wohl der uralte, vom Film zu Tode gerittene Märchentrick, eine phantastische Figur in eine streng realistisch geschilderte Welt einzuführen. Überdies wollte er vermutlich die Perspektive des völlig unvoreingenommenen und höchst scharfsichtigen Beobachters verwerten, der – da er von allen für ein Kleinkind gehalten wird – außerhalb der gezeigten Welt steht, doch stets zu ihr Zugang hat. Oskar wurde also – um das kleinbürgerliche Milieu in Danzig vor und während des Krieges zu beobachten – mit einer Art Tarnkappe versehen.

Der Einfall ist nicht übel; leider vermochte Grass nicht viel aus ihm zu machen. Nur in einer einzigen Szene war ihm die Zwergfigur des Helden zu einem allerdings glänzenden Effekt nützlich. Während einer Nazi-Kundgebung versteckt sich der Kleine mit seiner Trommel unter der Tribüne, auf der HJ-Trommler postiert sind. Da ein Mikrofon in der Nähe ist, gelingt es dem trommelnden Oskar, die offiziellen Trommler durcheinanderzubringen, die statt der vorgeschriebenen Marschrhythmen schließlich einen Charleston trommeln, wodurch die ganze Kundgebung kläglich zusammenbricht. Das ist großartig geschrieben. Welch ein Sketch! Aber ach, ein Sketch nur!

Phantasie ohne epischen Atem ist im Roman verhängnisvoll. So wird beispielsweise Oskar mit der Gabe ausgestattet, durch seine schrille Stimme Glas zu zerbrechen. Diese Fähigkeit ist zunächst nur Abwehrwaffe des Zwergs gegen die verachtete Welt der Erwachsenen. Da das Verteidigungs-Singen mit der Zeit langweilig wird, lässt Grass seinen Helden später Schaufenster von Juwelierläden zerschreien, um verschiedenen Personen Diebstähle zu ermöglichen. Was hätte ein wirklicher Romancier aus diesem kuriosen Einfall gemacht! In der »Blechtrommel« dient er allenfalls zu einigen ziemlich banalen Bemerkungen über die Unehrlichkeit der Menschen.

Schließlich lässt Grass die ganze Glaszersingerei fallen, denn für die Darstellung der Nachkriegsabenteuer Oskars scheint sie ihm nicht mehr nützlich zu sein. Die Handlung spielt jetzt vor allem in Düsseldorf, der Held schlägt sich als Steinmetz, Malermodell und Jazz-Musiker durch. Da für diese nicht ungewöhnliche Laufbahn ein Zwerg nicht brauchbar war, lässt Grass seinen Oskar ganz einfach um noch dreißig Zentimeter wachsen und versieht ihn bei dieser Gelegenheit mit einem Buckel.

Die Vision der Hunger- und Wirtschaftswunder-Jahre ist schon ganz und gar schwunglos und uninteressant. Aber plötzlich hat Grass wieder einen bewundernswerten Einfall. Ein elegantes Lokal wird gezeigt, das die Gäste nur dazu aufsuchen, um gemeinsam Zwiebeln zu schneiden, wodurch sie erreichen, »was die Welt und das Leid dieser Welt nicht schafften: die runde menschliche Träne … Da wurde endlich wieder einmal geweint. Anständig geweint, hemmungslos geweint.«

Dieser Szene möchte Grass aber unbedingt eine zusätzliche (höchst überflüssige) Pointe aufsetzen. Dank der hypnotisch wirkenden Trommelei Oskars werden die Gäste in ihre Kinderzeit versetzt. Sie sind entzückt und »befriedigten ein Kleinkinderbedürfnis, näßten, alle, die Damen und die Herren näßten … pißpißpißpiß machten sie, näßten alle die Höschen und kauerten sich dabei nieder«.

Den Vorgängen des Urinierens und Erbrechens widmet Grass immer wieder seine besondere Aufmerksamkeit. Er schildert auch einen Notzuchtversuch an einer religiösen Holzfigur und berichtet, wie sein im Schrank versteckter Held onaniert.

Wir sind durchaus nicht schockiert. Nichts Menschliches und Allzumenschliches braucht der Schriftsteller zu umgehen. Aber er muss uns durch sein Werk überzeugen, dass die Berücksichtigung dieser Vorgänge notwendig oder zumindest nützlich war. Das vermag Grass nicht. Die meist präzisen und bisweilen wollüstigen Schilderungen seiner Art ergeben nichts für seine Zeitkritik.

Auch ist die geradezu kindische Wonne, die dem Autor seine Provokationen bereiten, recht bedenklich. Sartre sagte einmal, die Worte des Schriftstellers seien »geladene Pistolen« und der Schriftsteller müsse »wie ein Mann auf ein Ziel schießen und nicht wie ein Kind auf gut Glück, mit geschlossenen Augen und nur, um vergnügt das Knallen zu hören«.

Gewiss hält Grass die Augen nicht geschlossen. Manche seiner bissigen Gedichte schienen von wirklichem Nonkonformismus zu zeugen. In der »Blechtrommel« lenkt ihn jedoch eine ungebändigte Phantasie meist von der wesentlichen Problematik der letzten Jahrzehnte ab. Das »Knallen«, das ihm unendliche Freude bereitet, ist nur Trommelei – und die Trommel ist aus Blech. Die Echtheit der Aggressivität wird oft in Frage gestellt, und die Auseinandersetzung mit der Zeit wird von Spielereien oder Schaumschlägereien verdrängt.

Was wird aus dem Grass werden? Ja, wenn er Schauspieler wäre, würde man sagen, dieser wilden Begabung solle sich sofort der beste und energischste deutsche Regisseur annehmen. Aber für Schriftsteller gibt es bekanntlich weder Regisseure noch Lehrmeister. Sie müssen ganz allein mit sich fertig werden. »Die Blechtrommel« ist kein guter Roman, doch in dem Grass scheint – alles in allem – Talent zu stecken. Er muss mit den Feinden seines Talents kämpfen – sie sind in seiner eigenen Brust zu finden. Wir wünschen ihm sehr, sehr viel Glück.

## Selbstkritik des »Blechtrommel«-Kritikers

Natürlich sind mir in meiner literarkritischen Arbeit allerlei mehr oder weniger ernsthafte Irrtümer unterlaufen. Man sollte jedoch zwei Arten von Irrtümern unterscheiden. Zunächst einmal gibt es Fehler, Versehen und Missverständnisse, die auf ein Versagen zurückzuführen sind. Wahrscheinlich könnte nur ein Psychoanalytiker die Ursache derartiger Fehlleistungen ermitteln. Sie betreffen in der Regel Einzelheiten und Teilaspekte des betrachteten Gegenstandes, können aber in extremen Fällen zur falschen Beurteilung ganzer Bücher führen. Also darf man derartige Irrtümer nicht unterschätzen, doch geht aus ihnen kaum mehr hervor als die Erkenntnis, dass auch Kritiker Menschen sind.

Ungleich wichtiger scheinen mir jene Irrtümer zu sein, denen nichts Zufälliges anhaftet und die im unmittelbaren Zusammenhang mit den Anschauungen des Kritikers stehen, die also durch diese Anschauungen ermöglicht, wenn nicht gar verursacht wurden. Von solchen Irrtümern in meiner Arbeit – und nicht von gelegentlichen Verwechslungen oder Missverständnissen – möchte ich hier sprechen.

Ich bin Anhänger einer engagierten Literatur. Ich glaube, dass Schriftsteller sich nicht damit begnügen dürfen, das Leben mit reizvollen Arabesken zu schmücken und allerlei Ornamente beizusteuern. Ich glaube, dass es ihre Hauptaufgabe ist, bewusst in einer bestimmten Richtung zu wirken, also auf ihre Zeitgenossen Einfluss auszuüben. Daher suche ich in der Literatur, zumal in der erzählenden Prosa, vor allem die Auseinandersetzung mit den großen moralischen Fragen der Gegenwart.

Die Kritik ist aber – wie es in dem Goethe-Essay von Curtius heißt – nichts anderes als »die Form der Literatur, deren Gegenstand die Literatur ist«. Wer also vom Romancier oder Dramatiker erwartet, dass er sich engagiert, muss es ebenfalls vom Kritiker fordern: Auch den Kritiker verpflichtet die Auseinandersetzung mit den zentralen moralischen, philosophischen und ideologischen Problemen unserer Zeit. Hierdurch können jedoch gefährliche Irrtümer entstehen – dann nämlich, wenn der engagierte Kritiker dem Autor, der gewichtige Fragen behandelt und dessen Anschauungen ihm willkommen sind, einen besonderen Preisnachlass für die künstlerische Leistung gewährt.

Zugleich fordert der Begriff »engagierte Kritik« eine eindeutige Stellungnahme zu den literarischen Phänomenen der Gegenwart. Der Kritiker muss sich entscheiden können, er hat klar »ja« oder »nein« zu sagen und das Risiko, das mit einem solchen Votum verbunden ist, auf sich zu nehmen. Wer dieses bisweilen große Risiko scheut, soll sich einen anderen Beruf aussuchen.

Selbstverständlich gibt es auch Bücher, auf die teilweise mit einem bedächtigen »Nein« und teilweise mit einem zögernden »Ja« reagiert werden muss. Aber ihre Zahl ist nicht so groß, wie die Lektüre der Kritiken in der Bundesrepublik vermuten lässt. Unser literarisches Leben strotzt von vorsichtigen »Jein«-Sagern. Bevor sie sich über ein Buch äußern, warten sie erst einmal zehn andere Rezensionen ab und sichern sich dann noch nach allen Seiten ab.

Nicht weniger schädlich sind die konsequenten Alleslober, die ewigen Hymniker, die das Vertrauen der Leser zur Kritik untergraben. Als derartige Alleslober erweisen sich häufig Romanciers und Lyriker, die Buchbesprechungen schreiben. Diese »Sonntagsjäger« der Kritik möchten sich niemanden verärgern, denn sie sehen in jedem Autor einen potentiellen Rezensenten des Romans oder Gedichtbands, an dem sie gerade arbeiten.

Die Irrtümer der »Jein«-Sager fallen kaum auf; es handelt sich ja meist – da sie zu feige sind, um sich festzulegen – nur um halbe Irrtümer. Den Allesloben wiederum gelingt es häufig, besonders krasse Fehlurteile zu vermeiden, weil sie in der Regel – abgesehen von den

Hymnen, die sie den tatsächlich guten Büchern widmen – nicht das ganz Schlechte hochloben, sondern das Farblos-Mittelmäßige.

Der Kritiker hingegen, der sich einem Kunstwerk mit voller Verantwortung stellt, der seine Überzeugung dem Leser ungeschminkt mitteilt und seine ganze kritische Autorität für oder gegen ein Buch in die Waagschale wirft, wird am meisten vom Irrtum bedroht. Mephisto sagt jedoch im zweiten Teil des »Faust«: »Wenn du nicht irrst, kommst du nicht zu Verstand.« So meine ich, dass sogar die irrtümlichen Urteile der engagierten Kritiker nützlicher sind als die unverbindlichen und lauwarmen Äußerungen der »Jein«-Sager – von den opportunistischen oder verlogenen Besprechungen der Alleslober ganz zu schweigen.

Nun werden aber Urteile von Richtern gefällt – in der Tat bezeichnet man Kritiker oft als Kunstrichter. Ich für meinen Teil muss dagegen protestieren. Sosehr ich hoffe, ein engagierter Kritiker zu sein, so wenig möchte ich mit einem Richter verglichen werden. Ich trete, glaube ich, in einer ganz anderen Rolle auf. Nicht Urteilssprüche sind meine Kritiken, sondern Plädoyers.

Zunächst bin ich verpflichtet, den Autor, dessen Buch ich rezensiere, zu verteidigen. Mit Geduld, mit liebevoller Teilnahme, mit Herzlichkeit muss ich sein Werk untersuchen. Ich muss es mit allen mir zu Gebote stehenden Mitteln zu seinen Gunsten deuten und dem Leser so vorteilhaft wie möglich präsentieren. Ich habe, wenn es um seine schwachen Seiten geht, auf mildernde Umstände hinzuweisen. Und es ist meine Hauptaufgabe, alle diejenigen ästhetischen, intellektuellen und moralischen Aspekte und Motive seines Werkes zu betonen, die ihm, dem Autor, die Anerkennung, die Sympathie, vielleicht sogar die Liebe des Publikums sichern können. Kurzum: Mein Autor ist mein Mandant, mein Klient, mein Schützling. Ich habe ihm zu dienen, seine Sache zu vertreten.

Aber hätte ich nur diese eine Funktion – meine Arbeit wäre weit einfacher. Der Verteidiger muss jedoch zugleich ein Ankläger sein. In wessen Namen klage ich eigentlich an? Des Publikums? Gewiss nicht, denn ich habe vom Publikum keinerlei Auftrag erhalten. Im Namen der Zeitung, für die ich schreibe? Nein. Die Redaktion darf auf die Tendenz meiner Kritik keinen Einfluss ausüben. Der Kritiker repräsentiert nur sich selber – und nicht etwa ein Kollektiv.

In wessen Namen also klage ich an? Die ehrliche Antwort auf diese Frage klingt pathetisch: im Namen der Literatur. Ich muss jede Seite des neuen Werks misstrauisch lesen, ich muss es hartnäckig anzweifeln. Ich habe alles Schwache, Fragwürdige und Schlechte im Gegenstand der Betrachtung zu suchen. Es ist meine Aufgabe, dem Autor auf die Schliche zu kommen, ihn zu entlarven. Im Interesse der Literatur kann ich nicht zu streng sein. Mein Schützling ist auch mein Opfer.

Zwei Seelen wohnen also in des Kritikers Brust, in zwei Rollen tritt er gleichzeitig auf: als Rechtsanwalt und als Staatsanwalt. Das Ergebnis des Kampfes dieser beiden Seelen, des Gefechts auf dem Feld derartiger dialektischer Spannungen, die Summe der beiden Plädoyers, des verteidigenden und des anklagenden – das ist die Kritik, die dem Leser dienen will und dem Autor, der Literatur und unserer Zeit. Die Urteile hingegen werden, meine ich, nicht von uns, den Kritikern, gefällt, sondern später einmal von den hohen Richtern, den Literaturhistorikern.

Wer das Amt des Kritikers in diesem Sinne auffasst, wer eine lebendige, militante, dialektische Auseinandersetzung mit der zeitgenössischen Literatur anstrebt, wer mutige und eindeutige Sofortreaktionen der Kritik fordert – der muss mit Irrtümern rechnen, der muss sie in Kauf nehmen. Denn oft bedarf das Plädoyer bereits nach wenigen Jahren einer Korrektur. Nach abermaliger Lektüre erscheint der Roman oder der Erzählungsband in einem anderen Licht. Der Kritiker sieht, dass er bei der ersten Begegnung mit dem Buch dem Ankläger oder dem Verteidiger in seiner Brust zu wenig Widerstand geleistet hat. Aus heutiger Sicht war sein damaliges Plädoyer irrtümlich. Und es ist sehr bedauerlich, dass wir Kritiker uns nur selten zu einer so belehrenden Selbstkontrolle unserer beruflichen Tätigkeit entschließen können oder wollen.

Am 1. Januar 1960 brachte »Die Zeit« meine Kritik des Romans »Die Blechtrommel« von Günter Grass. Ich sagte damals, der Anfänger Grass sei ein ungewöhnlicher, ein überdurchschnittlicher Erzähler, ich rühmte seinen originellen Humor, seine bewunderungswürdige Phantasie und seine sprachliche Kraft. Andererseits schrieb ich – übrigens weit ausführlicher – über das alles, was mir an der »Blechtrommel« fragwürdig oder geradezu schlecht zu sein schien. Ich meinte, der Autor habe von der Kunst des Weglassens keinen Schimmer und sei sogar geschwätzig. Ich bedauerte, dass er seine teilweise großartigen Einfälle episch auszuwerten nicht imstande sei. Ich beanstandete Geschmacklosigkeiten und Schaumschlägereien, ich warf Grass vor, er habe es bisweilen darauf abgesehen, die Leser um jeden Preis zu schockieren, ihm sei hier und da an einem primitiven Bürgerschreck gelegen, der die Ernsthaftigkeit und die Aggressivität seines Buches in Frage stelle.

Das alles war im Großen und Ganzen richtig. Dennoch könnte ich diese Kritik nicht mehr unterschreiben. Ich würde heute die Akzente anders setzen und mich insbesondere mit dem Neuartigen in der Prosa von Grass viel eingehender befassen. Warum habe ich es damals nicht getan? Und warum zeichnet sich meine Kritik durch einen besonders gereizten und enragierten Ton aus? Mich hatte die leidenschaftliche, ja wilde Kraft dieses Erzählers beeindruckt. Aber er hatte mich zugleich enttäuscht. Ich konnte mich nicht damit abfinden, dass Grass seine Vitalität nicht gezügelt und sein Temperament nicht beherrscht hatte. Ich meinte, hier werde eine große Begabung verschleudert. Ich hielt es für meine Pflicht, den Autor zu warnen und das Publikum zur Skepsis aufzurufen. Daher habe ich in meinem Plädoyer vor allem den Ankläger sprechen lassen – und eben dadurch wurden die Proportionen entstellt.

Aber ich muss meiner vor drei Jahren geschriebenen Kritik noch etwas vorwerfen. Es handelt sich um den Helden der »Blechtrommel«. Warum hat Grass einen monströsen Zwerg in den Mittelpunkt gestellt? Ich schrieb, es habe ihn gereizt, »eine phantastische Figur in eine streng realistisch geschilderte Welt einzuführen«. Weiter hieß es in meiner damaligen Kritik: »Überdies wollte er vermutlich die Perspektive des völlig unvoreingenommenen und höchst scharfsichtigen Beobachters verwerten, der – da er von allen für ein Kleinkind gehalten wird – außerhalb der gezeigten Welt steht, doch stets zu ihr Zugang hat. Oskar wurde also ... mit einer Art Tarnkappe versehen.«

Das war alles richtig. Und doch bin ich der Gestalt des Helden und somit der Konzeption des Romans »Die Blechtrommel« mit diesen Bemerkungen nicht gerecht geworden. Denn Oskar protestiert physiologisch und psychisch gegen die Existenz schlechthin. Er beschuldigt den Menschen unserer Zeit, indem er sich zu seiner Karikatur macht. Der totale Infantilismus ist sein Programm. Er verkörpert jenseits aller ethischen Gesetze und Maßstäbe die absolute Inhumanität. Das hätte ich damals schreiben sollen. Ich habe es leider nicht geschrieben.

So muss ich gestehen, dass meine private literarkritische Methode – wenn dieses Wort nicht viel zu hoch gegriffen ist – Irrtümer keineswegs ausschließt, ja sie mitunter sogar begünstigt. Und doch sehe ich keine andere Möglichkeit, keinen besseren Weg zu einer fruchtbaren Auseinandersetzung mit der Gegenwartsliteratur als die unentwegte kritische Diskussion mit den Autoren. Oder richtiger gesagt: mit ihren Werken. So will ich nicht als Kunstrichter urteilen, sondern weiter Plädoyers schreiben – des Verteidigers wie des Anklägers. Als Trost bleibt die stille Hoffnung, die heimliche Zuversicht, dass auch die Irrtümer, die der Kritik auf der Suche nach der Wahrheit unterlaufen, letztlich doch der Literatur dienen.

Brechts Held, der Herr Keuner, wurde gefragt, woran er arbeite. Er antwortete: »Ich habe viel Mühe, ich bereite meinen nächsten Irrtum vor.« Das gilt auch für Kritiker, jedenfalls für mich. Sollte also der Westdeutsche Rundfunk in Zukunft noch einmal eine Sendereihe »Selbstkritik der Kritiker« veranstalten, dann werde ich gewiss – so sehr ich es auch vermeiden möchte – mit neuen Irrtümern zur Verfügung stehen.

## Christa Wolf

### Christa Wolfs unruhige Elegie

»Nachdenken über Christa T.« –
ein höchst bemerkenswerter DDR-Roman

Christa Wolfs »Nachdenken über Christa T.« strotzt von Widersprüchen; und dennoch ist das Buch überraschend einheitlich. Traditionsbewusst und vielen Vorbildern verpflichtet, erweist es sich trotzdem als durchaus eigenwillig und modern zugleich. Es ein leicht angreifbares und schwer greifbares Stück Literatur, ein Roman, der Interpretationen geradezu herausfordert und der sich schließlich, nicht ohne Grazie und Koketterie, jeglicher Interpretation entziehen möchte. Kurz: ein höchst erfreulicher Fall.

Die 1929 geborene DDR-Autorin Christa Wolf – und dieser Ausdruck zielt nicht nur auf ihren Wohnort ab, sondern auch auf die Tatsache, dass sie sich ostentativ zur DDR bekennt – verdankt ihren nicht unbeträchtlichen Ruhm dem Roman »Der geteilte Himmel«.

In dieser Geschichte einer Liebe, die im Sommer 1961 an der Teilung Deutschlands scheitert, war zweierlei aufgefallen. Weder wurde der junge Chemiker, der sein Mädchen verließ, um nach der Bundesrepublik zu gehen, als Agent oder Schweinehund beschimpft, noch das in der DDR zurückbleibende Mädchen als jugendliche Heroine gefeiert; Derartiges schien damals, 1963, schon rühmenswert. Und zweitens hatte sich die Erzählerin linkisch zwar, doch ziemlich entschieden einiger Darstellungsmittel des modernen westlichen Romans bedient.

Ein biederes und aufrichtiges Buch, naiv und betulich und recht sentimental, bemerkenswert vor dem Hintergrund der DDR-Literatur und bestimmt keine bedeutende künstlerische Leistung – so etwa präsentierte sich der »Geteilte Himmel«. Wer jedoch glaubte, die Grenzen der epischen Begabung der Christa Wolf bereits erkannt zu haben, der wird jetzt eines Besseren belehrt: »Nachdenken über Christa T.«, weder bieder noch betulich, übertrifft den Erstling in jeder Hinsicht. Sentimental freilich ist auch dieser Roman, nur in einem ganz anderen Sinne.

Ein Mensch ist gestorben, eine noch junge Frau, knapp fünfunddreißig Jahre alt. Nein, weder Mord noch Selbstmord, auch kein Unfall. Anders als im Fall jenes Eisenbahners Jakob Abs, der quer über die Gleise ging, unterliegt die Todesursache keinem Zweifel: Leukämie. Das Leben dieser Frau, der Christa T., wird hier erzählt. Also kein sonderlich origineller Ausgangspunkt? Aber auch die Umrisse ihrer Geschichte sind so einfach und alltäglich, so banal wie nur möglich.

Der Schulzeit während des Krieges folgen die üblichen Stationen: Flucht, Umsiedlung, Neubeginn im Nachkriegschaos. Dann studiert jene Christa Germanistik in Leipzig, sie lernt die Liebe kennen, wird Lehrerin, wendet sich enttäuscht von ihrem Beruf ab, heiratet einen Tierarzt, bringt Kinder zur Welt und lebt ruhig, meditierend und schreibend, irgendwo im Mecklenburgischen. Und um der Banalität die Krone aufzusetzen, ist ihr Ehepartner ein braver und langweiliger Kerl, jener aber, der die Ehe gefährdet, ein junger und fescher Jägersmann.

Doch sind diese Männer kaum mehr als Statisten. Neben der Christa T. gibt es in dem Roman nur noch eine wichtige Figur: die Ich-Erzählerin. Sehr merkwürdig: Sie informiert uns über ihre Person äußerst karg, das Wenige indes, das sie uns beiläufig mitteilt, ähnelt auf auffallende Weise der Biographie der Christa T. Die Ich-Erzählerin ist ihre Generationsgenossin, sie stammt aus derselben Gegend, sie waren in derselben Schule, sie haben zusammen Germanistik studiert, auch die Ich-Erzählerin wird Lehrerin, Ehefrau und Mutter. Natürlich haben wir es mit zwei verschiedenen Gestalten zu tun. Aber mit der Zeit zeigt sich – und weder gegen den Willen der Autorin noch zum Nachteil des Buches –, dass sie, allen direkten Benennungen zum Trotz, nicht immer und nicht so sicher als zwei autonome epische Figuren erkennbar sind. Dies wiederum hängt mit der Substanz und Konzeption des ganzen Romans zusammen.

Die Ich-Erzählerin, die die Geschichte der 1963 gestorbenen Freundin erst zwei oder drei Jahre nach deren Tod aufschreibt – nein: aufzuschreiben versucht –, weiß sehr wohl, dass ihre Erinnerung schon zu verblassen beginnt und dass ihre Kenntnisse so ungenau wie lückenhaft sind. Was der Ehemann und die Bekannten hinterher zu berichten haben, ist nur selten brauchbar. Immerhin bleiben noch allerlei Dokumente: die persönlichen Aufzeichnungen der Toten, ihre literarischen und germanistischen Arbeiten. Sie liefern zwar einige zentrale Stellen des Buches, doch letztlich ist die Ich-Erzählerin auf ihre Intuition und Intelligenz angewiesen – und, versteht sich, auf ihre Phantasie.

Hier setzt das reizvolle Spiel dieses Romans an – und es ist glücklicherweise kein Puzzle-Spiel. Man kennt das ja hinreichend: Eine Biographie soll rekonstruiert und somit ein mehr oder weniger dunkler Sachverhalt aufgedeckt werden. Der Beauftragte des Autors sammelt fleißig Material und findet auch allerlei, doch nie genug. Am Ende bekennt er sich zur Niederlage, denn, so hören wir mit schöner Regelmäßigkeit, eines Menschen Weg und Wesen lassen sich niemals gänzlich erfassen und darstellen. Christa Wolf erspart uns die Reprise dieses Spiels, das ihrige findet auf einer anderen Ebene statt.

Gewiss will die Ich-Erzählerin das Leben der Freundin möglichst genau erkunden und erkennen. Aber sie kann nicht anders, als – bewusst oder unbewusst, offen und insgeheim – ihre eigenen Erfahrungen in die Geschichte der Toten zu projizieren. Andererseits zieht sie verschiedene Reaktionen und Äußerungen der Christa T. heran, um das zu begreifen und zu deuten, was sie selber erlebt hat. Diese Wechselbeziehung bildet gewissermaßen das Rückgrat des Romans: Vor allem der Subjekt-Objekt-Relation (und natürlich auch ihrer Umkehrung) verdankt er seine eigentümliche, bisweilen geradezu kontrapunktische Spannung.

Die insistierende Bemühung um das Porträt eines anderen Menschen erweist sich also bei näherer Betrachtung als Versuch der Selbstverständigung und Selbstdarstellung, ja als Introspektion. Und wie die beiden Frauen Komplementärfiguren sind, die mitunter zu einer einzigen verschmelzen, so präsentiert sich hier häufig als Dialog, was im Grunde ein einziger Monolog ist. Nicht »Christa T.« lautet ja der Titel des Buches, sondern »Nachdenken über Christa T.«.

Doch warum gerade über diese und keine andere Person, über eine, die »nicht beispielhaft« und »als Gestalt kein Vor-Bild« ist, über eine DDR-Bürgerin, »auf die doch keines der rühmenden Worte passt, die unsere Zeit, die wir mit gutem Recht hervorgebracht haben«? Wenige Zeilen weiter findet sich die überraschende Antwort: »Einmal nur, dieses eine Mal, möchte ich erfahren und sagen dürfen, wie es wirklich gewesen ist, unbeispielhaft und ohne Anspruch auf Verwendbarkeit.« Und lange will es scheinen, als sei dies die Ansicht auch der Christa Wolf.

Denn jene Christa T., in der sich die Ich-Erzählerin so oft wiedererkennt, wird uns von vornherein – und immer wieder – als ein besonders empfindliches und recht mysteriöses Wesen geschildert, das »überall zu Hause und überall fremd zu sein« schien, und beides »in der gleichen Sekunde«. Sie möchte »der dunkleren Hälfte der Welt entrinnen«, von ihrer bedenklichen »Versunkenheit« ist die Rede, manche werfen ihr vor, sie sei nicht nur »anders als andere«, sondern auch »wirklichkeitsfremd« und »unzeitgemäß«, sie sei – bekennt sie selber – »ein bißchen anfällig für Überirdisches«.

Eine solche Romanheldin hat die DDR-Literatur bisher nicht gekannt. Aber sollte diese Figur tatsächlich »unbeispielhaft und ohne Anspruch auf Verwendbarkeit« sein? In der zweiten Hälfte des Buches lässt die Ich-Erzählerin die Katze aus dem Sack: »Wer die Achseln zuckt, wer von ihr, Christa T., weg und auf größere, nützlichere Lebensläufe zeigt, hat nichts verstanden. Mir liegt daran, gerade auf sie zu zeigen.« Wozu?

Es ist die Geschichte ihrer Generation, die Christa Wolf hier erzählt, die Geschichte jener, die kurz nach 1945, damals kaum achtzehn oder zwanzig Jahre alt, begeistert und emphatisch die Morgenröte einer neuen Zeit grüßten und die sich wenig später inmitten des grauen und trüben Alltags von Leipzig und Ostberlin sahen. Sie glaubten, den Sturm der Revolution entfesselt zu haben, doch was kam, war nur der Mief der DDR.

So betrachtet, sind beide – Christa T. wie ihre berichtende und analysierende Freundin – in hohem Maße typische und exemplarische Gestalten, sensibler freilich und intelligenter als die meisten Generationsgenossen. »Sie muß frühzeitig Kenntnis bekommen haben«, heißt es von Christa T., »von unserer Unfähigkeit, die Dinge so zu sagen, wie sie sind. Ich frage mich sogar, ob man zu früh klarsichtig, zu früh der Selbsttäuschung beraubt sein kann.« Und während andere sich vom »Rausch der Neubenennungen« hinreißen lassen, tut Christa T., was viele in ihrer Umwelt für unverzeihlich halten: Sie zweifelt – »an der Wirklichkeit von Namen, mit denen sie doch umging«.

Die Folgen heißen: Lustlosigkeit, Depression, Resignation. Ja, die von des Gedankens Blässe angekränkelte DDR-Germanistin meditiert schon fast wie jener zweifelnde Prinz, den alle Intellektuellen so lieben: »Einen Weg kenn' ich, den ganzen Jammer auf einmal und von Grund auf loszuwerden. Ich kann meine Gedanken nicht mehr davon losmachen.« Für den Arzt ist der Fall klar: »Todeswunsch als Krankheit. Neurose als mangelnde Anpassungsfähigkeit an gegebene Umstände.« Das wahrlich ist ein vollendeter Euphemismus: »gegebene Umstände«. Sagen wir klar: Christa T. stirbt an der Leukämie, aber sie leidet an der DDR. Was bleibt, ist Kapitulation: Rückzug in einen windstillen Winkel des Arbeiter- und Bauern-Staates, Flucht in den Alltag der Ehefrau und Mutter.

In einer 1954 geschriebenen Examensarbeit der Christa T. findet die Ich-Erzählerin die Sätze: »Die Rettung der Poesie vor der drohenden Zerstörung der menschlichen Persönlichkeit an den Rand des Geschehens.« Und: »Ihn hat der Konflikt zwischen Wollen und Nichtkönnen in den Lebenswinkel gedrängt …« Das bezog sich auf Theodor Storm, das gilt natürlich auch für Christa T.: Ihr Husum liegt in Mecklenburg. Ist also die einzige Rettung vor dieser »drohenden Zerstörung der menschlichen Persönlichkeit« der Rückzug ins Innere? Werden wieder, wie so oft in der deutschen Literatur, die alten Antithesen – Geist und Materie, Idee und Wirklichkeit, Kunst und Leben – zur klassischen Gegenüberstellung von Innenwelt und Außenwelt verdichtet? Wird noch einmal – mehr oder weniger romantisch – das Primat der Innenwelt verkündet?

Diesem Roman, der die dialektische Wechselbeziehung zwischen dem Einzelnen und der Gesellschaftsordnung andeutet und umspielt, der so behutsam wie unmissverständlich die Frage nach der Selbstverwirklichung der Persönlichkeit in jener Welt stellt, die sich sozialistisch nennt, der sich nicht scheut, auch und vor allem die Selbstentfremdung des Individuums zu zeigen – und drüben ist der Begriff noch nicht zum Modewort degradiert und entwertet –, diesem Roman also fehlt auch die Spur von der fröhlich-optimistischen Perspektive, die die Kulturfunktionäre ihren Schriftstellern abzuverlangen versuchen.

Indes hieße es, glaube ich, Christa Wolf gründlich verkennen, wollte man sie für die Sachwalterin einer neuen Innerlichkeit halten. Dass sich Christa T. genötigt sah, für ihr Haus einen von den Zentren des Lebens offenbar weit entfernten Winkel auszusuchen, und also an die Peripherie abgedrängt wurde, haben wir wohl symbolisch zu verstehen. Das gilt aber auch für den Umstand, dass sie dieses Haus eben doch in der DDR baut. Gewiss verweist Christa Wolfs Buch auf die Flucht in die Idylle als die einzige Möglichkeit, die der enttäuschten, der desillusionierten und ernüchterten Generation geblieben war. Aber nicht gegen die Außenwelt schlechthin wird hier die Innenwelt – eher leise drohend als resignierend – ausgespielt, sondern gegen jene, die den Weg dieser Generation zu verantworten haben – gegen die »eisern Gläubigen«. Die Ich-Erzählerin stellt knapp fest: »Mir graut vor der neuen Welt der Phantasielosen. Der Tatsachenmenschen.«

So wie es hier kein einziges Wort gegen die DDR oder gar gegen den Kommunismus gibt, so richtet sich jedes der zwanzig Kapitel dieses melancholischen Plädoyers gegen die »Phantasielosen« und die »Tatsachenmenschen«. Ihnen muss das Buch, trotz der eindeutigen Entscheidung der Erzählerin, schon deshalb auf die Nerven gehen, weil es poetisch ist und sich daher allen »eisernen Definitionen« entzieht. Und es knüpft überdies – auch das eine Überraschung – an eine sehr entlegene literarische Tradition an.

Paraphrasierend nähert sich Christa Wolf ihrem Thema, sie geht es von verschiedenen Seiten an, weicht wieder zurück und umspielt es aufs Neue. Allerlei malerische und düster klingende Lyrismen versagt sie sich nicht: »Gestern noch wäre man in die Küche gelaufen, wo die Schwester mit der Mutter die Abendsuppe kocht, allein, wie sie sich ausgebeten hat. Heute muß man statt dessen ans Tor gehen, die Hände an die Latten klammern, muß mit ansehen, wie die Zigeuner das Dorf verlassen …« Und: »Da sind auch die Kirschen wieder, da der Teich. Abends die Frösche. Kilometerweit fahren mit dem Rad über Land. An den Zäunen stehn und mit den Leuten reden.« Oder: »Und die Feuer sind Fackeln, und in ihrem flackernden Licht treten die festlich gekleideten Gutsbewohner mit ihren Gästen aus dem Portal, der frisch gebackene Ritterkreuzträger mitten unter ihnen.«

Sind das gar Cornet-Reminiszenzen? Demian-Töne? Dekoratives jedenfalls ist der Erzählerin Christa Wolf nicht unlieb, Wehmütiges durchaus nicht fremd, vom Geheimnisvollen lässt sie sich gern faszinieren, häufig, allzu häufig beschwört sie den Himmel, die Nacht und die Dämmerung, den Mond und die Sterne. Bisweilen mutet sie uns etwas viel zu: »Manchmal, selten, schrieb sie einen Brief, oft las sie oder hörte Musik. Der Mond kam über dem See hoch, sie konnte lange am Fenster stehen und zusehen, wie er sich im Wasser spiegelte.«

Aber anders als in ihrer »Moskauer Novelle« und im »Geteilten Himmel« tauchen derartige Akzente oft – nicht immer – in ironischer Brechung auf und werden mit leicht relativierender Distanz geboten: »Jetzt ist die Sonne in die Hecken gefallen. Fehlt bloß noch, daß sie quer über eine Wiese laufen, und das ausgebreitete Heu duftet. Also gut, sie laufen, und das Heu duftet, das haben wir ja alles in der Hand. Jetzt soll sie ihn nach den Pappeln fragen …«

Trotzig fast und ostentativ betont Christa Wolf das Bruchstückhafte und das Ungewisse: »So kann es gewesen sein, aber ich bestehe nicht darauf.« »Es spielt ja gar keine Rolle, ob sie (die Geschichte) sich genauso zugetragen hat oder nicht.« Auch Christa Wolf gefällt es – mit Frisch zu sprechen –, Geschichten wie Kleider anzuprobieren, eine Begegnung beispielsweise der Christa T. mit ihrem künftigen Mann wird uns in verschiedenen Fassungen geboten: »Wir können noch einen Versuch machen. Nicht jenes Kostümfest soll es gewesen sein, das sowieso erfunden ist, sondern eine einfache Ankunft, noch dazu in einem Landstädtchen.«

Dieser Roman könnte also auch heißen: »Mutmaßungen über Christa T.« oder »Ansichten über eine Germanistin« oder »Mein Name sei Christa T.«. Ja, Christa Wolf hat sich tüchtig umgesehen in der neueren deutschen Prosa, und sie hat von ihnen allen, von Johnson, Böll und Frisch und vielleicht auch noch von Grass und Hildesheimer, manches gelernt. Doch ist nichts mehr von der rührenden Unbeholfenheit aus dem »Geteilten Himmel« zu spüren – über die Techniken und Ausdrucksmittel, die Christa Wolf offenbar von westlichen Autoren übernommen hat, verfügt sie jetzt sehr sicher und ganz natürlich.

Vor allem aber: Nicht hier, sondern in einer anderen Welt und Epoche ist ihr Vorbild zu suchen. Freundschaftskult, Naturschwärmerei und Gefühlsüberschwang, weiche Lyrismen und subtile Stimmungen, das Belauschen seelischer Regungen und Reaktionen, die vielen Konfessionen und Selbstanalysen in Briefen und Tagebüchern, die Verbindung des Elegischen und Idyllischen mit dem Diskursiven und Reflexiven – woher kennen wir eigentlich das literarische Modell, in dem sich dies alles zusammenfindet?

Es ist – und Christa Wolf selber spielt darauf innerhalb ihres Buches an – der deutsche Roman der Empfindsamkeit, der sentimentale Roman jener dem »Werther« vorangehenden Epoche, der hier nicht fröhlich zwar, doch schwermütige Urständ feiert. Die Empfindsamkeit aber war, wie man weiß, nichts anderes als die Reaktion auf einen allzu engstirnigen Rationalismus. Auf diese längst vergessene Tradition greift Christa Wolf zurück, die sie – im Hegel'schen, im dreifachen Sinne – aufhebt. Sie, die einst unfreiwillig sentimental geschrieben hatte, macht nun die Sentimentalität bewusst und kunstvoll zum Hauptelement ihrer unruhigen Elegie – der poetischen Verteidigung des Individuums gegen den Anspruch der »eisernen Definitionen«.

# Peter Rühmkorf

## Der Prediger mit der Schiebermütze
Laudatio auf Peter Rühmkorf

Gegen Ende seines autobiographischen Buches »Die Jahre, die Ihr kennt« spricht der Dichter Peter Rühmkorf ein großes Wort gelassen aus. Er verkündet klipp und klar: »Habe viele Schlachten, aber nie meine Identität verloren.« Mag sein, doch wie ließe sich diese seine Identität umschreiben, wie könnte man sie definieren?

Auf der Suche nach einer Antwort lesen wir weiter – und werden sogleich bitter enttäuscht. Denn der nächste Satz lautet: »Wußte vermutlich auch nie recht, was das eigentlich ist.« Und da haben wir schon die ganze Bescherung: Der Frage nach der ihm nie abhanden gekommenen Identität entzieht sich Rühmkorf mit einer flinken Volte. Er verweigert jegliche Auskunft, offenbar möchte er sich nicht festlegen. Vielleicht folgt er hier dem listigen Brecht, der einst seinen Interpreten warnend zurief: »Wer immer es ist, den ihr sucht: ich bin es nicht.«

Was tun? Schließlich feiert man einen Poeten, indem man sein Werk erklärt, indem man seine Eigenart verdeutlicht und seine Einmaligkeit, eben seine Identität bewusstmacht. Doch die Aufgabe trifft den Kritiker nicht unvorbereitet. An erprobten Hilfsmitteln und Requisiten, Werkzeugen und Instrumenten mangelt es uns nicht: Da gibt es Rahmen und Sockel in bewährter Qualität, da haben wir handliche Schablonen und nützliche Etikette, da bieten sich wie von selbst allerlei Vergleiche und Parallelen an. Alles, was wir brauchen können, um einen Dichter kenntlich zu machen, steht zu unserer Verfügung, bald wird er in dem ihm gebührenden Schubfach der Literaturgeschichte einen gepolsterten Platz erhalten – und sein Fall ist erledigt.

Aber, ach, die Rechnung geht nicht auf. Mit dem Rühmkorf hat man Kummer. Denn er fällt aus dem Rahmen. Auf dem vorhandenen Sockel lässt sich der Ungebärdige nicht unterbringen. Mit den Schablonen ist ihm überhaupt nicht beizukommen. Die meisten Vergleiche hinken, und die Parallelen ergeben nicht viel. In keines der literarhistorischen Schubfächer will Rühmkorf hineinpassen, sein Werk leistet jenen, die es klassifizieren oder gar etikettieren möchten, hartnäckigen Widerstand. Fragt sich nur, ob das gegen oder vielleicht für dieses Werk spricht.

Natürlich, einiges lässt sich schon über ihn, über seine Lyrik und seine Prosa sagen. Doch bald erlebt man eine ärgerliche Überraschung. Es stellt sich nämlich heraus, dass allzu oft das Gegenteil von dem, was man in Sachen Rühmkorf für richtig und treffend hält, ebenfalls gar nicht falsch scheint.

Ein plebejischer Poet ist er, ein handfester Spaßmacher, ein Repräsentant und Verwalter des literarischen Untergrunds, ein Dichter der Gasse und der Masse, einer, der die Lyrik auf den Markt gebracht hat. Das alles kann als sicher gelten. Nur: Er ist zugleich ein feinsinniger Ästhet, ein raffinierter Schöngeist, ein exquisiter Ironiker. Gehört er denn nicht auch zu jenen, die im Elfenbeinturm der zeitgenössischen deutschen Poesie ein Dauerquartier haben, und dies mit gutem Grund?

Er schämt sich nicht, das Drastische, das Vulgäre zu goutieren und zu schätzen. Und er zögert nicht, das Distinguierte, das Elitäre zu bewundern und zu lieben. In seinen Versen finden Schlager, Gassenhauer und Kinderreime ein unmittelbares Echo, hier wimmelt es von Kalauern, Reklamesprüchen und Latrinenscherzen. Aber in seinen kühnen poetischen Paraphrasen und Variationen feiern auch ganz andere Töne Urständ – die Oden Klopstocks und die Lieder des Matthias Claudius, die Hymnen Hölderlins und die Weisen Eichendorffs.

Er, der rote Rühmkorf – so nennt er sich gelegentlich selber – plädiert unermüdlich für das Diesseitige; das Transzendente geht ihn nichts an. Wer will, kann ihn als einen materialistischen Poeten bezeichnen, was immer dies bedeuten mag. Aber Hans Magnus Enzensberger, sein geistiger Bruder oder doch zumindest sein Cousin, der es doch wissen müsste, hält ihn für einen »metaphysischen Dichter« – und Enzensberger, meine ich, hat recht.

Wie sollen wir dies alles verstehen? Hätten wir es etwa mit einem Hansdampf in allen Gassen der Literatur zu tun, mit einem, der heute dies und morgen das schreibt und uns am Ende, gleichsam ein moderner Eulenspiegel, allesamt lachend zum Besten hält? Eine solche Vermutung liegt nahe und wäre doch abwegig. Zugegeben, dieser Rühmkorf ist nie ganz seriös – und immer sehr ernst. Sein Werk zeugt von erstaunlicher Konsequenz, ohne sich je der Prinzipienreiterei auch nur zu nähern. Es ist von verblüffender Einheitlichkeit, ohne sich je Einseitigkeit zuschulden kommen zu lassen.

Dem Widerspruch gilt Rühmkorfs Leidenschaft, der Widerspruch ist sein eigentliches Element, die Antinomie erweist sich als die Wurzel und der Grundzug seines Dichtens. Wenn seine so unterschiedlichen Bücher ein gemeinsames, ein dauerhaftes Fundament haben, dann ist es weder eine Idee noch eine Philosophie, weder eine Doktrin noch eine Ideologie; vielmehr ist es – und manche seiner Gesinnungsgenossen bedauern dies – sein widerspruchsvoll-militantes, sein spannungsvoll-ambivalentes Verhältnis zum Leben, zur Welt.

Gewiss doch, Rühmkorf ist ein entschiedener Rationalist und ein erklärter Materialist. Aber eben einer, der die Existenz des Irrationalen nicht ignoriert und der seine stille Sehnsucht nach dem Metaphysischen nicht verheimlicht. Er ist, könnte man sagen, ein diskreter Metaphysiker. Aber eben einer, der nicht müde wird, an Materielles zu erinnern und auf Materialistisches zu verweisen. Von der Antithese kommt ebenso seine Literaturbetrachtung wie seine Lyrik. Aber ihr Ziel lautet stets Synthese: »Zeitiger lerne Traum und Bündel zu schnüren« – forderte schon der junge Rühmkorf.

In seinen Versen konfrontiert und vereint er die Vision des Ungewöhnlichen und des Unbegreiflichen mit dem Bild des Gewöhnlichen und des Irdischen, mit der Realität unserer alltäglichen Umwelt. »Seine Existenz reicht vom Sirius bis zum Absatz, dem schiefen« – hören wir von Leslie Meier, Rühmkorfs anderem Ich.

Doch wer die Einheit von Traum und Bündel, von Vision und Realität im Sinne hat, der kann der Resignation schwerlich entgehen und auch nicht der Melancholie, und Schutz und Zuflucht sucht er, wie eh und je, bei Trotz und Übermut. Rühmkorf deklariert seine

Dichtung als »Überlebenskunst«, er singt, eigener Aussage zufolge, das »Vorüberlied und Dennochlied in einem«. Allerdings lautet sein Befund: »Zum Gaukler fehlt mir die Handvoll Glück, / Zum Jeremias die Weitsicht.«

Nein, das stimmt nicht ganz. Denn ob mit oder ohne Glück – er ist ein elegischer, ein bisweilen missvergnügter Gaukler, der Spott mit Grazie zu verbinden weiß. Und ob mit oder ohne Weitsicht – er ist ein volkstümlicher, ein oft sarkastischer Jeremias, freilich einer, der unfeierliche, der kesse Töne bevorzugt. Er ist ein Prediger mit der Schiebermütze, ein Priester mit der Narrenkappe, ein kleiner, munterer Prophet und ein großer, würdiger Schalk, ein Buhrufer und Poet dazu.

Ähnlich wie seine Generationsgenossen Grass und Enzensberger hat auch Rühmkorf nichts mit jenen deutschen Autoren gemein, die singen, weil sie nicht denken können, die dichten müssen, weil ihnen das Schreiben unüberwindliche Schwierigkeiten bereitet. Gerade beim Volk der Dichter und Denker ist ja oft die Ansicht verbreitet, man könne Dichter oder Denker, doch schwerlich beides zugleich sein.

Rühmkorf sieht in dem angeblichen Gegensatz zwischen Poesie und Intellektualität stets nur eine Herausforderung, die es in der Praxis zu widerlegen gilt. Was er seit vielen Jahren beharrlich anstrebt, nennt er selber die »Wiedergeburt der Unschuld aus dem Geiste der Reflexion«. Unmissverständlich stellt er die Frage, die gleichsam das Motto aller seiner literarischen Bemühungen ist: »Wie kreuze ich Reflexion und eingeborene Sangeslust, wie vereinige ich den Trieb zum Trällern und den Zwang zum Denken so, daß beide Tendenzen sich voll entfalten und schließlich ein organisches Ganzes entsteht?«

Wieder also lässt sich Rühmkorf von einer Antithese oder, richtiger gesagt, von einer scheinbaren Antithese provozieren, um eine Synthese zu verwirklichen. Der einheitliche, der organische Charakter seines Œuvres hat hier seine tiefste Ursache und Motivation: Rühmkorf ist ein intellektueller Lyriker und ein lyrischer Essayist.

Mit anderen Worten: Dieser Poet ist immer ein Kritiker, dieser Kritiker stets ein Poet. Und beide, der dichtende Kritiker und der kritische Dichter, sind Aufklärer und Lehrmeister. Nur dass der Aufklärer es hier und da für opportun hält, sich als Bruder Leichtfuß zu tarnen, und dass der Lehrmeister keine Hemmungen hat, bisweilen, wenn die Sache es will, den Hanswurst zu spielen.

Als lachender Aufklärer, als heiterer Pädagoge hat sich auch jener verstanden, in dessen Namen Peter Rühmkorf heute ausgezeichnet wird: Erich Kästner. Was verbindet die beiden, was trennt sie? In Kästners »Kurzgefaßtem Lebenslauf« aus dem Jahre 1930 heißt es: »Ich setze mich sehr gerne zwischen Stühle. / Ich säge an dem Ast, auf dem wir sitzen. / Ich gehe durch die Gärten der Gefühle, / die tot sind, und bepflanze sie mit Witzen.«

Auch für Rühmkorfs Dichtung gilt Kästners Titel »Gesang zwischen den Stühlen«, auch Rühmkorf liebt es, an dem Ast zu sägen, auf dem wir sitzen, auch er befasst sich immer wieder – um einen anderen Kästner-Titel zu verwenden – mit dem »täglichen Kram«. Auch Rühmkorf kann – wie Kästner – als ein Moralist ohne Illusionen gelten. Trotzdem lässt gerade das Stichwort »Illusionen« den Abstand zwischen den beiden Generationen erkennbar werden: zwischen jener um 1900 geborenen und der dreißig Jahre jüngeren.

Kästner meinte zwar, der angestammte Platz des Moralisten sei und bleibe der verlorene Posten, aber seine milde Resignation war nicht frei von Koketterie. Denn in Wirklichkeit wollte er nicht aufhören zu hoffen und zu glauben, dass die Menschen besser werden könnten, »wenn man sie oft genug beschimpft, bittet, beleidigt und auslacht«. Die Erziehbarkeit des Menschen war Kästners Arbeitshypothese.

Er schrieb viele düstere oder zumindest scheinbar düstere Gedichte, er war vielleicht ein Pessimist – doch im Grunde der hoffnungsvollste, den es in Deutschland damals gab. Er war ein Negationsrat, doch der positivste, den die deutsche Literatur jener Jahre hatte. Kästners Gedicht »Brief an meinen Sohn« enthält eines seiner fundamentalen Bekenntnisse: »Ich will nicht reden, wie die Dinge liegen. / Ich will dir zeigen, wie die Sache steht. / Denn die Vernunft muß ganz von selber siegen.« Aber nichts siegt auf dieser Erde von selber, am wenigsten die Vernunft. Wie schrecklich Kästners liebenswerter, wohl etwas treuherziger Irrtum war, das bedarf keines Kommentars. Es genügt, auf das Entstehungsdatum des Gedichts »Brief an meinen Sohn« hinzuweisen. Es stammt aus dem Jahr 1932. Weil Erich Kästner, der leisen Melancholie und der lauten Realität zum Trotz, vom künftigen Triumph der Vernunft überzeugt war, konnte er den Lesern jene »Lyrische Hausapotheke« liefern, die der »Therapie des Privatlebens« dienen sollte.

Den deutschen Dichtern der Generation Rühmkorfs fehlt dieser unerschütterliche Glaube Erich Kästners an den gesunden Menschenverstand. Anders als ihm fällt es ihnen schwer, der moralischen Wirkung der Ordnung zu vertrauen und der ethischen Kraft der Vernunft sicher zu sein. Daher sind sie weder imstande noch gewillt, lyrische Hausapotheken zu produzieren. Die vielen Trostpflaster, Linderungssalben und Beruhigungsmittel, die Kästner in allerbester Qualität offerierte, wird man in den Gedichten Rühmkorfs vergeblich suchen. Er besänftigt nicht, er stört auf: Durch seine Verse werden Wunden nicht geheilt, sondern aufgerissen. Nicht Trost hat er zu bieten, sondern den Aufruf zum Widerstand.

Übrigens ist für unser literarisches Leben immer noch jener Zorn charakteristisch, der seinen Mann ganz gut ernährt: Wer protestiert, der profitiert, wer rebelliert, der reüssiert. In der bundesdeutschen Literatur gibt es deshalb mehr Provokateure als Schriftsteller.

Von jenen unserer Autoren, die sich morgens an den Schreibtisch mit dem festen Entschluss setzen, bis zum Mittagessen sehr zornig zu sein, will Rühmkorf nichts wissen. Er verpönt die branchenübliche, die überall feilgehaltene Entrüstung. Sein Aufruf zum Widerstand folgt nicht einer Mode, auch wenn er – was wir ihm nicht anlasten wollen – eine Mode bewirkt hat. Seine Empörung ist eine Antwort auf unsere Welt, seine Wut hat mit seiner Empfindlichkeit zu tun, sein Protest entspringt seiner Fähigkeit, die Gegenwart zu erleiden.

Aber es genügt nicht, die Gegenwart zu erleiden, man muss noch das Erlittene vergegenwärtigen. Rühmkorfs Anschauungen über die Aufgabe der Literatur, über ihre Möglichkeiten und Grenzen, lassen abermals seine so sympathische wie unveränderbare Vorliebe für die Ambivalenz erkennen.

Selbstverständlich ist er ein politisch engagierter Poet. Aber er misstraut dem politischen Engagement in der Poesie. Natürlich ist er ein experimentierender Dichter. Aber das Experimentelle in der Dichtung scheint ihm dubios. Hinter diesen Widersprüchen verbirgt sich die Logik eines Künstlers, der weder an das Engagement ohne Experiment glaubt noch an das Experiment ohne Engagement, der meint, dass »totale Dienstbarkeit und absolut gesetzte Liberalität gleich tödlich für das Wesen der Kunst« seien.

Allen, die ihn für seine Zwecke missbrauchen wollen, erteilt er in seinem »Mailied« eine höhnische Abfuhr: »bin weder so-, noch sorum abzurichten«. Hier ruft er der »jungen Genossin« belehrend zu: »Gestern Kommunist – morgen Kommunist, / aber doch nicht jetzt, / beim Dichten?!« Er fragt: »Kunst als Waffe?« Und antwortet entsetzt: »Da sei Majakowskij vor!«

Wie alle guten Dichter hat auch Rühmkorf schwache Verse geschrieben – nur schlechte Lyriker können ihr Niveau immer halten –, doch hat er nie die Dichtung zur Magd der Politik degradiert. Er hat an vielen Demonstrationen teilgenommen, ohne je seine Individualität zu verbergen. Er ist in vielen Kolonnen mitmarschiert, ohne je seine besondere Gangart zu verleugnen. Wohin ihn allerlei Wege und Irrwege im Laufe der Zeit auch führten – von seiner »Fahne aus Hauch und Traum« trennte er sich nie. Er blieb – um den Titel eines frühen Rühmkorf-Gedichts zu zitieren – »im Vollbesitz seiner Zweifel«.

Er dichtet »so links wie nötig und so hoch wie möglich«, dort sucht er einen Platz für seine Poesie. Die Welt verändern? Das ist, wir wissen es, ein ganz großer Spaß, ein einzigartiges Vergnügen, zumal für die Kinder der Wohlstandsgesellschaft. Darauf verzichtet keiner so schnell.

Doch die Siegesgewissheit der Revolutionäre kennt der Autor Rühmkorf nicht, seine Rebellion ist von anderer Art: Ein Spieler, der das Risiko liebt, stellt er unsere Gesellschaft und sich selbst immer wieder in Frage. Und doch scheut er sich nicht, aufrichtig und trotzig zu gestehen: »... eigentlich / bin ich nur auf die Welt gekommen, / um der Schöpfung mal ein bißchen unter die Röcke zu kucken.«

»Wildernd im Ungewissen« – auch dies der Titel eines seiner Gedichte –, schreibt er Verse wider den Strich, singt er das Hohelied des Ungehorsams. Doch, wer von ihm eine optimistische Zukunftsvision erwartet, wird nicht auf seine Rechnung kommen. »Graziös in Lebensgefahr grad zwischen Freund Hein und Freund Heine« schwebend, eignet er sich weder als Trommler noch als Bannerschwinger.

Zwei Seelen wohnen, ach! in seiner Brust: Er ist ein militanter Aufklärer und ein verspielter Artist, ein Sachwalter heller Vernunft und ein Sänger dunkler Leidenschaft. Er lässt sich vom rationalistischen Kampfgeist beflügeln, und zugleich zeigt er uns – mit einem heiteren, einem nassen Aug' – dessen Grenze. Aber wenn wir alles mit der Ratio erfassen könnten, wozu brauchten wir dann die unzuverlässigsten aller Kantonisten, die Dichter?

Peter Rühmkorf, der zwar viele Schlachten, doch nie seine Identität verloren hat, beendete sein autobiographisches Buch mit der Beschreibung eines Spaziergangs an der Elbe. Er, der gewohnt ist, das Elegische mit dem Kaltschnäuzigen zu relativieren und jeden Anflug von Sentimentalität hinter Spott und Ironie zu verbergen – hier leistete er sich einmal einen Gefühlsausbruch ohne Rückversicherung, hier wird er wehmütig. Gar nicht schnodderig, sondern eher gerührt und etwas verschämt fragt er sich und uns: »Könnte man da nicht fast zum Heimatautor werden?«

Fast ein Heimatautor – das ist er vielleicht auch, wenn wir diese Vokabel nur richtig verstehen. Rühmkorfs Heimat ist die Welt zwischen der Nordsee und der Lüneburger Heide, seine Heimat reicht von den Merseburger Zaubersprüchen bis zu den Buckower Elegien, von Walther von der Vogelweide bis zu Gottfried Benn. Nichts Poetisches ist ihm fremd.

So ist Peter Rühmkorf immer auf der Suche nach einer schönen, einer verlockenden Blume. Ihre Umrisse verschwimmen in weiter Ferne, nicht einmal ihre Farbe lässt sich genau erkennen. Ist sie blau? Oder rot? Man kann nicht ganz sicher sein. Doch ob blau oder rot – es ist auf jeden Fall die Blume der Romantik.

# Thomas Bernhard

## Konfessionen eines Besessenen

Thomas Bernhards neuer Roman »Verstörung«

Was immer der Österreicher Thomas Bernhard erzählt, es sind Krankheitsgeschichten. Er gehört zu jenen Schriftstellern, deren bohrende und hartnäckige Teilnahme vor allem den Gefährdeten und den Verlorenen gilt, den Menschen, die vom Sog der Abgründe erfasst werden. Seine Szene bevölkern Psychopathen und Neurastheniker, Verbrecher und Wahnsinnige, Mörder, Selbstmörder und Sterbende. Finster und drohend ist das Personal dieser Epik, unheimlich und bedrückend die hier entworfene Welt.

Aber so eindeutig Bernhards Vorliebe für das Beklemmende und das Makabre, so legitim scheinen die Beweggründe, von denen er sich leiten lässt.

Ihn faszinieren die dunkelsten Bereiche unserer Existenz, weil er gerade dort – und nur dort – die Antwort auf die entscheidenden Fragen zu finden hofft. Gewiss, er schwelgt im Krankhaften und häufig auch im Abstoßenden, doch soll das Pathologische das Wesen des Menschen schlechthin erkennbar machen und das Anormale die Fragwürdigkeit dessen vergegenwärtigen, was wir für normal zu halten gewohnt sind.

Bernhard leuchtet in die Randbezirke des Daseins hinein, um seine Brennpunkte zu erkunden, um ihnen tastend näherkommen oder auf sie wenigstens hindeuten zu können. Er weiß, dass es in der Literatur oft der Umweg über das Exzentrische ist, der zum Zentrum führt. Mit anderen Worten: Er zeigt das Extreme nicht obwohl, sondern weil er das Exemplarische im Sinn hat.

Überdies fällt in seiner Prosa eine Authentizität auf, die wir bei vielen unserer jüngeren Schriftsteller vermissen müssen und die sich nicht einmal durch handwerkliche Meisterschaft erreichen lässt. Bernhard ist ein Erzähler, der sich sein Thema nicht zu suchen brauchte. Vielmehr hat sich hier ein Thema seinen Erzähler gefunden. Seine Arbeiten sind Berichte eines Leidtragenden, Konfessionen eines Besessenen – was indes keineswegs bedeutet, dass sie etwa unmittelbare autobiographische Elemente enthalten.

Zugleich verdankt diese Prosa ihre Überzeugungskraft der Milieuschilderung, die die Figuren und die Gegenstände ebenso umfasst wie die stets in die Handlung einbezogenen Lokalitäten und Landschaften. Bernhard ist, ob er es will oder nicht, ein österreichischer Heimatdichter, den freilich weniger Liebe oder Innerlichkeit über das Leben in Tirol oder in den Tälern der Steiermark schreiben lassen als Wut und Ekel, wenn nicht gar Hass.

Gerade in Bernhards aggressivem Verhältnis zur heimatlichen Umwelt wird die außergewöhnliche Einseitigkeit offensichtlich, die seine Fragestellung und Betrachtungsweise ebenso bestimmt wie seine Wahl der Motive und Charaktere, der Farben und Töne, der Ausdrucksmittel.

Doch in der Literatur hat es mit der Einseitigkeit in der Regel eine eigene Bewandtnis: Sie kann auf einen rühmlichen Impetus zurückgehen, und sie kann in einer Art Beschränktheit ihren Ursprung haben. Für Thomas Bernhard gilt, glaube ich, beides: Seine Einseitigkeit mutet bald kühn und bald simpel an. Sie ermöglicht zwar die Härte und die Besonderheit dieser Epik, aber leider setzt sie ihr auch enge Grenzen und bewirkt nicht selten ihre Monotonie.

Was also seine Prosa wertvoll macht, das bedroht sie zugleich. Das neue Buch von Thomas Bernhard, »Verstörung«, lässt dies mit fast erschreckender Deutlichkeit erkennen.

Der Ich-Erzähler, ein Student, der für kurze Zeit nach Hause kommt, wird von seinem Vater, einem Landarzt in der Steiermark, einen Tag lang auf Krankenbesuche mitgenommen, denn der junge Mann – heißt es – »müsse die Menschen kennenlernen«. Seine Berichte über die einzelnen Patienten und ihre Angehörigen, über ihre Vergangenheit und ihre Schicksale füllen den ersten Teil des Buches.

Mit der sterbenden Frau eines Gastwirtes, die von einem Trunksüchtigen ohne begreiflichen Grund erschlagen wurde, eröffnet Bernhard den Reigen; es folgen Porträts von Kranken, die fast alle mit grauenhaften körperlichen oder geistigen Gebrechen behaftet sind und meist langsam dahinsiechen; am Ende findet sich die mit Einzelheiten nicht geizende Schilderung eines irrsinnigen Krüppels.

Erzählt wird in einer spröden, konsequent und geschickt die indirekte Rede verwendenden Diktion, der Bernhard eine beachtliche Wirkung abgewinnen kann; denn dieser betont referierenden, oft protokollhaften Sprache ist deutlich anzumerken, dass der jugendliche Berichterstatter zwar die Leidenden unbeteiligt betrachten möchte, dass er sich jedoch – aller kühlen Sachlichkeit zum Trotz – von ihrem Unglück betroffen fühlt. Manche Abschnitte zeichnen sich durch eine Eigentümlichkeit aus, die immer von guter Prosa zeugt: Distanz und Nähe werden zugleich und in einem spürbar.

So bewährt sich in mehreren der im ersten Teil aneinandergereihten Miniaturen erneut Bernhards epische Kunst, aber nur in jenen, in denen er sich mit der Darstellung der sinnlich wahrnehmbaren Welt begnügt und dabei der nüchtern registrierenden Beobachtung vertraut. Wo er nach den seelischen Ursachen der beschriebenen Verbrechen und Krankheitsfälle zu forschen versucht, wartet er mit Motiven auf, die in der Regel oberflächlich und schablonenhaft anmuten und zeigen, dass die Psychologie offenbar seine Leidenschaft, doch nicht unbedingt seine starke Seite ist.

Wo er hingegen die Fakten und die konkreten Umstände sprechen lässt, werden die Figuren und die Stimmungen sofort gegenwärtig, und Milieu und Lokalkolorit ergeben sich wie von selbst. Es zeigt sich dann, dass er unscheinbare Details und geringfügige Gegenstände zu diskreten, doch vielsagenden Zeichen einer Situation, zumal ihrer Trostlosigkeit, machen kann. Über das Leben einer Witwe, die nicht mehr zu retten ist, verrät die knappe Schilderung ihres Wohnzimmers mehr als alle kommentierenden Bemerkungen, die uns ebenfalls geboten werden.

Dennoch hinterlässt dieser erste Teil der »Verstörung« einen zumindest zwiespältigen Eindruck. Zunächst einmal scheint es mir, dass eine so ungeheuerliche Anhäufung düsterer, perverser und grausamer Elemente gegen die Ökonomie des Romans schlechthin verstößt: Was in einer solchen Fülle zu sehen ist, verfehlt die beabsichtigte Wirkung und ermüdet, statt aufzuschrecken.

Überdies geht Bernhard von einer programmatischen These aus, was sein Buch von vornherein zum Scheitern verurteilt hat. Der Landarzt, der unserem Ich-Erzähler die Welt erklärt, meint: »Tatsächlich seien mehr Brutale und Verbrecherische auf dem Land als in der Stadt. Auf dem Land sei die Brutalität wie die Gewalttätigkeit das Fundament ... Die Stadtverbrechen seien nichts gegen die Verbrechen auf dem Land ...«

Dieser gleich auf den ersten Seiten formulierten Auffassung hat Bernhard die »Verstörung« mit der ihm eigenen – und hier verhängnisvollen – Konsequenz untergeordnet: Die einzelnen Szenen, Skizzen und Genrebilder sollen immer wieder diese Ausgangsthese belegen und veranschaulichen. So degradiert Bernhard seine erzählerische Kunst: Er billigt ihr eine lediglich illustrierende Funktion zu.

Daher liest sich das Buch streckenweise wie ein Blut-und-Boden-Roman *à rebours*. Womit man einst die Bodenständigkeit gerühmt hat, das muss jetzt dazu herhalten, um die Bodenlosigkeit zu veranschaulichen.

Natürlich denke ich nicht daran, mit dem Autor der »Verstörung« über die Landbevölkerung in der Steiermark zu diskutieren. Er weiß da Bescheid, ich nicht. Auch lässt er niemals Zweifel aufkommen, dass er tiefer und weiter misst.

Aber in der Regel ähneln radikale Anti-Idyllen auf fatale Weise den Idyllen – insofern nämlich, als sie beide von der Wirklichkeit gleich weit entfernt sind. Und ein gesellschaftskritischer Thesenroman scheint mir, mag er auch die dargestellte Welt zum Sinnbild unserer Epoche erheben wollen, längst ein literarischer Anachronismus zu sein.

Indes haben wir in der »Verstörung« noch einen zweiten Teil. Der Arzt und sein Sohn suchen einen Fürsten Saurau auf, der gerade in ein Selbstgespräch vertieft ist, das er ungeachtet ihrer Anwesenheit fortsetzt. Sein weit über hundert Seiten umfassender Monolog wird von dem Ich-Erzähler ohne Kommentare und nur mit gelegentlichen Regiebemerkungen wiedergegeben.

Die Gestalt dieses Fürsten, der über riesige Besitzungen verfügt, in seinem »Lusthaus« Schauspiele aufführen lässt, an einer Geisteskrankheit leidet und in einem festverriegelten Zimmer stundenlang mit sich selber »masochistische Diskussionen« zu führen pflegt, lässt sich vom Makel des Konventionellen schwerlich freisprechen: Zumindest seit den Tagen Ludwigs II. von Bayern sind solche Figuren besonders beliebt.

Bernhards Fürst erzählt von seinem mysteriösen und offenbar sadistischen Sohn und von drei Kandidaten, die sich bei ihm um einen Posten beworben haben, er berichtet über Katastrophen, die geschehen sind, und über solche, die er voraussieht, er meditiert über den Staat und den Selbstmord.

Alles befindet sich – verkündet er – »in einer gleichmäßig stumpfsinnigen Agonie«. In seinem ganzen Leben habe er »nur Kranke und Verrückte gesehen«, wobei übrigens auffällt, dass der keineswegs wahnsinnige Arzt im ersten Teil des Buches ähnliche Ansichten äußert. Immer schon – erklärt der Fürst – habe er befürchtet, »an dem Weltgestank ersticken zu müssen«. Der »massenpolitische Massenwahnsinn« (?) sei so lächerlich nicht, »daß er in Zukunft nicht noch alles zerstören könnte«. Und: »Das Volk ist blöd und stinkt, das war immer so.« Vom Arzt hörten wir: »Die Armen sind doppelt brutal, gemein und verbrecherisch.«

Gewiss, der Autor der »Verstörung« hatte seine guten Gründe, dem pathologischen Hass des Fürsten und seiner Verachtung des Menschen viel Platz einzuräumen. Nur dass ihm die Sprache fehlt, die nötig wäre, um einer solchen Aufgabe gerecht zu werden. Die fast fanatische schriftstellerische Besessenheit, die oft in Bernhards Prosa zu spüren ist, wirkt hier, wo es darum ging, die Psyche eines Besessenen zu beglaubigen, völlig hilflos.

Die wenigen erhellenden Formulierungen und verblüffenden Einsichten, die sich in diesem endlosen Monolog ebenfalls finden, ertrinken leider in einem Ozean von Plattitüden und in einem wirren

Gerede, das an die Geduld des Lesers außerordentliche und unzumutbare Anforderungen stellt.

Immerhin war Bernhard ehrgeizig bemüht, den Geisteszustand eines Wahnsinnigen mit Hilfe nur seiner eigenen Äußerungen zu verdeutlichen. Aber auch dieser Versuch erweist sich, milde ausgedrückt, als unergiebig. »In meinem Kopf handelt es sich tatsächlich um eine unvorstellbare Verwüstung«; »Die Geräusche in meinem Kopf verhindern mir alles«; »In meinem Kopf ist ein Liniengewirr«; »Die Ruhe breitet sich in meinem Kopf aus und wird ihn zertrümmern« – mit solchen Beteuerungen ist es nicht getan. Derartige unentwegt wiederholte Mitteilungen verraten einzig, dass die angestrebte Vergegenwärtigung Bernhards derzeitige Möglichkeiten übersteigt.

Es wäre ungerecht, den Autor, dem wir den Roman »Frost« und einige höchst beachtliche Erzählungen verdanken, zu verdächtigen, er habe sich mit diesem Monolog der ästhetischen und intellektuellen Verantwortung entheben wollen. Aber der Vorstoß in den Bereich des Unkontrollierbaren hat ihn, der immer wieder Menschen am Rande des Abgrunds zeigt, diesmal selber in die Nähe eines gefährlichen Abgrunds geraten lassen.

Die Kunst muss »zu weit gehen, um herauszufinden, wie weit sie gehen darf«. Dieses denkwürdige Wort, das Heinrich Böll in seiner Wuppertaler Rede geprägt hat, bezieht sich ursprünglich auf die Freiheit der Kunst, behält jedoch seine Gültigkeit in einem viel allgemeineren Sinne. Thomas Bernhard ist in seiner »Verstörung« zu weit gegangen. Wahrscheinlich musste er es. Wird er imstande sein, daraus die Folgen zu ziehen?

# Uwe Johnson

## Der trotzige Einzelgänger

Zum Tod des einsamen Schriftstellers
Uwe Johnson

Erschütternd ist diese Nachricht, doch für jene, die ihn kannten, kommt sie nicht überraschend: Uwe Johnson wurde am 12. März in seiner Wohnung in Sheerness-on-Sea tot aufgefunden. In der kleinen Ortschaft auf einer Insel in der Themse-Mündung hatte er seit 1974 gelebt.

Es wäre gar zu pathetisch, wollten wir sagen, er habe dort den Tod gesucht. Aber schon kurz nach seiner Umsiedlung auf diese Insel in der englischen Grafschaft Kent sahen Johnsons Freunde zu ihrem Schrecken, dass der einsame, leidende Mann immer mehr litt und immer einsamer und unzugänglicher wurde. Mehr noch: Es war offensichtlich, dass hier einer mit der ihm eigenen Beharrlichkeit das düstere Werk der Selbstzerstörung betrieb. Uwe Johnson ist neunundvierzig Jahre alt geworden.

Er wurde am 20. Juli 1934 in Kammin in Pommern geboren, in Anklam an der Peene wuchs er auf und im mecklenburgischen Güstrow, der Barlach-Stadt. Von 1952 bis 1956 studierte er Germanistik – zuerst in Rostock und dann in Leipzig. Trotz glänzend bestandener Abschlussprüfung konnte oder wollte Johnson von einer festen Anstellung nichts wissen. Er schlug sich mit »wissenschaftlicher Heimarbeit« durch und schrieb einen Roman mit dem Titel »Ingrid Babendererde«, der vom Ostberliner Aufbau Verlag prompt abgelehnt wurde.

So offerierte er das Manuskript einem westdeutschen Verleger: Peter Suhrkamp. Doch mit ihm zerstritt er sich, noch bevor dieser auch nur einen einzigen Satz des Manuskripts gelesen hatte. Der Oldenburger Suhrkamp wollte dem Pommern Johnson nicht glauben, dass es den sonderbaren Namen »Babendererde« tatsächlich gibt. Eine Verständigung zwischen den beiden gewiss sehr unterschiedlichen, doch auf ähnliche Weise querköpfigen Männern war offenbar unmöglich.

Nach Suhrkamps Tod im März 1959 bot der neue Verlagschef, Siegfried Unseld, dem jungen DDR-Bürger Uwe Johnson sofort einen Vertrag an. Dieser hatte inzwischen schon einen neuen Roman beinahe fertig: »Mutmaßungen über Jakob«. Der Erstling »Ingrid Babendererde« wurde übrigens (von einem Auszug abgesehen) nie publiziert, das Manuskript ist verloren.

Als im Herbst 1959 der Roman »Mutmaßungen über Jakob« erschien, da zeigte es sich, dass die oft geschmähte Literaturkritik in der Bundesrepublik ihrer in diesem Fall höchst komplizierten Aufgabe ganz und gar gewachsen war: So schwierig und sonderbar das neue Buch sich auch präsentierte – seine Bedeutung wurde sofort erkannt. Die »Mutmaßungen«, das war 1959 (neben der »Blechtrommel«) die Sensation des Jahres.

Ungewöhnlich schien hier alles: die schwerfällige, bisweilen von norddeutschen Dialekten geprägte und betont altertümliche Sprache, die eigenwillige, sehr dürftige und die Lektüre (überflüssigerweise) erschwerende Zeichensetzung und vor allem die streckenweise nur mühsam oder überhaupt nicht verständliche Handlung, deren Fäden der Autor hier und da bis zur Unkenntlichkeit verschlungen hatte. So dunkel mutete damals dieses Buch an, dass der Verlag es für angebracht hielt, auf dem Umschlag der Erstausgabe neben dem üblichen Klappentext auch noch eine exakte und freilich betont nüchterne Inhaltsangabe zu drucken.

Ja, dieser fünfundzwanzigjährige Anfänger aus der DDR, der erst unmittelbar vor der Auslieferung seines Buches nach West-Berlin umgezogen war, wollte seine Leser brüskieren. Er war vom Geschlecht der bedächtigen Provokateure. Aber Johnson hatte nichts gemein mit jenen, die unsere zeitgenössische Literatur permanent in Verruf bringen – mit jenen nämlich, die uns brüskieren wollen, weil sie uns nichts zu sagen haben, die provozieren, weil sie nicht schreiben können.

Der Eisenbahner Jakob Abs ist von einer Rangierlokomotive überfahren worden. War es ein gewöhnlicher Betriebsunfall? Ehe der Leser irgendetwas über diesen Jakob erfährt, wird schon eine derartige Auslegung seines Todes in Frage gestellt. Denn der berühmte erste Satz der »Mutmaßungen« lautet: »Aber Jakob ist immer quer über die Gleise gegangen.« War es also vielleicht ein Selbstmord? Oder hat diesen Unfall etwa der Staatssicherheitsdienst der DDR veranlasst und organisiert? Die Frage nach dem Tod des Jakob Abs wird zur Frage nach seinem Leben – und zugleich nach dem Leben der Menschen in der DDR und, darüber hinaus, im totalitären Staat östlicher Art.

Doch hatte Johnson keinerlei Antworten oder Ergebnisse zu bieten und nicht Gewissheiten, sondern nicht mehr und nicht weniger als Mutmaßungen. Hartnäckig und rücksichtslos wird uns die schwierige Suche nach der Wahrheit vorgeführt. Der Darstellung des vorsichtigen und meist eher ratlosen Erzählers, den inneren Monologen der Menschen aus Jakobs nächster Umgebung sowie den Bruchstücken von Gesprächen, die von nicht genannten und meist nicht identifizierbaren Personen über den Eisenbahner und seinen Tod geführt werden, kann der Leser Auskünfte entnehmen, die manches aufhellen und die vieles ahnen lassen – und doch sind die Gestalten kaum zu erkennen, jedenfalls bleiben sie verschwommen. Aber ebendas strebt Johnson mit bewundernswerter Konsequenz an.

Er vergegenwärtigt die Infiltration der Politik in das Leben eines jeden Individuums im totalitären Staat von heute und zeigt das erschreckende Resultat. Alle tarnen sich und sind daher undurchschaubar. Für die Behörden, für die Machthaber? Nicht nur: Sie sind undurchschaubar für alle, mit denen sie in ihrem Alltag zu tun haben – und somit auch für den Romanautor.

Die Organisation einer Post, das Funktionieren einer Signalanlage oder einer automatischen Telefonzentrale – all das wird genauestens geschildert, doch mit dem unmissverständlichen Spott, der andeutet, dass nur Derartiges dargestellt werden kann, während sich die Empfindungen und Gedanken der Menschen nur vermuten lassen. So dienen die exakten Beschreibungen technischer Prozesse als ironische Kontrastmotive: Durch die Überbelichtung des einen wird die hoffnungslose Dunkelheit des anderen nachdrücklich betont. Der Nebel, in dem Jakob überfahren wurde, ist real und metaphorisch zugleich.

Aber aller Undurchdringlichkeit, aller Finsternis zum Trotz zeichnet sich Johnsons Geschichte durch die überwältigende Einfachheit großer Parabeln aus. Es ist das Gleichnis vom gerechten Mann in einer ungerechten Zeit, vom trotzigen Einzelgänger im heutigen Deutschland. Dieser Eisenbahner will nichts anderes, als in Ruhe leben, seine Pflicht erfüllen und seine moralische Integrität bewahren. Er möchte weder der Spionageabwehr der DDR dienen noch in den Westen fliehen. Unheimlich wird ihm der Staat, in dem er lebt – fremd bleibt ihm der andere deutsche Staat.

Er versucht, quer über die Gleise zu gehen. Eine Lokomotive fährt ihm entgegen, er weicht ihr aus, wird jedoch von einer anderen erfasst. Die Richtungen, aus denen diese beiden Lokomotiven kommen, sind zwar nicht angegeben, aber wir dürfen als sicher annehmen: Die eine kommt aus dem Osten, die andere aus dem Westen.

Freilich trifft der Satz »Aber Jakob ist immer quer über die Gleise gegangen« auch auf den Autor des Romans zu. Das soll heißen: Ob man Uwe Johnson Unbeirrbarkeit und Zielstrebigkeit nachrühmte oder Sturheit und Verstocktheit vorwarf, sicher war stets, dass er mit großer Entschiedenheit einen eigenen Weg suchte. Und dass sich sein ganzes Werk – grob gesagt – aus einer generellen Gegenposition ergab, aus Trotz und Widerspruch.

Hatte er in den »Mutmaßungen« gegen den sozialistischen Realismus rebelliert, gegen die ideologische Auslegung aller Phänomene, so protestiert sein nächster Roman (»Das dritte Buch über Achim«, 1961) gegen westliche Denkschablonen, gegen oberflächliche und klischeehafte Vorstellungen vom Leben in der DDR. Überraschend ist der Wechsel der Perspektive: Johnson, der Neuankömmling in der Bundesrepublik, versucht die DDR aus der Sicht eines schreibenden Intellektuellen zu zeigen, der ebenfalls ein Neuankömmling ist, allerdings einer, der den umgekehrten Weg gewählt hat.

Der Journalist Karsch aus Hamburg nimmt in der DDR den Auftrag eines staatlichen Verlages an, der die Biographie eines dort gefeierten Radrennfahrers namens Achim benötigt. Die Bemühungen Karschs, den Werdegang dieses Achims zu erforschen, und die Auseinandersetzungen mit den Funktionären, die die Arbeit des Biographen überwachen, bilden den einen Handlungsfaden des Romans, den die eigentliche Geschichte des Rennfahrers ergänzt. Zwar hat Johnson auf manche formale Extravaganzen, die in den »Mutmaßungen« störten, jetzt verzichtet, doch geht andererseits der Geschichte vom westlichen Journalisten und vom östlichen Rennfahrer das Gleichnishafte ab.

Im Mittelpunkt steht im »Achim«-Roman der Gegensatz zwischen den Vorstellungen, die sich die Funktionäre von der Vergangenheit und der Biographie eines vorbildlichen DDR-Bürgers machen, und dem wirklichen Entwicklungsweg des Starsportlers. Der Roman über den primitiven Rennfahrer, dessen Leben doch ungleich komplizierter war, als es die Partei haben will, richtet sich gegen eine Theorie, die das Leben unentwegt vereinfacht, gegen eine Welt, in welcher der Mensch als restlos deutbare und daher stets auswechselbare Größe behandelt wird.

Diesen beiden Büchern verdankte Johnson hohes Ansehen in der westlichen Welt und einen Platz in der Geschichte der deutschen Literatur. Aber der Erfolg konnte die Krise, die sich damals abzuzeichnen begann, nicht aufhalten. Alles, so scheint es, hatte er in der Bundesrepublik gefunden, nur keine Heimat. Nicht zu übersehen war, dass er Auslandsaufenthalte dem Leben im westlichen Deutschland vorzog: 1981 hielt er sich in den Vereinigten Staaten auf, 1962 in Rom, von 1966 bis 1968 arbeitete er in New York als Schulbuchlektor.

Die wenigen neuen Bücher Johnsons ließen sich mit den beiden ersten Romanen kaum vergleichen. Das Bändchen »Karsch und andere Prosa« (1964) zeigte einen bedenklich stimmenden Wandel des Journalisten, den wir schon aus dem »Achim«-Roman kannten: Nun war er (recht unerwartet) ein müder, einsamer und kranker Mensch, ein unglücklicher Neurastheniker, den Schlaflosigkeit quälte. Aus Karsch war ein Sonderling geworden, auf der Flucht vor sich selber, das kleine Buch dokumentierte nicht mehr »deutsche Verschiedenheiten«, sondern nur noch eine höchst beunruhigende schriftstellerische Krise.

Auch der 1961 in Berlin spielende Roman »Zwei Ansichten« (1965) enttäuschte. Erzählt wird von einem Liebespaar ohne Liebe, von einem jungen Mann, der in der Bundesrepublik lebt, und einer DDR-Bürgerin. Johnson wollte hier Individuen gegenüberstellen, die Produkte ihrer Umwelten sind, also einer bestimmten Denkart und Erziehung. Daher nannte er den Bundesrepublikaner einfach B. und seine Partnerin D. Dieser B. ist übrigens wiederum ein psychisch gestörter Mensch, ein Neurotiker und Alkoholiker. Ungleich überzeugender als der Westmensch B. ist das Mädchen aus der DDR.

Vor allem aber: Hier wurde auf bedauerliche Weise deutlich, dass es Johnson versagt blieb, die westdeutsche Welt sichtbar zu machen, während er mit manchen DDR-Episoden wiederum Beweise seiner hohen schriftstellerischen Kunst lieferte.

Das Buch sollte (wie schon der Titel ankündigt) auf zwei Beinen stehen – und es steht nur auf einem. Man hat Johnson häufig und leichtsinnig den »Dichter der beiden Deutschland« genannt oder auch den »Dichter der Teilung«. Er war es nie. Er konnte der Dichter nur einer der beiden deutschen Welten sein – jener zwischen der Elbe und der Oder.

Aber Johnson gab nicht auf: Er, der stets gewohnt war, die Moden zu ignorieren und gegen den Strom zu schwimmen, verblüffte die literarische Welt Ende der sechziger Jahre mit der knappen Auskunft, er arbeite an einem dreibändigen Epos, also an einem höchst altmodischen Unternehmen. Daraus wurde schließlich die Tetralogie »Jahrestage«.

Der erste Band, 1970 erschienen, rief ein eher zwiespältiges Echo hervor. Gesine Cresspahl, einst Freundin des Eisenbahners Jakob Abs, wird nun aus Düsseldorf nach New York verpflanzt, wirkt dort aber vor allem als Medium: Sie ist es, die Johnsons New-York-Eindrücke übermitteln muss. Innerhalb dieses New Yorker Tagebuchs von 1967, zu dem auch die aufmerksame Lektüre der »New York Times« gehört, gibt es eine in sich geschlossene zweite Handlung, die in den dreißiger Jahren überwiegend in Mecklenburg spielt: Gesine erzählt ihrer Tochter, was deren Großeltern damals erleben mussten.

Nichts liegt Johnson ferner, als die damaligen Verhältnisse zu verharmlosen. Gleichwohl ist dieses Sittenbild aus einer norddeutschen Kleinstadt um 1933 bedenklich: Der vertrackte und mitunter betuliche Stil bewirkte zwar nicht gerade eine Idylle, trug jedoch zu einem Mythos bei. Man warf Johnson vor, in seinem Roman verberge sich die alte deutsche Sehnsucht nach dem Seelischen, nach dem unverfälschten Gemüt und nach einfachen Lebensformen. Seine Antwort auf unsere Gesellschaft ergab sich wieder aus einer Gegenposition, doch schien es eine anachronistische Antwort.

Die nächsten Bände der Tetralogie »Jahrestage«, 1971 und 1973 veröffentlicht, waren weniger umstritten als der erste Band – vielleicht deshalb, weil viele die Geduld, die zur Lektüre des langatmigen und umständlichen (und freilich hier und da herrliche Episoden enthaltenden) Epos nötig ist, nicht mehr aufbringen mochten. Der letzte Band ließ auf sich warten, Mitte der siebziger Jahre wurde bekannt, dass Johnson, nun schon in England lebend, eine »schwere persönliche Krise« durchmache, herzkrank sei und, vorerst jedenfalls, nicht mehr schreiben könne. Über die Ursachen dieser Krise hat er später in seinen Frankfurter Vorlesungen (»Begleitumstände«, 1980) so freimütig wie indiskret berichtet: Die Krise hing mit seiner Ehe zusammen.

Und bald war es kein Geheimnis mehr, wo Johnson Rettung suchte – beim Alkohol. Hatte ihn der Alkohol schreibunfähig gemacht, oder hatte ihn die Schreibunfähigkeit zum Alkohol getrieben? Vermessen wäre es, ausmachen zu wollen, was hier die Ursache und was die Wirkung war. Wer Johnson bei seinen gelegentlichen Aufenthalten in der Bundesrepublik traf, musste feststellen, dass seine Selbstkontrolle immer deutlicher schwand. Die Warnungen der Ärzte, die seine Lebensweise für selbstmörderisch hielten, waren vergeblich. Das Persönlichkeitsbild des Schriftstellers unterlag nun einer raschen und geradezu unheimlichen Veränderung. Er wurde schnell aggressiv, beleidigte ohne jeden Grund seine Freunde, sein Gesicht trug die unverkennbaren Züge der Selbstzerstörung. So glaubte kaum jemand, der vierte Band der »Jahrestage« werde je vollendet werden. Nur Siegfried Unseld, der Chef des Suhrkamp Verlages, kapitulierte nicht und sorgte dafür – das sei einmal in aller Öffentlichkeit dankbar vermerkt –, dass Johnson in diesen Jahren frei von materiellen Sorgen war.

Der dramatische Kampf, den der einsame Johnson jahrelang führte, ist kaum vorstellbar – er musste gegen die Sucht kämpfen, von der er sich nicht mehr befreien konnte, der er aber in qualvoller Arbeit den Schlussband der Tetralogie abtrotzte. Er erschien vor wenigen Monaten, beglückte seine Freunde und versetzte die Zweifler in Erstaunen. Es ist der interessanteste und bedeutendste Band des Zyklus.

Was immer gegen einzelne Partien des Buches gesagt werden muss – sicher ist, dass noch nie ein deutscher Erzähler die Verhältnisse in den ersten Jahren nach dem Zweiten Weltkrieg auf dem Gebiet der künftigen DDR so anschaulich und so wahr beschrieben hat. Wir lesen eine epische Auseinandersetzung, die so vehement wie schmerzhaft ist. Zu Recht wurde gesagt, dass die »Jahrestage« im vierten Band zu einem epischen Kunstwerk werden, das zugleich ein Werk der Geschichtsschreibung ist. Die Arbeit der Kritiker und Literaturhistoriker an diesem wiederum vertrackten und gleichwohl monumentalen Epos hat erst begonnen.

Bewundernswert die Willenskraft dieses sonderbaren Menschen, der dem Alkohol nicht widerstehen konnte und dennoch ein spätes Meisterwerk zu schaffen vermochte. Er hat sich selber zerstört, aber es ist ihm gelungen, uns diesen vierten Band zu schenken. Wir trauern um Uwe Johnson.

# Sarah Kirsch

## Liebe und Rebellion

Über Sarah Kirschs Gedicht »Schwarze Bohnen«

Nachmittags nehme ich ein Buch in die Hand
Nachmittags lege ich ein Buch aus der Hand
Nachmittags fällt mir ein es gibt Krieg
Nachmittags vergesse ich jedweden Krieg
Nachmittags mahle ich Kaffee
Nachmittags setze ich den zermahlenen Kaffee
Rückwärts zusammen schöne
Schwarze Bohnen
Nachmittags ziehe ich mich aus mich an
Erst schminke dann wasche ich mich
Singe bin stumm

Ich leide. Oder: Ich bin unglücklich. Oder: Ich bin verzweifelt. Das ist alles, was uns Sarah Kirsch in diesem Gedicht zu sagen hat. Wirklich nicht mehr? Nein. Wozu auch? Ich weiß schon, es gibt viele großartige philosophische Poeme, politische Oden, geistreiche Epigramme. Und so weiter. Aber wer Gedanken mitteilen möchte, der kann ja Artikel schreiben oder Interviews erteilen oder Essays verfassen. Das Gedicht hingegen sollte, ich bin davon überzeugt, nur das ausdrücken, was sich auf andere Weise nicht ausdrücken lässt. Also zunächst und vor allem Gefühle und Stimmungen, Leiden und Hoffnungen, die Sehnsucht und die Verbitterung.

Von Gedankenlyrik will Sarah Kirsch nichts wissen, das Pädagogische ist ihre Sache nicht, der Gestus des Agitators ist ihr so fremd wie der Ehrgeiz des Aufklärers. Ihre Poesie ist Selbstbekenntnis und Selbstdarstellung, ihr wichtigstes Thema nichts anderes als die Liebe, als der Liebe Elend und Fluch, als der Liebe Segen und Glück.

Das Gedicht »Schwarze Bohnen« wurde zuerst 1968 in der DDR gedruckt und im folgenden Jahr auf dem Schriftstellerkongress in Ostberlin in Abwesenheit der (bis 1977 in der DDR lebenden) Autorin scharf kritisiert. Zu düster sei es, zu pessimistisch. Offensichtlich wurde das Gedicht politisch aufgefasst. Hat man es missverstanden? Nicht unbedingt. Große Lyrik – und damit haben wir es hier zu tun – kann jeder auf seine Weise begreifen.

Ich lese diese elf Verse als ein Liebesgedicht. Freilich ist von ihr, der Liebe, hier überhaupt nicht die Rede – und doch ist von nichts anderem die Rede. Eine Frau ist allein. Sie ist unruhig, ungeduldig. Sie nimmt ein Buch in die Hand, aber sie kann sich nicht konzentrieren. Sie legt es wieder weg. Sie erinnert sich daran, dass nicht nur sie Sorgen hat, nicht nur sie leidet, dass es irgendwo Krieg gibt. Aber sie kann nicht daran denken, denn sie ist unentwegt mit sich selber beschäftigt.

Sie bereitet Kaffee vor, für ihn und für sich selber. Er kommt nicht, allein braucht sie den Kaffee nicht. Ihre Ungeduld wird immer schlimmer, was sie tut, hat keinen Sinn mehr, was sie möchte, ist unmöglich, zermahlene Bohnen lassen sich nicht wieder zusammensetzen, das Rad der Geschichte lässt sich nicht rückwärts drehen. Sie zieht sich aus, wohl für ihn, der nicht da ist, sie kann die Einsamkeit nicht ertragen. Sie zieht sich wieder an. Sie schminkt sich, gewiss für ihn. Sie wäscht die Schminke wieder weg. Sie versucht zu singen. Nichts kann ihr helfen. Sie bleibt allein, verlassen, einsam, sie bleibt »stumm«. So schließt ein Paukenschlag dieses Gedicht ab.

Alles ist hier knapp, karg und schmucklos. Kein einziges Wort ist ungewöhnlich, kein einziges überflüssig. Beschrieben wird nur Alltägliches. Gleichwohl ist es ein hochdramatisches Gedicht voll Trübsinn und Melancholie, voll Pathos. Nur findet sich dies alles zwischen den Zeilen, zwischen den Worten. Sarah Kirsch hat eine dunkle, eine bittere Idylle geschrieben.

Doch mussten die Kulturpolitiker der SED, denen das Gedicht »Schwarze Bohnen« nicht gefiel, keineswegs Dummköpfe sein. Sie misstrauten der Autorin. Sie spürten sehr richtig: Wer sich so nach Liebe sehnt, wer so die Trauer besingt, wer so die Einsamkeit beklagt, der ist für den Aufbau dessen, was sie »Sozialismus« nannten, der ist für den Staat, der »deutsch«, »demokratisch« und »eine Republik« zu sein vorgab, nicht geeignet, wenn nicht gefährlich. Recht hatten sie, die wachsamen Funktionäre: In ihrer Welt war der Gesang von der Liebe auch ein politisches, ein rebellisches Gedicht.

Diese schwermütige Hymne gehört zu den Höhepunkten der deutschen Poesie nach 1945. Ich verneige mich vor Sarah Kirsch respektvoll und dankbar.

# Wolf Biermann

## Der leidende Liedermacher

Rede auf Wolf Biermann aus Anlass der Verleihung des Georg-Büchner-Preises

Der Saal ist überfüllt. Auf dem Podium erscheint, heiter und wohl selbstsicher, jener, auf den alle warten. Er wird lautstark begrüßt und stürmisch gefeiert. Er plaudert ein wenig, zunächst verlegen und bald verwegen, er klimpert, wie unentschlossen, auf seiner Gitarre, endlich beginnt er zu singen. Schön kann man seine Stimme nicht nennen, sie klingt etwas heiser. Und dann, gleich nach dem ersten Lied, jubelt das Publikum. Wieder einmal triumphiert er, wieder einmal hat er es geschafft, alle in entschiedener Zustimmung zu vereinen. Wirklich? Ist das denn überhaupt möglich? Nein, der Eindruck täuscht – und er entsteht, weil zu seinen Konzerten meist jene kommen, die nicht nur hören, sondern auch klatschen wollen, seine Anhänger, Bewunderer und Gesinnungsgenossen, seine große und treue Gemeinde. Eintracht zu stiften ist seine Sache nicht. Seine Kunst wirkt nicht vereinigend, sie spaltet das Publikum.

Und die Kritik? Oft bereitet er den Redaktionen Kummer. Wer soll denn über seinen Abend schreiben? Der Literaturkritiker will nicht recht, das sei doch etwas für den Musikkritiker; dieser wiederum meint, dessen sollte sich der Kollege annehmen, der für Unterhaltung und Kabarett zuständig sei. Einer schiebt es auf den anderen ab. Weshalb? Aus Furcht vor der Aufgabe, gar aus Hochachtung? Oder ist es stille Nichtachtung, vielleicht gar Verachtung? So viel ist sicher: Von ihm wird, ähnlich wie das Publikum, auch die Kritik polarisiert, zumal die Literaturkritik. Also Hymnen und Verrisse? Eben nicht. In der Regel dominieren freundliche, gelegentlich begeisterte Besprechungen. Er wird selten abgelehnt, aber häufig ignoriert – nämlich von den bekannten und anerkannten Kritikern. Sie urteilen durch

Abwesenheit. Warum wohl? Die Antwort hat mit seiner Rolle zu tun und mit seiner Eigenart.

In der Geschichte der deutschen Literatur mangelt es nicht an Autoren, die verbannt und vertrieben wurden, die man in Gefängnissen und Konzentrationslagern misshandelt und gepeinigt hat. Doch einen, der nicht singen und nicht publizieren durfte und der dennoch gehört und gelesen wurde, einen, der den Widerstand gegen den Terror symbolisierte, der den Nonkonformismus geradezu verkörperte und dies elf Jahre lang, einen solchen Deutschen kannte man vor ihm nicht, vor ihm, Wolf Biermann.

Bevor sein erster Gedichtband gedruckt wurde – 1965 in West-Berlin –, war er, der Bürger der DDR, schon ein berühmter Dichter, einer, dessen Verse in seiner Heimat von Hand zu Hand gingen: auf Tonbändern und in unzähligen Abschriften. So wurde er – wie er selber sagte – zum »staatlich anerkannten Staatsfeind mit Maulkorb«, so entstand der Biermann-Mythos. Er hatte damals Angst vor dem Gefängnis, gewiss, aber die Angst hatte nicht ihn. Dichtend und komponierend hat er seine Freiheit, ja seine ganze Existenz riskiert. Und zugleich verdankte er seiner Dichtung, dass er in Würde überleben und schließlich siegen konnte: »Wenn die Musen mich nicht geküßt hätten, hätten die Bonzen mich erschlagen.« Früh hat er seinen Genossen und Feinden nicht ohne Genugtuung prophezeit:

Ihr löscht den Brand nicht mehr,
Ihr macht, was ihr verhindern wollt:
Ihr macht mich populär.

Ich weiß es wohl, und er selber weiß es ebenfalls: Es gab gestern und es gibt heute, in Deutschland und anderswo, bedeutendere Lyriker und originellere Komponisten, es gab und gibt bessere Sänger und bessere Gitarristen. Schon wahr, nur lässt sich Biermann weder einordnen noch auf ein Fach festlegen, er passt in kein Schema und in keine Schublade, man kann ihn nicht etikettieren. Er sprengt jeden Rahmen. Ein leidender Liedermacher ist er, ein militanter Musiker und ein fröhlicher Volksredner, ein Politbarde, ein Prediger und ein

Pamphletist, er ist sogar ein Clown, ein Conferencier und ein Kabarettist, ein Schalk und ein Showmaster. Ein Hansdampf in allen Gassen? Oder vielleicht, ganz einfach, ein Poet, ein singender Poet? Ja, unter den Literaten ist er ein Artist und unter den Artisten ein Dichter.

Mitte der sechziger Jahre, als sich die bundesdeutsche Linke zur längst fälligen Großoffensive rüstete, warnte Heinrich Böll seine Freunde und seine Gegner: Er werde nicht mitmachen, er sei entschlossen, sich vom politischen Kampf fernzuhalten, er wolle nicht als »etablierter Aufpasser« verschlissen werden, als einer der »funktionalisierten Schreihälse vom Dienst«. Ob Biermann es wollte oder nicht, er musste, ähnlich wie Böll, auch als Moralist und Pädagoge wirken, aber ein »etablierter Aufpasser« war er nie. Gelegentlich sagte er in seinen Liedern und Gedichten, was viele schon wussten, was aber keiner auszusprechen wagte, was bestenfalls unter der Decke geflüstert wurde. Dafür hat man ihn in jenen Jahren im Westen gelobt und im Osten geprügelt; und wenn er sich eine Pause gönnte, haben ihn seine Freunde getadelt. Es erging ihm wie dem Narren, der sich bei seinem Herrn, dem König Lear, beklagt: »Deine Töchter wollen mich peitschen lassen, wenn ich die Wahrheit sage; du willst mich peitschen lassen, wenn ich lüge, und zuweilen werde ich gepeitscht, wenn ich's Maul halte.«

Es konnte schon vorkommen, dass Biermann, empört und verzweifelt, seine Wahrheiten *ausgeschrien* hat. Doch der – mit Böll zu sprechen – »funktionalisierte Schreihals vom Dienst« wurde er natürlich nicht. Was hat ihn davor bewahrt? Das hängt mit einem Umstand zusammen, den man kaum überschätzen kann: Biermann gehört nicht zu jenen deutschen Schriftstellern in West und Ost, die uns in den letzten Jahrzehnten missmutig und verdrossen weismachen wollten, dass sie unentwegt an der Gesellschaft leiden und schreibend bloß an unser Heil und Wohl denken.

Nicht dem Protest verdanken viele seiner Arbeiten ihre Entstehung, nicht dem Widerstand und nicht dem politischen Kampf, sondern dem Humor und dem Temperament des Autors, seiner Freude am Witz, seiner Lust am Scherz und Schabernack, seiner Liebe zum Spiel und seiner Schwäche für das Verspielte. Ein *homo ludens* ist er, dem seine Arbeit Spaß bereitet – und dieser Spaß ist ansteckend. Er macht uns nichts vor, es ist nicht seine Sache, eine Rolle zu spielen – oder vielleicht doch, aber nur eine einzige: Wolf Biermann spielt Wolf Biermann. Auch für ihn gilt Mephistos Befund: »Du bleibst doch immer, was du bist.«

Von Anfang an spricht er über sich selber, er tat es einst in der DDR, er tut es heute in der Bundesrepublik. Er denkt nicht daran, das Wörtchen »Ich« zu meiden, er gibt sich Blößen immer wieder, er liefert sich aus – seinen Gegnern und Feinden, seinen Freunden und Verbündeten. Aber von und über sich singend, singt er zugleich von uns allen. Mit Conrad Ferdinand Meyer darf er sagen: »Ich bin kein ausgeklügelt Buch, / Ich bin ein Mensch mit seinem Widerspruch.« Ja, seine Dichtung zeigt einen Menschen in und mit seinem Widerspruch, mit seinen Fehlern und Makeln, mit seinen Untugenden und Irrtümern.

Wer ist denn schon imstande – fragt Biermann –, den Dummheiten seiner Zeit ganz zu entgehen? »Auch ich konnte am Anfang nur mit Wasser kochen, und zwar mit dem Wasser, wie es eben aus der Deutschen Demokratischen Leitung kam.« Und: »Ich habe mich geirrt wie andere auch und gelegentlich korrigiert (wie andere nicht).« Er hat sich geirrt, gelogen hat er nicht, und er hat niemanden betrogen. Vom »deutschen Dunkel« sang er in den sechziger Jahren: »Ich lieg in der bessern Hälfte / Und habe doppelt Weh.« Hat er denn nicht gewusst, dass er in einer ungerechten Gesellschaft lebte, in einem schlechten Staat? Er hat es gewusst – und doch war er damals ehrlich. Denn von dort, von der DDR aus glaubte er die Küste des gelobten Landes sehen zu können.

Als er in jenen Jahren die Oma Meume beten ließ: »O Gott, laß Du den Kommunismus siegn«, da war dies auch *sein* Gebet. Aber schon lange vor dem Zusammenbruch der DDR und der Sowjetunion, während manch ein westdeutscher Intellektueller nicht müde wurde, die DDR zu verteidigen und zu preisen, während manche ostdeutschen Schriftstellerinnen und Schriftsteller überall die DDR repräsentierten und der SED buchstäblich bis zum letzten Augenblick die Treue hielten – da hatte Biermann (es war 1983) keine Bedenken, zu erklären, dass der Kommunismus mittlerweile nichts anderes bedeute als »doppelte Unterdrückung und doppelte Ausbeutung«, nichts anderes als »Heuchelei und Massenmord«.

Kein Zweifel: Auch er hat leichtsinnige Hoffnungen genährt, er hat bisweilen Törichtes in Vers und Prosa formuliert und verkleidet. Als er 1976 gezwungen wurde, im Westen zu bleiben, da geriet er ins Schlingern, da verlor er sein Gleichgewicht:

Und ich bin gekommen
ach! kommen bin ich
vom Regen in die Jauche.

Ein böses Wort, gewiss, nur hat es Biermann schon 1978 revidiert. Keiner ist mit ihm so streng ins Gericht gegangen wie er selber: »auch unsägliches hab ich gesagt, gesungen / vorn an der rampe, geblendet im licht«.

So sind nun einmal die Dichter – sie sündigen oft. Aber ihm, Wolf Biermann, verzeihen wir, was wir einem anderen Autor wohl nicht verzeihen würden. Vielleicht deshalb, weil er alles Steife und Förmliche, alles Würdevolle und Feierliche verabscheut und hasst, weil er, andere verspottend, nie vergisst, sich selber zu verspotten, weil zu seinen Tugenden eine gehört, die in Deutschland Seltenheitswert hat, die Tugend nämlich der Selbstironie, weil bei ihm Person und Werk vollkommen übereinstimmen und sich gegenseitig beglaubigen. Und schließlich: Weil er, wie kaum ein anderer, aus seinen Fehlern und Irrtümern, aus seinen Sünden Lehren gezogen hat. Er weiß es: »Nur wer sich ändert, bleibt sich treu.«

Biermann hält nichts mehr von der politischen Wirkung der Poesie: »Lieder machen nicht Geschichte / – die Geschichte macht sich Lieder.« Als manch ein Schriftsteller, zumal aus Ostberlin, noch 1990 eine Wiederholung des kommunistischen Experiments empfahl und also das Gebiet östlich der Elbe als ständiges gesellschaftliches und politisches Experimentierfeld sehen wollte, war Biermann klüger geworden: Er dachte nicht daran, seinen Lesern oder gar der Nation Ratschläge zu erteilen und Lösungen vorzuschlagen.

Offen hatte er bereits 1983 zugegeben, er könne nur noch Krümel liefern, »mit denen man hungrige Mäuler narrt, Fetzen, die keine Blößen mehr bedecken, Steine, gut nur – zum Schmeißen aus dem Glashaus«.

Düsterer denn je ist jetzt seine Schwermut und elegisch seine Aggressivität. Doch nicht nachgelassen hat seine dichterische Kraft, nach wie vor spüren wir in Biermanns Versen, sogar in den schwächeren, seine unverwüstliche Hoffnung, seinen Sturm und seinen Drang, seinen Glauben – nicht an die Revolution und auch nicht an Gott, wohl aber (Biermann sagte es selber) an dessen Geschöpf, an den Menschen.

Und nach wie vor treibt diese Dichtung ihre wunderlichsten und schönsten Blüten, wenn von der Sehnsucht die Rede ist, von der Sehnsucht nach Liebe:

O, wisse, Liebste, Du bist schuld,
wenn mein Gedicht
Von Dir nur weiß. Du und die Liebe
machen das.
Nur alte Hüte putz ich auf,
mehr kann ich nicht.
Ich liefer, was schon da ist. Wasser
mach ich naß.

Hier haben wir sie beide: das Genie der Weltliteratur, das niemand zu übertreffen vermochte, und unseren Zeitgenossen, unseren Liedermacher, der diese Sonett-Strophe ins Deutsche gebracht hat, Shakespeare also und Wolf Biermann.

Es stimmt schon: Oft putzt er alte Hüte auf, bisweilen liefert er, was wir schon hatten. Ganz ohne Hemmungen bedient er sich des Archivs der Poesie, vergnügt und schamlos plündert er ihren Fundus: Er nimmt sich, was er gerade brauchen kann. Verstaubtes poliert er, bis es glänzt wie am ersten Tag. Indem er alte Volkslieder nachahmt, schafft er neue: Überliefertes wird unversehens aktuell. Er tut, was manche zu Unrecht beanstanden und viele zu Recht bewundern: Aus den Dichtungen der Kollegen von gestern und vorgestern macht er unverkennbare Biermann-Verse.

Und wie ist es um seine Publizistik, seine Essayistik bestellt? In Biermanns Werk bilden sie eine Einheit – die Musik und die Literatur, die Poesie und die Prosa. Viele seiner Verse haben jenen kräftigen prosaischen Ton, der aus der Werkstatt eines anderen stammt, der ihn auch nicht erfunden, wohl aber bis zur Vollkommenheit entwickelt hat – aus der Werkstatt Bertolt Brechts. Biermanns Prosa wiederum lebt von der Melodie, vom Rhythmus. Er habe, sagt er, seine Artikel »gepfiffen, geblasen und getrommelt«.

Und wie ist es um die Ansichten bestellt, die er in diesen autobiographisch geprägten Arbeiten mit Zorn und Wut, mit Lust und Laune verbreitet? Als ich mich einmal mit Böll über eines seiner Manuskripte unterhielt und dessen Gesinnung lobte, reagierte er verärgert: »Gute Gesinnung gibt es bei uns umsonst.« Das gilt für Biermann genauso. Ich denke nicht daran, die Gesinnung seiner grandiosen Pamphlete zu rühmen. Ich will auch nicht davon sprechen, dass er mutig genug ist, immer zu sagen, was er meint. Denn dazu braucht man bei uns glücklicherweise nicht den geringsten Mut: Groß ist die Freiheit in der Bundesrepublik, aber noch größer die Feigheit. Dennoch muss hier von Biermanns Furchtlosigkeit die Rede sein: In diesem Land, in dem jeder Tümpel, der trüb und dunkel ist, gleich für tief gehalten wird, hat Biermann die unerhörte Kühnheit, klar zu schreiben. Ihm kommt es vor allem darauf an, verstanden zu werden. Ein konsequenter Anhänger der Klarheit ist er und, obwohl ein deutscher Lyriker, ein deutscher Sänger, doch ein Anhänger, ein Freund und Verfechter der Vernunft.

Dädalus oder Ikarus? – fragt Biermann. Und er entscheidet sich, anders als der Mythos, für den Vater, für Dädalus, der die künstlichen Flügel erfand und konstruierte, für ihn, dem die Flucht gelang. Doch zum Idol der Menschheit wurde, zu Biermanns Bedauern, nicht der Vater mit den nüchternen Tugenden, sondern dessen Sohn Ikarus, der Schwärmer, der sich hinreißen ließ, der im Übermut zu hoch flog und abstürzte. Biermann kommentiert knapp: »Der nicht ankam, kommt an bei uns. Das Gelingen ist langweilig, das Scheitern interessant.« Wir könnten nur in der Tradition des Dädalus überleben, »Ikarische Sturzflüge« brauche heute keiner. Sehr einleuchtend.

Aber wo kommt Biermann selber her? Ist der Dichter und Sänger ein Nachfahre des vernünftig planenden Vaters oder des sich leichtsinnig verlierenden Sohnes, des erfolgreichen Meisters Dädalus also oder des gescheiterten Träumers Ikarus? Plädiert hat Biermann für jenen, besungen freilich hat er diesen: Die »Ballade vom preußischen Ikarus« ist die poetische Bilanz einer ganzen Generation. Als 1976 der amerikanische Lyriker Allen Ginsberg Berlin besuchte, führte ihn Biermann an die Stelle, wo die Friedrichstraße die Spree kreuzt, auf die Weidendammer Brücke, an deren Geländer ein gusseiserner Adler hängt, ein preußischer: »Ich sagte: Schau, Allen, wenn ich mich so richtig hinstelle, dann wachsen mir die Flügel des verfluchten Vogels aus den Schultern. Dann bin ich der preußische Ikarus.« Da steht er nun, Wolf Biermann, der gescheiterte Revolutionär, der siegreiche Poet, der preußische, der deutsche Ikarus:

dem tun seine Arme so weh
er fliegt nicht weg –
und stürzt nicht ab
macht keinen Wind –
und macht nicht schlapp
am Geländer über der Spree.

# Jurek Becker

## Das Prinzip Radio

Jurek Beckers Roman »Jakob der Lügner«

Offen gesagt weiß ich nicht recht, wie ich diesmal anfangen soll. Wenn ich nämlich gleich verrate, worum es in Jurek Beckers Buch »Jakob der Lügner« geht, wird es niemand in die Hand nehmen oder auch nur meinen Artikel weiterlesen wollen.

Wenn ich jedoch zugebe, dass es sich um ein sehr unerfreuliches und düsteres Thema handelt, aber eilig hinzufüge, der Roman sei trotzdem leicht und amüsant, dies sei ein Stück Literatur mit Charme und Grazie und mit viel Humor – dann wird man mir doch nicht ganz glauben, ja, man wird mich noch verdächtigen, dass ich hier nicht nur einem jungen DDR-Autor die Stange halten, sondern obendrein auch der Werbeabteilung des Luchterhand Verlags zu Hilfe kommen möchte. Unter uns: Eben das will ich. Denn dieser kleine und bescheidene Roman hat es mir angetan.

Kurz und gut: Von der Ermordung der Juden wird hier erzählt, vom Leben und Tod im Getto einer polnischen Kleinstadt in den Jahren des Zweiten Weltkriegs. Natürlich ist dieses Thema nach wie vor besonders riskant. Die wichtigsten der vielen Fallen, in die hier jeder Schriftsteller geraten kann, heißen einerseits Pathos, Larmoyanz und Sentimentalität und andererseits Verharmlosung und Verniedlichung.

In dieser fatalen Situation wollen sich manche Autoren mit konsequenter Nüchternheit und Trockenheit behelfen. Das ist in der Tat kein schlechter Ausweg. Er hat nur einen Fehler. Er führt oft zur Dürre, zur Farblosigkeit und schließlich zur Langeweile. Und es lässt sich bekanntlich der Teufel nicht mit dem Beelzebub austreiben. Aber so gewiss das Unvorstellbare nicht darstellbar ist, so kann es die Literatur doch indirekt zeigen oder wenigstens andeuten.

Den Autor Jurek Becker, einen polnischen Juden und einen deutschen Erzähler, von dem wir in der Bundesrepublik bisher nichts gehört hatten – er wurde 1937 in Polen geboren und verbrachte seine Kindheit meist in Gettos und Konzentrationslagern, er wuchs auf und studierte in der DDR und lebt jetzt in Ostberlin –, braucht man über diese Schwierigkeiten nicht zu belehren. Er scheint sehr genau zu wissen, dass die »Endlösung« zu jenen extremen Themen gehört, denen gerade mit extremen künstlerischen Mitteln überhaupt nicht beizukommen ist, und dass hier die Bemühung um formale und sprachliche Originalität – zumal im Roman – gleich extravagant oder auch selbstherrlich wirken kann und peinlich sein muss.

Wo angesichts eines Stoffes laute Töne und grelle Farben gänzlich versagen und wo Elegisches, statt die Leser aufzurütteln, sie eher ermüdet, da bleibt dem Schriftsteller nichts anderes übrig, als mit besonders leiser Stimme zu sprechen, konsequente Zurückhaltung zu üben und dem Understatement und der Ironie zu vertrauen. Bei einem so düsteren Thema lässt sich mit Düsterkeit am wenigsten ausrichten, eher schon mit hellen und heiteren Kontrasteffekten, mit Witz und Komik. Das allerdings ist sehr schwierig und nahezu waghalsig. Aber Becker hat es geschafft.

Zunächst einmal: Statt vom verzweifelten Kampf und vom heroischen Untergang zu berichten, was von ihm vielleicht erwartet wurde, macht er zum Schauplatz seines Romans ein kleines Getto, in dem es überhaupt keinen bewaffneten Widerstand der Juden gegeben hat. Er zeigt den Alltag in einer Welt, in der sich beide Seiten – die Verfolger und die Verfolgten – sogar an das Entsetzlichste gewöhnt haben, wo es mittlerweile längst zur Regel und zur Routine geworden ist.

Deshalb wählt Becker für die dargestellten Vorgänge, wie makaber sie sein mögen, stets einen unbekümmerten und ostentativ gemächlichen Plauderton – als ginge es nur um Selbstverständliches. Daher bleibt auch die direkte Klage fast immer ebenso ausgespart wie die direkte Anklage. Beiläufige, oft in Nebensätzen verborgene Bemerkungen genügen hier, um das Grauen zu verdeutlichen. Es bildet ein unüberhörbares, doch nie aufdringliches, ein meist diskretes Ostinato für allerlei behaglich erzählte Episoden und Anekdoten.

Aber so lose der Roman komponiert scheint – er hat doch eine Achse, um die Becker die einzelnen Humoresken und Miniaturen gruppiert: Es ist die Geschichte eines keineswegs mutigen Mannes, der sich als Einziger im Getto wehrt – wenn auch ganz ohne Waffen und auf etwas wunderliche Weise.

Dem braven Jakob Heym, in dessen Bude man früher im Sommer Eis und im Winter Kartoffelpuffer haben konnte, wird befohlen, sich in einem deutschen Revier zu stellen, aus dem ein Jude noch nie lebend herausgekommen ist. Doch diesmal geschieht ein unbegreifliches und unerklärliches Wunder: Der verschlafene Soldat, der dort Wache hat, schickt Jakob nicht in den Tod, sondern wieder nach Hause. An ein solches Wunder wird man im Getto nicht glauben wollen, ja, man könnte ihn sogar verdächtigen, er sei nun ein Spitzel der Deutschen. Daher sagt er niemandem, wo er wirklich war.

Aber eine in diesem Revier zufällig gehörte Rundfunkmeldung, aus der unzweifelhaft hervorging, dass die sowjetische Armee sich nähere – und mit ihr der Tag der Befreiung –, kann Jakob den Leidensgefährten nicht vorenthalten; und da sie der frohen Botschaft nicht recht trauen und die Quelle wissen wollen, sagt er, er habe in seiner Wohnung ein Radio versteckt, was im Getto, versteht sich, mit dem Tode bestraft wird.

Wie es angeblich der Fluch der bösen Tat ist, dass sie fortzeugend immer Böses muss gebären, so ist es in der Epik der Segen des guten Einfalls, dass sich aus ihm wie von selbst weitere gute Einfälle ergeben. In der abgeschlossenen Welt, zu der die sehnsüchtig erwarteten Nachrichten von den Kriegsschauplätzen nicht dringen können, wird der vermeintliche Besitzer eines Radios seines Mutes wegen bewundert und aus praktischen Gründen umworben: Alle suchen seine Freundschaft, weil sie von ihm das Neueste zu erfahren hoffen. Er wiederum kann sich nicht entschließen, die Wahrheit aufzudecken: Er erfindet jetzt laufend Meldungen von der Front, meist erfreuliche.

So wird Jakob, der Mann, der noch unlängst auf der untersten Sprosse der sozialen Leiter stand, plötzlich zur zentralen Figur des Gettos. Aber er spielt die ihm überraschend zugefallene Rolle nicht nur deshalb, weil sie seiner Eitelkeit schmeichelt. Er erkennt auch seine gesellschaftliche Funktion: »Die Leute brauchen keine Medizin so sehr wie Hoffnung.« Die Nachrichten, die der barmherzige Lügner Jakob täglich verbreitet, verändern das Leben im Getto: Ein Mädchen leistet ihrem Freund keinen Widerstand mehr, ein alter Schauspieler fertigt ein Verzeichnis der Rollen an, die er nach dem Krieg spielen will, man schmiedet allerlei Pläne und erträgt auch das Schlimmste etwas besser. Die Selbstmorde hören jedenfalls auf, nur einer erhängt sich: ein Freund Jakobs, der erfährt, dass dieser überhaupt kein Radio hat.

Sollte Jakob, der sympathische Flunkerer, der mit Worten, nur mit Worten auf die Menschen Einfluss auszuüben versucht, zugleich – wie schon vermutet wurde – die Literatur symbolisieren? Das würde freilich bedeuten, dass Becker sich nicht die geringsten Illusionen macht. Denn Jakob kann mit allen seinen Erfindungen letztlich nichts ändern: Zwar hat er seinen Leidensgefährten ihre letzten Wochen etwas erleichtert, aber sie werden mit ihm zusammen abtransportiert. Und was man mit dem Wort »Transport« im Getto bezeichnete, wissen die Leser dieses Romans genau.

Jurek Becker erzählt sehr einfach und sehr ruhig. Nur dass seine Geschichte nichts vereinfacht und niemanden beruhigen kann. Sie ist poetisch und mutet zuweilen märchenhaft an. Doch wird hier nichts poetisiert und verklärt. Dieses Buch kennt weder Hass noch Groll, es ist weder aggressiv noch zornig, vielmehr erstaunlich sanft. Aber es wirkt niemals besänftigend: Beckers Gelassenheit hat nichts mit lauwarmer Versöhnlichkeit zu tun. Hinter dieser Heiterkeit verbirgt sich nichts anderes als Schmerz und Schwermut. Dieser junge Schriftsteller ist vom Geschlecht der traurigen Humoristen. Sein Roman beweist, dass man auch vom Grauenvollen leicht und unterhaltsam erzählen kann.

# Hermann Burger

## Artist am Abgrund

Zum Tod des Schriftstellers Hermann Burger

Noch stehen wir unter dem Eindruck des Todes von Thomas Bernhard, da erreicht uns die nächste schreckliche Nachricht: Der Schweizer Hermann Burger ist am 28. Februar in seinem Wohnort Brunegg im Alter von sechsundvierzig Jahren gestorben. Als Todesursache wird Herzversagen angegeben. Die deutschsprachige Literatur hat einen ihrer originellsten und skurrilsten Schriftsteller verloren, eines der größten Talente der in den vierziger Jahren geborenen Generation. Er war ein sprachgewaltiger Künstler.

Ähnlich wie bei Thomas Bernhard dominierte auch in Burgers Prosa die Suada der Verzweiflung, die Eloquenz der Todesangst. Aber während dem Bernhard'schen Werk eine in der deutschen Gegenwartsliteratur einzigartige Negativität zugrunde liegt, folgte Burger einem anderen Impuls: Aller Bitterkeit zum Trotz war seine Weltsicht frei von Hass und wütender Ablehnung, frei von Negativität.

»Brunsleben«, der erste Band seiner Tetralogie »Brenner«, der in diesen Tagen ausgeliefert wird, endet mit den Worten: »Zur Asche sollt ihr werden, denn nirgendwo steht verbrieft, der Mensch habe ein Anrecht auf ein Quentchen Glück.« Damit hat Burger indirekt den Urgrund seines epischen Universums angedeutet: Es ist nichts anderes als die Hoffnung des Individuums, es werde ihm gelingen, den Gegensatz von Wollen und Können zu überwinden, es ist seine Sehnsucht nach dem, was man heute Selbstverwirklichung nennt und was man früher einfach mit dem Wort »Glück« bezeichnete.

Diese auf jeder Seite seiner Prosa spürbare Sehnsucht verrät, was Burger in Wirklichkeit war: ein Geschlagener und ein Gezeichneter, ein Gejagter und ein Getriebener, einer der letztlich unheilbaren

Monomanen. »Der Schriftsteller«, schrieb er klipp und klar, »ist kein vernünftiges Wesen.« Er meinte damit nicht nur seine Zunft, er meinte zugleich sich selbst. In der Tat: Auf ihn konnte man sich nicht verlassen, er gehörte zu den ganz und gar unsicheren Kantonisten. Aber Literatur, die zählt, schreiben immer nur jene, auf die man sich nicht verlassen kann, weil sie, anders als die Ordentlichen und die Mittelmäßigen, unberechenbar sind.

Die Figuren, die seine Bühne bevölkern, sind wie ihr Schöpfer Hermann Burger: Sorgenkinder des Lebens, wunderliche und bisweilen nicht ganz seriöse Individuen, einsame und egozentrische Existenzen. Ob sie es wollen oder nicht – diese Sonderlinge am Rande der Gesellschaft agieren stets in einem isolierten Bereich, sie sind zu einem monologischen Dasein verurteilt. Verstoßene und Zerrissene sind sie wie der Held des Romans »Schilten« (1976), ein Lehrer, der indes seine Schüler nicht für das Leben vorbereiten will, sondern für den Tod: Nicht Heimatkunde unterrichtet er, sondern Friedhofkunde. Ob Burgers Geschöpfe die Hilfe der Medizin in Anspruch nehmen oder nicht – Patienten sind sie allemal, seine Romane und Erzählungen sind Dokumente einer Obsession. Wenn zunächst seine Prosa vom Gespenst der Abstraktion bedroht war, so vermochte er dieses Gespenst in seinen späteren Büchern, in dem Erzählungsband »Diabelli« (1979), der ihn bekannt gemacht hat, und in seinem reichsten und kuriosesten Buch, in dem Roman »Die künstliche Mutter« (1982), lachend in die Flucht zu schlagen. Hier zeigte sich, dass Hermann Burger ein seltener Vogel war – nämlich ein Philologe mit Gefühl, ein Wissenschaftler mit Verve, ein Germanist mit Geschmack.

Vor allem aber: Das Artistische war sein Element. »Hätte man mich«, sagt eine seiner Figuren, »die Welt erschaffen lassen, ich hätte sie von Anfang an als Circus erschaffen …« Noch am Rande des Abgrunds fungierte Burger, besessen und doch in bester Laune, als ein souveräner *magister ludi*. Zu beneiden war dieser Spielmeister freilich nicht. Man müsste blind und taub sein, um nicht zu spüren, dass hier einer am Werk war, der sich nicht schonen konnte, keinen Augenblick zögerte, seine ganze Existenz zu gefährden. Er gehört zu den Artisten, die aufs Ganze gehen müssen und stets nur ohne Netz arbeiten können.

Damit hat es zu tun, dass Burger in unseren Kulturbetrieb, den er keineswegs gemieden hat, nicht recht passte: Obwohl ein promovierter und habilitierter Germanist, der sein Brot als Dozent, Redakteur und Kritiker verdiente, blieb er ein Außenseiter des literarischen Lebens – er befremdete, ohne ein Fremdling zu sein. Vielleicht war er zu sehr mit sich selber beschäftigt, um andere Menschen wahrzunehmen. Er hat viel gelitten, aber die Leiden anderer zu erkennen, auch der ihm Nächsten, war ihm nicht gegeben. An Kafkas berühmtes Wort »Schreiben als Form des Gebetes« anknüpfend, hat er sein Schreiben als eine Form von »Selbstgesprächstherapie« definiert.

So ist denn auch nahezu jede seiner Arbeiten autobiographisch – zumal der Roman »Die künstliche Mutter«, die höchst vertrackte Geschichte eines Dozenten, dessen Leben im Zeichen einer Frau steht, aber nicht einer, die er liebt, die er vielmehr hasst: Er ist ein Muttergeschädigter, der gejagt wird wie Orest, der Sohn Klytämnestras – nur eben nicht von Erinnyen, sondern von Traumata und Komplexen. Seit Jahren von Arzt zu Arzt, von Labor zu Labor wankend, landet er, der »Omnipatient« in einem (von Burger erfundenen) unterirdischen Gotthardsanatorium: Ihn, den mit der Impotenz geschlagenen Intellektuellen, zieht es dorthin wie einst den Tannhäuser in den Venusberg.

Ähnlich wie in der »Künstlichen Mutter« wimmelt es auch in dem Roman »Brunsleben« von kulturgeschichtlichen Reminiszenzen, literarhistorischen Analogien und allerlei Verweisen und Anspielungen. Leicht machte es Burger niemandem – weder seinen Kritikern noch seinen Lesern und am allerwenigsten sich selber. Zwischen einer zuweilen schon hypertrophen Beredsamkeit und einer mitunter erschreckenden Sprachlosigkeit schwankend, artikulierte er sein Lebensgefühl.

Auf die Frage, was sein größtes Unglück sei, antwortete Burger: »Eine moderne Zivilisationskrankheit: die Depression«. Im letzten Brief an mich – er ist vom 10. Februar datiert – schrieb Burger:

»Der depressive Zyklus hat sich trotz neuer chemotherapeutischer Erkenntnisse in den letzten Jahren so eingespielt, dass mir wie 1988 eine Schaffensperiode von ungefähr vier Monaten bleibt.« In diesen Monaten des vergangenen Jahres hat er neben dem Roman »Brunsleben« auch eine umfangreiche Abhandlung verfasst: einen Traktat über den Selbstmord. Wir werden Hermann Burger nicht vergessen.

# Peter Handke

## Peter Handke und der liebe Gott

Zu der Erzählung »Langsame Heimkehr«

Er hat es jetzt nicht leicht, schon seit einigen Jahren bläst ihm der Wind ins Gesicht. Gewiss, noch werden seine Bücher ausführlich und mitunter sogar andächtig rezensiert, noch finden sie zahlreiche Käufer und vielleicht auch Leser, noch erhält er Literaturpreise.

Aber die Zeiten des Handke-Booms sind längst vorüber. Mehr noch: die Handke-Euphorie, die um 1970 epidemisch um sich griff und ebenso betagte Philologen wie zarte Teenager befiel, ist für die inzwischen herangewachsene Generation schon ein unverständliches, wenn nicht gar ein mysteriöses Phänomen.

Denn die Frage nach den Ursachen der Faszination, die Handke eine Zeitlang auszuüben vermochte, lässt sich durch die Lektüre seiner damals veröffentlichten Schriften nur zu einem geringen Teil klären. Dabei sind diese szenischen und epischen Etüden durchaus beachtliche und streckenweise suggestive Arbeiten.

Was hatte das aufrichtige Interesse und die Begeisterung eines Teils der jungen Generation bewirkt? Was war es denn, das zurechnungsfähige Kritiker in die Knie gehen und diese oder jene Erzählung Handkes mit Werken vergleichen ließ, die als Höhepunkte der deutschen Literatur gelten?

Die Antwort setzt sich, wie stets in solchen Fällen, aus einigen Teilantworten zusammen, die alle eine gemeinsame Wurzel haben – nämlich im politischen Klima der Bundesrepublik Ende der sechziger Jahre. Nein, Handke war nie ein politischer Schriftsteller. Aber eben deshalb konnte er einst zum Idol der rebellierenden Jugend avancieren.

Man darf nicht vergessen, dass jene Revolte von 1968, in der sich die außerparlamentarische Opposition am stärksten manifestierte und in der die Studentenbewegung ihre fragwürdigen Triumphe feierte, einen vornehmlich emotionalen und intuitiven Untergrund hatte. So häufig damals politische Begriffe und Parolen verwendet wurden und so gewiss die Theoretiker und Führer dieser Revolte politische Ziele verfolgten, so war es doch für die meisten, die sich an ihr beteiligten, zunächst einmal ein vager und längst fälliger Protest gegen das, was man das »Establishment« nannte, also gegen die Welt der Väter.

Wogegen sich der Aufruhr richtete, unterlag keinem Zweifel; was er erreichen wollte, ließ sich schon weniger deutlich erkennen; und auf welche Weise dies erreicht werden sollte, blieb vollends im Dunkel. Nichts charakterisiert die damalige Bewegung mehr als der ständige Missbrauch des Terminus »Utopie« und die Diskrepanz zwischen den hochfahrenden Zielen und den sehr bescheidenen Möglichkeiten, zwischen den großen Worten und der noch größeren Ratlosigkeit.

Viele, die sich der jugendlichen Rebellion – übrigens ohne Rücksicht auf ihr Alter – angeschlossen hatten, nahmen zwar gern an Versammlungen und Demonstrationen und an allerlei unterhaltsamen Happenings teil, waren aber bald ebenso der dürren politischen Sprache, zumal des pseudomarxistischen Vokabulars, überdrüssig wie der zahlreichen ideologischen Konzeptionen, denen allesamt der reale Boden fehlte.

In dieser Situation wurde der junge Peter Handke, ohne es auch nur zu ahnen, zum Mann der Stunde. Er ersparte seinen Lesern und Zuhörern den in jenen Jahren üblichen soziologischen Slang, er belästigte niemanden mit ideologischen Entwürfen, ja, er verzichtete überhaupt auf politische Argumente. Aber er verkörperte die trotzige Protesthaltung und den jugendlichen Widerstand gegen die Welt der Erwachsenen, er symbolisierte die elementare und bei aller Arroganz doch hilflose Rebellion, die zwar von sachlichen Gründen nicht viel wissen wollte, doch immerhin Charme zu bieten hatte und Grazie.

So machte es Handke seinen Lesern leicht, sich mit ihm zu identifizieren. Und sie konnten dies ohne Reue tun, weil das Fundament seiner effektvollen und zeitgemäßen Selbstpräsentation ein literarisches Œuvre war, das ungeachtet vieler Schwächen Gespür für charakteristische Zeitstimmungen mit sprachlicher Reizbarkeit zu verbinden und zu beglaubigen wusste – so etwa in der Erzählung »Die Angst des Tormanns beim Elfmeter« (1970).

Seinen Höhepunkt erreichte Handke wenig später mit den 1972 erschienenen Büchern »Der kurze Brief zum langen Abschied« und »Wunschloses Unglück«. Doch Mitte der siebziger Jahre begann sich das Blatt zu wenden. Das Image, das er sich planvoll erarbeitet hatte, büßte, zunächst fast unmerklich, seine Wirkung ein. Das schmollende Trotzköpfchen war aus der Mode gekommen, zur Identifikationsfigur taugte Handke nicht mehr. Die Germanisten allerdings entdeckten erst jetzt, dass viele Produkte seiner Feder nicht trotz, sondern eben dank ihrer Unbestimmtheit und Beliebigkeit bequeme Objekte der Interpretationskunst sein können. Viele Kritiker versuchten ihm noch eine Weile treu zu bleiben und schrieben auch über seine neuen Arbeiten meist kniend, also in einer Position, die weder das Denken noch das Schreiben begünstigt.

Handke indes brachte seine Anhänger und Bewunderer mit jeder neuen Arbeit in immer größere Verlegenheit. Das Stück »Die Unvernünftigen sterben aus« (1974) wurde, gelinde gesagt, kühl aufgenommen und ist schon fast vergessen. Das Buch »Die Stunde der wahren Empfindung« (1975) ließ sich zur Not als poetisches Plädoyer für die Wahrheit der Subjektivität verteidigen. Das Prosastück »Die linkshändige Frau« (1976), angeblich eine »Erzählung«, doch in Wirklichkeit der schludrig geschriebene Entwurf eines Filmdrehbuchs, nähert sich bedenklich der Welt der Hedwig Courths-Mahler. Sein Journal »Das Gewicht der Welt« (1977) offeriert im Gegensatz zum kühnen Titel nicht mehr als »eine Serie von verqueren Banalitäten, von ambitionierten Platitüden, von einfältigen Albernheiten« (Peter Wapnewski).

So befindet sich Handke nun schon seit Jahren in einer Produktionskrise, über die nichts hinwegtäuschen kann – am wenigsten die emsigen Bemühungen seiner Paladine. Während diese auch seine offensichtlichen Niederlagen in heimliche Siege ummünzen möchten, ist er selber auf der Suche nach einem Ausweg. Von wem er sich in seiner Not Hilfe verspricht, lässt die neue Erzählung »Langsame Heimkehr« deutlich erkennen: Sie dokumentiert Handkes entschiedene, doch für seine aufmerksamen Leser nicht überraschende Hinwendung zu Gott, zum Glauben.

Was in diesem Buch geschieht, lässt sich rasch andeuten, denn es geschieht nur sehr wenig. Ein aus Mitteleuropa stammender Mann namens Sorger lebt in einem einsamen Dorf in Alaska, nur einige Kilometer vom Polarkreis entfernt. Es ist eine primitive und trotz Jeeps und telefonischer Verbindung mit Übersee eher archaisch anmutende Welt. Dort beschäftigt er sich mit geologischen Forschungen, die bisher allerdings nutzlos geblieben sind. Gelegentlich schläft er mit einer Indianerin, was aber für ihn offenbar belanglos ist, ihm jedenfalls kein Vergnügen bereitet.

Bald hat Sorger genug – von der Indianerin, wohl auch von der Geologie und vor allem vom einfachen Leben im kargen und exotischen Norden. Es beginnt seine langsame Heimkehr: Erst hält er sich in der Nähe einer Universitätsstadt an der Westküste der Vereinigten Staaten auf, wo er ein Haus hat, das er rasch wieder verkauft, dann durchquert er den nordamerikanischen Kontinent, stattet New York einen kurzen Besuch ab und findet sich auf den letzten Seiten des Buches im nächtlichen Flugzeug nach Europa.

Die dürftige Handlung ist so flüchtig skizziert, als wolle uns Handke immer wieder zu verstehen geben, dass es darauf überhaupt nicht ankomme. Es fällt auch schwer, sich für die wenigen Figuren – etwa ein benachbartes Ehepaar oder Sorgers New Yorker Zufallsbekanntschaft – zu interessieren, da sie dem Autor selber gleichgültig sind und nicht einmal in vagen Umrissen sichtbar werden. Denn wie die meisten Bücher Handkes ist auch die »Langsame Heimkehr« ein episches Monodrama, das eine radikale Entfremdung zu zeigen versucht. Es geht nur um jenen Sorger.

Ob dieser Mann jung oder alt, dünn oder dick ist, wissen wir nicht; über seine Herkunft, seine Nationalität und ähnliche vielleicht nicht ganz unwichtige Umstände finden wir in dem Buch keinerlei Auskünfte. Hingegen brauchen wir uns über den Zustand seiner Seele keine Gedanken zu machen, denn das sagt uns der Autor immer wieder und ganz ohne Umschweife. Bereits der erste Satz enthält die entscheidende Mitteilung: »Sorger hatte schon einige ihm nah gekommene Menschen überlebt und empfand keine Sehnsucht mehr, doch oft eine selbstlose Daseinslust und zuzeiten ein animalisch gewordenes, auf die Augenlider drückendes Bedürfnis nach Heil.« Da drängen sich sogleich viele Fragen auf. Kann Daseinslust wirklich selbstlos sein? Ist das Bedürfnis nach Heil etwas Animalisches? Was soll das bedeuten, dass es auf die Augenlider drückt? Ist es denn etwas Lästiges, etwas Schmerzhaftes? Und besteht zwischen dem ersten Teil des Satzes und dem zweiten ein ursächlicher Zusammenhang? Empfindet also Sorger jenes Bedürfnis nach Heil, weil er »einige ihm nah gekommene Menschen überlebt« hatte? Wäre also dieses Bedürfnis eine Alterserscheinung?

Von nun an lesen wir die Erzählung in der Hoffnung, Antworten auf die Fragen zu finden, die schon dieser weihevolle und offensichtlich verunglückte erste Satz aufwirft. Ein großer Deutscher sagte einmal: »Die Wahrheit ist konkret.« Davon hält Handke nichts, der zweite Satz setzt die Anhäufung abstrakter Begriffe fort: Sorger sei »zu einer stillen Harmonie fähig, welche als eine heitere Macht sich auch auf andere übertrug«; andererseits sei er »zu leicht kränkbar von den übermächtigen Tatsachen«, er kannte »die Verlorenheit«, wollte »die Verantwortung und war durchdrungen von der Suche nach Formen, ihrer Unterscheidung und Beschreibung …«. Da dachte ich an die ersten Worte aus »Wallensteins Lager«: »Vater, es wird nicht gut ablaufen.«

Ein Schlüsselwort dieses Buches heißt »Raum«. Sorger verfügt über die Fähigkeit, »die Welt-Räume, in die er sich durch seine Arbeit einmal eingelebt hatte, im Notfall zu Hilfe zu rufen«. Von »naiver Raumvertrautheit« ist die Rede, von »so schnell verspielten Räumen« und von »den Räumen seiner Vergangenheit«. Im Glücksfall aber fügen sich Sorgers Räume »zu einer Himmel und Erde umspannenden Kuppel zusammen, als ein nicht nur privates, sondern auch den anderen sich öffnendes Heiligtum«. Und an einer anderen Stelle fühlt Sorger »ein zeitweises Recht auf den Weltraum«.

Der Leser hat aber ein nicht nur »zeitweises Recht« darauf zu erfahren, woran denn Handkes raunender Held eigentlich glaubt. Die Geologie, meinte ich bisher, sei eine exakte Wissenschaft. Sorger jedoch übe mit ihr »zugleich eine Religion« aus, sie habe »tatsächlich bis jetzt seine Seele gerettet«. Damit wären wir vielleicht einen kleinen Schritt weiter. Aber gleich müssen wir lesen: »Er glaubte nicht etwa an seine Wissenschaft als an eine Art Weltreligion«, vielmehr handle es sich um eine »Weltvertrauens-Übung«. Und: »Sorgers Glaube war an nichts gerichtet.« Wenig später: »In solchen Zeiträumen der selbstlosen Zuneigung« – was ist damit gemeint? – »war Sorger nicht göttlich.« Eine merkwürdige, fast beängstigende Feststellung, denn ein Leser, der bei Sinnen ist, kann schwerlich auf den Gedanken kommen, an Sorger sei etwas »göttlich«.

Mitunter freilich spürt Sorger die Kraft, »sich als Ganzes in den hellen Horizont wegzuschießen und dort für immer in die Ununterscheidbarkeit von Himmel und Erde aufzugehen«. Manchmal habe er »das Bedürfnis nach Sündigkeit« und »nach Ewiger Reinheit«. Am Ende wendet sich Handke an seinen Helden und sagt zu ihm, gleichsam als Quintessenz des Ganzen: »Du spürtest deine Lider wie gesalbt von dem ewigen wilden Bedürfnis nach Erlösung.«

Das in dieser Prosa reichlich verwendete sakrale Vokabular – Gnade und Glauben, Heil und Erlösung, Schuld und Sühne – mag den Eindruck erwecken, die »Langsame Heimkehr« sei ein religiöses Buch. Dies trifft nicht zu. Es ist vielmehr ein Buch, das religiöse Motive und Begriffe missbraucht. Das sich wandelnde Verhältnis denkender Zeitgenossen zum Glauben ist wahrlich ein großes, ein gewaltiges Thema, immer wieder der literarischen Darstellung wert. Doch wer Handkes frühere Bücher nüchtern gelesen hat, den kann es nicht wundern, dass ein solches Thema seine Möglichkeiten übersteigt – die künstlerischen wie die intellektuellen.

Über die kühle oder gleichgültige Beziehung seines Helden zu jener Indianerin meditierend, fragt Handke: »Wie war es gekommen, daß er sich in keiner Umarmung mehr sehen konnte, nur noch allein?« Auf diese (in der Tat interessante) Frage bleibt uns das Buch die Antwort schuldig: Handke informiert nur über das Resultat, ohne den Prozess, der dazu geführt hat, zu zeigen. Ebenso ist es im Bereich des Metaphysischen: Er behauptet, dass Sorger ein Bedürfnis nach Heil und Erlösung habe, ohne die Entwicklung, die dieses Bedürfnis ausgelöst hat, auch nur anzudeuten. Die Hinwendung zum Glauben wird verkündet, aber weder begründet noch sichtbar gemacht. Diese

Erzählung klärt nichts; sie ist geeignet, das Wolkige zu verdüstern und das Dunkle zusätzlich zu trüben.

Wird Handkes Gemeinde – das in der Literaturbetrachtung nicht eben respektvoll gemeinte Wort ist hier unvermeidbar – ihm auch noch auf diesem, höchst fragwürdigen Abschnitt seines Weges folgen? Oder wird er gar neue Leser gewinnen? Leser, die sich einreden lassen, sein Buch liefere eine religiöse Daseinsdeutung, und die gerade die feierliche Dunkelheit goutieren und mit Tiefe verwechseln?

Nein, die Befürchtung ist nicht groß. Denn wenn das Buch gesalbt ist, dann mit ranzigem und deshalb parfümiertem Öl. Anders ausgedrückt: der beschwörende Prediger und raunende Heilsverkünder Handke schreibt – von wenigen schönen Passagen abgesehen – eine hochpathetische, angestrengte und umständliche Prosa, deren schiefe Bilder und preziöse Vergleiche die Dürftigkeit der Gedanken nicht verbergen können, hingegen auf unbeabsichtigte Weise ihrer Konfusion entsprechen.

Da hören wir, dass die Gegenwart eine »Allgegenwärtigkeit« sei und die »Allerwelt« eine Fremde, da gibt es »Alarmrasseln der Orientierungslosigkeit«, da lesen wir über ein Ehepaar: »Sie erlebend, war es vorstellbar, daß sie tatsächlich am Anfang als zwei notleidende Hälften aufeinander zugelaufen waren.« Ein letztes Beispiel: »Wie er als Wesen gleichsam in der herbstlichen Landschaft verschmerzt war, so schien sein Reden mit dem der anderen jetzt mitzulaufen.«

Wenn sich Handke in seiner schwierigen Krise an Gott wendet, dann knüpft er, versteht sich, an eine uralte Tradition an. Aber seine (wohl etwas leichtsinnige) Hoffnung wurde enttäuscht; das Ergebnis beweist, dass die Krise sich eher vertieft. Denn in der Literatur gilt die aus protestantischem Geist geborene Einsicht: Hilf dir selbst, so hilft dir Gott.

Wahr ist allerdings: Bücher, die als Lebensrezepte missverstanden werden können, sind immer noch beliebt, Erbauungsliteratur findet stets ein dankbares Publikum. Doch die Geduld der Leser hat Grenzen: Auch ein episches Manifest der baren Innerlichkeit darf nicht allzu langweilig sein. Die Erzählung »Langsame Heimkehr« ist das seit Jahren erste Buch Peter Handkes, das sich auf keiner Bestsellerliste findet. Man sage nicht, bei uns gebe es keinen Fortschritt.

## Eva Demski

### Liebevolle Rebellin

Mit Überzeugungskraft: Neue Prosa von Eva Demski

Wann habe ich sie kennengelernt? Seit wann sind wir befreundet? Genau weiß ich es nicht mehr, aber es ist schon lange her. Sie, Eva Demski, lebte in jenen Tagen, wenn ich mich recht entsinne, im Banne einer großen Liebe: Es war der politische Kampf, der es ihr angetan hatte.

Rannte sie durch Frankfurt mit einem Schwert in der Hand? Wir wollen nicht zu sehr übertreiben. Es war wohl eher eine im Winde flatternde Fahne. Eine rote oder eine grüne? Jedenfalls eine ziemlich grelle. Und sicher ist: Sie wollte, es war 1968 und in den folgenden Jahren, die Welt oder doch zumindest Deutschland verändern. So eilte sie von Demonstration, nein, von Demo zu Demo.

Diese Revolte, in der sich die außerparlamentarische Opposition am deutlichsten manifestierte und in der der Protest der Studenten geradezu Triumphe feierte, wenn auch bisweilen fragwürdige, war nur zu einem Teil eine politische Bewegung. Gewiss, politische Begriffe und Parolen wurden unentwegt und mit großem Gepolter verkündet: Die Theoretiker und Führer der Meuterei beteuerten täglich, was sie anstrebten – eben politische Ziele von nationaler Bedeutung. Gleichwohl hatte dieser ganze Aufruhr einen vornehmlich emotionalen, einen intuitiven Untergrund: Es war für die meisten, die sich an ihm beteiligten, zunächst einmal eine vage und längst fällige Erhebung gegen das, was man das »Establishment« nannte.

Da also machte Eva Demski mit, kräftig und sogar stürmisch. Dass aber ihr Blick auf die bunte Fahne schwärmerisch, also unkritisch war – das kann ich mir nicht recht vorstellen. Denn ich war mal – es ist schon über ein halbes Jahrhundert her – eine Weile Kommunist und kenne die Situation nur zu gut: Man zweifelt an diesem und jenem, man zweifelt fortwährend, hält es aber, um der großen Sache willen, für richtig, diesen Zweifel nicht zu zeigen und die Skepsis für sich zu behalten.

Es richtete sich ja diese Rebellion vor allem gegen die Welt der Väter: »Der Vaterkampf war damals unabdingbar« – erinnert sich Eva Demski jetzt –, »ohne ihn gehörte man nicht dazu.« Aber verschiedene Gründe machten es ihr schwer, die Väter in Bausch und Bogen zu verurteilen, auch rein literarische: Es ist nicht so leicht, die Väter lauthals zum Teufel zu wünschen, wenn man bewundert, was sie geschrieben haben – von Thomas Mann bis Joseph Roth und Gottfried Benn. Es gibt da auch sehr persönliche, beinahe intime Gründe: Wenn ich mich nicht ganz irre, hat sich Eva Demski von niemandem in ihrem Leben mehr faszinieren lassen als von jenem, über den sie, dem Zeitgeist folgend, den Stab hätte brechen müssen: von ihrem Vater.

Ihn porträtiert sie in einem Aufsatz, den sie – die programmatische Absicht ist unverkennbar – an die Spitze ihres neuen Buches »Von Liebe, Reichtum, Tod und Schminke« gestellt und »Liebeserklärung« betitelt hat. Er war ein Mann des Theaters und des Fernsehens, ein Bühnenbildner und Regisseur, ein Maler und Musiker, er war ein charismatisches Junggenie mit Weib und kleinem Kind und mit dem »unerfüllbaren Wunsch nach Alleinsein und völliger Ungebundenheit«. Auf seinem Totenbett hat er gesagt: »Ich hätte gern die Akropolis gesehen.« Dass er sich nie aufraffen konnte, nach Athen zu reisen, wird zum Symbol seines Scheiterns.

Für mich ist dieses Porträt eines »In-sich-Gekehrten« die rührendste und die am meisten enthüllende von den hier vereinten Arbeiten. Enthüllt werden der Vater und seine Zeit und zugleich noch eine Person: die Autorin. Sie spricht klar und offen, aber nie exhibitionistisch – und verrät mehr über sich selbst, als sie sich dessen, möglicherweise, bewusst sein möchte.

Das neue Buch ist Eva Demskis sechzehntes oder siebzehntes. Über keines habe ich auch nur eine einzige Zeile geschrieben. Wird man mich jetzt, da ich nun dieses Buch bespreche und rühme, nicht der Gefälligkeit verdächtigen? Mag sein. Aber wollte ich auf diese

Kritik verzichten, dann wäre es Feigheit. Was immer man mir in meiner langen Kritikerlaufbahn vorgeworfen hat, die Feigheit gehörte nie dazu. Und dabei soll es bleiben.

Auf der Titelseite dieses Bandes fällt auf, was fehlt: Eva Demski vermeidet es (und das mit gutem Grund), die Gattung der von ihr zwischen zwei Buchdeckeln vereinten Stücke zu bezeichnen. Man könnte von Aufsätzen sprechen, nur wäre damit kaum mehr gesagt, als dass Lyrik hier nicht zu finden ist. Der Begriff »Essay« wiederum trifft die Sache bloß teilweise, zumal er bei uns seit beinahe hundert Jahren leichtsinnig auf nichtfiktionale Prosa jeglicher Art bezogen wird. Es gibt in jeder dieser Arbeiten auch essayistische Passagen und bemerkenswerte, mal ausführlichere, mal knappere. Aber sie dominieren nicht.

Ihre Lieblingsbeschäftigung, schreibt Eva Demski, sei das Beobachten, sie sei eine Voyeurin. Was sie hier dem Leser bietet, besteht aus Berichten, Schilderungen und Momentbildern, aus Reminiszenzen, Impressionen und Reflexionen. Die Chronistin behilft sich mit Erzählerischem, die Erzählerin mit Bekenntnissen. Doch die Aneinanderreihung dieser Elemente ist immer ganz locker und zwanglos und nähert sich nie der Montage oder der Collage. Keine Methode ist erkennbar, kein System, keine vorgefasste Absicht. Dennoch wirkt nichts zufällig oder willkürlich oder gar chaotisch. Das hat vor allem mit Eva Demskis Stil zu tun.

An Brillanz der Sprache ist ihr nicht sonderlich gelegen, an deren Eleganz ebenfalls nicht. Gelegentlich entschlüpft ihr sogar ein so schmerzhaft-scheußliches Wort wie »Quadratischkeit«. Doch man verzeiht ihr derartige lässliche Sünden. Denn ihre auf die Umgangssprache zurückgreifende und dem Ungeschliffenen nicht unbedingt aus dem Weg gehende Diktion ist außerordentlich kommunikativ und anschaulich. Eva Demski gibt sich viel Mühe, um den Lesern, die genau verstehen wollen, was sie ihnen sagen und zeigen will, die Mühe abzunehmen – wann immer nur möglich.

Dabei hat diese saftig-ruppige Prosa stets einen ganz natürlichen, einen kräftigen Rhythmus, was heißen soll: Die Autorin drückt sich aus, wie es ihrer Natur entspricht, ihrem Temperament. Ihr gelingt es zu schreiben, wie ihr der Schnabel gewachsen ist. Das ist sehr schwer, es hat in unserer Literatur heutzutage Seltenheitswert – und dies mag einer der Gründe für die Glaubwürdigkeit der Prosa Eva Demskis sein, für deren Überzeugungskraft.

Als eines der Leitmotive des Buches erweist sich die Auseinandersetzung mit dem »magischen Jahr achtundsechzig«, dem schon neben anderen größeren Arbeiten ihr wichtigster Roman »Scheintod« (1984) gewidmet war. »Erwachsensein war unter Verdacht und wurde als Zustand so lange wie möglich vermieden, von vielen bis zum heutigen Tag.« So verspottet Eva Demski ihre Generationsgenossen, sie zeigt deren Lächerlichkeit. Sie zürnt, doch ohne zu geifern. Sie urteilt oft streng, doch zugleich liebevoll. Sie verachtet nicht selten, doch ist ihre Verachtung frei von Hass. Viel Mitleid ist in diesem Buch, übrigens mit jedweder Kreatur. Aber es ist ein Mitleid ohne Hochmut und ohne Sentimentalität.

Die hier von anderen spricht, weiß sehr wohl, was sie selbst ihrer Sturm-und-Drang-Zeit zu verdanken hat. Denn sie wäre ohne den Einfluss der Revolte von 1968 mit Sicherheit eine ganz andere Schriftstellerin geworden. Wolfgang Koeppen sagte in seiner Büchner-Preis-Rede von 1962, er habe von der »engagierten Literatur reden hören, und es verblüffte mich dann schier, daß man aus dem Selbstverständlichen, so wie man atmet, eine besondere Richtung oder Mode machen wollte«.

Das gilt ähnlich für Eva Demski. Sie war von Anfang an engagiert, das versteht sich; und ihr Engagement geht heute andere Wege als vor dreißig Jahren. Aber es hat keineswegs etwa nachgelassen. Bisweilen hat man den Eindruck, als sei sie jetzt nicht mehr ganz sicher, ob sie noch einmal den Zeitgeist bewusst machen müsse. Nur: er wandelt sich – und wir wandeln uns mit ihm und in ihm.

So ist in diesem Buch oft von Lappalien die Rede und von Nebensächlichkeiten, von geringfügigen Details. Doch wie von selbst, wie unbeabsichtigt, wird, immer wieder, das Symptomatische der Epoche sichtbar, der Zeitgeist beschworen. Er findet sich oft zwischen den Zeilen, er kommt mitunter sehr leise zum Vorschein, doch auf jeder Seite. Er wird verdeutlicht, er wird vergegenwärtigt, doch nicht vergröbert.

Ohne also je den Finger zu heben und ohne je über den Kopf des Lesers hinwegzusehen, geht die liebevolle Rebellin aufs Ganze. Schön schreibt sie über manche ihrer Kollegen: »Wenn die Kultur das Feuilleton ordentlich auf Trab brächte, müßte es sich nicht dauernd selber was ausdenken, um die Wellen auf dem Tümpel in Bewegung zu halten.« Eva Demski denkt sich nichts aus, sie hat Arbeit genug, um dem, was ihr zufliegt, gerecht zu werden.

Nicht leicht sei es, bemerkt sie, in unserer Welt ein peinlicheres Thema zu finden als den religiösen Glauben: »Jedwede sexuelle Gewohnheit oder kriminelle Steuer- oder Berufspraxis lassen sich in Gesellschaft behaglicher und offener erörtern als der Glauben.« Sie fragt: »Wie wird man Mäzen?« und zeigt, wozu das Erben benutzt werden kann: zur »täglichen Erpressung«, zur »emotionalen Geiselnahme und zu allerlei anderen familiären Würgegriffen«.

Sie richtet ihre nachdenkliche Aufmerksamkeit auf die Tänze – vom Walzer und der Sarabande bis zum Tango und Blues. Und skizziert stets und zugleich das soziale Umfeld und wiederum den Zeitgeist. Sie macht sich Gedanken über die Liebe, die erfüllte und die unerfüllte, und versucht, der, wie sie meint, von der Weltliteratur vernachlässigten unerfüllten Liebe ein wenig Glanz zu verschaffen. Ob der Vollzug der Liebe, wagt sie zu fragen, tatsächlich immer die Erfüllung sei und nicht eher eine Kapitulation. Sie erinnert an den beliebten Spruch, man solle sich hüten, die Liebe mit der Sexualität zu verwechseln: Das wüsste freilich, meint sie, jeder, doch jedem unterlaufe genau diese Verwechslung – vor allem in glücklichen Momenten. Erfüllte Liebe? Das sei jene, in der die Liebenden zusammenarbeiten. Und sie befindet lapidar: »Glück schämt sich oft seiner selbst.«

Eva Demski beobachtet alte Männer mit jungen Partnerinnen. Sie plaudert in munterem Tonfall über das Altern, über den »Letzten Auftritt« der Frauen, über jene also, die verblühen: »Sie spüren es schon seit einiger Zeit, nicht wahr, Madame? ... Wenn Sie einen Raum betreten, ist er keine Bühne mehr. An männerreichen Baustellen kommen Sie unbeachtet vorbei.« Was so flott beginnt, wird rasch zum düsteren Bild großer Vergeblichkeit.

Das ergreifende Porträt einer alten Putzfrau, wiederum eine Liebeserklärung, scheint mir, etwas überraschend, an einem großen Vorbild aus der französischen Prosa des 19. Jahrhunderts orientiert. Denn der Bericht ist zugleich eine Erzählung über ein schlichtes Herz, dem nie eine richtige Liebesgeschichte zuteil wurde und dem es doch nie im Leben an Liebe gefehlt hat. Schließlich: Eva Demski riskiert es, auch über den Tod zu schreiben – und es gelingt ihr, sich über dieses schwierigste aller Themen ganz unpreziös zu äußern und ohne Banalitäten zu wiederholen.

Ich habe aus diesem Buch, in dem Lebenserfahrung, Intelligenz und eine elementare Ausdruckskraft eine selbstverständliche Einheit bilden, viel gelernt – über die Liebe, die so schön und so furchtbar sein kann, über den Reichtum, der Glück und Last ist, über den Tod, der uns mit allerlei Waffen naht, über die Schminke, die hier für den Kampf des Menschen gegen die Vergänglichkeit steht.

Eva Demski, die gerade ihren sechzigsten Geburtstag feiert, sei herzlichst gratuliert und gedankt.

## Botho Strauß

### Gleicht die Liebe einem Monolog?

»Widmung«, eine Erzählung von Botho Strauß

Ein Mann liebt eine Frau. Sie hat ihn verlassen. Er leidet, er ist unglücklich. »Die menschliche Natur«, lesen wir im »Werther«, »hat ihre Grenzen: sie kann Freude, Leid, Schmerzen bis auf einen gewissen Grad ertragen, und geht zugrunde, sobald *der* überstiegen ist. Hier ist also nicht die Frage, ob einer schwach oder stark ist, sondern ob er das Maß seines Leidens ausdauern kann?«

Der Mann, der das Maß seines Leidens nicht mehr ertragen kann, heißt hier Richard, er ist einunddreißig Jahre alt und von Beruf Buchhändler. Seit anderthalb Wochen arbeitet er nicht mehr. Aber er hat weder gekündigt noch sich krankschreiben lassen. Dabei hätte er, lesen wir, allen Anspruch auf ein Attest, denn: »Verlassenwerden ist schließlich ein härteres Übel als eine Blinddarmentzündung.« Seine Umgebung ist für ihn so unerträglich wie die Hitze in diesem Juni 1976 in Berlin. Die Welt scheint ihm so dunkel wie sein Zimmer, in dem die Vorhänge stets geschlossen bleiben. Er vernachlässigt sich, er wäscht sich kaum, er wechselt die Kleidung nicht mehr, er hat sich eine Ausgangssperre verordnet.

So wartet Richard unentwegt. Auf ihre Rückkehr? Nein, vorerst wenigstens auf ein Lebenszeichen von ihr, auf ihren Anruf, der doch erkennen ließe, dass er ihr noch nicht ganz gleichgültig ist. Und schon das Klingeln des Telefons erregt ihn, denn sie war es vielleicht, die das Läuten ausgelost hat. Er ringt »um einen Zustand, der verloren ist«. Das Zwiegespräch ist abgebrochen, wahrscheinlich beendet. Dies wirkt auf ihn wie der Entzug eines Rauschmittels. Er hört sich dauernd zu ihr und mit ihr reden. Aber war es einst wirklich ein Dialog? Oder war es von Anfang an nur ein Selbstgespräch? Jetzt jedenfalls kann er sich keine Illusionen mehr machen, er sieht sich auf das Monologische verwiesen: Wartend schreibt er »das Protokoll ihrer Abwesenheit«. »Ich will sie wiederhaben« – das ist der zentrale Satz, der Tenor dieser Aufzeichnungen, die er auf ihren verwaisten Schreibtisch legt, weil er sie ihr nicht zuschicken kann. Ihre Adresse hat er nicht.

Doch wer ist diese Hannah? Eine hartherzige Egoistin, der die Leiden Richards gleichgültig sind? Eine kalt berechnende Opportunistin, die versucht, es sich jetzt bequemer einzurichten? Oder vielleicht eine Einsame, eine Unglückliche und Bemitleidenswerte, die ihren Platz im Leben nicht finden kann? Wir wissen es nicht. Auskünfte über Hannah werden uns konsequent vorenthalten.

Goethe, der von solchen Fragen vermutlich mehr als alle anderen Deutschen verstanden hat, bemerkte einmal zu Riemer, dass die meisten Menschen nicht das an dem anderen liebten, was er tatsächlich ist, sondern das, was sie ihm leihen, also im Grunde sich selber, nämlich »ihre Vorstellung von ihm«. In diesem Sinne ist für die Geschichte, die hier erzählt wird, der Charakter Hannahs eher belanglos. Denn es handelt sich eben nicht um die Geschichte einer Liebe, sondern um das Porträt eines Verliebten und Verlassenen. Richards Material sei, wie es ausdrücklich heißt, lediglich sein eigener Zustand, »ein allgemein bekannter Schmerz, vergleichsweise harmlos und doch für den, der ihn aussteht, eine hermetische Welt«.

Die große Liebe, der die Menschen Glück verdanken und die sie ganz plötzlich ins Unglück stößt, gibt es die wirklich auch heute noch? Botho Strauß, der Autor dieses kleinen außergewöhnlichen Buches »Die Widmung«, hat da offenbar keine Zweifel. Mehr noch: Seine Erzählung scheint belegen zu wollen, dass die Fähigkeit zu lieben ungleich bedeutender ist als die Gabe, geliebt zu werden. Damit aber knüpft der Schriftsteller des Jahrgangs 1944 an einen uralten Gedanken an: Schon Platon meinte, dass Gott beim Liebenden sei und nicht beim Geliebten.

Indes ist die Erotik unserer Tage natürlich eine andere als die vor fünfzig oder auch nur zwanzig Jahren. So fällt es auf, dass Botho Strauß in diesem Buch auf Sexuelles kaum noch zu sprechen kommt. Es wird als etwas Selbstverständliches bloß gestreift, als etwas, worüber man nicht viele Worte zu verlieren braucht: »Das erste Mal mit ihr zu schlafen bereitete weniger Verlegenheit, als sie nach ihrem Nachnamen zu fragen.«

Es mag auch zutreffen, was dem Leser im ersten Kapitel der Erzählung, gleichsam als Begründung der Themenwahl, sachlich mitgeteilt wird: dass nämlich das Hochdramatische und Leidenschaftliche, das früher erotische Beziehungen eröffnete, heutzutage nicht mehr ihrem Anfang gehöre, sondern allein der Krise, der Trennung, dem Ende. Denn, wie es an einer anderen Stelle der »Widmung« heißt: »Die Kraft, die eine Liebesbeziehung bewegt hat, kommt erst im Bruch zur größten Wirkung.«

Vielleicht sollte man dem Erzähler Botho Strauß zunächst einmal dafür dankbar sein, dass er im Bild einer offenbar endgültigen Krise die Kraft, die jene Liebesbeziehung bewegt hat, spürbar werden lässt. Und er erreicht das ohne jene Mittel, deren sich die Romanciers bei der Darstellung dieses Themas immer wieder bedienen: Kein Rückblick auf die entschwundene Idylle, die es möglicherweise nur in der Vorstellung des verliebten Mannes gegeben hat, mildert die Härte des Falls und der Geschichte. Zugleich deutet sie an, dass Richard an dem Schmerz, den ihm die Abwendung Hannahs bereitet, nicht nur leidet. Man monologisiert nicht stundenlang, ohne es insgeheim auch zu genießen. Jedenfalls will er sich von diesem Schmerz nicht trennen, denn das würde ja bedeuten, dass er die Frau, deren Verschwinden er nicht begreifen kann, für immer aufgibt.

Im Schlussteil des Buches geht die Geschichte einer erotischen Obsession in das Bild einer Selbstentfremdung über. Vor Hunger frierend und halb bewusstlos auf seinem Bett liegend, kann sich Richard vom Fernsehschirm nicht mehr lösen: »Solange noch keine Sendungen liefen, starrte er das Testbild an …« Doch plötzlich läutet das Telefon, sie ist es, Hannah, die Vermisste, die Erwartete. Sie will ihn sofort sehen, sie treffen sich auf der Straße. Zu Jubel und Triumph hat sie offenbar nicht den geringsten Anlass: »Aus der Nähe erkannte er sie kaum wieder. Woher auf einmal dies knöcherne Gesicht, die aschfahle Haut, die rotunterlaufenen Augen, engen Pupillen?« Auch ihre Sprache ist ihm jetzt fremd. So stehen sie sich gegenüber: »Zwei

Obdachlose, Sozialfälle der Liebe. Aber waren sie es auch durch ein und dieselbe Liebe geworden?« Sie hat ihn nur angerufen, weil sie von ihm etwas dringend brauchte, was sich in der Zwischenzeit schon erübrigt hat. Bloß mit sich selber beschäftigt, ist sie kaum imstande, ihn wahrzunehmen. Er gibt ihr eine Aktentasche mit jenen Aufzeichnungen, die er für sie, nur für sie geschrieben hat. Sie steigt schnell in ein Taxi und lässt dort diese Tasche liegen. Die Aufzeichnungen kehren ungelesen zu ihrem Verfasser zurück. Die Liebe oder zumindest diese Liebe ist nur ein Monolog, und die Partnerin will ihn nicht einmal zur Kenntnis nehmen.

Was man dem Autor der »Widmung« vor allem nachrühmen kann, liegt auf der Hand: Es ist seine Sensibilität für Psychologisches einerseits und seine exakte Beobachtung von Alltäglichkeiten andererseits, sein makabrer Humor und sein Sinn für Details, deren Symbolkraft ebenso treffend wie unaufdringlich ist. Das Ganze beginnt mit knappen Notizen, kurzen Sequenzen und nüchternen Hinweisen – alles dient der Annäherung an jenen, von dessen Leiden die Rede sein wird. Im Mittelteil finden sich dann die Episoden, die zeigen, was dieser Erzähler kann. Virtuos geschrieben ist etwa die kafkaeske Begegnung Richards mit einem Mann, der ihn ungebeten besucht und den er nicht loswerden kann: Der Fremde ist ebenfalls in Hannah verliebt und hat das Bedürfnis, über sie zu sprechen. Glanzvoll auch die Beschreibung der Kämpfe Richards mit den Gegenständen in seiner Wohnung, die ihm plötzlich Widerstand leisten: Da fällt ein Honigglas um, beschmutzt Tisch und Teppich, und die vielen Versuche, den Schaden zu beseitigen, führen zu immer schrecklicheren Ergebnissen. Da geht im Badezimmer etwas kaputt, Richard will es reparieren, aber alles wird nur noch schlimmer, es droht eine Überschwemmung.

Bei den gelegentlichen Abschweifungen scheint Botho Strauß kein gutes Gewissen zu haben, weshalb er seinen Helden feststellen lässt: »Viel Digression auf meinen Blättern. Tut mir wohl.« Dem Buch freilich tut es nicht wohl, es ist zu kurz, als dass es sich Abschnitte leisten könnte, die vom Thema abweichen und ablenken. In einer Erzählung, die so konsequent auf Unbedingtes und Absolutes aus ist, macht sich der Mangel an Stringenz besonders empfindlich bemerkbar. Damit wäre auf die Schwäche dieser düsteren erotischen Studie verwiesen: Es ist der Widerspruch zwischen der Strenge und Radikalität des Stoffes und seiner allzu lockeren, bisweilen etwas unbedenklichen formalen Behandlung.

Ich habe den Eindruck, dass die handwerklichen Fähigkeiten des Erzählers Botho Strauß vorerst von seiner Virtuosität übertroffen werden. Glücklicherweise ist es nicht umgekehrt. Denn was er schon kann, zeugt von Talent. Was ihm noch fehlt, lässt sich erlernen. Dieser Mann ist eine große Hoffnung unserer Literatur. Vielleicht wird von ihm der Roman seiner Generation kommen.

# Ulla Hahn

## Über die Lyrik der Ulla Hahn

Die Lust am Gedicht ist die Kehrseite des Schreckens

Warum und zu welchem Zweck werden heutzutage Gedichte gelesen? Was treibt sachliche und vernünftige Menschen, auch jüngere, zu dieser in der Regel einsamen, bisweilen diskreten Beschäftigung, die manchen (nicht unbedingt kaltschnäuzigen) Zeitgenossen betulich und geradezu anachronistisch vorkommt?

Glauben sie, die Freunde der Lyrik – und ihre Zahl wächst langsam zwar, doch nachweisbar –, die Poeten könnten ihnen helfen, das Leben besser zu begreifen? Hoffen sie, von ihnen zu erfahren, was die Welt im Innersten zusammenhält? Ein närrischer Glaube wäre es, eine törichte Hoffnung.

Belehrung und Aufklärung mag man bei den Philosophen und Naturwissenschaftlern suchen. Für Trost und Zuspruch sind die Theologen und die Psychoanalytiker zuständig, wenn nicht die Psychiater. Gewiss, dies alles lässt sich, wenn man es darauf anlegt, auch der Poesie abgewinnen. Doch haben die Dichter im Grunde anderes zu bieten. Ihre Empfindungen und Befürchtungen, ihre Verlassenheit und Verzweiflung? Man kann es mit einer einzigen Vokabel zusammenfassen: ihre Leiden. Nur sollte man gleich ein weiteres, bezeichnenderweise fast schon in Verruf geratenes Wort hinzufügen: Schönheit.

Und damit ist angedeutet, was die Leser der Lyrik vor allem erwarten: den künstlerischen Ausdruck der Leiden. Irgendwelcher? Nein, ihrer eigenen. Sie brauchen, oft ohne sich dessen bewusst zu sein, die Formulierung ihrer Not, von der sie sich überfordert fühlen, und ihres Glücks, dem sie allein gleichfalls nicht gewachsen sind oder nicht gewachsen zu sein glauben. Ob sie es wissen oder nur dunkel ahnen: Im Gedicht möchten sie nicht das Echo ihrer Zeit hören, nicht ihre Umwelt erkennen. Vielmehr möchten sie sich selber wiederfinden: Sie schmachten nach ihrem Ebenbild.

Diesem legitimen Wunsch, diesem unverwüstlichen Bedürfnis des Individuums kann die privateste und intimste aller literarischen Gattungen, also die Lyrik, am ehesten und am weitesten entgegenkommen. Und ihr Erfolg und ihre Wirkung hängen zu einem nicht geringen Teil davon ab, ob und in welchem Maße sie imstande ist, ihrem potentiellen Publikum, ohne ihm etwa nachzulaufen oder sich bei ihm anzubiedern, die begehrte Identifikation zu ermöglichen.

Zärtlicher Umgang mit sich selber und Sehnsucht nach dem sprachlichen Ausdruck ihrer Identität vereinen die Poeten mit ihren besten Lesern. Sie haben einen gemeinsamen Ahnherrn – jenen griechischen Jüngling Narziss, der sich in Liebe zu seinem Spiegelbild verzehrte.

Aber ist die Selbstbezogenheit des Menschen ein besonderes Kennzeichen gerade unserer Tage? Machen wir uns nichts vor: Seit er denken kann, ist er ein egozentrisches Wesen. In Zeiten jedoch, in denen die Prophezeiung einer globalen Katastrophe ihren Schrecken einzubüßen droht, weil sie längst zum Tagespensum der Politiker und Journalisten gehört und daher bei vielen Bewohnern Mitteleuropas auf weniger Teilnahme stößt als die Wettervorhersage, scheint mit dem Bewusstsein der Ratlosigkeit und der Ohnmacht des Einzelnen auch seine Eigenliebe zu wachsen. Davon profitieren (unter anderen) die Poeten: Die Lust am Gedicht ist heute die Kehrseite des uns fortwährend bedrängenden Grauens.

Martin Walser sprach unlängst – nicht unkritisch, übrigens – von Kollegen, die sich damit befassen, »am Ichaltar die Egomesse« zu zelebrieren. Wenn auch die Neigung mancher unserer Erzähler zur permanenten Selbstbespiegelung mittlerweile unerträglich wird, so darf man doch fragen: Wo sollten wir uns mit unseren Lyrikern treffen, wenn nicht am »Ichaltar«? Was sonst könnten sie denn inmitten unserer Welt, in einer Epoche, die allen Anlass hat, sich als Endzeit zu verstehen, noch zelebrieren, wenn nicht eine »Egomesse«?

Zugegeben, das ostentative Bekenntnis des Dichters zur eigenen Person mag von seiner Schwäche zeugen, von seiner Hilflosigkeit.

Es fragt sich nur, ob wir das Recht haben, ihm dies zu verübeln. Und vielleicht ist die hilfloseste unter allen literarischen Reaktionen, die unsere Epoche hervorruft, auch die ehrlichste, die empfindsamste und schönste? Vielleicht gar – ein schrecklicher Gedanke, den wir aber nicht verdrängen sollten – die einzige noch mögliche?

Auch die Lyrik Ulla Hahns ist beides zugleich und in einem – ein leises, doch keineswegs schüchternes persönliches Bekenntnis und eine trotzige, doch die Ratlosigkeit nicht verheimlichende Antwort auf unsere Zeit. Eine Philosophie – und sei es die bescheidenste – wird man in diesem Band »Herz über Kopf« vergeblich suchen, die hier vereinten, meist auffallend kurzen Gedichte vermitteln keine moralischen Postulate, keine politischen Ansichten.

Wer also der Erkenntnisse bedürftig ist, wird bei Ulla Hahn nicht auf seine Rechnung kommen. Ihre Verse wollen auch niemandem beistehen oder gut zureden. Das Pädagogische ist dieser Lyrikerin fremd, vom Agitatorischen möchte sie offenbar und glücklicherweise – und das hat mit ihrer Vergangenheit zu tun – nichts mehr wissen.

Mehr noch: Die Gedichte Ulla Hahns haben überhaupt kein Gegenüber, sie kommen stets ohne Adressaten aus. Ganz unabhängig von ihrer Form und ihrem Tonfall, von den Motiven und den Themen sind es konsequente Selbstgespräche. Aber gerade diese in sich gekehrte und monologische Dichtung, die sich nie um das Publikum zu kümmern scheint, ist, was wir dringend brauchen und was in unserer zeitgenössischen Literatur immer noch Seltenheitswert hat: Lyrik für Leser.

Im Fazit des Gedichts »Meine Wörter« heißt es klipp und klar: »Überall suche ich die Zeile / die mir sagt / wo ich mich find.« Dies könnte auch das Motto des Bandes sein. Also vor allem Selbstbeobachtung und Selbsterkundung und schließlich Selbstdarstellung? Also – um es noch deutlicher zu sagen – Egozentrik bis zum Exzess? Ja, doch in diesem Fall lohnt es sich, nach ihren Ursachen zu fragen.

»Ich mach mein Maul nicht / mehr auf für diese und jene« – lesen wir. Und: »Weder von euch / noch von euch bin ich zu / gebrauchen.« Hier spricht jemand, der sehr wohl sein »Maul« aufzureißen gewohnt war. Aber für wen? Jemand, der gebraucht wurde. Aber von wem? Ein anderes Gedicht beginnt mit der wahrhaft unmissverständlichen Absage »Ihr könnt mich mal« und verwendet als Titel (»Ihr Kampfgenossen all«) sowie als höhnische Schlusszeile (»Dem Morgenrot entgegen«) Zitate aus einem alten Lied. Es ist ein kommunistisches Lied.

Diese beiden Gedichte folgen in der Sammlung unmittelbar aufeinander: Der Zusammenhang ist offenkundig. Indes ist mehr gemeint als nur eine bestimmte politische Bewegung. Der Protest richtet sich zugleich gegen alle Parteien, alle Institutionen und Organisationen, die den Menschen für angeblich höhere Zwecke gebrauchen (und missbrauchen) möchten. Mit diesem eher vagen Protest repräsentiert Ulla Hahn, geboren 1946, ihre Generation: Ohne es darauf abgesehen zu haben, wird sie zur lyrischen Sprecherin jener, die Ende der sechziger Jahre hoffnungsvoll gegen das »Establishment«, gegen die Welt der Väter, rebellierten.

Indes verzichtet sie auf die üblichen Rückblicke: Sie ist an der Vergangenheit überhaupt nicht interessiert, sie hat nicht das geringste Bedürfnis, der stürmischen Tage mit den vielen Protest-Happenings und Demonstrationen zu gedenken, sie gar liebevoll zu verklären. Die Vokabel »Vietnam« kommt in dem ganzen Band kein einziges Mal vor. Der obligate Katzenjammer wird uns ebenso erspart wie das larmoyante Selbstmitleid.

Denn nicht die Niederlage der jungen Linken ist Ulla Hahns Thema, nicht die große Enttäuschung besingt sie, sondern deren Folgen in der unmittelbaren Gegenwart. Also die stille Resignation, die Abwendung von aller Politik? Keineswegs, wohl aber die beherzte und entschiedene Hinwendung zum Privaten und also auch zum Intimen, zur Gegenwart und also auch zum Alltag. Wenn der Gedichtband »Herz über Kopf« etwas verteidigt, dann nichts anderes als das Recht des Individuums auf sein eigenes Leben. Wenn er etwas verkündet, dann nicht mehr und nicht weniger als den Anspruch des Menschen auf Freude und Glück.

Die einzelnen Gedichte sind in sich geschlossene und voneinander unabhängige Gebilde – ein Zyklus ist hier nirgends angestrebt –, doch die meisten ergänzen und kommentieren sich gegenseitig. Und so ergeben sie, Mosaiksteinen gleich, ein Ganzes: eine Liebesgeschichte, die sich hier und heute abspielt, eine heikle und schwierige Romanze.

Eine Frau liebt einen Mann, von dem sie Hunderte von Kilometern trennen und der offenbar Jahrzehnte älter ist: »Ich zog dich aus der Senke deiner Jahre / und tauchte dich in meinen Sommer ein.« Doch dieser Mann sitzt »bei seinem Frauchen / macht ihr ein Kratzefuß / will uns nit tauschen«. Wohin das führt, weiß jedermann – zu einem Verhältnis. Man trifft sich von Zeit zu Zeit (»Alle vierzehn Tage von Kopf bis Fuß / auf Liebe eingestellt«), ab und zu ist eine gemeinsame Reise möglich (»Am Abend des ersten Tags schieben wir ein / Bett nebens andre.«). Was bleibt, sind viele Telefongespräche, reale ebenso wie erträumte. Der Rest ist Schweigen und Leiden.

Eine ganz banale Geschichte, gewiss, doch in der Literatur, zumal in der Lyrik, kann oft gerade das Banale das Archetypische sein; und was das eine zum anderen erhebt, lässt sich mit einem Wort sagen: die Kunst. Ulla Hahn weiß sehr wohl, dass die Liebe ein höchst riskantes, ein von allen Seiten mit Fallen umstelltes Thema ist. Aber sie kümmert sich nicht darum, sie geht aufs Ganze, und dies mit jener unbeirrbaren und verblüffenden Sicherheit, die man nachtwandlerisch zu nennen pflegt.

In lapidaren, feierlichen Rhythmen erklärt sie ohne Reue: »Verläßt du mich nicht so / verlaß ich dich / nimmermehr.« Sie fürchtet weder Pathos noch Emphase:

ob du gegangen gekommen
ob du fortwillst oder bleibst
ob du gegeben genommen
ob du mich auslachst beweinst

Diese Lyrikerin zögert nicht, heutzutage Gedichte zu schreiben, die man als Hymnen und Idyllen bezeichnen könnte. Doch sind es Hymnen voll Schmerz, Idyllen voll Gram und Groll.

Die Einsamkeit ist eines ihrer zentralen Motive, das Warten ein Topos, zu dem sie immer wieder zurückkehrt, eine Grundsituation, der sie immer neue Schattierungen abgewinnt. Nicht vom Besuch des Geliebten berichten die Verse, sondern von der ungeduldigen Vorfreude und, später, von der Melancholie nach seiner Abreise. Verwelkende Blumen, in allerlei Gefäßen erkaltende Pfeifenasche und ein vergessener Schlafanzug werden zu Zeichen, die gleichsam auf Anhieb die Trostlosigkeit der Zurückgebliebenen anschaulich machen.

Mit frappantem Gespür für die Wirkung poetischer Kontrasteffekte wählt Ulla Hahn für ihre Klage und ihre Anklage oft einen besonders leichtfüßigen Rhythmus, einen provozierend beschwingten Tonfall. So in den ersten beiden Strophen des Gedichts mit dem doppeldeutigen Titel »Lied. Mäßig bewegt«:

Du bist zu mir gekommen
als kämest du zu mir
du bist davongegangen
als nähmst du mich mit dir.
Du hast bei mir gelegen
als wärest du mir nah
hast mir dein Herz gegeben
als wäre eines da.

In der Regel ereignet sich in diesen Gedichten nur wenig – oder auch nichts. Epische Elemente sind in ihnen kaum vorhanden, Balladen oder Moritaten, Fabeln oder Parabeln gibt es in dem Band überhaupt nicht. Vielmehr werden Stimmungen und Anwandlungen fixiert, Gefühle und Ressentiments vergegenwärtigt, flüchtige Regungen und dunkle Ahnungen beschrieben.

Den poetischen Zustandsbildern und seelischen Momentaufnahmen haftet indes nichts Statisches an. Auch wenn die Verse nur Befunde formulieren, sind sie doch voll hochdramatischer Spannung. Diese Spannung verdankt die Lyrik Ulla Hahns einer Antinomie, die vor allem in der Dichtung von Frauen eine große Rolle spielt und die hier das Fundament der Sammlung bildet – dem einfachen Gegensatz von Ergebenheit und Widerstand, von Unterwerfung und Auflehnung.

Wenn du willst
nehme ich alles
zurück meine Tränen
fließen mir in die Augen
mein Lachen flieht
hinter meine Lippen
scheuen vor deinen
zurück hast du
alles genommen

Doch ist in diesen Versen der Schritt von der Resignation zur Rebellion nicht groß. Das Gedicht mit dem bitteren Titel »Treue« klingt warnend und triumphierend: »Von deiner Haut wirst du / meine Spuren nicht mehr / verwischen.« Und das (nahezu drohende) Fazit: »Mit dir allein wirst du / niemals wieder allein sein.«

Das Buch »Herz über Kopf« erzählt auch die Geschichte einer allmählichen und höchst privaten Emanzipation: Die sich dem Freund und Geliebten ausgeliefert hat (»Du wendetest mich um … Und schnell begann ich vor mir selbst zurückzuweichen«), empfindet ihn offenbar auch als einen Übervater, von dem sie sich zu befreien sucht. Die einst auf ihn hereingefallen sei, auf seinen »Teppich aus Worten fein gewirket und gewoben«, rächt sich nun auf wahrlich sublime Weise. Denn sie, »die zum Lauschen Bestellte fällt / singend ihm in den Rücken«. So heißt es in dem Gedicht »Verbesserte Auflage«, einer überraschenden und im Kontext dieses Bandes vielsagenden Neufassung des Mythos von Orpheus und Eurydike.

Aber alle diese sehr unterschiedlichen Gedichte über das Glück der Liebe und das Unglück der Einsamkeit, über die kleinen Siege und die großen Niederlagen, über die strahlenden Tage und die düsteren Monate haben einen gemeinsamen Untergrund, ein hartnäckiges und bedrohliches Ostinato: die Vergänglichkeit. Für dieses uralte Thema der deutschen Lyrik, über das, so will es scheinen, schon alles gesagt wurde, findet Ulla Hahn neue Töne und neue Motive: sachliche und nüchterne (etwa in dem Gedicht »Noch«) und auch elegische und wehmütige. Die »Spielregeln« enden mit der Strophe:

Immer wieder dieselben Blumen
am Anfang diesmal für mich
und im Schlußakt frische Tränen
wie immer: diesmal um dich.

Blumen und Tränen gibt es in diesen Versen nicht selten – und auch den Schnee und den Vollmond, Pinien und Zypressen, Veilchen und Herbstzeitlose, Rosen mit und ohne Dornen.

Ulla Hahn liebt Märchenrequisiten: Samt und Seide, die Kalesche und das goldene Kleid, das Bärenfell und das Kupferkesselchen. Und sie liebt vor allem das Spiel mit diesen (mitunter bewusst anachronistisch verwendeten) Elementen, mit Bildern und Metaphern, mit Zitaten und Paraphrasen. Ein heiteres Spiel ist es und doch, wie sich immer wieder zeigt, ein sehr ernstes.

Selbstgewiss verkündet sie in ihrer »Ars poetica«:

Danke ich brauch keine neuen
Formen ich stehe auf
festen Versesfüßen und alten
Normen Reimen zu Hauf

Ja, sie steht auf vielen und festen Versfüßen. Sie bekennt sich zur großen Tradition, sie plündert graziös und konsequent die Schatzkammer der deutschen Lyrik – und da weiß sie glänzend Bescheid. Sie verneigt sich vor den Minnesängern und lässt die Barockdichter nicht links liegen, sie gedenkt respektvoll Hölderlins und liebäugelt mit den Romantikern, sie flirtet und kokettiert (gar nicht schüchtern und besonders häufig) mit Heine, sie dankt ergebenst der Droste und grüßt herzlichst die Kirsch – und sie nimmt sich von allen, was sie gerade braucht.

Unvermittelt tauchen in Ulla Hahns Gedichten mittelhochdeutsche Wendungen auf und machen durchaus nicht den Eindruck von Fremdkörpern. Schlichte Formen – Volkslieder, Kinderreime, Märchenverse und auch Schlager – feiern hier Urständ und klingen, in anderer Umgebung und in einem anderen Zusammenhang, neuartig und doppelbödig, mitunter unheimlich und sarkastisch.

Erstaunlich, mit welcher Unbekümmertheit und Souveränität diese Dichterin die Epochen durchstreift und die Stile wechselt, bewundernswert, mit welcher Leichtigkeit und Gewandtheit sie die alten Normen und Ordnungsprinzipien des Gedichts – den Reim, die Strophe, den Rhythmus – respektiert und übernimmt.

»Schreib doch mal ein anständiges Sonett« – diese Aufforderung dient als Motto zu einem Gedicht, das Ulla Hahn auch prompt »Anständiges Sonett« betitelt; und mit großer Selbstverständlichkeit wird sie der klassischen Form gerecht, die Brecht für die schwierigste in der Dichtkunst hielt. In einem Sonett (»Für einen Flieger«) glückt ihr auch die vollkommene Verquickung von Privatem und Öffentlichem, von Erotik und Zeitkritik. Dem Freund wird vorgeworfen, er weile nur noch in »höheren Regionen« und wolle, die Realität missachtend und ästhetisierend, den Leiden von Millionen stets einen tieferen Sinn unterstellen:

Als Lied erreicht ihr Stöhnen deine Ohren
Kains Hand scheint dir führt Abel hin zum Tanz
ein Abendlicht quillt allen aus den Poren

vergoldet dir die Sicht die Wiederkehr
zur Erde die du fast wie mich verloren
flieg höher nicht: du findest uns nicht mehr.

Doch worauf Ulla Hahn auch zurückgreift, was immer sie verwertet und verwendet und wie zahlreich die literarischen Anspielungen und Reminiszenzen auch sein mögen – ihre Lyrik ist frei vom Epigonalen und Eklektischen. Denn ihr gelingt (scheinbar mühelos) die Einschmelzung des Überlieferten in die eigene Diktion, in eine eigene Sprache. In altvertrauten Reimen und Rhythmen, Formen und Formulierungen wird ein Lebensgefühl artikuliert, in dem wir, allen Verfremdungen und Verkleidungen zum Trotz, uns wiedererkennen, unsere Zeit und unsere Welt.

So besingt Ulla Hahn ihr Elend mit Anmut, ihre Passion mit Schwermut, ihr Glück mit Übermut. Ein artistisches Bewusstsein und ein leidendes Temperament beglaubigen sich hier gegenseitig, Virtuosität und Spontaneität, Schmerz und Stil finden zu einer poetischen Einheit.

Die Musikalität dieser Verse, der Charme und der Wohlklang dieser oft saloppen Oden und dieser bisweilen aggressiven Elegien erinnern uns daran, dass Lyrik auch heute und gerade heute schön sein darf und sein sollte. Mehr noch: Ulla Hahn beweist uns – und das ist schließlich das Wichtigste –, dass deutsche Gedichte auch in unseren Tagen schön sein können.

# Elfriede Jelinek

## Die missbrauchte Frau

Diese Autorin, Elfriede Jelinek, ist außergewöhnlich, dieser Fall ist unvergleichbar. Alle ihre Arbeiten sind wütende Provokationen, sie wird seit Jahren und Jahrzehnten immer wieder beschimpft. Aber sie hat dreiundzwanzig oder vierundzwanzig Literaturpreise erhalten, darunter den höchsten deutschen Preis, der im Namen Büchners vergeben wird, und jetzt auch noch jenen (nach wie vor) höchsten auf Erden, den Alfred Nobel gestiftet hat.

Das literarische Talent der Elfriede Jelinek ist, um es vorsichtig auszudrücken, eher bescheiden. Dennoch hat ihr enormer Erfolg gute Gründe. Ihre Dramen sind unaufführbar. Gleichwohl wurden sie auf vielen Bühnen gespielt und fanden, jedenfalls einige, neben empörter Ablehnung auch bemerkenswerte, ja heftige Zustimmung.

Ein guter Roman ist ihr nie gelungen, beinahe alle sind mehr oder weniger banal oder oberflächlich. Gleichzeitig ist in manchen hier und da beachtliche stilistische Kunstfertigkeit nicht zu übersehen – und bisweilen sogar erstaunliche Virtuosität. Also sind es vielleicht Bücher für Kritiker? Nein, manchen wurde auch Bestsellerruhm zuteil. Wie ist das alles zu verstehen?

Als 1989 im »Literarischen Quartett« Jelineks Roman »Lust« besprochen wurde, sagte meine hochverehrte Kollegin Sigrid Löffler, im Grunde handle das Buch davon, »dass männliche Körper expandieren und in andere Körper eindringen, wohingegen weibliche Körper diejenigen sind, in die eingedrungen wird«. Das war, wird man zugeben, eine so überraschende wie erleuchtende Entdeckung. Und sie gilt für einen großen Teil des Werks der Jelinek. Es denunziert die Sexualität auf simple, doch gelegentlich auch suggestive Weise als etwas höchst Widerliches – für Frauen natürlich.

Nun behauptet die Weltliteratur, spezialisiert auf die Freuden und Leiden der Menschen, dass der Geschlechtsverkehr vielen Leuten, Frauen keineswegs ausgeschlossen, zumindest hin und wieder, auch Spaß bereite. Elfriede Jelinek indes stellt in allen ihren Büchern, auch in ihrem wohl besten Roman, »Die Klavierspielerin« (1983), das Sexuelle als ein widerliches und abstoßendes Herrschaftsinstrument der Männer dar: Was die Poesie so gern besingt, erweist sich als grausamer Unterwerfungsakt.

Unserem Weimarer Klassiker verdanken wir ein Theaterstück über einen pensionierten Gelehrten, der ein unmündiges Mädchen verführt, schwängert und verlässt. Zumindest seit diesem nicht ohne Talent verfertigten Stück ist das Elend der missbrauchten und gedemütigten Frau ein zentrales Motiv der Literatur. Aber die Jelinek zeigt es, simpel und ganz ohne Umstände, vor dem Hintergrund der von ihr aufs Schärfste angeklagten Wohlstandsgesellschaft gegen Ende des 20. Jahrhunderts – und sie zeigt es so, dass die Zukurzgekommenen und Benachteiligten, Frauen zumal, ihr Leben wieder erkennen können.

Das, immerhin, ist eine Leistung – und es gilt zum Teil auch für die Bühnenwerke. Sie sind, offen gesagt, unlesbar, doch als Vorlage für ehrgeizige und rücksichtslose Regisseure mit viel Phantasie hervorragend geeignet: Sie entfernen sich ohne Reue von dem, was die Autorin geliefert hat, und machen aus den Texten, was sie wollen. Wenn es gutgeht, entstehen effektvolle Shows, die nicht immer langweilig sind.

Doch ob Roman oder Drama – Elfriede Jelinek ist stets eine gesellschaftskritische Schriftstellerin, die der, wie viele meinten, längst überlebten oder überwundenen engagierten Literatur zu neuen Ehren verholfen hat. Ihr Mut und ihre Entschiedenheit, ihre Radikalität und ihre Konsequenz lassen sich kaum überschätzen. Und ihre Gesinnung? Als ich einst Böll für die Anschauungen in seinem neuen Manuskript lobte, unterbrach er mich sofort: »Gute Gesinnung gibt es bei uns gratis.« Auch bei der Jelinek.

Mag sein, dass ihr Talent von ihrem (imponierenden) Charakter übertroffen wird. Wie auch immer: Sie ist schon eine dolle Frau, diese Elfriede Jelinek.

# Patrick Süskind

## Des Mörders betörender Duft

Patrick Süskinds erstaunlicher Roman »Das Parfum«

Also das gibt es immer noch oder schon wieder: einen deutschen Schriftsteller, der des Deutschen mächtig ist; einen zeitgenössischen Erzähler, der dennoch erzählen kann; einen Romancier, der uns nicht mit dem Spiegelbild seines Bauchnabels belästigt; einen jungen Autor, der trotzdem kein Langweiler ist.

Als ganz jung kann er, Patrick Süskind, allerdings nicht mehr gelten. Denn er wurde 1949 geboren – im Herzen des Bayernlandes, am Starnberger See. Merkwürdig: Früher, als alles auf Erden besser war, debütierten deutsche Schriftsteller im Alter zwischen zwanzig und fünfundzwanzig – Thomas Mann und Hauptmann, Heinrich Mann und Hermann Hesse, Schnitzler und Hofmannsthal. Als Böll und Andersch, Nossack und Arno Schmidt anfingen, da waren sie schon erheblich älter. Wir wussten, warum: Der Krieg hatte die Verspätung verschuldet, das »Dritte Reich«. Und heute? Obwohl allesamt natürlich nach 1945 geboren, sind unsere Anfänger beinahe ausnahmslos zwischen dreißig und vierzig. Da ich für diese Verschiebung keine Gründe zu finden vermag, habe ich einige solide Kenner zu Rate gezogen – und bin so klug als wie zuvor. Ich weiß nur: Diese Startverschiebung ist mehr als merkwürdig, sie ist beunruhigend.

Auch Patrick Süskind gehört zu den Spätentwicklern. Er begann mit dem inzwischen nicht nur in der Bundesrepublik erfolgreichen Ein-Personen-Drama »Der Kontrabaß«, einem – das ist nicht beleidigend gemeint – *kabarettistischen* Stück mit Pfiff und Charme und mit leiser, gleichsam lächelnder Melancholie. Dreierlei wurde hier deutlich: Süskinds Humor, sein nahezu diebisches Vergnügen an der Sprache und seine keineswegs larmoyante und eher an Tschechow erinnernde Schwäche für die Benachteiligten und Zukurzgekommenen

Ein wahrlich Zukurzgekommener, ein von der Natur auf schon grausame Weise Benachteiligter steht im Mittelpunkt auch seines Buches »Das Parfum«. So fängt es an: »Im achtzehnten Jahrhundert lebte in Frankreich ein Mann, der zu den genialsten und abscheulichsten Gestalten dieser an genialen und abscheulichen Gestalten nicht armen Epoche gehörte. Seine Geschichte soll hier erzählt werden.« Das mag eine schlichte Eröffnung sein, aber sie deutet ein ästhetisches Programm an – ein unmissverständliches, ein vielleicht trotziges Bekenntnis zum traditionellen Erzählen. Tatsächlich schreibt Süskind, als hätte er nie Kafka gelesen und nie von Joyce gehört. Seine Vorbilder sind eher bei den Romanciers des 19. Jahrhunderts zu suchen, zumal den französischen von Balzac bis Victor Hugo. Einiges mag er auch, bewusst oder unbewusst, von Marcel Proust gelernt haben.

Sicher ist: Um die verschiedenartigen Mittel und Errungenschaften, um die ausgeklügelten Techniken und raffinierten Tricks der modernen Prosa kümmert sich dieser Autor nicht einen Pfifferling. Er verzichtet auf den inneren Monolog, den übrigens schon Schnitzler um 1900 in die deutsche Literatur eingeführt hat. Den Perspektivenwechsel, den schon Tolstoi kannte, braucht er nicht. Der Vorwurf, er spiele den allwissenden Erzähler und sei somit ein ganz altmodischer Kerl, scheint ihm herzlich gleichgültig. Er beginnt die Geschichte seines abstoßenden Helden mit dessen Geburt und schließt sie mit dessen Tod, er berichtet geradlinig und in chronologischer Reihenfolge, von Rückblenden will er nichts wissen, nie weicht er von seinem Thema ab. Schilderungen, die, wer will, als genüsslich beanstanden mag, fürchtet er so wenig wie kleine, freilich eher makabre Idyllen.

Ich sage nicht, dass man heutzutage so erzählen soll. Aber ich meine, dass man auch heute so erzählen darf – vorausgesetzt, dass man es kann. Und dass moderne Epik zwar nicht unbedingt gut, aber gute stets modern ist – oder es zumindest immer sein sollte. Was taugt die Prosa von Patrick Süskind?

Hier zunächst ein Stilbeispiel: »Es stanken die Straßen nach Mist, es stanken die Hinterhöfe nach Urin, es stanken die Treppenhäuser nach fauligem Holz und nach Rattendreck, die Küchen nach verdorbenem Kohl und Hammelfett; die ungelüfteten Stuben stanken nach muffigem Staub, die Schlafzimmer nach fettigen Laken, nach feuchten Federbetten und nach dem stechend süßen Duft der Nachttöpfe. Aus den Kaminen stank der Schwefel, aus den Gerbereien stanken die ätzenden Laugen, aus den Schlachthöfen stank das geronnene Blut. Die Menschen stanken nach Schweiß und nach ungewaschenen Kleidern … Es stanken die Flüsse, es stanken die Plätze, es stanken die Kirchen, es stank unter den Brücken und in den Palästen. Der Bauer stank wie der Priester, der Handwerksgeselle wie die Meistersfrau, es stank der gesamte Adel, ja sogar der König stank, wie ein Raubtier stank er, und die Königin wie eine alte Ziege, sommers wie winters.«

So beweist Süskind, dass er auch dem Gestank mit schönen, geradezu eleganten Sätzen gerecht werden kann. Er hat einen ausgeprägten Sinn für den Rhythmus der Sprache, den er oft mit insistierenden und doch nicht störenden Wortwiederholungen erreicht und der weder hämmernd noch stampfend wirkt und gleichwohl unüberhörbar ist. Seine Sätze sind niemals schwerfällig, auch wo sie sich zu langen Perioden auswachsen, bleiben sie makellos durchsichtig. Süskinds Diktion ist geschmeidig und anmutig und dennoch genau: Der verführerische Wohlklang vieler Seiten seines Buches geht nicht auf Kosten der Deutlichkeit des Ausdrucks. Die einnehmende Musikalität dieser Prosa lässt vermuten, dass von allen Sinnesorganen ihres Autors das Ohr am besten entwickelt ist.

Der Mann, dessen erschreckenden Lebensweg der Roman »Das Parfum« vor uns ausbreitet, verfügt über Fähigkeiten, die er ebenfalls einem einzigen, freilich außerordentlichen Sinnesorgan verdankt: der Nase. Es handelt sich um Jean-Baptiste Grenouille, der im Jahre 1738 inmitten von Paris, »am allerstinkendsten Ort des gesamten Königreichs«, zur Welt kam – nämlich auf einem Markt, wo sich der Gestank der verfaulenden Fische mit dem Leichengeruch vom benachbarten Friedhof vermischte.

Dieser Grenouille, ein ungewöhnlich hässliches Geschöpf, eine Missgeburt sondergleichen, lässt an andere widerliche Individuen denken, an Scheusale, die sich schwerlich vergessen lassen – an Quasimodo etwa, jenes abstoßende Findelkind, das in Victor Hugos

Roman zum Glöckner von Notre Dame aufsteigt, oder gar an den Herzog von Gloster, den nachmaligen König Richard III., den die Natur so entstellt hat, dass Hunde bellten, wo er vorbeihinkte. Was blieb dem Unglücklichen anderes übrig, als ein Bösewicht zu werden und sich an der Welt zu rächen?

Grenouille will sich ebenfalls rächen, aber vorerst auf ungleich harmlosere Weise als das Shakespeare'sche Ungeheuer. Er, der Held Süskinds, der selber nach gar nichts riecht, indes, mit einer exquisiten Nase begnadet, alles riechend aufnimmt, und der nicht glauben kann, was sich nicht riechen lässt – er strebt, sage und schreibe, eine Revolution an. Doch was der Gedemütigte, der aus dem Gestank Kommende, revolutionieren möchte, ist vorerst nur die Welt der Düfte.

So rücksichtslos wie einsam geht Grenouille, der Besessene, seinen Weg zum Erfolg und zum spektakulären Triumph. Er kann Liebe weder empfinden noch wecken, er hat weder Freunde noch Partner. Und Süskind ist konsequent genug, auf eine Gegenfigur zu verzichten: Nur Chargen tauchen in der Umgebung des Unmenschen auf – diese indes, eine robuste Amme, ein kahlköpfiger Pater, ein strenger Gerbermeister, ein talentloser Parfumeur, sind mit wenigen sicheren Strichen glänzend gezeichnet, sie erinnern hier und da an die unheimlichen Figuren E. T. A. Hoffmanns.

Auch den meist düsteren Hintergrund, das Paris des 18. Jahrhunderts, hat Süskind mit zärtlicher Akkuratesse und nicht ohne Grimm und Ironie entworfen. Trifft dieses Bild zu? Und woher stammt des Dichters Wissen? Was hat er historischen oder literarischen Quellen entnommen, was hingegen haben wir seiner Phantasie zu verdanken? Ich kann dies alles nicht beurteilen, und es scheinen mir auch recht unwichtige Fragen. Denn dieser Autor kann beglaubigen, was er zeigen will; mit Hilfe seiner überaus sinnlichen Prosa bietet er uns eine Darstellung von erfreulicher und bisweilen bewundernswerter Anschaulichkeit.

Aber des Lebens ungemischte Freude wird uns Lesern der zeitgenössischen deutschen Romane nur sehr selten zuteil. Wer die erste Hälfte dieses Buches geradezu mit roten Backen zur Kenntnis genommen hat, der muss später einige Enttäuschungen in Kauf nehmen.

Nachdem Grenouille eine Unzahl herrlicher Parfums produziert und seinem geizigen Arbeitgeber zu Geld und Ruhm verholfen hat, erfährt er, dass in der Stadt Grasse ein geheimnisvolles Verfahren zur Gewinnung feinster Blumendüfte erfunden wurde – und er kehrt bald Paris den Rücken. Dies aber war keine glückliche Entscheidung des Autors Süskind. Denn kaum hat sein Held Frankreichs Hauptstadt verlassen, da schwinden mit der Unmittelbarkeit und Suggestivität des Romans auch dessen Schlüssigkeit und Überzeugungskraft.

Grenouilles Erlebnisse und Abenteuer werden immer phantastischer, doch leiden die überreichlich offerierten Bilder und Symbole nun an einer gewissen Beliebigkeit. Es fällt auch auf, dass der ausgezeichnete Stilist sich jetzt Beschreibungen leistet, die nicht eben von drakonischer Selbstkontrolle zeugen: »Sein Herz war ein purpurnes Schloß. Es lag in einer steinernen Wüste, getarnt hinter Dünen, umgeben von einer Oase aus Sumpf und hinter sieben steinernen Mauern. Es war nur im Flug zu erreichen. Es besaß tausend Kammern und tausend Keller und tausend feine Salons.« Da runzeln wir nachdenklich die Stirn und gehen etwas verwundert zur Tagesordnung über.

In dieser zweiten Hälfte mutet Süskinds Prosa ein wenig epigonal an. Aber wen ahmt er nach? Keinen anderen als sich selber. Er wiederholt sich. Und warum, ist ihm etwa die Puste ausgegangen? Ich glaube, es gibt da noch einen anderen, vielleicht triftigeren Grund. Die Biographie des Mannes mit der einzigartigen Witterung ist zwar von Anfang an als Gleichnis angelegt, doch sind die parabolischen Elemente vorerst noch dezent: Es triumphiert immer wieder das artistische Temperament eines Erzählers, dem es Spaß macht, den Lesern allerlei vorzuflunkern und sie damit vorzüglich zu unterhalten. Nachher hingegen ist es umgekehrt. Süskind bemüht sich jetzt in wachsendem Maße um den gleichnishaften Charakter seiner Geschichte. Dieser wird tatsächlich immer deutlicher – und leider auch immer aufdringlicher. So paradox dies auch anmuten mag: Wo er dem Spieltrieb nachgibt, da gerade hat seine Prosa Gewicht, wo er aber um den tieferen Sinn seines Buches besorgt ist, da wird es oberflächlicher und auch artifizieller.

Und worin besteht dieser tiefere Sinn? Der Epiker hat das Recht, die Beantwortung einer derart plumpen Frage zu verweigern, der Kritiker darf nicht kneifen. Die Sehnsucht nach dem Absoluten, ihre Ursachen und ihre Folgen – so ließe sich mit dürren Worten das Muster des farbenprächtigen Teppichs andeuten, den Süskind vor und für uns aufrollt. Dem Monster Grenouille genügen nicht die aparten Parfums, mit denen er Paris beglückt hat. Er ist auf der Suche nach einem Duft, mit dem er die Menschen betören und betäuben könnte. Sie sollen ihn nicht nur als ihresgleichen akzeptieren, ihn vielmehr »lieben bis zum Wahnsinn, bis zur Selbstaufgabe, zittern vor Entzücken sollten sie, schreien, weinen vor Wonne, ohne zu wissen, warum …«

Er tötet unschuldige Mädchen, um sich deren Duft anzueignen, und stellt aus ihm das Parfum her, »das vor den Menschen beliebt macht«. Schließlich wird er gefasst und zum Tode verurteilt. Doch als er auf dem überfüllten Hinrichtungsplatz erscheint, da geschieht ein Wunder: »Den Nonnen erschien er als der Heiland in Person, den Satansgläubigen als strahlender Herr der Finsternis, den Aufgeklärten als das Höchste Wesen, den jungen Mädchen als ein Märchenprinz, den Männern als ein ideales Abbild ihrer selbst. Und alle fühlten sie sich von ihm an ihrer empfindlichsten Stelle erkannt und gepackt, er hatte sie im erotischen Zentrum getroffen.« Die geplante Hinrichtung artet zu einem gigantischen Bacchanal aus: Der Massenmörder »hatte sich eine Aura geschaffen, strahlender und wirkungsvoller, als sie je ein Mensch vor ihm besaß … Ein Wink von ihm, und alle würden ihrem Gott abschwören und ihn, den Großen Grenouille, anbeten.«

Dass man viel Energie benötigt, um einen Roman zu Ende zu schreiben, dass irgendwo in der zweiten Hälfte der Autor der Sache satt ist und schon etwas ganz anderes machen möchte – Thomas Mann hat mehrfach darüber geklagt. Auch dem Anfänger Süskind blieb diese Erfahrung offensichtlich nicht erspart: Immer neue und häufig an den Haaren herbeigezogene Motive sollten ihm aus der Not helfen. Doch gegen Ende des »Parfums« ist ihm in jener Szene, in der die Sensationssüchtigen vom plötzlich wohlduftenden Grenouille nichts wahrnehmen »als seine angemaßte Aura«, eine Apotheose von mythologischem Rang gelungen, eine grandiose Darstellung des Massenwahns, der Verführbarkeit der Menschen; genauer: der kaum zu begreifenden Wirkung eines widerlichen und verabscheuungswürdigen Verbrechers auf ein zivilisiertes Volk inmitten Europas. Muss man sagen, welches Ungeheuer Patrick Süskind meint, auf welches Volk sein Gleichnis vor allem abzielt?

Jedenfalls ist es schön, endlich einmal feststellen zu können: Unsere Literatur hat ein Talent mehr – und ein erstaunliches obendrein.

# Anhang

# Literaturhinweise

## 1. Gesammelte Schriften Marcel Reich-Ranickis über deutsche Literatur

**Deutsche Literatur in West und Ost.** Prosa seit 1945. München: Piper 1963. (Taschenbuch-Ausgabe: Hamburg: Rowohlt 1970. – Neuausgabe: Stuttgart: Deutsche Verlags-Anstalt 1983. Taschenbuch-Ausgabe: München: dtv 1985; 3., vom Autor neu durchgesehene Auflage 2002.)

**Literarisches Leben in Deutschland.** Kommentare und Pamphlete. München: Piper 1965.

**Wer schreibt, provoziert.** Kommentare und Pamphlete. München: dtv 1966. (Taschenbuch-Ausgabe: Frankfurt/M.: S. Fischer 1993.)

**Literatur der kleinen Schritte.** Deutsche Schriftsteller heute. München: Piper 1967. (Erweiterte Taschenbuch-Ausgabe: Frankfurt/M., Berlin, Wien: Ullstein 1971. – Abermals erweiterte Taschenbuch-Ausgabe: München: dtv 1991.)

**Die Ungeliebten.** Sieben Emigranten. Pfullingen: Neske 1968. (Über Thomas Mann, Franz Werfel, Joseph Roth, Alfred Polgar, Egon Erwin Kisch, Kurt Tucholsky, Klaus Mann.)

**Lauter Verrisse.** Mit einem einleitenden Essay. München: Piper 1970. (Erweiterte Taschenbuch-Ausgabe: Frankfurt/M., Berlin, Wien: Ullstein 1973. – Erweiterte Neuausgabe: Stuttgart: Deutsche Verlags-Anstalt 1984. – Taschenbuch-Ausgabe: München: dtv 1992.)

**Über Ruhestörer.** Juden in der deutschen Literatur. München: Piper 1973. (Erweiterte Taschenbuch-Ausgabe: Frankfurt/M., Berlin, Wien: Ullstein 1977. – Erweiterte Neuausgabe: Stuttgart: Deutsche Verlags-Anstalt 1989. – Abermals erweiterte Neuausgabe: München: dtv 1993.)

**Zur Literatur der DDR.** München: Piper 1974. (Später neu unter dem Titel »Ohne Rabatt«.)

**Nachprüfung.** Aufsätze über deutsche Schriftsteller von gestern. München: Piper 1977. (Erweiterte Neuausgabe: Stuttgart: Deutsche Verlags-Anstalt 1980. – Taschenbuch-Ausgabe: München: dtv 1984. – Erweiterte Taschenbuch-Ausgabe: München: dtv 1990.)

**Entgegnung.** Zur deutschen Literatur der siebziger Jahre. Stuttgart: Deutsche Verlags-Anstalt 1979. (Erweiterte Neuausgabe: Stuttgart: Deutsche Verlags-Anstalt 1981. –Taschenbuch-Ausgabe: München: dtv 1982, 3., erweiterte Auflage 1993, 4. Auflage 2002.)

**Betrifft Goethe.** (Zusammen mit der Rede des Kanzlers Friedrich von Müller von 1832.) Zürich, München: Artemis 1982. (Neuausgabe: Frankfurt/M.: S. Fischer 1995.)

**Nichts als Literatur.** Aufsätze und Anmerkungen. Stuttgart: Reclam 1985. (Bio-bibliographisch ergänzte Ausgabe 1990.)

**Lauter Lobreden.** Stuttgart: Deutsche Verlags-Anstalt 1985. (Taschenbuch-Ausgabe: München: dtv 1992.)

**Mehr als ein Dichter.** Über Heinrich Böll. Köln: Kiepenheuer und Witsch 1986. (Taschenbuch-Ausgabe: München: dtv 1994.)

**Thomas Mann und die Seinen.** Stuttgart: Deutsche Verlags-Anstalt 1987. (Taschenbuch-Ausgabe: Frankfurt/M.: S. Fischer 1990. – Überarbeitete Neuausgabe: München: Deutsche Verlags-Anstalt 2005).

**Herz, Arzt und Literatur.** Zwei Aufsätze. Zürich: Ammann 1987.

**Romane von gestern – heute gelesen**. Hg. von Marcel Reich-Ranicki. Band 1: 1900–1918. Frankfurt/M.: S. Fischer 1989. Band 2: 1918–1933. Frankfurt/M.: S. Fischer 1989. Band 3: 1933–1945. Frankfurt/M.: S. Fischer 1990. (Aktualisierte Taschenbuch-Ausgabe: Frankfurt/M.: S. Fischer 1996.)

**Thomas Bernhard.** Aufsätze und Reden. Zürich: Ammann 1990. (Taschenbuch-Ausgabe: Frankfurt/M.: S. Fischer 1993.)

**Max Frisch.** Aufsätze. Zürich: Ammann 1991. (Taschenbuch-Ausgabe: Frankfurt/M.: S. Fischer 1994.)

**Ohne Rabatt.** Über Literatur aus der DDR. Stuttgart: Deutsche Verlags-Anstalt 1991. (Taschenbuch-Ausgabe: München: dtv 1993.)

**Reden auf Hilde Spiel.** München: List 1991. (Erweiterte Taschenbuch-Ausgabe: Über Hilde Spiel. München: dtv 1998.)

**Günter Grass.** Aufsätze. Zürich: Ammann 1992. (Taschenbuch-Ausgabe: Frankfurt/M.: S. Fischer 1994 und 1999.)

**Die Anwälte der Literatur.** Stuttgart: Deutsche Verlags-Anstalt 1994. (Taschenbuch-Ausgabe: München: dtv 1996.)

**Martin Walser.** Mit Fotografien von Isolde Ohlbaum. Zürich: Ammann 1994. (Taschenbuch-Ausgabe mit Fotografien von Barbara Klemm: Frankfurt/M.: S. Fischer 1996.)

**Die verkehrte Krone.** Über Juden in der deutschen Literatur. Wiesbaden: Reichert 1995.

**Ungeheuer oben.** Über Bertolt Brecht. Berlin: Aufbau 1996. (Erweiterte Taschenbuch-Ausgabe: Berlin: Aufbau 2001.)

**Wolfgang Koeppen.** Zürich: Ammann 1996. (Taschenbuch-Ausgabe: Frankfurt/M.: S. Fischer 1998.)

**Der Fall Heine.** 1. und 2. Aufl. Stuttgart: Deutsche Verlags-Anstalt 1997. (Taschenbuch-Ausgabe: München: dtv 2000.)

**Vom Tag gefordert.** Reden in deutschen Angelegenheiten. Stuttgart: Deutsche Verlags-Anstalt 2001 (Taschenbuch-Ausgabe: München: dtv 2003).

**Goethe noch einmal.** Reden und Anmerkungen. Stuttgart, München: Deutsche Verlags-Anstalt 2002 (Taschenbuch-Ausgabe München: dtv 2004).

**Ein Jüngling liebt ein Mädchen.** Deutsche Gedichte und ihre Interpretationen. Frankfurt/M., Leipzig: Insel 2002.

**Sieben Wegbereiter.** Schriftsteller des zwanzigsten Jahrhunderts. Stuttgart, München: Deutsche Verlags-Anstalt 2002 (Taschenbuch-Ausgabe: München: dtv 2004).

**Über Literaturkritik.** Stuttgart, München: Deutsche Verlags-Anstalt 2002.

**Meine Bilder.** Porträts und Aufsätze. Stuttgart, München: Deutsche Verlags-Anstalt 2003.

**Unser Grass**. München: Deutsche Verlags-Anstalt 2003 (Taschenbuch-Ausgabe: München: dtv 2005).
**Marcel Reich-Ranicki antwortet auf 99 Fragen.** Hg. von Hans-Joachim Simm. Mit einem Nachwort von Volker Weidermann. Frankfurt/M., Leipzig: Insel 2006.
**Für alle Fragen offen.** Antworten zur Weltliteratur. München: Deutsche Verlags-Anstalt 2009.

## 2. Gespräche Marcel Reich-Ranickis über deutsche Literatur

**Der doppelte Boden.** Gespräch mit Peter von Matt. Zürich: Ammann 1992.
**... und alle Fragen offen.** Das Beste aus dem literarischen Quartett. Hg. von Stephan Reichenberger unter Mitarbeit von Alex Rühle und Christopher Schmidt. Mit einem Vorwort von Johannes Willms. München: Heyne 2000.
**Das Literarische Quartett.** Streit Lust. Das Beste, Bissigste, Böseste aus 13 Jahren. CD. Wiesbaden: Hertzfrequenz-Hoerverlag 2001.
**Das Literarische Quartett.** Unsere Klassiker. CD. Wiesbaden: Hertzfrequenz-Hoerverlag 2001.
**Das Literarische Quartett.** Unser Goethe. CD. Wiesbaden: Hertzfrequenz Hoerverlag 2001.
**Lauter schwierige Patienten.** Gespräche mit Peter Voß über Schriftsteller des 20. Jahrhunderts. Berlin, München: Propyläen 2002.
**Das Literarische Quartett.** Gesamtausgabe aller 77 Sendungen von 1988 bis 2001 (mit 16 Stunden Hörmaterial). CD. Digitale Bibliothek 126. Berlin: Directmedia Publishing 2005.
**Das Literarische Quartett.** Gesamtausgabe aller 77 Sendungen von 1988 bis 2001. Drei Bände. Berlin: Directmedia Publishing 2006.
**Aus persönlicher Sicht.** Gespräche 1999 bis 2006. Hg. von Christiane Schmidt. München: Deutsche Verlags-Anstalt 2006.

## 3. Anthologien Marcel Reich-Ranickis zur deutschen Literatur

**Auch dort erzählt Deutschland.** Prosa von »drüben«. München: List 1960.
**Erfundene Wahrheit.** Deutsche Geschichten seit 1945. München: Piper 1965.
**Notwendige Geschichten 1933–1945.** München: Piper 1967. (Taschenbuch-Ausgabe: München: dtv 1980. – Neuausgabe: München: Piper 1994.)
**Gesichtete Zeit.** Deutsche Geschichten 1918–1933. München: Piper 1969. (Taschenbuch-Ausgabe: München: dtv 1980. – Neuausgabe: München: Piper 1992.)
**Anbruch der Gegenwart.** Deutsche Geschichten 1900–1918. München: Piper 1971. (Taschenbuch-Ausgabe: München: dtv 1980. – Neuausgabe: München: Piper 1992.)
**Erfundene Wahrheit.** Deutsche Geschichten 1945–1960. Veränderte Neuauflage. München: Piper 1972. (Taschenbuch-Ausgabe: München: dtv 1980. – Neuausgabe: München: Piper 1995.)

**Verteidigung der Zukunft.** Deutsche Geschichten seit 1960. München: Piper 1972. (Erweiterte Auflage: München, Zürich: Piper 1975. – Taschenbuch-Ausgabe: München: dtv 1980. – Neuausgabe: München: Piper 1995.)

**Frankfurter Anthologie.** Gedichte und Interpretationen. Frankfurt/M.: Insel 1976 bis 2010; Frankfurt/M.: S. Fischer 2011 bis 2014 (37 Bände).

**Ludwig Börne.** Spiegelbild des Lebens. Aufsätze über Literatur. Frankfurt/M.: Suhrkamp 1977. (Erweiterte Neuausgabe: Frankfurt/M., Leipzig: Insel 1993.)

**Wolfgang Koeppen: Die elenden Skribenten.** Aufsätze. Frankfurt/M.: Suhrkamp 1981. (Taschenbuch-Ausgabe: Frankfurt/M.: Suhrkamp 1984.)

**Meine Schulzeit im Dritten Reich.** Erinnerungen deutscher Schriftsteller. Köln: Kiepenheuer und Witsch 1982. (Taschenbuch-Ausgabe: München: dtv 1984. – Erweiterte Neuausgabe: Köln: Kiepenheuer und Witsch 1988. – Erweiterte Taschenbuch-Ausgabe: München: dtv 1993.)

**Alfred Polgar: Kleine Schriften.** Sechs Bände. Reinbek bei Hamburg: Rowohlt 1982–1986. (Taschenbuch-Ausgabe: Reinbek bei Hamburg: Rowohlt 1994.)

**Über die Liebe.** Gedichte und Interpretationen aus der Frankfurter Anthologie. Frankfurt/M.: Insel 1985.

**Wolfgang Koeppen: Gesammelte Werke.** Sechs Bände. Frankfurt/M.: Suhrkamp 1986. (Taschenbuch-Ausgabe: Frankfurt/M.: Suhrkamp 1990ff.)

**Was halten Sie von Thomas Mann?** Achtzehn Autoren antworten. Frankfurt/M.: S. Fischer 1986. (Neuausgabe: Frankfurt/M.: S. Fischer 1994.)

**Erzählte Gegenwart.** Zehn Jahre Ingeborg Bachmann-Preis. München, Zürich: Piper 1986.

**Johann Wolfgang von Goethe. Alle Freuden, die unendlichen.** Liebesgedichte und Interpretationen. Frankfurt/M.: Insel 1987.

**Horst Krüger – ein Schriftsteller auf Reisen.** Materialien und Selbstzeugnisse. Hamburg: Hoffmann und Campe 1989.

**Johann Wolfgang von Goethe. Verweile doch.** 111 Gedichte und Interpretationen. Frankfurt/M., Leipzig: Insel 1992. (Taschenbuch-Ausgabe: Frankfurt/M., Leipzig: Insel 1997.)

**Wolfgang Koeppen. Ohne Absicht.** Gespräch mit Marcel Reich-Ranicki in der Reihe »Zeugen des Jahrhunderts«. Göttingen: Lamuv 1994.

**Hermann Burger: Erzählungen.** Frankfurt/M.: S. Fischer 1994.

**Deutsche Erzähler des 20. Jahrhunderts. Von Arthur Schnitzler bis Robert Musil.** Zürich: Manesse 1994.

**Deutsche Erzähler des 20. Jahrhunderts. Von Joseph Roth bis Hermann Burger.** Zürich: Manesse 1994.

**Rainer Maria Rilke. Und ist ein Fest geworden.** 33 Gedichte mit Interpretationen. Frankfurt/M., Leipzig: Insel 1996. (Taschenbuch-Ausgabe: Frankfurt/M., Leipzig: Insel 2000.)

**Heinrich Heine. Ich hab im Traum geweinet.** 44 Gedichte mit Interpretationen. Frankfurt/M., Leipzig: Insel 1997. (Taschenbuch-Ausgabe: Frankfurt/M., Leipzig: Insel 2001.)

**Frauen dichten anders.** 181 Gedichte mit Interpretationen. Frankfurt/M., Leipzig: Insel 1998. (Taschenbuch-Ausgabe: Frankfurt/M., Leipzig: Insel

2002; mit dem Untertitel »Deutsche Dichterinnen vom Mittelalter bis zur Gegenwart«. Berlin: Insel 2013.)

**Hundert Gedichte des Jahrhunderts.** Frankfurt/M., Leipzig: Insel 2000.

**Bertolt Brecht. Der Mond über Soho.** 66 Gedichte mit Interpretationen. Frankfurt/M., Leipzig: Insel 2002.

**1400 deutsche Gedichte und ihre Interpretationen.** 12 Bände. Frankfurt/M., Leipzig: Insel 2002.

**Der Kanon. Die deutsche Literatur. Romane.** 20 Bände Frankfurt/M., Leipzig: Insel 2002.

**Der Kanon. Die deutsche Literatur. Erzählungen.** 10 Bände und ein Begleitband im Schuber. Frankfurt/M.: Insel 2003.

**Der Kanon. Die deutsche Literatur. Dramen.** 8 Bände und ein Begleitband im Schuber. Frankfurt/M.: Insel 2004.

**Der Kanon. Die deutsche Literatur. Gedichte.** 7 Bände und ein Begleitband im Schuber. Frankfurt/M.: Insel 2005.

**Der Kanon. Die deutsche Literatur. Essays.** 5 Bände und ein Begleitband im Schuber. Frankfurt/M.: Insel 2006.

**Erich Kästner – Ein Dichter gibt Auskunft.** 150 Gedichte. Ausgewählt und mit einem Essay von Marcel Reich-Ranicki. Zürich: Atrium 2003.

**Meine Gedichte von Walther von der Vogelweide bis heute.** Frankfurt/M., Leipzig: Insel 2003.

**Meine Geschichten.** Von Johann Wolfgang Goethe bis heute. Frankfurt/M.: Insel 2003.

**Mein Schiller.** Frankfurt/M.: Insel 2009.

**Mein Lessing.** Hamburg: Hoffmann und Campe 2009.

**Mein Kleist.** Hamburg: Hoffmann und Campe 2009.

**Mein Büchner.** Hamburg: Hoffmann und Campe 2009.

**Mein Heine.** Hamburg: Hoffmann und Campe 2009.

**Mein Kafka.** Hamburg: Hoffmann und Campe 2010.

**Die besten deutschen Erzählungen.** Berlin: Insel 2012.

**Die besten deutschen Gedichte.** Berlin: Insel 2012.

# Editorische Notiz

Die im Inhaltsverzeichnis dieses Bandes angegebenen Titel der abgedruckten Essays sind oft verkürzt und dienen einer ersten Orientierung. Die vollständigen Titel stehen über den jeweiligen Texten und in den Nachweisen. Dort wird auch auf unterschiedliche Fassungen der oft mehrfach nachgedruckten Essays hingewiesen und angegeben, welche als Vorlage für den Druck in diesem Band maßgeblich war. Die Druckvorlagen sind in der Regel von Marcel Reich-Ranicki geringfügig korrigierte, doch gelegentlich auch erweiterte Fassungen der zumeist in Zeitungen erschienenen Erstdrucke. Die Fassungen aus den Druckvorlagen wurden für diesen Band erneut geringfügig korrigiert und, mit Ausnahme von Zitaten, gegenwärtig geltenden Regeln der Rechtschreibung angeglichen. Fußnoten in den Druckvorlagen wurden nicht übernommen, zum Teil sind sie aber in die folgenden Nachweise eingegangen.

# Nachweise

Das Herz – der Joker der deutschen Dichtung (S. 23)
Erstdruck: Frankfurter Allgemeine Zeitung, 7. Dezember 1982, Literaturbeilage, S. 1 f. Wiederabdruck: *Nichts als Literatur*, S. 135–148. Weiterer Wiederabdruck und Druckvorlage: *Herz, Arzt und Literatur*, S. 35–63.

Die verkehrte Krone *oder* Juden in der deutschen Literatur (S. 36)
Vortrag, gehalten am 12. Januar 1995 in der Neuen Aula der Universität Heidelberg in einer Feierstunde aus Anlass des fünfzehnjährigen Bestehens der Hochschule für Jüdische Studien in Heidelberg und der Verleihung des Promotionsrechts. Erstdruck unter dem Titel »Die verkehrte Krone. Ein abgeschlossenes Kapitel unserer Literatur, düster und glanzvoll, tragisch und triumphal – Die Juden«: Frankfurter Allgemeine Zeitung, 15. Juli 1995, Bilder und Zeiten, S. 1. Wiederabdruck: Die verkehrte Krone. Über Juden in der deutschen Literatur. Reichert Verlag, Wiesbaden 1995 (Veröffentlichungen der Hochschule für jüdische Studien Heidelberg, Sonderheft). Weiterer Wiederabdruck und Druckvorlage: *Vom Tag gefordert* (2001), S. 56–78. Weitere Beiträge zu dem Thema enthält *Über Ruhestörer*.

Frauen dichten anders (S. 55)
Erstdruck (als Vorwort ohne Titel) und Druckvorlage: *Frauen dichten anders* (1998), S. 19–27. Das Vorwort wurde für den Nachdruck in diesem Band um die abschließenden Passagen gekürzt, die sich auf die Zusammenstellung der Gedichte und Interpretationen beziehen. 

Das Glück der Liebe. Über das Gedicht »Under der linden« von Walther von der Vogelweide (S. 63)
Erstdruck: Frankfurter Allgemeine Zeitung, 26. Mai 1984, Bilder und Zeiten, S. 4. Wiederabdruck und Druckvorlage: *Frankfurter Anthologie*, Bd. 9 (1985), S. 13–17.

Ohne sie, also ohne mich. Über Paul Flemings Gedicht »Zur Zeit seiner Verstoßung« (S. 67)
Erstdruck: Frankfurter Allgemeine Zeitung, 6. Januar 1979, Bilder und Zeiten, S. 4. Wiederabdruck und Druckvorlage: *Frankfurter Anthologie*, Bd. 4 (1979), S. 19–22.

Gotthold Ephraim Lessing. Der Vater der deutschen Kritik (S. 70)
Erstdruck unter dem Titel »War Lessing ein großer Kritiker? Zum 200. Todestag des immer bewunderten und bemitleideten, doch weder geliebten noch beliebten Klassikers«: Frankfurter Allgemeine Zeitung,

14. Februar 1981, Bilder und Zeiten, S. 1. Wiederabdruck (in erweiterter Fassung unter dem Titel »Gotthold Ephraim Lessing. Der Vater der deutschen Kritik«) und Druckvorlage: *Die Anwälte der Literatur* (1994), S. 11–31.

Moses Mendelssohn. Ein Porträt (S. 89)
Erstdruck in der Rubrik »Meine Bilder« unter dem Titel »Moses Mendelssohn. Gemalt von Johann Elias Haid«: Frankfurter Allgemeine Sonntagszeitung, 8. Dezember 2002, Feuilleton, S. 23. Wiederabdruck und Druckvorlage: *Meine Bilder*, S. 23–27.

Die Literatur ist ein Spiel – wie die Liebe. Dankrede zur Verleihung des Goethe-Preises der Stadt Frankfurt (S. 92)
Dankrede zur Verleihung des Goethe-Preises an Marcel Reich-Ranicki, gehalten am 28. August 2002 in der Frankfurter Paulskirche. Erstdruck unter dem Titel »Gesegnet und geschlagen, gestärkt und entwaffnet. Warum selbst ein Goethe-Vers nicht immer gut, das kurze Gedicht dem langen überlegen und Faust ein rechter Schurke ist: Dankrede zur Verleihung des Goethe-Preises der Stadt Frankfurt«: Frankfurter Allgemeine Zeitung, 31. August 2002, Feuilleton, S. 37. Geringfügig veränderter Wiederabdruck und Druckvorlage: *Goethe noch einmal*, S. 101–120.

Ein Gegner der Meinungsfreiheit. Über Goethes Gedicht »Rezensent« (S. 104)
Erstdruck: Frankfurter Allgemeine Zeitung, 20. Januar 1990, Bilder und Zeiten, S. 4. Wiederabdruck: *Frankfurter Anthologie*, Bd. 14 (1991), S. 29–32. Weiterer Wiederabdruck und Druckvorlage: *Goethe noch einmal*, S. 127–130.

Friedrich Schiller. Ein Porträt (S. 107)
Erstdruck in der Rubrik »Meine Bilder« unter dem Titel »Friedrich Schiller. Gemalt von Ludovike Simanowiz«: Frankfurter Allgemeine Sonntagszeitung, 1. Dezember 2002, Feuilleton, S. 29. Wiederabdruck und Druckvorlage: *Meine Bilder*, S. 35–39.

Friedrich Hölderlin. Wie von Furien gejagt (S. 110)
Erstdruck unter dem Titel »Wie von Furien gejagt: Hölderlin« und Druckvorlage in dieser Zusammenstellung: *Vom Tag gefordert* (2001), S. 102–123. Teil I: Auszug aus der Laudatio auf Peter Härtling aus Anlass der Verleihung des Friedrich-Hölderlin-Preises 1987, gehalten am 7. Juni 1987 in Bad Homburg v. d. Höhe. Erstdruck unter dem Titel »Hölderlin und eine Annäherung. Eine Rede aus gegebenem Anlaß«: Frankfurter Allgemeine Zeitung, 27. Juni 1987, Bilder und Zeiten, S. 2. Wiederabdruck unter dem Titel »Der Fall Hölderlin und vielleicht eine Annäherung. Eine Rede aus gegebenem Anlaß. Laudatio«: Friedrich-Hölderlin-Preis. Reden zur Preis-Verleihung am 7. Juni 1987. Magistrat der Stadt Bad Homburg v. d. Höhe, Stiftung Cläre Jannsen, Bad Homburg v. d. Höhe 1987, S. 17–29. Weiterer Wiederabdruck unter dem Titel »Der Fall Hölderlin und Peter Härtlings Annäherung. Eine Rede aus gegebenem Anlaß«: Peter Härtling: Auskunft für Leser. Hg. von Martin Lüdke. Luchterhand Literaturverlag, Darm-

stadt 1988, S. 69–78. Teil II: Dankrede aus Anlass der Verleihung des Friedrich-Hölderlin-Preises 2000, gehalten am 7. Juni 2000 in Bad Homburg v. d. Höhe. Erstdruck unter dem Titel »Kein Rabatt für Märtyrer. Über Liebe aus dem Geist der Kritik: Dankrede aus Anlaß der Verleihung des Friedrich-Hölderlin-Preises der Stadt Bad Homburg«: Frankfurter Allgemeine Zeitung, 24. Juni 2000, Bilder und Zeiten, S. 1. Wiederabdruck in: Friedrich-Hölderlin-Preis. Reden zur Preis-Verleihung am 7. Juni 2000. Magistrat der Stadt Bad Homburg v. d. Höhe, Stiftung Cläre Jannsen, Bad Homburg v. d. Höhe 2000, S. 33–49.

Friedrich Schlegel. Ein Porträt (S. 128)
Erstdruck und Druckvorlage (ohne Bild): *Meine Bilder*, S. 47–51. Ein ausführlicher Essay über Friedrich Schlegel erschien unter dem Titel »Der romantische Prophet. Anmerkungen zu Friedrich Schlegels Literaturkritik« in Frankfurter Allgemeine Zeitung, 9. April 1994, Bilder und Zeiten, S. 1, und unter dem Titel »Friedrich Schlegel. Der romantische Prophet« in *Die Anwälte der Literatur* (1994), S. 65–82.

E. T. A. Hoffmann. Ein Porträt (S. 131)
Erstdruck in der Rubrik »Meine Bilder« unter dem Titel »E. T. A. Hoffmann. Gezeichnet von Hugo Steiner-Prag«: Frankfurter Allgemeine Sonntagszeitung, 15. September 2002, Feuilleton, S. 24. Wiederabdruck und Druckvorlage: *Meine Bilder*, S. 53–57.

Heinrich von Kleist. Das preußische Genie (S. 134)
Erstdruck unter dem Titel »Das preußische Genie: Kleist« und Druckvorlage in dieser Zusammenstellung : *Vom Tag gefordert* (2001), S. 124–135. Teil I: Auszug aus der am 31. Januar 1983 in Frankfurt am Main gehaltenen Ansprache zur Verleihung des F.A.Z.-Literaturpreises an Karin Reschke, die Autorin des Buches »›Verfolgte des Glücks‹. Findebuch der Henriette Vogel«. Erstdruck unter dem Titel »Auch der Olymp ist öde ohne Liebe. Ansprache aus Anlaß der Verleihung des FAZ-Literaturpreises an Karin Reschke« in Frankfurter Allgemeine Zeitung, 12. Februar 1983, Bilder und Zeiten, S. 2. Wiederabdruck unter dem Titel »Karin Reschke oder Der Doppelselbstmord am Kleinen Wannsee« in *Lauter Lobreden* (1985), S. 163–172. Teil II: Auszug aus der Rede zur Verleihung des Kleist-Preises 1992 an Monika Maron, gehalten am 19. Juni 1992 in Regensburg. Erstdruck einer gekürzten Fassung unter dem Titel »Keine Frucht ohne Schale. Rede zur Verleihung des Kleist-Preises an Monika Maron, die Autorin des Romans ›Stille Zeile sechs‹« in Frankfurter Allgemeine Zeitung, 29. August 1992, Bilder und Zeiten, S. 2. Späterer Erstdruck der vollständigen Fassung unter dem Titel »Keine Frucht ohne Schale. Rede bei der Verleihung des Kleist-Preises 1992 an Monika Maron« in Kleist-Jahrbuch 1993, S. 8–15.

Ludwig Börne. Ein Porträt (S. 147)
Erstdruck in der Rubrik »Meine Bilder« unter dem Titel »Ludwig Börne. Gezeichnet von Moritz Oppenheim«: Frankfurter Allgemeine Sonntagszeitung, 26. Mai 2002, Feuilleton, S. 25. Wiederabdruck und Druckvorlage (ohne Bild): *Meine Bilder*, S. 65–69. Ein ausführlicher Essay über Ludwig Börne erschien unter dem Titel »Bruchstücke einer großen Rebellion. Der Literaturkritiker Ludwig Börne war ein toleranter Fanatiker« in Frankfurter Allgemeine Zeitung, 10. April 1976, Bilder und Zeiten, S. 1. Wiederabdrucke mit etwas variierten Titeln unter anderem in *Die Anwälte der Literatur* (1994), S. 83–99, und in *Über Ruhestörer* (1993), S. 61–77.

Georg Büchner. Dichter meiner Jugend (S. 150)
Erstdruck (als Vorwort ohne Titel) und Druckvorlage: *Mein Büchner*, S. 7–10. Copyright © by Hoffmann und Campe Verlag, Hamburg.

Heinrich Heine. Eine Provokation und eine Zumutung (S. 154)
Erstdruck und Druckvorlage unter dem Titel »Zur Heinrich-Heine-Diskussion. Eine Provokation und eine Zumutung«: Die Zeit, 22. September 1972, S. 16–17. Wiederabdruck einer etwas erweiterten Fassung unter dem Titel »Heinrich Heine, das Genie der Hassliebe« in *Über Ruhestörer* (1989), S. 78–91, und unter dem Titel »Eine Provokation und eine Zumutung« zusammen mit drei weiteren Essays (»Notizen über einen Weltpoeten«, »Der Artist als Kritiker«, »Es war ein Traum«) in *Der Fall Heine* (1997), S. 25–46.

Die Kammern der Mädchen werden nicht verschlossen. Über Friedrich Hebbels Gedicht »Wenn die Rosen ewig blühten …« (S. 166)
Erstdruck: Frankfurter Allgemeine Zeitung, 30. Oktober 1999, Bilder und Zeiten, S. 4. Wiederabdruck und Druckvorlage: *Frankfurter Anthologie*, Bd. 23 (2000), S. 75–78.

Spiegel unserer Seele. Über Theodor Storms »Lied des Harfenmädchens« (S. 169)
Erstdruck: Frankfurter Allgemeine Zeitung, 16. September 2000, Bilder und Zeiten, S. 4. Wiederabdruck und Druckvorlage: *Frankfurter Anthologie*, Bd. 24 (2001), S. 53–56.

Die Meistersinger von Nürnberg. Anmerkungen zu einer deutschen Festoper (S. 172)
Erstdruck und Druckvorlage (mit dem längeren Untertitel »Anmerkungen zu einer deutschen Festoper, 125 Jahre nach ihrer umjubelten Uraufführung in München«): Frankfurter Allgemeine Zeitung, 19. Juni 1993, Bilder und Zeiten, S. 1.

Theodor Fontane. Bruchstücke einer großen Konversation (S. 189)
Erstdruck unter dem Titel »Ein Mann und ein Kind. Zu Fontanes Briefen«: Die Zeit, 16. Juni 1972, S. 18 (Rezension zu Theodor Fontane: Briefe. Hg. von Kurt Schreinert, zu Ende geführt von Charlotte Jolles. Band III: »Briefe

an Mathilde von Rohr«, Band VI: »Briefe an Karl und Emilie Zöllner und andere Freunde«. Propyläen Verlag, Berlin 1971). Wiederabdruck unter diesem Titel in *Nachprüfung* (1977), S. 9–15. Wiederabdruck (unter dem Titel »Fontane, der unsichere Kantonist. Bruchstücke einer großen Konversation«) und Druckvorlage: *Nachprüfung* (1980), S. 9–15.

Auch das Grausame kann diskret sein. Über Arthur Schnitzlers »Briefe 1875–1912« und die ersten Bände seines Tagebuchs (S. 199)
Erstdruck unter dem Titel »Bei Schnitzler ist das Grausame diskret. Aus Anlaß seiner ›Briefe 1875–1912‹ und der ersten Bände seines Tagebuchs«: Frankfurter Allgemeine Zeitung, 4. Februar 1984, Bilder und Zeiten, S. 1f. (Rezension zu Arthur Schnitzler: Briefe 1875–1912. Hg. von Therese Nickl und Heinrich Schnitzler. S. Fischer Verlag, Frankfurt/M. 1981 und Arthur Schnitzler: Tagebuch 1909–1912/Tagebuch 1913–1916. Hg. von der Kommission für literarische Gebrauchsformen der Österreichischen Akademie der Wissenschaften. Verlag der Österreichischen Akademie der Wissenschaften, Wien 1981/1983). Wiederabdruck und Druckvorlage: *Sieben Wegbereiter* (2002), S. 15–33. Drei frühere Artikel über Schnitzler enthält *Nachprüfung* (1980), S. 23–46, unter der Kapitelüberschrift »Schnitzler und das weite Land der Seele«.

Ricarda Huch. Ein Porträt (S. 214)
Erstdruck in der Rubrik »Meine Bilder« unter dem Titel »Ricarda Huch. Gezeichnet von Hugo Meisel«: Frankfurter Allgemeine Sonntagszeitung, 19. Mai 2002, Feuilleton, S. 25. Wiederabdruck und Druckvorlage: *Meine Bilder*, S. 143–147. Ein umfangreicher Essay über Ricarda Huch erschien unter dem Titel »Konservativ und radikal. Ricarda Huch, der weiße Elefant. Eine Dankrede von Marcel Reich-Ranicki« in Frankfurter Allgemeine Zeitung, 27. Juni 1981, Bilder und Zeiten, S. 3. Wiederabdruck unter dem Titel »Ricarda Huch. Der weiße Elefant« in *Lauter Lobreden* (1985), S. 23–36.

Alfred Kerr. Ein Porträt (S. 217)
Erstdruck in der Rubrik »Meine Bilder« unter dem Titel »Alfred Kerr. Gezeichnet von Erich Ludwig Stahl«: Frankfurter Allgemeine Sonntagszeitung, 3. März 2002, Feuilleton, S. 25. Wiederabdruck und Druckvorlage (ohne Bild): *Meine Bilder*, S. 149–153. Ein ausführlicher Essay über Alfred Kerr erschien unter dem Titel »Des Jahrhunderts mächtigster Kritiker. Aus Anlaß eines neuen Auswahlbandes der Schriften Alfred Kerrs« in Frankfurter Allgemeine Zeitung, 13. August 1983, Bilder und Zeiten, S. 5. Wiederabdruck unter dem Titel »Alfred Kerr. Der kämpfende Ästhet« in *Die Anwälte der Literatur* (1994), S. 130–143

Alfred Polgar. Ein Porträt (S. 220)
Erstdruck in der Rubrik »Meine Bilder« unter dem Titel »Alfred Polgar. Gezeichnet von Benedikt F. Dolbin«: Frankfurter Allgemeine Sonntagszeitung, 6. Januar 2002, Feuilleton, S. 25. Wiederabdruck und Druckvorlage (ohne Bild): *Meine Bilder*, S. 171–175. Ein ausführlicher Essay über Alfred

Polgar erschien unter dem Titel »Alfred Polgar. Der leise Meister« in *Die Anwälte der Literatur* (1994), S. 167–185, ein Teil daraus 1982 als Vorwort zu *Alfred Polgar: Kleine Schriften*, Bd. 1, S. XIX–XXII, ein weiterer Teil 1986 unter dem Titel »Der leise Meister der Kritik. Verliebt in die Sinnlichkeit des Theaters: Alfred Polgar« in Frankfurter Allgemeine Zeitung, 20. September 1986, Bilder und Zeiten, S. 4, sowie als Vorwort in *Alfred Polgar: Kleine Schriften*, Bd. 6., S. XVII–XXVI.

Seine Liebe war wie sein Hass. Karl Kraus: Sprachfanatiker, Alleinunterhalter, Zuchtmeister, Intellektuellenclown, Weltverbesserer (S. 223)
Erstdruck unter diesem Titel: Frankfurter Allgemeine Zeitung, 5. Februar 1977, Bilder und Zeiten, S. 1f. Erweiterter Wiederabdruck und Druckvorlage unter dem Titel »Karl Kraus, sein Hass, seine Liebe«: *Nachprüfung* (1980), S. 77–93 (zuerst 1977, S. 76–92).

Deutschlands Glück in Deutschlands Unglück. Was Thomas Mann mir bedeutet: Die Lübecker Festrede zum Gedenken an den Schriftsteller (S. 239)
Erstdruck unter diesem Titel: Frankfurter Allgemeine Zeitung, 15. August 2005, Feuilleton, S. 29 und 31. Eine Sammlung früherer Essays zu Thomas Mann sowie zu Heinrich, Erika, Klaus, Golo und Katia Mann enthält *Thomas Mann und die Seinen* (zuerst 1987, erweitert 2005).

Hermann Hesse. Ein Beitrag zur deutschen Sentimentalität (S. 251)
Erstdruck unter dem Titel »Beitrag zur deutschen Sentimentalität. Unser lieber Steppenwolf. Der erste Band der gesammelten Briefe von Hermann Hesse«: Die Zeit, 28. September 1973, S. 26 (Rezension zu Hermann Hesse: Gesammelte Briefe. Bd. 1: 1895–1921. In Zusammenarbeit mit Heiner Hesse hg. von Ursula und Volker Michels. Suhrkamp Verlag, Frankfurt/M. 1973). Wiederabdruck und Druckvorlage: *Nachprüfung* (1980), S. 135–141.

Unser Biberkopf und seine Mieze. Über Alfred Döblins »Berlin Alexanderplatz« (S. 258)
Erstdruck unter dem Titel »Unser Biberkopf und seine Mieze. Marcel Reich-Ranicki über Alfred Döblins ›Berlin Alexanderplatz‹«: Frankfurter Allgemeine Zeitung, 9. Juli 1989, Feuilleton, S. 27. Erweiterter Wiederabdruck in *Romane von gestern – heute gelesen*. Bd. 2, S. 168–177. Weiterer Wiederabdruck und Druckvorlage: *Sieben Wegbereiter* (2002), S. 139–151.

Ich könnte leben und lebe nicht. Das Bild Franz Kafkas nach der Veröffentlichung der Briefe an seine Schwester Ottla und die Familie (S. 269)
Erstdruck unter diesem Titel und Druckvorlage: Frankfurter Allgemeine Zeitung, 15. März 1975, Bilder und Zeiten, S. 4 (Rezension zu Franz Kafka: Briefe an Ottla und die Familie. Hg. von Hartmut Binder und Klaus Wagenbach. S. Fischer Verlag, Frankfurt/M. 1974). Stark erweiterte Fassung unter dem Titel »Kafka, der Liebende« in *Nachprüfung* (1980), S. 150–163; Wiederabdruck unter dem Titel »Die Angst vor den Frauen« in dem Kapitel »Kafka, der Liebende« in *Nachprüfung* (1990), S. 158–172. Dort ist

noch ein zweiter Essay über Kafka nachgedruckt: »Geschriebene Küsse« (S. 172–188), zuerst erschienen unter dem Titel »Franz Kafkas geschriebene Küsse. Zu seinem hundertsten Geburtstag«: Frankfurter Allgemeine Zeitung, 2. Juli 1983, Bilder und Zeiten, S. 1f. Wiederabdruck auch in *Sieben Wegbereiter* (2002), S. 205–224.

Arnold Zweig. Deutscher Idealist, jüdischer Traditionalist (S. 282)

Erstdruck unter dem Titel »Abschied von Arnold Zweig«: Die Zeit, 6. Dezember 1968, S. 24. Der Artikel ist ein Nachruf auf den am 26. November 1968 gestorbenen Autor. Wiederabdruck und Druckvorlage unter dem Titel »Deutscher Idealist, jüdischer Traditionalist« in dem Kapitel »Arnold Zweigs Suche nach dem verlorenen Land«: *Nachprüfung* (1980), S. 193–198. In dem Kapitel ist unter dem Titel »Ein Schüler und sein Meister« (S. 199–203) auch ein Artikel über den Briefwechsel zwischen Sigmund Freud und Arnold Zweig abgedruckt.

Kurt Tucholsky. Sein Ruhm und Nachruhm (S. 288)

Erstdruck unter dem Titel »Kurt Tucholsky und sein Nachruhm«: Die Welt, 17. März 1962. Wiederabdrucke in *Die Ungeliebten*, S. 23–28, und in *Nachprüfung* (1977), S. 182–188. Weiterer Wiederabdruck in dem Kapitel »Kurt Tucholsky, des Jahrhunderts größter Feuilletonist« und Druckvorlage: *Nachprüfung* (1980), S. 204–210. In dem Kapitel ist unter dem Titel »Ohne Aureole« weiterhin ein Artikel aus der Frankfurter Allgemeinen Zeitung abgedruckt, der am 9. September 1978 unter dem Titel »Kurt Tucholsky noch einmal. Die ›Briefe aus dem Schweigen‹ und die ›Q-Tagebücher‹ verändern sein Bild« erschien.

Bertolt Brecht. Ungeheuer oben (S. 295)

Rede zum 50. Jubiläum des Aufbau Verlags, gehalten am 24. September 1995 im Schauspielhaus am Gendarmenmarkt in Berlin. Erstdruck unter dem Titel »Ungeheuer oben. Bertolt Brecht, die Lyrik und die Liebe«: Frankfurter Allgemeine Zeitung, 6. Januar 1996, Bilder und Zeiten, S. 1. Wiederabdruck unter dem Titel »Ungeheuer oben. Brecht und die Liebe« in *Ungeheuer oben*, S. 11–44. Weiterer Wiederabdruck (ohne den Untertitel im Erstdruck) und Druckvorlage: *Sieben Wegbereiter* (2002), S. 255–277.

Erich Kästner. Der Dichter der kleinen Freiheit (S. 314)

Erstdruck unter diesem Titel: Frankfurter Allgemeine Zeitung, 23. Februar 1974, Bilder und Zeiten, S. 1 f. Wiederabdruck und Druckvorlage: *Nachprüfung* (1980), S. 284–293.

Nicht gedacht soll ihrer werden? Über Anna Seghers und ihren Roman »Das siebte Kreuz« (S. 324)

Erstdruck unter diesem Titel (dort vor dem Untertitel mit dem Zusatz »Aus aktuellem Anlass:«) und Druckvorlage: Frankfurter Allgemeine Zeitung, 21. Juli 1990, Bilder und Zeiten, S. 2. Wiederabdruck unter dem Titel

»Nicht gedacht soll ihrer werden? Über Anna Seghers: ›Das siebte Kreuz‹« in *Romane von gestern – heute gelesen*. Bd. 3, S. 277–287. Weiterer Wiederabdruck unter dem Titel »Nicht gedacht soll ihrer werden?« in *Ohne Rabatt* (1991), S. 43–52.

Klaus Mann. »Mephisto«, der Roman einer Karriere (S. 333)
Erstdruck unter dem Titel »Noch ein Triumph des Gustaf Gründgens. Zu der Neuausgabe des umstrittenen Romans ›Mephisto‹ von Klaus Mann«: Die Zeit, 18. Februar 1966, S. 14f. Wiederabdruck und Druckvorlage: *Thomas Mann und die Seinen* (2005), S. 314–322.

Kleine Liebe in der großen Stadt. Über Mascha Kalékos Gedicht »Großstadtliebe« (S. 340)
Erstdruck: Frankfurter Allgemeine Zeitung, 7. März 1998, Bilder und Zeiten, S. 4. Wiederabdruck und Druckvorlage: *Frankfurter Anthologie*, Bd. 22 (1999), S. 191–194.

Ein deutscher Schriftsteller-Atlas (S. 345)
Erstdruck unter dem Titel »Eine poetische Geographie. Dreiundvierzig deutsche Schriftsteller beschreiben ihre Ortschaft«: Die Zeit, 15. Oktober 1965, S. 56 (Rezension zu: Atlas. Deutsche Autoren über ihren Ort. Klaus Wagenbach Verlag, Berlin 1965). Gekürzter Wiederabdruck und Druckvorlage unter dem Titel »Statt eines Vorworts: Ein deutscher Schriftsteller-Atlas«: *Literatur der kleinen Schritte* (1991), S. 11–14.

Anmerkungen zur deutschen Literatur der siebziger Jahre (S. 350)
Erstdruck unter diesem Titel und Druckvorlage: *Entgegnung* (1981), S. 17–35.

Die sprachgewaltige Lektion der Stille. Zum siebzigsten Geburtstag von Marie Luise Kaschnitz (S. 367)
Erstdruck unter dem Titel »Der Gegenwart mitten ins Herz. Zum siebzigsten Geburtstag von Marie Luise Kaschnitz«: Die Zeit, 5. Februar 1971, S. 19 (Rezension zu Marie Luise Kaschnitz: Steht noch dahin. Neue Prosa. Insel Verlag, Frankfurt/M. 1970). Wiederabdruck und Druckvorlage unter dem Titel »Die sprachgewaltige Lektion der Stille« (ohne Untertitel): *Entgegnung* (1981), S. 37–41.

Der Triumph des Elias Canetti. Aus Anlass seines Buches »Die Fackel im Ohr« (S. 371)
Erstdruck unter diesem Titel und Druckvorlage: Frankfurter Allgemeine Zeitung, 16. August 1980, Bilder und Zeiten, S. 5 (Rezension zu Elias Canetti: Die Fackel im Ohr. Lebensgeschichte 1921–1931. Carl Hanser Verlag, München 1980). Zwei frühere Essays über Canetti sind in *Entgegnung* (1981), S. 47–59, abgedruckt.

Der Dichter unserer Niederlagen. Zum Tod des großen deutschen Schriftstellers Wolfgang Koeppen (S. 379)

Erstdruck unter diesem Titel: Frankfurter Allgemeine Zeitung, 16. März 1996, Feuilleton, S. 31. Wiederabdruck (ohne Untertitel) und Druckvorlage: *Wolfgang Koeppen* (1996), S. 145–156. Ebenfalls unter dem Obertitel »Der Dichter unserer Niederlagen« war am 21. Juni 1986 in der Frankfurter Allgemeinen Zeitung ein Artikel »Zu Wolfgang Koeppens achtzigstem Geburtstag« erschienen. Unter dem Titel »Der Sprecher aller Minderheiten« wurde er zusammen mit einer Reihe anderer Artikel über den Autor in *Wolfgang Koeppen* (1996 und 1998) nachgedruckt.

Mein Name sei Frisch. Die Erzählung »Montauk« ist die poetische Bilanz eines Liebenden (S. 386)

Erstdruck unter diesem Titel: Frankfurter Allgemeine Zeitung, 7. Oktober 1975, Literaturbeilage, S. 1 (Rezension zu Max Frisch: Montauk. Erzählung. Suhrkamp Verlag, Frankfurt/M. 1975). Wiederabdruck unter dem Titel »Ein Buch der Liebe« im Kapitel »Max Frisch« und Druckvorlage: *Entgegnung* (1981), S. 72–78. Aufsätze Reich-Ranickis über den Autor sind gesammelt erschienen in *Max Frisch* (1991 und 1994).

Der enttäuschte Revolutionär. Zum Tod des Schriftstellers Alfred Andersch (S. 392)

Erstdruck unter diesem Titel und Druckvorlage: Frankfurter Allgemeine Zeitung, 23. Februar 1980, Feuilleton, S. 25. Frühere Aufsätze über den Autor: »Alfred Andersch, ein geschlagener Revolutionär« in *Deutsche Literatur in Ost und West* (1983), S. 120–137, und »Ein Kammerspiel inmitten der Katastrophe« in *Entgegnung* (1981), S. 85–92.

Poet und Ermittler. Zum Tod von Peter Weiss (S. 398)

Erstdruck unter diesem Titel (dort: »Zum Tode«) und Druckvorlage: Frankfurter Allgemeine Zeitung, 12. Mai 1982, Feuilleton, S. 25.

Dichter, Narr, Prediger. Zum Tod von Heinrich Böll (S. 404)

Erstdruck ohne den Untertitel und Druckvorlage: Frankfurter Allgemeine Zeitung, 18. Juli 1985, Feuilleton, S. 19. Der Nachruf eröffnet zwei Zeitungsseiten mit Beiträgen zum Tod von Heinrich Böll. Eine Sammlung der zahlreichen Artikel Reich-Ranickis über den Autor enthält *Mehr als ein Dichter*. Ein umfangreicher Aufsatz über ihn ist unter dem Titel »Heinrich Böll« erschienen in Benno von Wiese (Hg.): Deutsche Dichter der Gegenwart. Ihr Leben und Werk. Berlin 1973, S. 326–340.

Leider ein Mythos. Friedrich Dürrenmatt, der makabre Possenreißer (S. 407)

Erstdruck unter diesem Titel und Druckvorlage: Frankfurter Allgemeine Zeitung, 15. Januar 1981, Feuilleton, S. 15. Eine stark veränderte Fassung mit dem Untertitel als Haupttitel erschien 1983 in der Neuausgabe von *Deutsche Literatur in Ost und West*, S. 171–177.

Ein deutscher Dichter. Zum Tod von Erich Fried (S. 412)

Erstdruck unter diesem Titel (dort: »Zum Tode«) und Druckvorlage: Frankfurter Allgemeine Zeitung, 24. November 1988, Feuilleton, S. 27. Erich Fried starb am 22. November 1988 in Baden-Baden. Am 23. Januar 1982 war in der Frankfurter Allgemeinen Zeitung der Artikel »Die Leiden des Dichters Erich Fried. Aus Anlaß seiner neuen Lyrikbände« erschienen. Unter dem Titel »Erich Fried oder Wortspiel und Protest« ist er in *Über Ruhestörer* (1989), S. 129–143, nachgedruckt worden.

Er war ein Avantgardist, er wurde ein Klassiker. Zum Tod von Ernst Jandl (S. 417)

Erstdruck (ohne den Untertitel) und Druckvorlage: Frankfurter Allgemeine Zeitung, 13. Juni 2000, Feuilleton, S. 49.

Siegfried Lenz. Deutschstunden. Über einen Klassiker und einen Dichter des Mitleids (S. 420)

Erstdruck unter dem Titel »Deutschstunden. Über einen Klassiker und einen Dichter des Mitleids: Rede zur Verleihung des Goethe-Preises an Siegfried Lenz« und Druckvorlage: Frankfurter Allgemeine Zeitung, 11. September 1999, Bilder und Zeiten, S. 1. Über seine langjährige Freundschaft mit dem Autor erzählt Reich-Ranicki unter dem Titel »Mein Freund Siegfried Lenz« in Frankfurter Allgemeine Zeitung, 17. März 2006, Feuilleton, S. 33.

Ingeborg Bachmann. Die Kehrseite des Schreckens (S. 430)

Erstdruck unter dem Titel »Ingeborg Bachmann oder Die Kehrseite des Schreckens«: *Deutsche Literatur in West und Ost* (1963), S. 185–199. Wiederabdruck und Druckvorlage: *Deutsche Literatur in West und Ost* (1983), S. 193–206. Weitere Rezensionen und Essays Reich-Ranickis über die Autorin (»Das dreißigste Jahr«, »Ingeborg Bachmann mit neuem Repertoire«, »Fälschung«, »Die Verklärung der Ingeborg Bachmann«, »Tageslicht statt Aureolen«, »Wahrheit ist noch zumutbar«) in Michael Matthias Schardt / Heike Kretschmer (Hg.): Über Ingeborg Bachmann. Rezensionen – Porträts – Würdigungen (1952–1992). Igel Verlag Literatur und Wissenschaft, Paderborn 1994, S. 78–81; S. 187–190; S. 294–295; S. 378–380; S. 385–388; S. 454–487 (2. Aufl. in zwei Bänden 2011).

Martin Walsers Rückkehr zu sich selbst. Seine bescheidenste und überzeugendste Arbeit: die Novelle »Ein fliehendes Pferd« (S. 444)

Erstdruck unter diesem Titel: Frankfurter Allgemeine Zeitung, 4. März 1978, Bilder und Zeiten, S. 5 (Rezension zu Martin Walser: Ein fliehendes Pferd. Novelle. Suhrkamp Verlag, Frankfurt/M. 1978). Wiederabdruck (in dem Kapitel »Martin Walser« unter dem Titel »Seine Rückkehr zu sich selbst«) und Druckvorlage: *Entgegnung* (1981), S. 182–189. Ein Teil der vielen Artikel, die Reich-Ranicki über den Autor veröffentlicht hat, ist gesammelt in *Martin Walser* (1994 und 1996).

Günter Grass. Auf gut Glück getrommelt (S. 451)
Erstdruck unter dem Titel »Auf gut Glück getrommelt. Spielereien und Schaumschlägereien verderben die Zeitkritik des Günter Grass«: Die Zeit, 1. Januar 1960, S. 9 (Rezension zu Günter Grass: Die Blechtrommel. Hermann Luchterhand Verlag, Darmstadt 1959). Wiederabdruck (unter dem Titel »Auf gut Glück getrommelt«) und Druckvorlage: *Unser Grass* (2003), S. 13–18.

Selbstkritik des »Blechtrommel«-Kritikers (S. 456)
Erstveröffentlichung: Westdeutscher Rundfunk, Köln, 22. Mai 1963, in der Reihe »Selbstkritik der Kritiker«. Erstdruck: Franz Josef Görtz (Hg.): »Die Blechtrommel«. Attraktion und Ärgernis. Ein Kapitel deutscher Literaturkritik. Hermann Luchterhand Verlag, Frankfurt/M. 1984, S. 151–157. Wiederabdruck und Druckvorlage: *Unser Grass* (2003), S. 19–25.

Christa Wolfs unruhige Elegie. »Nachdenken über Christa T.« – ein höchst bemerkenswerter DDR-Roman (S. 462)
Erstdruck unter diesem Titel: Die Zeit, 23. Mai 1969, S. 21 (Rezension zu Christa Wolf: Nachdenken über Christa T. Mitteldeutscher Verlag, Halle 1969). Wiederabdruck (im Kapitel »Christa Wolf« unter dem Titel »Eine unruhige Elegie«) und Druckvorlage: *Entgegnung* (1981), S. 240–248.

Der Prediger mit der Schiebermütze. Laudatio auf Peter Rühmkorf (S. 470)
Die Laudatio wurde aus Anlass der Verleihung des Erich-Kästner-Preises 1979 an Peter Rühmkorf gehalten. Erstdruck unter diesem Titel: Frankfurter Allgemeine Zeitung, 3. März 1979, Bilder und Zeiten, S. 4. Wiederabdruck im Kapitel »Peter Rühmkorf« unter dem Titel »Der Prediger mit der Schiebermütze« und Druckvorlage: *Entgegnung* (1981), S. 255–265.

Konfessionen eines Besessenen. Thomas Bernhards neuer Roman »Verstörung« (S. 478)
Erstdruck unter diesem Titel: Die Zeit, 28. April 1967, S. 23 (Rezension zu Thomas Bernhard: Verstörung. Roman. Insel Verlag, Frankfurt/M. 1967). Wiederabdruck unter dem Titel »Konfessionen eines Besessenen« und Druckvorlage: *Thomas Bernhard* (1993), S. 11–20.

Der trotzige Einzelgänger. Zum Tod des einsamen Schriftstellers Uwe Johnson (S. 484)
Erstdruck unter diesem Titel (dort: »Zum Tode«) und Druckvorlage: Frankfurter Allgemeine Zeitung, 14. März 1984, Feuilleton, S. 25. Frühere Artikel über den Autor in *Literatur der kleinen Schritte* (1991), S. 42–48 (über »Karsch und andere Prosa«) und S. 128–136 (über »Zwei Ansichten«), in *Deutsche Literatur in West und Ost* (1983), S. 236–250 (»Registrator Johnson«) sowie in *Entgegnung* (1981), S. 300–309 (»Die Sehnsucht nach dem Seelischen«).

Liebe und Rebellion. Über Sarah Kirschs Gedicht »Schwarze Bohnen« (S. 492)
Erstdruck: Frankfurter Allgemeine Zeitung, 29. Dezember 2001, Bilder und Zeiten, S. 4. Wiederabdruck und Druckvorlage: *Frankfurter Anthologie*,

Bd. 26 (2003), S. 181–184. Ein umfangreicher Essay über die Autorin (»Der Droste jüngere Schwester. Über die Lyrik der Sarah Kirsch«) erschien am 17. Mai 1980 in der Frankfurter Allgemeinen Zeitung und wurde in *Ohne Rabatt* (1991), S. 210–221, sowie in *Entgegnung* (1981), S. 319–332, nachgedruckt.

Der leidende Liedermacher. Rede auf Wolf Biermann aus Anlass der Verleihung des Georg-Büchner-Preises (S. 495)

Erstdruck unter diesem Titel und Druckvorlage: Frankfurter Allgemeine Zeitung, 26. Oktober 1991, Bilder und Zeiten, S. 4. Mehrere frühere Artikel über den Autor sind nachgedruckt worden in *Ohne Rabatt* (1991), S. 232–250.

Das Prinzip Radio. Jurek Beckers Roman »Jakob der Lügner« (S. 503)

Erstdruck unter diesem Titel: Die Zeit, 20. November 1970, S. 36 (Rezension zu Jurek Becker: Jakob der Lügner. Roman. Sammlung Luchterhand 1. Hermann Luchterhand Verlag, Neuwied 1970). Wiederabdruck mit verändertem Anfang unter dem Titel »Roman vom Getto« und Druckvorlage: *Entgegnung* (1981), S. 351–355, zusammen mit zwei weiteren Artikeln über den Autor (»Die Liebe, die Literatur und der Alltag«, S. 355–363, und »Aus Anlaß eines mißlungenen Buches«, S. 363–369). Diese Artikel und ein weiterer (»Abschied von den Träumen einer Jugend«) wurden ebenfalls abgedruckt in *Ohne Rabatt* (1991), S. 251–271.

Artist am Abgrund. Zum Tod des Schriftstellers Hermann Burger (S. 507)

Erstdruck unter diesem Titel (dort: »Zum Tode«) und Druckvorlage: Frankfurter Allgemeine Zeitung, 3. März 1989, Feuilleton, S. 7. Hermann Burger starb am 28. Februar 1989 in Brunegg (Schweiz). In der Frankfurter Allgemeinen Zeitung veröffentlichte Reich-Ranicki vor und nach dem Tod des Autors etliche Artikel über ihn: am 25. August 1979 »Ein Tüftler von Format. Der Erzählungsband ›Diabelli‹ des Schweizers Hermann Burger«, am 15. Oktober 1982 auf der ersten Seite der Buchmessenbeilage die Rezension »Der verlorene Sohn sucht den Frauenkontinent. Hermann Burgers Roman ›Die Künstliche Mutter‹« (Wiederabdruck in literaturkritik.de, März 2014, S. 26–33), am 19. August 1989 »Hermann Burgers gesammelte Leiden. Sein letztes Buch ›Brunsleben‹«, am 3. August 1992 »Sorgenkind auf dem Olymp. Hermann Burgers Spielzeug im Schweizerischen Literaturarchiv«.

Peter Handke und der liebe Gott. Zu der Erzählung »Langsame Heimkehr« (S. 511)

Erstdruck unter diesem Titel: Frankfurter Allgemeine Zeitung, 17. November 1979, Bilder und Zeiten, S. 5 (Rezension zu Peter Handke: Langsame Heimkehr. Erzählung. Suhrkamp Verlag, Frankfurt/M. 1979). Wiederabdruck unter dem Titel »Sein Weg zu Gott« und Druckvorlage: *Entgegnung* (1981), S. 403–411. Die Rezension steht dort in dem Kapitel »Peter Handke« mit zwei weiteren Artikeln über den Autor: »Die Angst des Dichters beim Erzählen« (S. 389–396) und »Wer ist hier infantil?« (S. 396–403).

Liebevolle Rebellin. Mit Überzeugungskraft: Neue Prosa von Eva Demski (S. 518)

Erstdruck unter diesem Titel und Druckvorlage: Frankfurter Allgemeine Zeitung, 15. Mai 2004, Feuilleton, S. 50 (Rezension zu Eva Demski: Von Liebe, Reichtum, Tod und Schminke. Schöffling Verlag, Frankfurt/M. 2004).

Gleicht die Liebe einem Monolog? »Widmung«, eine Erzählung von Botho Strauß (S. 524)

Erstdruck unter diesem Titel: Frankfurter Allgemeine Zeitung, 10. September 1977, Bilder und Zeiten, S. 5 (Rezension zu Botho Strauß: Die Widmung. Eine Erzählung. Carl Hanser Verlag, München 1977). Wiederabdruck unter demselben Obertitel und Druckvorlage: *Entgegnung* (1981), S. 412–416. Sieben Jahre nach dieser Rezension, am 1. Dezember 1984, erschien in der Frankfurter Allgemeinen Zeitung die Rezension »Manchmal wurde die Langeweile schier unerträglich. Der Roman ›Der junge Mann‹ des erfolgreichen Autors Botho Strauß«. Auf die heftige Kritik an dieser Rezension reagierte er am 7. März 1985 in der Frankfurter Allgemeinen Zeitung mit einer Stellungnahme unter dem Titel »In eigener Sache«.

Über die Lyrik der Ulla Hahn. Die Lust am Gedicht ist die Kehrseite des Schreckens (S. 529)

Erstdruck unter diesem Titel und Druckvorlage: Frankfurter Allgemeine Zeitung, 13. Oktober 1981, Literaturbeilage, S. 1 (Rezension zu Ulla Hahn: Herz über Kopf. Gedichte. Deutsche Verlags-Anstalt, Stuttgart 1981).

Elfriede Jelinek. Die missbrauchte Frau (S. 539)

Erstdruck unter dem Titel »Die missbrauchte Frau« und Druckvorlage: Der Spiegel, Nr. 42, 11. Oktober 2004, S. 180. Die Glosse steht im Zusammenhang mit der Meldung, dass die Autorin mit dem Literaturnobelpreis 2004 ausgezeichnet wird. Jelineks Roman »Lust« wurde im »Literarischen Quartett« am 10. März 1989 besprochen. Der Wortlaut des Gesprächs ist abgedruckt in *Das Literarische Quartett* (2006), Bd. 1, S. 131–141.

Des Mörders betörender Duft. Patrick Süskinds erstaunlicher Roman »Das Parfum« (S. 541)

Erstdruck unter diesem Titel und Druckvorlage: Frankfurter Allgemeine Zeitung, 2. März 1981, Bilder und Zeiten, S. 5 (Rezension zu Patrick Süskind: Das Parfum. Die Geschichte eines Mörders. Diogenes Verlag, Zürich 1985).

# Personenregister